D1718583

Fallmerayer Fragmente aus dem Orient

In memoriam Paul Flora

Jakob Philipp Fallmerayer

Fragmente aus dem Orient
Erster und zweiter Band

Herausgegeben von Ulrich Mathà
Mit einem Nachwort von Ellen Hastaba
und einer von Gert Westphal besprochenen Audio-CD

Edition Rætia

Gedruckt mit freundlicher Unterstützung von Paul Flora und Gotthard Bonell
sowie der Abteilung Deutsche Kultur der Südtiroler Landesregierung
über das Südtiroler Kulturinstitut, der Stiftung Südtiroler Sparkasse, des
Kuratoriums Jakob Philipp Fallmerayer und Leitner ropeways

 Deutsche Kultur   Südtiroler **KULTUR**institut

Originalausgabe:
Fragmente aus dem Orient
Von Dr. Jakob Ph. Fallmerayer
Erster und zweiter Band
Stuttgart und Tübingen
J. G. Cotta'scher Verlag 1845

Umschlag: Dall'O & Freunde
Unter Verwendung einer Zeichnung von Paul Flora

Karten mit von Fallmerayer in seinen „Fragmenten" erwähnten Örtlichkeiten: Typoplus, Frangart
Druckvorstufe: Typoplus, Frangart
Druck: Gorenjski tisk storitve, Slowenien

ISBN 978-88-7283-354-4

www.raetia.com

Inhalt des ersten Bandes

Inhalt des zweiten Bandes

Statt einer Vorrede

Lebenslauf, Werk und geistiges Umfeld Jakob Philipp Fallmerayers sind im Nachwort von Ellen Hastaba mit profunder Kompetenz und Einsicht in den Nachlass erörtert. Zusätzliches in diesem Sinne wäre – wie der „Fragmentist" einwenden würde – nichts weiter als „Wasser in die Eisak zu schütten". Es genügt, sich an dieser Stelle auf eine anekdotische Randbemerkung zu beschränken.

Von einer eher skurrilen Kuriosität berichtet eine biografische Reminiszenz, die Johann Chrysostomus Mitterrutzner festgehalten hat: „In Schalders trug Fallmerayer sowohl zu Hause als auf seinen Spaziergängen als Kopfbedeckung gewöhnlich das türkische Fes (Tarbusch der Araber)". Während seiner Aufenthalte im Orient dagegen legte er offensichtlich Wert auf gepflegtes Auftreten nach abendländischer Mode. Wie einer Tagebuchnotiz zu entnehmen ist, hatte er jedenfalls nicht darauf vergessen, sich vor Reiseantritt mit „Rauberhut" und „rundem Clappe-Hut" auszustatten.
Gemäß der antik-stoischen Maxime „in se potestatem habere" kam es ihm anscheinend darauf an, jederzeit die Verfügungsgewalt über sich selbst zu behaupten, ungeachtet der daraus sich ergebenden Reaktionen. Stets stand er auf der anderen Seite, ein Unangepasster, einer, der sich Niemandem anbiederte. In der Fremde war es das unverhohlen gezeigte Selbstwertgefühl des Forschers und Explorators, das Irritationen weckte, sodass man ihm, dem Gast, nicht selten mit Misstrauen und Ablehnung begegnete. Zurückgekehrt in die Heimat, provozierte seine unbekümmert zur Schau gestellte Weltläufigkeit den lethargischen und banausischen Biedersinn seiner Landsleute.

Dennoch geht es bei all dem um mehr als bloße Eitelkeiten in puncto Kopfbedeckung; vielmehr lassen sich daraus zumindest zwei Momente seiner poetologischen Positionierung markieren:

Seiner kosmopolitischen Welterfahrung entspricht folgerichtig eine universa-
listische Öffnung seines literarischen Horizonts. An einem geistesgeschicht-
lich entscheidenden Wendepunkt profiliert sich Fallmerayer als ein Archeget
des westöstlichen Dialogs, als einer, der das damals noch rezente Postulat
Goethes nach „Weltliteratur" frühzeitig ins Werk setzt.

Soweit das Gehaltliche. Ergänzt wird es durch seine sprachliche Meisterschaft. Maßgeblich ist hierbei zwar die wissenschaftliche Ambition, die sozu-
sagen die Oberstimme vorgibt – durch akademische Sorgfalt und logische
Stringenz. Was aber darüber hinaus, gleichsam als Grundbass, seinen Schreib-
gestus charakterisiert und unverwechselbar macht, ist der *Mut zur Wahrheit*:
Es handelt sich um ein Sprechen, das sich ohne Zögern dem Widerspruch
aussetzt. Als Einzelner tritt er dem Vorurteil der Vielen entgegen – getrieben
von Emotion, risikobereit und mit Ironie. Wir vernehmen den Nachklang einer ansonsten nahezu verschütteten Tradition: der Veridiktion in Form der
sokratischen Parrhesie.

Diese Weite des Blicks und diese unerschütterliche Authentizität wirken weiterhin als Garanten dafür, dass die „Fragmente" auch für eine heutige Leser-
schaft immer noch ansprechend und lesenswert geblieben sind, auch an jenen
Stellen, wo sich der „Fragmentist" offensichtlich in Irrwege verrennt.

„Ich trage meinen Hut, wie's mir gefällt, drinnen und draußen."
Der Satz Walt Whitmans mag zugleich als Epilog für Jakob Philipp Fallmerayer gelten.

Ulrich Mathà, Januar 2013

Erster Band

Vorrede.

Was der Fragmentist über die gegenwärtigen Zustände Deutschlands, besonders über die Revolution, über die Andächtigen und über die Russen denkt.

Vergeblich sucht man es noch länger zu verdecken und zu vertuschen, es bricht überall durch die Rinde hervor und drängt sich in alle Gemüther ein: Wir Deutschen sind in der öffentlichen Meinung Europas auf Null herabgesunken, sind außerhalb der heimischen Gränzen als *Nationaleinheit* für nichts geachtet und im großen Wechselspiel der Weltgeschäfte von niemand mehr in Rechnung gebracht. Wir sind nur noch gemeinsames Objekt und gleichsam Materie des großen Völkermarktes, wo der Fremde auf das „fleisch- und knochenreiche Thier ohne Kopf" spekulirt und seine Fonds auf die Deutschen legt als *Guano* für Befruchtung des Ackerbodens in Texas, am Pruth, am Kur und Amazonenstrom. Politisch, wir wissen es wohl, hat uns der dreißigjährige Krieg getödtet. Daß aber in Folge wiederholter Niederlagen auf dem Gebiete *praktischer* Wissenschaft, der letzten philosophischen Restauration zum Trotz, auch das geistige Falliment in Aussicht stehe, wo nicht gar – wenigstens im Sinne der Fremden – schon ausgebrochen und öffentlich angeschlagen sey, zeigt sich erst jetzt allmälig im Hintergrund. Unsere Zeit will die *That*, nicht die unfruchtbare Idee und das leere Wort wie es von jeher in Deutschland üblich war. Das größte Kleinod selbstständiger Nationen – den äußern Kredit und das öffentliche Zutrauen auf nachhaltige innere Kraft und expansive Wirksamkeit – haben wir verscherzt. Nicht daß es uns in der Meinung der Nachbarn an physischen Hülfsmitteln, an materiellen Kräften und nervigem Arm gebräche, um eine der ersten Rollen im europäischen Drama auszufüllen, nein, das geistige Geschick und die Fähigkeit, die natürliche Kraft nach Sinn und Takt fruchtbar anzuwenden und zu rechter Zeit und in schicklicher Weise thätig zu seyn, sprechen sie uns völlig ab; ja sie berechnen schon voraus den Termin, wann das Wort „Deutschland" auf der Mappe des Welt-theils nicht mehr zu sehen ist. Und während man bei uns fast stündlich mit Sorge dem Erlöschen des osmanischen Sultanats entgegensieht und sich vor-läufig über die, ohne unsere Mitrede zu vollziehende Beutevertheilung un-maßgebliche Conjecturen macht, erwägen die freundlichen Nachbarvölker für sich in der Stille, *welche* Trümmer des zerfallenden germanischen Staatskör-pers dem Interesse eines jeden der Adspiranten am besten stünden. Denn daß wir in der zerbröckelten Ordnung zwischen zwei rührsamen Kolossen einge-engt in die Länge unzermalmt bestehen können, glaubt außer den Deutschen selbst in Europa niemand mehr.

O das glückliche und beneidenswerthe Frankreich! Es hat die Erinnerungen seiner glorreichen Leiden und seiner Revolution; es hat Napoleon und die Bewunderung aller Zeiten und aller Nationen; es hat was Deutschland fehlt, es hat die Männer der That und der Intelligenz; es hat was wir nicht haben und niemals haben können, eine lebendige Geschichte unsterblicher Thaten und unvergänglichen Ruhmes, das großartige, erhabene, kunstreiche Drama unserer Zeit, dem wir nichts als Eggena-Wangenberg-Cattische Jordans-Ju-stiz, *Arnim's* Polizei-Genie und die „Wallfahrt nach Trier" entgegenzustellen haben. Das sind freilich auch große Thaten, und besonders sind es klare Ge-danken in anmuthigem leichten Styl! Aber dennoch gewinnt Reichthum und elegante Einfachheit im Periodenbau des „kleinen Provençalen" dem Sieben-Eisen-Solen-Satz des deutschen Kirchen-Rolands gegenüber auch hier das Spiel! Man erwartet vom billigen deutschen Leser, er werde diesem Ausruf der Bewunderung fremder Größe und fremden Glückes, eigener Bedrängniß gegenüber, keine unpatriotische und falsche Deutung unterlegen. „*Contemni turpe est, legem dare superbum*" liest man ja schon im *Petronius*!

Am weitesten in der Schätzungslinie haben uns unter allen politischen Re-chenmeistern die Russen zurückgestellt, vermuthlich weil man die profunden Studien deutscher Metaphysiker über die „Construktion der Weltentwicke-lung" zu Nowgorod noch viel weniger als an der *Seine* und *Themse* zu würdi-gen versteht. Russischen Ansichten nach gehören die deutschen Stämme mit Moldo-Wlachen und Bulgaro-Gräken ungefähr in eine und dieselbe Kategorie und genießen ungefähr denselben Grad politischer Achtung und Ehrenhaftig-keit, den man genannten Mischlingsvölkern an der Newa zu gewähren pflegt. Und besteht ein Unterschied, so ist es nicht moralische Würde, nicht höhere Befähigung zur Herrschaft, es ist unsere Sklavencapacität, es ist Knochenhaf-tigkeit und schmiegsamer Sinn, was uns im Moscowiter Tarif etwa noch über Moldo-Wlachen und Bulgaro-Gräken stellt.

Mit der ruhigsten Unverschämtheit in Wort und Miene, ja ohne auch nur zu ahnen daß sie uns kränken können, behaupten die Russen, wir Deutschen tra-gen den Stempel der Knechtschaft, der politischen Imbecillität und Verkommenheit, nach Art gewisser hoffnungsloser Stämme, offen und leserlich an der Stirne geschrieben, und es frage sich nicht *ob*, sondern *wann*, *wie* und *wem* wir Zins und Robot zu leisten haben. Die Türken außer Besitz zu stellen und die ästhetisch-empfindsamen *Niemetzstämme* in die Schlinge zu ziehen, ist Seele und Leben des Russenthums. Die Hälfte der Arbeit, sagen sie, ist bereits gethan, da wir die Zertrümmerung des weiland gallischen Joches bei eigener Unmacht anerkanntermaßen russischem Heldenmuthe allein zu verdanken haben und dem „Befreier" nach allem Rechte in ewiger Schuld verpfändet seyen. Auch sehen die Russen jedesmal einander bedeutsam an und lächeln spöttisch, wenn in Büchern und Reden deutsche Freiheit als *einheimisches* Produkt deutscher Erde gepriesen wird. Hellenische Rodomontaden über eigenkräftiges Seyn, und deutsche Siegerhymnen haben in Rußland gleichen Werth. Beide, Griechen und Deutsche, sind als unentfliehbare Beute bereits in Einnahme gestellt und für künftige Disciplin in russischen Listen vorgemerkt. An der Zeit ist nichts gelegen, der Moskowiter rechnet auf die Ewigkeit seines Staates, und eben weil er niemals Eile hat, gelangt er am sichersten zum Ziel. Wende man nicht ein, daß uns Staatsverträge, fremde Garantien und diplomatische Aktenstücke in bester Form vor solcher Gefährlichkeit ausdrücklich sicherstellen und der Fragmentist in libyscher Melancholie vielleicht Dinge sieht, die gar nicht sind. Wer wüßte denn aber nicht, daß geschriebenen Texten meistens ein ungeschriebener als authentischer Interpret und Commentar zur Seite geht und daß Brief, Urkunde und des Diplomaten Unterschrift nur zu Verhüllung des wahren Gedankens und der stillen Praxis erfunden sind?

Wir sind das einzige große Volk, dessen Selbstschätzung mit der Meinung des Auslandes in geradem Widerspruche steht. Während wir uns theoretisch an der eigenen Größe laben und von der Majestät germanischen Namens berauscht an ideale Eroberungen in fremder Zone denken, verhandelt man in der Nachbarschaft *wer* uns das Pensum vorzulegen und uns für Kost und Lohn in Dienst zu nehmen habe. Lange merkten wir nicht wie schlimm es auswärts stehe, und nun es von allen Seiten ruchbar wird, fragen sie verlegen herum, wie Deutschland in der öffentlichen Schätzung so tief gesunken und bei den Fremden in so übeln Ruf gekommen sey? Liegt der Fehler an uns, oder trägt fremde Ungunst allein die Schuld? Unsere natürlichen Feinde, unsere giftigsten Widersacher und Verläumder sind jedenfalls die Russen. Bei den Russen sind Religion und Wissenschaft nach der im Lande geltenden Ordnung nicht viel mehr als zwei gefällige Dirnen, die nebenher auch das Kupplergeschäft für die weltliche Autorität des Kaiser-Pontifex zu besorgen haben. Der Deutsche dagegen baut der Religion einen Thron im Herzen wie seiner Königin und huldiget der Wissenschaft wie einer großen weltgebietenden Macht. Zwischen solchen Völkern ist der Haß instinktartig und jedes Verständniß eine Unmöglichkeit, besonders wenn sie als Nachbarn in täglicher Berührung sind. Der gottesfürchtige, ritterliche Sinn, die Achtung vor dem Weibe und vor dem Menschen als Individuum, sind sie nicht aus den deutschen Wäldern ausgegangen und bilden sie nicht bleibenden Gegensatz, zugleich Schreckbild und Ironie des Russenthums? Aber bei aller Andacht, Freiheitsliebe und Gelehrsamkeit sind wir Deutschen – das wissen die Russen – doch insgesammt geborne Knechte unserer Fürsten, und auf diesen Zug im deutschen Nationalcharakter bauen die Russen ihren Eroberungsplan. Haben sie erst die Fürsten in ihr Netz gebracht, so haben sie in ihrer Meinung auch uns selbst, das deutsche Volk, die Philosophen und geschwätzigen Kathederhelden wie eine willenlose Heerde gefesselt und eingethan, um sofort alles weitere Gerede über „Construktion der Weltentwickelung", über dialektische Selbstbewegung, über Menschenwürde, über Phänomenologie des (Hegelschen) Geistes, und besonders über Staatsverbesserung, über Beschränkung der Gewalt, über Budget und über die heilige Tunika durch Dekorationen und Ruthenhiebe stumm zu machen. Ein Theil des Projektes ist leider zu gut gelungen, und wenn das Fatum für die Wiederlagen deutscher Freiheit nicht fortwährend besser sorgt als die Weisheit unserer Gewaltigen, so wird der Keim des Uebels mitten unter uns bald genug zum Vorschein kommen. Der Anfang ist schon gemacht, die Klage wird täglich lauter, dringlicher, einschneidender und alte Sympathien fangen zu erkalten an. Der Gedanke „man müsse sich bei der notorischen Schwäche und Rathlosigkeit der Führer selber helfen und die träge Gewalt im gemeinsamen Interesse vorwärts treiben" ist für jede bestehende Ordnung der erste Schritt zum Untergang. Die Gewaltträger haben nur die Wahl, entweder den allgemeinen Unwillen des deutschen Volkes gegen das umsichgreifende Russenthum in der ganzen Herbe und Bitterkeit patriotischer Leidenschaft zu theilen und mitzuempfinden, oder auf Schwierigkeiten im eigenen Lande bereit zu seyn. Das letzte wäre überall ein großes Unglück, da die innern und wesentlichen Bedingungen nationaler Existenz ohne zerstörenden und selbstmörderischen Kampf auch in Deutschland nirgend zu unterdrücken und auszutilgen sind. Alle Uebel der Gegenwart, die Bedürfnisse im Innern wie der Mißkredit nach Außen, werden unbedingt, und vermuthlich auch großentheils mit Recht, den verabscheuten Aposteln der Newa-Tyrannei, den Russen und ihren bethörenden Mahnungen und Zuflüsterungen aufgebürdet, weil die Deutschen allerdings an Schwäche und Fahrlässigkeit, unmöglich aber an selbstwillige und bleibende Verblendung ihrer natürlichen Lenker glauben können. Gewiß ist nur, daß man uns in den theuersten Gütern bedroht, die Wächter aber befangen sind, oder die Gefährlichkeit nicht sehen *wollen*. Wenn man indessen ohne offene Ungerechtigkeit auch nicht sagen darf, daß die germanische Triantarchie unter russischer Anleitung geradezu gegen alle billige Ordnung und zeitgemäße Verbesserung ihrer Landesverwaltung conspirire und aus böswilliger Absicht das Uebel verlängern wolle, so weiß man doch, wie nach jeweiligem Stand der

Dinge in Rußland die Zügel der Gewalt auch in vielen andern Landen laxer gehalten oder straffer angezogen worden sind. Ganz irrig wäre am Ende der Verdacht also dennoch nicht, ob er gleich im natürlichen Triebe der Gewalt für Selbsterhaltung seine genügende und verzeihliche Erklärung fände.

Wer aber hat die Schuld, wenn der magische Schimmer, wenn der Heiligenschein, der früher die weltliche Gewalt und ihre Träger umschwebte, in den drei letzten Decennien unseres Jahrhunderts zerflossen ist? wenn, was früher hehr, als unantastbar und über gemeine Aermlichkeit erhaben galt, sich jetzt unter die Kategorie gewöhnlichen Mäkels stellt und den Augen der enttäuschten und nüchternen Menge als eine Gattung höhern Gewerbes, als mehr oder weniger Gewinn tragende Spekulation erscheint? Wir fürchten, die Encyclopädisten des vorigen und die Volksgunstjäger des laufenden Jahrhunderts seyen hier weniger betheiligt als die Praxis der Dynasten selbst. Nur zu häufig hat man im christlichen Europa auf etwas verzichtet, was die Osmanli unter dem Bilde der Abwesenheit gemeinen Haschens nach Besitz und Gut von jeher als nothwendiges Attribut öffentlicher Gewalt erkannten und mit dem Ausdruck „Saltanat" als angebornes Erbtheil ihres Regentenhauses bis auf den heutigen Tag betrachtet und gepriesen haben.

Die weltliche Macht – zu großem Leidwesen sey es gesagt – hat fast überall ihre moralische Unterlage, hat in Europa die hauptsächlichsten Bedingungen wirksamer Existenz beinahe ganz verloren, ja hat sich in den meisten Staaten selbst getödtet und man hält die Plätze für vakant, das heißt, man sucht neue Titel, neue Beglaubigung um wiederherzustellen, was eigene Thorheit vernichtet hat. Denn die Nothwendigkeit einer alles belebenden und befruchtenden, alle Kräfte in sich aufnehmenden und bewältigenden weltlichen Centralgewalt hat man in den Ländern Europas niemals lebendiger gefühlt als in diesem Augenblick allseitiger Bedrängnisse und Bestrebungen der bedenklichsten Natur. Aber man will, daß diese weltliche Centralgewalt der Staaten nicht nur stark, man will, daß sie auch intelligent und ehrlich sey, und das nennen sie die „Revolution". Stark, intelligent und ehrlich zu gleicher Zeit! wahrhaft das ist für menschliche Gebrechlichkeit zu viel verlangt! Welchen Reiz hätte es noch unter solchen Umständen Cazique, Imperator und Rex zu seyn! Fragen, warum und wie es den Europäern nur eingefallen sey, die öffentliche Machtübung an so freudenlose Bedingnisse zu knüpfen, wäre eben so viel als nicht verstehen, warum der Mann im dritten Decennium des Lebens andere Bedürfnisse empfinde und andere Reden führe, als der Knabe von dreizehn Jahren. Oder sind die großen Volkseinheiten nicht denselben Gesetzen moralischen Wachsthumes unterthan wie das Individuum? Deutschland mit dem ganzen Occident ist in diesem Sinne, nach unvermeidlichen Gesetzen und gleichsam legitim, der Revolution verfallen, und es verwahrt sich laut gegen verlängerte Minderjährigkeit und ihre kindische Disciplin. Kann man sich denn gar so hart entschließen, redlich im Geschäft zu seyn und statt launenhaft über corrupte und willenlose Knechte, lieber vernunftgerecht über freie Männer die Gewalt zu führen? Einerseits unwilliges Sträuben der alten Praxis wider jede Selbstreform, und andrerseits unabtreibbares Andringen neuer Bedürfnisse und neuer Ideen rütteln an den Grundlagen aller Staaten, und das Wogen der ringenden Kräfte stellt in Europa ein Schauspiel dar, das selbst die höheren Mächte mit ernstem Blick verfolgen.

Bei dem anerkannten Nothstand der weltlichen Erben der alten Hierarchie sind im latino-germanischen Europa nur noch die *Revolution* und die *Kirche* als die beiden lebendig wuchernden, und die gelähmte Hülle im widerstrebenden Sinne neu beseelenden und befruchtenden Kräfte übrig geblieben. Beide sind zur Hand und bieten ungeladen und nicht ohne Zudringlichkeit ihren „uneigennützigen und wohlgemeinten" Beistand an, um, wie sie sagen, dem aus Selbstverschuldung Gefallenen freundlichst aufzuhelfen und nebenher durch untrügliche Geheimmittel alle Noth der Zeit zu bannen.

Um sich ausschließlich geltend zu machen, feinden sich die nebenbuhlerischen Kräfte natürlich unter einander selbst aufs heftigste an, beschuldigen sich gegenseitig der schwärzesten Absichten und sparen sogar den Vorwurf des Verrathes nicht, als wollte im Grunde jede der beiden helfenden Gewalten die Gantmasse für sich selbst confisciren und nach seligem Hintritt des Patienten den leeren Platz besetzen.

Daß *Vibius Egnatius Tartuffius* in Europa auch wieder einmal souveräne Launen haben, herrschen, Steuern erheben und plündern möchte, ist seines beharrlichen Läugnens ungeachtet eine ausgemachte Sache. Vibius Egnatius hält die Zeit für günstig, hat aber durch ungebührliche, langfingerige, nur alten Bankerottirern eigenthümliche Hast nach dem verlornen Gut zu greifen, den geheimen Sinn und die verdeckte Unterlage seiner geistlichen Proceduren selbst verrathen. Man hat sogar bemerkt, daß Vibius bei jeder Staatskrankentröstung mit Andacht im Gemach herumzublicken und sich von der künftigen Erbschaft gleichsam voraus ein Kleinod auszubitten pflegt, nebenher aber doch immer volle Rechnungen und unbezahlte Forderungen anzumelden hat. Vibius Egnatius Tartuffius wird und kann nicht ruhen bis er entweder selbst zermalmt ist oder bis er Alles gewonnen hat.

Soll das eine Kriegserklärung, ein Akt der Feindseligkeit gegen Vibius Egnatius und ein Tadel seiner geistlichen Praxis seyn? Mit nichten! Wir stellen die aus der Natur großer Kräfte nothwendig hervorkeimenden äußern Erscheinungen, wie der Naturforscher seine Resultate, ruhig und zornlos dem Leser zur Betrachtung hin. Vibius handelt, muß gleichsam und hat folglich ein Recht zu handeln wie es ihm sein eigenstes inneres Wesen gebeut. Wir erkennen und behandeln, gleich den nordamerikanischen Demokratien alle *de facto* bestehenden Kräfte als legitim.

Vibius, wie man aus Büchern weiß, ist schon einmal Herr in Europa gewesen und hat das Geschäft im Großen und mit riesenhaftem Erfolg betrieben, so lange er stärker und intelligenter war als die ihn bekämpfende Gegenkraft. Aber die Kunst das Glück zu ertragen und seine Herrschaft durch Weisheit und Mäßigung, durch Fortschritt und zeitgemäße Verbesserung dauerhaft zu machen und bleibend zu begründen, hat Vibius Egnatius Tartuffius ebensowenig verstanden, als der nun seinerseits tief verkommene Nachfolger im Regiment für sein eigenes Heil aus fremdem Unglück Vortheil zu schöpfen gelernt hat.

Tadeln kann und wird diese Redewendung, diese allegorische Bezeichnung eines an und für sich ehrwürdigen und in seiner ursprünglichen reinen Gestalt für die menschliche Gesellschaft segensvollen Institutes, der Leser sicherlich nicht. Er muß diese Umstellung vielmehr loben und sich im Herzen darüber freuen, weil er sieht, daß wir das Unantastbare vom Verweslichen unterscheiden, daß wir das Heilige in Demuth ehren und nirgend die Kirche als göttliche Heilsanstalt, als Vertreterin überirdischer Interessen und als letzten und einzigen Trost bedrängter Seelen leichtsinnig und frevelhaft berühren, sondern nur das Leviten-Element in seiner irdischen Erscheinung, in seinem Mißbrauch, in seiner Ausartung, in seiner Ironie und Verweltlichung der Analysis unterwerfen. Wir sagen dieses ausdrücklich zur Beruhigung jener einfachen, ungeschminkten und wahrhaft gottesfürchtigen Gemüther, denen es nicht an gesundem Sinn und an Wahrheitsliebe, wohl aber an Standhaftigkeit, an Kraft und Muth gebricht, sich zu deutlicher Erkenntniß und zu selbstständigem Urtheil über das kunst- und trugvolle Labyrinth andächtiger Heuchelei zu erheben.

In der Hand des Menschen kann sich nicht einmal das Göttliche incorrupt erhalten und für schwache Geister muß Bethörung und Irrsal unvermeidlich seyn, wenn sie hohe sittliche Vollendung, wenn sie das in Liebe sich ganz hingebende christliche Erbarmen dicht neben geistlichem Hochmuth und wildem Spuck rasender Zeloten, wenn sie engelreine Sitte und wahrhaft evangelische Gemüthseinfalt neben Gleißnerei, Hinterlist und Tücken durchtriebener und abgefeimter Intriguanten gemeinschaftlich an demselben Bau beschäftiget sehen. Darin besteht eben die Stärke des Vibius Egnatius, daß er das Gute wie das Schlechte, das Gemeine wie das Erhabene, die Kraft wie die Schwäche, die Tugend wie das Laster in gleicher Weise seinem Zwecke dienstbar machen kann.

Vibius hat wie einst Romulus ein Asyl gebaut, wo alle Grade der Tugend wie der Verdorbenheit für gemeinsamen Betrieb Nummer und Zelle haben. Denn Vibius Egnatius hat nur den Einen Gedanken, sich um jeden Preis wieder auf die verlorne Höhe weltlicher Macht hinaufzuschwingen und mittel- oder unmittelbar die oberste Leitung der öffentlichen Dinge in Europa, ja wo möglich in der ganzen Welt in seine Hand zu bringen. Das süßeste aller Gefühle, der berauschendste aller Genüsse ist Befehlen und Gehorsamfinden im großen Styl. Tartuffius fühlt zwar das ganze Gewicht und den vollen Reiz dieses alten Axioms. Tartuffius gesteht es aber nicht offen ein, weil Tartuffius weiß, daß man die meisten Menschen durch Schein und leere Phrasen täuscht und fromme Gaukelei der sicherste Weg zur Herrschaft über die Menge ist. Mit salbungsvoller Miene und in den erbaulichsten Worten versichert Tartuffius, während seine Hand in unsern Taschen wühlt, er verachte die Welt, ihre Reichthümer, ihre Lüste und ihre Macht und sey einzig für das ewige Heil, für die Rettung meiner und seiner Seele aus höllischem Element besorgt. Und obgleich er dieses edle uneigennützige Bestreben, für das er sich zwar hienieden reichlich bezahlen läßt, in Zeitschriften wie in dicken Büchern, in Sendschreiben und Pamphleten wie mündlich vom Katheder und gleichsam von den Dächern herab ununterbrochen rühmen und verkünden läßt, glaubt man ihm doch nicht mehr so unbedingt wie früher, ja man lacht sogar ein wenig über das pharisäischandächtige Geberdenspiel, weil man Tartuffius jetzt besser kennt, weil man hinter dem Heiligenschein den verkappten Spekulanten sieht, und weil man diesem Tartuffius aus der Vergangenheit und aus der *That*, nicht mehr aus den Syllogismen hypokritischer Adepten und imbeciller Eiferer den Leumund stellt.

Tartuffius weiß es, daß ihm die Intelligenz des Jahrhunderts entgegen ist, und daß er bei den Freisinnigen und Nüchternverständigen in ganz Europa nur für einen andächtigen Komödianten und verschmitzten Taschenspieler gilt, vor dessen Praktiken sich jedes wohlgeordnete christliche Gemeinwesen in Acht zu nehmen sucht. Dieses Bewußtseyn ist die Hölle des Vibius Egnatius Tartuffius. Keine Demuth der Einfältigen, keine Huldigung der Blindgläubigen, und selbst die Obedienzen verzagter Könige vermögen es nicht, ihm für diese Qual Ersatz zu leisten. Ja, Tartuffius sieht die leicht errungene Beute heimlich selbst mit Verachtung an. Ihn gelüstet nur nach Uebermannung des starken, des freigesinnten, des selbstständigen, durch falsche Andacht und schlechte Künste nicht zu bethörenden Gegenparts auf Wegen der Gewalt. Denn im Grunde ist es um Tartuffius und seine Andächtigen ein hochmüthiges, herrschsüchtiges, rachgieriges, grausames und unversöhnliches Geschlecht und wären, wie einst bei den Götzenpfaffen des Huitziloposchtli und bei den Schülern St. Dominiks, Schrecken und physischer Zwang überall sein liebstes Argument. Gewalt ohne Insolenz, Macht ohne Rache und zu bestrafende Widersetzlichkeit langweilen am Ende selbst die gleißnerische Sanftmuth eines Tartuffius.

Tartuffius als Obergewaltsherr könnte nur Fürsten wie *Simon Montfort* auf christlichem Throne dulden. Inzwischen sucht Vibius durch Verstellung, durch erheuchelte Sorgfalt und durch kluge Reden dem ersehnten Ziele näher zu kommen. „Seht nur," jammert er den Gewaltigen unablässig vor, „seht nur, dieser Geisterschwindel, dieser Unglaube allein hat die Uebel der Zeit – die Finanznoth, den Pauperismus, die Staatsschulden, Mißwachs, Theurung und verminderte Civillisten verschuldet und die Throne umgeworfen." Dieser Unglaube (an uneigennützige Heiligkeit und Weltverachtung des Vibius Egnatius!), fügt der listige Mahner hinzu, sey die natürliche Frucht der fortschreitenden Wissenschaft, der freien Erkenntnis, des ungefesselten Gedankens, der zügellosen Vernunft, die den Menschen aller Autorität gegenüber stolz, unlenksam, rechthaberisch und begehrlich mache. Und auf die Frage, wie dem Verderben am kräftigsten zu begegnen und die rebellischen Gemüther am leichtesten unter das Joch zu beugen seyen, hat der weise Vibius überall nur eine und dieselbe Antwort, die er aber nur im Stillen und, wie der Tyrann von *Gabii*, allzeit lieber praktisch als theoretisch gibt. Vibius Egnatius hält Fesselung der Vernunft durch Gewaltmittel, Hemmung der Erkenntniß, Monopol der Wissenschaft, Verzwergung der Geister und Verdummung des großen Haufens durch Unwissenheit, Aberglauben, fromme Mährchen und einschläfernden Legendentrug für den kräftigsten, ja einzig wirksamen Talisman, um der alle Ordnung zernagenden Gedankenpest zu wehren. Appell an die Faust der rohen, geistiger Klarheit allzeit abgeneigten Menge wider das kleinere Häuflein der Verständigen, Ehrenhaften, Vorwärtsstrebenden und folglich Unzufriedenen ist anerkanntermaßen *ultima ratio* und Programm dieser mächtigen und wegen ihrer Disciplin und Klugheit mit Recht gefürchteten Partei des streitenden Kirchenthums.

Ob sich der Calcul des Vibius Egnatius als falsch oder richtig erweise, ist eine andere Frage und zwar ganz gleichlautend mit dem Problem: „Ob der auf die geistige und edlere Seite der menschlichen Natur Bauende, oder der auf ihre schlechteren und niedrigeren Triebe Spekulirende ein besserer Rechenmeister sey." Unwissend, roh und abergläubisch zu seyn ist jedenfalls bequemer und mühloser als das Gegentheil. Den meisten Menschen – das soll man nicht vergessen – ist der Verstand zu schwer, vielen die geistige Freiheit ein gefährliches Geschenk und Emancipation des großen Haufens aus den Banden intellectueller Hörigkeit anerkannt die langwierigste, bedenklichste und verwickeltste aller sozialen Schwierigkeiten.

Wer nur das Mögliche bedenkt, dem scheint der Versuch Alles zur Philosophie zu erheben nicht weniger hoffnungslos als das Unternehmen der andern Seite, Alles zum Niveau der blinden frommgläubigen Menge herabzudrücken, unnatürlich, unausführbar, beleidigend für die menschliche Natur und für das sittliche Gefühl empörend ist. Warum will man nicht Licht und Schatten, Wissen und Glauben, Klarheit und thörichten Schwindel friedlich neben einander dulden? Ist denn gar keine Hoffnung des süßen Friedens, des vollständigen und bleibenden Sieges! Ist denn wirklich für beide Elemente unausgleichbarer Streit, ewiger Frohnkampf das unentfliehbare Loos!

Seit dem frühesten Lebensalter ist der Fragmentist mit Vibius Egnatius umgegangen, ist auch von jeher ein großer Bewunderer seines Taktes, seiner Menschenkenntniß, seines Gemeingeistes und besonders der unverdrossenen Zuversicht gewesen, die ihn zu keiner Zeit, selbst in den verzweifeltsten Momenten nie verlassen hat. Vibius Egnatius hat immer Hoffnung und wird in der Arbeit niemals müde wie die Russen, mit deren Praktiken in Betreff standhafter Gier, gewissenloser Zweckmittel und letzten Zieles die seinigen allein zu vergleichen sind.

Denke man sich die geistigen Zustände Deutschlands, wenn es der einen oder der andern dieser dämonischen Gewalten gelänge, unter dem Titel warmen Bruderbundes sich des gefährdeten, durch Vernunftforderungen von allen Seiten gedrängten Königthums zu bemächtigen, und auf den Schultern ihres Schützlings sich zu uncontrolirter Herrschaft in Europa aufzuschwingen! Es ist seit einiger Zeit Sitte geworden, in allen Werken deutscher Geschichte über die Kirchenspaltung des sechzehnten Jahrhunderts, über die Gräuel und die verderblichen Wirkungen des dreißigjährigen Krieges, besonders über die unpatriotische Herbeiziehung des Schwedenkönigs zu jammern und zu deklamiren. In der That, wer könnte diesem vaterländischen Schmerzensruf sein Mitgefühl versagen? Wer das Loos des zerstückelten, verwaisten, in sich zerfallenen, religiös wie politisch unversöhnlich entzweiten Vaterlandes nicht beklagen? Und doch – wir gestehen es ohne Rückhalt – ist die geistige Freiheit, wenn sie andern und wohlfeilern Kaufes in Europa nicht zu erlangen war, auch um diesen furchtbaren Preis nicht zu theuer bezahlt. Seht ihr denn nicht, wie die Dinge auf der iberischen Halbinsel, wie sie in Mexico und Ravenna sind?

In so weit wären wir mit den wärmsten Anhängern des Lichts und der freien geistigen Bewegung auf gleicher Höhe und dem Prinzip nach völlig einverstanden. Nur in der Ansicht wie diese kostbaren Güter, ohne welche das irdische Daseyn und das Beisammenleben der Sterblichen allen Reiz verliert, wider die täglich wachsenden Gefahren und Angriffe des Erbfeindes zu schirmen seyen, herrscht einige Verschiedenheit. Viele meinen das aufsteigende Ungewitter – wenigstens auf der kirchlichen Seite – durch Citate aus dem Neuen Testament zu bannen und glauben fest, wenn sie durch wohl interpretirte Stellen und durch bündige Schlüsse öffentlich bewiesen haben, daß Vibius Tartuffius eigentlich gar kein Recht besitze, die Gewissen der Deutschen zu beunruhigen, kein Recht mit dem Despotismus hinterlistig Allianz zu schließen und plündernd in den irdischen Kapitalstock der Völker herüberzugreifen, so sey alles weitere Bedenken auch schon gehoben und werde Vibius Tartuffius sofort seinen geistlichen Umtrieben entsagend liebevoll innerhalb der legitimen Schranken bleiben. Nicht viel klüger sind andrerseits jene Schirmvögte öffentlicher Freiheiten, die nirgend lärmen wollen, überall

Geduld und Stille predigen und es immer noch für möglich halten, die oberste Gewalt werde ohne alles Mahnen und Drängen von Außen sich selbst reformiren, sich durch eigene Weisheit Maß und Grenzen setzen und belehrt durch die Vergangenheit sich weder dem Leviten-Regiment noch dem Moskowiter-Czar in die Arme werfen. Mit eben so gründlichen Hoffnungen wartet ja auch der Rusticus des Dichters am brückenlosen perennen Strom bis das Wasser abgelaufen sey!

Viele Staats- und Sittenlehrer sind freilich zur Einsicht gelangt, daß die öffentliche Gewalt nur vom animalischen Instinkt der Selbsterhaltung getrieben werde und folglich außer „möglichst breiten Grundlagen" und schrankenloser Wirksamkeit kein höheres Bedürfniß fühle, und daß sie von Natur uferlos und unersättlich nur durch Gewalt zu dämmen sey. Hier liegt die große, die entscheidende Schwierigkeit. „Verwandle du zuerst deine Natur, sey enthaltsam, gerecht, unermüdet, tugendhaft, zähme deine Lüste, steure der allgemeinen Noth und mach uns alle glücklich; wir aber wollen bleiben wie wir früher waren, eitel, habsüchtig, feil, gleisnerisch, Gold, Gewalt und Lust über alles schätzend und den Privatvortheil überall dem allgemeinen Nutzen vorziehend wie es unter uns von jeher üblich war." So ruft die „Revolution" seit fünfzig Jahren der öffentlichen Macht in Europa zu, und meint unfehlbar durch dieses Feldgeschrei das verlorne Paradies der Gerechtigkeit, des Friedens und des Ueberflusses zu erkämpfen und zurückzubringen. Wiederholter und grausamer Täuschungen bedurfte es, um die europäischen Völker über das Grundirrthümliche dieser Hoffnung zu belehren. Keine Veränderung der Regierungsform – jetzt sieht man es freilich hin und wieder ein – hat Bestand und bringt die gewünschte Frucht, wenn die Umwälzung nicht von unten und gleichsam mit dem Individuum selbst beginnt, wenn sie nicht langsam, aber drohend und beengend wie die Wasser der großen Fluth um den Sitz des Uebels kreist. So lange die öffentliche Macht überall corrupte und für jede Schlechtigkeit bereitwillige Instrumente findet, und so lange alles unter und neben ihr käuflich-unterthänig seine Dienste bietet, wird und kann sie ihrer Natur Böses zu thun und über die Schranken zu greifen, menschlicher Weise unmöglich entsagen. Fast jedesmal ist die Staatsgewalt nicht Muster und Vorbild, wie man sagt, sondern im Gegentheil nur moralischer Abglanz und Spiegel der öffentlichen Sittlichkeit. Habt den Muth selbst gerecht zu seyn und ihr werdet auch gerechte Fürsten haben.

Die allmählige Ueberzeugung, daß öffentliche Glückseligkeit ohne öffentliche Tugend, ohne Entsagung, ohne große und peinliche Selbstopfer und ohne beständiges Verläugnen unserer Natur unmöglich zu erzielen sey, hat die Wärme vieler Neuerer und wohlfeil revolutionirender Schwärmer bedeutend abgekühlt und ihre Entrüstung über die verderbte Welt auf ruhigere Temperatur, ja auf ganz andere Wege und Gedanken zurückgeführt. Andere wenden sich

traurig von der Scene weg, wie der reiche Jüngling im Evangelium mit Entrüstung aus der harten Sittenpredigt entwichen ist. Jedenfalls ist die Zahl der
wahren Umwälzer, der standhaften und gefährlichen Gegner der Ungerechtigkeit, der Willkürmacht und der kirchlichen Tyrannei auf dem Continent noch
lange nicht so zahlreich als man glaubt und als für das gemeine Gut zu wünschen wäre. Folglich ist auch innerer Verkommniß ungeachtet vor der Hand
weder für die Gewalthaber selbst viel zu fürchten, noch braucht jene traurige
Menschenklasse, welche die Atmosphäre der Ehrlichkeit nicht erträgt und nur
im Pfuhl der Schlechtigkeit athmen kann, für ihre Ernte schon jetzt besorgt zu
seyn. Sünde, Langeweile und überwiegende Gewalt des Königthums haben
noch gute Frist und unverkürztes Spiel.

Sagen will man nur, daß Umgestaltung der Regierungsform mit Schranken
aus Papier ohne individuelle Gerechtigkeit nur geringen Nutzen wider ungerechte Herrschaft biete, und daß an den Uebeln, die uns drücken, vielleicht die
größere Hälfte der Schuld auf Rechnung der Klagenden selbst zu stellen sey.
Auch fänden wir es ganz natürlich, wenn das europäische Königthum, nicht
beachtend wie es *Raimund VI.* ging, doch größere Neigung für die alter-
probten Künste der römischen Priesterschaft als für die unversuchten Pro-
gramme aus Gülhane blicken ließe; oder wenn es am Ende gar noch den Beistand des die menschliche Natur selbst schändenden Moskowiterthums für
wünschenswerther hielte als eine Restauration durch Vernunft, Tugend und
Sittlichkeit. Es gewähren ja Kirche und Czar nachsichtsvoll nicht nur die
fürstlichem Wesen so dringlich theure *„licentiam peccandi"* in vollem Maße,
sie schaffen auch noch Mittel und die Instrumente zur Sünde selbst herbei,
während auf der andern Seite Vernunft und Sittlichkeit nur Kampf, nur Entbehrung, Einsicht und Selbstverläugnung in Aussicht stellen und schwere
Pflichten aller Gattung auferlegen, die den Königen eben so unbequem und
widerlich als ihren Unterthanen verhaßt und lästig sind.

Wir sind – der Leser sieht es ja – weder Feind noch Schmeichler der Gewaltigen, können uns aber auch anderseits für die hohlen Träume unpraktischer
Schwärmer und Glückseligkeitsdemiurgen nicht mehr leicht erwärmen. Oder
ist denn nicht alles Extreme seiner Natur nach hoffnungslos, und ist Sich-
selbstmaßgeben nicht das große Gesetz, die unerläßliche Bedingung für jeglichen Bestand? Fürwahr, allem Geschrei zum Trotz

Est inter Tanain quiddam socerumque Viselli!

Dagegen wird aber auch gar nicht verhehlt, daß wir unter allen möglichen
Herrschaften und Staatsgewalten für die der Andächtigen noch am wenigsten
Bewunderung empfinden, ja daß uns hypokritisches, gold- und herrschgie-
riges Kirchenregiment, wie es sich jetzt im Occident neuerdings gestalten
will, in voller Ausbildung und letzter Consequenz nicht weniger degradirend,
nicht weniger zerstörend, unmoralisch und unerträglich als byzantinisch-rus-

sische Uebermacht erscheint. Beide verfolgen ja dasselbe Ziel, durch Unterdrückung jeglicher freien Geistesregsamkeit die Gewalt schrankenlos und bequem zu machen, als wenn der europäische Mensch der bittersüßen Frucht der Erkenntniß und Wissenschaft je noch entsagen könnte, oder durch verrückte Pönitenzen noch einmal zur fabelreichen Unschuld des Wonnealters der ersten Welt zurückzuführen wäre!

Wie die Russen ihre Hebel an die Paläste der Könige und Tetrarchen setzen, eben so dienen die Hütten der Proletarier, die schlimmen Leidenschaften der Bedrängten, der Besitzlosen, der allem Können und Wissen abgeneigten stupiden Menge, den Kirchlichen als Hypomochlium im Streit wider die „unverschämten Forderungen der neuen Zeit und des freien europäischen Gedankens." Der unaustilgbare Trieb zum Bessern, ja Gesetz und Natur selbst drängen, reizen, zwingen gegen solche Mächte zum Widerstand und der Kampf zwischen Licht und Finsterniß, zwischen persönlicher Freiheit und schmachvollem Russenthum, zwischen pfäffisch-demüthiger Niederträchtigkeit und freier sittlicher Würde hat noch nie geruht und kann nicht ruhen, so lange die Keime des Edlern, der Tugend und der Ehrenhaftigkeit nicht völlig erstickt und ausgerottet sind. Nur frage man nicht vorwitzig nach dem Ende des wechselvollen Streites! Das Ende des Widerstreites zwischen dem Schlechtern und dem Bessern wird zugleich das Ende unseres Erdenlebens seyn. Die Verzagten verlangt es freilich nach schneller Ruhe, und die Kurzsichtigen träumen bleibenden Sieg aus ephemerem Apparat. Festere Gemüther haben der Hoffnung auf beides entsagt, sind aber dennoch heitern Sinnes und zur Tath bereit, weil entschiedener Wille, weil klares Erkennen der Zustände und des nicht zu ändernden, aus unserer corrupten Natur selbst entsprossenen Looses Ergebung und Gleichmuth schafft.

I.

Wasserfahrt von Regensburg nach Trapezunt.
Im August 1840.

Das Problem ist glücklich gelöst. Am 8. Juli um 5 Uhr früh bin ich von Regensburg abgereist und am 10. August um dieselbe Stunde fielen die Anker auf der Rhede vor Trapezunt. Die Entfernung dieser beiden Orte, mit dem Umweg über Konstantinopel, ist nahe an 600 geographische Meilen, was in der Sprache der Seeleute 2400 Miglien macht. Und diese lange Strecke aus dem Herzen Deutschlands bis ins Land der Kolchier im innersten Winkel des Pontus Euxinus kann jetzt der Mensch in verhältnißmäßig kurzer Frist, ohne sich zu ermüden, ja gleichsam ohne Fußtritt auf festem Land, in glänzenden Prunksälen unter Mahlzeiten, Spiel und Büchern mit mäßigem Aufwande durcheilen. Ist das nicht eine Revolution neuer und eigener Art, die man im Grund ausschließlich der hochherzigen ungarischen Nation verdankt? Mit dem Füllhorn und der Friedenspalme in der Hand, geht das neue Europa auf Eroberungen aus, und mit diesen Waffen hat das große Imperium an der Donau sich die schönere Hälfte des Abendlandes tributär gemacht. Von den 33 Tagen der Reise bin ich drei Tage unwohl in Linz, neun Geschäfte halber in Wien, einen zu Orsova, drei zu Galacz und vier in Konstantinopel, um das Dampfboot des schwarzen Meeres zu erwarten und die nöthigen Besuche in Bujukdere zu machen, stille gelegen, so daß für die eigentliche Fahrzeit von der Station in Regensburg bis auf die Rhede von Trapezunt nur *eilf* volle Tage bleiben. Zwar habe ich vom ersten bis zum letzten Tage gewissenhaft Journal gehalten, finde aber den Inhalt so reizlos, leer und unbedeutend, daß ich durchaus nicht den Muth habe, über diese Eilfahrt auf der Donau und dem euxinischen Pontus umständlichen Bericht zu thun. Das deutsche Publikum, durch sprudelnden Witz aus Elephantine und Dongola verwöhnt, liebt es nicht mehr, daß man ihm von hochmüthigen Magyaren, von Erlenwäldern bei Mohacz, von Syrmiern und Walachen, oder gar von dem fürchterlichen Volke rede, welches hinter dem Pruth haust und den Schlüssel der Zukunft Asiens und Europas in Händen hat. Das Thema des Tages ist der Nil, der große Menschenbeglücker Mohammed Ali, seine Krokodille und seine Büffelkühe, mit denen man weiland das neue Hellas zu bevölkern dachte.

Während ich die Donau herabglitt, im goldenen Horn herumgondelte, die fluthende Strömung des Bosporus durchschnitt, mühvoll den Hügel von Pera hinaufkeuchte und endlich reißenden Fluges in seiner ganzen Länge über den Euxinus schiffte, sann ich immer auf Inhalt, Form und Wendung eines anatolischen Wanderartikels, konnte aber – weniger behende und glücklich als andere – nicht einmal über die erste Phrase mit mir selbst einig werden, und „der Stambul", der mich nach Trapezunt gebracht, hat außer wenigen Zeilen zur Beruhigung sorglicher Gemüther, keine Kunde über den neuen Argonautenzug nach Europa zurückgetragen. Geschenkt bleibt indessen nichts; und wenn mir Gott Leben und Gesundheit fristet und die Heimkehr gönnt, denke ich das liebe Publikum seiner Zeit doch mit dem Abdruck wenigstens einiger Bruchstücke des Tagebuchs heimzusuchen. Da hat man Zeit, die Sache reiflich zu erwägen, sich in fremden Schriften Raths zu erholen, zu malen und zu pinseln, zu verdecken und herauszuheben, so daß zuletzt selbst Alltägliches und an sich Unbedeutendes durch Kunst Leben und Farbe gewinnt. Bis dahin begnüge ich mich hie und da schmucklos, kurz und flüchtig, wie die Welle am Leanderthurm, kleine Notizen an freundliche Seelen in Deutschland zu senden. Die Gelegenheit fehlt nicht, da in dieser Jahreszeit jede Woche wenigstens zwei, gewöhnlich sogar drei Dampfboote auf der Rhede von Trapezunt erscheinen.

Von den 2400 Miglien Wegs kommen, alle Krümmungen und Wendungen eingerechnet, 1440 auf die Donau von Regensburg bis zur Mündung bei Suline; 360 von da bis Konstantinopel und 600 von der Station im goldenen Horn bis Trapezunt. Müßte man nicht siebenmal das Fahrzeug wechseln und gäbe es keine Mauth- und Paßvisiten, besonders keine Katarakten und Stromschnellen an der untern Donau, so gliche die Fahrt in der That einem Feenmährchen aus Tausend und Einer Nacht.[1]

Wegen dreistündigen außerordentlichen Aufenthalts kamen wir am ersten Reisetag kaum in 16 Stunden von Regensburg nach Linz, dagegen von dort nach Wien in 10 Stunden. Von Wien nach Pesth ging es in 18 und nach vierstündigem Ausruhen in 13 Stunden nach Mohacz, wo vor Anker übernachtet wurde. Von dort nach Semlin schifften wir am folgenden Tag in 18 Stunden Zeit und, erquickt durch Schlaf und reichliche Mahlzeit, in 10 andern, Belgrad und die lieblichen Höhenzüge Serbiens vorüber, nach *Drenkova*, wo Glückseligkeit und schwelgerisches Leben vor der Hand ein Ende hatten. *Drenkova* ist nur ein isolirtes Haus etwa fünf Stunden unterhalb *Moldova* am linken Donauufer mit Canzellei und Magazin, in grüner Einöde von der Administration der Dampfschiffe erbaut. Am 24. Juli um 1 Uhr Nachmittags ward gelandet und sämmtliche Wanderer mit Aufhebung alles aristokratischen Unterschiedes der bisher streng gesonderten Plätze wurden zugleich mit der ganzen Last des Gepäckes auf ein schmales, von acht Matrosen getriebenes Ruderschiff geworfen und in der Gluthhitze des Tages über die Stromschnellen und verdeckten Felsenriffe in reißender Strömung auf die Station nach *Orsova* gebracht. Die Qual dauerte fünf volle Stunden und war um so unerträglicher, je schöner die Landschaft ist, durch die sich der Fluß in ruhiger Majestät zwischen hohen, bis an den Gipfel mit Laubwald bedeckten Felsenufern zum eisernen Thor hinunterwälzt. Hier ist gleichsam der *Bosporus* der Donau, eine schweigsame, nur vom dumpfen Ton des über Felsen brandenden Stromes belebte Wildniß der lieblichsten Natur. Dichtes Eschengebüsch, Wallnußbäume, Linden, Pappeln, dunkler Eichenwald in milden Schwellungen, riesiges Gestein, thurmhoch im warmen Grünlaub aufgeschichtet, voll Geklüfte und abenteuerlicher Steingebilde, die neue Kunststraße mit römischer Kühnheit am linken Ufer ausgemeißelt, der Glanz der Sonne, die beim Vollstrom nur kurz rauschenden Katarakten, endlich die Kühle aus der Felsenschlucht, wo die Ufer am engsten und höchsten – die langen Baumschatten und die Abendstille ließen einen schwer zu beschreibenden Eindruck in der Seele des vorübereilenden Wanderers zurück.

In Orsova blieben wir die Nacht und den anderen Tag (25. Juli) bis 5 Uhr Abends, um die Pässe zu ordnen und alles zum Uebertritt aus den kaiserlichen Staaten in das verpestete Türkenland gehörig vorzubereiten. Das nächste Dampfschiff lag aber noch zwei Stunden unterhalb bei Tschernez, gegenüber der serbischen Ortschaft Skela Cladova am walachischen Ufer, und wir mußten noch einmal auf eine Ruderbarke; aber diesmal war sie breit, bequem, luftig, in der Abendkühle und vom Kapitän selbst geleitet, der von der Skela heraufgekommen, um Ladung und Fremde aus den Händen der österreichischen Quarantaine-Beamten zu übernehmen.

Die türkische Festung *Neu-Orsova*, auf einer Insel mitten im Strom und in Ruinen, wie der Islam selbst, mahnt an das Eiland *Philä* in Nubien und sein zerfallenes Heiligthum. Beide Inseln sind ungefähr von gleicher Größe, Nil wie Donau zwischen hohen Ufern zusammengedrängt; nur sieht man in Europa ringsumher Wald und Schatten, in Libyen Granit und verbranntes Gestein.

Eine Stunde unter Philä rauscht der Nil durch die Katarakten, eine Stunde unter Neu-Orsova braust der Ister durch die Schreckenspforte binnenländischer Abenteurer, durch das „eiserne Donauthor". Ein Felsen-Plateau, etwas mehr als eine Viertelstunde breit, mit zahnförmig über den Wasserspiegel her-vorstechenden Spitzen, streicht schief über den Strom und bildet bei niedrigem Wasserstand eine schauerliche Katarakte mit Tosen, Wirbeln und furchtbarer, weithin hörbarer Brandung. In der Mitte und zu beiden Seiten des grausenvollen Zincken-Kammes hat Natur oder Kunst gleichsam drei Thore oder Ausgänge aus dem zackigen Steingewirr für kühne Schiffer aufgethan. Hier hat es vielleicht einiges Bedenken, und nicht ohne Bangigkeit sahen wir die ärmliche Barke mit reißender Schnelligkeit durch die Krümmungen der gähnenden Kantenlücke am walachischen Ufer in das stille Fahrwasser hinuntergleiten. Nach überstandener Gefahr versicherte dann freilich einer den andern, daß er durchaus nichts von Furcht empfunden habe. Wie am Nil, kann man auch hier zur Zeit des Hochwassers mit Hülfe von 50–60 Paar Ochsen kleinere Schiffe sogar stromaufwärts bringen. Zugleich endet aber auch bald unterhalb des Thores der romantische Charakter des Donauflusses und seiner Ufer. Von nun an wird das Land auf der walachischen Seite flach, traurig und trostlos, wenigstens für Leute, die aus Germanien kommen, wo man Wald und Berge liebt. Das serbische Ufer jedoch bleibt dem Charakter hügeliger und buschreicher Lieblichkeit bis an die Landesgränze im Timok-Delta ohne Unterbrechung treu. Tschernez selbst hat auch nur erst ein einziges europäisches Haus, worin der Arzt der Donaugesellschaft wohnt; das übrige sind aus Stroh, Schilf und Schlamm zusammengepappte Zigeunerhütten.

Morgens früh (26. Juli) ging es auf der „Pannonia" über die im Wasser begrabenen Pfeilerreste der Trajansbrücke und an der bulgarischen Grenzfestung Widdin vorbei, in 16 Stunden nach *Rahova*, wo wir vor Anker übernachteten; dann in 12 Stunden bis *Giurgewo* und von dort in 19 nach *Ibrail* (Braila), wo man das drittemal vor Anker schlief. Von Ibrail nach Galacz ist nur eine Stunde Fahrzeit, und am 29. Juli Morgens wurde daselbst ans Land gestiegen, um die Ankunft des von Konstantinopel heraufschiffenden „Ferdinando Primo" abzuwarten. Galacz ist schon eine sehr große Stadt, aber ganz aus Brettern und Koth zusammengeleimt, voll Grind, Staub und handeltreibenden Juden, bei 35° Wärme und einem einzigen, ärmlichen Einkehrhaus nach Art des Morgenlandes. Jedoch fängt man an Steinhäuser zu bauen und die Straßen mit Hochpflaster zu versehen. Auch Gasthöfe sind im Antrag und vielleicht noch in diesem Jahre zu besserer Bewirthung der Fremden bereit. Die Rast in diesem gesegneten Orte dauerte dritthalb lange Tage, deren Last ich aber nach zufälliger Bekanntschaft und gastlicher Aufnahme im Hause des k. k. österreichischen Consuls, Hrn. v. Huber, eines kenntnißreichen und feingesitteten Mannes, nur kurze Zeit zu ertragen hatte. Physisch und geistig gelabt und mit neuen Empfehlungen versehen, kam ich am 31. Juli Abends von der Hochstadt auf den Strand herab und bezog mit nur noch zwei andern Fremden den geräumigen Saal des „Ferdinando". Die große Masse der Reisenden begnügte sich mit einem Platz auf dem Verdeck. Die Nacht blieb man noch vor Anker und am 1. August schwamm das Boot nach eilfstündiger Fahrt um 3 Uhr Nachmittags durch die Donaumündung bei Suline in das schwarze Meer hinaus. Der Strom ging voll und tief, und zu beiden Seiten des Ausflusses sieht man neugebaute Häuser der Russen, ein Kirchlein mit kuppelförmigem, hölzernem Glockenthurm und einen Felberhain. An der Kapitänstafel aßen wir Birnen aus Trebizonde, erreichten nach einer stürmischen Nacht am 2. August Nachmittags 3 Uhr die Rhede von *Varna*, und Tags darauf um 10 Uhr Morgens den Eingang des thracischen Bosporus und noch vor 12 Uhr Mittags rollte der Anker auf den Grund des 150 Fuß tiefen goldenen Horns zu Konstantinopel nieder. Die Summe der wirklichen Fahrzeit von Regensburg bis zum Landungsplatz, im Angesicht des großherrlichen Serai, betrug nur 196 Stunden Zeit, d. i. 8 1/6 Tag. Abwechselnd mit der „Pannonia" geht die „Argo" alle 14 Tage einmal am *türkischen* Ufer bis *Czernavoda*, von wo man Passagiere und Gut in *acht* Stunden Zeit, auf Wagen nach Kostendschi an das Pontusufer bringt, so daß schon öfters Reisende aus Wien am neunten Reisetag in Konstantinopel waren.

Die eleganten Herren und Hofgelehrten im Hauptquartier Mark Aurels klagten zu ihrer Zeit bitterlich über die unästhetischen, langen, bretternen, gräßlichen Gesichter der Donauanwohner von *Lorch* bis *Vindobona*. Was würden diese Verzärtelten heute sagen? Oberösterreich ist wie ein herrlich angebauter englischer Park und gerade das gemeine Volk im Allgemeinen von ausgezeichneter Wohlgestalt. Der schlanke Wuchs, die feinen Züge und das frische Blut der Jugend beider Geschlechter unter dem Bürger- und Bauernvolke jener Gegend muß jeden Fremdling aufs freundlichste überraschen, während es in Europa Länder gibt, wo die besser genährten und sogenannten höheren Klassen der Bevölkerung nicht viel feiner aussehen als Zigeuner oder Bärentreiber. Dazu rechne man noch den milden Sinn und die Rechtlichkeit, wovon ich schon früher, besonders aber dießmal in dreitägigem Aufenthalt wiederholte und auffallende Proben erfuhr, und man wird begreifen, daß ich den Unfall wenig bedauerte, der mich in diesem schönen Theile des eben so klug als glücklich regierten Oesterreichs einige Tage zurückgehalten hat. Daß ich einen der 32 Maximilianischen Festungsthürme, dann die „frommen Jesuiten-Väter" in ihrer romantischen Einöde auf dem Freien-Berge, ebenso den lieblichen Waldhügel ober dem Calvarienberge auf dem rechten, und das wundervolle *Pöstlin* am linken Ufer der Donau besuchte, um das Panorama einer unvergleichlich schönen Landschaft zu betrachten, versteht sich ohnehin. Man hat seit Napoleons Fall und seit der Herrschaft der liberalen Ideen in Europa das aristokratische Oesterreich in sehr abweichendem Sinn beurtheilt, aber die Kritik beginnt allmählig zu verstummen, ja fast in das Gegentheil umzuschlagen, weil im Grund genommen der Erfolg die letzte und inappellable Instanz alles menschlichen Sinnens bildet. Heute, wo man sich in Europa zählt und ein Volk das andere mißt und nebenher genau berechnet, wie weit Kraft und Wille reicht, darf sich Oesterreich rühmen, seiner Schweigsamkeit ungeachtet in allen Künsten des Friedens wie des Krieges mit den gewecktesten und verfeinertsten Nationen des Occidents auf gleicher Höhe zu seyn.

An Pesth, das wir erst um Mitternacht erreichten und um 4 Uhr Morgens wieder verließen, wollen wir ohne Erinnerung vorüber ziehen, nicht etwa aus Mangel an Redestoff – wir könnten ja ebenfalls *Hammer* plündern und hundertmal Gesagtes als Variante wiedergeben; – wir haben uns aber nun einmal vorgenommen, dem Leser ohne Sykophantenkunst nur Selbstgesehenes und Selbstempfundenes in möglichst treuem Bilde vorzumalen.

Desto reichern Stoff zu Betrachtungen höchst ernster Natur böte auch bei nur mäßiger Redseligkeit das alte Bulgarenland, nicht sofast weil unser Fahrzeug in vier Stationen der ganzen Länge nach von Widdin bis zur Donaumündung am nördlichen Rande dieses weiland berühmten Slavenreichs vorüberstrich, oder daß irgend ein kirchlicher Gährungsprozeß das geplagte Christenvolk zwischen Balkan und Donaustrom in Furcht und Hoffnungen bewegte wie das deutsche Land. Nein, das wäre noch kein Grund, die fliehende Skizze festzuhalten und noch innerhalb des Suline-Thores im Laufe stillzustehen. Man weiß ja, daß wir den Volksglauben aller Orten duldsam schonen und besonders geistlichem Gewerbe überall mit Respekt aus dem Wege gehen. Und hätte man auch im Gegensatz zur baumlosen, öden, traurigen Humusfläche des Wlachen-Ufers das schwellende Hügelland des Bulgarensitzes, die reichen Laubholzwälder und hellgrünen Triften in der Nachbarschaft des lieblichen Nicopolis beim Vorüberschiffen wahrgenommen, so wäre auch dieser Landschaftsunterschied der beiden Uferstaaten mit wenigen Worten anzudeuten ohne längern Aufenthalt. Wahrheitsliebe zwänge sogar, beschränkend beizufügen, daß auch dieser Zug bulgarischer Lieblichkeit mit Baumschatten und quellenreicher Fülle schon um *Rassova*, wo sich der Strom in rascher Wendung nördlich beugt, allmählig ganz erstirbt und die melancholische Färbung des braunrothen, völlig nackten, ausgetrockneten, trostlosen Erdreichs der sogenannten Dobrudscha, weit eher die Nachbarschaft des todten Meeres als des „gastlichen" Pontus vermuthen ließe. Auf die Frage: *welcher* Ort unserer Wanderzüge in der Seele den meisten Trübsinn, die meiste Niedergeschlagenheit und Melancholie zurückgelassen, müßte man unbedingt bulgarisch *Hirsova* an der untern Donau nennen. Die nubische Wüste mit all ihren Schrecknissen schien uns weniger kläglich, ja Dank den phantastischen Schwingungen ihrer Terraingebilde, sogar noch romantisch ausgeschmückt, wenn neben das Bild des zwischen zwei konischen, von Frost und Sonnengluth röthlich versengten Hügeln eingekeilten Hirsova hingestellt. Castell und Städtchen haben die Russen im letzten Kriege, wie alle befestigten Uebergangsorte des rechten

Stromufers, in vorsichtiger Berechnung abgebrochen, die Türken aber aus Indolenz nicht wieder aufgebaut. So weit das Auge reicht, nicht ein einziger Baum, nicht einmal ein verkrüppelter Strauch, nirgend Schatten, kein Labsal, und wir begriffen nicht, wie der Mensch in solcher Trübsal seine Hütte bauen mag. Selbst der Strom, als wäre er alt und müde vom langen Lauf, sinkt schlapp auseinander und wälzt schweigend zwischen gedehnten, kaum über den trüben Wasserspiegel steigenden, schilfverwachsenen Schlamm-Eilanden ohne Ungestüm und ohne Kraft die matte Fluth vorüber. Doppelt grauenvoll mußten in solcher Oede die wilden Reitervölker, die Hunnen, Avaren, Petschenegen und Mongolen für die verzagten Byzantiner seyn, wenn sich ihre blut- und beutelüsternen Schwärme wolkenähnlich am Strome niederließen und den Bosporus bedrohten. Hier vom Schicksal ereilt zu werden, wäre ein doppelt jammervolles Loos. *Tomi*, an dem man zwischen Suline und Varna vorüberschifft, ist nicht reizender, ja wo möglich noch trauriger als die Landschaft um Hirsova, weil in Ovids Verbannungsort sogar die matte Felberweide und das düstere Grün des Donau-Schilfes fehlt,

Adspiceres nudos sine fronde, sine arbore campos.

Nur Schulgelehrte, denen die eigene Schattenlaube Maaß für alle Zonen ist, können dem Sänger der „*Tristia*" Verweichlichung und unmannhaften Sinn zum Vorwurf machen, wenn er das Leben in der weltherrschenden Roma des Cäsar Augustus entzückender und wünschenswerther als die Seligkeiten der Donaumündung und des Pontusstrandes fand.

Daß uns aber die dreitägige Rast im sommerheißen Galacz ebenfalls das Recht verliehe, irgend ein Compendium aufzuschlagen und den Leser übersichtlich mit der Geschichte der beiderseitigen Uferstaaten Moldowlachia und Bulgarei, vom Anbeginn der historischen Kenntniß bis zu dieser Stunde heimzusuchen, und insbesondere die Donau-Uebergänge von *Darius* bis *Diebitsch-Zabalkansky* umständlich aufzuzählen, soll nach dem Exempel vielgepriesener Wanderbücher hoffentlich von niemand bestritten werden. Gewiß könnten wir mit nur etwas Unbarmherzigkeit zum wenigsten die Uebergänge der Slavenvölker (vom 6.–9. Jahrhundert) und ihre Einsiedelung auf byzantinischem Boden zusammenregistriren und den Hartgläubigen unserer Zeit wie im Kaleidoskop vorüberführen. Jedoch auf alle diese Rechte wollen wir verzichten, wollen alle diese Erinnerungen für uns selbst behalten und nur im Vorübereilen ein Wort über die Bulgarenfestung *Silistria* und die Russen sagen. Wir sind zwar in Silistria (*Dorystolon* und *Dristra* der Byzantiner) nicht selbst an's Land gestiegen, haben aber seine Lage auf dem waldigen, von tiefen Erdrissen umfurchten, reben- und gartenreichen Hügel am Einfluß des Dristrabaches in die Donau deutlich genug gesehen. Auch der Nichtstratege muß in Silistria ein von der Natur selbst erbautes und gleichsam sich selbst schirmendes Bollwerk der Donauländer erkennen und es den Russen gar nicht übel nehmen, wenn sie sich bei Zeiten und wiederholt um diesen Punkt bemühten. Wären sie nicht früher als unter Katharina II., wie man sichs gewöhnlich denkt, vor der Festung erschienen und hätten sie diese berühmte Vormauer des Türken-Sultanats nach unsäglichen Anstrengungen wirklich in unsern Tagen (1829) zum Erstenmale in ihre Gewalt gebracht, so hätten wir nichts zu erinnern gehabt und wären ohne Rückblick auf vergangene Zeiten gegen Wind und Wellen an den traurigen Schilfeilanden des Donau-Delta vorüber in den Pontus hinaus geschifft. Die Russen haben aber schon um 967 unserer Zeitrechnung, d. i. mehr als neunthalbhundert Jahre vor Diebitsch-Zabalkansky Silistria und das ganze Bulgarenland bis an die Hämuspässe in ihrer Gewalt gehabt. In Swätoslaw, dem noch heidnischen Großfürsten und ersten Eroberer Bulgariens, spiegelt sich Natur und Schicksal des russischen Staats urvorbildlich für alle Zeiten schon im Laufe des zehnten Jahrhunderts ab. Kaum gegründet durch die Scandinavierfamilie *Rurik* (862) erkannte dieses große Slavenreich seine Weltbestimmung und sein Geschick, und wälzte wie von wildem Instinct getrieben mit hartnäckiger Beharrlichkeit die Wellen seiner Kraft nach Byzanz herab. Von Groß-Nowgorod ward der Herrschersitz nach Kiew am Dnieper verlegt, um dem Brennpunkt aller Slavensehnsucht, der Kaiserstadt (Tsarigrad) im günstigen Augenblick näher zu seyn. Diese frühzeitige Standhaftigkeit der Russen-Politik ist um so mehr zu bewundern, da die ganze Nordküste des schwarzen Meeres mit den Landschaften, die man heute Ukraine, Bessarabien und Moldowlachia nennt, damals in der Gewalt des nomadischen Reitervolks der Petschenegen standen, die den abenteuernden Russen den Weg verlegten und allen unmittelbaren Verkehr zwischen Konstantinopel und Kiew unmöglich machten. Man weiß, daß die Russen dieser Hemmniß ungeachtet durch kühne Benutzung der Fluß- und Küstenfahrt schon unter Swätoslaw's unmittelbaren Vorfahren (879–944) dreimal in großer Macht vor Byzanz erschienen und sich das vierte Mal nur durch Bitten, Gold und Tribut des verzagten Imperators besänftigen und an der Donaumündung zu Frieden und Freundschaft bewegen ließen. Aber ein Russenfürst, der *leben* will, kann und konnte niemals ruhig bleiben. Swätoslaw fühlte das Beengende seiner Stellung und drang mit gleicher Heftigkeit gegen Don, Kaukasus und Pontus Euxinus vor, bis ihn die Thorheit des griechischen Hofes durch Uebersendung von fünfzehn Centnern Goldes zu einem Angriffskrieg wider das verhaßte Bulgarenreich verlockte und somit das russische Ungewitter herwärts auf die Gipfel des Hämus rief. Der Großfürst erschien mit 60,000 Mann Fußvolk an der Donaumündung, schiffte in unabsehbarem Zug den Strom herauf, schlug die Bulgaren am Landungsplatz und nahm mit der Festung Dristra (Silistria), wohin sich die Ueberwundenen geflüchtet hatten, zugleich das ganze Reich in Besitz (967 n. Chr.). Das Schrecken über die raschen Erfolge der Russen war so betäubend, daß man zu Konstantinopel eilig die Festungswerke ausbesserte und sogar die Wurfmaschinen auf die Mauer stellte, als wäre Swätoslaw mit seinen „thierisch-ungestümen" Sieger- schaaren schon vor dem goldenen Thore aufgestellt. Ein Angriff der Petsche- negen auf Kiew nöthigte zwar den Großfürsten mit einem Theil des Heeres heimzueilen, er gestand aber nach Vertreibung des Feindes in der Bojaren- Versammlung ohne Scheu, „er wolle und könne nicht mehr in Kiew bleiben, weil ihm der Aufenthalt in seiner neuen Bulgarenresidenz *Preßlava* (Prästh- lava der Byzantiner und Breslau der Deutschen) weit erfreulicher als in Kiew sey. Aller Reichthum der Kunst und Natur fließe in der bulgarischen Haupt- stadt als im Mittelpunkt des Landes zusammen. Griechenland sende Gold, Seidenstoffe, Wein und edle Früchte; aus Böhmen und Ungarn bringe man Silber und Pferde, und die Russen kämen mit Pelzwerk, Honig, Wachs und Sklaven." Ueberhaupt meinte der barbarische, aber wie es scheint, nicht kurz- sichtige Rurikfürst, *nicht blos Bulgarien, sondern das ganze griechische Reich in Europa müsse sammt Böhmen und Ungarn das Gesetz von den Russen empfangen.* Swätoslaw begnügte sich nicht mit Reden, er handelte auch nachdruckvoll, stieg mit Macht über den unvertheidigten Hämus nach Thracien hinab und bestrafte den Widerstand der halb griechischen, halb bul- garischen Bürgerschaft in Philippopel nach Eroberung der Stadt in slavisch- wilder Grausamkeit durch Pfählung von 20,000 Männern, gleichsam als wären es meineidige Rebellen wider gesetzliche Obrigkeit. Zum Unglück für die Russen hatten sie es mit einem Gegner zu thun, der zwar durch Kaiser- mord auf den Thron gelangte, aber sonst ein ungemein gottesfürchtiger Herr, ein höchst andächtiger Christ und nebenher kluger Staatsmann und trefflicher Stratege war. Johannes Tzimisces wollte sich anfangs die Russen auf dem Wege der Unterhandlung vom Halse schaffen und ließ durch einen Gesandten dem Großfürsten zu wissen thun, er möge nun, da er die vertragsmäßige Ent- schädigung (15 Cent. Goldes) für seinen bulgarischen Heereszug erhalten habe, das Land räumen und wieder in sein angestammtes Reich nach Kiew zurückkehren, indem Bulgarien nicht den Russen, sondern von Alters her dem römischen Imperator von Byzanz gehöre. Aus der Antwort des Großfürsten merkte Tzimisces freilich schnell, daß auf diplomatischem Wege mit den Rus- sen nichts auszurichten sey und daß man diesem Volke mit andern Mitteln kommen müsse. Nur gegen Erlegung einer „sehr großen Summe Goldes" und gegen baare Ablösung der Kriegsgefangenen sammt allen eroberten Städten, antwortete Swätoslaw, werde er das ihm so reizend scheinende Land verlas- sen; können oder wollen aber die „Römer" die verlangte Summe nicht zusam- menbringen, so mögen sie selbst ungesäumt die europäischen Provinzen räu- men, auf die sie ohnehin kein Recht hätten, und sich nach Asien zurückziehen; das sey die einzige und letzte Bedingung, von den Russen Frieden zu erhalten. Swätoslaw sandte nur eine Abtheilung des Heeres über den Hämus, hielt mit einer zweiten die Bulgaren-Residenz Präßlava in Zaum und lagerte mit dem Hauptcorps in dritter Linie bei Silistria (Dristra), wo zugleich die einzige Hoffnung im Unglück – die Fahrzeuge standen, die ihn und seine Kriegsgefährten aus der Heimath nach Bulgarien getragen hatten. Erst im fünften Jahre russischer Herrschaft im Lande, nachdem man mit abwechselndem Glücke diesseits der Gebirge gestritten hatte, zog endlich der Kaiser selbst zu Wasser und zu Lande wider Swätoslaw. Tzimisces drang unvermuthet durch die Pässe, stand wider alles Erwarten der sorglosen Russen vor Präßlava, nahm in Folge eines scharfen Gefechtes Stadt und Burg und rückte mit der ganzen Macht vor Silistria, wo die byzantinische Branderflotte zum Schrecken der Russen zugleich erschienen war. Nach sechs mörderischen Schlachten, die Swätoslaw seinem kaiserlichen Gegner im offenen Felde außerhalb der Festung lieferte, war das russische Heer auf 22,000 Mann geschmolzen und die Hoffnung des Sieges aufgegeben. Schon nach dem fünften Gefecht beriethen sich die Russen, ob man fliehen oder kämpfend sterben soll? „Siegen oder rühmlich untergehen" (ἢ νικῶντας ζῆν ἢ εὐκλεῶς τελευτᾶν) war der einmüthige Beschluß und man ging ungebrochenen Muthes zum letzten Gefecht hinaus, in welchem, wie in allen früheren, ein Seitenangriff von 13,000 geharnischten Lanzenreitern den lange zweifelhaften Sieg endlich, am Abend noch, zum Vortheil des kaiserlichen Heers entschied. Bedenkt man, daß die Russen ohne Reiterei, wie ohne Verbindung mit der Heimath waren und einem großen Kapitän gegenüber standen, so brauchen sie sich der Capitulation von Silistria eben so wenig zu schämen, als ihre späten Urenkel über die Bedingnisse von Austerlitz zu erröthen haben. Swätoslaw verlangte Waffenstillstand und versprach Bulgarien zu räumen und die Gefangenen ohne Lösegeld frei zu geben, wenn der Kaiser seinerseits gelobe, die Russen weder beim Aufbruch noch auf der Wasserfahrt durch seine Branderflotte zu beunruhigen, die nöthigen Lebensmittel für das besiegte Heer zu liefern und den Russen noch ferner den alten Handelsverkehr in Konstantinopel zu gestatten. Der Kaiser, der des Friedens bedurfte, willigte mit Freuden in Alles, und nach förmlichem Abschluß des Vertrags sahen sich beide Gegner außerhalb der Festung am Donaustrom. Der Kaiser hielt mit seiner geharnischten Reitergarde am Ufer, der Großfürst blieb auf der Ruderbank des Kahnes sitzen, in welchem er herausgekommen war; er sagte nur einige Worte über den Frieden und kehrte wieder in die Stadt zurück. Ein Augenzeuge, der byzantinische Hofdiacon *Leo*, hat die Scene beschrieben und der Nachwelt zugleich das Conterfei des Russenfürsten aufbewahrt. Swätoslaw war mittlerer Größe und von zierlichem Ebenmaß der Körpertheile: struppige Brauen, Eulenaugen, stumpfe Nase, Kinn ganz und Kopf bis auf je eine an den Schläfen herabhängende Locke glatt geschoren, die Oberlippe von dichten weitherabreichenden Barthaaren beschattet, kräftiger Nacken, breite Brust, Goldschmuck mit Carbunkel zwischen zwei Perlen in dem einen Ohr, und endlich ein finsterer melancholisch-wilder Blick sind die übrigen Züge im Bild des Ruriksohnes vor Silistria. Der Fürst trug bei der Unterredung ein weißes Gewand, nicht schöner, aber reinlicher als die Gefährten, und schwang beim Kommen und Gehen das Ruder wie der gemeine Mann. Dieses Russen-Epos vor Silistria ist vielleicht das lehrreichste Ueberbleibsel der byzantinischen Geschichte. Der standhafte Muth und die Todesverachtung, mit welcher das russische Fußvolk sechs Mal hintereinander in das Treffen ging, erfüllte selbst die siegenden Byzantiner mit Entsetzen. „Die Russen fliehen nicht," sagt Leo Diaconus.[2] Die gigantischen Gestalten und der wilde zornvolle Blick der Soldaten Swätoslaws haben in der Bevölkerung Konstantinopels einen erblichen, unaustilgbaren, heute noch lebenden Eindruck zurückgelassen. „Das falbhaarige Geschlecht der *Nordischen* wird die Stadt erobern," ist der bekannte und in der Hauptstadt des Orients seit neunthalbhundert Jahren geglaubte Orakelspruch. Bei den meisten Menschen verliert eine Drohung von so altem Datum nur zu leicht ihr Gewicht; in keinem Falle aber hätte man über zu große Eile der Verhängnisse zu klagen, wenn Swätoslaws insolenter Spruch durch den Einzug der „falben Krieger" in Stambol am Ende doch noch eine Wahrheit würde. Die Zeit, Vorsorge zu treffen, hat uns wahrhaft eben so wenig als der stumme Fingerzeig gefehlt, *wie* noch längerer Aufschub, wo nicht gänzliche Abwendung des byzantinischen Gerichts zu erzielen sey! Wer von den wiederholten Byzanzbedrängungen durch die Rurikfürsten des 9. und 10. Jahrhunderts auch nur die Scenen von Silistria kennt, hat auch schon errathen, warum sie ohne Erfolg geblieben und warum die verzagten Byzantiner nicht schon damals nordischer Kraft und scythischem Uebermuth erlegen sind. So lange sich von Don und Wolga her nach der Reihe lebendige Völkerkeile zwischen Nowgorod, oder wenn man will, zwischen Kiew und Konstantinopel hineinschoben und gleichsam den Weg verlegten, mußten selbst die heldenmüthigsten Anstrengungen der nordischen Ungethüme, auf byzantinischem Boden feste Sitze zu gewinnen, vergeblich seyn. Zwischen den beiden Friedensschlüssen von *Silistria* (971) und *Adrianopel* (1829) sind 858 Jahre verflossen – langes und furchtbares Noviziat des russischen Volkes zum Eintritt in den traurigen Orden des byzantinischen Ritterthums. Dank dem Slavengenius, die Russen haben alle Proben überstanden, haben alle Vorbedingungen erfüllt und stehen heute als Gebieter und wohlbestallte Hausherren an derselben Donaumündung, durch welche Swätoslaw mit den Trümmern seiner Macht gleichsam bittweise und verstohlen hinausgezogen ist. Es sind zum Theil noch immer die Russen des Leo Diaconus, dieselbe Todesverachtung, dieselbe thierisch-wilde Unerschrockenheit im Gefecht, aber auch derselbe Geschmack für Beute, Raub und Gold, dieselbe unerträglich-übermüthige Tyrannenlaune (ἀκάθεκτος ὕβρις) und dieselbe stupide Grausamkeit in Herrschaft und Gewalt, wie einst im Bulgarenland.[3] Nur in *einem* Punkte sind es nicht mehr die Russen des Leo Diaconus, jene freiheitstolzen, ritterlich-soldatischen Männer, die wohl einen Führer in Krieg und Frieden, aber keinen *Herrn* und *keine körperlichen Strafen* duldeten. Nicht etwa blos der Edelmann war frei wie bei uns im Occident, bei den Russen gab es damals (10. sec.) schon einen freien Bürgerstand in den Städten und sogar freie Ackersleute, während im Westen Alles Knecht und hörig war. Leben, Freiheit oder Gold sühnten die Missethat, aber *schlagen* durfte Niemand einen freien russischen Mann. Nicht blos in persönlicher Würde, auch in Kunst, Sitte und Gewerbsamkeit standen die Bewohner von Kiew und Nowgorod höher als das germanische Abendland. Mit Vernunftgründen, nicht mit Peitschenhieben regierte man die Russen des zehnten Seculums. Die Großfürsten redeten öffentlich vor dem Volke über das Gemeine-Wesen; aus freiem Antriebe, mit Einsicht und Selbstkenntniß sollte das Volk die Befehle des Herrschers vollziehen. Freilich war man unter solchen Umständen damals weniger bequem und leicht Großfürst von Kiew, als man heute Autokrat an der Newa ist.

Swätoslaw selbst ist, wie bekannt, auch nicht mehr ganz derselbe geblieben, wie einst auf der Ruderbank von Silistria. Swätoslaw hat inzwischen das Credo geändert und den Knebelbart etwas abgestutzt, er hat auch sonst die Toilette verschiedentlich verbessert und redet insbesondere nicht mehr so derbe und unverschämt, wie in der Bulgarenburg zu Präßlava. Swätoslaw hat zwar noch ganz dieselben Appetite für Byzantinisches, aber er gesteht es nicht mehr so offen ein, er läugnet es sogar und versichert seine Nachbaren hoch und theuer, *Sebastopol* und *Suline* seyen von jeher das Aeußerste und Letzte gewesen, das er gewünscht und angestrebt; ein Mehres wäre ihm sogar lästig, und er möchte es nicht einmal, selbst wenn er es haben könnte. Die Nachbaren glauben ihm dieses natürlich auf sein Wort, sintemal Swätoslaws Handlungen überall im schönsten Einklang mit dem Worte sind. Swätoslaw ist ja inzwischen, wie wir alle wissen, beim Groß-Chan zur Schule gegangen, hat schwere Zeiten erlebt, nebenher aber mancherlei profitirt, was ihm jetzt gut zu statten kommt. Ja so weit geht Swätoslaw in Uneigennützigkeit, in Nächstenliebe und Sorge für öffentliches Wohl, für allgemeine Stille und Glückseligkeit in Europa und Asien, daß er mißtrauische Nachbarsleute im Occident eigenhändig auf Mittel und Wege führte, wie sie ihm bei etwaiger – versteht sich unwillkürlicher – Regung der alten slavischen Erbsünde mit Erfolg Widerpart halten und russischen Uebergriffen undurchbrechliche Dämme setzen könnten. „Ihr habt blos dem byzantinischen Türken-Imperator die Schiffe zu verbrennen und auf dem äußersten Punkte seines Reiches – aber ja recht weit von mir – ein kleines gräkoslavisches Fürstenthum mit unterbundenen Pulsen einzurichten, als kräftige Wehr gegen das Slaventhum, und ihr habt mich gelähmt für jetzt und immer. Nur von den Donauländern müßt ihr euch ferne halten und absonderlich den Gedanken „durch Colonien oder Vorkehrungen noch ernsthafterer Natur von Westen her einen lebendigen Völkerdamm zwischen Russen und Byzantinern aufzubauen" als corrupte, eitle, unpraktische Chimäre deutscher Köpfe unterdrücken." – Dieser letzten Katechese hätte es nach dem Dafürhalten der meisten Kenner nicht einmal bedurft. Denn wer in Deutschland dächte in so milden Zeiten an „Vorkehrungen ernsthafterer Natur" in den Unter-Donauländern? wer an „lebendige Keile" oder auch nur an deutsche Colonien in bulgarisch Nicopoli, wo einst Bajesid die Europäer schmählich überwunden hat? Oder sichern nicht etwa Swätoslaws gottesfürchtige Gesinnungen und im schlimmsten Falle *Klüber's* Handbuch der neuesten Staatsverträge im Orient wie überall auf ewige Zeiten und ohne weitere Mühe Frieden und Sicherheit? Und versandet auch am Ende die Sulinemündung, so ficht uns auch der Sand nicht an, wir bewahren unser Phlegma, graben den Kanal von Czernavoda und kommen nur um so schneller in den Bosporus.

Stambul hat sich seit unserer letzten Anwesenheit im Jahr 1833 nicht unbedeutend verschönert, man sieht gegen die Sitte früherer Zeit viele große, solide Gebäude und sogar gepflasterte Straßen, und in Pera schlägt das christliche Wesen mit Steinhäusern, Glockengeläute ohnehin jedes Jahr tiefere Wurzeln. Nur Galata unten am Berge hat seine schmutzige, bretterne Gestalt noch großentheils bewahrt. Indessen hat dieses vielfach berüchtigte Stadtviertel dennoch ein für den Ort billiges und sicheres Unterkommen *(aquila negra)* nahe am Landungsplatz. Das Eigenthum ist in Galata und Pera bekanntlich so flüchtiger Natur und geht so leicht mit *ein*seitiger Zustimmung von einem Besitzer zum andern über, daß der vorsichtige Fremdling seine Baarschaft am sichersten am Leibe trägt und in Privathäusern sich vor einer Wohnung zu ebener Erde hütet. In der Locanda zum schwarzen Adler sind die Augen des Gastwirths und seiner Untergebenen, einer ehrbaren Familie aus Triest, beständig offen, und der Reisende kann ruhig seiner Wege gehen. Auffallend durch kräftigen, derben Körperbau sind seit Sultan Mahmuds Reformen in Stambul nur noch die Gondoliere und die Derwische. Der Derwisch ist wohlgenährt, geht aufrecht, blickt entschieden und trotzig, weil er sich vor aller Neuerung sicher weiß und seine Macht über die große Masse kennt. Nichts gleicht aber auch der kühnen Ruhe, mit welcher besonders die *Dreh*-Derwische nach ihrem begeisterten Wochentanz durch die Gassen schreiten. Zu verwundern ist es nur, daß von den vielen europäischen Rathgebern der hohen Pforte noch keiner auf das Projekt verfiel, die Derwischklöster mit Einem Schlage in Kasernen zu verwandeln und ihren rüstigen Bewohnern die Flinte in die Hand zu geben, wie es einst mit den Waffen seines Zeitalters, in derselben Stadt und in demselben Lande Sultan Medschids Vorgänger, der christliche Imperator Konstantin Copronymus, bei allgemeiner Umwandlung der Institutionen des byzantinischen Reichs nicht ohne großen Erfolg unternommen hat. Dieß wäre der sicherste und schnellste Weg dem Padischah ein kräftiges, gutgebildetes, schlagfertiges Heer zu schaffen. Nur will der türkische Derwisch allzeit gut genährt, gut gekleidet, und vor allem gut und pünktlich besoldet seyn, und in diesem Punkte fehlt es eben zu Konstantinopel in einem Grade, daß man letzthin einem Häuflein von 1600 Mann albanesischer Söldner, die man eines Lokaltumultes wegen mit Dampfbooten über Samsun nach Amasiah schickte, weder Kleid, noch Brod, noch Löhnung zu geben hatte. Die Widerspenstigen wichen nur der eidlichen Zusicherung eines Wesirs, daß man ihnen ungesäumt das Schuldige nachsenden, bei längerer Widersetzlichkeit aber sie sammt dem Schiffe im Hafen von Konstantinopel verbrennen werde.

Wer trübsinnige Eindrücke im erhabensten Style liebt, der betrachte nur im Schein der Abendsonne die konstantinopolitanischen Stadtmauern vom goldenen Horn bis zum Marmorameer. Der riesige über Thal und Höhen majestätisch ziehende Bau, das schwärzliche Gestein, die Oede, das dunkelgrüne Epheugeranke um halbeingestürzte Zinnen und Thürme, der Drang der Zeit, Noth und Verlassenheit der Gegenwart und die Erinnerung an alles, was seit fünfzehn Jahrhunderten im Schooße dieses ältesten Bollwerks der christlichen Welt geschehen, erfüllt das Gemüth des Wanderers mit Ernst und Melancholie. Erde und Thiere um Stambul, sagt man, seyen von bewunderungswürdiger Güte und Sanftheit; man finde kein giftiges Thier, das Pferd schone den mitten auf dem Wege schlafenden Hund, und sogar der Falke niste friedlich mit der Turteltaube auf demselben Baum und suche seinen Raub anderswo (?), nur der Mensch sey in Stambul böse – ein hartes, aber vielleicht nicht ganz ungerechtes Wort das die Begebenheiten der Stadt von Konstantin dem Großen bis Sultan Abdul-Medschid Chan eher zu bekräftigen als zu widerlegen scheinen. Und vielleicht ist auch die Zeit nicht fern, die Lokalsage aufs neue durch die That bewährt zu sehen. Was die Byzantiner unter Anastasius und Andronicus I. waren, sind die heute noch; das Glaubensbekenntniß macht keinen Unterschied.

Das eintönige, freudelose Leben der türkischen Städte, das mühevolle Ringen ihrer Bewohner von früh bis spät um ihr kärgliches Brod, das armselige Leben unter Schmutz, Lumpen und Ungeziefer, erregt bei Leuten des Occidents ein schwer zu beschreibendes, langweiliges, peinliches Gefühl; man wird traurig und glaubt zusehends und schnell selbst zu verwildern und zurückzusinken. Da ist kein Buch, kein Studium, keine Rede, kein geistiger Genuß, keine politische Neugierde; Niemand schreibt, druckt und liest; dem Thiere gleich trachtet der Mensch nur wie er den Hunger stille und sich und seine Brut vor den Griffen der überall lauernden Gewalt sicher stelle. Wie erhaben und durchlauchtig erscheint uns da Germanien in der Ferne mit seiner Literatur, seinem Wissen, seinem Dürsten und Ringen nach geistigen Gütern, nach

Kenntniß, Wahrheit und Entdeckung. Deutschland ist wahrhaft eine Schule der Weisheit, der Sitz des Lebens und des einzigen, vernünftiger Geschöpfe würdigen Ruhmes!

Sie sehen, Türken und Langweile unter barbarischen Menschen stellen die Vorzüge unserer Heimath und vaterländischen Sitte in ein glänzenderes Licht und entzünden die Liebe nach den wahren Reichthümern des deutschen Lebens heißer und schneller als die stereotypen Hymnen Ihrer patriotischen Schmeichelredner. Oder soll wahre Vaterlandsliebe keinen Tadel, kein Epigramm ertragen, und allezeit nur Dithyramben heischen? Ein Freund der immer bewundert und Alles lobt, erregt am Ende Verdacht und Ueberdruß.

Ueber die schöne Lage von Stambul und die unübertrefflichen Reize des Bosporus hat man in Europa schon lange alles gesagt und geschrieben, was sich in Prosa und Versen nur immer in der menschlichen Rede verkünden läßt. *Veni et vide!* kann man allein noch hinzusetzen. Ebenso darf man sich in Acht nehmen, den alten Streit, ob Konstantinopel oder Neapel den Vorzug verdiene, wieder anzuregen, seitdem ihn ein deutscher Baron eben so geistreich als unwiderleglich entschieden hat: *„Madame l'Ambassadrice, si Naples avait le Bospore, Naples l'emporterait sur Constantinople, et si Constantinople avait le Vésuve, Constantinople l'emporterait sur Naples."*

Freitag 7. August um 1 Uhr Nachmittags war die Abfahrt des prachtvollen „Stambul" nach Trapezunt bestimmt. Und nachdem ich Morgens in Bujukdere auf der k. k. Internuntiatur Pässe und Empfehlungen abgeholt und im Vorübergehen den neuhellenischen Styl „Περουκερης της νέας Μόδας" in Pera bewundert hatte, ging ich mit meinen Habseligkeiten gegen 11 Uhr an Bord, um den letzten und, wie ich besorgte, unruhigsten Theil meiner Wanderung anzutreten. Der Euxinische Pontus steht ja bei den Abendländern in so übelm Ruf, daß man sich selbst in der schönen Jahreszeit nicht ohne heimliches Grauen seinen Fluthen anvertraut. Der „Stambul" aber ist das größte und schönste Schiff der Compagnie, es hat nahe an 200 Fuß in der Länge, ist verhältnißmäßig sehr breit, kräftig und doch mit einem Luxus ausgerüstet, der einem aus dem Binnenland kommenden Fremdling auch nach der Donaufahrt noch überraschend scheint. Auf dem ersten Platze waren nur zwei Passagiere eingeschrieben, auf dem zweiten Einer, und 250 auf dem dritten oder dem Verdeckplatze, wo bisweilen mehr als 600 Individuen mit ihrem Gepäcke unterzubringen sind. Im Winkel links am Steuer saß auf ausgebreiteten Teppichen das Harem eines vornehmen Türken mit schwarzen Eunuchen und Sklavinnen weißer und schwarzer Farbe. Barrièren und hölzerne Gitter trennen den Promenadeplatz der Europäer des ersten Platzes, wo die Asiaten, auch wenn sie bezahlen wollten, niemals zugelassen werden. Mekkapilger, mit dem Dampfschiff von Alexandrien her, türkische Offiziere über Samsun nach Diarbekr in Mesopotamien bestimmt, Beamte, Negocianten, Perser, Armenier, anatolische Griechen, zerlumpte Gestalten neben parfümirten Muscadins aus Stambul, harrten friedlich jeder auf seinem Platz bis die Stunde kam. Schon seit Tuldscha im Donau-Delta, wo die erste große Türkenmasse eingestiegen ist, hörte man auf dem Schiffe nur die Osmanli-Sprache, die hier Jedermann bis auf die europäischen Matrosen herab weniger oder mehr versteht und spricht. Von den in Asien wohnenden Musulmanen verrichteten mehrere mit großer Inbrunst auf dem Verdeck ihr fünfmaliges Gebet; von den in Europa wohnenden bemerkte man die fromme Praxis nicht an einem einzigen. Beten diese etwa im Herzen oder im stillen Kämmerlein, wie die Christen, oder tödtet unsere Nähe und die Berührung mit dem civilisirten Occident, vielleicht auch bei den Türken das religiöse Gefühl? Der Anker war endlich aus der Tiefe geholt, die Lärmkanone gelöst, die Stiege aufgezogen, und wie ein Ungethüm der Tiefe, eine lange, dunkelgraue Rauchwolke nach sich ziehend, schwamm der Prachtpalast aus dem Mastenwalde des goldenen Hornes in die Strömung des Bosporus hinaus. Die Riesenstadt mit ihren verwitterten Thürmen, ihren bleigedeckten Tempelkuppeln, vergoldeten Minarets und ihren Cypressenhainen, hochwellig über drei Bergufer ausgegossen – goldene Brücke zwischen zwei Welttheilen – zog in langem Panorama an unserm Blick vorüber. Ueber dem Seraï der Osmanlifürsten, seinen dunkeln Gärten und dem *Kaiserthor* lag tiefes Schweigen, und am Himmel hing, wie ein funkelnder Diamant, die Sonne in ihrer Mittagsgluth.

Unter breitem Schattendach auf dem Verdeck vor dem sengenden Strahl geschirmt und angefächelt von der thauigen, mit der Fluth musikalisch vom Pontus in die Windungen des Bosporus hereinsausenden Moscowiterluft, sahen wir ruhig auf das mühevolle Treiben der Konstantinopolitaner am Strande hin, wie sie keuchten, hämmerten, zimmerten und Zelte aufschlugen unterhalb des Pinienwaldes zur Hochzeitsfeier für die Tochter ihres verblichenen Fürsten am Abend osmanischer Herrlichkeit. Die Sorge für das Reich haben freundliche Nachbarn übernommen, und nicht ohne Ungeduld wartet *Gog* und *Magog* seit Jahren schon auf der andern Seite des Euxinus, ob man seine Hülfe nicht bald nöthig habe, um die verfallende Wirthschaft aufzurichten und die Rechnungen der bankerotten Osmanli auszugleichen. „Ach wie tapfer," meint Hadschi Baba, „wollten wir gegen diese garstigen *Moskof* kämpfen, wenn man nur nicht dabei umkäme!" Warum geht aber auch mehr als neun Monate im Jahre Luftstrom und Welle vom moskowitischen Strand nach Konstantinopel herab, wie eine *Tromba marina* das Wort des Czars zu verkünden? Wir aber stritten gegen diese *naturgemäße* Bewegung der Elemente mit der *Kunst* unserer Maschine und drangen siegreich Therapia, Bujukdere, das Russenlager, Amykus' alten Thron, Batterien, Schlösser, Felsenriffe und die langen Platanenwälder vorüber durch die Brandung des weiten Thores in die offene Fläche des Meeres hinaus. Nun ging es, fünf bis sechs Miglien von der schattigen Küste Anatoliens, im raschen Laufe wider Wind und Welle gegen den Orient. Das Mittagsmahl um 4 Uhr nahm man noch ohne widerliche Empfindung im Saale ein, der Thee um 8 Uhr Abends wurde von Manchem schon auf dem Verdeck getrunken. Denn im breiten Trichter zwischen den Donaumündungen und Cap *Karambe* in Anatolien brandet und wogt es beständig, und der seeungeübte Fremdling wird häufig gehindert, die Waldpracht der Küsten Kleinasiens mit ungetrübtem Sinn zu bewundern. Glücklicherweise beginnen Hochgebirg und Dunkelwald erst bei *Heraklea*, wo wir in Mondhelle vorüberschifften. Am 8. August um 9 Uhr Morgens hatten wir die Höhe von *Amassero (Amasra)*, dann an Laubhalden, Bächlein, romantischen Schluchten und Bergeinschnitten mit Dörfern und Anbau vorüber, im Hintergrund die große paphlagonische Waldwand, kamen wir gegen 3 Uhr, um das Vorgebirg Karambe schiffend, wo es im Walde brannte, endlich in ruhigeren Wasserspiegel. Wiederkehrende Eßlust, Mondhelle und linde Abendlüfte entschädigten für die überstandene Mühe des ersten Tages unserer Pontusfahrt. Sonntag am 9. August um 1 Uhr nach Mitternacht liefen wir in den Hafen von *Sinope* ein. Die Neugierde trieb mich vom Lager auf das Verdeck hinauf, um auch bei nur zweifelhaftem Sternenlicht nachzusehen, ob Hügel und Landenge dieser Stadt wirklich das enthusiastische Lob verdienen, welches ihnen Ahmed Ibn-Arabschah in seiner Geschichte Timurs zollt? Die Hügel von *Sinub*, sagt er, seyen lieblicher als die *Nates* der Huri im Paradies, und die Landenge schlanker als die schlankeste Hüfte eines Jünglings. Europäer im Dienste der Pforte, oder der Dampfschiffsgesellschaft, und einige musulmanische Notabilitäten kamen an Bord, um die große Neuigkeit zu vernehmen, daß sich das Unwetter endlich gegen den rebellischen Satrapen von Aegypten zusammenziehe und zum Ausbruch rüste. Nach einer halben Stunde ging es wieder fort, an der Halys-Mündung vorbei nach *Samsun (Amisus)*, wo man eine volle Stunde (10–11 Uhr) hielt, Passagiere auszuschiffen und andere einzunehmen. Die italienischen Aerzte der Stadt kamen und erzählten, daß man zwei Tage vorher *Dr. Baldi* mit noch einer türkischen Magistratsperson in einem Volkstumult zu *Amasia* erschlagen, andere ausgetrieben habe, und daß man überhaupt im Innern Anatoliens weder von Quarantäne noch andern Neuerungen des Padischah etwas wissen wollte.

Hinter der Stadt (Amisus) erhebt sich das Erdreich sanft zu einer lieblichen Halde, voll großer Dörfer unter Bäumen, Weingärten und Ackerfeld. Häuser von Stein mit rothem Ziegeldach, weißem Kamin und andern Zeichen der Wohlhäbigkeit täuschen den Wanderer; er glaubt einen jener gesegneten Himmelsstriche Europa's vor sich zu haben, wo der Mensch unter dem Schirm gerechter Gewalten kummerlos dem flüchtigen Traum des irdischen Daseyns folgt und nicht weiß was Bedrängniß ist. Die Landschaft, so weit das Auge reicht, ist in der That entzückend schön; stufenförmig, üppig, weich, erhebt sich die Hügelkette zu einem Prachttheater voll Grün, Feld und Wald. Die hohe, halbzirkelförmige, thaldurchschnittene anatolische Wand, dunkelbelaubt bis auf die Spitze, schließt den Horizont; im Vordergrund der endlose, grüne Pontus-Spiegel, aus dem die Sonnenscheibe wiederblitzt. Cirkassien sandte uns in der Mittagsgluth seine erfrischend kühlen Lüfte und das Gemüth war heiter und wolkenlos wie das Firmament.

Die große waldichte Amazonen-Niederung vorüberstreichend, waren wir um 6 Uhr Abends nur noch dreißig Miglien von *Kerasunt*. Mattschimmernd sahen wir noch das Abendgold auf der Schloßruine, den Dunkelwald oberhalb, und am Scheitel des finstern Hochgebirgs die graue Nebelhülle. Weit im Hintergrunde lag schon Bergnacht und Waldeinsamkeit über dem langen Alpenzug des Tzanenlandes. Vollmondschein, Sternenglanz, wundervolles Licht- und Farbenspiel auf der spiegelhellen Wasserfläche, der milde Hauch der Lüfte, der sanfte und dennoch reißende Flug des Schiffes, das nahe Ziel und die melancholisch-süße Erinnerung an die Berge in Tirol gossen eine Ruhe, einen Frieden in die Seele, wie ihn im Drange der täglichen Mühen, der Begierden, des Ehrgeizes, der unduldsamen Andacht und der rasenden Concepte europäischer Weltverbesserer unser Loos so selten gönnt. Spät und ungern wich ich der Macht des Schlummers und beim Erwachen lag vor uns, im Morgengrau verhüllt, weit über Felsenriffe, Schluchten, Berg und Thal hingebreitet, halb in Epheu-, Baum- und Weinlaubwald versteckt, das schöne Trapezunt.

II.

Landung und erste Eindrücke in Trapezunt.

„Trabisonda!" rief es im Morgengrau des zehnten Augusts vom Verdeck des prachtvollen Stambol. Ich entsprang dem Lager, eilte hinauf und sah sie endlich vor mir die langersehnte Comnenenstadt mit ihrem Namen voll Schmelz und Melodie. Der Flug des Kieles, das ungewisse Tageslicht, das anscheinend verworren und planlos über Klippen und Schluchten ausgegossene Häusermeer mit seinen, aus Baumdickicht hie und da herausblickenden grauen Zinnen gaben noch kein klares Bild; es lag vielmehr beim ersten Anblick etwas Geisterhaftes und melancholisch Unheimliches über dem halb im Morgenschlaf begrabenen, schweigsamen Trapezunt. Wir bogen um einen hohen felsigen Ufervorsprung, der uns die Stadt, ihre Bäume und ihre Gärten neuerdings verbarg, und ließen auf dem alten, zur Zeit des Kaiserthums und des genuesischen Handels *Daphnus* genannten, aber den Namen eines Hafens nicht verdienenden Landungsplatz um vier Uhr Morgens die Anker.[4] Weil es noch früh war und ich es für besser hielt erst dann auf das Land zu gehen, wenn der ganze Troß kolchischer, armenischer und persischer Wanderer das Fahrzeug verlassen hätte, blieb ich mir selbst überlassen und in der heftigsten Gemüthsunruhe bis acht Uhr auf dem Verdeck. War ich denn nicht ohne Begleiter, ja selbst ohne Diener ganz allein mit meinem Reiseapparat, meinen Sorgen und meinen Erinnerungen 600 deutsche Meilen von der Heimath an der Küste des waldigen, unbekannten und von ungastlichen Lasen und Turkmanen bewohnten Kolchis, im Angesichte einer Stadt, wo Niemand meine Sprache redet und die Leute nicht einmal den Namen des Landes kennen, aus dem ich gekommen bin? Während der Fahrzeit genießt man freilich die nicht wohlfeilen Ehren und Zuvorkommenheiten eines Kajütenpassagiers. Allein kaum sind die Anker gesunken und die Rechnungen abgethan, so ist auch das

Band schon zerrissen und man wird sich plötzlich wieder fremd, bevor man neue Verbindungen angeknüpft und das Loos auf unbekanntem Boden gesichert hat. Die qualvollen Gefühle einer solchen Zwischenperiode kennt man auf Reisen im glücklichen Europa nicht, wo Sitte und Disciplin bei mäßigem Reichthum alle Wege ebnen und den Uebergang in die fremdartigsten Lagen so fließend und zwanglos machen. Der Anblick der ärmlichen Hütten des von der Stadt durch steile Ufer und einen steinigen Höhenzug gesonderten Hafenviertels vermehrten noch die Niedergeschlagenheit. Die Schloßruine auf der rechten und die hohe plateauförmige Bergkuppe auf der linken Seite der Rhede, mit einer aus dem Gebüsche hervorschauenden byzantinischen Kirchenkuppel im kleinsten Maßstabe konnten mich auch nicht trösten, obgleich sich stellenweise die üppigste Vegetation mit dichtbelaubten und ganz von Weinranken umschlungenen Bäumen zeigte. Ein Anstrich von Wildheit und Ruin schien über dieses abgeschlossene Segment des Kolchisstrandes ausgegossen und ich sagte unwillkürlich zu mir selbst: Das wären also die von *Clavigo*, von *Eugenicus*, von *Bessarion* so malerisch gepriesenen Herrlichkeiten von Trapezunt! In der Beklommenheit fiel mir kaum ein, daß es auf der Höhe und hinter dem Strandfelsen vielleicht prachtvolleren und großartigeren Anschein gewähre; das Vorgefühl, als wären getäuschte Hoffnungen und leere Tabletten am Ende die ganze Frucht des langen Weges und des nicht unbedeutenden Aufwandes, preßten die Brust zusammen. Wer wird mir in der turkomanischen und fanatisch unduldsamen Muhammedanerstadt *Trabosan* Nachrichten aus der christlichen Comnenenzeit zu geben wissen? Unter diesen peinlichen Betrachtungen waren die Empfehlungsschreiben aus Wien und Konstantinopel an den österreichischen Viceconsul, Herrn Cavaliere *Ghersi*, noch die einzige Beruhigung. Ohne diese Vorsicht, an ein europäisches Consulat wo möglich amtlich empfohlen zu seyn, gehe ja kein Abendländer nach Trapezunt; er fände weder Unterkunft noch Schutz in der halbbarbarischen und civilisirtem Verkehr seit fast 400 Jahren entfremdeten Stadt, wo vor einem Europäer in den ersten Zeiten der Dampfschiffahrt selbst der *christliche* Einwohner noch die Flucht ergriff. Heute ist man freilich zahmer, aber eine erträgliche Einkehr, wie in andern Stapelplätzen der Levante, besteht hier dennoch nicht. Die Besorgnisse, wie mich etwa Herr Ghersi aufnehmen werde, waren überflüssig, ja thöricht; und doch ging ich nicht ohne Bewegung endlich um 9 Uhr ans Land und trug unter Vortritt eines Führers die Briefe in das Consulat. Vielleicht – dachte ich in der Morgenschwüle den krummen Uferpfad hinansteigend – ist der Consul abwesend, vielleicht krank, vielleicht übel gelaunet und unfreundlich, vielleicht ein Feind der Deutschen und – Verächter der Literaten. Von alle dem fand sich an Herrn Ghersi gerade das Gegentheil. Hr. Ghersi ist ein edler Genueser, ein Mann voll Humanität, Intelligenz und Herzensgüte, redet neben seiner italienischen Muttersprache geläufig französisch, russisch und türkisch und ist des Geschäftsdranges ungeachtet auch in der Literatur nicht fremd. Solche Eigenschaften haben in Trapezunt einen doppelten Werth, und Hr. Ghersi begriff viel leichter als ein Anderer, was ich eigentlich in Kolchis suchte und welcherlei Dienste und Nachhülfe seinerseits meine Sache dem stupiden Fanatismus der türkischen Einwohnerschaft gegenüber am meisten bedürfe. Zu Galacz hatte ich zuerst gemerkt, welcher Grad von Innigkeit und Fraternität überall zwischen den türkischen Obrigkeiten und den österreichischen Consularbehörden herrsche. Wer in einer stocktürkischen Stadt wie Trapezunt auf der Straße stille steht, ein Haus, eine Inschrift oder eine Mauer betrachtet, beleidigt schon das öffentliche Gefühl und ist verdächtig. Wenn nun gar ein Christ in seiner Nationaltracht, das Fernrohr in der Hand, Monate lang allein in dieser fanatischen Osmanli-Herberge herumgeht, die abgelegensten Winkel besucht, überall copirt, pinselt und Notizen sammelt, ohne je insultirt zu werden, und sogar Zutritt in die allen Giaur bisher verschlossenen Moscheen erhält, darf er sich glücklich preisen, darf aber auch den mächtigen Schirm nicht verkennen, den ein kaiserl. österr. Consul zu gewähren vermag.

Die Wohnung ward in der Nachbarschaft beim katholisch-armenischen Kaufmann *Marim-Oglu* eingerichtet, der, *gegen* das Naturell seiner Race und ohne eine abendländische Sprache zu verstehen, doch ein warmer Freund der Europäer und ihrer Sitten ist. Mit einem armenischen Diener, den man mir ebenfalls besorgte, ging ich nach Besitznahme des Zimmers sogleich zum Hafen hinab, schaffte die Effecten ans Land und war noch lange vor der Mittagsstunde sammt Büchern, Landkarten, Papier und Apparat aller Art luftig und bequem im geräumigen Saal einquartiert. Der Mittagstisch war nach Sonnenuntergang im Consulat. So hatte nun alle Noth vor der Hand ein Ende.

Hr. Ghersi hat meine Sache zu der seinigen gemacht, und wenn Stadt und Umgegend noch irgend etwas, sey es Inschrift, sey es Dokument, Münze, Werk des Pinsels oder des Meißels aus dem Zeitalter der Groß-Comnenen hat, so wird es ans Licht gezogen und ohne Rückhalt dem Fremdling überliefert. Moscheen, Citadelle, Festungsthürme und die verborgensten Winkel der Gartenstadt sind auf des Wesirs Befehl meinem Besuche offen. Unter den gegenwärtigen Umständen ist überhaupt im Orient kein Schutz kräftiger und nachdrucksamer als der österreichische, weil der Kaiser, wie es scheint, seine auswärtigen Stellvertreter und Bediensteten mit Sorgfalt und entschiedenem Glücke wählt, und dann weil die Türkei in ihrer Noth die Oesterreicher allein für eben so starke als gerechte und uneigennützige Freunde hält. Von Seite der andern Rathgeber fürchtet man hinterher etwas weitläufige Rechnungen. „Moskof Seraji," sagte halblaut und mit scheuem Blick der türkische Gondolier in Bujukdere, indem er auf das Hotel des Hrn. von Butenieff deutete.

Ohne Zweifel möchten Sie nun auch erfahren, wie viel die ganze Reise, von Regensburg bis hieher, eigentlich gekostet hat. Ich wüßte es bei Pfennig und Heller, mag es Ihnen aber so ganz ungeschmückt doch nicht eingestehen, aus Furcht, Sie möchten die Auslage für meinen Stand und meine Glücksgüter vielleicht für zu unverhältnißmäßig halten und mich am Ende gar der Verschwendung und der Weichlichkeit beschuldigen wider Natur und Ruhm der deutschen Myrmidonen,

... parcumque genus, patiensque laborum.

Besitzt einer die Selbstverläugnung und die ascetischen Tugenden des Pater *Geramb*, oder hinlängliche Vertrautheit mit republikanischem Schmutz und Grind, so begnügt er sich überall mit dem letzten Platz, gibt wenig oder gar kein *Bachschisch*, setzt sich nirgend mit Aristipp zu Tisch, und geht nach seiner Art bequem, wenigstens in der schönen Jahreszeit, wo man Tag und Nacht, ohne die Gesundheit einzusetzen, auf dem Verdecke bleiben kann, mit *Einhundert Sechzig Gulden* rhein. (d. i. im 24 fl. Fuß) von Regensburg nach Trapezunt. Die Passagierfracht des letzten Platzes auf besagter Strecke macht genau 112 fl. 18 kr. rhein., der Rest wäre auf Zehrung und Trinkgeld umzuschlagen. Natürlich wird vorausgesetzt, daß man nicht wochenlang in *Wien, Pesth, Orsova* oder *Konstantinopel* sitzen bleibe. Hat aber einer das Bedürfniß unter wohlgekleideten Menschen zu sitzen, reichlich und gut zu essen, niedlich zu wohnen und reinlich zu schlafen, sobald nicht mehr gelandet wird, so nimmt er wenigstens von Regensburg bis Orsova unfehlbar den ersten Platz, was mit Ausschluß von Zehrung und Trinkgeld 73 fl. rhein. macht. Hier ändert sich die Scene, die Türkei beginnt, europäische Reisende sind selten und allzeit in geringer Zahl, die Einheimischen, d. i. Serbier, Walachen, Moldauer und andere Nachbarn des Morgenlandes, wollen nicht viel bezahlen und bleiben stets in freier Luft. Von jetzt an gibt es auch einen *dritten* oder Verdecksplatz, wo man wahrhaft nur eine Kleinigkeit erlegt und für seine Nahrung selber sorgt. Der uninteressanteste, matteste Theil der Donaureise ist die Strecke von Orsova bis Galacz. Von diesem Ort aus steigt Größe und Pracht des Fahrzeugs, Ueppigkeit der Verpflegung, und Höhe des Preises für beides in einem fort bis Trapezunt. Achtet aber einer das Geld geringe, und will er vom Leben überall das Beste genießen, so nimmt er auch hier noch den ersten Platz und bezahlt von Orsova bis Galacz 48 fl., von Galacz bis Konstantinopel 66 fl., und von Konstantinopel bis Trapezunt gar 77 fl. rhein. ohne Zehrung und andern Betrag. Summa der vollen Fracht des ersten Platzes von Regensburg bis Trapezunt 264 fl. rhein. Berechnet man Zehrung und unerläßliches Trinkgeld nur zu 65 fl. rhein., so wäre der ganze Aufwand eines mit aristokratischer Eleganz die Fahrt auf Donau und schwarzem Meer, vom Punkt des Beginns der Dampfbootfahrt bis zum Ende durchlaufenden Wanderers 329 fl. rhein., ohne Phantasie und Nebenausgabe. Von der Hausthür in München jedoch bis zum Eintritt in das Zimmer zu Trapezunt rechne der kluge und bequeme Mann immer auf eine Auslage von 400 fl. rhein.

Hier endet die erste flüchtige Notiz über Trapezunt. Ich habe sie unter Zerstreutheit und Sorgen aller Art, gequält von unerträglicher Hitze, bald im Saale, bald am Brunnen im Hof, bald im Hausgarten unter Lorbeer-, Oel- und Weinlaubgebüschen noch ohne Schwung und Gährung nur aus Sehnsucht mit der Heimath zu verkehren hingeschrieben. Eben jetzt da ich schließe (24. August 2 Uhr Nachmittags), braust und stürmt es gewaltig auf dem Pontus (ich höre das Tosen der Gewässer), in den Gärten der Stadt, in Wald und Gebirg; Regen rauscht in Strömen über die rothen Ziegeldächer; Mensch, Thier und Pflanze athmet neues Leben. Schon seit zwei Tagen verkündete flüchtiges Donnergerolle die Nähe der Wetterscheide, oder wie es in Trapezunt heißt, der schönen milden Jahreszeit, die erst im Januar einem barschen aber kurzen Winter die Herrschaft überläßt.

III.

Stadt und Weichbild von Trapezunt.

Wenn man vom Strande, wo die Barke landet, den steilen Höhenzug erstiegen hat, tritt man auf einen weiten, länglich viereckigen, grasbewachsenen und rings mit niedrigen, halbverfallenen Wohnhäusern und Schoppen, mit Han, Bethaus, Brunn- und Gartengemäuer umgebenen Platz, der schon zur Comnenenzeit den persischen Namen *Meydan* میدان trug und heute noch zur Niederlage aller nach Iran bestimmten europäischen Kaufmannsgüter, als Sammelplatz sämmtlicher Maulthiertreiber des Orients und als Aufenthaltsort des von Schahin-Schah Mohammed neu ernannten persischen Consuls dient. Von hier aus laufen, wie von einem gemeinschaftlichen Centrum, enge rohgepflasterte Steinwege nach allen Richtungen durch die gartenreiche Vorstadt, links bergan zu einer zweiten Platzterrasse mit Häusern, Kornfeldern und Gärten, rechts hinab über die Steilseite des Griechenviertels bis zum Meere, geradeaus an Gartenmauern, Felsenpartien, Bazaren und gedrängten Häusermassen vorüber gegen die Citadellenstadt oder das eigentliche Trapezus. In dieser letzteren Richtung, wenige hundert Schritte vom *Meydan*, war *Marim-Oglu's* Haus, durch die eintönig fortlaufende Straßenmauer, wie es in Trabisonda üblich ist, vor dem Anblick der Vorübergehenden gesichert. Denn hier wird die Gasse, die Bazare ausgenommen, nicht wie in europäischen Städten unmittelbar durch die Häuserfronte gebildet, sondern durch leeres, corridorförmiges, sechs bis zehn Fuß hohes Gemäuer, hinter welchem die rund abgeschlossenen Wohnungen isolirt, mit ihrem grasigen oder gepflasterten Hofraum, mit Ziehbrunnen und Baumgarten verborgen sind. Eine einzige Thüre durch die Klostermauer öffnet und schließt das Familienheiligthum. So war nach *Dicäarchos* das alte Athen gebaut; nur hatte es wahrscheinlich die Gartenparadiese von Trabisonda nicht. In der Regel sind die Gassen zu Trapezunt nicht breiter als sechs bis acht Fuß, manchmal auch noch enger, aber bei aller Vernachlässigung durchweg mit vortrefflichem Material gepflastert und wenn nicht auf beiden, doch wenigstens auf einer Seite mit schmalem Trottoir (Hochpfad) versehen; der tieferliegende, rinnenförmige Mittelweg ist für die Lastträger, für die Saumthiere, für das ablaufende Regenwasser oder für die lebendigen Bäche bestimmt, die nicht selten unversiegt über die Kiesel rauschen. Obgleich das Erdreich um Trapezunt steinig ist, quirlt doch überall theils salziges, theils süßes Wasser aus dem Boden hervor. In Kolchis streben sie nicht nach Symmetrie und architektonischer Eleganz der Außenseite wie bei uns. Je melancholischer der Eindruck auf die Vorübergehenden, desto besser für den Besitzer. Man will *allein* seyn in Ruhe und Genuß. Zur Zeit der Comnenen und des großen abendländischen Handelsverkehrs herrschte bei den Trapezuntiern zwar derselbe Styl und wurde seitdem weder in der Richtung noch in dem Maße der Gassen etwas geändert, aber die Häuser erhoben sich damals luftig und mit Pracht zwei und drei Stockwerke über das Erdgeschoß.[5] Heute sieht man weder in der Citadelle noch in der baumreichen Außenstadt Bauten von mehr als *einem* Stockwerke; häufig sind es gar nur Erdgeschosse, so daß in mancher Straße nichts als braune Ziegeldächer und rauchlose Schornsteine aus Schieferplatten – denn im Griechen- und Armenierviertel kochen sie wenig – hie und da auch ein stumpfes, weitmündiges Byzantinerthürmchen ohne Glocken, überall aber Baumwipfel, wiegende Cypressen, Feigenlaub, Epheu und Weinranken über das Gemäuer ragen. Aber die Lage der Stadt selbst und das Wechselvolle ihrer Steilabhänge, ihrer felsigen Vorsprünge, ihrer Thalrisse und terrassig ansteigenden Ebenen, ihre Schatten und die erquickend vom Pontus heraufwehenden Lüfte lassen den Gedanken an die melancholische Einförmigkeit der trapezuntischen Architektur nicht lebendig werden.

Marim-Oglu's Haus war neu; er hatte es erst vor eilf Jahren und zwar ganz im Geschmacke des Landes erbaut. Vielleicht wäre auch mancher Leser neugierig zu erfahren, welche Form ein wohlhabender Mann im kolchischen Lande seiner Wohnung gibt, und wie es denn beim gewerbsamen Marim-Oglu im Hofe innerhalb der Straßenmauer eigentlich ausgesehen habe. Man denke sich den eingefriedigten Raum als ein regelmäßiges, ebenes Viereck, von dem sich die Südseite mit dem schmalen Thor in der Mitte gegen die Straßenmauer kehrt, die Nordseite sich gegen das schwarze Meer hinwendet, die linke und rechte aber ebenfalls mauerhaft vom anstoßenden Nachbar abgeschlossen sind. Die nördliche gegen das Meer gekehrte Hälfte des Vierecks ist Garten, die südliche der Art mit Bauwerk besetzt, daß an der Wand links vom Eingang das neue Wohnhaus mit einem obern Stock, an der Wand rechts ein bloßes Erdgeschoß, im gepflasterten offenen Raum zwischen beiden aber ein marmoreingefaßter Ziehbrunn mit zwei Feigenbäumen und einem Granatbaum steht. Ein hölzernes Gitter mit zwei Eingängen schloß den Hofraum vom Baumgarten ab. Das leerstehende Erdgeschoß rechts ward mir als Wohnung überlassen; zwei kleine Zimmer mit zerlöcherten Papierfenstern und ohne Einrichtung, aber gegen die kühlenden Seelüfte und die Gartenschattenseite hingewendet, daneben ein für Trapezunt bequem eingerichteter räumlicher Saal, der vier große Fenster mit Glasscheiben und mit weißen und rothen Vorhängen, dann einen italienischen Kamin, einen 18–20 Fuß langen rothen Divan, neue Strohsessel, einen großen mit grünem Tuch behängten Tisch und einen Boden von rothen Ziegeln nach italienischer Sitte hatte. Der lange Divan, auf den man Abends noch eine abgenähte Decke mit Leintuch und Kopfkissen legte, diente nach Landesbrauch zu nächtlicher Ruhe. Von den Fenstern gingen zwei gegen die Südseite und die hohe Straßenmauer, von der sie ein drei Schritte breiter und mit zwölf Fuß hohen Maisstengeln bepflanzter Zwischenraum sonderte; die beiden andern mit der Thüre öffneten sich gegen den Hof und das Hauptgebäude hin. Eine Hausfronte in gerader Linie wird man in Trapezunt nicht leicht finden; gewöhnlich springt das Drittel der Fronte zugleich mit der *ganzen* Dachlinie rechtwinklig weit über die Linie hervor, wodurch eine breite, meistens estrich-gepflasterte und durch den auf dünnen Holzsäulen ruhenden Dachvorsprung sonnengeschützte luftige Halle vor den Zimmerfenstern entsteht. Hat das Gebäude auch noch ein oberes Gelaß, wie Marim-Oglu's Wohnhaus, so wiederholt sich diese Lauben-, Halden- und Säulen-Oekonomie in unverbrüchlichem Ebenmaß auf einer oder auf mehreren Seiten, und wo möglich rund um den ganzen Bau, was des Helldunkels und der Kühle wegen den mit bunten Teppichen belegten Zimmern des obern Stockes einen besondern Reiz gewährt. Die Augustsonne glüht abendlich von dem dunkelwaldigen Cap Joros herüber, die Bäume im Garten werfen lange Schatten und im breiten Feigenlaub vor dem Fenster fächeln die Pontuslüfte. Daß aber in Trapezunt weniger der Geschmack und die Kunst als die Natur Gärtner sey, denkt sich der Leser ohnehin. Die Zierblume, der Strauch, die Schlingpflanze, der hochstämmige Baum wohnen hier neben dem Maisstengel, der Gurke und dem vier Fuß langen eßbaren Kürbis ohne Neid in nachbarlicher Eintracht beisammen. Doch bemerkte ich in Marim-Oglu's kleinem Garten unter den Bäumen vorzugsweise die Feige, die Quitte, den Pfirsich, die Kirsche, die Orange, die Granate, die Limonie, die Maulbeere, die Pflaume, die Olive und die Ulme, die in Kolchis besonders häufig und prachtvoll wächst und bei den Eingebornen auf türkisch *Kara-agatsch*, auf griechisch aber *Mavrodendron*, d. i. Schwarzbaum in beiden Sprachen, heißt. An des Dichters Vers,

Fraxinus in silvis pulcherrima, pinus *in hortis,*

hält man sich, wie Sie sehen, in Trapezunt nicht ganz genau. Dagegen fehlt die Myrte, der Lorbeer, die Hagebutte, der Rosenstrauch, besonders aber die

Haselstaude, die Weinranke und der Epheu mit einer in Europa unbekannten Fülle und Ueppigkeit auf Bäumen und Gemäuer natürlich nicht. Doch ist die Traube erst Anfangs September süß, während man sie von Cypern schon Anfangs Juli zwei bis drei Pfund im Gewicht nach Aegypten bringt. Mensch und Traube ist in Kolchis straffer und herber als am Strande des verweichlichten Paphos.

Um mit der Familie Marim-Oglu gleich Anfangs in gutes Verständniß zu kommen und die Last der Einquartierung weniger fühlbar zu machen, trug die Gleichheit der Religion wenigstens bei der Frau und den Kindern des Hauses am meisten bei. Erstere war eine vorzüglich warme Katholikin, und obgleich wir uns in den ersten Tagen theils wegen meiner geringen Uebung, theils wegen der merklichen Härte des kolchischen Türkendialekts nur wenig und langsam verstanden, nahm mich die eifrige Armenierin doch gewissermaßen ins Examen, um zu erfahren, in welchem Credite der Papst in meinem Geburtslande und folglich auch bei dem neuen Hausgenossen stehe. „Die Kirche," sagte sie, „ist ein Körper, der Körper könne aber nur *ein* Haupt haben und dieses Haupt sey der Papst von Rom, und folglich der Irrthum der *Urum* (Griechen) und der *Hajk* (schismatischen Armenier) um so unverzeihlicher, daß sie eine so einfache Wahrheit nicht erkennen wollen." Sie denken wohl, daß ich in allen Punkten gleicher Meinung mit der guten Frau Marim-Oglu gewesen bin und, so gut ich es vermochte, auch ihren Syllogismus gepriesen und bewundert habe. Doch ließ sie durch die Söhne sorgfältig aufpassen, ob ich auch Sonn- und Feiertage rechtzeitig in die katholische Messe gehe, was ich des Aergernisses wegen beinahe drei Monate lang nicht unterlassen durfte. Mit meiner Andacht zufrieden, gab mir aber auch die sonst als *außerordentlich* sparsam geltende *Signora* nach dem ersten Sonntagskirchgang in der Haushalle ein Gläschen Gebranntes mit Backwerk und hielt wiederholt in manchem türkischen Harem der Citadellenstadt Nachfrage über etwa noch im Innern der alten Gebäude erhaltene Inschriften aus der Comnenenzeit.

Römisch-katholisch sind gegenwärtig in Trapezunt nicht mehr als 90 Armenierfamilien, an welche sich 8 abendländische Consular- und Handelshäuser anschließen und so mit Domestiken und anderem Zubehör eine katholische Gemeinde von etwas über 600 Seelen bilden, die ihr ewiges Heil und ihre geistliche Sittenpolizei durch drei Priester ihrer Nation besorgen läßt. Das neugebaute Gotteshaus, die Elementarschule und besonders die ungewöhnlich scharfe Zucht der Jugend erwecken ein günstiges Vorurtheil einerseits für den lebendigen Glauben der armenischen Commune und andererseits für die Energie ihres geistlichen Oberhirten. Dieser letztere, selbst noch jung und der einzige Sohn eines reichen Handelsmannes der Stadt, hat keine andere Leidenschaft als die des geistlichen Regiments: er gehört in die Klasse jener Menschen, die um zu leben für jeden Preis befehlen wollen, aber auch wissen, daß Macht ohne geistiges Uebergewicht überall auf unsicherm Grunde ruht. Umstände erlaubten ihm nicht weiter als in die Krim und nach Konstantinopel zu kommen, wo er die Weihen erhielt, Mechitaristen-Werke kaufte und etwas italienisch lernte. Die Bekanntschaft mit diesem Manne war von großem Nutzen: *Don Owanes* (Herr Johannes) besuchte mich täglich zur bestimmten Zeit, wo wir dann vertragsmäßig die erste halbe Stunde italienisch und die andere türkisch redeten, damit für beide Contrahenten gleicher Gewinn erwachse. Ich erfuhr bei dieser Gelegenheit eine Menge Einzelheiten über die Kolchisstämme, über *Lasen, Tzanen, Chaldier, Urum* und *Hajk* (Armenier), über Familienleben und enges Geistermaß in Trabisonda, über die Frühlingsblüthenpracht und die unabsehbaren, über Hügel und Vorberge hingegossenen Obst-, Ahorn- und Ulmenwälder der Nachbarschaft. *Don Owanes* weiß ganz gewiß, daß Adam und Noah armenisch geredet haben, daß das Paradies in Armenien war und die Armenier das erste und älteste Volk der Erde seyen. Nach dem wechselseitigen Unterricht ging *Don Owanes* häufig zu Marim-Oglus hinüber, um auch dort etwas Lehre mit geistlichem Trost zu spenden und hin und wieder auch eine Tasse Kaffee mit Süßigkeiten anzunehmen. Jedesmal, wenn sich die alte Frau mit ihren Kindern in Demuth näherte, um dem geistlichen Hirten die Hand zu küssen, warf sich *Don Owanes* – ich sah es von meinem Fenster aus – plötzlich in die Brust, zog den Kopf zurück, schloß den Mund, blickte strenge, und nahm mit unnachahmlicher Gravität die ihm gebührende Huldigung ein. In diesem Augenblick fühlte *Don Owanes* seine ganze Macht und war auch vollständig belohnt für die vorausgegangene Entbehrung und sein aufgewendetes Geld. Am Ende ging er langsam – denn Leute von Gewicht haben im Orient niemals Eile – im weiten Ueberwurf und in schwarzer viereckiger Uhlanenmütze, die eine über Kopf und Schultern fließende Kreppmantille bedeckte, gravitätisch und in gemessenem Schritt über den Hofraum zum Thor hinaus. Man hatte öfter Gelegenheit zu bemerken, daß *christliche* Obrigkeiten in der Levante, mit dem Gefühl des Machtbesitzes nicht zufrieden, es für nöthig halten, ihrer Praxis auch bei unterwürfigstem Entgegenkommen noch einen Beisatz von Uebermuth und stolzer Bitterkeit zu geben, den die byzantinischen Scribenten ϑηριογνωμία, die Europäer aber in vielleicht zu wörtlicher Uebertragung „Brutalität" zu nennen pflegen.[6] Der Vorwurf dieser ϑηριογνωμία traf nicht nur die Agenten der Gewalthaber von Byzanz und Trapezunt, er traf die meisten Imperatoren selbst, namentlich den trapezuntischen Groß-Comnen Alexius III., der doch sonst Profession von christlicher Frömmigkeit und Milde machte. Das volle Gewicht der Autorität ohne Gefahr für sich selbst auf Wehrlose niederfallen zu lassen, scheint für levantinische Christennaturen einen unwiderstehlichen Reiz zu haben. Ist es ein Wunder, wenn die Gewaltigen daselbst nur höchst ungerne Disciplin und Schranken dulden? Uebrigens ist es bei den trapezuntischen Katholiken wie allenthalben, die Leute möchten gerne zu jeder Zeit gut essen, und die beiden Geschlechter haben daselbst einen wesentlichen Hang, sich gegenseitig zu gefallen. Aber gerade hierin erblickt *Don Owanes* das größte Hinderniß zur Seligkeit und zugleich das eingreifendste Mittel, seine Herrschaft geltend zu machen. Wie zu Czar Peters Zeiten der aller Reform widerstrebende Russenclerus laut von der Kanzel rief: Gott sey höchlich erbost und aufgebracht, weil Tabakdampf über Moskau liege, ebenso eiferte auch *Don Owanes* neuerlichst mit großer Energie gegen die nach seiner Ansicht entschieden sündhafte und Gott beleidigende Sitte der katholischen Mädchen und Weiber von Trapezunt, außer dem Kopfhaar auch noch die Nägel an Händen und Füßen und sogar die Fingerspitzen von Innen mit *Chna* (nubisch Goldroth) zu färben. Einem solchen Ansinnen des geistlichen Hirten widersetzte man sich Anfangs mit Entschiedenheit und von allen Seiten, und die in ihren theuersten Interessen bedrohten Katholikinnen fragten sogar, warum man sie denn eigentlich hindern wolle, *interessant* zu seyn und ihre natürlichen Gaben durch landesübliche Toilette fromm und gottgefällig zu vermehren und auszulegen? *Don Owanes* mußte zwar, um das Ganze zu retten, zuletzt einige Zugeständnisse machen und gleichsam capituliren, hatte aber zur Zeit meiner Ankunft das harte Verbot in der Hauptsache doch durchgesetzt. „Katholische Frauenzimmer, sobald sie das *zehnte* Lebensjahr zurückgelegt, dürfen sich in Trapezunt wohl noch das Kopfhaar, aber nicht mehr die Nägel an Händen und Füßen mit *Chna* bemalen. Kindern unter diesem Termin soll noch beides gestattet seyn." Das jüngste, ungemein wohlgebildete, aber noch nicht achtjährige Töchterchen des Hauses machte von der geistlichen Concession reichlichen Gebrauch und zeigte sich regelmäßig einmal des Tages beim fremden Gast in vollem Schmuck zur Bewunderung, während doch die ältere und schon verheirathete Schwester mit der Mutter des nubischen Schmuckes ganz entbehrte. Auf die Frage, warum sie nicht auch wie das Kind die Nägel bemalen, antwortete die andächtige Frau halb naiv, halb verdrießlich: *Keschisch koivermes,* „der Pfaffe erlaubt es nicht." Ganz im Gegensatze mit dem Islam, der die Künste des Putztisches mit Allem, was die Sinne erwärmen und die Sympathie der Geschlechter steigern kann, nachsichtsvoll behandelt oder vielmehr zoologisch kultivirt und gleichsam gestütmäßig zu fördern erlaubt, verfolgt Christenthum im Allgemeinen und der Katholicismus insbesondere das „Schöne" (τὸ καλὸν), die Eleganz der Form und das irdisch Schwunghafte an Geist und Körper überall mit unduldsamer Wuth.[7] Ertödtung der Sinne, Demuth, Maß und Selbstbekämpfung liegen aber nicht in unserer Natur. Wir seufzen unter dem Druck eines harten Sittengesetzes und erdulden *gewisse* Uebel für weitaussehenden ungewissen Lohn. Könnte man aber auch dem mit sich selbst versöhnten sittenkampflosen Islam dieselben Ansprüche auf Erhabenheit des Zieles, dieselben Aussichten auf Ewigkeit des Bestandes zuerkennen, wie dem unerbittlichen, die menschliche Natur individuell und rastlos bekriegenden Evangelium? Die Antwort auf beide Fragen liegt in Orosmanes Spruch:

Je sais que notre loi, favorable aux plaisirs,
Ouvre un champ sans limites à nos vastes désirs.[8]

Eben weil wir uns gegen das Joch der sittlichen Herrschaft beständig auflehnen, es aber doch nicht zu zertrümmern vermögen, bleibt die Kraft ewig frisch, aber auch Friede und Vollendung von christlichem Gemüthe auf immer entrückt. St. Gregorius Magnus vertilgt die Copien des Livius, St. Chrysostomus aber beschützt die Komödien des Aristophanes. *Don Owanes*, nicht zufrieden, die trapezuntische Frauentoilette überwunden zu haben, zwingt sogar die Jungen seiner Heerde zu einer Disciplin, die mit der Leichtigkeit unbärtiger Epheben anderer Christensekten in merklichem Contraste steht. Das Hypersittsame, Mißtrauische, Mürrische und Gezwungene im Benehmen eines trapezuntischen Owanesschülers scheint dem Europäer beim ersten Anblick wenn nicht unschicklich, doch nutzlos und beinahe unästhetisch, mag aber in einer wesentlich türkischen Stadt, wie Trabosan, am Ende doch hinlänglich zu rechtfertigen seyn. Bis zum Sturze des alten Systems und der Ausrottung der Janitscharen durch Sultan Mahmud gaben die Osmanli von Trapezunt ihrem Siegerrechte eine solche Ausdehnung, daß sich kein unbärtiger schmucker Rajasohn ohne Gefahr auf der Straße sehen lassen durfte. Tugendhafter ist der Türke heute nicht, aber an die Stelle brutaler Gewalt ist jetzt die List der Verführung getreten und das Uebel scheint jetzt schlimmer als früherhin. Den Vorzug moroser Sittenpolizei und mönchisch-strenger Zucht kann der armenischen Katholikengemeinde von Trapezunt Niemand streitig machen und ihrem geistlichen Hirten gebührt allein der Ruhm. Nebenher darf man aber auch nicht vergessen, daß Don Owanes Heerde die kleinste und folglich am leichtesten zu zügeln ist. In der Politik wie in der Moral sind Minoritäten immer tugendhaft.

Ohne Zweifel möchte der Leser vor aller weitern Beschreibung und Erörterung auch über das *numerische* Verhältniß der christlichen Bekenntnisse unter einander, so wie dem muhammedanischen Theile der Bevölkerung gegenüber, eine bestimmte Vorstellung erhalten. Genau bekannt ist hier, wie im Orient überhaupt, nur die Zahl der Haushaltungen und folglich der Häuser selbst, weil in der Regel jede Familie abgesondert unter eigenem Dache wohnt. Nach den bewährtesten, hauptsächlich aus den Registern der Communen gezogenen und vom gegenwärtigen Erzbischof Constantios bestätigten Ueberschlägen zählt Trapezunt (1840) beiläufig 5800 Wohnhäuser jeden Ranges und jeder Größe mit eben so vielen Familien, was im Ganzen eine stehende Bevölkerung von höchstens 30- bis 33,000 Seelen gibt. Von diesen 5800 Familien treffen, mit Einschluß der Franken, auf die katholischen Armenier, wie schon oben bemerkt, nicht mehr als 98, auf die von Rom und Byzanz getrennten

Nationalarmenier beiläufig 300, auf die byzantinischen Griechen etwas über 400, auf die Türken aber gegen 5000, so daß sich in Trapezunt Christen und Muhammedaner wie 8 : 50 gegenüberstehen. Durch Einwanderungen aus den in Folge des Adrianopler Friedens an Rußland überlassenen Gebietstheilen um *Kars* und *Achalziche* erhielt die Türkenbevölkerung in Trabosan anfangs bedeutenden Zuwachs, verlor ihn aber bald wieder, weil die Emigranten den Neid der einsässigen Glaubensgenossen, die Steuern und Conscriptionen des Sultans und die nun auch in Trabosan geforderte Zähmung alttürkischen Uebermuthes noch weit unerträglicher fanden als die Herrschaft der zwar ungläubigen, aber klugen und gegen menschliche Gebrechlichkeiten nachsichtsvollen Moskowiter. Gleiche Abneigung, nicht nur von Seite der Türken, sondern auch der christlichen Griechen und Armenier, traf in den ersten Zeiten der pontischen Dampfschifffahrt auch die Franken: „sie nehmen uns das Brod vom Munde weg," schrie Alles in Trapezunt. Zeit und mehrjähriger Verkehr haben die Gemüther freilich näher gebracht, aber eine regelmäßige Einsiedelung europäischer Colonisten, wie es z. B. in der gegenüberliegenden Krim fortwährend geschieht und eine öffentliche Stimme wiederholt dem übervölkerten Deutschland angerathen hat, wäre in Kolchis auf friedlichem Wege niemals durchzuführen. Obwohl die Waldungen über alle Vorstellungen prachtvoll, der Boden fett, die Gebirge metallreich und die Bevölkerung überall geringe ist, entzündet in diesen unfreundlichen Kolchis-Leuten schon der bloße Gedanke, die ungenützten Segnungen einer überschwenglichen Natur mit kunstreichen Fremdlingen zu theilen, eine Art von Wuth. „In wenig Jahren," heißt es, „würden diese Giaur mit Hülfe ihrer Arbeitsamkeit und größern Einsicht die Eingebornen an Reichthum und folglich auch an Macht und Ansehen übertreffen, was man nicht dulden kann." Schon *Prometheus* warnt die aus Europa flüchtige *Io* vor den metallschmiedenden Kolchiern: „sie seyen unholde, an Fremde sich nicht anschmiegende Menschen, vor denen man sich hüten müsse",

οὓς φυλάξασθαί σε χρή·
ἀνήμεροι γὰρ οὐδὲ πρόςπλαστοι ξένοις ·
Aeschyl. Prometh. v. 714.

Die Jamben des Tragikers haben in gewisser Beziehung auch noch heute ihre Geltung bewahrt. Der kolchische Mensch hat ein schattiges Gesicht und eine tiefklingende lautvolle Stimme; er gleicht gewissermaßen dem Heimathlande voll Schwellungen und langgedehnter Laubholzwälder, voll hallender Schluchten, voll dunkelgrün berankter Felsenvorsprünge und wundervoller Uferkrümmungen die das Echo wiedergeben. Vielleicht wird dem Leser selbst schon bange ums Gemüth, und fragt er bedenklich, ob etwa wohl bei solchen Menschen über die Wissenschaft der Vergangenheit und über die längst vergessene Zeit der Großcomnenen so bedeutendes zu erfahren sey, um Mühe und Aufwand einer weiten Fahrt zu lohnen? Daß beim türkischen Theil der Bevölkerung nichts und bei den Armeniern ungefähr ebensoviel zu erwarten sey, war gleich anfangs klar. Alle Hoffnung ward auf die „Römer von Trapezunt," d. i. auf die 400 Familien byzantinischer Griechen gestellt, bei welchen man doch traditionell fortgepflanzte Erinnerungen an die Herrschaft ihres Volkes und ihres Glaubens, vielleicht Stadt- und Mönchschroniken, Ueberbleibsel der kaiserlichen Büchersammlung, Denkmäler und Fresken vermuthen durfte. Am Ende – dachte ich in ausschweifender Phantasie – stehen gar noch Reste des kaiserlichen Palastes, dessen Lage, Bau und Einrichtung Cardinal *Bessarion* so reizend beschrieben hat. Es waren aber nur Traumbilder, die schon nach dem ersten Besuch in der erzbischöflichen Wohnung verschwunden sind. Natürlich ist *Constantios* der Erzbischof kein Gelehrter; er ist im Gegentheile, wie man mir schon vorher gesagt hatte, wo möglich noch beschränkter und unselbständiger als es die griechischen Geistlichen überhaupt, und die von Trapezunt besonders sind. Dessen ungeachtet, oder vielmehr gerade aus diesem Grunde habe ihn die Gemeinde auf den Stuhl erhoben, „weil er sich etwas sagen lasse und es nicht übel nehme, wenn ihn die weltlichen Municipalvorsteher auf Fehler in Verrichtung herkömmlicher Kirchenceremonien aufmerksam machen." Freiherr von Droste-Vischering hätte als Erzbischof von Trabisonda mit seinen eigenen Schäflein die größte Noth; Constantios aber läßt sich in alle Formen drücken, hat in keiner Sache hartnäckige Meinungen und gibt im Gemeinderath den Archonten allzeit Recht. Dafür sind ihm diese ihrerseits verhülflich, die verfallene und im Laufe früherer Unordnungen erloschene Autorität seines Sitzes über die rebellischen Kirchen im Gebirge, in *Surmenä*, in *Of*, in *Lasistan*, hinauf bis gegen *Ispir* wieder herzustellen und sie in Person zu visitiren, d. i. zum Vortheil der Metropole daselbst Gebühren und milde Gaben einzuheben. Dafür sitzt aber auch Se. Heiligkeit den ganzen Tag fast bewegungslos wie eine indische Pagode auf dem Divan der Haushalle, und athmet die kühlende Seeluft ein. Den Blick wirft Se. Heiligkeit bald auf die unmittelbar am Fuße des Strandfelsens unter ihren Augen im Meere herumplätschernde Jugend, bald in die aufgeschlagene Apokalypse, schlürft dann zu gehöriger Zeit eine Tasse schwarzen Kaffee's, oder nippt ein Gläschen Gebranntes, das ist Paffenmilch (γάλα τῶν Παπάδων) wie es die griechischen Mönche in Jerusalem nennen. Bei jedem Besuch fand ich die Apokalypse aufgeschlagen, und zwar – wenn ich recht gesehen habe – jedes Mal dieselbe Seite, offenbarer Beweis, daß Se. Heiligkeit den geheimen verschlungenen Sinn reiflich überdenkt und alle Oberflächlichkeit der Meditation, alles Flüchtige der Lesung, wie sie es bei uns zuweilen in den Zeitungsartikeln empfehlen, mit Sorgfalt zu vermeiden sucht. Schon früher hatte ich öfter Gelegenheit, an griechischen Prälaten eine ungewöhnlich genaue Kunde der Civilverhältnisse sämmtlicher Familien ihres unmittelbaren Sprengels zu bewundern. Woher, wie stark, wie reich, wie erwerbfähig und wie warm für die Kirche jede „römische" Haushaltung der Metropole sey, wußte der Erzbischof auch in Trapezunt mit Sicherheit anzugeben. Von den vortürkischen Bewohnern des christlichen Trabisonda's, sagt er, wäre nicht eine einzige Familie mehr übrig und die 400 der Gegenwart sämmtlich von den benachbarten Ortschaften *Platana, Surmenä, Of, Rhise, Tripoli, Kerasunt,* besonders aber aus der großentheils christlich gebliebenen Alpenlandschaft *Chaldia* nach und nach in die Stadt gezogen. Auch habe sich das Andenken an die erste Heimath, sowie an die Epoche der Einwanderung bei diesen Familien überall durch Ueberlieferung von Vater auf Sohn erhalten; jede Familie wisse, woher sie sey, allein keine reiche über 200 Jahre Aufenthalts in Trabisonda hinauf. Das erzbischöfliche Register und der Cathedralcodex gehe gar nur bis auf das Jahr 1698 zurück, wo der damalige Erzbischof *Nectarius* von der türkischen Regierung für sich und seine Nachfolger die Erlaubniß auswirkte, den Sitz vom elenden, selbst von den Gartenvorstädten durch Anhöhen getrennten Marineflecken St. Philipp, wohin ihn der Eroberer des trapezuntischen Reiches, Sultan Mohammed II. verbannt hatte, auf seine gegenwärtige Stelle zu verlegen. Erst von dieser Zeit an gebe der Codex das Verzeichniß der Oberhirten, das Jahr ihrer Wahl und ihres Todes, aber ohne allen Beisatz über die Zeitereignisse. „Man war in beständiger Angst vor dem türkischen Yatagan und Niemand hat etwas aufgeschrieben." Ein kurzer Besuch in der Bücherkammer, wohin mich ein Diacon führte, belehrte hinlänglich, daß der Prälat in Allem die Wahrheit sagte und für meine Zwecke hier nichts zu finden sey. Die Entdeckung war freilich keine tröstliche, ich dachte einen Augenblick an die 600 deutschen Meilen zwischen Trapezunt und München und verließ ziemlich kleinlaut die Metropole, stieg wieder hinauf zum Meydan-Plateau und überließ mich, im Garten wandelnd, ernsthaften Betrachtungen über den Ausgang des Unternehmens. Mit dem Abzuge des letzten Groß-Comnen und Kaisers David I. aus der Burg seiner Väter (1462), hat auch die Geschichte jenes Reiches ihr Ende erreicht. Allerdings war mir nicht unbekannt, daß Mohammed II. nach Uebergabe der Stadt die trapezuntische Bevölkerung in drei Theile schied, deren erster mit allen Vornehmen und Vermöglichen als Colonisten nach Konstantinopel wandern mußte, der zweite dem abziehenden Eroberungsheere als Sklaven anheimfiel und über ganz Anatolien zerstreut wurde, der dritte und ärmste aber im abgetrennten Marineflecken wohnen durfte, nachdem vorher aus allen drei Abtheilungen 800 der schönsten und rüstigsten jungen Leute für die Janitscharen ausgehoben und zum Islam genöthigt waren. Daß aber auch diese kümmerlichen Reste verschwunden und von allen Begebenheiten vor und nach der Katastrophe in dieser großen Stadt selbst das Gedächtniß erloschen, daß Alles barbarisch, Alles neu und gleichsam erst von gestern sey, hätte man doch nicht erwarten sollen. Wahrhaft, in der Kunst zu erobern und das Erworbene in ihrem Sinn bleibend einzurichten, haben es die alten Türkensultane zur Meisterschaft gebracht.

Bei manchem Leser könnte es vielleicht ein Lächeln hervorrufen, wollte ich die Gemüthsbeengung eingestehen, die ich in Folge der erzbischöflichen Mittheilungen über den Stand der Dinge im weiland griechischen Trapezunt empfand. Der Uebergang von den ausschweifendsten Hoffnungen zur Verzagtheit ist seiner Natur nach ein kurzer, und ich mache gar kein Geheimniß, alle Hoffnung irgend einer namhaften Ausbeute schien mir im Augenblick verloren, ich merkte sogar Anwandlungen von Heimweh und dachte, – kleinmüthig genug – nach Besichtigung der Stadt, der Burg und der nächsten Umgebung wieder nach Stambul zurückzuschiffen und im Uebermaß der Beklommenheit vielleicht sogar den Besuch auf Hagion-Oros aufzugeben. Um das Peinliche der Lage ganz zu fühlen, müßte einer auch wie ich das Unglück haben, an die Aufhellung der politischen Momente eines unbekannten romanhaften Schattenreiches gleichsam als an seine Lebensaufgabe gefesselt zu seyn und in anscheinend vergeblichen Mühen auch noch die sauer erworbenen Früchte frühern Fleißes zu verzehren. Selbst den Dänen, deren Thema ich als Quelle aller gegenwärtigen Noth erkannte, war ich von Herzen gram, verwünschte aber vor Allem die pedantische und hartnäckige Gewissenhaftigkeit, die einer Schulfrage wegen nur einen deutschen Papier-Jason aus dem innern Keltenlande bis nach Kolchis treiben kann. Zu diesen Vorstellungen kamen mit dem Morgens eingetroffenen Dampfboote auch noch politische Bedenken ernsthafter Art. Es zog sich ja das Unwetter von allen Seiten über dem Haupte Mohammed-Ali's zusammen, Herr *Thiers* bedrohte den Occident, und in Deutschland feierten sie wieder einmal die Saturnalien eines allergnädigst concessionirten und polizeilich überwachten Volksfreiheits-Kanzlei-Rheinlieds-Schwindels in amtlich vorgeschriebener Form. Welche Möglichkeiten knüpften sich an diese Kunde! War es unter solchen Umständen nicht gerathener, vor dem sengenden Strahl der kolchischen Augustsonne zu fliehen und auf kürzestem Wege heimzueilen, um dort nach Kräften *Herrn Thiers* zu widerstehen? Aber die schöne Prinzessin von Trebizonde, der kaiserliche Palast, der Marmorsaal mit seiner vergoldeten Decke, die Ruinen verfallener Herrlichkeit, die Waldpracht mit den verödeten Felsenburgen im Innern, die breitblätterigen Haselstauden und die „langen" Trauben von Kerasunt, das Alles sollte ich ungesehen verlassen und verzagt wieder in den Occident entfliehen! Welche Qual! Von Theodor Lazaropulos, einem jungen Chaldier, der Handel trieb, aber als Hrn. Ghersi's Schützling bei der Tafel den Dienst im Consulat versehen half und das Recht mitzureden hatte, erfuhr ich zufällig gerade an diesem Abend das Daseyn verschiedener Inschriften und Frescomalereien, Figuren und Verzierungen auf den Festungsmauern, an Tempelwänden, besonders in der obern Burg, und sogar mehrerer Diplome aus der Comnenenzeit im Kloster *Sumelas* im Waldgebirge, zwölf Stunden von Trapezunt. Auch Töpfe mit Silbermünzen finde man häufig im Aufräumen des alten Häuserschuttes, und *Dr. Rutzeris* habe deren eine Menge zusammengebracht, mit dem Bilde des Kaisers auf der einen und St. Eugenius auf der andern Seite. Wie schwankend und im Grunde wenig versprechend auch diese Sagen eines Einheimischen seyn mochten, stärkten sie für den Augenblick doch den sinkenden Muth und liehen dem Vollmondschein einer trapezuntischen Sommernacht und der hohen Felsenterrasse des Consulats neuen, aber melancholischen Reiz. Die Wohnungen sämmtlicher europäischer Agenten liegen nahe beisammen im Griechenviertel, und wenn auch *Mister Heinrich Suter*, der englische, und *Monsieur Outré*, der französische Consul, über umfassendere Räumlichkeiten und Gartenanlagen verfügen als *Herr Ghersi*, übertrifft doch die kunstreiche, auf einem Steilfelsen vor den Zimmerfenstern aufgemauerte und mit Brustlehne verwahrte Plattform des austro-russischen Consulats, ihrer prachtvollen Aussicht wegen, alle Herrlichkeiten der persischen Sensitiv-Mimosen sammt dem Akaziengeranke aus Ghilan in den Gärten der Rivalen.[9] Vom Strande geht es hier ohne Uebergang rasch, felsicht und zerrissen den Berg hinan; die Uferklippen, bald dammartig in die Brandung hinauslangend, bald buchtenförmig eingeschnitten, geben dem Fahrzeug überall Zuflucht zum Landen und gewundene Pfade, wie zu *Amalfi* und *Jafa*, führen nach allen Richtungen zu den zerstreuten Wohnungen der Trapezuntier hinauf. Aber das Ufergestein ist nicht schmucklos und ausgebrannt, wie bei *Tzimova* und *Monembasia* in Griechenland. Hier strotzt überall die Myrte, prangt die Nelke und der Granatenbusch, rankt das Immergrün und die Weinrebe, durftet wilder Thymian, drängt sich der Feigenbaum hervor aus allen Ritzen und gedeiht ungepflegt der Oleander und der Lorbeerstrauch. Wie viele Stunden, besonders während der Abwesenheit Herrn Ghersi's in Erserum, habe ich etwa auf dieser Plattform zugebracht und gedankenvoll in den Pontus hinabgeblickt, wie sich die Welle kräuselte und an der Klippe brach, wie die Barke vorüberstrich, wie der Istambol, das Prachtschiff, hinter dem waldigen Vorgebirge *Joros* (Hieron Oros) hervorbrechend, die Rauchsäule gegen Trabisonda trieb! Von besonderer Wirkung war der Anblick des Nachts, wenn der Mond über den Waldschatten des Lasengebirges hangend sein melancholisches Licht auf den Pontus-Wasserspiegel goß und vom Strande herauf jenes dumpfmatte, nur Seeanwohnern zu erklärende Gemurmel der selbst in heiterster Stille vom Hauche der Abendlüfte in langen Schwingungen an das Land getriebenen und regelmäßig wiederkehrenden Welle zum Ohre drang. Diese trapezuntischen Mondnachtsscenen hatten etwas Sorgenstillendes für das Gemüth, und ich meinte zuletzt, wenn ich auch mit leeren Mappen Kolchis verlassen müßte, im Grunde doch gewonnen zu haben. So leicht sind die Deutschen über den Verlust ihrer Glücksgüter und über getäuschte Hoffnungen zu trösten! Gebt ihnen etwas Mondschein mit Wellengebrumm, und ihr mögt ihnen ruhig die Taschen leeren und Fesseln an die Arme legen. Leise Anklänge dieser unstillbaren, vielleicht erst durch das Christenthum in den germanischen Herzen geweckten Sehnsucht und Schwärmerei findet man unter den Schriften des Alterthums eigentlich nur in den Gedichten des Virgilius. Nur dieser Sänger christlicher Sehnsucht hört das Rauschen des Laubes unter Corydons Fuß, sieht Corydons Bild im glatten Meeresspiegel, *„cum placidum ventis staret mare"* und versteht die Seelensprache der *„amica silentia lunae."* Das Wildromantische der anatolischen Küstenländer am Pontus Euxinus wird seines Eindruckes auf deutsche Wanderer nie verfehlen. Wir lieben Waldeinsamkeit, Laubgehölze, dichtverwachsenes Gebüsch, Berge, Bäche, Thalschluchten und Felsen-Gewinde neben wallendem Kornfeld – romantische Bilder wie sie die Natur in wundervollen Mischungen nirgend so prachtvoll als in Kolchis gezeichnet hat. Anatolien ist ein hohes, von wilden Gebirgsketten und traurigen, verbrannten, baumlosen Flächen durchstrichenes Tafelland, das südlich meistens steil und hart gegen das Mittelmeer abfällt, im Norden aber sich stufenweise in einem lang hingezogenen, vom Phasis bis Bithynien herausreichenden, häufig von Querthalungen und tief eingeschnittenen Wasserrinnen durchbrochenen Waldgürtel von wechselnder Breite und voll der seltsamsten Terrainbildungen und Verzackungen, die auf Bau und Anlage der Wohnplätze der Menschen einen wesentlichen Einfluß haben, zum Pontus Euxinus herabsenkt. An den Mündungen größerer Ströme, z. B. des Halys, des Iris, wie des kleinen Pyxites bei Trapezunt gibt es zwar Niederungen, sogenannte Flußdelta, die aber, wenn wir nicht irren, zwischen dem Bosporus bei Konstantinopel und dem imiretischen Phasis, sowohl klein als groß, gegen die Gewohnheit der übrigen Länder mit wenigen Ausnahmen unbewohnt und verlassen sind. Ueberall hat man zur Anlage der Ortschaften steil oder sanft ansteigende Berghalden, schroffe Vorsprünge, die Hüften schlank ins Meer heraus laufender Erdzungen oder gewisse Stein- und Erdparallelogramme gewählt, die man nur auf der Pontusküste von Asia Minor findet.

Wir bitten den Leser über den Ausdruck „Stein- und Erdparallelogramm" nicht zu erschrecken, und wenn ihm der geometrische Begriff weniger geläufig ist, dafür den Ausdruck „länglich tafelförmiges Felsenplateau" zu setzen. Denn nur durch klare Versinnlichung dieser sonderbaren Erdgebilde kann man sich, ohne Trabesunda selbst zu besuchen, die romantische und für byzantinische Zeiten fast unbezwingliche Lage der Stadt durch Worte verständlich machen. Eben weil in den Nachrichten, die uns der Castilier *Clavigo* (1401), der byzantinische Nomophylax *Eugenicus* (1418) und Cardinal *Bessarion* der geborne Trapezuntier (1440), sämmtlich aus der ersten Hälfte des 15. Jahrhunderts hinterlassen haben, dieses tafelförmige Plateau der alten Citadellenstadt *Trapezus* nicht in deutlichen Umrissen und in seinem wahren innern

Zusammenhang mit dem großartig, halbbogenförmig und scharf aufsteigenden Küstenlande hingezeichnet ist, bleiben ihre Beschreibungen aller Eleganz ungeachtet doch immer unverständlich. *Tournefort* (1701), ob er gleich seinem Texte mit einem trefflichen Kupferstich zu Hülfe kam, war im Ganzen doch nicht glücklicher als seine Vorgänger, weil der ungünstige Standpunkt des bildlichen Entwurfs den entscheidenden Zug – die scharfgemeißelten Kanten des Felsenparallelogramms – verbarg. Wohl reden sie alle von einer trapezuntischen „Doppelburg" und von tiefen Thaleinschnitten zu beiden Seiten der Festung. Ob aber diese Thaleinschnitte an den beiden Lang- oder an den beiden Schmalseiten des natürlichen Parallelogramms gezogen sind, und wie dieses selbst aus dem Boden herauswachse; ob es sich frei *en relief* und auf allen vier Seiten unabhängig wie ein Cubus auf ebenem Terrain erhebe, oder ob es der *Länge nach* gleichsam unfern dem Strande aus den Flanken des hohen kolchischen Bergrandes fließe und mit *einer* Seite noch am Gebirge wie am Mutterstocke fest hange und angewachsen sey, das Gebirge aber im Halbkreise hoch über Gartenvorstädte, Thalrisse, Parallelogramm und Doppelburg ansteigend, luftig und frei wie ein weites Amphitheater hereinrage, hat keiner angegeben. Und doch bilden vorzugsweise die beiden letzten Punkte das charakteristische Merkmal der Lage von Trapezunt. Der Schluß, daß beim Verwachsenseyn der südlichen Schmalseite mit dem Gebirge die nördliche nothwenig dem kaum 1000 Schritte entfernten Meere zugekehrt seyn müsse und die Natur im Grunde nur drei Seiten des trapezuntischen Tafelparallelogramms befestigt und die vierte der Kunst überlassen habe, geht von selbst hervor. Dessen ungeachtet ist dieses Plateau eine wundervolle Schöpfung wie *Alamut* die Felsenburg der Assassinen in Masanderan, oder wie jener *Aornos* der Macedonier in Sogdh mit ihren Fruchtgärten, Quellströmen und Waldschatten, zu Lust und Sicherheit der Menschen wider feindliche Gewalt. Die Fläche des Citadellen-Parallelogramms von Trapezunt ist aber nicht horizontal und durchaus tafeleben verlaufend, wie man vielleicht denken möchte; sie ist vielmehr nach der Natur des umliegenden Terrains ebenfalls gegen das Meer abstürzend und gleichsam in zwei Quartiere, ein höheres und ein tieferes, von ungleicher Größe und ungleicher Höhe geschieden. Das höhere, unmittelbar aus dem Berge herauswachsend, ist kleiner aber bauchiger, steiler, höckeriger und ragt über das tiefere, schmaler gestreckte aber längere, so weit empor, daß die von einem Rande zum andern gezogene und beide Hälften von einander innerlich abschließende Quermauer an ihrer Wurzel noch über die höchsten Gebäude der tiefern oder untern Citadelle hinausragt, der kaiserliche Palast aber, der den Höhepunkt dieses obern Quartieres einnahm, seinerseits eben so hoch über die Zinnen der Quermauer und über die untere Festung erhaben in das Meer hinunterblickte. Der Leser sieht wohl selbst, daß diese obere, spitz zulaufende, höher gelegene Hälfte des Naturparallelogramms die eigentliche Hochburg, die *Akropolis* von Trabisonda bildet – links und rechts durch tiefe Abgründe gesichert und nur im Zusammenhange mit dem Gebirge schwach. *Das* ist die alte Doppelburg von Trapezunt des Xenophon und des Justinian. Zum Glück ist dieser Zusammenhang mit dem Berge so schmal, daß der Isthmus zwischen dem Abgrunde zur linken und dem Abgrunde zur rechten kaum zwanzig Schritte beträgt. Aber der Boden hebt sich beinahe dicht vor der Bergmauer, haldig und breit ausgreifend, über die Akropolis und bildet den natürlichen Angriffspunkt für feindliche Gewalt. Die Schloßmauer auf dieser Schmalseite ist freilich um so höher und fester, da sie den unmittelbar dahinter liegenden Palast der Groß-Comnenen schirmen mußte. Hier haben die Gothen, die Königin von Tiflis, der Seldschuke *Alaeddin Keikobad* von Iconium, die Turkomanen-Emire und Sultan *Mohammed II.* im Kriege gegen Trapezunt zuerst den Sturm angelegt, aber auch *Johannes*, der vorletzte Imperator, dicht an der innern Mauerseite einen freistehenden, breit gedrückten, grotesk und hoch über die hohe Mauer hinaufragenden Thurm zum Widerstande gegen das Geschick aufgerichtet. Für den Schirm der beiden Langseiten des Gesammtparallelogramms hat die Natur allerdings besser gesorgt, da sich die tiefen Schluchten links und rechts als hohle, steile und schattige Thäler zum Meer hinabziehen und die Doppelburg vom Continent der gegenüberliegenden Gartenvorstädte mit ihren Hügeln, Erdrissen, Gärten und dichtbelaubten Gruppen trennen. Diese furchtbaren, von der Natur selbst aufgethürmten Festungsgräben sind voll Dunkelgrün, voll Quellen, voll hochwüchsiger, zum Theil immergrüner Bäume, hoch über deren Wipfel in kühnem Bogen die schmale Brücke hinüberspringt, ein romantischer Anblick, wenn der Epheu blüht, das Wasser im Gebüsche rauscht und die reife Traube überall unter dem Laube hervorblickt. Besonders prachtvoll ist die Schlucht auf der Abendseite, unmittelbar am rund aufgethürmten, baum- und quellenreichen Thalschlusse und am Fuße des buschbewachsenen Burgfelsens, von dessen oberster Spitze, wenigstens 300 Fuß senkrechter Höhe über dem Schattendunkel des Abgrundes, der Comnenenpalast und die neun großen, heute leeren Bogenfenster des Kaisersaales in Doppelreihen niederschauen. Hier ist die Schloßmauer zugleich Festungsmauer, die in abenteuerlichen Zügen, alterbraun, verwittert und stellenweise ganz von Epheu zugedeckt, den Krümmungen, Senkungen, Hebungen und felsigen Aussprüngen des Tafelrandes folgend, das alte *Trapezus* umschließt. Den schönsten Anblick jedoch gewährt es, wenn man diese grün berankte, steil von der obern Burg zur untern herabsteigende Randmauer mit den schwarzen Thürmen im Abendschein von der Brücke aus betrachtet, die auf der Westseite der Festung über den romantischen Abgrund führt. Nur die Eingebornen, besonders die Osmanli, können nicht begreifen, was da zu bewundern sey. „Was stehst du denn stille? Was erblickst du denn da oben?" fragte voll Verwunderung der feiste knochige Subaschi von Trabosan, wenn er den Fremdling wie in sich selbst versunken unbeweglich an der Brückenzinne fand.[10] Gerne möchte ich wissen, ob der nordische, ob der civilisirte Mensch allein für Naturschönheiten empfänglich ist oder ob der Besitz etwa überall Gleichgültigkeit erzeugt und wir täuschungsvoll ewig nur das verlangen und bewundern, was uns ferne ist und was uns gebricht.

Schief zwischen hochwipfligen, durch Weinreben mit einander verschlungenen Bäumen führt ein Weg aus der Gartenvorstadt in die Schlucht hinab, wo der Bach, über granitene Schnellen sprudelnd, unter der kurzen aber hochgesprengten und geländerlosen Brücke in die romantisch gewundene Felsenvertiefung hinabrauscht und die aus immergrünem Buschwerk und Baumschlag stürzig herabgleitenden Wasserfäden selbst in der Mittagsgluth Schatten und Kühlung unterhalten. Die Schönheit des Steilpfades aber, der sich aus dem Hintergrunde der Schlucht durch üppiges Grün, durch mächtigen Pflanzenwuchs felsicht und wasserreich zur kleinen Plattform am Isthmus hinter der Burg hinaufwindet, konnte *Bessarion* selbst im spätesten Alter und mitten unter den Herrlichkeiten des römischen Purpurs nicht vergessen. Von der Höhe, aus dem Gestein, von den Thalwänden, überall sprudeln Quellen heraus und rauschen durch Hochschatten, Myrten- und Lorbeergebüsch zum Bach in die Thalschlucht nieder. Hoch vom grünberankten Felsen schaut die Kaiserburg herab.

Innerhalb der Randmauer ist das Citadellen-Parallelogramm wegen des beschränkten Raumes zwar großentheils mit Bauwerken und Wohnungen überdeckt, doch fehlen auch grüne Partien nicht, weil auch hier aus dem Boden reichlich Wasser quillt, überall Brunnen plätschern, offene Kanäle mitten durch die gepflasterten Straßen laufen und ein dichter Strahl silberheller Flüssigkeit zum großen Thor gegen die Meerseite hinausstürzt.[11] In diese naturfeste Doppelburg flüchtete sich im Falle feindlichen Angriffs sämmtliche Einwohnerschaft der über die Gartenregion zu beiden Seiten der Thalschluchten ausgebreiteten Vorstädte. Die Häuser hatten zur Comnenenzeit freilich wie oben bemerkt drei Stockwerke und konnten einer größern Volkszahl Unterkunft verschaffen als heute, wo die armselige Türkenarchitektur und Haremsitte Alles verwandelt hat. Aber um so furchtbarer waren die Feuersbrünste in den engen Gassen mit hohen Fachwerkhäusern und einer übereinander gehäuften Bevölkerung, wenn der Feind vor den Thoren stand und die Flucht unmöglich war. Auch zählt vielleicht keine Stadt des Orients verhältnißmäßig so viele und so verheerende Brände, als Trapezunt während der unruhvollen Comnenenzeit. Um einem Theil dieser Uebelstände zu begegnen, erweiterte *Alexius II.* (1297–1330 n. Chr.) bei den wachsenden und wiederholten Bedrängnissen des Reiches durch ein kolossales Unternehmen die Citadellenstadt und mit ihr die Sicherheit seines Volkes. Den leeren Raum zwischen dem alten Tafelfelsen (Parallelogramm) und dem Meeresufer füllte der benannte Groß-Comnen mit einer dritten Citadelle aus, die ein für sich geschlossenes Ganzes bildete und doch mit dem alten Bau zusammenhing. Schroffheiten des Terrains waren abzutragen, Vertiefungen auszufüllen und die Thalschlucht selbst zu erweitern, um genügenden Grund zu gewinnen. Der Neubau knüpfte sich der Art an die dem Meere zugekehrte *Schmalseite* des alten Parallelogramms, daß der Haupteingang, das sogenannte Wasserthor, mit seiner Hochlage, seinem Quellstrom und seiner strengen Quermauer, statt am Ende, nun gleichsam mitten in der Festung stand. Da aber die neue Anlage einer möglichst großen Volksmenge Schirm gewähren sollte, war es nicht genug, die Mauern an beiden Langseiten in gleicher Enge wie das alte Parallelogramm bis zum Meere hinabzuführen. Der kaiserliche Bauherr zog die westliche, breit auseinandergehende und in der Sohle geebnete Thalschlucht bis zur halben Länge des alten Parallelogramms herauf in den neuen Plan hinein. Nur auf der östlichen Langseite, wo der Boden am Meere hin von Natur flacher ist und zu allen Zeiten die großen Bazare standen, ist die neue Mauer eine geradlinige Fortsetzung der alten, mit Thürmen und niedrigem Vorwerk im byzantinischen Styl. Am Strande aber läuft sie dann rechtwinklicht weit über die alte Schmalseite hinaus bis zum hohen *Außenrand* der westlichen Schlucht, folgt ihrem Kamm mitten unter hohen Baumgruppen, und zieht sich im rechten Winkel an den Rand der hier wieder engen Thalschlucht, zur Brücke über den Abgrund herüber, wo zugleich starke Außenwerke mit Streitthürmen und Doppelthoren den Eingang hüten. Baumgärten mit luftigen Türkenwohnungen und mächtig drängendem Gebüsch füllen auf dieser Seite die Flachgräben der neuen Festung, und eine halbzerstörte Inschrift über einem zugemauerten Pförtchen nennt das Jahr 1324 als die Epoche des vollendeten Baues. Alexius II. nahm den Festungsplan von Konstantinopel zum Muster: drei Mauern hinter einander, eine immer höher als die andere, mit Zinnen und Thürmen von wechselnder Form umschließen das neue Werk. Nur hat sich um den Comnenenbau in Trapezunt ein Dickicht von Feigen-, Cornelkirschen- und Steinobstbäumen, von Eschen, Ulmen, Mais, Haselstauden, Maßholder, Gartengebüsche aller Art und von Wallnußstämmen ungeheuern Umfangs mit Schatten, Kühle und Sommerstille romantisch herumgezogen, mit dem sich Epheu und Schattenfülle von Byzanz nicht messen kann. Drei abgesonderte Burgen, eine immer höher als die andere und doch in einander verschlungen, bilden das wundervolle Panorama von Trapezunt.

Beinahe einen vollen Monat verschob ich es, die oberste Abtheilung des Tafelfelsens, die eigentliche Akropolis von Trapezus und die Ueberbleibsel der alten Kaiserburg zu besuchen. Ich wollte die Täuschung, als wären für mich dort noch unverhoffte, selbst meinem unmittelbaren Vorgänger verborgen gebliebene Schätze, Gebilde, Inschriften, Bauwerke für Aufklärung mittelalterlicher Romane und der comnenischen Geschichten aufzufinden, so lang als möglich lebendig erhalten. Zwar hatte mich Hr. *Zachariä* wenige Monate früher in Heidelberg versichert, der Palast sey zerstört und, soviel er bemerkt habe, von historischen Ueberbleibseln überall keine Spur. Ich nahm die Rede aber nicht so völlig buchstäblich, als wäre Alles ganz und gar verschwunden; ich meinte vielmehr in verzeihlicher Eitelkeit, wo ein flüchtig vorübereilendes Juristenauge nichts gesehen habe, vermöge Jemand nach vorausgegangenen speziellen Studien über den Gegenstand und bei dem lebendigen Interesse für die Sache immer noch Einiges zu entdecken, was über Zweifelhaftes Licht verbreiten und Schwankendes befestigen könnte. Ich wußte ja den Geschmack der comnenischen Fürsten für die bildende Kunst, für Architektur und Malerei; besonders aber hatte ich es auf den von Gold und Marmor strotzenden Kaisersaal und seine Wandfresken abgesehen, die nach *Bessarion*, der sie oft betrachtet hat, eine vollständige Geschlechts-, Familien- und Geschichtsgallerie des regierenden Hauses vom Beginn des trapezuntischen Reiches, bis in die letzten Zeiten darstellte. Hat sie türkische Bilderscheu auch mit Kalk übertüncht, wie die Kirchenfresken von St. Sophia in Stambul oder von St. Sophia und St. Chrysocephalos in Trapezunt, so ist das Verborgene doch leicht hervorzukratzen, und weiß Gott welch neuer Aufschluß für das mystische Dunkel des kolchischen Romanenstaates ans Licht zu bringen. Bogenfenster hatte ich ja von der Schlucht herauf gesehen, von Außen zwar nur altes schwärzliches Gestein, und durch die leeren Räume schienen die Wolken durch; aber vielleicht ist es von Innen besser bestellt, glänzender, farbiger, wie in den Königshallen des hundertthorigen Thebens.

Wie dort *Rameses*, *Amenophis* und *Scheschonk*, so prangen vielleicht hier noch wohlerhalten in kriegerischem Schmuck, Seldschuken und Turkomanen vor sich hertreibend, *Andronicos Gidon*, der Besieger Sultan *Alaeddin Keikobads* von Iconium, *Manuel I.*, der große Kapitän und *Alexius III.*, der Wiederhersteller des verfallenen Reichs, der Kirchenheld, der Legenden-Imperator. Freilich ist die Luft zu *Medinet Habu* und zu *Karnak* weniger ätzend und haben die Pharaonen ihre Bauten aus unvergänglicherem Materiale aufgeführt, als die kunstsinnigen Comnenen von Trapezunt, die Fürsten des waldigen Kolchis, des „*Mosynökenlandes*"; aber die Zeit ist im Verhältniß wie fünf zu dreißig, und hatte ich nicht in Kirchen und Kapellen der Gartenvorstädte mancherlei Fresken und geistliche Malerei aus der Kaiserperiode, und auf der Außenwand der Hauptmoschee sogar die wohlerhaltenen Reste eines Musivgemäldes der griechischen *Panagia* gesehen? Hätte mir Jemand durch Erzählung der Wahrheit diese Träume verscheucht, wahrhaft ich hätte ihm wenig Dank gewußt. Mit Bessarions Comnenenlob *(MSC. Venet.)* in der Hand, saß ich lange auf der Plattform des hoch und steil über die griechische Gartenvorstadt hinaufragenden *Bos-Depe* (Grauhügels), wo man die schönste Aussicht auf Trapezunt genießt und zum Theil selbst das Innere der obern Akropolis auf halbstündige Entfernung überschauen kann. Bald las ich die Schilderung des Prachtbaues, wie er sich um die Mitte des 15. Jahrhunderts mit seiner hohen Treppe, seinen Seitenflügeln und Lufthallen, seinen Marmorböden und vergoldeten Zimmerdecken und seinem Viersäulenpavillon, hoch auf dem Terrassendach über die Giebel und Zinnen des schief absteigenden Parallelogramms erhob; bald blickte ich auf die Burg hinüber, konnte aber leider nichts als armseliges Hütten- und Bretterwerk türkischer Architektur erspähen. Da sank mir zuerst der Muth und ich stieg traurig wieder in die Stadt hinab. Erinnerungen an *Peyssonnels* Nachrichten über Zerstörung der alten Comnenenburg in Folge einheimischer Kriege der Türken von Trapezunt während des 17. Jahrhunderts vermehrten die Unruhe, aber dem gewissenhaften, nüchternen *Zachariä* ganz Recht zu geben, sträubte sich eitle Hoffnung noch immer, bis ich endlich am 4. September den lange aufgesparten Gang in die obere Citadelle that und den Gräuel der Verheerung in seiner ganzen Ausdehnung übersah. Hr. Ghersi ließ mich durch den Chaldier *Theodoraki* und Hrn. *Mirkowitsch*, den Kanzler, zum Obersten der Kanoniere führen, wo man zuerst um die Erlaubniß bitten mußte, in die obere Burg hinaufzugehen und die eigentliche Festung anzusehen. Der Colonel war abwesend, hatte aber, den Fall voraussehend, seinem vorzüglich begünstigten Diener den Auftrag ertheilt, uns überall hinzubegleiten, uns selbst in die Moscheen von St. Chrysocephalos und St. Eugenius einzuführen und etwaige Bedenken der Gläubigen gehörig zu beschwichtigen. Es war ein derber Türkenjunge im neuen Styl, d. i. er trug eine Jacke mit engen zerrissenen Pantalons, trank Wein und nahm gerne Präsente, wie die Türken überhaupt und viele andere Leute insbesondere. Wie einst in Babel, Ecbatana und Jerusalem und unlängst noch in Stambul, war auch in Trapezunt nach uraltem Brauch des Morgenlandes der Sitz der Gewalt von den Unterthanen festungsgerecht abgeschieden, weil die Gewalt im Orient ihren ersten Feind überall im eigenen Volke sah. Man hat früher deutlich genug erinnert, daß eine hohe, von Schlucht zu Schlucht der ganzen Breite nach über das Parallelogramm laufende Quermauer den von Natur scharf abhängenden obern Burghügel gegen den untern abschließe. Eine Doppelpforte, eine innere und eine äußere, mit gekrümmtem Thorweg und eisenbeschlagenen Flügeln öffnet den Aufgang zu dem amphitheatralisch ansteigenden Palastrevier. Wir hatten nicht nöthig auf dem alten Wege zur Burg weit vorzuschreiten, um die letzte Täuschung zu verscheuchen und mit ihr alle Hoffnung irgend eines historischen Fundes von Gewicht zu zerstören. Denke man sich den Schmerz, Alles ist zerstört! Statt der einstigen Kaiserpracht, ihrer Leibwächter und Archonten hatte sich, wie es scheint, gerade der ärmste Theil unter den einsäßigen Türkenkanonieren in der Akropolis niedergelassen und am untersten Theile dicht an der Quermauer von Gesträpp und Schlingpflanzen ruinenartig umschlungene Wohnungen aus den Trümmern alter Herrlichkeit errichtet. Wer in *Famagosta* auf Cypern oder auf *Hohenkorinth* herumgewandert ist, hat auch die Palastruine der Großcomnenen von Trapezunt gesehen. Wie wäre da noch an die breite Treppe, an den Freskensaal, an die „alte, gold- und edelsteingefüllte" Schatzkammer,[12] an das abgesonderte Bücherhaus, an die Speisehalle, an den hohen Tetrastyl des kaiserlichen Geschäfts- und Audienzpavillons, oder gar an das Brautgemach der unvergleichlichen Prinzessin *Katharina* von Trapezunt zu denken, die durch den Ruhm ihrer Schönheit den Orient in Flammen setzte, und als *Despina Katun* mit *Usun Hassan* den Thron von Persien bestieg? In Fetzen gehüllte Weiber osmanischer Kanoniere sahen hohläugig hinter vergitterten, nur noch an *einem* Angel hangenden Fensterläden halbverfallener Steinbaracken auf den neugierig herumspähenden Giaur herab. Nur gegen Abend, gerade ober der Tiefschlucht, ist noch ein Stück Schloßmauer und ein viereckiger Thurm, letzterer etwa 50 Fuß hoch und mit einem Bogenfenster auf jeder Seite, unzerstört geblieben; selbst der gelblichte Anwurf hält noch am Gemäuer und am bemalten Thurmdachgesims ist blau, orangegelb und roth an vielen Stellen noch deutlich zu erkennen. Ich sah durch das Fenster in den leeren Raum hinein, da ein natürlicher Felsendamm, zu dem man auf gemeißelten Treppen hinaufsteigt, mit einem bizarr in Stein ausgehauenen Durchgangsbogen wie ein Corridor durch diesen Theil der Burg zum Thurm zieht. An dem Schloßwandrest steht ebenfalls noch eine Linie von drei Doppelbogenfenstern mit je einer Säule in der Mitte, so daß von den beiden, in Würfeln ausgezahnten Halbbogen des Fensters je das eine Ende auf dem schön verzierten Knauf der Mittelsäule ruht, das Ganze aber von einem oben niedlich ausgeschweiften Segment architektonisch umschlungen wird. Das Gemäuer unterhalb der Fensterböschung zeigt würfelig hervorspringende und schachbrettförmig sich berührende rohe Steinquadrate, wie gewisse Bauten in Florenz aus der Ghibellinenzeit. Des schmalen Zwingers zwischen diesem Schloßfragment und der am Rande des Abgrundes hinlaufenden Zinnenmauer hat sich die üppigste Vegetation bemächtigt: der Feigenbaum, die Rebe, der Epheu, die Granate, die Esche und die Ulme mit Schlingpflanzen und lieblichem Kolchisgesträuche aller Art wuchern in der Oede ungestört, bewohnen das Gemäuer und schauen durch Bogen und Corridore der verlassenen Burg hinein. Der Wind blies herbstlich über die Ruine und der Wipfel einer hellgrünen Esche neigte sich wiederholt und melancholisch in dieselbe Fensteröffnung, durch welche einst der Großcomnene stolz und sorgenvoll auf die Frühlingspracht seines Kaisersitzes niedersah. Unwillkürlich stellt das ängstliche Gemüth Vergleiche an: Theben mit hundert Thoren, Jerusalem, Balbek, Karthago, der palatinische Hügel und das neue deutsche Athen mit seiner Säulenpracht und Herrlichkeit demselben Loos der Vergänglichkeit verfallen wie die Kaiserburg in Trapezunt!

Ἔσσεται ἦμαρ ὅτ᾽ ἄν ποτ᾽ ὀλώλῃ Ἴλιος ἱρή,
καὶ Πρίαμος, καὶ λαὸς ἐϋμμελίω Πριάμοιο!

Der Blick zwischen den Zinnen der Stadtmauer und der ausspringenden Halbthürme in die Tiefe hinab, wo der Bach rauscht, in das Meer hinaus, oder auf die Schluchtenwand gegenüber, wo Pfade, Steilabhänge, Gestein mit üppigem Grün und luxuriantem Pflanzenwuchs, Gehöfte, kleine Dörfer, Cypressenwald, lebendige Gartenzäune, isolirte Wohnungen unter Baumgärten voll Leben und Saft bis zur langgezogenen Waldhöhe aufsteigend, in wundervollem Wechsel stehen, ist von zauberhafter Wirkung auf das für Natureindrücke empfängliche Gemüth. Aber die *kolossalen* Saalfenster unmittelbar über dem Abgrund, sind auch von Innen nur schwärzliches Gestein ohne Schmuck, ohne Bild, ohne Schrift!

Auf der Hochterrasse des ungeformten, breitschulterigen, ganz mit Epheu bedeckten Wartthurms an der südlichen Mauerseite, wo sie mit dem *Planum inclinatum* des Berges zusammenhängt, lag eine Feldschlange und eine größere Kanone hatte sich weiter seitwärts, beide ohne Lafette und von Rost zerfressen, halb im Schutt der Böschung eingesenkt. Das war die ganze Artillerie der Hauptreichsfestung *Trabosan*. Nebenan stand als Schildwache der unbärtige, milchweiße Sohn eines erblichen Feuerwerkers, in bürgerlichem Gewande, ohne alle Bewaffnung oder irgend ein kriegerisches Abzeichen seines Standes, den Blick starr in das Gebirge gegen *Gümisch-Chane* und *Baiburd* hinaufgerichtet, wo zur Zeit des letzten Krieges *Paskewitsch* mit den Russen stand und Trapezunt bedrohte. *Ne japarsyn, Toptschi? Ne bakarsyn?* (Was machst du, Kanonier? Was schaust du da?) *Ne japaïm, daghlara bakarym!* (Was werde ich machen; ich schaue eben gegen die Berge!) *Ne var orada?* (Was gibts denn dort?) *Orada Moskof sinori getscher!* (Dort läuft die russische Gränze!) *Amma schimdi Moskof gelmes.* (Aber jetzt kommt der Russe nicht.) *Ne bileïm? gelir gelmes, ben bakarym, sarar jok.* (Was weiß ich? kommen, nicht kommen, ich schaue, schad't ja nicht.) Von Unterricht und täglicher Uebung, wie man es in Europa und seit dem Eintritt der preußischen Exerzirmeister auch in Stambul treibt, ist hier keine Rede. Ohne unsere Plage haben sie in Trabisonda doch seit bald 400 Jahren den Nutzen und den Besitz. So oft ich in der Folge heraufkam und in Gedanken an die Vergangenheit auf der großcomnen'schen Palastruine herumwandelte, fand ich zwar immer die waffenlose Schildwache in Civilkleidern am Thurme stehend, aber auch immer dieselbe Verödung und dasselbe Schweigen, wo einst des Festgepränges, der Freudenmahle und des Hochzeitgesanges kein Ende war. Ueber diesen wechselvollen Unbestand menschlicher Dinge empfindet der Osmanli keinen Gram und antwortet auf die Frage, was sie gethan hätten, wenn der Moskof-General damals vor Trabosan erschienen wäre, ganz ruhig: *jardümüs Allahdan gelur.* (Unsere Hülfe kommt von Gott.) Die Schwäche der Türken ist nur für sie selbst ein Geheimniß, und im Allgemeinen glauben sie sogar mit ihren kriegerischen Einrichtungen noch jetzt allen übrigen Nationen voraus zu seyn; – glücklicher Irrthum, wenn wir noch Glaubenseifer und ritterlichen Sinn des eilften Jahrhunderts hätten! Bis zur derben Lektion, die ihnen *Paskewitsch* gab, verläugnete sich auch das thörichte Selbstgefühl der Osmanli von Trapezunt mitten unter ihrer Armseligkeit keinen Augenblick. „Müssen schon wir selbst mit unsern Flinten gegen diese Giaur marschiren und Ordnung schaffen," sagten sie rühmend, als sich der Feind nach der Besitznahme Erserums den trapezuntischen Gränzen nahte. Aber zwischen Baiburd und Gümisch-Chane durch den tapfern *Bürtzow* eines Bessern belehrt, kamen sie bald mit Verlust und Unordnung wieder in die Stadt zurück und wurden sogar von ihren eigenen Weibern ausgelacht. Die Moskowiten waren eben nicht wie die Griechen der byzantinischen Zeit, die selbst ihr gnädigster Landesfürst, *Kalo-Johannes*, der vorletzte Großcomnene, „Feiglinge, Verräther und Weiberseelen" nannte. Seit jenem unglücklichen Gefechte von Baiburd kehrt die trapezuntische Schloßschildwache den Blick unverwandt nach jener Richtung hin.

Theater, Rennbahn und Belustigungsplätze der vortürkischen Epoche, wie sie der Nomophylax *Eugenicus* (*Saec.* XV.) schildert, sind vom Thurm herab auf der ansteigenden Berghalde außerhalb des Schlosses noch deutlich zu unterscheiden, obgleich von Mauerumfang, Portalen und Sitzreihen das Meiste schon als Baumaterial verwendet ist und der Rest demselben Schicksal folgen muß, wenn der aller Kunst und Geselligkeit widerstrebende Genius des Islam noch länger über dem schönen Trapezus schwebt. Voll melancholischer Gedanken, aber ohne alle antiquarische Ausbeute stiegen wir aus den Burgruinen herab und gingen durch die Doppelthore der Quermauer in die mittlere Citadelle zur großen Moschee – der ehemaligen Domkirche Chrysocephalos – herab. Der Tempel steht gerade im Mittelpunkt, wo die vom Wasserthor durch die ganze Länge des Parallelogrammes in die obere Burg führende Hauptstraße die kürzere Querstraße zwischen den beiden Schluchten- oder Langseitenthoren durchschneidet. In der äußeren Oekonomie ist durch Verwandlung in ein mohammedanisches Bethaus keine Umgestaltung eingetreten, ausgenommen daß hier, wie in allen dem Islam verfallenen Christentempeln, der stumpfe Glockenthurm des byzantinischen Baustyles dem schlanken Minaret von Mekka weichen mußte. Selbst die türkischen Wohnhäuser ziehen sich gegenwärtig noch auf drei Seiten gleichsam altklosterförmig um den Tempelhof, dessen vierte Seite unmittelbar vor dem Portal ein größerer, schön gepflasterter Raum mit laufendem Brunn und einer riesigen Plantane schmückt, wie zur Comnenenzeit. Wenn türkische Bilder-Unduldsamkeit auch das obengenannte Musivgemälde der Außenwand dicht am Dache aus Unkunde des Gegenstandes oder aus Indolenz verschonte, so hat doch weiße Kalktünche sämmtliche Fresken im Innern überdeckt und die dürre Koransnische Ikonostasie und Hochaltar des byzantinischen Christenthums verdrängt. Die Architektur ist höchst einfach, korrekt und im Ganzen eine treue Kopie von St. Sophia in verjüngtem Maßstabe, d. i. ein griechisches Kreuz mit vier gleichlangen Balkenenden und einer Kuppel in der Mitte. Durch dünne Marmorsäulen getragene Emporkirchen auf den drei Seiten des Tempels fehlen hier eben so wenig als die mystische Beleuchtung und der Fußboden von polirtem Gestein; nur Kunst und Marmorpracht des Baumeisters aus Tralles sieht man in Chrysocephalos nicht. Weil fränkische Toilette das Ausziehen der Stiefel nicht gestattete, wurden Sacktücher um die Sohlen gebunden und so ohne bedeutendes Aergernis der Gläubigen das Heiligthum betreten, aber nach kurzem Umblick durch die entgegengesetzte Thüre wieder verlassen. Anderswo, z. B. auf der syrischen Küste, in Saloniki, in Stambul sind die Musulmanen nicht mehr von so feuriger Andacht beseelt wie in *Trabosan*, wo Viele mit dem freitäglichen Wochengebet nicht zufrieden, auch in der Zwischenzeit das Bedürfniß geistigen Verkehrs mit Allah empfinden. Sie beteten an der Koransnische mit solcher Inbrunst und blickten, wie aus einem Verzückungsrausch erwachend, mit so hochmüthiger Frömmigkeit auf die Ungläubigen und ihren Führer, daß uns längere Störung und viel neugieriges Herumsehen unanständig schien. Die Stimmung des türkischen Volkes war damals so herabgedrückt und zahm, daß dieser zu jeder andern Zeit in Trabosan für einen Europäer gefahrvolle Akt des Moscheebesuches ohne allen Nachtheil, ja selbst ohne die bei solchen Gelegenheiten lästige Neugierde des musulmanischen Publikums friedlich von Statten ging. Der Metropolit *St. Athanasius*, Teufelsbanner und Legendenhistorikus von Trapezunt (1600), läßt Kirche und Kloster zur *Panagia Chrysocephalos* schon in den ersten Jahren des siegreichen Christenthums durch *Annibalianos*, „Kaiser von Cappadocien und Schwager des großen Konstantinus" (!) erbauen. Wie in Iran alles groß- und alterthümliche Bauwerk dem Helden *Rustem*, bei den Arabern dem jüdischen König Suleiman, bei den Türken aber den Geistern (Dschin) zugeschrieben wird, so führt man bei den Byzantinern Alles auf Konstantinus und seine Familie zurück. Bei den türkischen Trapezuntiern heißt dieser uralte Tempel freilich nicht mehr *Chrysocephalos*, sondern schlechtweg بيوك جامع *bojük dschamî*, „das große Bethaus", im Gegensatze der jämmerlichen Holz- und Kothbaracken mit Spitzthürmchen, die sich der Islam nach Einnahme von Trabosan auf verschiedenen Punkten der drei Citadellen sowohl als der weitläufigen Vorstädte in kunst- und schmuckloser Andacht gezimmert hat. Die Tempel der überwundenen „Römer" durch Prachtbauten zu übertreffen, wie zu *Prusa*, *Adrianopel* und *Stambul*, dachten die Türken zu Trapezunt während fast 400 jährigen Besitzes niemals. Jetzo wo das Verderben in der Nähe und die Fäulniß überall sichtbar ist, erglühen sie auf einmal in Frömmigkeit und bauen in der Gartenvorstadt östlich, wo die großen Bazare sind und weiland die mit Alleen geschmückte Doppelreihe der genuesischen und venetianischen Waarenmagazine stand, eine Moschee aus behauenem Gestein, ganz in stambulischem Geschmack mit hohen Fenstern und Säulen, an Eleganz des Baustyles und an Größe, so viel man (1840) urtheilen konnte, noch über den Byzantinerbau von *St. Chrysocephalos*. Seitdem man Paskewitsch in Baiburd gesehen hat, thun sie in Trabosan gewaltig fromm. Denn zu gleicher Zeit erheben sich auch auf anderen Punkten der Vorstädte, melancholisch zwischen Cypressen, geringere Bethäuser mit Thürmchen, um den Glaubenseifer zu bethätigen und Allah's Zorn von den Häuptern der Musulmanen abzulenken. „Je mehr Wasser über den Körper abgegossen wird, desto mehr Sünden von der Seele weggewaschen werden, und je mehr Gotteshäuser man errichtet, desto stärker und fester wird die Stadt." Dies ist ein Glaubensartikel der mohammedanischen Völker, über den wir uns alles Commentars enthalten. Bequem wäre es freilich, wenn man das Verhängniß ohne eigene Kraftanstrengung durch ein Exvoto versöhnen und die moskowitischen Feuerschlünde blos durch Andachten zum Schweigen bringen könnte. – Der Leser ist wohl von selbst überzeugt, daß wir von der obrigkeitlichen Erlaubniß die Moscheen zu besuchen keine zu ausgebreitete Anwendung machten und folglich die Geduld der trapezuntischen Zeloten auf keine zu harte Probe stellten. Denn außer Chrysocephalos sahen wir nur noch die unter dem Namen „Neu-Freitag" (جمعه يكی *jeni dschumâ*) bekannte alttrapezuntische Hof- und Klosterkirche *St. Eugenius* an. Diese liegt in keiner der drei Citadellen, sondern jenseits der *östlichen* Festungsschlucht auf dem höchsten Punkt der Vorstadt, der Comnenenburg gerade gegenüber, gleichsam wie ein natürliches Bollwerk, von drei Seiten durch Steilabhänge, Felsenwände und Tiefrisse voll romantischer Scenen, kleiner Wasserfälle, Baumgruppen und immergrünen Gerankes verwahrt und nur auf der Südseite mittelst der breitansteigenden Schiefebene sich an das Gebirge hängend. Das Gebäude ist zwar gleichfalls im obligaten Byzantinerstyl, Kreuzform, mystisches Licht und Kuppel in der Mitte, aber es ist viel kleiner und von Innen noch weit nackter und schmuckloser als Chrysocephalos, weil es lange Zeit öde stand und erst vor kurzem inwendig getüncht und zum Freitagsgebet eingerichtet wurde. Auch fehlt das Minaret statt des weggebrochenen Glockenthurms, und das Hauptportal ist zugemauert. Ein gewaltiger Feigenbaum mit breitem Blatte und einer Fülle der süßesten Früchte lehnt sich, unter üppig grünendem Buschwerk hervorbrechend, an die einst mit Fresken reich gezierte Fronte, gleichsam zum Schirm der halbzerstörten Ueberbleibsel großcomnenischer Frömmigkeit und Kunst. Das Freskenfeld war giebelförmig angelegt, Legende und Dogmatik oberhalb, und darunter links und rechts vom Thore, so viel aus den noch nicht herabgekratzten Fragmenten zu erkennen ist, die Bilder des regierenden Kaiserhauses, mit Insignien und Inschrift, von Alexius I., dem Gründer des Reiches, bis Alexius III., dem allgemeinen Restaurator verfallenen Kirchenthums und besondern Schutzherrn des Gotteshauses zum heil. *Eugenius*. Die Haselstaude, der Nußstrauch, die Feige, der Lorbeer, immergrünes Gesträuppe und die schön blühende *Azalea pontica* haben das öde Viereck vor dem Portal mit der gleichfalls leeren, dem aufsteigenden Felde zugekehrten Tempelseite als herrenloses Eigenthum besetzt und geben dem alterlichen Gemäuer des Tempels einen eignen melancholischen Reiz, besonders wenn man von der Höhe herabsieht und die Sonne abendlich in die gedrückten Halbbogenfenster der byzantinischen Kuppel scheint. Statt des reichen klösterlichen Rundgebäudes aus der Christenzeit heftet sich nur noch ein türkisches Häusersegment mit hohen Holzhofthoren am Rande des Abhanges an die östliche Schmalseite des Heiligthums. Die einsame Lage des Ortes, das Panorama der jenseits der Bachschlucht sich aufthürmenden Mauer der oberen Burg, die Kaiserfresken an der buschbewachsenen Pforte lockten mich oft und wiederholt nach St. Eugenius hinauf; ich schob das Gebüsch weg, stieg auf den Feigenbaum, erwartete stundenlang das an der Wand vorrückende und in gehörigem Winkel einfallende Sonnenlicht, um einzelne Reste der jeder Freske angefügten Inschrift und die Wappendekorationen am Purpurkleid der Groß-Comnenen zu erspähen. Wenn man von so großer Entfernung gekommen ist, achtet man auch kleinen Gewinn,

In tenui labor, at tenuis non gloria…

Mehrere Besuche blieben – wie ich glaubte – unbemerkt; endlich das vierte oder fünfte Mal stieg plötzlich ein stattlich aussehender, noch ganz junger Mann in elegantem Turban über die Trockenmauer des Vierecks und fragte in etwas fremdklingendem Türkisch, aber gar nicht unfreundlich: was ich hier suche und warum ich *so oft* hieher komme? Ich war ganz allein und antwortete resolut: *Mesdschidün düwarinda olan suretleri görmek itschün*, „um die Bilder auf der Tempelwand anzusehen", sey ich einige Mal heraufgekommen. Wie ich ihm aber auf die zweite Frage: ob ich ein Moskowiter sey, über meine Nationalität Bescheid gegeben und mich als einen *Njemetz* ankündete, der aus Neugierde in der Welt herumlaufe und Bücher schreibe, ward er noch viel freundlicher und sagte, er selbst wäre ein Tscherkesse und habe seinen im Kampfe mit den Russen gefährlich verwundeten Bruder zu besserer Pflege nach Trabosan begleitet, werde aber, wenn die Kur vollendet, wieder in das Heimathland zurückgehen, um wie alle seine Landsleute für die Freiheit zu streiten. Mit weitläufiger Redseligkeit ward dann erzählt, wie sie letzthin die russischen Kastelle erstürmten und die Besatzungen niedermetzelten, wie sie des russischen Blokadegeschwaders ungeachtet mittelst kleiner Fahrzeuge und türkischer Volkssympathie – den Befehlen des Padischahs und seines Wesirs in Trabosan zum Trotz – mit dieser Stadt und andern Küstenpunkten

Anatoliens immer noch zeitweise verkehren und von daher Vorschub erhalten. Es sey ja nicht weit herüber; vom *Bos-Depe* (Mithroshügel ober St. Eugenius) könne man bei heiterem Wetter die tscherkessischen Berge in langen blauen Streifen mit freiem Auge am Horizont entdecken. „Hätte Tscherkessien – fuhr er in der Rede fort – einen König und die Alleinherrschaft eines einzigen Häuptlings, wie andere Nationen, wären wir längst Knechte der Russen, weil ein Einziger viel leichter zu bestechen und zu gewinnen sey. Um *alle* tscherkessischen Stämme zu erkaufen, sey aber selbst der *Czar* von Moskovien nicht reich genug, und will sich auch ein Stamm, des Krieges und der Verwüstungen müde, für sich allein auf billige Bedingungen den Russen ergeben, so dulden es die andern nicht, und das Recht jedes freien Mannes, bei den öffentlichen Angelegenheiten mitzusprechen, hindere Ermattung und Friedensliebe einzelner Häuptlinge und entzünde ·den Kampf jedes Jahr mit neuer Gluth. Gar angenehm sey unter solchen Umständen das Leben in Tscherkessien freilich nicht, weil man im Innern die Eifersucht der eigenen Landsleute, an der Gränze aber zu Wasser und zu Lande die Hinterlist der Russen zu bewachen habe." So viel verstand ich aus der Rede des Mannes, daß ein Hauptmoment des Tscherkessen-Widerstandes, ihrem eigenen Urtheile nach, auf ihrer Regierungsform beruhe. Gleichen aber in Verabscheuung des von andern Völkern mit so viel Eleganz getragenen Moskowitenjoches alle Tscherkessen dem Exemplar von St. Eugenius in Trabosan, so hätte die Lösung der Aufgabe sogar für *Slavengeduld* ihre Bedenklichkeit. Nur wird es manchem Leser befremdend scheinen, wie etwa ein Kaukasier ohne alles gelehrte Studium die Vortheile der republikanischen Landesverfassung über eine monarchische in Beziehung auf die öffentlichen Angelegenheiten mit so viel Richtigkeit und Takt bezeichnen könne? Entweder – so sagt wahrscheinlich hie und da ein ehrenhafter Literat des deutschen Volkes zu sich selbst – entweder ist das Erzählte garadezu erdichtet, oder der St. Eugenius-Tscherkesse hat durch eine sonderbare Verkettung unbekannter Umstände wenn auch nicht in Berlin Philosophie gehört, doch sicher beim großen Doctor Pixcatezin in Memphis Philologie studirt. Denn wie könnte er sonst von Politik und weltlichem Regiment etwas wissen? Als Deutscher war ich anfangs derselben Meinung und wollte dem Zwischenredner schon die Frage vorlegen, *ob* und *warum* er etwa auch in den „Persern" des Aeschylus, V. 466, die gewöhnlich angenommene Lesart εὐαγῆ der Conjektur εὐαυγῆ vorzuziehen gedenke? Ich ging aber doch von meiner Idee wieder ab, weil es mir schon öfter begegnet ist, daß Leute ohne *Memphis* gesehen und *Pixcatezin* gehört zu haben, doch über die menschlichen Dinge im Allgemeinen weit schärfer und verständiger urtheilen, als Staatsgelehrte von Profession. Dies war aber auch die einzige, im Grunde doch ungenügende Kunde, die ich in solcher Nähe des Schauplatzes über den Stand des Tscherkessenkrieges sammeln konnte. Der Czar hat befohlen, daß bei den Türken über den Heldenmuth der Tscherkessen und über die Niederlage seiner Feldherrn im Kaukasus Niemand öffentlich reden soll, und der Ukas wird in Trabosan bei schwerer Ahndung in Kraft erhalten! Nur einmal noch fragte mich ein zerlumpter Islam-Patriot in einem abgelegenen Winkel der untersten Citadelle, nachdem er vorher behutsam herumgeblickt, ob es mit der Erstürmung der neun Russenkastelle durch die „Tscherkeß" wirklich seine Richtigkeit habe? Was ich *vor* der Abreise aus Europa mit Angabe aller Nebenumstände schon in den öffentlichen Blättern gelesen hatte, lief in Trapezunt, beinahe im Angesicht der blutgedüngten Kastelle selbst, noch erst als unbestimmtes Gerücht herum. Am Ende wollte der Eugenius-Tscherkesse auch noch die Gesinnungen der *Njemetz* gegen die *Moskof* erfahren und fragte geradezu, ob man bei uns die Russen liebe oder hasse. Sie können sich wohl vorstellen, welche Antwort ich gab und daß ich durch Hervorhebung angebornen deutschen Widerwillens gegen alles Moskowiterthum, so wie durch Beschreibung des allgemeinen Enthusiasmus über die Erfolge seiner Landsleute Deutschland bedeutend in Kredit gesetzt. „Zur Zeit „*Bunabarde's*", erzählte ich ihm weiter, hätten im Lande der *Njemetz* freilich ganz andere Gefühle geherrscht; damals habe man den Czar vergöttert, in Liedern besungen und gleichsam angebetet, weil man seiner Hülfe bedürftig war; jetzo aber „spucken wir ihm in den Bart",[13] weil wir ihn hoffentlich nicht mehr nöthig haben." Auf die Frage, welchen Lohn der Czar für die geleisteten Dienste von uns erhielt, sagte ich, daß er eigentlich gar nichts empfangen habe; im Gegentheil sey er nach Abwendung der Gefahr gebeten worden, mit seinen Leuten so schnell als möglich heimzugehen und sich nicht weiter um unsere Sache zu bemühen. – *Aferim! Aferim!* (Bravo! Bravo!) erwiederte der Tscherkesse. Panslaven und Andere, denen Waffengeklirre so nahe am Saume Europas schon unruhige Nächte macht, sehen und urtheilen im kaukasischen Drama freilich nach ihrer besonderen Weise und wünschen, der Tumult möge schon des bösen Exempels und des lieben Friedens wegen zu beiderseitiger, besonders aber des Czar's Zufriedenheit, je eher je lieber beschwichtiget werden: „*idque etiam adversus Britanniam profuturum, si Romana ubique arma, et velut e conspectu libertas tolleretur.*"

So geringe meine Fertigkeiten im Türkischen auch seyn mögen, thaten sie mir doch im erzählten Falle große Dienste. Denn während ich mit dem Tscherkessen die ersten Erklärungen wechselte, war ein türkisches Frauenzimmer unbemerkt hinter der Tempelmauer hervorgehuscht und auf den Feigenbaum gestiegen, in dessen nahestehendem Gebüsche wir die Besprechung hielten. Der Tscherkesse bemerkte es zuerst und ermahnte mich, nicht hinaufzusehen. Zugleich entfernten wir uns auf eine gewisse Strecke und ich nahm – aus Achtung für die Landessitte – eine solche Stellung, daß ich den Feigenbaum nicht sehen konnte, bis der Tscherkesse die Beruhigung gab, das Weib sey vom

Baume gestiegen und wieder hinter der Tempelmauer verschwunden. In Trapezunt, sagten die jungen Griechen, ist das mohammedanische Frauenzimmer ungewöhnlich neugierig und zu Zeiten sogar noch etwas mehr. Hätte man uns allein überrascht, oder hätte ich mich nicht vertheidigen können und Rechenschaft über mein Geschäft zu geben vermocht, was hätte da entstehen können?! Billig zu urtheilen hatte ich jedenfalls Unrecht, denn ich war über eine Mauer gestiegen und in geschlossene Räume eingedrungen.

St. Eugenius mit Kirche und Kloster dieses Namens spielt in der Geschichte von Trapezunt keine unwichtige Rolle. Ja, die Geschicke des romanhaften Imperiums knüpfen sich dem größern Theile nach an das Heiligthum dieses, wenn wir recht urtheilen, in Europa noch nicht gekannten kolchischen Kalenderheros. Unabhängiges, freies Gemeindewesen und ein aus der Gemeinde selbst hervorgegangener Lokalheiliger von möglichst großem Kredit zeigen sich im byzantinischen Orient in allen Spiel- und Unterarten als das allein Bleibende und überall sich Wiederholende. Die Religion macht hierin keinen Unterschied. *Tantah,* das große mohammedanische Municipium im ägyptischen Delta, feiert Allahs Eifersucht und Mohammed-Ali's Tyrannei zum Trotz jährlich die Kirmes seines endemischen Bauernheiligen „Sayd", des wunderthätigen Schirmers armer Fellah gegen die Ungerechtigkeiten der Gewalt, mit demselben Festgepränge, mit Jahrmarkt, „Phantasie" und Pilgeraufzügen wie *Thessalonika* die drei *Demetrius*-Tage und *Trapezunt* das Doppelfest seines Stadthelden *Eugenius*. Kirchenfeste und ihre Feier waren aber in der byzantinischen Epoche, wo die Kirche den Staat vorstellte, die wichtigsten Obliegenheiten und Verrichtungen der öffentlichen Gewalt. Die höchsten geistlichen und weltlichen Beamten, ja die Imperatoren selbst, mußten bei solchen Veranlassungen Schaugepränge voll langen und ermüdenden Ceremoniels veranstalten, besonders aber Reden halten, worin man nicht selten ein vollständiges Magazin der Zeitgeschichte und zugleich Kunde über die wichtigsten Ereignisse und Anordnungen in Rücksicht auf äußere Wohlfahrt und innere Verwaltung findet. Einen Cyclus solcher Staats- und Festreden aus der zweiten Hälfte des 14. Jahrhunderts habe ich – wie später zu erzählen ist – auf dem Hagion-Oros aufgefunden. Ziel und Bewegungspunkt aller großcomnen'schen Staatsdiatriben ist unabänderlich *St. Eugenius*, ein geborner Trapezuntier von gutem Hause, zur Zeit des Imperators Diocletianus (281) und der allgemeinen Reaktion des alten Heidenkults gegen die neue Lehre des Evangeliums. Eugenius war heimlich Christ und that mit zwei andern jungen Leuten aus benachbarten Bauerndörfern den ersten Schritt gegen die bestehende Staatsreligion, indem sie die Bildsäule des *Mithras* auf dem vorzüglichsten Lustorte der Stadtbewohner, auf dem lieblichen Hügel Mithrios (heute *Bos-Depe*), bei nächtlicher Weile vom Sitz herabstürzten und ihren frommen Glaubenseifer – wie sich von selbst versteht – mit dem Leben bezahlten. Zwar blieb sein Andenken nach dem Siege des Christenthums bei den Mitbürgern hoch in Ehren, aber St. Eugenius war doch Jahrhunderte lang nur gemeiner Stadttheiliger ohne auswärtigen Kredit. Erst mit Errichtung unabhängiger Herrschaft und kaiserlichen Regiments in Trapezunt durch die aus Konstantinopel vertriebenen Comnenen rückte St. Eugenius in Glanz und Rang zum Schirmherrn und himmlischen Vogt des neuen Imperiums vor, erhielt durch *Alexius I.* einen prachtvollen Tempel mit reich dotirtem Kloster, Jahrtag und Kirmesschmaus und glänzenden Weihgeschenken, besonders wenn Gefahr von Ikonium her den Staat bedrohte, oder die Turkomanenhäupt- linge die Gränzen der Trapezuntier ängstigten. Die Andacht ging so weit, daß sich in Trapezunt fast die ganze männliche Bevölkerung „Eugenius" nannte und während der Kaiserperiode keine Münze ohne sein Bild geprägt wurde. Auf den größeren Münzen erscheint er als Pontifex, auf den kleineren zu Pferd als Ritter mit Kreuz und Heiligenschein. In allen Privat- und öffent- lichen Nöthen war St. Eugenius Universalpatron, und selbst die Literatur während der Kaiserzeit dreht sich legendenmäßig um diesen Mittelpunkt. Man sammelte, forschte, trug schriftliche und mündliche Ueberlieferungen aus den rückwärts liegenden Jahrhunderten zusammen und hatte am Ende eine wohlbestellte, selbst die alltäglichsten Scenen des bürgerlichen und mön- chischen Lebens berührende *Eugeniusliteratur*, aus welcher hie und da die sonderbarsten Notizen über Geographie des Landes, über Handel und Han- delsstraßen, über Kleidung, über Witterung im Hochgebirge, über Waldstati- stik, einheimische Dynasten und über die Brutalitäten scythischer Garnisonen aus der Periode zu erholen sind, wo diese Eindringlinge Thron und Heer von Byzanz erfüllten. Die Hagion-Oros-Sammlung ist um so schätzbarer, da bei den wiederholten Einäscherungen der Stadt Trapezus, besonders des Klosters Eugenius, das Meiste dieser Gattung dem Gedächtniß der Menschen ent- schwunden ist. Die eigentliche Glanzperiode dieses kolchischen Heiligen und seines Tempels schreibt sich indessen erst aus der Periode *Alexius' III.* (1350–1390) her, der unter verzweifelten Umständen in Beziehung auf innere und äußere Verhältnisse die Regierung übernahm und in Wiedererweckung religiösen Eifers durch glanzvollen Gottesdienst und vermehrte Kirchenfeier noch den letzten Hoffnungsanker der fallenden Herrschaft erblickte. Man kann wohl denken, daß bei dieser Restauration und Reichssühne der Stadt- und Landespatron *Eugenius* um so mehr eine der ersten Rollen in der kaiser- lichen Frömmigkeit und Munificenz spielen mußte, da Kirche und Kloster mit allen Herrlichkeiten während des vorausgegangenen Bürgerkrieges durch Feuer verwüstet wurden. Alexius stellte Beides auf Kosten des Schatzes prachtvoll her und machte, um die Gunst des großen Schirmers um so unfehl- barer zu gewinnen, seinen Tempel zur zweiten Hofkirche, wo er zuerst feier- lich die kaiserliche Krone und später die Hand seiner Gemahlin *Theodora*, einer Prinzessin aus dem zu Konstantinopel regierenden Hause *Cantacuzenus*, empfing. Aber die Möglichkeit, die verlornen Städte und Kastelle wieder zu gewinnen und den turkomanischen Bedrängnissen siegreich entgegenzutreten, war nach der frommen Vorstellung des Imperators nur durch engere Allianz mit besagtem Heiligen bedingt, da er schon früher das große ikonische Kriegsheer unter Alaeddin durch seine Wetter vernichtet hatte. Zu diesem Zwecke schien außer dem Namenstage im Februar die Einführung eines neuen Festes zur Geburtsfeier des heil. Eugenius von besonderer Wirksamkeit. Man wählte den Sonnenwendtag, die lieblichste Zeit unter dem heitern Sonnenhimmel von Trapezunt. Der Hof, die Clerisei und die Archonten mit allen Vornehmen und Andächtigen des Volkes versammelten sich auf dem von romantischen Scenen umgebenen Hügel Eugenius. Das Fest dauerte die ganze Nacht, man sang Hymnen, schmauste bei Fackelschein zwischen silbernen und goldenen Leuchtern aus goldenem Geschirre, der Wein perlte in Bechern aus Krystall, die Edelsteine blitzten, die ganze Pracht der kaiserlichen Schatzkammer ward ausgelegt zum Ruhme des kolchischen Patrones. Der Kaiser bestritt alle Kosten und gab zum Schlusse den Archonten, den Priestern und besonders dem Heiligen reiche Geschenke. Denke man sich die lauen Lüfte einer Kolchisnacht, die von Wein und Andacht erwärmten Gemüther, das nächtliche Lustwandeln durch Myrtenduft, unter riesigen Baumschatten, in die tiefen Schluchten und lorbeerbepflanzten Einöden in der Nähe des Heiligthums, das Rauschen der kleinen Wasserstürze, das Flackern der heiligen Lampen im Nachtdunkel, den Geisterschein der Burgzinnen jenseits des Thales und das von den Höhlungen wiedertönende Echo der geistlichen Gesänge, und sage man, ob es nicht – Frömmigkeit abgerechnet – das Gastmahl jenes Königs von Babel sey, der die goldenen Prunkgeschirre aus seinem Schatze holen ließ. Hat denn kein Leser in milder Juninacht, wenn die Mondscheibe über Vallombrosa hing und Lichtwürmchen in ungezählter Menge den nordischen Gast umschwärmten, in die friedlichen Wellen des Arno geblickt? „Für alle geistigen und leiblichen Genüsse," sagt der kirchliche Berichterstatter, „war bei dieser Nachtfestlichkeit vollauf gesorgt, kaiserlich und prachtvoll."[14] Man muß die Oertlichkeit von St. Eugenius selbst gesehen haben, besonders den felsengewundenen Pfad zur innersten Thalsperre der Cascadenschlucht gewandelt seyn, um den Reiz dieser geistlichen Sommernacht-Saturnalien ganz zu empfinden. Die Bäume sind wohl noch da, auch der Lorbeerstrauch und die glitzernden Wasserfäden im Gebüsch, aber heute ist es stumm auf St. Eugeniushügel und die nacht-leuchtende Kantharide kommt allein zum Fest. Im Grunde blieben die Künste des frommen Fürsten doch ohne Frucht. Den Trapezuntiern waren sie zwar Epoche der Sommerfreuden, aber das Reich vermochten sie nicht zu retten. Das Heilmittel gegen eingetretene Staatenfäulniß ist noch heute unentdeckt.

Hinter St. Eugenius hebt sich Terrain und Weg, anfangs sanft geneigt und verloren, bald aber schroff ansteigend, mit treppenartig aufgemauertem und ausgemeißeltem Heerpfade, auf das Plateau der *Graukuppe (Bos-Depe)*, des luftigsten und schönsten Punktes mit entzückender Fernsicht in unmittelbarer Nähe der Stadt. Das ist der berühmte Mithrashügel (*Μίθριος*)[15] der trapezuntischen Staatslegenden und Chroniken, der aber heute bei den Eingebornen, ob Christ oder Mohammedaner, ohne Unterschied mit dem türkischen Namen „Bos-Depe" بوز دپه, das ist „Grauhügel", bezeichnet wird. Der Mithrashügel trennt das halbringförmige Becken, worin die Stadt liegt mit ihrem Parallelogramm und ihren Gärten, vom Flußthale des *Pyxites* oder *Dejirmenderesi* der Türken. Wenn er auf den beiden Seiten, von der Stadt und von dem Thale herauf, nur mit Mühe zu erklimmen ist, stürzt er dagegen auf der dritten als lebendiges Gestein, wie die Martinswand bei Innsbruck, senkrecht gegen das Meer und die am Fuße vorüberziehende Straße ab. Mithros ist aber deßwegen kein isolirter Kegel, da er gleich dem Citadellen-Parallelogramm auf seiner vierten Seite mit dem Gebirge verwachsen ist und die obere Straße über die Höhe und dem Felsenkamm entlang zur Thalsohle des Flusses hinabführt. Die Höhe selbst ist eine blumige Aue und in ihrer Mitte sind die Ruinen einer von den Türken zerstörten Kirche des Prodromus, um welche sich jetzo wie in der Comnenenzeit die Handelskarawanen von und nach Iran lagern. Hier athmet der Mensch gesunde Lüfte, und das Auge überschauet mit einem Blick die unten liegende Stadt und die unermeßliche Wasserfläche bis in den innersten Winkel des Pontus, wo kaum kennbar am Horizont die blaue Linie des Kaukasus streift. Die *Azalea pontica*, die Steinnelke, die Myrte, der Lorbeerstrauch, wilder Rosmarin und Thymian bedecken allenthalben die Seitenabhänge, und auf halber Berghöhe unmittelbar ober der Gartenvorstadt erhebt sich das Frauenkloster zur „Gottverhüllten Panagia" (*Παναγία θεοσκέπαστος*), ärmliches Fach- und Hüttenwerk, Felsenkämmerchen, verwilderte Gemüsegärten, Cypressen und eine kleine troglodytenartig in lebendigem Gestein ausgehauene Kirche mit zerstörter Fürstengruft und weggebrochenem Glockenthurm, amphitheatralisch hingelehnt an den Felsengrund, auch im Verfall noch schön. Die Klosterzellen stehen nicht wie bei uns, in der Reihe mit Corridor und Viereck, sondern dorfartig über den Bergabhang, über Höhlen, Stein und Geklüfte hingebannt, mit Gäßchen, Durchgängen und leeren Räumen. Im Garten sah ich nur drei Cypressen, aber viele Feigenbäume und reichliches Epheugebüsche, Kohl, Haselstauden und Quitten ohne Symmetrie und Ordnung mitten im Steingeklüfte. Den ganzen Complex hat man durch eine hohe Mauer gesichert und eingefriedigt. Die Tempelgrotte selbst ist hier wie zu *St. Sabas* in der Nähe des todten Meeres oder zu *Derr* in Nubien, aber nur in größerem Style, *der* Art ausgemeißelt, daß der Felsen als natürliches Dach weit über die Fronte hervorspringt und ein säulengestütztes Steinvestibulum mit Ruhebänken, mit einer Kapelle an der Seite und einer Cypresse im Vordergrunde bildet. Im Innersten der Grotte, dicht am Altar, sintert Wasser aus dem Gestein und wird als Heiligthum in marmorbekleideter Vertiefung aufgesammelt. Das Licht fällt durch zwei Thüren und drei in der Vorderseite und in ungleicher Höhe angebrachte Fensteröffnungen herein, und beleuchtet matt die byzantinischen Bilder des Iconostasiums und die halberloschenen Mauerfresken, die Alles überdecken. Das regierende Haus der Comnenen, wie aus den noch nicht vollständig verwischten, den Figuren angefügten Aufschriften jetzt noch zu erkennen ist, hat sich in mehreren Generationen, mit Inbegriff sämmtlicher Sprossen beiderlei Geschlechts, auf den Grottenwänden von *Theoskepastos* verewigt. Noch wichtiger aber ist die Außenseite der Fronte, wo die Familie des Restaurators *Alexius III.* mit seiner Gemahlin *Theodora*, seiner Mutter *Irene* und der Prinzessin *Eudocia*, lebensgroß und kaiserlich geschmückt, in Gesellschaft von Christus und der Panagia links und rechts am Eingange aufgetragen sind. Türkischer Muthwille hat diese Kaiserfresken zwar mehrere Male verunstaltet, rohe ärmliche Kunst sie aber jederzeit, im Vergleich der höheren und unverletzt erhaltenen, ärmlich und roh wieder hergestellt. Dies sind die Bilder und ihre Inschriften, von denen *Tournefort* (1701) zuerst geredet hat. Dem Vestibulum gegenüber und auf der Seite gegen die Stadt hinab steht jetzo noch auf hohen Substructionen und Gewölben die Ruine eines Prachtbaues, ein ausgebrannter Saal mit granitgefaßten Fensterbogen und der reizendsten Aussicht über den größern Theil der Stadt und des Citadellen-Parallelogramms, über das westliche Meersegment und die Waldpartie gegen das Vorgebirge *Joros*. Hier wehen in der Sommersonnengluth kühle Lüfte von der See herauf. Eine Nische, blau und roth bemalt, in der Seitenwand, gilt in der Klostertradition als *Schah-Nischin* (Kaisersitz) der Groß-Comnenen, für deren Lust- und Sommersitz man das Gebäude hält. Wie das Kloster *St. Eugenius*, hat man auch *St. Theoskepastos*, besonders in den einheimischen Fehden der Mohammedaner, häufig als Citadelle benützt, bei welcher Veranlassung erst im Laufe des vorigen Jahrhunderts alle Pergamente, Goldbullen und schriftlichen Denkmäler des Klosters von der siegenden Türkenpartei ins Feuer geworfen wurden.

Nonnenklöster sind in der anatolischen Kirche wenigstens heutzutage nicht eigentlich Pflanzschulen der Heiligkeit und der freiwilligen Weltentsagung wie bei uns, sondern Zufluchtstätten für jene weiblichen Wesen, die in der Welt keine Versorgung finden. Unverheirathete Frauenzimmer eines gewissen Alters duldet man bei den levantinischen Christen nicht gerne in der Familie. Sie haben nur die Wahl zwischen Hochzeitkranz und Klosterzelle. Man kann wohl denken, daß sich da Niemand übereilt. Wenn die aus *Kerasunt* gebürtige Schaffnerin die Wahrheit sagte, so hat *Theoskepastos* außer den eingefriedigten Baum- und Gemüsegärten keinerlei Grundbesitz und lebt ganz von dem eingebrachten Gut der Tugendheldinnen, von freiwilligen Geschenken der Gläubigen, vom Credit der Panagia und von der Händearbeit, da die Nonnen auch für die Häuser der reichen Türkenbege Flachs spinnen und wollene Socken stricken. Gegenwärtig zählt die heil. Gemeinde nur dreißig Individuen, die doch ein Gastzimmer im Stande halten und für ihr Seelenheil einen Beichtiger ernähren, der verehelicht ist und außerhalb des heiligen Bezirkes wohnt. Ich machte zufällig die Bekanntschaft des Mannes, dessen Aeußeres vollständig dem byzantinischen Kirchenstyl entspricht: lang, mager, ausgedorrt, erdgelb, zottig, schmutzig, struppig, eine Art Vogelscheuche, welche Kirchengebete liest und die Nonnen von Sünden absolvirt. Während der letzten Stürme war *Schatir-Oglu*, ein reich begüterter Beg von Trabosan, vornehmster Wohlthäter und Schirmvogt der armen Geschöpfe gegen Noth und Fanatismus. Im Nonnenkloster auf der Mithroshalde zu Trapezunt bedauerte ich das erste Mal während der letzten Levantetour die Geschmeidigkeit meiner Mittel. Einige Säcke Mais, einige hundert *Grusch* hätten große Erleichterung und viele Freude gebracht. Sieben bis acht Mal kam ich der Inschriften und Fresken wegen hinauf, blieb stundenlang, copirte in der heiligen Grotte und im Vestibulum, bewunderte die Aussicht, athmete die reine Höhenluft und übergab der Vorsteherin nach jedem Besuch eine Kleinigkeit, übersah aber das erste Mal die „heilige Pförtnerin". In der Folge gab diese sorgfältiger Acht und hielt, als ich wieder hinaus wollte, mit beiden Händen und bedeutendem Blick die Thüre zu. Das war nun verständlich, ich sah in die Steinzelle hinein, wo ein Wasserkrug aus Thon und ein mottenzerfressener Schlafteppich die ganze Einrichtung darstellte, und zwei Grusch türkisch (15 kr. rh.) war von nun an jedes Mal die Bescherung der jammervollen Troglodytin. Ein schöner Quittenapfel, noch am Zweige hängend, erschien am Ende als Gegengeschenk. Erzbischof Constantios, dem sein Rang keine andere Erholung gestattet, kommt oft in dieses Asyl „romanischer" Tugend herauf, um sich mit den Nonnen gottselig zu unterreden, wo neben viel geistlichem Trost auch die irdische Gabe nicht fehlt. Von diesem Höhenkloster, und zwar durch eines der Granitfenster des ausgebrannten Saales, hat einst *Tournefort* (1701) seine *„Vue de Trébizonde"* gezeichnet, ein vollkommen ähnliches Bild, auf dem aber wegen der Natur des Standpunktes weder das Citadellen-Parallelogramm, noch die dreifache Burg, noch die romantischen Thalschluchten an beiden Seiten, noch die Erdrisse, Steintiefen und Abhänge der Gartenvorstädte deutlich zu unterscheiden sind. Nur eine Reliefkarte, wie sie unsere Zeit ausgedacht, vermöchte das wahre Conterfei von Trabisonda darzustellen. In welcher Weise ließe sich sonst das Tiefausgehöhlte, das Schattige, das Romantisch-Wilde und Erhabene der beiden Schluchten wiedergeben? Die Reize der westlichen, die sich wie der Hintergrund einer Schaubühne nahe an der obern Burg schließt, haben wir hinlänglich gepriesen. Die östliche, weniger schattenreiche, zieht sich wohl eine halbe Stunde von der Stadt verengend in den Busen des Berges hinein. Am Fuße des Mithros, bald auf gebahntem, bald auf ausgehauenem Pfade, drang ich von St. Eugenius in die liebliche Einöde ohne Baum, aber grün, voll Mais- und Kürbisfelder an der Halde. Ueberall Quellen im Gestein, kleine Wasserstürze vom Berg herab, wundervolles Spielwerk der Felsenbildung! Der Mittagshimmel hing wolkenlos über der Enge, und außer dem Plätschern des Wassers und dem Gezirpe der Cicaden im Gebüsch war Alles still.

Ich möchte nur wissen und fragte mich selbst, während ich auf der andern Seite des Bächleins wieder heraus- und gegen die Schiefebene oberhalb der Kaiserburg zu den Ruinen des Theaters hinaufbog, ob an dieser Stelle *John Bull*, ob *Jacques Bonhomme*, ob ein *Osmanli* und *Moskowiter* dieselbe Gemüthsaufregung und schwärmerische Melancholie empfinden könnte, wie ein Deutscher, besonders der Alpensohn? Leider vollenden Andere, während wir, irdischer Noth vergessend, mit Einsamkeit und milden Tinten kolchischer Sommerlüfte buhlen, ihre politischen Rechenexempel und legen der überraschten Welt ihr *Facit* hin. Vom äußern Mauerumfang der Rennbahn und des Theaters stehen noch zugleich mit einem Theile des Bogenthores sechs bis acht Fuß hohe Reste in langen und zusammenhängenden Strecken. Im Innern sah ich blos Mais- und Kürbisfeld mit fetten Oelbäumen und einem türkischen, aus den Trümmern alter Gebäude aufgeführten Bauernhof in der Mitte. „Lange," sagte der Eigenthümer des Gehöftes, „diente das alte Theatrum der Giaur als Magazin, wo Jedermann nach Belieben Steine und Baumaterial für die Stadtgebäude holte. Erst letzthin habe man noch das abgebrannte „Mehkeme" (Gerichtshaus) von Trabosan ganz aus dieser Ruine hergestellt."
Was glückliche Wahl des Ortes und malerische Fernsicht betrifft, gehören die öffentlichen Belustigungsplätze der Trapezunter gewiß zu den reizendsten der griechischen Welt. Bildet, vom Meer aus gerechnet, die unterste Citadelle – der Bau des Groß-Comnen Alexius III. – die erste Stufe, die Chrysocephalos-Citadelle die zweite, die obere oder die Kaiserburg aber die dritte Stufe des trapezuntischen Prachtparallelogramms, so kann Theater und Rennbahn, als über alle drei hinausragend, füglich als die vierte und schönste gelten. Wo der Schloßhügel in schmaler Verkettung mit dem Berg verwachsen ist, sieht man heute noch das von den Türken zugemauerte Hofthor, durch welches einst die Palastbewohner zu der luftigen, kaum eine Viertelstunde entfernten Rennbahn hinaufzogen und von ihren Marmorsitzen abwechselnd vor sich in gerader Senkung auf die obern Stockwerke der Burg, links in die romantische, tief ausgehöhlte Thalschlucht voll Schatten und Quellen hinabschauen, über hohe Baumwipfel, Rebschlingen, riesige Nuß- und Oelbäume aber auf das buschige Gewirre des jenseitigen Thalrandes hinüberblicken oder die blaue Fläche des Pontus mit dem Auge messen konnten. Tief unten zieht der Comnenenbau mit

Thürmen, Zinnen, Epheu und Weinranken, vom Thale her im rechten Winkel über die Höhe streichend, zwischen Bäumen zum Strand hinab. Leider werden aber nur wenige Leser dieses kolchische Landschaftsgemälde mit jener inneren Wärme und Theilnahme betrachten, die allein das Mühsal der Wanderung versüßen kann. Denn wer in Europa kümmert sich heute noch um Trapezunt, um die verblichene Herrlichkeit der Comnenen und ihre Theaterpracht? In der eingestandenen Absicht, die alte Großcomnenenstadt mit ihrer Umgegend zu beschreiben, ist noch kein Europäer nach Kolchis gekommen, und wer bürgt dafür, daß sich der erste Versuch dieser Art nicht als eine mißlungene Spekulation auf Beifall und Geschmack des in byzantinischen Dingen überhaupt nur wenig neugierigen deutschen Publikums erweise? Verlangen daß der Name „Trabisonda" für Jedermann melodisch klinge und posthumer Enthusiasmus für die bezaubernde Prinzessin *Katharina Comnena* nach vierhundert Jahren noch das kühle Europa erwärme, wäre doch gar zu thöricht. Nur der Preis, den die schöne Form des menschlichen Körpers, das Kunstgebilde und das Gold bei dem europäischen Menschen aller Zeiten, selbst in der Erinnerung nicht verlieren, sichert dem Citadellen-Parallelogramm von Trapezunt auch im Ruin noch seinen Werth. Und wird es Jemand tadeln, wenn ich Monate lang dem romantischen Zuge nachhing und z. B. der kleinen noch von keinem Europäer entzifferten Inschrift auf der Bergseite des Kalo-Johannesthurms zu Liebe, in der Qual des Durstes und der Tagesgluth wiederholt und viele Stunden, das Fernrohr in der Hand, am Felsen saß, bis endlich der Lichtstrahl, im geeigneten Winkel einfallend, das Verständniß brachte? Ich muthe Niemanden zu, die Freude über meinen, die großen Interessen der Welt freilich nicht unmittelbar berührenden Fund eines alten Mauerthurms zu theilen, an welchen sich übrigens das Andenken an eine jener Palastrevolutions- und dynastischer Mordscenen knüpft, die abendländischem Gefühle so widerlich sind, in byzantinisch frommen Ländern aber, wie es scheint, von jeher als stehende Praxis galten. Ungeduldig über das lange Leben und die übeln Launen seines kaiserlichen Vorgängers (Alexius IV.) stieg *Kalo-Johannes* als Rebell und Vatermörder auf den Thron, hat aber nachher die Werkzeuge seines Willens mit Abhauen der rechten Hand bestraft, „weil er ihnen nur den Vater gefangen zu nehmen, nicht aber zu tödten befohlen habe." Ueber so viel Tugend waren die Trapezunter des fünfzehnten Jahrhunderts (1446) höchlich erbaut, und nannten ihren neuen Imperator den „Guten", den „Wackern" Johannes. Zu Trapezunt hat sich der von ihm erbaute Thurm, in den Büchern der Europäer aber die Erinnerung seiner That erhalten.

Vielleicht noch öfter als zur Theaterruine und zum Bau des Kalo-Johannes ging ich nach *St. Sophia*, dem viebesuchten und reizenden Belustigungsort der Trapezuntier zur Comnenenzeit, auf dem baum- und gartenreichen Hochufer, eine gute halbe Stunde von der westlichen Vorstadt entlegen. Der Weg selbst, an Cypressen und gewaltigen Nußbäumen, an Oelgärten, Brunnen und Kapellentrümmern längs der Strandhalde fortziehend, ladet durch natürliche Reize in der Morgenfrische und in der Abendkühle zum Lustwandeln ein. Was ich schon früher im Vergleich der beiden Festungsschluchten bemerkte, fand ich hier vollkommen bestätigt: das ganze Füllhorn ihrer Schöpfungsmacht hat die Natur über die *Abend*seite von Trapezunt ausgeschüttet. Fürwahr, ohne Gefühl müßte seyn, wer die sanft ansteigende Uferlandschaft, die schwellenden Hügel, das Wiesengrün, die milden Schwingungen der langen, Baum an Baum gedrängten, über Thal und Höhe ziehenden Laubgehölze ohne Entzücken betrachten und ohne Linderung des inneren Sturms die milden Lüfte athmen kann! Heiligthum und Mönche fehlten an keinem byzantinischen Vergnügungsorte, aber das Kloster von St. Sophia ist abgebrochen; Grundgemäuer mit Bruchstücken eines Portales, Fries und Meißelwerk bezeugen heute noch Umfang, Styl und Pracht. Die Kirche wird zwar vom türkischen Bauernvolk der Umgegend als Bethaus benützt, hat aber in ihrer ursprünglichen Gestalt durch mohammedanischen Fanatismus weniger gelitten, als die Kirchen in der Stadt. So weit die Hand des Menschen mit Pinsel und Spitzhammer reicht, sind die Freskomalereien freilich überall mit Kalk bedeckt oder weggekratzt, in den höheren Theilen aber, besonders in den Kuppeln und Rundbogen, sind sie überall noch frisch und unverletzt. An der Fronte ist ein Vestibulum angebracht, mit einem Säulenbogen auf jeder der drei freien Seiten, doch sind die Säulenpaare dünn und allzeit von ungleicher Ordnung. Hier sind die Wandmalereien fast ganz verschwunden, die Mauern durch Wachfeuer angeschwärzt, die Platten des Fußbodens weggebrochen, der Frontbogen aber ward durch eine Kaffee- und Wachstube verbaut für die Dorfkanoniere während der Russenkriege. Einige Schritte von der Kirche entfernt, wie das Baptisterium der Dome in Italien, steht dasselbe Gebäude im verjüngten Maßstabe, d. i. eine Kuppel über dem Durchschnittspunkt zweier gleichlangen Kreuzbalken mit offenem Bogeneingang auf drei Seiten und mit der Apsis auf der vierten. Das Ganze dieser niedlichen Halle ist *ein* Freskenfeld, eine wahre *Pöcile*, mit einer Frische, Festigkeit und Eleganz in Farbe und Richtigkeit der Zeichnung, dergleichen man sich, Weniges auf Hagion-Oros ausgenommen, nicht erinnert irgendwo in byzantinischen Ländern gesehen zu haben. Die Kirchen der anatolischen Christen waren eigentlich Bildergallerien für göttliche, und in Trapezunt, wie es scheint, auch für *dynastische* Dinge. Ich möchte wissen, ob das kaiserliche Haus der Comnenen auch vor seiner Vertreibung aus Byzanz schon diesem Geschmacke huldigte, oder ob es sich erst nach seiner Restauration in Anatolien mit solch eifersüchtiger Angst ihren Unterthanen nicht nur in Prachtsälen und weltlichen Gebäuden, sondern selbst im mystischen Heiligthum der Religion als unmittelbarer Client, und gleichsam als Tischgast und Altargenosse der himmlischen Schaaren entgegenstellte. Gott und der Imperator sollten in Gebet und Vorstellung des gläubigen Volkes allzeit vereint und verbündet erscheinen, und so wenig sich der Mensch in seinem Frevel an die Gottheit wagt, eben so unantastbar soll ihm der Thron der Comnenen seyn! Erst in *St. Sophia* kam ich zu vollem Verständniß dieser byzantinischen Reichspraxis. Aber eben weil diese kaiserlichen Tempelfresken überall die untere Stelle einnahmen und sich gleichsam den Blicken der Betenden aufdrängten, traf sie die Hand des Fanatismus auch überall zuerst und am kräftigsten.

Die Verzierungen des Giebelfeldes und des um die ganze Außenseite herumlaufenden Tempelfrieses, Weinlaub und Trauben, apokalyptische Thiere, biblische Figuren, Arabesken, Schnörkelwerk, besonders Taubenpaare, mit Symmetrie und Sorgfalt in Hautrelief ausgeführt, könnten selbst kundige Architekten lange und nützlich besichtigen. Der stumpfe, weitmündige, etwa 120 Fuß hohe Glockenthurm steht zwölf Schritte von der Kirche entfernt, ganz isolirt am Rande des Uferabhanges. Die Form ist viereckig, die Steintreppe aber, die zu dem 20 Fuß über der Grundfläche angebrachten Eingange hinaufführte, halb weggebrochen. Mit Hülfe einer von türkischen Dorfjungen hergebrachten Baumleiter der rohesten Art, konnte ich die Thüre erreichen und kam unmittelbar in eine Freskenkammer, die auf drei Seiten hell erleuchtet war, auf der vierten aber einen apsisähnlichen Aussprung mit drei kleinen Lichtöffnungen hatte und gleichsam ein Tempelchen in verjüngtem Maße vorstellte. Die Bilder selbst sind hier nur kirchlicher Gattung, insbesondere aber die Figuren verstorbener Klostergeistlichen zahlreich und, wie eine am Fensterbogen angemalte Jahrzahl besagt, um 6941 der byzantinischen Zeitrechnung (1433 n. Chr.) aufgetragen. Dagegen erkennt man auf dem hoch umrandeten, aber halb zerstörten und verwitterten Freskenfeld der Außenseite des Thurms unterhalb des Apsisaussprunges noch deutlich drei Figuren in Diadem und kaiserlichen Gewändern mit erklärenden Inschriften zur Seite, von denen aber nur einzelne Worte, aber kein einziger Personenname dem Wetter und dem Spitzhammer entronnen sind.[16] Auf einem behauenen Sandstein wenige Fuß über der Grundfläche sieht man deutlich und tief eingegraben die byzantinische Jahrzahl ϛϡλε′ 6935, d. i. 1427 unserer Zeitrechnung, und vielleicht gründet der berühmte französische Asiaminor-Forscher *Texier* gerade auf diesen Umstand seine Meinung, daß der steinerne Glockenthurm von St. Sophia jünger als die nebenanstehende Kirche sey. Eine kindische Lokalsage mißt, durch die Gleichheit der Benennung verleitet, die Erbauung von St. Sophia zu Byzanz und St. Sophia zu Trapezunt demselben Meister bei, während letzteres offenbar eine Schöpfung der Großcomnenen und zwar aus den ersten Zeiten des Imperiums ist. Das in der Form des einfachen Adlers am Giebelfeld und auf der Außenseite der Apsis in großem Maßstabe und nicht ohne Eleganz eingehauene Reichswappen von Trapezunt liefert den sichersten Beweis. Im Schilde des byzantinischen Reiches, wie bekannt, war der Doppeladler (Ost-Rom und West-Rom); die Großcomnenen von Trapezunt, als Imperatoren von „ganz Anatolien", wählten den aufrechtstehenden einfachen Adler mit ausgebreiteten Flügeln, als Sinnbild ihrer Ansprüche und ihrer Macht. An verschiedenen Stellen der neuen, von Alexius II. erbauten Citadellenmauer ist auf polirten Steintafeln eingemeißelt der einfache Adler, bald allein, bald von ruhenden Löwen begleitet, als Wächter und Hort von Trapezunt zu sehen. Dieselben Zeichen in Gold gestickt sind, wie die Thiergestalten auf Orestes Kleid,[17] im Purpurgewande und in den rothen Halbstiefeln der Kaiserfresken eingewebt. Nur wenn sich ein Großcomnen als orthodoxer Imperator von Byzanz gerirte, wie *Johannes Comnenus II.* (1279–1297), erscheint am Gewande auch der Doppeladler als Zeichen der Herrschaft über beide Continente. Eine feingestochene, unterhalb des von den Türken muthwillig verunstalteten Wappenschildes der Tempelmauer angebrachte Grabschrift trägt die Jahrzahl 6801 byzantinischer Aera, d. i. 1293 n. Chr., als Todesjahr des Weihmönches *Gerasimus*.[18] Demnach ward Kirche und Kloster zu St. Sophia bei Trapezunt nicht früher als 1204, aber auch nicht später als 1293 christlicher Zeitrechnung erbaut. Die türkischen Bauern des Dorfes und der umliegenden Gehöfte sind seit den Zeiten der Eroberung in den Rollen der Küstenkanoniere eingeschrieben und in dieser Eigenschaft auch vom Aerar bezahlt. Für den gemeinen Mann beträgt der Sold freilich nur zehn Grusch türkisch, d. i. einen Konventionsgulden des Monats oder sechs Theresienthaler des Jahres, wie ich von einem erwachsenen Jungen des Orts hörte. Aber auch für diese Kleinigkeit sind die armen Leute besorgt, wenn das von Sultan Mahmud neubegründete Soldaten- und Conscriptionswesen erstarken sollte. Kanoniere aus Stambul, meinte er, kommen zuletzt auch in die Provinzen und verdrängen die alten landsäßigen Milizen überall aus Dienst und Brod. Der Türk will nicht nur keine Abgaben zahlen, er verlangt von der Regierung noch Jahrgehalt als Preis des Gehorsams und der Hut ihres errungenen Guts. Die nämlichen Staatsbegriffe und großartigen Anmaßungen haben sich auch der Unterthanen des Königs Otto bemächtiget, und die Regierung des griechischen Reiches in Schwierigkeiten verwickelt, die man in Europa nicht kannte und nicht zu berechnen verstand. Pfaffe, Palikar, Kapitän und Archont betrachtet sich als selbstmächtigen Eroberer des Landes, das gemeine Volk aber als seine *Raya* und die Kassen der pedantischen Lateiner als zinspflichtiges Eigenthum. Wenn aber eine angehende Regierung Jedermann und das Interesse Aller *gegen* sich hat und ihre Werkzeuge doch nur aus der Schaar dieser Gegner und Mißvergnügten wählen *muß*, so ist ihre Stellung sicherlich wenig beneidenswerth und ihr Wille auch selten gut vollzogen.

IV.

Der immergrüne Buschwald von Kolchis und das Höhlenkloster *Sumelas.*

Gegen meine frühere Gewohnheit mit dem ersten Satz sogleich *in medias res* hineinzuspringen, schicke ich dieses Mal ein kleines Präambulum dem Fragment voran. Wie sollte man auch seine Rolle verläugnen und ohne Entschuldigung mit einer gemeinen Agogiaten-Scene vor dem geehrten Publikum erscheinen, das zu Anfang allzeit nur Gewichtiges sehen will? *„On ne flatte que le pouvoir,"* sagen die politischen Roués, und ich als ächter *Poblicola* und Leser-Courtisan (in Deutschland von jeher ein ungemein ergiebiges und einträgliches Gewerbe) buhle aus demselben Grunde nur um Beifall und Gunst der *Vielen,* d. i. der Geist- und Geschmackvollen, deren Zahl und Bedeutung – was man auch immer am *Wolchow* und am *Ilissus* gegen uns sagen mag – im deutschen Volke jetzt schon überwiegend ist und sichtlich mit jedem Jahre wächst. Denn bei uns wie in Japan liest auch schon der Mittelsmann und findet, sonderbar genug, daß ein mit Sorgfalt, Freimuth und Ebenmaß gebauter Satz, sobald er auch *Gedanken* hat, viel schöner klinge als die erbauliche, aber ungebürstete und vertraulich-leere Rhapsodie. Um den Ruhm eleganter Form und reicher Composition zu spenden, ist aber selbst der gewaltigste Potentat nicht stark genug. Das vermag allein das Publikum. Wer *diesem* Idole opfert und nach dem Lob der Bedachtsamkeit, der guten Wahl und des kräftigen Gedankens strebt, wird doch nicht zu tadeln seyn? Daher aber auch dieses Mal die viele Sorge und die große Aengstlichkeit des Wanderheldens. Denn abgesehen von der unscheinbaren Eingangsscene ist vielleicht die Erzählung überhaupt nicht werth, vor die Elite der deutschen Lesewelt zu treten. Welcher Verständige z. B. möchte wohl Aug' und Sinn von saftstrotzenden, nicht breitgetretenen, sondern energisch-gedrängten und frischgefärbten Privatartikeln aus Berlin über Pommer'sche Provinzialverhandlung, *Code pénal* und Nachdruck weglenken und auf eintägigen Pilgerritt von Trapezunt zu dem Heiligthum der kolchischen Melasgrotte – sey es auch der Amarantenwald – hinüberwenden! Ein Opus in Octav ertrüge neben der bessern auch die schwächere Partie, aber das Journal greift überall nur nach dem, was neu, schwungvoll, belehrend und angenehm zugleich. *Neu* ist es vielleicht, was ich sage, aber ein Hagion-Oros ist es nicht. Doch hat Europa an byzantinischen Landschafts- und Sittenbildern überhaupt noch keinen Ueberfluß, und namentlich wird eine genügende, aus Lokalansichten hervorgehende Schilderung des Höhlenklosters *Sumelas* erst hier zum erstenmal gegeben. Von den beiden Europäern, die es bis jetzt besuchten, war Herr *Dr. Zachariä von Lingenthal* (1838) der erste. Hr. *Zachariä* blieb aber nur wenige Stunden in der Grotte und gedenkt ihrer auch nur so flüchtig im Reisebuche, daß der Treue ungeachtet sein Schattenriß im Sinn der Zeitgenossen doch nicht haften kann. Hr. *Zachariä* reiste für oströmische Justiz, weniger um sein Auge an *Rhododendron* und *Azalea Pontica* zu weiden, als um Varianten aufzusuchen für die Basiliken und für den Armenopulos.[19] Ich aber streifte als Abenteurer frei und sorglos durch die Länder von Byzanz; mich entzückt der Wald, die sanfte Schwellung des Höhenzugs, der immergrüne Busch, selbst Noth und Entbehrung sind für mich Genuß. Wo Andere eilen, bleibe ich liegen, horche auf den dumpf und regelmäßig wiederkehrenden Wellenschlag der Pontus-Sunde und betrachte noch weit lieber als alte Pergamente die Menschen und ihre Sitten.

„Nein, mit solchen Thieren reise ich nicht, man muß andere bestellen, und überdieß sehe ich nur drei; wo ist das vierte für den Sohn des Hauses, der uns ebenfalls zur Panagia ins Gebirge folgen wird?" Mit diesem Gruß empfing ich die beiden Begleiter *Theodor* und *Basili*, als sie am 8. September Morgens drei schmächtige, abgetriebene und von langem Fasten entkräftete Lastpferdchen zur Pilgerfahrt nach dem Melasberge in den Hof hereinbrachten und die armen Thiere sogleich mit Heißhunger über das zwischen den Steinen hervorsprossende Gras herfielen. „Die Pferde," meinte Theodor, „seyen gar nicht schlecht, ja die billigsten und besten, die er zu dieser Zeit mit allem Fleiße und aller Sorgfalt für meinen Dienst in Trabisonda finden konnte; an ein viertes für den armenischen Jungen wäre jetzt gar nicht zu denken, und man dürfe sich nur Glück wünschen, so weit gekommen zu seyn." An all dem Gerede war natürlich kein wahres Wort, wie ich es wohl selbst fühlte und zugleich auf den betrübten Gesichtern des nebenan stehenden und der Verhandlung stumm zusehenden Marim-Oghlu und seiner andächtigen Mutter las. Miethpferde der derbsten und kräftigsten Gattung, zu zehn Grusch (2½ Francs) per Tag, gab es besonders unter den Moslim und christlichen Armeniern der Stadt und Umgegend in Ueberfluß. Trabisonda lebt ja vom Verkehr und jeder Bauer, der Feuerung oder Lebensmittel zu Markte bringt, tritt ohne viel Unterhandeln und Zeitverlust mit etwas Brod in der Tasche die auf drei Tage berechnete Sumela-Wanderung an. Theodor, verschmitzt wie alle seines Glaubens und seines Geschlechtes, wollte beim Handel etwas verdienen. Nicht alle Tage, mochte er denken, kommt ein Nemtzios nach Trabosan und reitet ins Gebirg hinauf, um alte Pergamente anzusehen. Wahrscheinlich hat er die elenden Rosse um halben Miethpreis gedungen, mir aber wie billig das Ganze angerechnet und den Profit mit seinem Freunde Basili, dem Unterlehrer und nebenher Küchendiener im Consulat, brüderlich getheilt. Damals konnte ich mir noch nicht helfen, lernte aber später zu Larissa in Thessalien bei ähnlicher Veranlassung griechische Agogiaten-Praxis, leider zu spät besser kennen. Der Türke und der Armenier behandelt seine Lastthiere ungefähr wie der Deutsche, füttert reichlich und nimmt aber auch gewöhnlich höhern Lohn als der Grieche, der, um die Nebenbuhler aus Verdienst und Concurrenz zu drängen, nicht nur selbst nichts ißt, sondern auch sein Pferd bei strenger Arbeit zum Fasten zwingt. Was sollte ich aber thun? Es waren des Consuls Leute; Hr. *Ghersi* hatte elegantes Reitzeug, der Erzbischof eine geistliche Ermahnung an den Klostervorstand und der erste Archont der griechischen Commune noch ein besonderes warmes Empfehlungsschreiben an die für tückisch geltenden Mönche des Wallfahrttempels mitgegeben. Die Zeit verrann, ein Strahl der Morgensonne blitzte schon im Epheuthau der Mauerwand, der Tag zur Reise war ja festgesetzt und das Gemüth in einer Stimmung und Wanderlust, die sich ohne gefährliche Störung des innern Friedens nicht bekämpfen ließ. Nur der junge Marim-Oghlu grämte mich; es war gleichsam sein erster Flug aus dem väterlichen Hause; o die Freude! Der lange Ritt und zwar mit einem Franken zum großen Heiligthum; die schönen Wälder, die heiligen Mönche, das wundervolle Bild! Das Alles soll verloren seyn! Es war dem Jungen nur um den Ablaß und die geistlichen Gnaden, die er fromm gesinnt für sich und seine Mutter gratis gewinnen sollte. Ich tröstete so gut als möglich, er sollte auf meine Rechnung selbst um ein Lastthier sehen und nacheilen, ich bezahle Alles. Und so ritten wir gleichwohl, von drei Agogiaten zu Fuß begleitet, auf den hungerigen Thieren zum Thor hinaus gegen den *Meydan* (Platz), auf dem breiten Stiegenweg der Klosterhalde zur Hochebene des *Bos-Depe* hinauf, wenig mehr als eine gute halbe Stunde von der Stadt. An der Ruine des Johanniskirchleins hielten wir kurze Rast und genossen der wundervollen Fernsicht. Tief unten am Fuße der Kuppe lag die Stadt; Trabisonda schien noch ausgestorben; nur einzelne Gruppen verhüllter Türkenweiber wallten, vom Brunnen kommend mit antiken Wasserkrügen auf dem Kopf, langsam ihren Hütten zu. Vor uns lag der Pontus spiegelglatt, und im Wipfel der langen Klostercypresse spielte noch – wir sahen es deutlich – der kühle Morgenhauch, der schon im nächsten Augenblick dem hinter *Ispir* heraufsteigenden Gluthgestirn des Tages wich. Schon im Begriffe fortzuziehen blickten wir noch einmal nach der Prachtscene um und sahen, wie zuerst eine grau-licht-düstere Rauchsäule und bald nachher der *Istambol* selbst hinter dem Waldvorgebirge *Joros (Hieron Oros)* hervorbrach und in ruhiger Majestät entschieden und kraftvoll, wie der charakterfeste Mann durch das Leben geht, das lange Segment der Trabesunda-Bucht durchstrich. Ach, es kommt vom Occident, vielleicht mit freudiger, vielleicht mit unheilvoller Kunde aus dem theuren Heimathlande! Der europäische Leser in seiner Uebersättigung und Salonsbequemlichkeit wird sich nur mit Mühe erklären, welche Freude, wel-che Ruhe ich beim Anblick des wundervollen Automaten aus Byzanz emp-fand. War es nicht die Brücke, der starke sichere Damm, durch welchen hochherziger Magyarensinn das entlegene Kolchis dem innersten Winkel Ger-maniens nahe bringt? Wer den schwimmenden Dampfpalast gegen den Molo von Triest, Livorno oder Neapel steuern sieht, den ergreift es nicht so mäch-tig, als wenn er dasselbe Schauspiel von der Höhe des Tafelberges von Tra-pezunt erblickt. Ich fühlte mich der Heimath näher, ich wich nicht von der Stelle, warf dem freundlichen Argo-Boten Grüße zu, die er einladend durch Blick und Zeichen gleichsam zu erwidern schien: „Was eilest du? Du fliehst vor deinem Glück! Ach Hüon, Hüon komm zurück!" Doch wir gehorchten dem Rufe nicht. Mußte ich nicht in das Waldrevier der Kolchier, zur Panagia des Melasberges hinauf, um den Preis der Wanderschaft, das Vließ *meines* Argonautenzuges abzuholen? Das Schiff verschwand hinter dem Castell und wir kehrten schwereren Herzens das Antlitz dem Gebirge zu. Die luftige Höhe Bos-Depe und ihren Zusammenhang mit der Thalseite des Pyxites haben wir – der freundliche Leser erinnert sich vielleicht – im vorausgehenden Fragment geschildert. Nach einer Stunde Rittes ungefähr kamen wir zu einem mulden-förmig eingesenkten Fettgrund, den man hier wie dergleichen überall in by-zantinischen Ländern, *Mesarea* nennt. Im Tiefpunkte der Mulde sieht man deutlich die Spuren einer ausgetrockneten Süßwassersammlung, zur Comne-nenzeit wie jetzt noch unter dem Namen *Skylolimni* (Hundssee) bekannt. Das Gefilde strotzt in üppiger Fülle, Maisstengel über zwölf Fuß hoch, Kräuter-wiesen mit Iris von seltener Pracht: am Hügel, am Wege, am Muldenrande, am Felsgehänge der Boden überall von dichtgedrängtem, breitblätterigem, hellgrünem Strauchwerk umsponnen und auf der Höhe rechts ein türkisches Herrenhaus, ein Landedelsitz, heiter und einsam zwischen Bäumen an die Halde hingelehnt. Die Weinrebe, unten bei der Stadt noch kärglich gezähmt und mit dem Messer in Schranken gehalten, ist hier aller Zucht entwachsen; hier sah ich sie zum erstenmal wild; mit kleinbeerigen Trauben behangen kriecht sie über Felsen, steigt auf die Bäume hinauf, schwingt sich, wie die Lianen auf Hagion-Oros, in kunstlosen Guirlanden über den Erdspalt und wuchert ungebändigten Triebes noch mitten im Dornbusch. Aber sie buhlt umsonst, Niemand streckt bei der Fülle *süßer* Trauben die Hand nach *ihren* Früchten aus. Das Herbe, das Zuchtlose verschmäht der Mensch überall, in der Rede, wie im Genuß. Kommt aber der Wanderer aus der Einsenkung von Skylolimni auf die Steinhöhe des entgegenstehenden Muldenrandes, thut sich auf einmal eine unvermuthete Scene auf: das tiefausgeschnittene, die Gebirgslinie im rechten Winkel durchbrechende, sechs Stunden lange Pyxitesthal mit seiner hellgrünen Flachsohle und dem zwischen dunkelbelaubten, kräftig geschwungenen Seitenwänden perspectivisch leuchtenden Silberband des Waldstromes in der Mitte, erscheint wie durch Zauberschlag plötzlich vor dem Blick. Die Thalwand ist steil, man sieht wie sich links weit unten die Wasser durch Baumreihen und Gebüsche wälzen, hört aber wegen der Höhe des Standpunktes das Rauschen ihrer Strömung nicht. Die immergrüne, selbst von gefühllosen Osmanli gepriesene Waldzone der Kolchier lag vor uns, und was sich die Phantasie in jugendlicher Schwärmerei so oft vorgezaubert hatte, zog sich nun in weit schönerer Wirklichkeit zu beiden Seiten des Querthales dunkel und schweigend in unbekannte Ferne auseinander. Vom Strande, wo der wasserreiche Thalbach in den Pontus mündet, waren wir in gerader Linie kaum erst eine Stunde Weges entfernt und sollten denselben Tag noch bis nahe an seine Quellen in der geheimnißvollen Oede des Melasberges wohl zehn gute Stunden von Trapezunt hinaufdringen. Vom Standpunkt der schönen Aussicht führt der Weg über einen Felsenkamm bald in treppenartig eingehauenen Stufen, bald an furchtbaren Abgründen am Drachenbrunn vorüber zur Thalsohle hinab.[20]

Wir litten empfindlich von der Hitze und lagerten etwa nach dreistündigem Ritte seitwärts vom Wege auf einer grasreichen buschbewachsenen Aue nahe am Bach unmittelbar am Eingang in die Waldzone, wo es lieblich kühle vom Thal herausfächelte und die Schatten dichtbelaubter Bäume die Gluth der Sonne mäßigten. Die Thiere, von der Last befreit, suchten sich die Nahrung selbst, für die Gesellschaft aber bereitete der Chaldier Theodor aus den mitgenommenen Vorräthen mitten im Gebüsch den Morgentrunk. Der Ort schien besonders reizend: von beiden Thalwänden rauschte es silberrein über Felsen aus Laubwald und dunkeln Schluchten mit Gemurmel in den Pyxites herab; der Nußbaum, die Eiche, die Esche, die Eller,[21] die Platane, der Tamariskenstrauch und besonders Ulmen voll zahmer Weinreben bedeckten beide Ufer und im Hintergrunde stand eine bewohnte Burg mit Wartthurm, hölzernen Lufthallen und Mauerwerk, mitten unter bebauten Gründen, auf hohem Waldhügel zur Hut des Thales. Riesenhaft über die ganze Scene ragten die schatten- und wasserreichen Laubholzwälder der immergrünen Zone herab. Eine Waldkuppe von wundervoller Schwellung hatte von ferne schon das Auge entzückt: ein dunkles Vließ von Ahorn- und Ulmenlaub wallte dicht und ohne Lücke über die breite Wölbung von der Thalmatte hinauf bis zum schöngezogenen Gipfel. Bergkuppen solcher Formen begegnen uns in Europa nicht. Das sind „die langen Wälder und die lieblich geschwellten Höhenzüge" des Byzantiners Eugenicus.[22]

Wie Andere die Schöpfungen der Kunst und der menschlichen Eitelkeit mit Worten rühmen, so preise ich die unvergängliche Pracht und die ewigschönen Meisterwerke der Natur. Vor gefühlvollen Lesern werde ich nicht zu erröthen haben, wenn ich statt fortzueilen länger als es europäische Ungeduld erträgt bei dieser schön geschwungenen Kuppe der Amaranten verweile und ihren in Europa unbekannten Ruhm verkünde. Sollten geringe Zeilen wie diese bis auf die Nachwelt kommen und sollte das Schicksal je einen Wanderer deutschen Blutes an den Pyxites bringen, so möge er daselbst meiner Rede gedenken, wie ich jetzt den Zeitgenossen die längst vergessenen Namen *Clavigo* und *Eugenicus* ins Gedächtniß rufe. Auch soll er die Mühe eines kleinen Umweges zum Flußübergang nicht verschmähen und tiefer in das schweigsame Dunkel des unentheiligten Waldes dringen. Welcher Flor! Welcher Pflanzentrieb! Welche Lianenpracht! Wie reich und krystallhelle es überall aus dem Boden quillt!

Hic gelidi fontes: hic mollia prata, Lycori!
Hic nemus: hic ipso tecum consumerer aevo.

Die gelbe *Azalea Pontica* und das Purpur-Rhododendron erfüllten obwohl verblüht die Luft mit Wohlgeruch und bildeten mitten unter den schlanken, glattrindigen, hochstämmigen Riesen des Waldes zugleich ein mächtig wucherndes und undurchdringliches Unterholz voll Lieblichkeit, voll Duft und Farbenschmelz. Hier ist der Gartenschmuck der Natur noch unverwüstet. Der Buchs, bei uns ein verzwergter Zierbusch, schmückt als immergrüner Baum den Wald. Einstündiges Verweilen in der Einsamkeit und Stille des kolchischen Waldes hebt die Seele höher und spricht beredter zum Herzen als hundert fromme, aber langweilige Katechesen im Occident. Wasser und Waldschatten des *„Chosch-Oghlan"* werden selbst von den Osmanli in Trabosan gepriesen und die christlichen Bewohner der Stadt und Umgegend – wie die Begleiter erzählten – freuen sich jedes Jahr auf das Fest Mariä Himmelfahrt (15. August), an welchem Andacht und Lustbarkeit der Kirmes und Volksversammlung bei der „Panagia des Thales (ἡ Παναγία τῆς κοιλάδος)" hinter der Waldkette wenigstens auf einige Stunden die Knechtschaft ihres Glaubens und die Schmach verlorner Herrschaft vergessen lehren.

Erquickt und neugestärkt wollten wir die liebliche Stelle verlassen, als der junge Marim-Oghlu zu sichtlichem Verdruß meiner griechischen Begleiter auf einem flinken Pferd und in Begleitung des armenischen Agogiaten die Straße herabkam und, besser beritten als wir Uebrigen, die aus sechs Individuen bestehende Sumelas-Karavane noch um zwei vermehrte.[23]

Bis zum Dorfe *Dschevisluk*, wo wir nach der Mittagsstunde eintrafen, rechnet man sechs gute Wegstunden oder zwei türkische Poststationen *(Mensil)* von der Küste, und doch findet man auf der langen Strecke nur *ein* ärmliches Dorf von Schmiede- und Bäckerhütten zum Gebrauch der Waarenführer. Ein heller von der schönen Chosch-Oghlanschlucht herabrauschender Bach fällt hier in den Pyxites und eine schmale holzgedeckte Brücke führt über den Strom gegen die Schlucht hinauf. Wir selbst ritten noch am linken Ufer fort bis ungefähr eine Stunde vor Dschevisluk, wo den Wanderer eine Steinbrücke auf die andere Seite des tiefen, im verengten Thale von röthlichen Uferfelsen zusammengedrängten Wassers bringt. Trachyt und Basaltgestein in Säulenform brachen überall zwischen Buschwerk und Baumschlag zu Tage, und nicht ohne Verwunderung über die sonderbaren Gebilde sahen wir auf dem anderen (linken) Ufer kurz vor *Karydia* eine über vierhundert Fuß hohe steile Felsenwand ganz von regelmäßig und im schönsten Ebenmaße übereinander geschichteten Lagen dünngeschnittener Basaltsäulen aufgethürmt. Dicht am Fuße dieses kolchischen Säulenspieles strömt der Bach vorüber. Die Spaltung des Thales läuft von Nord nach Süd und die Mittagssonne brannte in die Enge mit verdoppelter Gluth, bis uns endlich das romantisch gelegene *Karydia* (Dschevisluk) inmitten seiner Wasser, seiner Schatten und seiner sommerlichen Lüfte Labsal und Erquickung schuf.[24]

Karydia ist das Koblenz von Kolchis, ein Centralpunkt und Trivium im großartigsten Maßstabe, in welchem gewissermaßen drei streng geschiedene und scharfausgeprägte Thalungen mit ihren vier- bis fünftausend Fuß hohen waldbekränzten Wänden und zwei krystallhellen Wasserströmen zusammenlaufen. Denn eigentlich endet das Pyxitesthal, durch welches wir von Trapezunt hereingekommen sind, in Karydia oder geht vielmehr sich spaltend in zwei Nebenthäler auseinander, die mit der Wurzellinie stumpfe Winkel bilden. Linker Hand öffnet sich breitmündig und flachsohlig das eigentliche Nußbaumthal mit seinem wasserreichen Bach, rechts dagegen engschluchtig und dicht verwachsen das Thal von *Matschuka*.[25]

In so ferne Schatten und Fülle strömenden Wassers zu den vorzüglichsten Reizen einer Landschaft gehören, hat die romantisch-liebliche Landschaft um Karydia einen merklichen Vortheil selbst über Trebizond, von welchem der sanftfließende Pyxites durch den vorspringenden Strandfelsen der Mithraskuppe über eine halbe Wegstunde entfernt ist. Besonders malerisch liegt dem Dorf Dschevisluk gegenüber, hoch ober der waldigen Eingangsschlucht ins Matschukathal, auf der Spitze eines von der Berghalde herausspringenden laubbekränzten Promontoriums ein türkisches Herrenhaus, weitläufiges Gehöfte und antiker Sitz eines weiland unabhängigen Landedelmannes oder *Dere-Beg*, wie man vor Sultan Mahmuds Reformen diese reichen und die untern Volksklassen auf eigene Rechnung plündernden Feudalherrn Kleinasiens nannte. Die Aussicht von dieser luftigen Höhe über die Thäler ist weit und entzückend. Söller, von dünnen Holzsäulen getragene weite Lufthallen und zahnig ausgezackte Thurmzinnen schauten zwischen Gruppen hochstämmiger Ulmen auf die unten vorüberreitenden Fremdlinge herab. Diese kolchischen *Dere-Bege* waren nicht etwa Edelleute, die während der schlimmen Jahreszeit in Städten wohnten und nur den Sommer über auf ihren Landgütern saßen. Sie waren Territorialherrn mit Souveränitätsrechten über ihre Erbdistrikte und bildeten von Geburt aus die Opposition gegen Einfluß, Uebergriffe und Erstarkung irgend einer, sey es zu Ikonium, zu Trabosan oder zu Stambul wirkenden Centralgewalt Anatoliens. Sie hatten nach Zerstörung des trapezuntischen Reiches mit den Gütern und Burgen auch die Rechte und die politischen Grundsätze jener turbulenten *Archonten* übernommen, deren verrätherischer und meuterischer Sinn eine so traurige Rolle in der Chronik von Trabisonda spielt. Nicht alle wohnten so lieblich wie der „Thalfürst" ober Dschevisluk. In den unzugänglichsten Stellen des Gebirges auf Felsenspitzen, am Rande hoher Steilwände und gähnender Risse hatten sie sich Kastelle aus Stein erbaut mit gewölbten Thorgängen und eisenbeschlagenen Pforten, zu denen ein schmaler, im Felsen ausgehauener Schlangenpfad oder häufig eine dünne über den Abgrund gespannte Brücke aus Weinreben führte. Viele dieser kolchischen Archontensitze hat die Hand der Osmanli bei der Einnahme des Landes gebrochen, andere hat die veränderte Sitte der Zeit verödet und ihre dachlosen Verliese und das gelblicht verwitterte Gemäuer der wuchernden Brut immergrüner Lianen zur Wohnung überlassen. Am untern Pyxites, zwischen Trabosan und Dschevisluk, sahen wir keine Ruine dieser Art; erst wie wir von letztgenanntem Orte links ausbeugend in das „Nußbaumthal" hineinritten, begegneten uns zu nicht geringer Ueberraschung diese melancholischen Zeugen kolchischer Vergangenheit. Isolirte Rundthürme und Burgtrümmer mitten im Gehölze der waldigen Steilhalde, bald auf buschichten Vorsprüngen, bald auf abgeglätteten und nur gleichsam mit Flügeln zu erklimmenden, oben spitz zusammenlaufenden Felsennadeln mit unbegreiflicher Kühnheit hingezaubert, machen im schweigsamen, lieblich-öden Thale voll wilder Oelbäume und Weinranken mit Epheu, voll Azaleen, Feigenstauden und kolossalen Nußbäumen auf europäische Gemüther einen süß-schwärmerischen, heimathlichen, Leuten ohne Gefühl nicht zu erklärenden Eindruck. Man glaubt sich plötzlich unter die gebräunten Kastellruinen eines rhätischen Alpenthales versetzt, und wer seit Ulysses' Irrfahrten hätte ohne Melancholie der fernen Heimath und ihrer waldgeschmückten Berge gedacht! Das Thal selbst, in der Sohle eng und flach, in den Seitenwänden aber kühn aufsteigend, ist voll romantischer Scenen; Laubwald mit immergrünem Gestrüppe überdeckt bis zur Region des Nadelholzes und der kahlen Alpenweiden hinauf den Waldrand, an welchem die Ruinen sind und der Weg vorüberführt, während auf der Seite gegenüber Basaltriffe mit wundervollem, von der Natur selbst im Geschmacke eines gothischen Tempels ausgemeißeltem Gethürme, mit Schnörkelei und Höhlenwerk mitten unter Buschgrün zu Tage stehen. In einer niedrigen Felsenwand, an deren Fuß der Bach vorüberrauscht, hat man etwa achtzehn Fuß ober der Wasserfläche eine senkrecht eingemuldete Vertiefung von unten bis oben durch künstliches Mauerwerk geschlossen und als Klause für einen Weltüberwinder eingerichtet. Der innere Raum soll bei einer Länge und Höhe von zehn Fuß nicht mehr als drei Fuß Breite haben. Drei schmale Fensteröffnungen in der Mauer lassen das Tageslicht hinein und statt des Zugangs sind leiterartige Einschnitte im senkrechten Gestein angebracht, die nur mit Hülfe eines oben befestigten Strickes zu erklimmen waren. Die unterste Leiterstaffel bespült der Pyxitesbach und schloß den büßenden Troglodyten von der Welt und ihren Verderbnissen aus. Sehen konnte der Klausner durch die schmalen Fensterritzen, wie die Weltleute jenseits des Baches vorüberwallten zum Gnadenbild der Panagia von *Sumelas*, aber reden konnte er mit ihnen nicht, weil das Wasser dazwischen rauschte. Gegenwärtig hält sich Niemand in Kolchis für einen so großen Sünder, um solcher Buße bedürftig zu seyn. Die Klause des Nußbaumthales steht schon lange leer.

Ermattet vom langen Ritt kehrten wir, um die Mittagsruhe zu halten und das frugale Mahl zu nehmen, dieser Tugendwohnung gegenüber in einer Hütte am Wege ein. Der Wirth war ein Landsmann unserer Agogiaten, hatte ganz die schattige Miene der Kolchier und redete neben dem landüblichen Türkisch auch noch das Matschuka-Griechisch des Gebirges. Auf die Frage, was es zu essen gebe, kam die trostreiche Antwort: ἔχομεν ἀπ᾽ ὅλα, „bei ihm finde man Alles." „Habt ihr Eier?" Nein! „Habt ihr Wein?" Nein. „Habt ihr frisches Fleisch?" Nein. „Habt ihr vielleicht Geräuchertes?" Nein. „Was habt ihr denn in eurer Hütte?" Wir haben Zwiebel, Brod, Salz und Branntwein! Das Brod aus Mais und Sorghum-Mehl war veilchenblau; wir aßen es aber doch und verschmähten in der Noth sogar den kolchischen Raki nicht. Am Ende entdeckten wir noch in einem verwilderten Gartenbeet einige Gurken, die uns im Hunger große Dienste thaten. Wir füllten zweimal eine tüchtige Schale mit Gurkensalat, aßen das blaue Brod dazu und bereiteten zum Schlusse den Kaffee. In der Zwischenzeit suchten die Pferde, eben so klug als die Menschen, wie zur Morgenrast ihre Kost auf gemeinem Weideplatz am Weg und tranken ohne Sorge ihrer Führer aus dem Brunnentrog. Man kann es nicht oft genug wiederholen, der byzantinische Grieche ist in Allem das Gegentheil von uns, er ist hart gegen sich und gefühllos gegen den Nebenmenschen wie gegen das Thier. Erwerben und besitzen ohne zu genießen, ist seine größte Lust.

Nach einstündigem Ritt von der Hütte, im Ganzen zwei Wegstunden von Dschevisluk, schloß wieder ein hohes, querüber laufendes steiles Waldgebirge das Nußbaumthal, oder spaltete es vielmehr auch hier in zwei, wieder in stumpfen Winkeln links und rechts auseinander laufende Seitenschluchten von ganz entgegengesetztem Charakter. Obgleich das Nußbaumthal schon

enger, tiefer eingerandet und romantisch einsamer schien als der große Bergspalt von der Pyxitesmündung bis Dschevisluk, so war doch, wenige Unebenheiten ausgenommen, die Sohle beider in der Hauptsache eben verlaufend und
drang aus der heitern und in die Ferne schimmernden Wasserströmung überall
jenes gleichförmige und melancholisch-liebliche Rauschen hervor, welches
der Lyrik so viele Bilder, dem schwärmerischen Gemüthe der Deutschen aber
so wehmüthige Empfindungen leiht. Aus den Seitenschluchten, vor deren
waldverschlossener Mündung wir bald nach vier Uhr Nachmittags erschienen,
toste es, besonders links von uns, über Katarakten und Rollgestein des tiefeingeschnittenen Bettes herabsprudelnd, wild und geheimnißvoll in das Nußthal
heraus. Eine Steinbrücke ohne Geländer schwingt sich an der Wegscheide
hoch in weitem Spitzbogen über das Flußbett, und von der Halde des jenseitigen Thalrandes sieht ein Dorf mit niedrigen, flachbedachten und halb im
Boden vergrabenen Steinhütten, wie sie Xenophon im kolchischen Gebirge
beschreibt, in das Thal herab. Wir gingen aber nicht über die Brücke, blickten
aber auch nicht ohne geheimes Grauen in die langgestreckte, engspaltige
Waldschlucht zur linken Hand, deren dunkelbekleidete Wände weit über die
Baumregion, im Ganzen vielleicht über fünftausend Fuß in die Lüfte ragten.
Im innersten Winkel dieser romantischen Waldöde, unfern der Doppelquelle
des Buxbaches, drei bis vier Wegstunden vom Eingange wo wir standen, ist
das Höhlenkloster der Panagia von Sumelas. Die Luft hatte schon abendliche
Tinten. Das Thal ist wenigstens über die Hälfte hinein gleichsam ohne Sohle
und der Weg führt zuerst in kühnem Schwung durch die üppig wuchernde
Laubvegetation der Seitenhalde bis zur Gränze des Nadelholzes hinauf, dann
an Kapellen und furchtbaren Abgründen endlich haldeabwärts bis in den Tief-
grund der innern Schlucht, wo eine gedeckte Holzbrücke über den zwischen
Granitblöcken herabschäumenden Bach zu einem schmalen Reitwege hin-
überführt, auf dem man in steilen Windungen und wiederholten Bachübergän-
gen zum Fuß der Klosterfelsenwand gelangt. Dieser Weg über die Steilhalde
und besonders durch die Tiefschlucht ist sorgfältiger Zeichnung werth; die
Partie gehört vielleicht zu den reizendsten und vorzugsweise romantischen
der Waldzone von Kolchis. Die Engschlucht überhaupt schien uns noch weit
schattiger und wasserreicher als die Außenregion, und einen kolchischen
Obst- und Laubwald in primitiver Pracht haben wir eigentlich hier das erstemal gesehen. Wir sind durch ein Paradies gewandelt und abendliche Sommer-
luft fächelte aus dichtverwachsenem Geschlinge die Wohlgerüche der *Azalea
Pontica* entgegen. Wie auf Hagion-Oros zieht sich der Weg über Gestein und
Sturzabhänge in wucherndem Gebüsch, oft in Felsen ausgehauen, oft unter
dem Laubbach überhängender Bäume und immergrüner Schlingpflanzen in
langen Windungen durch das Laubmeer der Thalwand hinauf. Welche Pracht,
wenn sich die Blüthendecke zur Frühlingszeit über die Bäume legt, wenn fra-

granter Azalea- und Rhododendronduft die Lüfte schwängert, die Bienen summen, die Bäche rauschen und tief aus dem rankenumschlungenen Felsenbett das Tosen des Pyxites musikalisch durch die blüthenbeschneiten Wälder dringt! Welche Ernte, welcher Genuß für einen Griesebach! Denn hier wie auf Hagion-Oros und überall im Wald der mildern Zone macht das Unterholz, der Busch, die Schlingpflanze, die Schattenblume den größten Reiz. Die Myrte und den Lorbeer sah ich wohl, auch *Hypericum* mit der „brennend gelben Blume" erkannte ich im Vorüberreiten, erinnere mich aber nicht dem schönsten Schmuck der Athosöde, *Arbutus Unedo* und *Andrachne*, begegnet zu seyn. An ihrer Stelle hat die Natur die zwei oft genannten, die Sinne entzückenden, mit unglaublicher Dichtigkeit und Fülle aus dem Boden strotzenden, alles nebenbuhlerische Gebüsch überwuchernden und mit einer in Europa nicht geahnten Blüthenfülle geschmückten Stauden der Azalea und des Rhododendron eingepflanzt. Die Haselstaude und die Weinranke scheinen hier daheim zu seyn; Feigen-, Nuß-, Birn- und Apfelbäume mit Maßholder, *Cranion* (so nennt man in Trapezunt das altgriechische *Κράνον*, der Hartriegel), Mispeln, Eschen, Grüneichen, Ulmen, Buchen, baumhoher Bux und riesig dicke Platanen leben hier ohne Neid und dicht gedrängt im vollsten Trieb. Weder fehlt hier je in der Mittagsgluth für die Glockenblume der Schatten, noch der Brunn am Weg für müde Wanderer, noch für die Kräuterwiese der perenne Bach. Wo sich der aufsteigende Pfad von seinem höchsten Punkt wieder schief gegen den innern Thalgrund hinunterneigt, ist eine länglichte, dünn eingeschnittene Steilschlucht, zu deren Schmückung die Natur ihre ganze Kraft aufgeboten hat; nirgend ist die Belaubung dunkler, das Gehölze dichtverwachsener, der Fruchtwald mannigfaltiger, die Buschvegetation strotzender, nirgend schleicht die Weinranke üppiger und hartnäckiger über Mispeln, Feigen-, Birn- und Waldäpfelbäume, nirgend murmelt Brunn und Bächlein lieblicher als in dieser schönen Schlucht. Wir streiften an die Region des Nadelholzes, und die schöne hellgrüne Tanne erschien jenseits des Baches mitten im Dickicht des üppigsten Buchen-, Hasel- und Ulmenwaldes. Senkrecht *ober* uns war ein kolchischer Einödhof aus Holz gezimmert mitten im Wiesengrund; auf felsichtem Waldaussprung tief *unter* uns lag ein zweiter mit glattem Schindeldach und einem Kürbisfeld vor der Thüre. Schnitter, Männer und Weiber, mit der Sichel in der Hand und dem Heubündel auf dem Rücken – eine Bergscene aus Schalders in Tirol – begegneten uns von den Wiesen kommend mitten im Gehölz. Statt des Rockes hatten die Weiber von vorne und von rückwärts wohlgefaltete türkisch-rothe Schürzen umgebunden und zwischen beiden Schenkelseiten guckte das weiße Pantalon hervor. Ist das alte Kolchistoilette aus der Zeit wo Xenophon mit den Zehntausend durch diese Gebirge zog? Sie grüßten auf griechisch, waren Christen und dienten der Patronin ihres Thales, der Panagia vom Sumelas. In byzantinischen Ländern, besonders wo sie vor den Europäern sicher sind, plagt man die Leute nicht viel mit Tabellen, mit ABC und langen Katechesen. Fasten und die Lateiner hassen ist für den großen Haufen die ganze Religion. Und doch meinten wir, die halbverfallene, von einem über den Abgrund hinausragenden Felsen links am Wege aus Ulmendickicht und hellgrünem Gebüsch herabschauende Rundkapelle sey in dieser Einöde eine Bürgschaft allgemeiner Christenliebe, sanfter Menschlichkeit, und die *„Mater amabilis"* im Ulmendickicht müsse allen Vorübergehenden mildern Sinn verleihen.

Im Laube säuselte es schon abendlich, die Bäume warfen lange Schatten, und noch zog es sich endlos zwischen den beiden Waldwänden in das Thal hinein. Doch kamen wir noch bei gutem Lichte die große Tiefschlucht zum Pyxites hinab um daselbst einen Pflanzentrieb zu bewundern, wie ihn gewiß kein Mensch in Europa je gesehen hat und mit dem sich von den uns bekannten Strichen nur der Hagion-Oros messen kann. Es wird den Leser ermüden, wenn wir nach wiederholten Lobreden auf die Kolchisvegetation noch einmal vom Riesenwuchs der Nuß- und Kastanienbäume, von der ungewohnten Buchen-, Ulmen- und Platanenpracht, noch einmal und zwar in gesteigertem Accent von der luxurianten Fülle des oftgepriesenen Pontusschmuckes der Azalea und des Rhododendron, von der saftigen Ueppigkeit des fettgrünen Lorbeerstrauches, der Myrte mit dickem Schaft, des wucherischen Laubwerks aller Art in dieser zaubervollen Wildniß reden. Und doch drängt sich das Wort aus der Brust. Der Pyxites brauste dumpf über Katarakten, Schnellen und niedere Sturzfälle, zwischen Granitblöcken, dichtem Laubgewirre und geilem selbst das Rinnsal überwucherndem und beengendem Geschlinge mühevoll sich hinauswindend, die lange Schlucht hinab. Von den beiden Seitenwänden plätscherten die Alpenbäche durch Busch und Gehölze in langen Streifen und in kurzen, beinahe regelmäßigen Zwischenräumen in den Pyxites hinab. In dieser romantischen Oede überfiel uns die Nacht, und plötzlich – wir beugten um einen dunkelbewaldeten Felsensprung – schaute die Vollmondscheibe vom nahen Alpeneinschnitt des innersten Thalwinkels zwischen hohen Ulmen und Riesenkastanien durchscheinend in die Tiefe herab. Wir erschracken beinahe wie vor einer geheimnißvollen Lichtgestalt einer andern Welt. So riesig dünkte uns das Antlitz, so bedeutungsvoll der Luna Blick! Aber bald ward das Thal so enge, der Wald so düsterbelaubt, das Gebirge beiderseits so hoch, daß die Lichtscheibe eben so plötzlich als sie uns erschienen war, wieder verschwand und wir uns nur mühevoll im Nachtdunkel über gedeckte Brücken, Seitenbäche, Felsenvorsprünge und Krümmungen des Pfades großentheils zu Fuße durchwanden, bis wir aus der Thalnacht hoch über uns in der gewaltigen Höhle einer senkrechten Felsenwand, vom Monde hell erleuchtet, das unersteiglich scheinende Kloster der Panagia erblickten. Man denke sich die Scene, das Abgeschiedene im innersten Winkel der grünen Schlucht, die steilen mit geringer Spaltung rasch ansteigenden, wenigstens sechsthalb tausend Fuß hohen Waldwände, eine riesige Vegetation, voll Laub, voll Bäche, die Silberfäden der Alpenkatarakten im Mondlicht aus dem Laube glitzernd, unten der rauschende Bach, stille Waldeinsamkeit, ein milder Septemberabend, stundenweit keine menschliche Wohnung, oben auf der Gränzscheide zwischen Laubholz und Nadelwald, mitten in der grünen Bergseite, in Form eines aufrechtstehenden Parallelogramms, eine senkrecht abgeglättete, aus dem Waldgrün herausspringende Felsenwand mit einer halbkreisförmigen Höhle in der Mitte; oberhalb der Wand, so wie unterhalb und zu beiden Seiten, rechts und links Alles mit Wald und Grün bedeckt. Wir standen voll Verwunderung still und schwiegen. Aber erschöpft von Hunger und Ermüdung, und zugleich übermannt vom Gefühle glaubten wir diesen Abend nicht mehr die Felsenhöhe zu erklimmen. Das fabelhafte Mondlicht täuschte über die wahre Entfernung. Gerne wären wir in der Schlucht geblieben. Es rauschte wohl der Bach und der falbe Schein des Mondes stieg geisterhaft den Wald herab; aber nirgend eine Hütte! nirgend eine Labung! Voll Sehnsucht noch einmal zum gastlichen Bauwerk der Grotte hinaufblickend, setzten wir uns nach kurzer Rast zur letzten Mühe in Bewegung. Der Pfad aus den Nachtschatten der Tiefe führt durch dichtes Gehölze von Ulmen und Haselstauden in spitzwinklichten Mäandern wohl dreiviertel Stunden (mit erschöpften Pferden) bis zu gleicher Höhe mit dem Höhlengrund auf eine kleine Ebene, wo eine Kapelle und auch gemauerte Stallung für die Lastthiere und ihre Treiber sind. Auf halber Höhe kam uns das Mondlicht entgegen und wir sahen zugleich die helle Scheibe in ruhiger Majestät über dem Walde hängen. Sey es Täuschung, sey es Wirklichkeit, der Anblick der Lichtkugel wirkte elektrisch auf die Nerven und mehrte die Kraft zur Besiegung der letzten Hindernisse! Nach acht Uhr Abends waren wir am Ziel des Tages und erwarteten vor den Stallungen der Kapelle auf einem Steine sitzend die Antwort aus der Klosterfestung. Wir hatten schon am Fuße des Berges einen Agogiaten mit den Empfehlungsschreiben vorausgeschickt, um den Vätern der Grotte unsere Ankunft zu melden. Der Bote aber, wie wir jetzt erst merkten, hatte sich gefürchtet allein den Buschwald hinaufzugehen und war nur wenige Minuten früher als wir bei der Pforte angekommen. Endlich erschien er mit der nicht gar freundlich klingenden Nachricht, „wir können hinaufkommen, wir werden *noch* eingelassen." Obwohl der Mond das Thal hell beschien und wir dicht an der Grotte waren, konnten wir sie doch nicht sehen, weil sie der vorspringende Felsenrand verbarg. Eine tragbare Stiege aus zwei breiten und langen Baumstämmen mit Querstufen und Holzgeländer führt über einen tiefen Riß von der kleinen Stallfläche zu dem nur vier Fuß hohen, engen und mit Eisen beschlagenen Pförtchen am Rande des Felsenparallelogramms hinauf, und von dort erst geht es wieder auf einer Steintreppe von mehr als dreißig Stufen auf die Grundfläche der Grotte und zu den Wohnungen der Mönche hinab. Der Mond hatte uns, wie es scheint, durch sein Licht bedeutend gestärkt, denn aus der schnellen Bewegung der Schatten unserer Körper auf der Basaltwand merkte ich, daß wir noch rüstig zum Thore des Labsales hinanstiegen. Die Eisenpforte öffnete sich aber kaum eine Spanne breit und der Thürhüter rief halblaut und schüchtern heraus, wir möchten ihm zuerst die Waffen übergeben. – „Wir seyen friedliche Pilger zur Panagia und trügen keine Waffen." Dann ließ er uns ein und schob dicht hinter uns wieder den Eisenriegel vor.

Innerhalb des niedrigen Pfortenbogens war eine Plattform von etwa drei Schritten ins Gevierte ausgehauen und mit einer gemauerten Brustlehne gegen den Abgrund verwahrt. Da schwebten wir nun gleichsam in der Luft; hinter uns die verriegelte Eisenthüre mit der beweglichen Holztreppe außerhalb, vor uns die ebenfalls im lebendigen Gestein ausgemeißelte Grottenstiege, rechts die bodenlose Tiefe und links die steile Felsenwand des Parallelogramms mit zwei ebenfalls künstlich eingehöhlten Kammern für den Thürhüter, der seine Station weder bei Tag noch bei Nacht verlassen durfte. Er gab uns ein dünnes Kerzenlicht in die Hand und wies uns schweigend die hohe Steintreppe hinab auf den Grottengrund. Unten kam uns Niemand entgegen, das Wachslicht erlosch und der Mond warf nur einen matten Schein in die Höhle, weil die Gebäude am Rand die Strahlen aufhielten. Wir sahen ein weißgespültes Wasserbecken und hörten den von der Höhe fallenden reichen Brunnenquell niederplätschern, gingen an der Kirche vorüber, einen freistehenden natürlichen Thorbogen hindurch und eine gedeckte Holztreppe hinauf, um etwa in die Abtei zu gelangen und Quartier zu begehren. Denn offenbar hatte man unsere Empfehlungsbriefe den Vorständen entweder nicht überantwortet, oder sie waren von den schlaftrunkenen Vätern in ihrer mönchischen Indolenz nicht gelesen worden. Man hielt uns für eine gewöhnliche Karavane pilgernder Orthodoxen aus Trapezunda und folglich keiner besondern Aufmerksamkeit werth. Meine Begleiter, obgleich nicht das erstemal in Sumelas, wußten keinen Bescheid und wir stolperten, da wir weder Abt, noch Licht, noch Aufnahme fanden, wieder im Dunkeln die Holzstiege in den Hofraum hinab, wo uns endlich ein Mönch entgegenkam. „Ist denn gar Niemand hier, der uns ein Zimmer wiese?" Auf diese Rede eines der Begleiter sagte der Mönch ziemlich unfreundlich: „Wenn man so spät noch die Leute belästiget, hat man kein Recht zu pochen." – „Nein, nein, wir pochen nicht, wir bitten nur höflich um ein Nachtquartier." – „Das ist was Anderes; wenn ihr so redet, wird man euch gleich eine Unterkunft verschaffen." Das Wort „Franke" hätte die Sache schneller zu Ende gebracht, weil man in griechischen Klöstern mit diesem Wort gewöhnlich noch den Begriff billiger Erkenntlichkeit für den verursachten Aufwand verbindet. Die Gefährten waren zu einfältig es vorzubringen, und ich sagte keine Sylbe, weil ich die Art und Weise kennen wollte, wie sich dieses byzantinische Volk unter sich selbst behandelt. Das länglicht viereckige geräumige Zimmer, in welches man uns sogleich führte, hatte eine gewölbte Decke, einen mit Röhricht und bunten Teppichen belegten Estrichboden, einen italienischen Kamin, Ruhekissen an den Seitenwänden des erhöhten Raumes und zwei Rundfenster mit Eisengittern und Läden von demselben Metall. Vor den Fenstern und unmittelbar über der grausigen Tiefe hing ein Söller von Holz, halb in Schatten gehüllt, halb vom Mond erhellt. Bald knitterte die Flamme im Kamin, von dürrem Birnbaum genährt, und aus dem Wandschrank holte der dienende Laienbruder Matrazen hervor und legte zierlich abgenähte Decken darauf. In die Mitte hatte er einen großen Leuchter gestellt und zugleich die Oellampe in der Nische angezündet, nachdem er vorher die eisernen Läden geschlossen hatte. Zum Nachtessen brachte er was man in Eile haben konnte: ein warmes Bohnengericht, Vegetabilien, weichen Ziegenkäse mit Honig und frische aromatische Alpenbutter von vorzüglichem Geschmacke, Brod und Wein erster Qualität. Wir fühlten uns ganz behaglich, vom Kamin strömte eine milde Wärme aus, und erquickt durch Speise und Trank dachten wir nach den Mühsalen des Tages nur an die Seligkeiten des Schlafes auf der wohlgefüllten Unterlage.

Wir hatten zum Theil schon unsere Ruhestellen eingenommen als die Zimmerthüre aufging und ein Mönch eintrat, der sich als Dolmetsch des Klosters ankündete und die Fremden begrüßen wollte. Wie wir gleich merkten, hatte der dienende Bruder aus Anzug, Accent und Redeweise bald erkannt, daß von den vier Fremden wenigstens *einer* kein „Romäos" sey. Der Dolmetsch oder Conventmagister sollte der Sache auf den Grund kommen, was ihm auch, ohne daß er eine direkte Frage that, in kurzer Zeit auf das Beste gelungen ist. Man sagte ihm ja bald genug, woher man komme und was man eigentlich in *Sumelas* suche. Er selbst war ein *„Kosmogyrismenos"*,[26] hatte Rußland besucht und im Gefolge eines moskowitischen Knäs einen großen Theil von Europa gesehen. Doch schien er außer dem Türkischen keine fremde Sprache zu verstehen. Obwohl der Mann freundlich war und die Rede mit Leuten von einiger Weltkenntniß und Lebenserfahrung allzeit angenehm und nützlich ist, nahmen wir es doch nicht übel, daß er sich nach einer Weile empfahl und höflich grüßend das Zimmer verließ. Hiemit, glaubten wir, sollten die Prüfungen des Tages endlich geschlossen seyn; aber die Hoffnung war eitel, noch waren wir nicht zu Ende, denn die Thüre that sich wieder auf und zu unserer nicht geringen Verlegenheit traten drei Väter herein, von denen sich der eine als Abt (Igumenos) des Klosters ankündete, der andere aber, von imposanterem Wuchs und herrischem Ansehen, dem Abt mit der Bemerkung in die Rede fiel, „sie hätten gehört, es seyen „Franken in Mütze (φράγκοι μὲ τὸ φέσι) in die Grotte gekommen und sie wollten sich höflich über die Mangelhaftigkeit des ersten Empfanges entschuldigen," es habe da ein Irrthum obgewaltet, man habe Befehle ertheilt, daß es uns an nichts gebrechen soll, was ihre geringe Gelegenheit und ihre arme Behausung zu bieten vermöge, und sie kämen jetzt Willkomm zu sagen und den Abend in Gesellschaft und Gesprächen mit uns zuzubringen." Voll Schrecken über dieses mönchische Programm standen wir vom Lager auf, erwiederten den Gruß und versicherten die heiligen Väter, daß es uns an nichts gebreche, man habe uns ja wohnlich untergebracht und kräftig bewirthet, und ihre Heiligkeiten möchten nur die unvollkommene Toilette entschuldigen, in welcher wir so vornehmen Besuch empfingen; wir hätten es uns aus Mattigkeit und gänzlicher Erschöpfung bei Zeiten bequem gemacht. Die von der geist- und ideenlosen Langweile ihres Einödelebens gepeinigten Erzpriester wollten aber auf das (vermeintliche) Vergnügen sich mit einem weit herkommenden Fremdling zu unterhalten nicht so leichten Kaufes verzichten, ließen sich an den Wandkissen in der Reihe nieder und eröffneten ohne alle Barmherzigkeit den Dialog. Aus der morgenländischen Adoration, mit welcher die Begleiter aus Trapezunt die Paschafigur begrüßten, merkte ich wohl, daß es ein Mann von bedeutendem Range sey. Es war – um den Leser nicht lange in Ungewißheit zu lassen – der griechische Bischof von *Samokóvo* in Bulgarien, der als Exulant seit mehreren Jahren in der Grotte lebte und eben damals die beste Aussicht hatte, entweder durch Restitution seines vorigen Sitzes oder Verleihung eines andern von gleichem Ertrage endlich die Frucht langer Unterhandlungen und bedeutender Kosten einzuernten. Wahrscheinlich sehen andächtige Leser im exilirten Bischof einen Märtyrer seines Glaubens, einen Heros unerschrockenen Bekenntnisses und hartnäckigen Festhaltens an den geistlichen Immunitäten seines Standes und seiner Kirche, ein Opfer türkischer Brutalität und muhammedanischen Christenhasses. Ach nein! Der Bischof hatte das Fastenmandat gebrochen, hatte zum Entsetzen seiner frommen Schäflein an Mittwochen und Freitagen Fleisch gegessen, ward von seinen eigenen Leuten verrathen, vor das Patriarchat nach Stambul citirt und hauptsächlich auf Betrieb seines persönlichen Feindes, des weltlichen Oberlogotheten der „großen Kirche", seines geistlichen Paschaliks entsetzt und nach Sumelas in Kolchis verbannt, um daselbst für seine „gottlosen Frevel" Buße zu thun. Das Alles hat er freilich nicht selbst erzählt, obgleich er zu verstehen gab, daß er den ungerechten und gehässigen Manipulationen des Oberlogotheten seinen unfreiwilligen Aufenthalt in der Grotte verdanke. *Ungläubiges* Nichtachten der strengen Kirchenzucht scheint bei der hohen Priesterschaft des byzantinischen Bekenntnisses nicht selten zu seyn. Auf Hagion-Oros, hörten wir, mangle es an Pönitenten dieser Art so zu sagen niemals. Die Mitra mit ihren weltlichen Erträgnissen und Genüssen ist im Byzantinischen die gefährlichste Klippe des Glaubens und der Kirchenzucht. Einige behaupten sogar – was ich aber nicht so leicht annehmen möchte – in der byzantinischen Hierarchie im Allgemeinen dränge sich nach Erklimmung des obersten Gipfels priesterlichen Ehrgeizes häufig das Gefühl des Ungenügenden, des Leeren, des Nichtigen ihrer geistlichen Bestrebung und ihrer dogmatischen Architektur mit solcher Gewalt hervor, daß feiner Sensualismus und grobkörniger Unglaube der Schule Epikurs als Normalgeistesstand des anatolischen Episkopates gelten soll. Daß man aber um jeden Preis dem Eindringen dieser epikuräischen Pest in die untern Volksklassen wehren müsse, lehrt sie der Instinkt ihres geistlichen Gewerbes, das im Orient weit mehr noch als im Abendland seine Wurzel in der Meinung des großen Haufens hat. Denn wie der große Haufe nicht mehr glaubt, daß strenges Fasten während siebenthalb Monaten des Jahres der einzige Weg zur Seligkeit ist, geht alle byzantinische Herrlichkeit in Trümmer. Sultan und Patriarch haben gleiches Interesse die alte Praxis von Byzanz aufrecht zu erhalten und dauerhaft zu befestigen. Wirklich ist hier die Kirche in ihrer äußerlichen Erscheinung nichts anderes als die Gehülfin der weltlichen Macht, d. i. des türkischen Gouvernements, um das christliche Volk einzuschläfern und in Compagnie zu verhältnißmäßigem Antheile auszubeuten. Der aller menschlichen Natur inwohnende Neid der Kleinen gegen die Großen und der Bedrängten gegen die Beglückten ist in dieser polizeilichen Ueberwachung des Episkopats der eifrigste Bundesgenosse des ökumenischen Patriarchen. Denn das gemeine Volk bildet überall die beste Controle seiner geistlichen Oberhirten, denen es nur um den Preis gemeinsamer Leiden und Entsagung ihre Geldsucht, ihre Macht und ihr insolentes Glück verzeiht. Daher das wohlbegründete und nicht zu erschütternde Ansehen der Hagion-Oros-Mönche durch die ganze anatolische Welt, weil die guten Väter bei allem Reichthum der Gemeinde einzeln doch nur von Noth, Arbeit und Entsagung leben. Nach Körper-Constitution und Ideengang zu urtheilen, mochte man im hochwürdigsten Grotten-Exulanten freilich weit leichter einen stürmischen Bimbaschi des Sultans von Stambul, als einen demüthigen Streiter der Kirche Christi erkennen. Er ist ein Inselgrieche aus *Leros* und – wie er uns erzählte – noch jung auf den Episkopalthron von Samokóvo gekommen, obwohl er von beiden Landessprachen seiner Diöcese, der bulgarischen und der türkischen, nicht die geringste Kenntniß hatte. Dieser Mangel ward durch vortheilhaften Wuchs mehr als aufgewogen und die Summen hatte er auch zusammengebracht, um den Pachtschilling der bulgarischen Bischofstiara zu erlegen. Er gestand uns aufrichtig die Verlegenheiten, die er in seiner doppelten Eigenschaft als oberster Seelenhirt und erste Magistratsperson einer Bevölkerung, deren Rede er nicht verstand, in der ersten Zeit seiner Amtsführung täglich empfinden mußte. Als Civilrichter und Polizeichef mußte er mit Türken im Divan und mit bulgarischen Archonten im Munizipalausschuß sitzen, ohne von den Verhandlungen und Geschäften ein Wort zu verstehen. Ehrgeiz und Herrschsucht waren aber gute Lehrmeister, und in Kurzem redete er beide Sprachen – versteht sich in vulgärem Styl und ohne sie zu lesen und zu schreiben – mit hinlänglicher Fertigkeit, hat aber, wie es schien, dabei seine eigene großentheils vergessen. Beinahe in jedem Satz war ein türkischer Terminus mit griechischer Declination eingeflochten. *Samokóvo*, sagte er, liege an der Steilseite eines tiefen Bergkessels seitwärts von der großen Heerstraße zwischen Philippopolis und Sophia; die Stadt sey gepflastert, wasserreich und mehrere Bäche laufen vom Gebirge herab durch die einzelnen „*Μαχάλλια καὶ παϛρεύουν τὰ σωκάκια*,“ d. i. durch einzelne Stadtviertel und reinigen die Gassen.[27] Auch die Eisenschmelzen, den Metallreichthum, die Betriebsamkeit und besonders den religiösen Sinn seiner bulgarischen Samokóvo-Schäflein rühmte und pries er an, aber nicht ohne Beklommenheit über den Verlust der „reichen Geschenke und Gaben“, durch welche sie bei Gelegenheit der Feste und geistlichen Visiten des Oberhirten ihre Frömmigkeit und Gottesfurcht bewährten. Die Langweile des trägen engen Grottenlebens drückte den Mann mit doppeltem Gewicht, da er zu weltlicher Rührsamkeit, zu That und Herrschaft wie geboren schien. „Auch habe er bereits über zweitausend Grusch (über 200 Gulden Münze) an Briefgeld und Botenlohn nach Trabesunda und Konstantinopel ausgelegt, um seine Feinde zu versöhnen, um seinen türkischen Patron in Bewegung zu setzen und endlich Freiheit und geistliches Regiment wieder zu erhalten.“ Man kann wohl denken, daß es auch an Fragen über *unsere* Zustände, über religiöse Verhältnisse, und besonders über den Geschäfts- und Wirkungskreis unserer Hohenpriester nicht gebrach. Die Gelegenheit war gar zu schön, auf Kosten griechischer Episkopal-Ignoranz und weltlicher Geschäftigkeit die Tugenden unserer lateinischen Kirchenfürsten anzupreisen, ihr profundes Wissen, ihren heiligen Wandel, ihre Verachtung irdischen Pompes, ihr versöhnliches Wesen und besonders ihren Abscheu gegen jegliches Einmengen und Uebergreifen in weltliche und mit dem Seelenheil nicht unmittelbar zusammenhängende Dinge ins glänzendste Licht zu stellen. Der Mann sah mich ganz verwundert, ja etwas ungläubig an und fragte am Ende, ob bei den Franken die Bischöfe wirklich am weltlichen Regimente, z. B. an Handhabung der Straßenpolizei, an Schlichtung von Prozessen, an Einregistrirung von Kauf und Verkauf, besonders aber bei Umlegung, Einhebung, Verrechnung und Ablieferung der Steuern an die öffentlichen Kassen keinen Antheil nehmen und nicht mit den Großen des Landes Divan halten? Auf die Verneinung aller dieser Fragen meinte er, um das Leben eines lateinischen Episkopus müsse es etwas Trübseliges und höchst Langweiliges seyn, da er nicht wüßte wie man an ihrer Stelle den langen Tag herumzubringen vermöge. – „Gebet, Kasteiung und geistliche Sorgen für Aufrechthaltung der von beständigen Gefahren bedrohten Orthodoxie sammt Abwendung himmlischer Strafgerichte vom sündhaften Frankistan seyen bei reichlichem und gesichertem Einkommen für die Enthebung von weltlichen Geschäften voller Ersatz.“ Nur konnte der Bischof von Samokóvo so wenig als irgend ein anderer byzantinischer Christ diese Scheidung der Kirche vom weltlichen Polizeistaat begreifen. „Wie man denn eigentlich praktisch in zwei Gewalten trennen könne, was dem großen Haufen gegenüber doch ein und dasselbe Interesse zu verfechten habe, und ob denn nicht die Macht eine ungetheilte seyn müsse?" Uebrigens habe er schon zu Samokóvo von Leuten seiner Diöcese, die des Handels wegen in Deutschland waren, öfter gehört, daß es im Frankenland von Philosophen wimmle, einem „pestilenzialischen Geschlechte," das durch seine Hirngespinnste die Menschen bethöre und zuletzt die Dinge noch so weit treibe, daß Niemand mehr etwas glaube und Niemand mehr etwas an die Kirche bezahlen wolle. *„Denken* und *Ruhe*, meinte er, können neben einander nicht bestehen. In den Ländern der Orthodoxen des Orients sey in diesem Punkte lange schon Alles geordnet und keine weitere Discussion geduldet. Daß man aber uns Franken diesen Denk- und Syllogismusteufel noch nicht ausgetrieben habe, sey offenbar die Folge der beiden getrennten und Separat-Interessen verfolgenden Gewalten." Etwas aufgeregt durch diese Wendung des Gespräches, versuchte ich in Kürze den Bildungsgang des Occidents politisch und kirchlich im Gegensatze mit der Geschichte des byzantinischen Reiches auseinanderzusetzen, glaube aber nicht, daß der Stockbyzantiner viel davon begriffen habe. Mit unserem Schul- und Kunstgalimatias wäre bei Leuten ohne geistige Palästra, ohne Studium, Lectüre und Wissenschaft ohnehin nichts auszurichten. Doch kamen diesen Abend und den folgenden eine Menge neuer Ideen über den Occident in die Grotte von Sumelas. Der Klosterabt sagte so wenig als des Bischofs Diakon ein Wort, beide hörten dem Colloquium schweigend zu. Erst um Mitternacht merkte der gute Prälat, daß seinen Interlocutor der Schlaf übermanne und endlich die armen Fremdlinge vielleicht der Ruhe bedürfen. Sie entschuldigten ihren langen Besuch und gingen mit freundlichem Gruße zur Thüre hinaus und in ihre Zellen zurück.

Nach vier Stunden des süßesten Schlummers kam der unbarmherzige Laienbruder schon wieder und weckte uns in den Gottesdienst: „wir möchten nur schnell aufstehen, die Liturgie beginne schon." Meine Begleiter, die eifrigen Christen, erhoben sich augenblicklich, ich zögerte aber bis zur dritten Mahnung und kam endlich auch in die Kapelle, wo man schon seit länger als einer Stunde psalmodirte. Andacht, ich gestehe es aufrichtig, trieb mich damals nicht vom Lager; ich ging hauptsächlich aus Furcht, die Grottenleute möchten mich für einen „Philosophen", d. i. freidenkerischen Verächter ihrer wunderbaren Panagia halten und mir dann in mönchischer Tücke den Zutritt zu den literarischen Schätzen verweigern. Um es nur frei zu gestehen, wir Franken gelten in der Levante, bei Muhammedanern nicht weniger, wie bei den griechischen Christen, für Leute ohne allen religiösen Glauben und besonders von höchst unreinen schmutzigen Sitten. Um diese falsche Ansicht möglichst zu

widerlegen, hielt ich gläubig bis zum Ende aus und steckte sogar nach griechischem Brauch ein Paar Dünnlichter an, wofür aber statt *zwei* Para deren
hundertzwanzig (drei Grusch oder sechs Silbergroschen) in blanker Münze
auf den Teller fielen und den geldgierigen Mönchen bedeutende Gluthen innerer Andacht verriethen. Handel und Gottesdienst gehen im Byzantinischen,
wie man weiß, immer Hand in Hand. Es war heller Tag, wie wir aus dem
dumpfen von unzähligen Lichtern erhellten Grottentempel traten, dessen
Form und Bau wir jetzt nur im Vorbeigehen mit einem Blick übersehen konnten. Wir mußten vorerst dem Abt und dem Bischof unsern Besuch abstatten
und das gestern Abend nur oberflächlich berührte Petitum in bester Form vor
dem Ausschuß der heiligen Gemeinde stellen. Man präsentirte Raki, Kaffee
und Süßigkeiten, entschuldigte sich aber voraus über den Mangel an Büchern,
Handschriften und Goldbullen; „es möge früher an dergleichen Dingen größerer Ueberfluß gewesen seyn, aber in zweimaliger Einäscherung des Klosters
sey bis auf unbedeutende Reste Alles zu Grunde gegangen und namentlich
von den Goldbullen nur *eine*, allerdings die wichtigste mit dem Rechtstitel
ihrer Besitzungen und Privilegien erhalten worden. Die Bücher und Handschriften seyen in einer Felsenkammer ober dem Tempeldach aufbewahrt, und
es stehe ihrer Durchsicht kein Hinderniß entgegen; die Goldbulle aber sey im
Innern der Kapelle selbst hinterlegt und dürfe ohne Zustimmung des Gemein-
derathes weder hervorgeholt noch Jemanden gewiesen werden. Er sehe zwar
nicht ein, was mir die Ansicht des besagten Dokuments nützen könne und wie
man überhaupt solcher Dinge wegen so weite Reisen unternehmen möge. Indessen wolle er unser Begehren der eben einberufenen Versammlung vorlegen, wir möchten nur in der Zwischenzeit das Kloster und die Kirche näher
besehen und man werde uns das Conclusum später zu wissen thun." Wie man
sieht, haben zweistündige Morgenandacht und die hundertzwanzig Para des
Opfertellers unserer Sache keinen besondern Vorschub geleistet. Obgleich im
Schreiben des ersten Archonten ausdrücklich stand: μὴν ὑποπτεύεσθε, „habet
keinen Verdacht", schien das Verlangen ihren Hauptbesitztitel einzusehen
doch eben so indiscret als gefährlich. Kolchischen Ignoranten den wissenschaftlichen Gebrauch einer alten Urkunde begreiflich zu machen, war vergebliches Bemühen. „Von solchen Dingen nicht reden", meinten sie, „wäre
immer am sichersten."
Der Bischof empfing uns mit denselben Ehren wie der Abt und wollte uns in
Person als Führer dienen, um die Merkwürdigkeiten des Grottentempels zu
erklären. Die Wohnung des heiligen Despoten hatte etwas Idyllenhaftes. Man
gab ihm das obere Stockwerk des Hauptgebäudes unmittelbar über den Zimmern des Abts, eine holzgetäfelte Wohnstube mit zwei Alkoven für sich und
ein kleineres Zimmer mit eigenem Eingang für den Diakon. Die Fronte mit
den Fenstern sah in die Tiefe hinab und ein Holzsöller lief auf drei Seiten an

Thür und Fensterbogen vorüber um den Bau herum, wie unterhalb vor der Wohnung des Igumenos. Ein Oratorium am Seitenende fehlte natürlich nicht, Alles von leichtem Fachwerk und mit Nußbaumholz bekleidet. Ueber die Söller springt das Dach hervor, auf dünne Säulen gestützt zum Schirm wider Regen und Sonnenstrahl. Hier ist Schatten und Kühlung den ganzen Tag. Wie die abendlichen Lüfte fächeln! Wie tief unten der Pyxites weiß schäumend über die buschigen Klippen fällt und die Cascadenbäche gegenüber im Sonnengold von der laubbewaldeten Bergwand niederrauschen! Wer empfindsam ist und die Einsamkeit ertragen kann, *müßte* hier zufrieden und glücklich seyn. Wie gerne hätte aber der Bischof von Samokóvo diese wundervollen Scenen einer ewig frischen Natur, diese Sturzbäche und Rhododendronblüthen um das Gezänke einer gräco-türkischen Munizipalberathung hingegeben!

Wenn der Leser unter dem Ausdruck „Grotte, Höhle" eine in Krümmungen und Wendungen tief in die Felsenwand hineindringende Vertiefung versteht, wäre die Vorstellung des Sumelasklosters eine irrige. Es ist vielmehr eine Nische oder Felsenblende in kolossalem Maße von vierzig bis fünfzig Fuß Höhe, etwa hundertzwanzig Fuß Länge, mit *wandartig gemeißeltem Hintergrund* und nirgends über sechsunddreißig Fuß Tiefe. Auch das stolze und kraftvolle Mauerwerk der Hagion-Orosklöster ist hier nicht zu sehen: auf Steinterrassen und gewölbten Grundzimmern hat man ohne Plan und Ordnung hölzerne Bauernstuben mit Schindeldach und Söllern über der Tiefe aufgerichtet, nach Ungleichheit der Grottenkante, die einen hoch, die anderen tief und durch Holzstiegen oder Steintreppen und einen im Felsen gehauenen Thorweg mit einander verbunden. Von der lebendigen Höhlendecke sickert Quellwasser langsam, aber perenn in ein Marmorbecken herab, zur Noth für den Gebrauch der heiligen Gemeinde hinlänglich und außer Bereich feindlicher Gewalt. In der neuesten Zeit hat aber die Wohlthätigkeit eines Bürgers von Trapezunt eine reiche Alpenquelle künstlich in die Grotte hineingeleitet und durch das abfließende Wasser eine neue Katarakte in langem Silberfaden über den Abgrund gebildet. Wie bei den nubischen Felsentempeln bildet eine in die Wand des Hintergrundes hineingemeißelte viereckige Höhlung das Schiff der Klosterkirche, an der man nur die *Apsis* (das Halbrund des Presbyteriums) mit einem kleinen Kuppelthürmchen künstlich angebaut, so daß die Andächtigen das Antlitz nicht dem Innern der Nische, wie zu *Ybsambol*, sondern der Mündung und der gegenüberliegenden Bergwand zuwenden und die Sonne durch das matte Glas der byzantinischen Fenster bricht. Das Innere des Schiffes ist auch bei hellem Tage ohne künstliche Beleuchtung dunkel, und die alten Fresken auf der rauchigen staubkrustigen Tempelwand, im zierlichen Styl des vierzehnten Jahrhunderts (1360 n. Chr.) ausgeführt, waren den frommen Vätern selbst eine Neuigkeit; wir haben sie bei dieser Gelegenheit zuerst entdeckt. *Alexius III.*, sein Sohn *Manuel III.* und der im Frauenkloster Theoskepastos begrabene Bastard *Andronicus* sind als Wohlthäter und Restauratoren zierlich und mit Inschriften zur Seite, in Lebensgröße und mit lebendigen Farben dargestellt.[28] Wenn die Abbildung des Höhlenklosters neben dem Bilde Manuels seinem damaligen Zustande wirklich gleicht, war es freilich prachtvoller als gegenwärtig. Der Bischof verlor über das lange Verweilen bei den trapezuntischen Fresken die Geduld und meinte, wenn ich solche Dinge liebe, könne er mir Besseres zeigen: das vom Evangelisten Sanct Lukas eigenhändig gemalte Conterfei der *Panagia* und den Cyclus neutestamentarischer Darstellungen auf der Außenseite des Halbrundes. Letztere waren ein ekelhaftes rohes Gepinsel dürrer Byzantiner Heiligen und des struppigen abgemagerten Salvators in cappadocischem Kirchenstyl, widerlich und peinlich anzusehen. Der Anblick dieser Fratzen und die langen Auslegungen des Bischofs waren gleich unerträglich, und ich bat, er möge uns doch endlich zum wunderwirkenden Conterfei der Panagia bringen. Man brannte zwei neue Lichter an und holte das Bild aus dem Adyton hervor. Ich erschrack nicht wenig über Sanct Lukas' Künstlertalent. Ein byzantinisches Farbengekleckse auf Holz, im gewöhnlichen Mönchsstyl, ungefähr eine Spanne hoch und durch die unzähligen Huldigungen der Andächtigen, fast bis zur Unkenntlichkeit entstellt, würde, mit Verlaub zu sagen, bei unsern Kunstrichtern nicht ohne große Mühe, als Produkt der schönen Zeit griechischen Geschmackes gelten. „Hierin", meinten die Mönche, „liege aber der stärkste Beweis für die Aechtheit des Werkes und sein hohes Alterthum." Eine silberne Einfassung in getriebener Arbeit, von einem trapezuntischen Meister des siebzehnten Jahrhunderts verfertigt, schmückt das Palladium von Sumela. Man kann wohl denken, daß wir uns in Gegenwart der Mönche weder laute Zweifel, noch sonst eine unschickliche Bemerkung über das Bild erlaubten. Die Grotte lebt ja vom Kredit dieses Gemäldes, eigentlich der „Heuschrecken-Madonna" zum Schutz der umliegenden Landschaften Anatoliens wider das gefährliche Insekt, aber auch der Helferin wider Fieber, Unfruchtbarkeit und Noth und Bedrängnisse aller Art für Christen und Muhammedaner ohne Unterschied. Aus ganz Kolchis, aus Paphlagonien, Cappadocien und Armenien kommen Pilger, oft in Karavanen, zur *Mirjem-ana* (Mutter Maria) im Gebirge, beten an und bringen Opfer dar. Wir selbst sahen am zweiten Morgen, wie drei türkische Weiber aus dem zwölf Stunden entlegenen Baiburd, von ihren Anverwandten begleitet, tief verhüllt beim Frühgottesdienst vor dem Ikonostasium der Klosterkirche auf dem Boden saßen, um in ihrem Anliegen unter Beistand der psallirenden Mönche die Fürsprache der Mirjem-ana beim Herrn des Weltalls zu erlangen. Während der geheimnißvollen Verwandlung der Substanzen und während der Prozession des Sakramentes, wurden die „Ungläubigen" jedesmal durch einen Mönch hinausgeführt, das *Evangelium* aber ward noch besonders, und zwar im feierlichsten Accent, zwischen zwei brennenden Wachskerzen über den Häuptern der sitzenden Muhammedanerinnen abgelesen. Der Bischof glaubte aber zu bemerken, daß die türkischen Weiber, ihrer Verhüllung und ihrer Nöthen ungeachtet, gar zu aufmerksam nach den derben Klosterbrüdern schielten, und rief ihnen mitten unter der feierlichen Handlung mit strafenden Worten laut vom Sitze herüber: „Schlaget die Augen nieder! Schauet nicht die Männer an!"

Von den sechzig durch Sanct Lukas gemalten Bildern der seligsten Jungfrau sind nach dem frommen Glauben der morgenländischen Kirche nur *drei Originale* bis auf unsere Zeit gekommen, aber natürlicher Weise alle drei auf dem Gebiete der griechischen Orthodoxen aufbewahrt. Das erste und berühmteste wird im *großen Höhlenkloster* (Μέγα Σπήλαιον) auf Morea gezeigt, Kloster *Kykkos* auf Cypern hat das zweite, das dritte aber und zwar die Lieblingsarbeit, die der heilige Maler auf seinem irdischen Wandel beständig mit sich herumtrug, ist eben die wundervolle „Heuschrecken-Madonna" von Sumelas, der luftigen und schönen Einöde des kolchischen Amarantenwaldes. Die Legende erzählt ausführlich, wie dieses kostbare Ueberbleibsel aus der ersten Zeit des Christenthums durch besondere Fügung Gottes allen Zufällen glücklich entrann, wie es nach St. Lukas Hinscheiden zu Theben in Böotien von seinen Erben nach Athen gebracht und daselbst bis zum vollständigen Siege des Christenthums unter Theodosius nicht ohne viele und bedeutende Mirakel in einem besonderen Gotteshause hinterlegt und von der gläubigen Gemeinde der Theseusstadt als der kräftigste Talisman gelobt und gepriesen wurde. Aber um die Zeit des benannten Imperators verließ das Bild ohne menschliches Zuthun seine Tempelwohnung an der Akropolis und wanderte, von Engeln getragen, durch die Wolkenhöhe morgenwärts bis in die liebliche Waldeinsamkeit ober Trapezunt, hatte aber vorher zwei fromme Jünglinge, *Sophronios* und *Barnabas* von Athen zu gleicher Wanderschaft nach Kolchis eingeladen. Mystischem Zuge folgend entdeckten die beiden Athenäer an den Quellen des Pyxites, mitten unter Laubwald und Wasserfällen, ferne von aller menschlichen Wohnung, die hohe Felsengrotte und auf einem Steine ruhend das entflohene Bild. Die Grotte ward erweitert, eine Kapelle hineingebaut und Hütten errichtet für die beiden Einsiedler aus Athen. Das war, sagt die Legende, der Anfang des Höhlenklosters der Panagia von Sumelas, das bald an Größe, Reichthum und Mirakeln wuchs. Keine Gegend in der Welt eignet sich aber auch besser zu einer Wallfahrtsstätte und zu gläubiger Stimmung des Gemüthes, als diese ewiggrüne und zaubervolle Wildniß am kolchischen Melasberge.[29]

Indessen sind, wie der verständige Leser wohl selbst merkt, diese Nachrichten über erste Begründung und frühere Schicksale des Höhlenklosters nur unbeglaubigte Sagen und fabelhafter Legendenkram. Zuverlässiges beginnt erst um die Mitte des vierzehnten Jahrhunderts. Vorher war es der festen Lage

ungeachtet öfter feindlicher Gewalt erlegen, verbrannt, Generationen lang
verlassen, bald durch Privatwohlthäter, bald auf gemeine Kosten des byzantinischen Lokalregiments in Trapezus wieder hergestellt, bis es endlich durch
den frommen Großcomnen *Alexius III.* (1360) gleichsam von neuem aufgebaut, finanziell gemehrt und in Rechten und Besitz legal und bleibend geordnet wurde. Das Wunderbild hatte unter diesen Umständen freilich auch seine
Schicksale. Im zwölften Jahrhundert brachen die Turkmanen ein, verbrannten
Gotteshaus und Kloster und wollten vor Allem St. Lukas Pinselwerk vernichten. Sie warfen es ins Feuer, aber wie es in solchen Fällen allzeit geschehen
ist, das Feuer brannte nicht; sie zerhackten es, konnten es aber nicht zerstören;
nur zeigte mir der Bischof noch die Wunde von der turkmanischen Streitaxt
im Gesichte des Bildes; zuletzt warfen sie es ins Wasser (natürlich in den Pyxites), aber das Wasser trug es nicht fort und am Ende haben es fromme Leute
wieder herausgezogen und von neuem in die Grotte gebracht, wo es alle
Stürme Anatoliens überlebend jetzt noch in Nöthen der benachbarten Völker-
stämme hülfreich wirkt und durch ungeschwächten Kredit neben der Fülle
geistlicher Gnaden den Mönchen gutes Gewerbe und reichliche Nahrung
schafft. Allein die Grottenleute in ihrem frommen und verständigen Sinn begnügen sich nicht mit segenvoller Beglückung von Kolchis und ihrer nächsten
Umgebung, sie möchten auch den entferntesten Völkern anatolischen Bekenntnisses ohne Kosten und Mühe langer Pilgerschaft zum vollen Genusse
der mystischen Schätze verhelfen. Klosterbrüder, mit rohen Kopien des Mira-
kelbildes versehen, betteln und streifen durch ganz Kleinasien, durch Rußland
und die Donaufürstenthümer, um geistliche Sumelasgnaden gegen klingende
Münze einzutauschen. Ein solcher Geldmönch ward einige Jahre vor meiner
Ankunft zu *Cäsarea* in Cappadocien ermordet und ausgeplündert: der Mann
hatte 40,000 türkische Grusch (10,000 Franks) zusammengebracht und wollte
nun die reiche Ernte durch Anatolien bettelnd in die gottgesegnete Höhle bringen. Den größeren Theil des geraubten Gutes erhielt man nach langen Unterhandlungen, während meines Aufenthaltes in Trapezunt zurück.
Ungleich weniger Profit als St. Lukas Malerei, gewährt ein Stück Holz vom
Kreuze Christi. Dieses kostbare Ueberbleibsel hat der Großcomnen *Manuel
III.* (1390–1420) aus der kaiserlichen Schatzkammer nach Sumela geschenkt,
wie auf dem Silberschrein der Einfassung in sechs jambischen Trimetern ge-
schrieben steht. Jeden ersten Monatstag wird mit diesem gesegneten Holze
Wasser geweiht und gegen mäßige Vergütung an die Gläubigen überlassen,
vertheilt oder ausgesprengt.
Nach dieser Musterung der geistlichen Schätze und der Lage des Klosters im
Allgemeinen, gingen wir mit dem Bischofe in seine Wohnung hinauf, in wel-
cher bald nachher der Abt in Gesellschaft zweier Mönche mit der Goldbulle
Alexius III. erschien. „Da sey nun der schwarz, roth und blau überschriebene

Fetzen, dem zu Liebe ich so weit hergekommen sey und so viel Geld versplittert habe!" Es war das erste Dokument dieser Art, welches mir je zu Gesicht gekommen, und die Väter konnten die Hast nicht begreifen, mit der ich es aufrollte, die sechs Zoll hohen Porträte des Imperators und seiner Gemahlin Theodora, in schönster Farbenpracht, mit Diadem und Purpurkleid, betrachtete und den in kalligraphischen Schnörkeleien wunderbar verschlungenen Text zu lesen versuchte. Die Rolle bestand aus Seidenpapier und hatte etwas über einen Fuß in der Breite, aber achtzehn bis zwanzig Fuß in der Länge. Die beweglichen Goldsiegel unterhalb der fürstlichen Bilder waren, man weiß nicht seit wann, verschwunden, zwischen den Zeilen weite Räume und die Accente besonders lang und deutlich ausgedrückt. Und doch hatte die Lesung solche Schwierigkeiten, daß zum Entziffern und Kopiren der Satzbildungen oder Zeilen der Bulle, wohl fünf bis sechs Tage nöthig schienen. Zum Glück lag aber eine von den vier Patriarchen des Orients und anderen Kirchenfürsten eigenhändig beglaubigte Doppelkopie in gewöhnlicher Cursivschrift bei; aber die Mönche gönnten kaum die Zeit, den Inhalt nur flüchtig durchzusehen, und wie ich erst noch Miene machte, die vidimirte Kopie mit dem Original zu vergleichen, verloren sie beinahe die Geduld und wurden am Ende noch anzüglich über die „sonderbaren Launen des Franken", die auf solche alte Papiere unverhältnißmäßigen Werth legen. Ich gab dem Abt die Bulle zurück und sagte ganz ruhig, aber auf türkisch: *Kara basch ne söjlersin senün aklün dairesinden tschikti firenk semtlerinde bu schei hem ekmek hem ikram verir,*[30] d. i. „Mönch, was redest du? Du bist nicht recht bei Trost! In den Frankenländern verschaffen uns solche Dinge Brod und Ehren." Eine leichte Röthe flog dem Abt über das Gesicht und die Sitzung hatte für diesmal ein Ende. „Nachmittag wolle er mich in die Bücherkammer führen." Die erste Neugierde war befriedigt, aber weiter noch nichts gewonnen und voraussichtlich bedurfte es neuer Instanzen und verlängerten Aufenthalts in der Grotte, bis die tückischen, rohen und von allerlei Verdachtsgründen bethörten Mönche eine Abschrift ihrer Goldbulle zu nehmen erlaubten. Wir beriethen uns gemeinschaftlich über die Mittel, die faulen und böswilligen Schwarzköpfe zu unseren Gunsten zu stimmen, hatten aber nur geringe Hoffnung. Eine Verhandlung über den wichtigsten Gegenstand der Staatspolitik mit dem Pfortenministerium zu Stambol erfordert kaum größeren Aufwand von Geduld und Kunst als unsere jämmerliche Angelegenheit in Sumelas, weil die morgenländische Procedur im Kleinen wie im Großen auf derselben Maxime beruht: Absolute Unthätigkeit und unbedingtes Verneinen jedes Petitums. Diese Kunst versteht hier Jedermann, und der Europäer mit seiner Hast, seinem enthusiastischen Erfassen eines Gedankens, seiner civilisirten Eitelkeit und seinem Gemüthe ist unter diesen Leuten allenthalben im Nachtheil. Indessen meldeten wir uns nach der Mönchssiesta in der Abtei, fanden aber den Vorhang vor der Thür herabgelassen, zum Zeichen, daß der Igumenos noch schlafe. Erst das drittemal war das Velum aufgerollt und ließ uns der Kammerdiener ein, aber es dauerte lange bis wir den gähnenden Abt in Bewegung brachten. In der Steinwand neben der Kapelle, etwa zwölf Fuß über der Grundfläche, ist eine geräumige Kammer künstlich ausgehöhlt, fensterlos und nur mit einer eisenbeschlagenen Thüre verschlossen, zu der man auf einer tragbaren Leiter hinaufsteigt. Hier war die Klosterbibliothek. Erst oben auf der Leiter bemerkte der Abt, daß er in der Schlaftrunkenheit den Schlüssel vergessen hatte; er wendete sich um und warf uns einen Blick zu, der vernehmlich sagte: Seht nur, welche Last ich euretwegen habe. Zugleich befahl er in stummer Geberde einem vorübergehenden Klosterbruder den Schlüssel zu bringen, sagte aber in der Zwischenzeit selbst auf unsere höflichste Entschuldigung kein Wort. Wir wollten aber nun einmal fein und diplomatisch seyn und ertrugen das rohe Benehmen des kolchischen Mönches mit Resignation. Wie die Thüre offen war, setzte er sich verdrießlich auf die hölzerne Truhe mitten in der Kammer und sah schweigend zu, wie wir von den zerstreut auf dem Boden herumliegenden Handschriften eine nach der andern aufhoben und wieder auf die Seite legten. Im Ganzen zählten wir nahe an zweihundert Bände, größtentheils Druckschriften aus Europa, für uns ohne Werth; aber auch die wenigen Manuscripte waren nicht von Belang, und von historischen Compositionen aus der Kaiserzeit, um die es uns hauptsächlich zu thun war, überall keine Spur. Unwillen, Verdruß und Reue über vergebliche Arbeit und verlorne Mühe, hätten beinahe das Gleichgewicht deutschen Phlegmas gestört. „Lebt ihr denn ganz und gar nur wie die vierfüßigen Thiere in Mastung und Gebrüll, ohne alle Neugierde, ohne alle Forschung was früher war und welche Schicksale eure Grotte und das weiland christliche Land der Trapezuntier hatte?" Der Abt nahm diese Frage gar nicht übel, öffnete die Truhe, hob eine ungebundene Druckschrift in Quarto heraus und gab sie mir als Xenium mit der Bemerkung, hier sey Alles beisammen, was man von alten Zeiten her und aus jetzt nicht mehr vorfindigen Codices über das trapezuntische Reich und das heilige Kloster wisse. Voll Neugierde was etwa der Inhalt sey, machten wir der fruchtlosen Bücherschau ein Ende und begleiteten den Abt in seine Wohnung, um dann allein und ungestört die Kunst sumeliotischer Historiographie zu untersuchen. Die Analyse dieses vor etwa siebzig Jahren, zum Gebrauch der Brüder verfaßten Kirchen- und Wallfahrtsbuches, gehört nicht hieher. Nur war es eine höchst angenehme Ueberraschung darin den correkten und von einem Athosmönch mit großer Sorgfalt veranstalteten Abdruck der langen Goldbulle zu finden, von deren Original uns der Unverstand der Grottenleute kaum eine flüchtige Durchsicht gestatten wollte. In der Hauptsache war es so viel, als wenn wir die Urschrift selbst abgeschrieben hätten – eine wesentliche Förderung unserer Zwecke – ohne der zerstreuten Notizen, Citate und Sittenzüge der mönchischen Compilation zu gedenken. Längerer Aufenthalt schien jetzt nutzlos und wir beschlossen am andern Morgen nach dem Gottesdienst die Grotte zu verlassen und mit unserer Beute und unseren Erinnerungen wieder nach Trapezunt zurück zu reiten. Schon um Mittag waren feuchte Nebeldünste vom schwarzen Meere her in die Berge gezogen und hatten sich regenträufelnd über die Schlucht gelegt. Mit dem Lichte war zugleich ein großer Theil des Waldzaubers verschwunden, und was uns am Morgen noch so reizend schien, flößte uns Abends die tiefste Schwermuth ein. Die kalte Atmosphäre, die Bergenge und selbst der fahle naßgrüne Tagesschimmer gaben jetzt der Klosternische etwas Unheimliches und Gemüthbedrückendes. Ja das Loos eines europäisch gesitteten Menschen, in diese Oede und besonders unter *diese* Menschen verbannt zu seyn, schien uns – o des wankelmüthigen Sinnes – nur mit den Qualen des gefesselten Prometheus zu vergleichen! Wir glaubten uns wirklich an das Ende der Welt, in das unwirthliche Felsengeklüfte des scythischen Kaukasus verbannt.

Χθονὸς μὲν εἰς τηλουρὸν ἥκομεν πέδον
Σκύθην ἐς οἶμον, ἄβατον εἰς ἐρημίαν.

Aber mehr noch als die Oede und die frostigen Lüfte flößten uns die Bewohner der Höhle und ihr unhospitaler Sinn peinliche Empfindungen ein. Die Mönche von Sumela stehen eben so weit in der Großartigkeit der äußern Erscheinung als in der Menschenfreundlichkeit, im feinen Ton und besonders in der strengen Zucht und im sittlichen Anstande hinter den Hagion-Oros-Vätern zurück. Sumelas ist ein freies Kloster mit jährlicher Vorstandswahl und – wie es scheint – mit wenig geordneter und laxer Disciplin. Ein Wort des exilierten Bischofs, das man im Orient ohne Arges zu denken in bester Gesellschaft spricht, bei uns aber mit Schicklichkeit nicht übersetzen darf, beschrieb deutlich genug, wie diese kolchischen Waldbrüder und Küster der engelreinen Panagia das Einsiedlerleben am Pyxites verstehen.

„Es ist wahr,“ sagte der derbe Despotis, „diese Mönche essen keine gekochten Fleischspeisen, ἀμμὰ τρῶνε κρέας ἄψητον.“ – Das ist ächt anatolisch orthodoxer Tempelwitz!

Zu meiner Zeit waren gegen dreißig Brüder eingeschrieben, großentheils aus den Provinzen Chaldia, Cheriane und den umliegenden Hochthälern der alten *Makronen* gebürtig, Leute mit viereckigem Mund, viereckigem Kinn und knochigem grazienlosem Körperbau ohne alle Amönität des Geistes; ungehobeltes Volk einer großen Bauernwirthschaft, das sich nicht einmal in der Kleidung vom gemeinen Haufen unterschied. Die Wenigsten trugen ihre obligate schwarze Mörsermütze und den faltigen Ueberwurf; das rothe Fes, die weiße Filzkappe der Turkmanen mit schwarzem Turban, weite Pantalons aus farbigem Zeug und eine Art Paletotsack aus blauem Tuch nach Geschmack und Vermögen, aber unsauber und grindig, sahen wir selbst beim Gottesdienst. Eine sogenannte *Trapeza* oder gemeinschaftlicher Speisesaal wenigstens für feierliche Gelegenheiten, besteht auf Sumelas nicht, jeder lebt für sich, ißt auf seiner Stube, oft zwei, drei in gemeinschaftlicher Oekonomie, sehen sich nur im Rathszimmer und am Psalmenchor. Aber wie? denkt hier etwa ein frommer Leser, gibt es denn an diesen Dienern Gottes und der Panagia von Sumelas gar nichts Gutes anzurühmen? Sollen wir immer nur von ihrer Ungeschliffenheit, Ungastlichkeit und Unwissenheit, von ihren Tücken, ihrer Unempfindlichkeit für die Naturschönheiten der Waldöde, ihrem Mangel an Einheit, Disciplin und Sitten hören? – Ach nein! Wir sind nicht parteiisch, wir sehen auch das Gute und bekennen gerne, daß die Sumelaväter – sey es Frucht der Uebung oder der Alpenlüfte – insgesammt vortreffliche Lungen haben. Ein Mönch, noch jung, lang, hager und mit einem täuschenden Fuchsgesicht, wiederholte beim Frühgottesdienst – wir zählten genau – *zwanzigmal* ohne Athem zu schöpfen oder abzusetzen sein *Kyrie eleyson*. Wo hätten lateinische Mönchslungen des Occidents auch bei aller Nachhaltigkeit und Anfeuchtung solche Energie?

Die zweite Nacht war erquickender und ungestörter als die erste, weil der Reiz der Neuheit beiderseits gesättigt und wir insbesondere mit den Früchten der Pilgerschaft nicht ganz unzufrieden waren. Am dritten Tage früh nach dem Offizium begrüßten wir den Abt und den Bischof, vertheilten für die *sehr mäßige* Bewirthung auch *sehr mäßige* Geschenke und verließen noch vor sieben Uhr die Grotte mit etwas veränderten Gesinnungen als wir gekommen waren. Noch ein Tag länger hätte den Krieg gebracht; beide Parteien waren gespannt, und der Franke mit dem Byzantiner kann ohne Selbstverläugnung nur kurze Zeit in Frieden leben. Die eiserne Pforte schloß sich hinter uns und wir eilten fröhlichen Muthes über die Baumstiege zur St. Barbara-Kapelle und den Stallungen herab, wo wir die Agogiaten mit den noch immer erschöpften Pferden fanden. In zwanzig Minuten raschen Ganges auf schön gebahntem Pfade durchs Haselgebüsch waren wir wieder an der Brücke des Pyxites, wo uns ein andächtiger Client noch einmal das Bild der *Panagia Hodegetria* gegen kleinen Lohn zum Abschied entgegenhielt. Die Sonne rang mit den wässerigen Pontusnebeln, wir aber blickten aus der Tiefe noch einmal hinauf zur romantischen Klause in der Felsenwand und ritten voll Gedanken über den uns Europäern überall feindseligen Genius von Byzanz auf dem vorigen Wege nach Trapezunt zurück.

V.

Küstenfahrt nach Kerasunt.

Das melancholische *Colchicum autumnale* – die Herbstzeitlose mit der Safran-
blüthe – und der Spätflor der gelben Amaryllis am Strandriff bei *Calanoma*
mahnten nicht weniger dringend als die ausgedorrten Maisstengel und die
herbstlichfahlen Blätter der Gartenbäume an den flüchtigen Sommer, an das
Herannahen der Pontusstürme und an die Nothwendigkeit der Heimkehr in das
Winterlager am Bosporus. Zwei volle Monate waren seit meiner Ankunft in
Kolchis vergangen; ich hatte die Hauptstadt und ihre nächste Umgebung mit
einer Sorgfalt und Ausdauer untersucht wie kein anderer vor mir; ich war eine
starke Tagreise weit in das Innere gedrungen und wiederholt und mit erneuter
Lust über die „sanften Schwellungen", durch das immergrüne Gestrüpp der
waldigen Höhenzüge innerhalb der malerischen Curve von Trapezunt gestreift;
ich hatte die Mappe mit Umrissen gefüllt, die Phantasie mit neuen Eindrücken
geschwängert und dem Gemüthe zugleich eine Fülle vorhin nicht gekannter
Genüsse bereitet. Aber ich hatte von den geschichtlich berühmten Städten des
großcomnen'schen Reiches *Trabisonda* allein gesehen. *Tripolis* und besonders
das kirschenreiche *Kerasunt* lagen freilich im Sinne, aber bis zu letzterem,
sagte man mir, betrage die Entfernung von Trapezunt zu Lande sechsunddreißig gutgezählte Stunden, was einen bedeutendern Aufwand von Zeit und Geld
zu fordern schien, als jetzt noch zu leisten räthlich war. Die kurzen Tage, die
Herbstregen, die angeschwollenen Waldströme und die wilden ungastlichen
Sitten der von Fremden nur selten besuchten Kolchier dieses Strandes waren
verstärkte Gründe des Unternehmens nicht weiter zu gedenken. Der Seeweg
hätte allerdings die meisten dieser Unbequemlichkeiten entfernt, aber das
Dampfschiff legt zwischen Trabisonda und Konstantinopel nur bei Samsun
und Sinope an, und ein eigenes Fahrzeug zu miethen, an der Küste hinzu-

streichen und zu landen wo und wann es gefiele, wie einst *Clavigo* (1403), *Tournefort* (1701) und unlängst (1836) *Hamilton*, die unter mächtigem Schirm und mit großen Zuthaten ausgerüstet nach Kolchis kamen, wäre für Untersuchungen meiner Art allerdings der bequemste und geeignetste Weg, fiel aber leider zu weit über die Gränzen eines Reisenden hinaus, der nur seinen geringen Privatsparpfennig in der Tasche fand. Ich hatte nämlich, ohne nur Jemand zu fragen, Alles nach den Preisen der Schiffe am Nil, an der phönicischen Küste und im ägäischen Meere berechnet und in Folge dieses Calcüls dem Wunsche nach Kerasunt zu gehen schon längst entsagt. Die Papiere mit einem Theil der Effekten waren bereits gepackt, auch Abschiedsbesuche waren schon gemacht und drei Tage später wollte ich die Rhede von Trapezunt verlassen, als die zufällige Bemerkung des früher beregten *Don Ovanes*, „es gehen jede Woche *öfters* Barken nach Kerasunt und von dort nach Trabosan zurück und die Person zahle nicht über zehn Grusch (1 Gulden C. M.) an Fracht", der Sache eine andere Wendung gab. Ich machte mir selbst die größten Vorwürfe über die versäumte Gelegenheit Pontisch-Tripoli, die malerischen Küstenorte, die zweite Hauptstadt des Reiches und ihr festes Schloß und die prachtvolle Waldregion des Strandes um geringes Geld und mit leichter Mühe zu sehen. Welche Sorglosigkeit! Voll Unruhe, Reue und Verlangen das Versäumte nachzuholen und die romantische „Kirschenstadt" zu betreten, aber auch verführt durch den wolkenlosen Himmel und die gesunden Morgenlüfte –

O matutini rores auraeque salubres!

gab ich plötzlich, wie Cüstine an der Newa, den Gedanken an die Heimkehr auf und beschloß zuvor noch das Wagestück nach Kerasunt zu unternehmen, und zwar auf *eigener* Barke zu größerer Ehre und Bequemlichkeit. Denn für einen *Franken*, meinte das spekulirende Publikum von Trapezunt, schicke es sich nicht, unter dem Haufen gemeiner Geschäftsleute und für wenige Grusch nach Kerasunt zu fahren, auch sey gerade jetzo nichts von den gewöhnlichen Küstenfahrzeugen zu vernehmen. Ich verstand wohl was man wollte, und fragte wie viel etwa ein türkischer Fährmann für die Mühe verlangen könnte? Unter 300 Grusch (30 Gulden C. M.), hieß es, würde wohl nichts zu erlangen seyn, da diesen Preis Jedermann bezahle. Don Ovanes indessen versicherte insgeheim, die Taxe für einen Einheimischen übersteige auch in solchen Fällen nicht 60 Grusch. Don Ovanes war nicht nur ein eifriger Seelenhirt, Don Ovanes kannte auch die Preise irdischer Dinge mit derselben Genauigkeit und mit demselben praktischen Blick und christlichen Sinn, mit dem er das Himmlische bemaß. Mit Unterhandeln, neuen Bedenken und Zweifeln waren zwei schöne Tage verloren, am dritten trübte sich das glänzende Himmelblau, und mit ihm der entschlossene Muth. Eine offene Barke! Das unheimliche schwarze Meer! Die späte Zeit! Wäre es nicht räthlicher, das Vorhaben dennoch aufzuschieben? Vielleicht treiben mich Unruhe und Verlangen nach frischen

Eindrücken noch einmal ins kolchische Land, vielleicht komme ich dann besser ausgerüstet, vielleicht gar zur Maiblüthe- oder Kirschenzeit und streiche dann mit Gemächlichkeit und Eleganz an der romantisch bewaldeten und lieblich geschwungenen Küste noch über Kerasunt hinaus, bis gegen Unieh und den waldreichen Erz-Distrikt Chalybia? Herr v. *Ghersi* war klüger und rieth nicht zu verschieben, was jetzt so leicht zu vollbringen sey; es wäre überhaupt verständiger, ein paar Wochen länger im Pontus zu bleiben als auf nochmalige Wiederkehr aus so großer Entfernung seinen Plan zu stellen. Zugleich ward eilig für einen türkischen Reiseschein, für einen gräco-türkisch redenden Diener und für eine Barke gesorgt, die ich nur mit 170 Grusch (17 fl. C. M.) für die ganze Tour zu bezahlen hatte. Am andern Mittag (8. Oktober) war Alles in Ordnung, aber im Augenblick der Abreise schlug das Wetter um, der Wind war entgegen, der Himmel düster, das Meer stürmisch, es regnete die ganze Nacht und auch noch am Morgen in Strömen und ohne Pause: Was soll aus der Reise werden? Doch war das Meer schon in der Frühe des andern Tages minder bewegt, und bis wieder Mittag kam, blies der Wind vom Phasis her, flohen die Wolken und hing die Herbstsonne wieder klar und warm über dem Wasserspiegel. Wir eilten mit unserem kleinen Vorrath an Brod, Wein, Oliven und kalter Küche vom Consulat den Felsenpfad hinab zum Riff, wo die Felucke hielt, und strichen, von leisem Hauch aus Ost getrieben, nach ein Uhr wohlgemuth an der Citadelle von Trabosan vorüber gegen Kerasus. Die Eile, mit der wir zu Schiffe gingen, ersparte uns die Kosten eines türkischen Kawasses, den uns der Pascha zu größerer Sicherheit als Begleiter zugedacht. Die Felucke hatte zwar einen beweglichen kurzen Mast mit einem Segel, aber kein Verdeck, es war gleichsam ein offenes Fischerboot mit vier Türken, die zusammen sechs Ruder führten, zugleich aber auch so beschränkt, daß ich mit dem einzigen Diener kaum genügend unterkam. An Bewegung war da nicht zu denken; wir mußten ruhig auf *einem* Punkte liegen oder sitzen bis ans Ziel, was im Vergleiche mit den weiten Sälen und luftigen Promenaden der Dampfverdecke doppelt lästig schien. Zu beiden Seiten war das Bodenlose nahe am Gesicht und jedesmal ergriff mich heimliches Grauen, wenn ich über den schmalen Rand in den Schaum des dunkelgrünen Wassers blickte. Wir waren der Macht des Zufalls heimgegeben, und in Sachen des Zufalls darf man doch mißtraurisch und skeptisch seyn? Drohendes Gewölke hing zwar jetzt schon unbeweglich über dem Waldgebirg am Rande des Horizonts, aber so lange die Sonne schien und der Wind, wenn auch schwach, doch günstig aus Osten blies, konnte selbst der Binnenländer und unvertraute Gast des Pontus noch ruhig seyn. Wie wir aber der Golfsehne folgend gegen sechs Uhr Abends an das andere Ende der trapezuntischen Curve und in die Nähe des schroffen, buschbewachsenen, wilden Vorgebirges Hieron-Oros kamen, die Sonne sank und die Schatten fielen und die Wolken ober dem Walde sich in Bewegung setzten und langsam gegen die See herunterstiegen, ergriffen allmählig bangere Gefühle das Gemüth. Wir sahen vorübersteuernd die Steilwände, die schwarzen Hohlschluchten, die Gießbäche und die Wälder des langgezogenen Strandgebirges in zweifelhaftem Licht. Das einbrechende Dunkel lieh den Bergen riesenhaftes Maß und trüb umflort hing hinter uns am Firmament der Mond. Um Mitternacht war das Gewölke bis zum Wasserspiegel herabgesunken, die Atmosphäre eingehüllt, der Wind ermattet, bald entgegen und aus Westen blasend, unter der Wasserfläche hallte es dumpf und langdröhnend im Berggeklüfte und die widerliche aus frühern Zeiten wohl verstandene Bewegung der Wasserfläche verrieth Südluft und nahen Aufruhr der Elemente.

Tum sonus auditur gravior, ...
Frigidus ut quondam sylvis immurmurat Auster,
Ut mare sollicitum stridet refluentibus undis.

Keiner sagte ein Wort. Die Schrecknisse des ungastlichen Meeres, die Nacht, selbst das unbekannte Ziel, das Bodenlose unterhalb, die gigantischen Schatten auf der Landseite, die ungewisse, trostlose Leere auf der Wasserfläche, und vom *Tanais* her die Fluth schwarzen Gewölkes mit graulichtem Rande eingefaßt, der gebrechliche Kahn, der verdoppelte weit ausgeholte Ruderschlag und auf einmal der taktmäßig und dumpf tönende Gebetsruf der sonst allzeit stummen Osmanli: *Alláh kuwwét versin! Alláh kuwwét versin!* (Gott verleihe Stärke) steigerten die Angst und gaben zweifelhafte Gedanken: „Bricht der Sturm los, so muß uns die erste Welle verschlingen oder sie schleudert den Kahn gegen das Felsenriff! Wäre ich doch in Trapezunt geblieben oder hätte ich nur ein größeres Fahrzeug gemiethet! Ach die unzeitige Sparsamkeit! Und was findest du am Ende zu Kerasus? Etwa eine verwitterte Inschrift, leere Mönchereien, vielleicht auch gar nichts, und um so ärmlichen Preis hast du Alles auf das Spiel gesetzt!" Zwei volle Stunden dauerte die Ungewissheit und die Qual. Um zwei Uhr Morgens fiel Regen, die Luft wurde eisig kalt, wir hatten weder Dach noch Licht, noch konnten wir uns von der Stelle rühren und der Wind blies uns neben dem Pontusgischt auch noch den Regen ins Gesicht. Die Lage war unbequem und in keinem Falle beneidenswerth. Ich hörte die Brandung am nahen Riff, das *Alláh kuwwét versin* tönte immer fort, bis aller Beängstigung ungeachtet, endlich Mattigkeit und Schlaf ihr Recht geltend machten. Der Abgrund hat sich nicht aufgethan, und wie der Morgen graute, waren wir im Hafen von *Tripoli.* Das Bild jener nächtlichen Pontusfahrt blieb dem Gedächtnis wohl eingeprägt. Durchnäßt und halb erstarrt vor Kälte, schlaftrunken und etwas aufgeregt durch die Scene, gingen wir ins nächste Kaffeehaus am Strande um auszuruhen, denn auch die Fährmänner, obwohl von erprobter Kraft, bedurften nach zwölfstündigem anhaltendem Ruderschlag der Rast. Nur mit großer Mühe hatten sie den Kahn gegen Wind und Welle um das „schwarze Vorgebirge" herumgebracht. – Das

Alles – ich weiß es wohl – läßt den Leser kalt. Höchstens ruft man aus: „Was ist da zu klagen und wichtig zu thun? Er ist dabei ja doch nicht umgekommen, nicht einmal die Barke ward zerschellt! Und überhaupt: *„Que diable est-il allé fair dans la mer noire?"* Wie kann er aber auch von München weglaufen, um in Oktobernächten auf einem Fischerkahn im schwarzen Meere herumzustreifen? Warum nimmt er nicht wenigstens einen Dreimaster zu größerer Sicherheit?" Diese Vorsichtigen bedenken nicht, daß man um wöchentlich 6 Dukaten im schwarzen Meere noch keinen Dreimaster miethen kann. Auch glaube ich gerne, daß es für den *homme blasé* allerdings abenteuerlicher und wirkungsvoller klänge, wenn ich erst nach Zertrümmerung des Fahrzeuges im nächtlichen Sturm auf einer Planke neun Tage lang wie Ulysses von Wind und Strömung fortgetrieben nach Kerasunt gekommen wäre. Mir selbst aber genügte das Maß der überstandenen Noth, so wie die Sorge und der Gewinn. Viele werden nach solchen Widerwärtigkeiten kleinmüthig, andere aufrührerisch und trotzig, wie die Kainiten Byron's in der Wasserfluth. Uns blieb das Gleichgewicht im Grunde auch hier ungestört.

Zum Glück für die erschöpften Ankömmlinge war das Kaffeehaus bei unserem Eintritte schon in voller Thätigkeit, ein alter finsterblickender Osmanli verrichtete eben mit Inbrunst sein Morgengebet, während ein anderer am Kohlenfeuer den Labetrunk bereitete und den allmählig eintretenden Gästen reichte. Die Morgenländer sind ein frühaufstehendes Geschlecht, und als langschlafender Occidentale hatte ich nicht ohne Verwunderung gesehen, wie sich der kaum sechzehnjährige Sohn des Agha von Tripoli um diese Stunde schon weit unterhalb des Herrenhauses am Landungsplatze zu schaffen machte. Ein paar Tassen vom heißen Getränke und die Wärme am Kohlenfeuer, hatten nach weniger als einstündigem Ausruhen am Divan, das Gleichgewicht der Kräfte wieder hergestellt und der Diener war mit dem Vorweis ins Schloß gegangen wegen der Weiterreise. Nur der alte Türke blickte mich seitwärts und wildscheu an, als wäre irgend ein Ungethüm in sein Haus gekommen. „Es ist ein Giaur aus Firingistan," sagte er dann zum Nachbar, in der Meinung ich verstehe es nicht, „kommt von Trabosan und ist diese Nacht aus großer Gefahr entronnen, und doch betet er nicht. *Hakk giaur dür Allahi bilmez,* fürwahr ein Ungläubiger ist er, kennt Allah nicht!" Noch hatte ich nichts geredet, aber auf dieses Wort rief ich dem alten Eiferer hinüber: „Mach deine Zunge nicht gar zu lange, ich reise mit des Wesirs Erlaubniß und verstehe Alles was du sagst." *„Sarar yok,* schadet nicht," erwiederte er etwas weniger ungeschlacht und sah den Redenden genauer an, weil inzwischen etwas mehr Tageslicht durch das zerrissene Fensterpapier in die Stube drang, „aber ist es nicht so, hat dich nicht Allah aus Gefahren gerettet und du betest nicht?" – „Du bist im Irrthum, ich bete so gut wie du, aber heimlich und im Herzen, wie es unser „Buch" das Evangelium *(el-indschil)* befiehlt." Zum Glück unterbrach ein mit dem Diener eintretender Kawaß des Begs von Tripoli den türkischen Dialog. „Der Beg sey zwar abwesend in den Kupfergruben, aber der Stellvertreter wünsche den ihm empfohlenen Fremden aus Firingistan zu sehen." Der Morgengruß war freundlich, aber kurz; diese Leute sind überhaupt zu ideenlos und nach einer solchen Nacht ist man auch nicht sonderlich gesprächig und aufgelegt. Doch gab es im neugebauten Konak sogar zwei Strohsessel zum Gebrauch für Franken, auch ein Frühstück ward theilnehmend angeboten, die theuere Ehre aber unter Vorwand von Seekrankheit und Eile höflichst abgelehnt. Doch ein Teller aromatisch duftender Birnen ward nicht zurückgewiesen und wurde mit einem mäßigen Geschenk an die Diener honorirt. Die Erlaubniß im Orte herumzugehen und die Gegend anzusehen fand keine Schwierigkeit, und der Kawaß ging als Beschützer mit. In diesem Winkel von Kolchis ist der Europäer noch eine große Seltenheit, und einen Deutschen hatte in Pontisch-Tripoli bei Menschengedenken noch Niemand gesehen. Zum Glück war die lästige Neugierde im kleinen Städtchen bald erschöpft, denn zu sehen ist in Tripoli nichts als die romantische Umrahmung, die natürlich schöne Lage, die wir auf der Rückkehr von Kerasunt bei günstigerer Beleuchtung und freierem Sinn noch weit entzückender als auf der Hinreise gefunden haben. Mit welchem Gefühl der Ruhe und der Selbstgefälligkeit wir von den dichtbebuschten Waldhöhen auf den Wasserspiegel niederblickten! Mit welchem Auge wir die Vorgebirge im Osten maßen, wo die Elemente verwichene Nacht riesig, finster umhüllt und drohend wie die Eumeniden an uns vorüberzogen! Jetzt gefiel selbst dem Himmel unsere Fröhlichkeit, die Wolken theilten sich, das tiefste Azurblau erschien am Firmament ober der Waldpyramide und ein frischer Hauch vom Phasis her trieb die Barke schon um acht Uhr Morgens wieder aus dem Hafen von Tripoli. In gerader Linie hatten wir nicht mehr als zehn Stunden nach Kerasus und hofften bei mäßiger Gunst der Elemente noch vor der Abendzeit ans Ziel zu kommen. Doch gegen Mittag, am Cap Zephyrium, erstarb die Macht des Windes, die Segel sanken ein und die Armsehnen der Osmanli waren ohne Schwung. Allah hatte noch keine Kraft verliehen. Indessen sahen wir im Nebelgrau der Ferne die Burgruine und bald auch die von der stumpfen Kegelspitze steil zum Strand herabziehende Schloßmauer von Kerasus. Aber ein Dämon hielt die Barke fest, bis ein Nordost vom Tanais her um die zweite Stunde von neuem, aber mit wilder Kraft in die Segel blies und das Fahrzeug in raschem Flug dem ersehnten Ziele entgegentrieb. Mitten im Laufe, nur drei Miglien von Kerasunt, erhebt sich ein kleines Eiland über den Wasserspiegel, schwarzes vulkanisches Gestein mit steilem Riff, öde, von mannshohem Buschwerk, Brombeergesträuche und Lorbeer dicht verwachsen. Wie Säulengänge und Tempelgemäuer die ganze Insel *Philä*, so füllen Ueberreste eines byzantinischen Klosters den ganzen Raum der Insel „Aretias". Wie dort die mächtigen Pylonen, so ragt hier ein breiter hoher Steinthurm ohne Dach, mit leeren Fensteröffnungen und Vertheidigungslücken, aber dicht von Immergrün umsponnen, aus dem Gestrüpp hervor. Der Anblick war lockend! Wie sollte ein Deutscher vor den träumerischen Bildern „Einsamkeit, Eiland und Ruine" gleichgültig vorübereilen. Der Wind blies heftig und schwarzes Gewölke legte sich regendrohend über Kerasunt, doch trieb ein leiser Zug am Steuer die Barke an den Inselstrand, vielleicht an derselben Stelle, wo einst die Argonauten landeten. Wie das Eiland heute verlassen ist, fand es auch schon Jason unbewohnt, und wie damals ein Stein-Sacellum des Kriegsgottes, schmückt es heute mitten im grünen Busch der byzantinische Klosterthurm.[31]

Bleibende Wohnstätte fand hier der Mensch nur in der Zeit des Christenthums, „wo sich Mönche unter dem Schirm der erbarmenden Liebe" in dieser luftigen Einsamkeit niederließen, bis nach dem Fall des Großcomnenen-Staates die Oede wiederkehrte. Keine Inschrift, kein Zeichen verrieth die Vergangenheit; wir streiften durch das verschlungene Gebüsch, sahen zum blühenden Immergrün der leeren Fensterbogen hinauf und eilten wieder zum Strande hinab. Der schroffe, mittelst einer breiten Niederung mit dem Continent verbundene Kegelberg von Kerasus mit dem Burggemäuer auf der Spitze stand nahe vor uns und der Sammler schwarzer Gewitterwolken, der Wind vom Tanais, trieb uns raschen Laufes um die ausspringende Rundung des Vorgebirges auf den westlichen Landungsplatz zum willkommnen Ziel der Kolchisfahrt. Vor 26 Stunden hatten wir Trapezunt verlassen, hatten zu Tripoli dreistündige Rast gepflogen und stiegen nun nach fast 24stündigen Schiffersorgen Sonnabend den 10. Oktober noch vor vier Uhr Nachmittags bei trüber abendlicher Luft in der flacheingekrümmten Hafenbucht der „Kirschenstadt" aufs Land. Der erste Laut menschlicher Stimme, welche ich in Kerasunt vernahm, war Klageruf über türkische Härte und Unerbittlichkeit im Steuersammeln. „Μᾶς σκοτώνουν, μᾶς κάμνουν τυραννίας, sie tyrannisiren, sie erwürgen uns," sagte schwatzhaft nach kurzem Gruß im geräumigen Einkehrhaus am Landungsplatze etwas halblaut ein kerasuntischer Christ und erzählte in langem Dialog, während der Diener den Reiseschein zum Agha in die untere Citadelle trug, was und wie viel der christliche Raja von der türkischen Verwaltung, trotz der neuen Ordnung und gegen alles Gesetz, in dieser Gegend noch erdulden müsse. Es war eben Steuerziel und schon in Tripoli war der Jammer los. Bei den Türken nimmt man es in solchen Gelegenheiten freilich etwas genau, aber auch der Grieche – man weiß es ja – nennt jede öffentliche Schatzung, jede Gabe, jede Leistung an die Staatsgewalt in Kolchis wie in Morea „Tyrannei". Der Mann verschwendete seine Beredsamkeit zu ungeeigneter Zeit, das Verlangen nach Ruhe und Labsal mit wohnlicher Unterkunft gestattete im Augenblick nur höchst unvollkommnen Antheil an den Finanzbedrängnissen der kerasuntischen Steuerpflichtigen zu nehmen. Der Agha ließ uns im Hause seines Wechslers, des angesehensten Griechen des Ortes, Quartier anweisen und der freundliche Mann kam selbst an den Strand herab, um die Fremdlinge unter sein gastliches Dach zu führen. Herr Georg Konstantides Katzanoghlu besorgte die Geldgeschäfte des Statthalters von „Kerasun", verrechnete die Steuern und redete auch in den Angelegenheiten seiner eigenen Glaubensgenossen das erste Wort. Früher hatte er Seehandel getrieben und kannte alle Produkte der Pontusländer und alle Häfen des schwarzen Meeres, besonders aber Odessa und Taganrog, auf das vollkommenste. Für einen Kolchier hat Herr Konstantides bedeutende Weltkenntniß gesammelt, deßwegen aber doch seine anatolischen Sitten nicht abgelegt. Die weiblichen Bewohner des Hauses blieben während des mehrtägigen Aufenthalts des fränkischen Gastes unsichtbar; nur die beiden Knaben, wovon der eine *Elevtheros* hieß, erschienen um bei der fröhlichen und reichlich besetzten Mahlzeit in strenger Ehrfurcht und Disciplin wie die armenischen Jungen des Xenophon Schenkendienst zu thun. Die Unterhaltung, wie in solchen Fällen gewöhnlich, war encyclopädischer Natur und erging sich über Scenen der Natur mit gleicher Wißbegierde wie über die Wetter der Politik, deren neueste Blitze gegen den Pascha von „Megalo-Misiri" wir zuerst in Kerasunt verkündeten. Man lebt hier von aller Welt abgeschieden in idyllischer Unwissenheit der Menschen und der Dinge; ja Sie werden es kaum glauben, nicht einmal die Berliner Jahrbücher für Wissenschaft und Kunst lesen sie zu Kerasus. Das wäre zwar noch zu verzeihen, wenn sie nur wenigstens die A…ger Postzeitung hielten, um durch die warmen und gründlichen Gedanken politischer Exorcisten den in Kolchis stark grassirenden Dämon der *Slavomanie* auszutreiben! Der unbedeutendste Fremdling, wenn er einige Kunde der Zeiten besitzt und seinen Vorrath freundlich und vernehmlich mitzutheilen vermag, ist in der stillstehenden Gedankenwelt von Kerasus ein epochemachendes Ereigniß, gleichsam ein Meteor, das auch nach seinem Verschwinden noch lange die Zunge und die Phantasie der Menschen bewegt. Während der drei Tage unseres Aufenthaltes war es in Katzanoghlu's Hause niemals leer, und man hielt es für eine große Gunst an Gespräch und Mahlzeit Theil zu nehmen, was natürlich nur den nächsten Anverwandten und dem jungen Didaskalos als künftigen Schwiegersohn vorbehalten war. „Glaube nicht", sagte Herr Konstantides, „Kerasun sey allzeit so klein und so ärmlich bevölkert gewesen wie gegenwärtig, wo man kaum 700 Häuser und darunter nur etwa 200 griechische zählt, während die Türken bei der Uebergabe der Stadt (1462) 17,000 Wohnhäuser und 33,000 männliche, Kopfsteuer zahlende Einwohner von eilf Jahren und darüber fanden und in ihre Register eintrugen." Auf die Frage, wie er all das wissen könne, erzählte Herr Konstantides, daß er vor einigen Jahren als Abgeordneter mit andern seiner christlichen Mitbürger nach Konstantinopel gekommen sey, um daselbst unter Bezugnahme auf die von Sultan

Mohammed II. bewilligten Capitulationspunkte beim Divan gegen Bedrückung und vertragswidrige Erhöhung des Kopfgeldes Bittschriften einzureichen. Der Divan habe dann im *Kütük* oder *Defter-Chane* nachsuchen lassen, wo man das Original der Capitulation mit obiger Angabe der Häuser und der Bevölkerung noch gefunden und dem Bittsteller gegen Erlegung von Gebühren die bezügliche Stelle im Auszug mitgetheilt habe. Sey es, daß sich obige Angaben nicht auf den Mauerumfang von Kerasus, sondern auf den ganzen Distrikt beziehen, oder sich die Zahlen im Munde des Berichterstatters vergrößert und in der dreijährigen Zwischenzeit unvermerkt und gleichsam von selbst zur ausschweifenden Höhe morgenländischer Begriffe gesteigert haben, so ist doch die Kunde, daß solche Notizen im türkischen Reichsarchiv verborgen seyen, eine Entdeckung von einiger Wichtigkeit. Man kann wohl denken, daß auch über andere Städte und Provinzen der zertrümmerten Monarchie von Byzanz im Kütük oder Steuerregister von Stambul statistische Angaben von solchem Belang zu finden und nur auf diesem, noch von Niemand betretenen Wege für die Geschichte des östlichen Imperiums und für den wahren Charakter anatolisch-griechischer Reichsverwaltung neue und gründliche Aufschlüsse zu erheben wären. Ich hatte später während eines längern Aufenthalts in Konstantinopel eine Reihe Fragen in besagtem Sinne aufgestellt, um sie dem Defter-Efendi vorzulegen, als der Sturz Reschid-Pascha's und der wiedererwachte Fanatismus alle Schritte dieser Art unmöglich machten. Aus mündlichen Ueberlieferungen und besonders aus der im letzten Janitscharentumult verbrannten Hauschronik einer von den Kerasuntiern des fünfzehnten Jahrhunderts herstammenden Didaskalos-Familie erzählte Herr Konstantides, wie die Türken auf dem Wege der Gewalt und gegen den geschlossenen Vertrag Häuser und Grundstücke der christlichen Bürger an sich gerissen, wie sich die Bege in einheimischen Fehden untereinander zerfleischt und das große schöne Kerasunt verwüstet haben, wobei die alte Bevölkerung theils verkommen, großentheils aber sich auf die Nordseite des schwarzen Meeres ins Land der Moskowiter und des Tatarenchans der Krim geflüchtet habe. „Es waren Zeiten, wo kein Christ in Kerasun wohnte." Die Regierung in Stambul konnte oder wollte sie nicht schützen, weil die Türken im Allgemeinen wohl wissen, daß große Massen christlicher Unterthanen auf *einem* Punkte dem Ansehen des Islam allzeit Gefahr bringen und zwischen Siegern und Besiegten bei feindlichem Dogma kein Verständniß und inneres Verschmelzen möglich sey. Um ihrer Herrschaft Bestand zu geben, mußten sich die Türken nothgedrungen an eine Praxis halten, welche heute die Russen aus demselben Grunde und wahrscheinlich auch mit derselben Wirkung in der Krim, in Polen und am baltischen Meere geltend machen. Mit der sogenannten Gefühls- oder Romanpolitik getrauten sich Sultane und Czare keine Herrschaft zu gründen; diese Kunst, scheint es, haben sie vorzugsweise dem Occident anheimgestellt.

Wollt ihr nicht unerbittlich seyn, so seyd wenigstens intelligent und gerecht. Und eben weil man „auf dem grünen Eiland Erin" weder das eine noch das andere in vollem Maße gewesen ist, hat man sich selbst Verlegenheiten bereitet, während das Sultanat nach halbtausendjährigem Bestand trotz seiner Ohnmacht über die christlichen Raja noch immer Recht behalten hat.

In Kerasunt drängte sich aber die zähe Natur der Griechen nach jeder Katastrophe immer wieder von neuem ein, die alten Herren des Bodens kamen als Hintersassen, als Schiffer, Krämer, Schreiber, Spekulanten und Mäckler in die Stadt zurück, schafften den turbulenten Agha Geld und liehen Wüstlingen auf Pfänder. Sogar das bei der Uebergabe zugestandene Recht auch innerhalb der Citadelle zu wohnen, wird bis auf den heutigen Tag geübt. Nur die heimathliche Erde, die Oel- und die Kirschbaumwälder und die rebenumschlungenen Ulmen ihrer lieblichen Küstenhügel den Eindringlingen zu entreißen vermochte bis jetzt weder List noch Geduld. Dieses letzte und wichtigste Ziel – das fühlen die karasuntischen Griechen wohl – sey nur mit Hülfe glaubensverwandter und mächtiger Freunde von außen zu erringen. Um 1829, als Paskewitsch im trapezuntischen Gebirge stand, schien die Hoffnung nahe, und Herr Konstantides erzählte nicht ohne etwas Selbstgefälligkeit, wie sich die früher so brutalen Bege und Agha der Osmanli, bei nicht mehr bezweifelter Ankunft der Russen, der Patrocinanz griechischer Kerasuntprimaten dringlich empfohlen haben. Der Friede von Adrianopel mahnte aber neuerdings und auf unbestimmte Zeit zur Geduld und gab den Türken ihren vorigen Uebermuth. Als Geschäftsmann des Statthalters redete Herr Konstantides mit großer Mäßigung, und beschränkte seine Rede klug auf Erzählung des Vorgegangenen, ohne sich nach Art unerfahrener und vom Gefühl bemeisterter Menschen thörichten Berechnungen hinzugeben. Es fiel überhaupt den ganzen Abend und ungeachtet nicht versäumter Libationen mit dem hellrothen, leichten und angenehm säuerlichen Gewächs der kerasuntischen Rebe doch kein Wort, welches ein loyaler Diener des Padischah nicht hätte verantworten können. Wie in allen Dingen richtiges Maß zu loben ist, so scheint es besonders in der Rede schön, und man muß nur beklagen, daß ein so großes Gut meistens nur durch bittere und wiederholte Täuschungen und durch harte Erfahrungen zu erlangen ist. Doch ohne Kampf und Entbehrung ist auch kein Genuß. Jenen Abend vereinte sich aber auch Vieles, um uns in besonders heitere Laune zu versetzen: ein schwarzes Wetter zog nächtlich über Kerasunt, der Regen fiel in Strömen, wir hörten das Meer tief unten am Felsen rauschen und vom hohen Küstenwald herüber leuchteten die Blitze matt durch das ölgetränkte Fensterpapier. Wir verglichen unser gegenwärtiges Loos mit dem jüngstvergangenen, die freundliche mit Holz und Schnitzwerk ausgetäfelte Stube, die Teppiche, die Ruhekissen, den reichlich besetzten Tisch, besonders aber das Gefühl der Sicherheit und des glücklich erreichten äußersten Zieles der Kolchisfahrt mit der Noth und den Bedenklichkeiten der vorigen Nacht am schwarzen Vorgebirge. Deßwegen glaube der Leser aber nicht, wir hätten vor Ueberschwänglichkeit der Gefühle nur etwa an La-Bruyère's meisterhafte Charakterschilderungen der Freude, der Besorgniß, der Hoffnung oder gar nur an die psychologischen Schemen des Weltweisen * * * gedacht. Ach nein! Wir empfanden lebhafter als je, daß „das Nichtseyende nicht das Seyende, aber das Seyende seyn könnende, und darum das *Seynkönnende* und eben daher doch erst A + B + C das Existirende sey." – Niemals empfanden wir so lebhaft, wie salbungsvoll und von antediluvianischem Geist und Witz übersprühend die Lesungen des weisen *Uest-Köj* und seiner gleichgestimmten andächtigen Mitgesellen auf der Großdorfschule zu *Derwischabad* sind. Ach, dieses Labsal allein mangelte dem kerasuntischen Abendglück!

Wir sind auf unsern Wanderungen wiederholt nach Derwischabad gekommen, versteht sich jedesmal aus Sehnsucht nach den weisen Sprüchen der frommpolternden Ulema, für die wir von jeher so parteiische Vorliebe und so warme Sympathie empfunden haben. Auch kränkt es uns herzinniglich, daß so viel andächtiges Wissen und dogmatisches Heiligthum nicht bessere Früchte bringt, und in der Welt nicht gläubiger anerkannt und lauter gepriesen wird. Denn leider kennt man diese Derwischabad-Tugend- und Weisheitschule (der klugen und verständigen Scheiche unbeschadet sey es gesagt) in ihrer wissen- und sittenrestaurirenden Wirksamkeit schon am nahen Thor nicht mehr. Könnte unter diesen Umständen die naturgeschichtliche Bemerkung, „daß zu *Kerasunt* in Kolchis wie zu *Tentyra* in Aegypten das Hausgeflügel viel größer und weit geschmackvoller als im übrigen Lande sey", dem Uebel nicht einigermaßen steuern und der Derwischabad-Wahrheit mit demselben Rechte und in demselben innern Zusammenhange Vorschub leisten, wie neulich die lange Zeile frommer Opferstöcke in der Stadt des *Cingetorix*? Wir sind, Gottlob, nicht umsonst in fremde Zonen hinausgewandert, und denken auch im Freudentaumel an Mehrung der Wissenschaft und an Erhöhung des Levitenglanzes, der uns schon so viel Gewinn gebracht. Es dröhnte und wetterte draußen noch immer, als wir endlich allein waren, und auf baumwollegefülltem Lager, mit Seide zugedeckt, uns den lange entbehrten Süßigkeiten des Schlummers überließen.

Am andern Morgen benützten wir nach dem Frühgottesdienst eine sonnenwarme Pause des Wettersturmes, um von der Spitze des Citadellenhügels das Panorama von Kerasunt zu betrachten. Die Erlaubniß ward vom Statthalter gerne bewilligt; „es sey uns unverwehrt zu gehen wohin wir wollen und anzusehen was und wie viel uns beliebt." Kirche und Schulzimmer zeigte uns Herr Konstantides in eigener Person und empfahl die weitere Führung der Gäste, während er selbst zum Steuergeschäfte ging, seinem Schwager und dem jungen Didaskalos, welcher das bei den Türken für „Hohlziegel, Dachziegel" gebrauchte *Kiremid* ohne Verlegenheit für ein dem türkischen Sprachstamme ursprünglich angehöriges Wort erklärte, während es doch nur das altgriechische κεραμῖτις, die „Töpfererde", oder das byzantinische Diminutiv κεραμίδι, der „Dachziegel" ist. Auf meine Bemerkung hierüber antwortete der Didaskalos: „Was wollt ihr? Wir sind im Herzen verwundet (εἴμεν πληγομένοι εἰς τὴν καρδίαν), wie sollen wir türkisch und hellenisch unterscheiden können?" Hier – das sieht der Leser wohl selbst – war nicht viel Hoffnung über die geschichtliche Vergangenheit des Landes irgend etwas Gründliches zu erfahren. Doch fragte ich noch, ob sich in gemeiner Volksrede die Ausdrücke οἶνος und ἄρτος fänden? „Im Orte nicht, aber im Gebirge seyen sie noch üblich," erwiederte der Didaskalos ebenso eitel und unkundig wie auf die erste Frage. „Im Gebirge" (ς' τὰ βουνὰ, *daghlarda*) ist die bei muhammedanischen Morgenländern gleichmäßig und stereotyp lautende Antwort auf alle ihren Wissenskreis überspringende Fragen der Europäer. Eigene Erinnerung und eigenes Auge mußten in der „Kirschenstadt" mehr als irgendwo unsere besten Führer seyn. Ein Rundblick von der Höhe des abgestumpften Kegelberges malte uns schneller und vollkommener als hundert ungelenke Worte das Bild von Kerasunt. Daß die kolchische Küste nicht flach ist oder kahl, wie der Deltastrand, sondern rasch aus dem Wasser steigt und dunkle Wälder trägt, ist dem Leser schon aus frühern Bemerkungen nicht mehr unbekannt. Der Verlauf der Küste ist aber auch kein linearer, wie das Land am phönicischen Libanon; sie bildet vielmehr eine zusammenhängende Kette und ein ungleiches Gemische bald weitmündiger und flacher, bald enggeschlossener und tiefeingeschnittener Hohlbusen, auf deren vorspringenden Sehnenenden häufig Kastelle, ummauerte Orte oder Ruinen mit steil abstürzenden Vorgebirgen dem Steuermanne der Küstenbarken als Richtungspunkte dienen. Diese in ungleichen Abständen auf einander folgenden, bald scharf zugespitzten, bald langgedehnten, bald lieblich gerundeten, allzeit aber reich mit Laub und Grüngestrüpp bedeckten Vorsprünge verleihen der Pontusküste ihren eigenthümlichen und durch den Wechsel selbst stets erneuten Reiz. Auf einem dieser waldigen und hornförmig zwischen zwei Hohlbusen weiter als gewöhnlich hinausspringenden Strandzacken – dem sechsten von Trabisonda her – hat man das liebliche Kerasunt gebaut; doch mit dem eigenthümlichen Unterschiede, daß die Stadt nicht auf dem Promontorium selbst wie etwa *Tripoli* und *Coralla*, sondern auf einem von der Wurzel des Vorgebirges ins Meer hinausstreichenden, kaum zwanzig Minuten langen und auf beiden Seiten eingebauchten Isthmus steht, an dessen Ende sich rund, kühn und voll wie auf Hagion-Oros eine kegelförmige, oben abgeplattete Steinkuppe aus dem Wasser in die Lüfte schwingt. Eine Lage Fruchterde mit Baumwuchs und Gebüsch deckt den Felsenkern des Hügels bis zur Plattform und der verlassenen Kastellruine der Byzantiner hinauf. Nur auf der Seite gegen die Stadt und den

Isthmus tritt das Gestein sparsam begrünt und fast in steiler Senkung hervor. An vielen Orten quillt Wasser aus dem Seitengeklüfte, doch in der Schloßruine selbst waren die Cisternen sämmtlich ausgetrocknet. *Antik* ist in und um Kerasus nichts als der Mauerwall, der den gangbaren Theil der konischen Steinkuppe von Stadt und Isthmus trennt und gleichsam in eine weite Akropolis mit zerstreuten Häusergruppen, grünen Steilseiten und Baumgärten verwandelt. Er beginnt am Strandfelsen in der Nähe des westlichen Landungsplatzes, zieht in gerader Linie über den Bergkegel zum Kastell der Plattform hinauf, steigt auf der Ostseite in gleicher Structur, aber stellenweise demolirt, wieder bis zum entgegengesetzten Hafen hinab und gewährt besonders auf der Westseite durch das Gigantische seiner Grundlagen, durch das Gleichmaß seiner ungeheuern Quaderstücke und durch die in regelmäßigen Distanzen eingeschobenen, jetzt halbzerstörten stumpfen Viereckthürme einen der großartigsten Anblicke der Euxinusküste. Nach *Hamilton*, der kurze Zeit vor mir Kerasunt besuchte, sind die Mauerblöcke eine dunkelgrüne vulkanische Breccia, die am Orte selbst dicht an der Wasserfläche zum Bau des alten Werkes gebrochen wurde. An den beiden Endpunkten des Walles sind als die einzigen Zugänge in das Castrum Thorwege angebracht, und besonders auf dem hochliegenden westlichen die Mauern jetzt noch mit großer Sorgfalt bestellt; unterhalb, wo ein kleiner Hafen, ist die Walllinie sogar doppelt und der Felsen stellenweise senkrecht abgemeißelt, um feindlichen Schiffen das Landen zu verwehren. Hoch über dieser kleinen Barkenlände steht eine Gruppe Christenwohnungen und mitten darunter Konstantides' Haus, von dem man, ohne den langen Umschweif durch den Thorweg, in die unterhalb liegende Stadt auf einer im Gestein künstlich eingehauenen Treppe zum Strand hintersteigen kann. Wir folgten dem Wall in seiner ganzen Ausdehnung von der Tiefe hinauf zum verlassenen Kastell auf der Plattform, und auf der Ostseite wieder zum Meer hinab, wo das hohe Riff und die Steilsenkung des Hügels künstliche Schutzwehr entbehrlicher macht. Ein Bogenthor und ein hoher mit Epheu dicht umsponnener Thurm hüten den schmalen Eingang, an dem wir wie auf der Westseite des Kegels einen kleinen Barkenhafen mit romantisch über Gestein und Buschwerk zerstreuten Wohnungen der Kerasuntier fanden. Ein Pfäfflein hatte eben Holz gekauft und trug es mit Hülfe seiner Tochter eigenhändig aus dem Fahrzeug in die bescheidene Hütte hinauf. Aus dem Gesagten kann sich vielleicht der Leser selbst ein hinlänglich klares Bild, und zu deutlicher Versinnlichung der Worte gleichsam einen Schattenriß des konischen Schloßhügels und seines über den Kamm streichenden Mauerwalles entwerfen. Der Isthmus selbst, an dessen östlicher Bucht wir jetzo standen, ist nur zehn Minuten breit, und doch konnten wir die westliche Bucht und ihre Häusergruppe von unserem Standpunkte nicht mehr sehen, weil sich der Boden des Isthmus von beiden Buchten in sanfter Schwellung gegen die Mitte hebt und eine fortlaufende Sattelhöhe voll Grün, voll rankenden Gebüsches, eingefriedigter Gärten mit Sommerthürmchen, sprudelnder Wasserquellen und Fruchtbäumen bildet, gewiß ein zaubervoller Anblick zur Blüthezeit, wenn milde Frühlingslüfte in lauer Strömung wie durch ein breites Thor zwischen dem hohen Küstenlande und dem Festungshügel vorüberstreichen. Besonders malerisch ist die Scene, wenn man seine Stellung etwas seitwärts von Kerasunt in der Richtung gegen St. Basili und das alte *Kotyoros* auf einem Küstenhügel nimmt; man übersieht hier beide Meere, die getrennten Häusergruppen beider Hafenviertel, den dunkeln über die Höhe streichenden Mauerwall, den sanft geschwellten Isthmus und die mit Haselstaudenpflanzungen, Maulbeer- und wilden Kirschbaumwaldungen dicht verwachsenen Uferhöhen mit *einem* Blicke. Das Bild erinnert an *Sinope*, dessen ebenfalls doppelt eingebauchter Isthmus zwar schmaler und niedriger als der von Kerasus, aber viermal länger ist und am äußersten Punkte nicht einen rasch anstrebenden Steinkegel, sondern zwei gleichgroße, über die schlanke Isthmushüfte beiderseits üppig hinauswuchernde, gartenreiche, lieblich geschwellte Hemisphären hat. Kerasus ist gedrängt und wildromantisch, Sinope zierlich gestreckt, weich und schön. Doch steht das niedrige und vielleicht weniger reich bewaldete Küstenland bei Sinope an natürlichem Reize hinter dem terrassig aufgeschwungenen, malerisch gebrochenen und mit dichtem Pflanzenwuchs überschatteten quellenreichen Strand von Kerasus zurück. Auf den sanften Abhängen dieser Waldkuppen gegenüber von Kerasunt sahen wir zuerst regelmäßig eingefriedigte Gärten von Haselstauden, die ihren türkischen Eigenthümern in guten Jahren bis an 20,000 Centner Nüsse geben, von denen man drei Sorten unterscheidet und die beste damals im Handel mit 30 Grusch, d. i. etwa drei Gulden Conventionsmünze, bezahlen mußte. Die Preise wechseln, steigen und fallen wie bei der Frucht des Halms, und Stambol mit Odessa ist nach Hrn. Konstantides' Versicherung für die gesuchte kerasuntische Haselnuß der beste Markt. Auch Wein wird nach russischen Häfen ausgeführt, denn im Walde sind alle hohen Bäume von Reben umschlungen und Monate lang mit reifen Trauben überhangen, die von den Christen des Ortes im Herbste gekauft, gekeltert und verhandelt werden. Jedoch wird die wilde Kraft der Natur weder am Fruchtbaum noch an der Weinrebe durch die Kunst gezähmt.

Unter den neuern Geographen und Geschichtsauslegern wird noch immer gestritten, ob die von den Eingebornen heute *Kiresun (Kerasunda)* genannte Ortschaft wirklich das *Kerasus* des Xenophon oder nicht vielmehr das nach dem Großvater des Mithridates benannte *Pharnacia* des Strabo und seiner Nachgänger sey. Die zwölf oder dreizehn Angaben der Alten über Namen, Lage und gegenseitige Entfernung der pontischen Ortschaften sind durch Widersprüche, Lücken und offenbare Irrthümer unausgleichbar entstellt und für uns ohne alle Belehrung, weil schon im Alterthum einer den andern ausschrieb und die Wenigsten selbst in das Land gekommen und diese noch in ihren Aufschreibungen verworren und unverlässig sind. Daß sehr viele Städte Kleinasiens im Zeitraum zwischen Alexander von Macedonien und dem Imperator Justinian in Folge von Sieg, Restauration und Schmeichelei zwei und sogar drei verschiedene Namen nach einander oder neben einander führten, ist bekannt genug. Man vergesse aber nicht, daß neben den neuen amtlichen im Verkehr der Einwohner unter einander der ursprünglich alte Namen immer fortbestand und die ersteren gewöhnlich oder wenigstens so lange überlebte, als sich Reste der ursprünglichen Bevölkerung erhielten. *Kerasus* konnte in amtlichem Style lange *Pharnacia* heißen, aber das alte Wort kehrte am Ende immer wieder und ist bis auf den heutigen Tag geblieben. Diese einfache Wahrheit wurde in unserer Zeit von den beiden Engländern *Dr. Cramer* und *Hamilton* auf den Grund hin bestritten, daß Xenophon mit seinen zehntausend Griechen unmöglich in drei Tagen (τριταῖοι) die 36 Küstenwegstunden voll ungangbarer Stellen von Trapezus nach Kerasus zurücklegen konnte. *Ergo* sey Xenophons Κερασοῦς näher bei ersterer Stadt und zwar an dem heute noch von den türkisch redenden Einwohnern *Kerasun-Deresi* genannten Bach zwischen den Vorgebirgen *Hieron-Oros (Joros)* und *Kereli*, etwa zehn Stunden von Trapezunt zu suchen. In der That nennt auch der Periplus des Anonymus in besagter Gegend Bach und Stadt *Kerasus*. Daraus folgt aber nicht, daß im Lande des Kirschbaumes dieser Ortsname nur *einmal* vorkommen und eine zweite Stadt am Isthmus der romantischen Kirschwaldhügel nicht auch noch Kerasus heißen dürfte. Nach Xenophon war die Stadt von Bedeutung und lag hart am Meere.[32] Um die Mündung des Kerasun-Deresi ist aber nicht die geringste Spur alter Bauwerke zu entdecken, ja der flache und den Ueberschwemmungen der Gebirgswasser ausgesetzte Boden hätte sich nach kolchischer Praxis zu einer Anlage nie geeignet. Das stärkste Argument für ihre Meinung entnehmen aber die Kritiker aus der angeblichen Unmöglichkeit, ein Heer von 10,000 Mann mit dem langen Geschleppe des Trosses durch Engpässe und Steilwege, wo stellenweise nur Mann hinter Mann ziehen konnte, in so kurzer Zeit so weit zu führen. Dagegen ist aber einzuwenden, daß sich bei der Musterung zu Kerasus im griechischen Heere nicht mehr 10,000, sondern nur 8600 Mann unter Waffen fanden. Auch hat nicht der ganze Haufen den Weg zu Lande gemacht, da man vor dem Abzug aus Trapezunt alle Männer über vierzig Jahre zugleich mit den Kranken, den Weibern, den Kindern und allem entbehrlichen Geräthe auf Schiffe brachte und zur See nach Kerasus schickte, während die rüstige junge Mannschaft nebenher bequem und leicht am Strande zog. Xenophon bemerkt ausdrücklich, daß die Eingebornen, um der Gäste so schnell als möglich loszuwerden, die Wege ausgebessert und geglättet haben.[33] Wir fechten die Auffindung und glückliche Anwendung des Periplus auf das heutige *Kerasun-Deresi* nicht im geringsten an, zollen vielmehr den beiden tüchtigen Kolchiswanderern das gehörige Lob. Auch legen wir auf das Nichtdaseyn *kerasuntischer* Ruinen am Heerweg und an der Flußmündung kein übergroßes Gewicht, da der Ort Bächlein aufwärts im Kirschenhaine oder seitwärts auf einer Uferhöhe liegen konnte; nur für Bestand und Namen eines größern und berühmtern Kerasus auf demselben Küstenstrich erkenne ich hierin kein Hinderniß. Eine antike Inschrift hätte die Sache leicht und schnell entschieden. Wir durchstrichen aber vergeblich die verborgensten Winkel der Ruine; weder das Wallthor, noch die Hafenmauer, noch die stumpfen Quaderthürme zeigten die geringste Spur. Die Frage, wer den Wall gebaut und das hohe Thor aufgerichtet hat, muß für immer ohne Antwort bleiben. Die alten Kerasuntier, scheint es, kümmerten sich nicht sonderlich um Schrift und Nachwelt; sie kelterten Wein, trieben die Ziegenheerde in den Wald und hatten nicht umsonst einen Satyr mit Fackel und Schäferkelle als Sinnbild auf der Münze. Wenn der Castilier *Clavigo* die amphitheatralische Lage, den Umfang, die Gärten und die Bäume von „Guirisonda" pries, so wußte der bayerische Ritterknappe *Schiltberger*, der um dieselbe Zeit (1403), d. i. vierhundertsiebenunddreißig Jahre vor dem zweiten Süddeutschen, mit Timurs Heer nach „Kerasun" gekommen war, auch nichts besseres anzurühmen als daß es „ein von Griechen bewohntes und an Weinwachs fruchtbares Land" sey.[34] Wenn wir auch das europäische Wissen über Kerasunt durch keine unbekannte Notiz zu bereichern vermögen, so haben wir doch vielleicht den Charakter der Landschaft und die Lage des Ortes mit größerer Sorgfalt als die wenigen Vorgänger aus der mittlern und neuern Zeit gezeichnet, so daß sich der Leser mit dem Griffel in der Hand die Umrisse der schönen Oertlichkeit ohne Mühe selbst entwerfen kann.

In der Frühe des vierten Tages aßen wir noch mit Herrn Konstantides das Morgenbrod, grüßten den gastlichen Mann, beschenkten die beiden Knaben mit ihrem Gehülfen und stiegen in Begleitung der ganzen männlichen Hausgenossenschaft, überfließend von gegenseitiger Achtung und Zufriedenheit, die Steintreppe zur kleinen Felsenbucht unterhalb der Wohnung hinab, wo das Fahrzeug mit aufgestelltem Mast und luftigem Wimpel schon lange unserer harrte. Gewitter hatten die Luft gekühlt und um acht Uhr Morgens trieb uns eine frische Strömung reißend um den Citadellenkegel dicht am Lorbeer-Eiland vorüber in der Richtung gegen Tripoli. Die Landschaft bot eine eigenthümliche Scene und das Jahr hatte indessen sichtbar einen Schritt gegen den Spätherbst gethan. Hinter den amphitheatralisch vom Meer aufsteigenden Waldgürteln ragten die langgezogenen Hochalpen der Tzanen mit frisch gefallenem Schnee herüber; unterhalb der weißen Decke sah man das melancholische, kahle, baumlose Schmutziggelb der tzanischen Gebirge; unter diesem das kalte düstere Grün der Nadelwaldungen; noch tiefer das heitere Laubholz in hellen dichten Waldungen; dann die immergrüne Busch-Zone, und in unterster Linie des Landschaftgemäldes die bläuliche Pontus-Fluth, ein anziehendes Farbenspiel, in welches die Sonne herbstlich blitzte. Der Kahn strich lustig über die Bogensehne des Golfes zum Kap Zephyrium, wo die Osmanli wegen eingetretenen Gegenwindes zum Ruder griffen, bis wir endlich um drei Uhr Nachmittags nicht ohne Mühe die Bucht von Tripoli erreichten. Um in den kleinen Hafen einzulaufen, schifft man, von Kerasunt kommend, um ein scharf in das Meer hinausgestrecktes Promontorium, vor dessen äußerster Spitze zwei hohe Felsenklippen insularisch aus der Tiefe steigen, aber bei glattem Wasserspiegel für kleine Fahrzeuge noch hinlänglich weite Durchfahrt offen lassen. Das Meer war rund umher soviel als unbewegt; nur an den Klippen – wir sahen es von weitem – warf es hohe Wellen in die Enge hinein. Und doch waren die der langen Arbeit müden Schiffer und wir selbst zu träge den Kahn in sicherem Bogen außerhalb der Brandung herumzuführen. Wir wählten mechanisch den kürzern Weg, weil es die Welle in regelmäßigem Takte hob und niederschellte und wir dem Schlag durch Geschwindigkeit zu entrinnen hofften. Ganz gelang es indessen nicht. Die Wendung hatten wir zwar gemacht, aber die Welle lief uns nach, ich blickte um und sah wie sich der haushohe schmutziggelbe Gischt eilend gegen die Barke wälzte; die Türken schrieen, die Leute am Ufer standen still und sahen wie versteinert dem Schauspiel zu; der Kahn verschwand, aber tauchte wieder auf, weil ihn nur der Saum der Welle und nicht die volle Wucht getroffen hatte. „Allah," sagte der Oberfährmann halb zürnend, halb erschrocken, „ich habe Auftrag diesen Mann gesund nach Trabosan zurückzubringen, warum sind wir nicht außerhalb herumgerudert!" Doch kamen wir mit dem Schrecken davon und stiegen wohl durchnäßt und von der unerwarteten Gefahr etwas überrascht wenige Minuten später unversehrt ans Land, gingen aber nicht mehr, wie auf der Hinfahrt, in die zerlumpte Kaffehütte des fanatisch blickenden Osmanli; ein viel schöneres, höher am Steilabhang neu erbautes Einkehrhaus mit hohen luftigen Räumen und zum Theil mit Fensterscheiben schien eine bessere Wahl. Man gab uns ein apartes Zimmer mit Getäfel, hölzernem Fußboden und Ruhebetten, und was für uns von besonderm Werth, die Wirthschaft wurde auf Rechnung eines eingebornen Christen geführt, der zugleich die Stelle eines Haus- und Hofmeisters beim Agha von Tripoli versah. Es war noch früh am Nachmittag, der Himmel wolkenlos, aber der Ostwind – diesmal nicht unerwünscht – der Fahrt nach Trapezunt entgegen. Wir fanden uns vortrefflich einquartiert und blieben gerne in Tripoli, um mit Bequemlichkeit und Ruhe die Pracht der Umgebung anzusehen. Wenn die empfindsamen Bewohner des traurigen Spree-Revieres, sobald sie auf der Akropolis von Athen das verwitterte Burggestein zu ihren Füßen, und in der Ferne den kahlen Hymettus, die ausgebrannte Steinfläche von Attika, die abgeschälte geschmolzene Felsenklippe Salamis, die Staubwolken der Theseusstadt, den dürren, baumlosen, kalkigen Piräusstrand und die verkrüppelten Oelbäume am Cephissus sehen, schon über die Schönheit *dieser* Landschaft in dithyrambischer Begeisterung erglühen und durch ihre warmen Bilder das kunstsinnige Publikum der großen Stadt entzücken; welche Worte müßten diese schwärmerischen Seelen ihrem Gefühle leihen, hätten sie mit uns die wundervollen Scenen des schattigen Tripolis umwandelt? Große Erinnerungen ziehen freilich auf der Akropolis im Geiste vorüber, aber schöne Bilder vor dem Auge nicht. Die langen, waldbedeckten, von Tiefthälern und reißenden Wasserströmen senkrecht durchbrochenen Berggürtel, einer immer höher als der andere und parallel mit der Küste den weiten Raum zwischen dem Pontusstreif und dem Tafelland Armeniens füllend, erscheinen nirgend so klar wie um Tripoli. An die Stirnseite des ersten Gürtels hat die Natur eine deutlich vorspringende breitgedrückte Laubwaldpyramide mit stumpfer Spitze hingedrückt, und in einer entzückend grünen, quellreichen, dreigetheilten Blende dieser Laubpyramide, mitten unter Gebüsch ober dem Wasserspiegel hängt *Tripoli*. Zu beiden Seiten der Stadt weicht das Land in weitem Bogen und in gleichem Maß zurück, ostwärts aber, weniger als eine Stunde von dem Ort, zieht ein romantisch wildes Thal mit vollem Strom aus dem Hochgebirg herab. Das ist in der heutigen Redeweise der „Bach von Tripoli," der von „Silberhaus" *(Gümüsch-Chane)* nahe an der armenischen Gränze kommt und weiland auch an seiner Mündung jetzt verlassene Silbergruben bespülte. Auf dem Steinpfade über Risse und Hügel wanderten wir voll Entzücken durch dicht verschlungenes, mächtig wucherndes Laubgehölze und langes Gebüsch von Haselstauden zum Bach hinein. Wie es da mächtig, tief und voll aus dunkelbewaldetem Thale zwischen Geschlinge und grün umsponnem Felsengewirre niederrauschte! Etwa zwei bis drei Stunden stromaufwärts, auf einem Steilfelsen mitten im Wald und gleichsam senkrecht ober dem Wasser schwebend, sah man deutlich ein verlassenes und, wie die Begleiter sagten, in lebendigem Gestein ausgehauenes Kastell, das sie *Petra* nannten. Hier ist ohne Zweifel das aus der Chronik des Panaretos und aus dem Feldzuge der Trapezuntier gegen die Tzanen (1380 n. Chr.) wohlbekannte *Petroma*, welches einer Abtheilung von 600 Mann als Stützpunkt diente.[35] Dadurch ist auch die Lage des Baches Philobonites, dessen Lauf bei derselben Veranlassung eine zweite Abtheilung des großcomnenschen Heeres folgte, in der Nähe des schwarzen Vorgebirges und im Bereiche derselben, mit Schatten, Wasserströmen, Thaleinschnitten und buschbewachsenen Promontorien so romantisch geschmückten Ufercurve ausgemittelt.

Zu Clavigo's Zeiten (1400) war Tripolis noch eine große Stadt,[36] heute zählt es kaum 500 unter Baumgruppen und Buschwerk zerstreute, an Klippen hingehängte, in Einsenkungen versteckte und nur in der ärmlichen Marktgasse zusammenhängende Wohnhäuser, worunter etwa 100 christliche sind. Der Boden hebt sich gleich am Rande des Wassers und außer dem kaum vollendeten weitläufigen Konak des Agha und den beiden Kastellfelsen in der Hafenbucht verkündet nichts mehr das Andenken einer alten großen Stadt. Das größere dieser Kastelle, auf der Höhe eines isolirten, mit dem Strande mittelst eines schmalen, nicht allzeit wasserfreien Naturdammes zusammenhängenden, buschbewachsenen Steinkegels erbaut und schon beim ältern Plinius genannt,[37] lud unsere Neugierde zu näherer Betrachtung ein. Wir stiegen den gewundenen Pfad hinan, aber melancholische Oede begegnete uns überall, grünes Gesträppe wucherte in das Thor hinein und in der verlassenen Schloßkapelle hatte eine Ziege ihren Wohnplatz aufgeschlagen. Die Frage, wann und durch wen etwa das Kastell zuerst erbaut wurde, fällt nur einem Europäer ein, der Morgenländer denkt an solche Dinge gar nicht; ja er verlangt es nicht einmal zu wissen, weil Zukunft und Vergangenheit gleichmäßig außerhalb des Kreises seiner Vorstellungen liegen und für ihn die Gegenwart Alles ist. Freilich erspart er sich zum Ersatz verlorner Erkenntnißlust auch den Schmerz und die Demüthigung unbefriedigter Wißbegierde, die uns andere im Lande der „Kimbilir" und „ποῖος τὸ ξεύρει" so häufig treffen.[38] Umsonst sah ich um irgend ein erklärendes Zeichen, sey es auch nur eine Jahrzahl, ein Name, ein Sinnbild, im öden Bauwerk um. Voll warmer Eindrücke, aber ohne grammatische Belehrung stiegen wir die Windungen wieder hinab und gingen nach mehr als dreistündiger Wanderung durch Klippen und Buschwald wieder in die Wohnung zurück. Die Abendlüfte säuselten im Laub und trieben weite Halbbogen in gleichen Abständen über den glatten Wasserspiegel der Hafenbucht. Das vom Konak des Agha herabgeschickte, reichlich und geschmackvoll bereitete Abendessen ward in Gesellschaft des Haushofmeisters nicht ohne merkliches Behagen verzehrt. Zwar machte der noch junge und stattliche Wechsler die Honneurs des Tisches mit Anstand und Grazie, aber seiner Rede fehlte die Erfahrung, der Umfang, die Praxis und die Weltkunde in umfassenderem Styl, wie wir sie am Saraf von Kerasunt gefunden haben. Doch kannte er den Landweg von Tripoli nach Trapezunt, die Vorgebirge, die Ortschaften, an denen man vorüber muß, wenigstens so weit das Steuergebiet seines Agha reichte, ganz genau. Der Byzantiner Chalkokondylas erzählt von einer schimpflichen Niederlage, welche die Trapezuntier unter dem Großcomnen Kalo-Johannes durch den Scheich von Ardebil in einem „Meliares" genannten Engpaß vorwärts von Kordyla gegen Tripoli erlitten haben. Diese isolirte, von Niemand erklärte Stelle des Byzantiners durch einen ächten Commentar zu erläutern und den Schauplatz jenes folgenreichen Ereignisses durch eigene Ansicht auszumitteln, war mein besonderes Augenmerk. „Ob er nicht ein Derbend (ἕνα δερβένι, bir derbend) mit Namen Meliares kenne?" „Hart ober dem Vorgebirge Kereli, etwa acht Stunden von Tripoli, sagte er, führe der Weg durch ein sehr langes und zugleich so schmales Derbend,[39] daß kaum für einen Menschen Raum genug zum Durchkommen übrig sey." Wir zogen auch noch den Oberfährmann nebst mehreren Eingebornen zu Rathe, und Alle bestätigten das Daseyn eines Engpfades in besagter Gegend; nur die trapezuntischen Orte *Meliares* und *Kordyla* kannte Niemand mehr. Der Entschluß ward rasch gefaßt; am *Kap Kereli*, dem *Koralla* der Trapezuntier, sollte gelandet, das romantische Wald- und Felsenrevier der Küste näher geprüft und wo möglich durch die große Klause zu Fuß nach *Buyuk-liman* (Großhafen) hinabgewandelt werden, wo uns die Barke zu erwarten habe. Müde vom langen Tagewerk und bereit mit dem ersten günstigen Lufthauch die Segel aufzuspannen, überließen wir uns einem kurzen, aber erquickenden Schlummer, und bald nach *ein* Uhr Morgens strichen wir schon eilenden Kieles über den Golf von Tripoli. Die Nacht war entzückend, die Schöpfung in tiefer Ruhe, nur das Mondlicht perlte, hüpfte, spielte zaubervoll auf der glatten Spiegelfläche und in das Segel blies mit frischem Hauch vom Waldgebirg herab die Morgenluft. *„Schimdi tschibúk doldurún,* jetzt stopfet die Pfeifen", sagte der Oberfährmann zu seinen Osmanli. Die Atmosphäre war so durchsichtig und die Mondscheibe hing so günstig über dem Waldsaum, daß die Fährmänner sogar weit oben im Gehölze das Felsenschloß *Petra-Kaleh* im Vorüberfahren erblicken wollten. Die Scene war von großer Wirkung. Nach zwei Stunden kräftiger Fahrt steuerten wir

… tacitae per amica silentia lunae

um das schwarze Vorgebirge, und die Morgenröthe fand uns in der kleinen Bucht des weit herausspringenden Strandfelsens von *Kereli*. Kloster und Kastell ist Ruine, Alles fanden wir verlassen und unbewohnt. Ein stumpfer Quadratthurm ohne Dach, wie auf der Burg von Trabisonda, gehört mit dem anstoßenden Schloßgemäuer ohne Zweifel noch dem *Koralla* der Großcomnenen an. Grünes Gestrüppe mit einer üppigen Brut von Schlingpflanzen war in die leeren Räume eingezogen und die Morgensonne blickte melancholisch auf das verwitterte Gestein. Ein Lichtbild, in diesem Augenblick erfaßt, wenn es auch die Spielarten der einfallenden Helle darzustellen vermöchte, ließe einen tiefen Eindruck in der Seele zurück. In solchen Scenen erkennt und fühlt der Mensch sein Loos. Bin ich so weit über Continente und Meere hergekommen, um auf kolchischen Ruinen der Kürze des eigenen Daseyns und der unerbittlichen Gewalt der Zeit zu gedenken!

Der Reitweg zur Klause des Meliares zog fast senkrecht ober unserem Standpunkt durch Felsen und Gebüsch vorüber. Der Versuch in kürzester Richtung hinaufzuklettern wollte nicht gelingen, und wir mußten uns zu einem beträchtlichen Umschweif landeinwärts gegen den Bach *Aïjenesin*[40] entschließen, bis wir endlich mit vieler Anstrengung durch eine liebliche Felsenschlucht voll Azaleen, voll strotzenden Buschwerkes, voll Baumschatten und Kühle auf die ersehnte Höhe kamen. Vorsichtshalber hatten wir einen der türkischen Fährmänner gegen Zusicherung aparten Lohnes als Begleiter mit uns genommen. Von einer entzückenden Waldscene umgeben, fanden wir die

Mühe reichlich belohnt. Wir konnten das Auge nicht sättigen weder an der strotzenden Fülle des Buschwerkes, noch am schlanken Wuchs der hochstämmigen Laub- und Fruchtbäume, die unbewältigt von der verwüstenden Menschenhand in langen Wäldern die Hügel überdeckten, die Wände der tiefeingerissenen Grünschluchten bekleideten und auf fettem, wohlgenährtem, mit Regen und Quellen reich getränktem Boden überall mit dem Rhododendron, der Weinrebe, dem Lorbeer und der unvergleichlichen *Arbutus Andrachne* um die Herrschaft rangen. Wir rasteten lange an einer Quelle auf weichem schattigem Grase im Gehölze und blickten voll Seligkeit zwischen dichtbelaubten Baumschlag in die spiegelglatte blaue See hinab,

Muscosi fontes et somno mollior herba,
Et quae vos viridis tegit arbutus umbra ...

Obwohl die Landschaft mit jeder Wendung des Pfades neue Reize bot, zogen wir doch, aus Furcht selbst das grüne Bilderspiel der Natur könnte sich am Ende noch erschöpfen, ungerne und langsam gegen die Höhe ober Kereli heraus, wo sich der Weg in weitem Bogen um das Promontorium krümmt. Hier war die Enge, von der uns der Saraf in Tripoli geredet hat. Links stürzte es fast senkrecht in das Meer hinab und zwei Menschen konnten nicht neben einander gehen. Doch ward durch überhangendes, selbst das Gestein überwucherndes und den Abgrund verhüllendes Gebüsch das Grauen der Tiefe gemildert. Unmittelbar nach dem gefährlichen Durchgang senkt sich der Reitweg in eine bis zum nächsten Vorgebirg fortlaufende und beiderseits von romantisch wildem und malerisch grünem Steinwall geschirmte Langschlucht hinein, deren Ausgang am genannten Kap durch ein Querthor und ein verlassenes alttrapezuntisches Kastell (Kaledschik) geschlossen ist. Das ist die Klause des Chalkokondylas, der sogenannte Engpaß Meliares, dessen sich einst der Scheich von Ardebil zum Nachtheil des Herzogs von Chaldia und des trapezuntischen Heers bemächtigt hat.[41]

Den Platz des christlichen Schloßherrn von Meliares hat ein türkischer *Dere-Beg* aus der Familie Usun-Oghlu eingenommen, zwischen dessen Konak und einer mit lichten traubenbehangenen Erlbäumen geschmückten Hügelreihe der Reitweg in sanftem Abhang zur hölzernen Dachbrücke des Aksaderesi und eine kurze Strecke weiter zum Landungsplatze *Boyük-liman* hinunter führt, wo die auf den Strand gezogene Barke schon lange unserer Ankunft harrte. – Obwohl die Entfernung von hier zum Kap Kereli, wo wir Morgens das Fahrzeug verließen, weniger als zwei Wegstunden beträgt, hatten wir doch mehr als vier gebraucht, theils wegen des Umweges und der Mühsal den Reitweg zu erklimmen, theils wegen freiwilliger schwärmerischer Zögerung im schönen Lustreviere. Die Quellen im hellgrünen Gebüsch, der Blick ins Meer hinab, die romantisch wilde Klause und der Schattenwald legten dem Schritte zauberische Fesseln an; auch hatten Usun-Oghlu's Leute die Ermatteten mit Trauben vom

Erlbaum gelabt. Boyük-liman ist nur ein einzeln stehendes Haus mit einer Reihe Marktbuden, wo wir Kaffe tranken und Früchte, Trauben, Nüsse und Birnen in die Barke nahmen. Die Ortschaft selbst, wo die Eigenthümer der Gegend wohnen, liegt eine halbe Stunde weiter östlich und trägt den weder zum griechischen, noch zum türkischen Sprachstamm gehörigen Namen *Fol*. Wir erkannten in diesem Fol das *Viopoli* der abendländischen Euxinus-Fahrer des Mittelalters. Clavigo kam (1402) von Tripoli in wenig Stunden zum Kastell Corila, und Nachmittags mit günstigem Winde zu einem andern ummauerten Ort, genannt *Viopoli*, wo man die Nacht vor Anker blieb.[42] Der volle Name hieß im Alterthume *Liviopolis* und wird unseres Wissens nur im Plinius, und zwar mit dem richtigen Beisatze gefunden, daß es an keinem Flusse liege *(sine fluvio Liviopolis)*. In der That sind die nächsten Bäche *Kerasun* und *Aksa* beiderseits ungefähr eine Stunde vom alten Viopoli (Fol) entlegen. Wir strichen mit schwachem Winde dicht an der Küste fort und genossen mühelos des Anblickes der immergrünen Buschhügel am Bach Kerasun. Gegen zwölf Uhr hatten wir Kap Hieron-Oros erreicht und legten mit andern Gefühlen als wir vor sechs Tagen bei nächtlicher Vorüberfahrt auf eben dieser Stelle empfanden, am Delta einer malerisch schönen Felsenbucht, *Indschir-liman* (Feigenhafen) genannt, das Fahrzeug zur Mittagsruhe ans Land. Es war kein Tiefwasser, es war flacher Strand. Die kolchischen Osmanli nahmen das Segel ab, hoben den Mastbaum aus und zogen, wie die Gefährten des Ulysses, den Kahn auf das sandige Ufer, auf dem sie im Schatten der überhängenden Waldgebirge ihre Schifferkost verzehrten und sich dem Schlummer überließen. Das Delta war aber zwischen zwei hohen, schroffen, felsig zerrissenen, mit hellgrünem Wald und Buschwerk dicht verwachsenen und an der Hypotenuse nicht über 300 Schritte von einander entfernten Steilseiten so lieblich eingekeilt, daß an diesem auserwählten Orte selbst um Mittag noch Schatten und Kühlung herrschte. Seitwärts an der Buschwand war ein Brunnen des hellsten Wassers, und neben dem Brunnen stand ein Oelbaum mit fettem langgezüngeltem Blatt, im Hintergrunde aber in dichtem Waldschatten ein isolirtes Haus. Doch war das Dreieck am Spitzwinkel nicht geschlossen; ein Bergspalt, dunkel, schmal und tief eingeschnitten, drängt sich zwischen den beiden in Gestalt runder, abgeplatteter Waldkegel hochaufgethürmten Seitenwänden in das Gebirg hinein, zugleich Rinnsal eines perennen Bachs und Sitz einer selbst in Kolchis kolossalen Vegetation. Nach dem fröhlichen Mahle am Brunnen ging ich während der langen Rast der Schiffer in den hohen Schattenspalt und sah gegen das Meer heraus. Das schmale Segment der blauen Fluth glitzerte wie ein fernestehender Zauberspiegel in wundervollem Schein. Nachher stieg ich beiderseits auf die waldigen Vorgebirge hinauf und wanderte zuerst gegen das nur eine halbe Stunde rückwärts entfernte Kap Hieron-Oros; dann vorwärts in der Richtung gegen Ak-Kalah durch das wildschöne Buschrevier, über belaubte Risse, durch dichte

Obstwälder aus Maulbeer-, Kastanien-, Aepfel-, Birn-, Kirsch- und Feigenbäumen, mit Ulmen, Eichen, Ahorn und riesenhaftem Rebgeschlinge, mit undurchdringlichem Kurzholz vom schöngerindeten *Arbutus Andrachne*, von Lorbeer, Corylus, immergrünem Cistus, und dem so oft gepriesenen und allzeit schönen Azalea- und Rhododendronbusch wundervoll geschmückt. Dazu noch der blaue Sonnenhimmel, die spiegelnde Wasserfläche und lianenumschlungene Ruinen im Gehölz! Wir fragen den Leser, ob das nicht entzückend ist und wie sich etwa die dünngebürsteten Boschetti Italiens oder gar das abgeschälte kalkige Griechenland mit der Pracht solcher Wälder messen könne? In Kolchis regiert noch der Pflanzenwuchs, nicht der Mensch, und die zerstörenden Bedürfnisse der Kultur sind noch nicht bis an diesen beglückten Himmelsstrich gedrungen. Wandert durch den immergrünen Buschwald um Indschir-liman und Rousseau's Philosophie hört auf bizarr zu seyn. Ob man sich bei dieser Scene viel nach Deutschland sehnt, und nach seiner weisen Praxis, seiner Dänen-, Elbe-, Mauth-, Sundflotten-Energie, seiner andächtigen Langweile und seinem melancholischen Fichtenwald Verlangen trägt?! Selbst die kolchische Pflanzenwelt klagt uns des Kleinmuths, der Weichlichkeit und des verzagten Sinnes an! Der Ruf des Fährmanns scholl durch das hohle Berggeklüfte und rief den Wanderer aus Schwärmerei und Wald an den Strand zurück. Sie zogen die Unterlage weg, schoben das Fahrzeug in die Fluth hinab, setzten den Mastbaum ein, hingen das Segel auf und setzten die Ruder an, weil nur laue Winde in die Wimpel wehten. Vorgebirg an Vorgebirg, felsicht, reich bebuscht, scharf in die See abstürzend und durch kleine bebaute Flächen mit Einzelhöfen und tief eingeschnittenen Waldungen wildromantisch abgeschieden, strich am Kahn vorüber bis endlich *Ak-Kalah* (Weißenburg), weiland Kloster und Kastell *Kordyle*, durch seine wildschöne Lage auf schattigem Felsenvorsprung den Lauf des Fahrzeugs hemmte und zum Genuß der Waldkühle und der schönen Aussicht lud. Wir stiegen zwischen einer Fülle von Lentiscusgestrüpp und zahmen Oelbäumen das Vorgebirg hinauf, verweilten aber nur kurze Zeit auf der Höhe, denn die „Weißenburg" ist menschenleer und bei den lafettenlosen Kanonen nicht einmal eine Wache aufgestellt. Die Sorge diesen uralten Landungsplatz der Curve von Trapezus zu schirmen, liegt, wie zu St. Sophia, den mohammedanischen Bewohnern der umliegenden Holzhütten ob. Ein Meierhof dieses lieblichen Strandes sah einst die Katastrophe Alexius IV. durch seinen herrschsüchtigen Sohn Kalo-Johannes den Groß-Comnen und vorletzten Imperator von Trapezunt.[43] Vom Uferfelsen vor dem Schlosse trägt der Blick quer über den Golf nach Trapezunt hinüber, und die Bäume neben uns warfen ihre Schatten lang und abendlich in die Fluth hinab. Wir aber steuerten an den myrtenreichen, sanftanlaufenden und mit ländlichem Gehöfte idyllisch geschmückten Küstenhügeln bis in den Mittelpunkt der Golfkrümmung, zum schön gelegenen Städtchen *Platana* hinein und zogen vor fünf Uhr Abends das

Fahrzeug noch einmal ans Land. Dieser Ort, der im Munde des Volkes wahrscheinlich seit Urzeiten diesen Namen trägt, ist von Trapezunt nur etwas über vier Stunden entfernt, und ward im classischen Alterthum auch *Hermonassa* genannt, wie aus Strabo und dem Periplus des Arrian zu ersehen, oder vielmehr aus den Entfernungen von bestimmten Küstenpunkten zu berechnen ist. Die Platane wächst in der Umgegend, besonders am Bach von Kalanoma auf der Seite gegen Trabosan, mit unvergleichlicher Pracht und die milden Hügel des Weichbildes sind ein zusammenhängender Wald fettstämmiger Oelbäume, zu denen sich in gleicher Ueppigkeit die Feige und die Weinrebe gesellt. Lebendige Zäune und Einfriedungen aus Maulbeerbäumen und Ulmen, um die sich in dieser Jahreszeit das traubenvolle Geranke der Reben schlingt, sahen wir nirgend mit so viel Geschmack und Ordnung angepflanzt wie um Platana. Von seinen vierthalbhundert, dorfartig über Thal und Hügel zerstreuten Wohnungen sollen nur etwa 140 christliche seyn, die sich mit Pacht, Kleinhandel, Wucher und besonders mit Geschäften in Wein und Oel zu behelfen suchen. Die Luft ist hier milder als selbst im nahen Trapezus, weil Kap Hieron-Oros den Golf vor rauhem Nordwest bewahrt; an Wein, Oel, Tabak und Mais herrscht Ueberfluß, so daß der Mensch, wenn er nur physische und keine edleren Bedürfnisse hätte, in Platana vollkommen glücklich wäre. Etwa eine Stunde verweilten wir in dieser reizenden Uferlandschaft, deren milde Tinten im abendlichen Licht um so inniger zur Seele drangen als die Dunkelschatten der Thalrisse und Hochwaldberge im Hintergrund mit jeder Minute dichter wurden. Um den Leser vor der irrthümlichen Meinung zu bewahren, als könnte etwa der Mensch, aller irdischen Noth entrückt, in Kolchis bloß von Waldentzücken und Bewunderung des Rhododendrons leben, wird hier auch vorübergehend eingestanden, daß wir nicht ohne erquickende Abendkost aus Platana gewichen sind. Außer der kalten Küche am Brunnen von Indschir-liman waren wir seit Tripoli ohne Nahrung geblieben, was Wunder also, wenn wir den warmen Eierspeisen, dem leichten Wein und den pflaumengroßen Oliven eines orthodoxen Magazins die gehörigen Ehren erwiesen haben? In der Freude der glücklichen Fahrt und des nahen Zieles ward auch der Fährmänner gedacht und bei sinkendem Tage rauschte die Barke mit Kraft an den Platanen von Kalanoma vorüber gegen Trapezunt. Der Strand war bald in Nachtdunkel gehüllt und nur zwischen den obersten Bäumen des Bergwaldkammes schien noch der lichte, heitere Abend durch; denn hinter dem Bergwaldkamm stieg langsam der Mond herauf und schüttete endlich die volle Garbe seines Zauberlichtes auf den Wasserspiegel des Golfs herab. Zugleich wehte es frisch vom Lande her, das Meer glitzerte und im Uferbusch sah man die Schatten hüpfen. Gerne wäre ich jene Nacht bis an den Phasis fortgeschifft, und viel zu früh für das schwärmende Gefühl legte sich der Kahn schon um neun Uhr Abends dicht unter der Consularterrasse in der Gartenvorstadt von Trapezunt ans Felsenriff.

VI.

Sitten, Gebräuche, Lebensweise, Verwaltung und öffentliche Zustände des Landes Trapezunt.

Daß die Landschaft *Trabosan* ein schönes Wald- und Buschrevier, voll Schatten, voll frischer Bäche und malerisch grünen Gesteines sey und beim ersten Anblick den Fremdling entzücken könne, glaubt der Leser nach Ansicht der zwar matten und das Gefühlte nur höchst unvollkommen darstellenden, aber doch allenthalben aus unmittelbarer Anschauung geflossenen Wanderscenen ohne Mühe. Schwärmerische Gefühlsregungen sind aber flüchtiger Natur und mit den *Bedürfnissen* des Menschen drängen sich andere Fragen auf. Gar zu gerne möchte vielleicht der intelligente Europäer wissen, wie eigentlich der *Mensch* im idyllenhaften Kolchis lebe; wie man in Trapezus verwalte, Steuer nehme und Gerechtigkeit pflege; wer den Boden besitze; welche Nahrungsmittel die Erde freiwillig gebe und welche ihr Arbeit und Industrie entlocken; ob der Mensch im schönen Trapezunt überhaupt glücklicher als unter andern Himmelsstrichen sey, oder ob er die gleiche Summe von Qual und Sorge und täglicher Bedrängnisse zu erdulden habe wie sein Schicksalsgenosse im Occident; insbesondere ob man dort auch wider die Landplage des Pauperismus, der proletarischen Uebervölkerung, des zum Atom parcellirten Eigenthums, der spekulirenden Andacht und der langweiligen Broschüren des Abbé Combalot zu kämpfen habe? In Trabosan – vielen Europäern eine tröstliche Kunde – schreibt, druckt und liest man nichts. Hier wird *geschwiegen* oder *gehandelt*. Daher der schnelle Verdacht und die nie schlummernde Sorge der Gewalt. Daß es bei den alten Besitzern des trapezuntischen Bodens nicht zum *Handeln* komme, war und ist jetzt noch die hauptsächlichste Aufgabe des türkischen Regiments. In Anatolien – diese Gerechtigkeit gebührt den Osmanli – haben sie ihre Aufgabe musterhaft und bleibend, folglich unendlich vollständiger und wirksamer als die „Sachsen" in Irland gelöst. Armuth, Unwissenheit und gesetzliche Schmach der Ueberwundenen sind die vorzüglichsten Instrumente türkischen Uebergewichts. In Kolchis und im Innern Kleinasiens ist es wahrhaft eine Infamie Christ zu seyn, und die erste Tugend unseres Glaubens, die Demuth und Selbstverläugnung zu üben, findet der hochmüthige Europäer in diesen Landschaften die beste Gelegenheit. Das Christenthum ist hier so vollständig besiegt und geknickt, daß an ein Wiederaufleben von Innen heraus unter keinerlei Umständen zu denken ist. Es ist die Religion der Vorstädte und schmutzigen schlechten Winkel, während alles Volk in der Citadelle, in den höher und zierlich gelegenen Stadttheilen und in den Landsitzen türkisch redet und den Islam bekennt. Zu diesen Privilegien der Ehrenhaftigkeit, des Reichthums und der Macht gesellt sich in Anatolien auch noch das numerische Uebergewicht der Mohammedaner über die Anhänger Christi in einem solchen Grade, daß letzteren selbst die Hoffnung zur Freiheit entschwunden und die Rache allein im Herzen geblieben ist. Wer die Rache am Geschlechte Osmans vollzieht, ist der legitime von Gott selbst auserwählte Herr dieses Himmelsstrichs. Einer Zeit wie der unsrigen muß die Staatsklugheit, mit welcher das aller Verbesserung feindselige Türkenvolk seiner Herrschaft eine so dauerhafte Grundlage zu geben vermochte, als ein höchlich zu beachtendes und besonders respektables Phänomen erscheinen. Als sich Trapezunt an die Türken ergab, hatte das Land eine zahlreiche Christenbevölkerung, eine Reihe wohlbefestigter Städte und Citadellen längs der Küste, einen reichen, mächtigen, auf unzugänglichen Burgen einsässigen Feudaladel und einen unbesiegbaren Widerwillen gegen den Islam. Hätte man damals Freiheit und Eigenthum der Ueberwundenen geachtet, wie stünde es etwa heute um türkische Herrschaft in Kolchis? Das Verfahren des Sultans war einfach, energisch, sicher, aber christlicher und überhaupt menschlicher Sitte widerstrebend. Die drei Citadellen von Trabosan sammt den weitläufigen Bazaren und Gartenvorstädten wurden von der christlichen Bevölkerung völlig gesäubert. Das regierende Haus ward nach Thracien versetzt und später in den männlichen Individuen ausgerottet. Von den christlichen Bewohnern der Hauptstadt aber hob man, wie zum Theil schon früher angemerkt, zuerst die schönsten und rüstigsten jungen Leute zum Kammerdienst des Sultans aus, schrieb dann achthundert Knaben als künftige Janitscharen ein und theilte die Uebrigen in drei Klassen. Die erste, aus den Vornehmsten und Reichsten bestehend, wanderte als Kern der neuen Bevölkerung in den Fanar nach Konstantinopel;[44] die zweite wurde als Sklave unter das Heer vertheilt; der dritten aber, d. i. den besitzlosen Proletariern und der Hefe des Volkes ward die abgesonderte Vorstadt der Marine als Wohnsitz angewiesen. Dagegen wurden in der obersten Citadelle, wo die Kaiserburg mit den Häusern der vornehmsten Archonten stand, eine Compagnie Artilleristen, in den beiden untern aber

12,000 Asaben, d. i. ledige auf Kriegesdauer von den türkischen Gemeinden gestellte Milizen angesiedelt, als deren Nachkommen die heutige Türkenbevölkerung von Trabosan zu betrachten ist.[45] In gleichem Sinne ward in den übrigen Städten und Festungen des Reichs verfahren, besonders aber nach Austreibung sämmtlicher Geschlechter der Archonten und Feudalherrn überall im verlassenen Gute ein Türke eingesetzt.

Der Sultan blieb fast ein Jahr in Trabosan und ging nicht eher an den Bosporus zurück, als bis alle seine Anordnungen im eroberten Lande vollzogen waren. Nur drei Mönchsklöster und einige christlich gebliebene Dörfer im Innern fanden Mittel ihren Grundbesitz zu retten; an der Küste aber und in den fruchtbarsten Gegenden überhaupt ging alles Landeigenthum in türkische Hände über. Solche Handlungen tyrannischer Uebertretung der Verträge würde die öffentliche Meinung heutzutage wo nicht ganz unmöglich machen, doch wenigstens durch allgemeine Verwerfung brandmarken und als Grundlage künftiger Reaktion benützen. Damals (1462) gab es aber den Türken gegenüber in Europa noch keine öffentliche Meinung, oder sie bestand vielmehr in Zittern und äußerte sich durch Litaneien, die einem unter Thränen und Verzweiflung aus dem väterlichen Boden weggerissenen Christenvolke freilich wenig nützten. Aus dem romanhaften Imperium *Trabesunda* ward in solcher Weise ein türkisches Paschalik *Trabosan*, das mit Ausnahme der Westgränze auch nach seiner Verwandlung den Umfang behielt, den es zur Zeit des letzten Großcomnenen hatte. Das Vorgebirge Jasonium ward Gränzpunkt gegen Amasia, so daß *Unieh* (*Oinäum* oder *Oenoë* der Griechen) nicht mehr dem Begler-Beg von Trabosan gehorchte. Wie dieser Burg und Machtansprüche der Großcomnenen, so hatten türkische Dere-Bege (Thalfürsten) mit den Schlössern und Edelsitzen auch die Unbotmäßigkeit der christlichen Feudalarchonten übernommen. Das Institut der Dere-Bege, ein altes Erbtheil der Seldschuken von Ikonium, hat in Kleinasien seine vollständigste Ausbildung erhalten und vielleicht mehr als irgend eine Staatseinrichtung zur Verbreitung und Befestigung türkischer Nationalität beigetragen. Die Osmanli haben wesentliche Vorurtheile gegen die Allesregiererei und gegen mathematisches Centralisiren der Gewalt. Wenn in einer großen Monarchie, sagen die Osmanli – natürlich mit Unrecht – Einer allein Alles thun will, so sey das eben so viel als wenn der Führer eines großen Heeres alle untergeordneten Stellen selbst versehen wollte. Die Lehenspflicht in Kriegszeiten leisteten diese anatolischen Erbfürsten mit großer Pünktlichkeit, auch in Abtragung des festgesetzten, freilich sehr mäßigen Tributes an den Padischah blieben sie nicht leicht zurück, gerirten sich aber, was die innere Verwaltung der Territorien betrifft, als unabhängige Gebieter, denen Niemand etwas einzureden hat. Da es ihren eigenen Vortheil galt und der Gewinn in ihre Taschen fiel, bewirthschafteten sie die Ländereien mit der größten Sorgfalt, und viele dieser Dere-Bege, z. B.

Tschappan-Oghlu von *Jüs-katt*, sammelten unerhörte Reichthümer mit wohl-
begründeter Macht, bis endlich in unsern Tagen Sultan Mahmud den fetten
Segen der Thalfürsten in seine Koffer zu leiten beschloß und alle erbliche
Gewalt außer der seinigen im Reiche Osmans für erloschen erklärte. Die Idee
war eine christliche und folglich bei den Türken nicht beliebt. Auch könnte
man fragen, ob die Monarchie durch diese neue Verfügung an Stärke nach
Außen und im Innern an Glückseligkeit und Reichthum merklich gewonnen
habe? Statt des patriarchalischen Regiments im Lande geborner und aufge-
wachsener Stammhäuptlinge kamen räuberische Satrapen aus Stambul, um
den Kaufschilling ihres Amtes in kürzester Frist mit Wucher einzutreiben.
Mahmud hetzte mit türkischer Arglist einen Dere-Beg wider den andern und
machte begreiflicherweise bei den größten und reichsten, als den schuld-
vollsten und gefährlichsten Gegnern kaiserlicher Allgewalt, den Anfang seines
Rachezugs. In der Hoffnung, die eigene Existenz zu retten, ließ sich Suleiman, Dere-Beg von Dschanik, gegen den gewaltigen Tschappan-Oghlu brauchen und löste die Aufgabe zu voller Zufriedenheit des Padischah. Und was
noch mehr, der Sultan hielt sein Wort; denn Suleiman blieb unter billigen
Leistungen im Besitz des reichen Guts der Vorfahren und vererbte es sogar
unverkümmert an seinen Sohn Osman-Pascha, dem man im Drange der Umstände auch noch das anstoßende große Paschalik Trabosan zu verwalten
überließ. So geschah es durch ein sonderbares Spiel der Umstände, daß sich
mit Ausnahme der früh verlornen Fürstenthümer *Heraklea* und *Sinope* die
Monarchie der Großcomnenen in der ganzen Ausdehnung zwischen Amisus
(Samsun) und dem Bathysflusse (Tschorak-Su) 360 Jahre nach ihrer Zersplit-
terung in der Familie eines turkomanischen Stammhäuptlings und Nach-
folgers der Feudalarchonten wieder vereinigt fand. Immanente Verhältnisse
haben unter gewissen Himmelsstrichen in letzter Instanz noch jedesmal über
die Kraft des Menschen triumphirt. Das Ansehen des neuen Großcomnenen
scheint bereits so fest begründet, daß nach dem unlängst erfolgten Tode
Osman-Pascha's nicht nur das Erbgut, sondern auch das Paschalik auf ein
Mitglied der Familie überging. Sogar den Wechsel der Residenz hatte der
neue Fürst von Trabosan mit seinen christlichen Vorgängern gemein. Denn
gleichwie die Großcomnenen bald auf der Akropolis zu Trapezunt, bald auf
der Burg zu Limnia oder Kerasunt Hof hielten, wohnte auch Osman-Pascha
abwechselnd in seinen Stammschlössern zu Tscharschambeh am Iris und im
neugebauten Konak zu Trabosan, wo ich den alten Dere-Beg (Herbst 1840)
öfter gesehen habe. Weil aber in Literatur und Politik dieses Landstriches
selten Erwähnung geschieht, dürfte vielleicht mancher Leser fragen, wo und
was für ein Land *Dschanik* sey? Dschanik ist der fetterdige, hügelreiche
Küstenstrich zwischen Kap Jasonium (Vona) und der Stadt Amisus (Samsun),
im Süden von einer halbzirkelförmig eingebogenen, von Strand zu Strand

laufenden, wald- und metallreichen Bergkette abgeschlossen und in der Mitte vom fischreichen tiefen *Iris* (Jeschil-Irmak, d. i. Grünbach) durchströmt. Dschanik ist das Land der fabelhaften Amazonen, deren Andenken sich beim Volke im Bergnamen *Masun-Dagh*, Amazonenberg, Ἀμαζόνια ὄρη, bis zu dieser Stunde erhalten hat. Auch Ortschaft und Flüßchen *Therme* sind keine leere Anspielung auf *Thermodon* und *Themiskyra* des Alterthums. Ein Park von Frucht- und Laubwald mit Buschwerk und langen Windungen wilder Reben, zieht sich unübersehbar von der Küste ins Gebirge hinein. Pflanze und Thier strotzt in Dschanik noch üppiger und vollkommener als in Trabosan. Schon im zwölf Stunden rückwärts liegenden Kerasunt hat man diese steigende Fülle am zahmen Geflügel bemerkt. Hanf, Flachs, Mais, Tabak und Seide erzeugt das schöne Land in Ueberfluß und in der größten Vollkommenheit. Aber Alles, Boden, Wald, Wild, Heerde und Frucht in Dschanik gehört dem Dere-Beg. Die Zahl seiner Landgüter übersteigt dreihundert, und jedes soll ihm jährlich zwischen 25,000 und 30,000 Grusch (2500 – 3000 Gulden C. M.) an Pachtgeld tragen. Das Monopol der Tabakpflanze allein, von welcher sehr viel im Trapezuntischen, die größte Menge aber im flachern Erblande und besonders um die Halysmündung wächst, gibt dem Pascha nach Angabe der Hausbeamten jedes Jahr vierthalb Millionen Grusch (350,000 fl. C. M.) Gewinn, von dem nur die halbe Million als Pachtschilling nach Stambul geht, der Rest aber in seine Koffer fällt. Leuten von einiger Vorliebe für Geld und Gewalt müßte die Stelle eines kaiserlichen Statthalters von Dschanik und Trabosan als ein höchlich wünschenswerthes Gut erscheinen. Beide Provinzen sind beim Fiscus auf eine bestimmte und wohl zu erschwingende Summe in Geld und Naturalien angelegt, die der Statthalter jährlich an das Hoflager zu senden hat, während Einhebung des Gesetzlichen, so wie Besteuerung der Einwohner überhaupt im weitesten Sinne der eigenen Ansicht und Geschicklichkeit des Pascha überlassen bleibt. Welch ein Feld für Thätigkeit und Profit! Osman-Pascha ernennt und bezahlt sämmtliche Verwaltungsbehörden der Provinz, gibt und nimmt wem und wie viel er will, und erhebt nach übereinstimmenden Schätzungen im Lande beiläufig *viermal* so viel als er an den Fiscus schickt. Daher aber auch das Wehklagen der Christen von Tripolis und Kerasunt über „tyrannische" Bedrückung, daher die Bittgesuche und Berufungen auf alte Verträge seitens der kolchischen Griechen beim Divan zu Stambul, daher das Murren und Grollen der weiland steuerfreien Osmanli in Trabosan und der offene Trotz der Tzanen im Waldgebirge. Im Kolchischen machen die Leute hie und da noch Schwierigkeiten, wenn man ihnen die Tasche leert. Der alte Turkomanen-Dere-Beg lebt unter diesen Umständen mit königlichem Aufwand und legt dennoch jedes Jahr bei drei Millionen Grusch (300,000 fl. C. M.) als reines Ersparniß in seinen Schatz zurück.

Diese Nachweise über Haushalt und spekulative Verwaltungspraxis des Erbfürsten von Dschanik sind ganz gleichlautend mit Hamiltons Angaben über
denselben Gegenstand.[46] Der Leser soll sich über diese Gleichförmigkeit nicht
verwundern und in dem einen nicht eine leere Copie des andern erblicken. Hr.
Hamilton und ich haben beide aus derselben Quelle, aus den mündlichen
Mittheilungen des *Dr. Giovanni Rutzeri*, des klugen Leibarztes beim alten
Dere-Beg, geschöpft. Hr. Rutzeri kannte die Verhältnisse seines Gebieters, bei
dem er länger als zwanzig Jahre in Diensten stand, ganz genau und starb während meiner Anwesenheit in Trapezunt mit Hinterlassung eines bedeutenden
Vermögens, einer numismatischen Bibliothek (Mionnet) und einer schönen
Münzensammlung, die er sich zu *Anapa* in Tscherkessien gebildet hatte. Denn
zur Zeit als Paskewitsch vom Kaukasus her das türkische Reich erschütterte,
war Osman-Dschaniklü Pascha von Anapa. Hr. Hamilton traf diesen unterrichteten Mann auf dem Schlosse zu Tscharschambeh am Iris (Jeschil Irmak),
ich aber vier Jahre später (1840) in seinem eigenen Hause zu Trabosan. Ein
anderer in Diensten von Osmans Bruder Abdallah-Beg stehender deutscher
Arzt, der gut türkisch gelernt und bedeutende Reisen in Asia-Minor gemacht
hatte, bestätigte Hrn. Hamilton zu Amisus die Reden und Angaben Giovanni's
über die unermeßlichen Reichthümer des Dere-Beg in allen Theilen, und
machte auch noch andere kluge Bemerkungen über den Charakter der Türken
im Allgemeinen und Osman-Pascha's insbesondere. Zudem hörte ich von
einem trapezuntischen Türken, der sich aus Andacht zum Orden der Derwische zählte, aber nebenher große Reichthümer besaß und wöchentlich
zwei- bis dreimal zum Abendbesuch in das Consulat des Hrn. v. Ghersi kam
und heimlich Wein trank, ungefähr dieselben Bemerkungen über den Muschir
von Trabosan, aber häufig mit dem spöttischen Beisatze: *Dschaniklü dür,
Turkmen dür,* „er ist ein Tzane, er ist ein Turkman." Turkman und Tzane gelten sogar bei den Osmanli für grobe, unverständige, thierische und ungesittete
Leute. Auch gestand Dr. Giovanni aufrichtig, wie viel er von der Rohheit und
den brutal-despotischen Launen des Dere-Beg in Anapa zu leiden hatte. Osman-Pascha war klein von Statur, dick, vertrakten Wuchses, alt und in der
neuen halb europäischen Affentracht doppelt häßlich. Aber der Mann war
vielleicht witzig, heiter, am Ende gar noch ein Schöngeist und gab als turko-
manischer Mäcenas den Lokalpoeten von Trabosan reiche Geschenke oder
doch einträgliche Stellen und gute Abendessen zur Vermehrung der Wissenschaft? Niemand in Trapezunt wußte irgend etwas von dergleichen Mäcena-
tenstreichen oder hatte je von irgend einem Witzworte Sr. Hoheit des Begler-
Begs gehört. Was macht denn aber Osman-Pascha mit den vollen Truhen?
Spekulirt er etwa auf Lufteisenbahnen, oder beschützt er am Ende gar noch
die kolchischen Philosophen, was bei dem aufs Practische gerichteten Sinne
der Turkomanen und bei der anerkannten Nützlichkeit spekulativer Systeme

in Förderung materieller Völker-Wohlfahrt leicht denkbar schien! Ich kam öfter in den Konak und sah fleißig am Divan um, ob nicht irgend etwas von einem phrenologischen Journal aus Paris, oder doch wenigstens von den „Ideen und Bildern" des berühmten *Greverus* zu entdecken sey. Denn sind „Ideen" wirklich, wie es in Platons Dialogen steht, aller Weltweisheit Unterlage, so ist Hr. Greverus von Oldenburg offenbar der größte jetzt lebende Philosoph im deutschen Lande. Denn während Andere über Ideen nur brüten oder höchstens in Ideen träumen und nachtwandeln, macht Hr. Greverus große Reisen zu Wasser und zu Lande und trinkt sogar griechische Abendluft in „Ideen und Bildern," deren Ruhm gewiß nach Trabosan gedrungen wäre, wenn in diesem romantischen Lande Philosophie überhaupt einen Anklang fände. Mit Osman-Pascha war aber in solchen Dingen – das sah ich schnell – eben so wenig zu reden als mit seinem legitimen Sohn und Erben, der vollends mit Blödsinn geschlagen ist. So oft ich die üppige Wohnung und das insolente Glück des alten häßlichen Turkomanen sah, fiel mir jedesmal das Epitaphium in Petronius ein:

> *Sestertium Reliquit Trecenties*
> *Nec Unquam Philosophum Audivit.*[47]

Entweder ist Reichthum, Macht und Glück, oder ist das was der Mensch „Weisheit" nennt, eine bloße Ironie.

Etwas gesprächiger als der Pascha war der zufällig anwesende Polizeivorstand, jener knochige, feiste Türke, von welchem schon früher die Rede ging. Dieser that allerlei Fragen über die Nachtordnung unserer Städte, unter andern ob es wahr sey, daß man bei den „Feringi" die ganze Nacht mit Tumult und Geschrei in den Schenken zeche, und mit Verübung gröblichen Unsinnes vermummt durch die Straßen laufe und gleichsam *canum more* mit einander Bekanntschaft mache? Fragen solcher Natur und noch weit schlimmere, die ich in der Türkei öfter hören mußte, zeigen deutlich genug, in welchem Lichte wir Christen den strenge disciplinirten Osmanli erscheinen. Zum Unglück finden Apologien und mildernde Erklärungen abendländischer Sitte bei den stöckischen Türken überall nur geringen, häufig sogar keinen Glauben. Um mich gewissermaßen zu rächen, fragte ich den Subaschi hinterlistig, an was man in Trabosan zuerst denke, wenn irgendwo Feuer ausbreche? *„Soyündürmek, "* „ans Löschen" war die schnelle Antwort des Subaschi. *„Janlisch, Efendim, tschok janlisch!"* „Gefehlt, mein Herr, weit gefehlt!" In den von andächtigen Softas[48] aufgeschriebenen Ueberlieferungen und Kathedersprüchen des großen Scheichs *Uestköji* von Derwischabad heißt es im Kapitel über Feuersbrünste *(yanghin)* ausdrücklich: „Wenn es brennt, soll man nicht zuerst ans Löschen denken, sondern vor Allem fragen, wo es brenne?" Hiemit war der feiste Subaschi geschlagen und fand in der ersten Ueberraschung kein Wort der Erwiederung. Der alte Dere-Beg mit den Korallen spielend, rief voll Erstaunen über Uestköji's transoxanischen Scharfsinn sein langgedehntes *„Maasch Allah."* Nur der Kadi, welcher sich ebenfalls eingefunden, unterbrach die Stille mit der Bemerkung: „Er habe zwar immer gehört, die Usbeken-Scheiche seyen von Profession erstaunlich fromme und orthodoxe Sunniten; daß sich aber jene Gläubigen auch in Weisheit, Begriff und Witz auf solche Höhe geschwungen hätten wie der gepriesene Scheich *Uestköji* von Derwischabad, sey ihm selbst eine Neuigkeit."

Wenn der neue Dynast von Trabosan weder die Dichter noch die Philosophen durch seine Reichthümer erwärmt und unterstützt, was macht er denn mit den ersparten Summen? Legt er sie vielleicht im Handel oder in Förderung gewinnreicher Unternehmungen an, oder leiht er auf Zinsen wie Husein-Pascha von Widdin? Oder verschleudert er seine übrigen Millionen in staatswirthschaftlichen Experimenten wie Mehemed-Ali von Aegypten? Nichts von alle dem; Osman ist ächter Türke oder Tzane und frei von aller Spekulation. Das Geld ruht unbenützt in Kisten, deren Zahl mit jedem Jahre wächst, die aber für das Allgemeine wie für ihn selbst verloren sind. Einen weitläufigen *Konak* (Palast) hat er sich zu Tscharschambeh im väterlichen Erblande gebaut, den ich aber nicht gesehen habe. Der Konak zu Trabosan ist zwar ebenfalls neu, aber nicht mehr in der Akropolis wie der Comnenenpalast, sondern dicht am Thore der zweiten Citadelle, wo die Justinianäische Inschrift, mit der Fronte gegen das Meer und die kühlenden Lüfte ganz im Charakter der kolchischen Architektur gebaut. Das Terrain ist *Planum inclinatum,* und das Gebäude selbst ein auf der vierten Seite nur durch eine Gartenmauer geschlossenes Parallelogramm mit hölzernen Söllern und Stiegen auf den drei Innenseiten und mit weitläufigem leeren Raum in der Mitte. Obwohl einstöckig, ist es doch so hoch, daß die Reihe der Wohnzimmer über die rechterseits als Grundlage dienende Festungsmauer und über die Baumschlucht unter ihr romantisch schön und luftig hinausragen. Weder Schildwache, noch Schranzen, noch äußerer Pomp verkünden, daß in diesem Hause ein mächtiger Gebieter und einer der reichsten Besitzer Anatoliens wohnt. Die *ultima ratio* seiner exekutiven Gewalt beruht auf einer Schaar mit Janitscharenflinten ohne Bajonnet bewaffneter und bürgerlich gekleideter Söldner, die der Pascha ebenfalls auf eigene Rechnung wirbt und unterhält. Von diesen sah ich ein einziges Mal etwa ein Dutzend ohne allen militärischen Apparat, ohne Trommel, ohne Disciplin wie ein Haufe bewaffneter Bauern, durch eine Seitenpforte des Palastes gegen das Gebirge hinaufziehen, wo ein türkisches Dorf die Bezahlung der Abgaben verweigerte. Ein Artillerie-Oberst, der als frommer Musulman Wasser trinkt und seine fünf Gebetzeiten pünktlich hält, aber weder Kanonen noch Kanoniere hat, ist im Reiche der Comnenen der einzige uniformirte Repräsentant der neuen Kriegsordnung von Stambul. In der öffentlichen Meinung zu Trabosan gilt noch das islamitische Volk als bewaffnete Macht und

Hüter der *Salus publica*, der Padischah dagegen noch immer nur als Feldherr und Commiliton der Gläubigen gegen das Giaurthum. Kann man es diesen Leuten übel nehmen, wenn sie sich nur langsam zur Höhe der kosmopolitischen Ideen Reschid-Pascha's erschwingen und die Emancipation der christlichen Parias sammt allen fränkischen Neuerungen Sultan Mahmuds laut verdammen? Wie sauer wird es nicht den Christen in Europa und Amerika der Negerbevölkerung, den Juden und den Irländern volle Rechtsgleichheit zuzugestehen? Die Idee, daß der „abgeschmackte" Cult christlicher Raja mit der reinen Praxis des Islam, daß „Götzendiener" und Einheitsbekenner beim Padischah von nun an gleiche Vorzüge und Ehre genießen, gleichsam *ein* Volk und *einen* Körper bilden sollen, hat in Trabosan noch etwas Unbegreifliches, Monströses und Unerträgliches. Solche Güter ohne Nothwendigkeit gleichsam *gratis* an Schwache verschenken, ist nach der Meinung des Kadi die größte aller Thorheiten. „Um glücklich zu seyn, muß ich Andere leiden sehen," sagte der türkische Philosoph, „das sey das uralte Gesetz des Egoismus *(benlik)*, das vermuthlich auch in Feringistan einige Geltung habe." Wenn in Folge der neuen Ordnung die christlichen Raja zu Konstantinopel die Symbole ihres Glaubens bei Leichenbegängnissen unbehindert, sogar in den belebtesten und von Moslimen wimmelnden Quartieren entwickeln und zur Schau tragen dürfen, so konnte man von der fanatischen Eifersucht der Türken zu Trabosan diesen Beweis nachgiebiger Duldsamkeit noch nicht erhalten. Ich sah mehrere Begräbnisse armenischer und griechischer Christen, es fehlte nicht an Sang und Pomp, man führte den Zug durch die Bazare zur Zeit des gedrängtesten Verkehrs; aber das dem Aufzuge vorgetragene hohe Kreuz aus Silber war jedesmal mit einem dichten golddurchwirkten Flor bedeckt, weil die Ungläubigen den Anblick des Zeichens der politischen Schmach und der mystischen Welterlösung, ohne in blinde Wuth zu fallen, nicht ertragen könnten.

Im Punkte religiöser Uebung und Disciplin ist die türkische Bevölkerung Kleinasiens, so weit ich sie zu beobachten Gelegenheit hatte, überall zum Ungehorsam, ja zu offenem Widerstand gegen die Regierung bereit. Der Padischah müßte, wie ein zweiter Kopronymus, mit einem Heere von Provinz zu Provinz ziehen und das Henkerbeil in der Hand seinen christlichen Unterthanen die religiöse Emancipation erzwingen. Aber auch das würde ohne bleibende Wirkung seyn. Nichts hat hier feste lebendige Wurzeln als die Religion; sie ist Politik, Leben und tägliche Gewohnheit. Und daß der Eifer bei den Moslimen lebendig bleibe oder im Verkehr mit Giauren nicht etwa lauer werde, wird durch fanatische Derwische reichlich gesorgt und vorgebaut. Besonders emsig besuchen sie – ich sah es oft genug – die zahlreichen Wachtstuben von Stambul, um die ohnehin fanatischen Soldaten noch mehr im Glauben zu stärken, so daß der Sultan im Falle antinationaler, d. i. antireligiöser Bestrebungen vielleicht nicht einmal auf die eigenen Truppen zählen könnte. Von einem gewissen Punkte angefangen, ist das *Volk* in der Türkei souverän, weil sich die Regierung vor seinem Willen fürchten und beugen muß. In Trabosan hat es noch keine Noth und brauchen die Derwische sich nicht viel zu bemühen. Doch ist man bei aller Härte noch so billig den eigenen Drang auch am christlichen Raja gewissermaßen zu ehren. An bestimmten Tagen der Sommerzeit dürfen sich die Christen bei abgelegenen Gotteshäusern, oft auch nur in Ruinen, ferne von moslimischen Wohnungen versammeln, eine Nacht und einen Tag erlaubt das Gesetz; dürfen dort Gottesdienst halten, psalliren, trinken, Handel treiben, ihr Loos bejammern und tanzen so viel sie wollen, kein Musulman darf sich beim Feste blicken lassen. Im romantischen Buschwalde von Kolchis haben diese Volksfeste doppelten Reiz. Die Kerasuntier feiern es um Georgi und wählen die dritthalb Stunden von der Stadt mitten im Laubgehölze einsam auf schattiger brunnreicher Höhe gelegene Kapelle dieses Heiligen als Tummelplatz ihrer Andacht und ihrer Freude. Am Vorabend zieht man aus, campirt in der Nacht, errichtet Hütten, rüstet auf den folgenden Tag und wandert Abends heim mit grünen Zweigen und freudestrahlendem Gesicht. Für den Trapezuntier sind der 29. Mai und der 15. August in den beiden Ortschaften St. Konstantin und „Panagia des Thales" zur Sommerlust bestimmt. Auf denselben Tag Mariä Himmelfahrt fällt auch das große mehrtägige Waldfest im Kloster Sumelas, dem gemeinsamen Heiligthum aller orthodoxen Christen der Pontusländer. Der Spruch im Hohenliede: „*Veni dilecte mi, egrediamur in agrum, commoremur in villis*" ist zu Trapezunt gewissermaßen das Unterscheidungszeichen zwischen Christenthum und Islam. Der schwerfällige ernsthafte Osmanli arbeitet ohne Feiertag die ganze Woche und kennt keine Erholung als ruhiges Sitzen bei den Seinigen in der Hütte. Der Grieche ist voll Bewegung und voll Begier nach rauschender Lustbarkeit; Landpartien in das Pyxitesthal, nach Chotz-Limasia, nach St. Dimitri und auf die luftigen Höhen hinter dem Bos-Depe sind bei den vielen Kirchenfesten und Ruhetagen stereotyper Gedanke, besonders des jüngern Theiles der Bevölkerung. Daß es aber bei dieser Vergnügungs- und Wanderlust immer nur auf sündhafte Berechnungen abgesehen sey, wie die Türken meinen, ist eines der vielen Vorurtheile der Ungläubigen gegen ihre christlichen Unterthanen. Wenn es bei den Türken *intra muros* auch so ehrenfest und strenge gehalten würde wie außerhalb, könnten sie freilich auf die leichtfertigen und ausschweifenden Völker der Christenheit mit Recht das Gewicht ihrer Verachtung niederfallen lassen. Wer bei sinkender Sonne durch türkische Quartiere wandert, glaubt sich in einem Karthäuserkloster; kein Gesang, kein Laut, kein Flötenton; Niemand lacht oder redet laut, ja selbst der Tritt ist leise, um ja nicht die überall auf Strafe und Schaden lauernde Gewalt zu wecken und heraus zu fordern. Auch ist in der That nichts melancholischer als eine Türkenstadt, und besonders Trabosan mit seinen schattigen Thalrissen und seinem leeren Gartengemäuer. Eine Ausnahme von dieser Trübsal in Permanenz macht nur das Hochzeitfest, das zu Trabosan durch Länge, Pracht und Aufwand für die Langweile des ganzen Lebens entschädigen und rächen muß.

Ein reicher Agha, dessen prächtiger Konak unterhalb unserer Wohnung auf niedrigem ins Meer hinausspringendem Felsen stand, feierte während meines Aufenthaltes in Trabosan die Vermählung seines ältesten Sohnes. Die Braut war ebenfalls reich und wohnte in Tripoli. Aber einen vollen Mondlauf vor ihrem Erscheinen verkündeten Raketen, Feuerwerk und Mahlzeit nach jedem Sonnenuntergang das häusliche Fest und das kommende Glück. Am letzten Nachmittag kam sie selbst auf einem Maulthier reitend, im Geleite zahlreicher Verwandtschaft und mit einem langen Train Kupfergeschirre und anderes Gut tragender Lastthiere den Berg herab.[49] Die ganze Stadt war in Bewegung, die Weiber sahen von Söllern und Gartenmauern herab, die Männer füllten die Straßen, zogen mit Flinten der Beglückten entgegen und feuerten in die Luft, selbst dem dürftigen Giaur ward Labung gereicht und das Feuerwerk mit verdoppelter Dichtigkeit und funkenreicherem Geknister abgebrannt. Am folgenden Abend war aber im Konak des Agha wieder Alles stumm. Eine so nachhaltige Zurschaustellung des häuslichen Glückes erlaubt dem Christen von Trabosan, auch wenn er das Vermögen hätte, schon seine politische Stellung nicht. Dagegen war es bis auf die letzten Jahre Sitte für den Hochzeitschmaus acht volle Tage aufzuwenden. Die Neuvermählten sowohl als die zahlreich geladenen Gäste erschöpften in thörichter Eifersucht nicht selten die ohnehin nur geringen Mittel auf mehrere Jahre voraus, um an Aufwand, Fülle und Verschwendung hinter Andern nicht zurückzubleiben. Man schmauste Tag und Nacht, der Wein ist in Kolchis leicht zu haben und die Gäste lieferten in die Wette; man aß und trank wie die Schlemmer bei Quartilla's Mahl, bis der Schlaf die Zechenden übermannte; man schlummerte neben dem Tische, auf der Flur, auf dem Söller, und mit dem Morgen begann das alte Spiel, bis die übliche Frist in Saus und Braus vorüber war. Natürlich blieb es nicht beim Schmaus allein, man hatte auch Musik und Tanz und weltliche Gedanken, und zwar wie *Don Ovanes* meinte, zum größten Nachtheil des Seelenheils und der – Finanzen. Don Ovanes sieht überall auf das Verständige und meint, drei Tage mit Essen und Trinken hingebracht, könnten auch schon genügen um sich der Gabe Gottes und der geistlichen Gnaden des neuen Standes zu erfreuen. Wie früher die Abschaffung des Nubischgoldroths focht Don Ovanes auch die Beschränkung der Hochzeitfeier auf *drei* Tage zuerst bei seiner eigenen Gemeinde und dann auf dem Wege der Unterhandlung auch bei den Nationalarmeniern (die nur an Eine Natur in Christo glauben) und bei den orthodoxen Griechen siegreich durch. Die Weiber waren zwar auch diesmal in der Opposition, konnten aber gegen Don Ovanes hier eben so wenig bestehen als einst im Streite über das Zehen- und Fingerbemalen. Ich fragte junge Weiber, wie sie einem so heilsamen Antrag des Don Ovanes so hartnäckig widerstreben konnten? Sie sagten mir: „Zwischen den Sorgen und Entbehrungen der Kindheit und den noch größeren Sorgen und Entbehrungen des ehelichen Lebens sey die achttägige Hochzeitfeier die einzige Periode der Heiterkeit, des Ueberflusses und der Fülle, die vorher nie war und später nicht mehr seyn wird; und nun hat uns Don Ovanes, das Pfäfflein, auch diese ohnehin kurze Freude noch mehr verkürzt." Von Raketen und Feuerwerk wird ohnehin nicht geredet, denn die *laute* Freude ist hier ein Privilegium der Gewalt.

Wenn Sparsamkeit nach dem Ausspruche der Moralisten, die Mutter aller Tugenden und des wahren häuslichen Glückes ist, so könnten die Christen von Trabosan, besonders die armenische Abtheilung, uns Abendländern unbedenklich als Muster und unerreichbare Ideale gelten. Denn was man bei uns Essen und Leben heißt und in der Regel als das wesentlichste Geschäft des Tags betrachtet, ist dort nur Nebensache. Ich war lange genug unter diesen Leuten und gab auf ihr Thun fleißig Acht. Man ist in Trabosan nur auf Erwerb, nicht auf Genuß bedacht und besonders die Weiber ringen wetteifernd um den Ruhm der Aufwandlosigkeit und des größern Besitzes. Wie oft sagte mir die alte Frau Marim-Oghlu auf meine Frage, wann sie etwa einmal ihren Kindern etwas Warmes koche: „Wir essen nicht, wir trinken nicht, wir verschwenden unser Erworbenes nicht wie die Nachbarin N. N., wo man immer Hunger hat; aber alle Kästen habe ich voll, *bin bin schei dolab itschinde var,* tausend und tausend Sachen liegen bei mir im Schrank." In den wenigsten Häusern wird Feuer angezündet und von einer regelmäßigen Essenszeit wie in Europa ist hier nichts bekannt. Paradiesäpfel in Oel geschmort oder Weinlaub mit Reis gefüllt ist zu Trabosan schon eine bedeutende Mahlzeit, Hammelfleisch oder Fisch aber ein unverzeihlicher Luxus, dessen man sich im wohlhabenden Hause Marim-Oghlus in drei Monaten nicht fünfmal schuldig machte. Dafür sind aber auch die ekelhaften Scenen europäischer Völlerei hier gänzlich unbekannt. Die Früchte der Jahreszeit: Kirschen, Gurken, Melonen, Birnen, Pflaumen, Trauben, Oliven etc. mit Brod sättigen diese genügsamen Leute und besonders die Weiber, die im Byzantinischen den Männern „nichts kosten." Reiche Handelsleute sitzen den ganzen Tag im Bazar und lassen sich vom nächsten türkischen Küchenschoppen um fünf Pfennige *Schaschlik* (kleine Stückchen gebratenen Hammelfleisches) oder um einen Silbergroschen *Gösleme* (in Fett gebackene Kuchen mit Honig und Käse) als Nahrung bringen. Und doch ist der menschliche Körper zu Trabosan im Allgemeinen stattlich und von dauerhafter Gesundheit. Die Türken als Herren des Landes, und besonders die reichen Aghas mit weitläufigem Grundbesitz halten dagegen jeden Tag nach Untergang der Sonne ihr festgesetztes Mahl, bei welchem die vier Hauptelemente türkischer Kochkunst: das Hammelfleisch, der Fisch, der Reis und das Grünzeug jederzeit die erste Rolle spielen. Wegen des Reichthums an Honig sind süße Speisen besonders im Schwunge. Frau Marim-Oghlu, die viel in türkische Häuser geht, nannte und beschrieb mir eine Menge, von der ich aber nur *Halwah* und *Chadaïf* wegen ihres vorzüglichen Wohlgeschmacks in ihren Bestandtheilen kennen lernte. Beide sind Lieblingsgerichte der Osmanli und erscheinen bei feierlichen Veranlassungen in der Familie und öffentlich im Bazar.

So oft sich nämlich der Hausstand des Padischah vermehrt, was beim wohlbesetzten Harem besonders im ersten Jahr der Herrschaft Abdül-Medschids wiederholt und in kurzen Fristen geschah, werden in den Festungen des ganzen Reiches Kanonen gelöst und Beleuchtungen angesagt. Während meines Aufenthaltes in Trabosan fand die Scene dreimal in *einem* Monat statt. Doch hält man es dabei nicht wie im Abendlande. Die Fenster der Privatwohnungen beleuchten, wäre gegen alle Sitte und sogar eine Beleidigung des Anstandes; auch würde es schon wegen der Architektur, wegen des Schutz- und Gartengemäuers und der von der Außenseite abgekehrten Fenster nur bei wenigen Gebäuden der Citadellen möglich seyn. Nur die Buden zu beiden Seiten der Bazarstraßen sind illuminirt, die übrigen Straßen bleiben dunkel. Große, ölgefüllte, traubenförmige Glaslampen hängen in Reihen oder Figuren in den offenen und wohlgefüllten Magazinen, und mitten im leuchtenden Flitter und Halbdunkel jeder Bude sitzen großnasige Osmanli in fließenden Gewändern und weißen Musselinturbanen stumm wie Götzenbilder und essen Chadaïf, Halwah, Pilav und gebratene Schöpsenkeulen unbekümmert um das vorüberströmende Gedränge neugieriger Gaffer, demüthiger Raja und schäbig gekleideter Firengis. Die Türken sind sich immer ihrer Würde bewußt und vergessen auch keinen Augenblick, daß sie die Herren sind. Der erste Schritt die Herrschaft zu untergraben wäre nach ihrer Meinung geselliges Vermischen und freundlicher Verkehr des Obern mit dem Unterthan.

Dieses äußerlich so sittsame und pharisäisch gerechte, innerlich aber so corrupte Volk ist überzeugt, daß es weder politisches Uebergewicht noch Reinheit seiner Glaubensdisciplin so lange erhalten hätte, wenn der Verkehr zwischen Giaur und Moslim freigegeben und die Schranken weggehoben wären. Christliche Sitte und Liederlichkeit hat in ihren Augen etwas so Auflösendes, etwas so Verführerisches und Bethörendes, daß sich aller Ernst des Islam in freier Berührung mit diesem Gift nicht zu behaupten vermöchte, und in kurzer Zeit aus der Vermischung der beiden Faktoren und durch Vermittlung der Weiber ein neues Glaubens- und Staatselement erwachsen müßte. In wie ferne die türkischen Philosophen – denn auch in der Türkei findet man Leute, die denken und räsonniren – hierin richtig oder unrichtig spekuliren, werden ihre deutschen Amts- und Weisheitsgenossen, noch besser aber die Eiferer zu beurtheilen wissen, die jetzo in Deutschland mit solcher Wuth gegen die gemischten Ehen zu Felde ziehen. Jedoch ist hiebei nicht zu übersehen, daß man sich durch dieselben exclusiven Praktiken bei uns die Gunst des Himmels und das ewige Seelenheil, in der Türkei aber eingestandenermaßen nur die weltliche Herrschaft und den irdischen Genuß sichern will. Man denkt durch diese Bemerkung Niemand zu kränken und nichts zu tadeln; man deutet nur auf das sonderbare Phänomen, wie zwei in Dogma und Disciplin so feindselige Kirchen, römisches Christenthum und Islam, doch instinktmäßig auf demselben Wege dasselbe Ziel verfolgen. Beide erkennen in der Bewältigung des Weibes den Schlußstein ihres Systems. Der Unterschied liegt nur in der Form, da der Islam materiell durch Bevormundung und blinde Gewalt, der Katholicismus aber geistig durch Emancipation und freie Ueberredung wirkt. Die unerbittliche Entschiedenheit, mit der man beiderseits verfährt, kann nur lauwarme Geister beirren, die den Zweck ohne die Mittel wollen. „Man kann uns niedermetzeln, unterjochen, ausrotten, das Weib geben wir aber niemals frei: das ist der Islam und unsere Nationalität." Diese Phrase eines Türken, mit dem ich mich ohne Prahlerei einer wahren *„entente cordiale"* rühmen kann, ist von größerem Gewicht als mancher leichtfertige und oberflächliche Staatsadept vielleicht vermuthen kann.

Unter solchen Umständen wird auch der christliche Leser die Vorsichtsmaßregeln begreifen, durch die sich der Osmanli des Weibes zu versichern strebt. In Kolchis insbesondere herrscht in diesem Punkt noch die alte Zucht und wird es in Allem noch viel straffer und finsterer gehalten als in Stambul, in Saloniki oder gar in Smyrna. Und doch – o des Schicksals! – und doch wird der ernste Moslim auch in Trabosan vom Weibe betrogen und zwar – wenn sich die christlichen Giaurjungen nicht fälschlich und verrätherisch rühmen – *stark, sehr stark* betrogen. Denn die türkischen Weiber dieser Stadt sind wesentlich kosmopolitischer Gesinnung und durchaus warme Anhängerinnen von Sultan Mahmuds Reform, insbesondere aber der Constitution von Gül-Hane, die allen Bewohnern der Monarchie gleiche politische Rechte zuerkennt und folglich Verkehr und Wahl der Geschlechter von Rechtswegen frei und offen gibt wie in der Christenheit. *„L'amour égale tout"* ist vorläufig der erste Satz aus der Giaur-Literatur, dem die Türkinnen von Trabosan ihre Anerkennung und Bestätigung gewährt haben. Zwar üben die Türken ihrerseits ein empfindliches Wiedervergeltungsrecht, das sich jedoch nicht näher bezeichnen läßt. Seitdem *Paskewitsch* die trapezuntischen Männer zu Baiburd schmählich überwunden und in die Flucht getrieben, sollen die Weiber für die russischen Glaubensgenossen ihrer Stadt wo möglich noch wärmere Gefühle nähren als früherhin. Das Weib, scheint es, achtet in Trabosan wie allenthalben nur das Heldenmüthige und das Mannhafte oder folgt, wie Petronius meint, allzeit dem Stärkern, *„sequitur fortiorem."* Doch tritt die Unordnung zu Trabosan nirgend auf die Oberfläche wie in der Christenheit, und wer die moralischen Zustände von Trabosan nur nach der äußern Erscheinung beurtheilt, würde nicht lange bedenken, *wem* der Preis der Sittsamkeit und guten Zucht gebühre. Mylord C... z. B. müßte in Trabosan erst noch seine Schule machen. Wesentliche Vorbedingung des Gefallens ist aber in Trapezunt goldfarbiges Haar, und meine Verwunderung über das sonderbare Spiel der Natur war nicht geringe, denn das ganze gefallsüchtige Geschlecht zu Trabosan, alt, jung, christlich oder Moslim trägt das Haupt mit diesem röthlich schimmernden Schmuck geziert. Am Ende hörte ich freilich, daß die Kunst ins Mittel tritt und dieselbe Pflanze aus Nubien, die im Prozeß des Zehen- und Fingerfärbens eine so bedeutende Rolle spielte, in der trapezuntischen Toilette auch dieses Wunder wirkt. Das *Chna* (von den Europäern gewöhnlich *Kenna* gesprochen) ist nicht der unbedeutendste Einfuhrartikel und auch der bedeutenden Nachfrage ungeachtet der Preis zum größten Glück der kolchischen Medeen niedrig genug gestellt. So verkehrt und sinnlos der türkische Fiscus im Allgemeinen wirkt, verschont er doch Gegenstände, die zum Bedarf und Schmuck osmanischen Lebens gehören, mit Plackerei und Eingangstaxen. So bezahlt z. B. das türkischer Lebensweise besonders congeniale russische Pelzwerk zu Stambul (1841) keine Gebühr und kostet kaum die Hälfte von dem was man in Deutschland bezahlt. „Da seht ihr," werden die europäischen Lobredner türkischer Finanzwege und *David Urquhart* Esq. an ihrer Spitze ausrufen. „Da seht ihr, wie klug und weise die Osmanli in ihrer öffentlichen Wirthschaft sind!" Befördern aber die weisen Osmanli durch ihre fiscalischen Verordnungen auch das allgemeine Wohl, oder hat nur engherziger Vortheil privilegirter Klassen, hat Eigennutz und Monopol ihren Tarif diktirt? Wie behandelt man den Bodenreichthum von Kolchis, das Rohprodukt und seine Verwerthung? Das edelste Erzeugniß des trapezuntischen Landes ist die Seide. Der Maulbeerbaum bildet ja Wälder, und die drei Hauptstapelorte des Seidenhandels *Tripoli*, *Kerasunt* und *Unieh* geben Zeugniß von der Menge und Feinheit des Produkts.[50] Diese Waare allein könnte Kolchis bereichern und den Einwohnern die Mittel verschaffen alle Bedürfnisse der Bequemlichkeit und des verständigen Luxus zu befriedigen, wenn die Verwaltung die Kultur der Seide, anstatt sie gleichsam mit einer Strafe zu belegen, durch weise Gesetze schirmen und fördern wollte. Die Oke (2¼ Pfund) Seide ward zu meiner Zeit (1840) den Producenten nur mit 105 – 110 Grusch bezahlt, und von dieser Summe fielen nach dem Kurs je 22 Grusch, d. i. zwei Gulden Conventionsmünze dem Fiskus zu. Der Verkauf selbst ist Monopol des Dere-Beg, wie der Handel mit Tabak, der ebenfalls in großer Menge und vorzüglicher Güte im ganzen Küstenstrich gewonnen wird. Wie der Leser sieht, haben wir nicht bloß auf alte Inschriften und schöne Waldscenen Jagd gemacht, wir haben auch umgesehen und nachgefragt was das Land Nützliches hervorbringe und wie die Kolchier die wohlthätigen Gaben der Natur zu benützen wissen.

Eine nicht weniger reiche Quelle trapezuntischer Glückseligkeit wären unter besseren Umständen Hanf und Flachs, welche in den feuchten Niederungen und wasserreichen Thalungen von Kolchis zu einer in Deutschland ungekannten Höhe und Ueppigkeit emporschießen. Nach altem Brauche müssen aber von erstgenannter Pflanze jährlich an die 40,000 Centner *in natura* an die kaiserlichen Arsenale gegen willkürlich festgesetzte Preise geliefert werden. Bis ein solches Quantum aufgebracht und nebenher subalterne Habsucht überall gestillt und befriedigt ist, was bleibt dem Grundbesitzer noch zum eigenen Vortheil übrig? „*Trabosan besi*, Leinwand von Trabosan" dagegen ist ein Ausdruck, den jeder aufmerksame Europäer in allen Bazaren und Besestanen des Morgenlandes, nicht etwa bloß zu Stambul, Saloniki, Prusa und Smyrna, sondern auch zu Haleb, Kahira und Bagdad hören kann. Wer hätte nicht die eleganten Flachshemden mit weiten kurzen Aermeln an den Gondolieren des Bosporus gesehen und zugleich die Scala vom seidengleichen Leinwandvließ der kaiserlichen Triremenführer bis zum groben Geflechte des gemeinen Sackträgers durchgezählt? Das ist Alles „*Trabosan besi*, Leinwand von Trapezunt."[51] Selbst auf den entlegenen Küsten der Berberei habe man bis zum Fall von Algier Hemden aus Trabosan getragen. In allen Küstenorten wird gewoben; aber wie zu Hadschi Chalfa's Zeiten sind die meisten Stühle auch heute noch im schönen, milden, pomeranzenreichen *Riseh* und auf den im Haselstauden-Gebüsch zerstreuten Dörfern der Umgegend östlich von Trapezunt.[52] Aus Leinsamen wird Oel gepreßt, um die türkischen Häuser anzustreichen. Stambul mit seiner unermeßlichen Holzarchitektur und seinen Feuersbrünsten ist für diesen Bedarf allein schon den Kolchiern zinspflichtig. Wachs, Wein und Honig sind zwar uralte Reichthümer des immergrünen Buschwaldes,[53] aber wie der Frucht der Rebe fehlt auch der süßen Ernte des kolchischen Bienenkorbes Sorge und Zucht der Kunst. Beide folgen unbekümmert um Osman-Paschas Macht ihrem wilden Freiheitstriebe; die Biene summt und schwärmt im blüthenvollen Gehölze, die Rebe steigt über den Gipfel der hochstämmigen Ulme, des dunkelgrünen Ahorn, des riesenhaften Nußbaumes hinauf und breitet sich in langen schattenvollen Schwingen über das Laubdach aus.[54] Die Gurken- und Kürbisstaude schleicht der Rebe nach und im Herbste strotzen ihre wunderlichen ellenlangen Gebilde mit der Fülle reifer Trauben unter demselben Laub hervor. Pflanzen, die in Europa demüthig auf der Erde kriechen, klimmen in Kolchis hochmüthig auf die Bäume hinan. Bis hundert Oken (200–250 Pfund) Trauben gibt in guten Jahren zu Kerasunt der Rebstock eines einzigen Baumes; aber nur selten und nicht regelmäßig, einige sagen alle fünf bis sechs Jahre, zähmt das Winzermesser den geilen Trieb. Auch fällt es in Kolchis Niemanden ein zur rechten Zeit das Weinlaub von der Traube wegzubrechen *(pampinare)*, um die Schatten zu mindern und dem Sonnenstrahl zu Mehrung des Umfanges und der Süßigkeit der Traube den Zugang aufzuthun. Geringe Mühe brächte reichen Lohn, aber Niemand wagt oder denkt an eine Neuerung im alten Schlendrian. „Es ist Landesbrauch, es war allzeit so, was nützt es? die Trauben wachsen doch," antwortete man auf meine Fragen und Mahnungen im Winzerwesen. Soviel ich merkte, würde ein unerklärlicher Fanatismus der Eingebornen irgend eine Abweichung vom alten Styl in größerem Maßstab nicht einmal am Landsmann und Nachbar dulden. Niemand soll sich privatim durch höhern Schwung über die Linie des gemeinsamen Glückes und Genusses erheben! Und doch machten gutmüthige Staatsphilosophen des Occidents ernstliche Anträge, deutsche Pflanzvölker in das menschenleere Kolchis zu senden, um durch deutsche Rührsamkeit und Intelligenz bei den trägen Eingebornen Geschmack an Thätigkeit und Reichthum zu wecken! „Ob wir gleich mehr Boden besitzen als wir anzubauen vermögen, würden wir die rührigen und klugen Franken doch nicht friedlich neben uns dulden, weil sie uns in kurzer Zeit an Reichthum und Macht übertreffen würden," sagte, wie schon früher bemerkt, ein Eingeborner, mit dem ich die Sache wiederholt beredet habe.[55] Sicherlich aber brächte deutsche Betriebsamkeit die kolchische Traube um einen Monat früher zur Reife, da man jetzt erst gegen die Mitte Septembers das erquickende Labsal in Trabosan genießt. Die Hauptweinlese aber, sagte man mir, beginne vollends erst um Weihnachten und daure tief in den Januar hinein; sogar bis zum Beginne des Frühlings sehe man noch Trauben an den Bäumen hängen. An der phönicischen Küste hatte man uns ebenfalls um Neujahr noch frische Trauben vom Rebstock des Libanon gebracht, und wenn sie in Kolchis bis zu Ende März noch zu finden sind, das Eiland Cypern aber Ende Juni, wie wir es selbst gesehen, schon wieder neue bringt, so könnte ein wandernder Liebhaber dieser gesündesten aller Früchte sie fast das ganze Jahr frisch vom Stocke pflücken. Die Stufenlage des Bodens ist es nicht allein, die den langen Genuß verschafft; es gibt im Orient eine Gattung Reben, an welchen die Frucht nach Art des Citronenbaumes in allen Stufen des Wachsthums von der Blüthe bis zur vollen Reife zu gleicher Zeit zu sehen ist. Diese Wunderrebe kennt man im Morgenland allgemein unter dem türkischen Namen *jediveren*, d. i. Siebengebend. Der Weinstock von Tripoli, die Kirsche von Kerasus, der Birn- und Maulbeerbaum von Dschanik, der Haselstrauch von Keschab,[56] der Nußbaum von Karydia, die Pomeranze von Riseh, der Granatapfel[57] von Unieh, die Feige von Trabosan und die Olive von Platana sind selbst im Munde der Kolchier gepriesen, nicht etwa als wären diese Früchte kein Gemeingut des ganzen Busch- und Küstenwaldes, sondern weil sie durch besonders glückliche Mischung der Luft- und Bodentheile in benannten Orten in der größten Vollkommenheit zu Tage kommen. Kirschen von verschiedener Farbe und Größe, wilde und veredelte, zählt man allein gegen fünfzehn Gattungen und der Anblick solcher Kirschwälder im bunten Schmuck der Blüthezeit soll entzückend seyn. Der Promeranzenbaum jedoch erträgt jetzt eigentlich nur noch die milden Lüfte der Riseh-Niederung und begehrt wie die Citrone zu Trabosan während des Winters schon besondere Pflege. Zur Comnenenzeit, wie aus dem Byzantiner Eugenicus zu entnehmen, wuchs dieser edle Baum mit der weißen duftenden Blüthe und dem warmgrünen Laube noch im kalten Boden außerhalb der Stadt, besonders am lieblichen Strand gegen Sanct-Sophia und Kalanoma hinaus.[58] Heute ist es Luxuspflanze wie am Bosporus. In der Nähe türkischer Städte verliert selbst die Luft ihre Milde und der Boden seine Fruchtbarkeit. Jedoch hat sich das Andenken an „zauberische Gärten" mit goldenen Früchten, voll Schatten und Brunnen auf den sanften Hügelschwellungen westlich von der Stadt unter der türkischen Stadtbevölkerung durch die Sage fortgepflanzt und bis auf den heutigen Tag erhalten.[59] Indessen bringen rauhe Winterstürme nicht selten den Schnee sogar in die steingepflasterten Straßen von Trapezunt herab, aber sein Daseyn ist kurz, weil sich am Kolchisstrande nur das Grün der Myrte, des Lorbers, des Cistus, der Cornelkirsche, des Rosenbaums und der langwipfligen Cypresse mit dem schattenreichen Laubwerk der Citadellenschluchten unvergänglichen Lebens erfreut. Wie prachtvoll ist doch der Anblick dieser Küsten, wenn man die unabsehbaren, sogar starre Byzantiner und für Naturschönheiten nicht allzeit empfindliche Osmanli hinreißenden Schwellungen immergrüner Laubwaldungen, wenn man die Wasserfälle, den Blumenschmuck, das helle Grün der Triften und das kühle Fächeln kolchischer Sommerlüfte mit den baumlosen Kreidefelsen der Provence und dem kalkgeschwängerten Gluthhauch des abgeholzten und ausgedorrten Hellas vergleicht! Nur *ein* Gedanke trübt die Lust, wie wenn sich endlich der Wirbelwind „fortschreitender Kultur," wenn sich europäische Mechanik mit Zimmeraxt und Feueressen auf die noch unbewältigten Paradeise der Kolchier legt! Wahrhaft, es wäre eine neue Minderung der ohnehin schon zu beschränkten Summe irdischen Trostes, irdischer Seligkeit!

Heu cadit in quemquam tantum scelus! heu tua nobis
Pene simul tecum solatia rapta, Menalca!

Vielleicht fragt nach Aeonen ein neugieriger Leser, wo die δρυμῶνες μακροὶ, wo die *„bipayán Ormanleri"* (die endlosen Wälder) der Trapezuntier seyen?[60] Vielleicht weiß es mir die Nachwelt Dank, wenn ich das reizende Gemälde noch in der vollen Herrlichkeit zu erfassen und durch die leider nur schwache und unvollkommene Kunst des Wortes in bleibende Formen zu gießen beflissen bin. Berühmt und gepriesen war der „unverwelkliche Buschwald" von Kolchis bei den Griechen seit der Entdeckungsfahrt des Argonauten;[61] vor allen aber scheint *Ktesias* die unvergleichliche Pracht des kolchischen Immergrüns empfunden zu haben. Ob aber Ktesias die Eindrücke des lieblichen Bildes in den verlornen Büchern weiter verfolgt und lebendiger dargestellt habe als sein Zeitgenosse Xenophon, weiß man nicht; jedenfalls wäre es im bejahenden Sinne eine Abweichung vom Geschmack des Alterthums, das solche Landschafts- und Sittenschilderungen so viel als gar nicht kannte. Oft fragte ich mich selbst, mit der Anabasis in der Hand durch die kolchischen Wälder schweifend, wie doch der sanfte, philosophische, tapfere und andächtige Xenophon durch die hinreißenden Scenen zwischen Trapezus und Kerasus wandeln konnte, ohne in seinem Bericht auch nur mit einem Worte der unvergleichlichen Schönheit des Küstenlandes zu gedenken? Er kam von den versengten Flächen Mesopotamiens, von dem traurigen baumlosen Tafellande Armeniens herab und mußte ja – wenn er anders für solche Eindrücke empfänglich war – die Sommerschatten des immergrünen Buschwaldes der Kolchier doppelt reizend finden. Es malt auch keine Sprache so schön wie die hellenische und hat auch Niemand im Alterthum das laubige Kolchis in solchem Umfange und auf dem Landwege in solcher Länge durchwandert wie der Heerführer der Zehntausend! Freilich haben Feldherrn und Staatsmänner andere Sorgen und andere Gedanken als unpraktische Schwärmer und abenteuernde Müßiggänger aus den Nadelholzwäldern in Tirol! Daß es aber nicht allen Griechischredenden jederzeit an Gefühl und Wärme für solche Dinge gebrach, beweist am schönsten *Eugenicus*, der Nomophylax von Byzanz, dessen ungedruckte Lobrede auf das liebliche Trapezus erst in unsern Tagen durch Wiederbelebung Euxinischer Studien zum Vorschein kam. Unseres Wissens hat die griechische Literatur in ungebundener Rede kein Seitenstück zu dieser kolchischen Scenerie hinzustellen. Wohl sieht man daß der Landschaftsmaler die Bibel liest, wundert sich aber nur um so mehr, wie ein griechischer Priester, ein Würdenträger von Sanct-Sophia, wie ein starrer Mönch der anatolischen Kirche seine Seele solchen Empfindungen öffnen, wie er zum Preis irdischer Prachtnatur seinen Farben solchen Schmelz und seinen Worten solche Sehnsucht leihen konnte.

Zu den vier Paradiesen des Orients, den gepriesenen Wasser- und Baum-Oasen von *Damaskus, Bewan, Kaschmir* und *Samarkand* kann Trabisonda und der unverwelkliche Buschwald unbedingt als fünftes, an Größe, Herrlichkeit und Schattenfülle die meisten weit übertreffendes Paradies gerechnet werden. Den Reiz der einen erhöht meistens – Kaschmir ausgenommen – der beschränkte Raum, die todte Wüste rund umher und die prachtvolle Stadt im Mittelpunkt. Aber es sind von Sanddünen oder kahlen Kreidefelsen eingerahmte Flachgründe ohne Schwellung, ohne Terrassenwald, ohne Schlucht, ohne Echo, ohne Wassersturz.[62] Aber wie erträgt der kolchische *Mensch* sein beneidenswerthes Loos? Fühlt er auch, daß er glücklich ist und ein zaubervolles Land bewohnt? Kluge Leser wissen, daß jedem Erdgebornen sein eigenes Heimathland der schönste Punkt der Erde däucht. Ulysses weinte in den Schattenhainen der Kalypso und sehnte sich mit heißem Verlangen nach dem steinigen, wasserarmen Ithaka zurück. Ist es ein Wunder, wenn man in Trapezunt dem Fremdling zuruft: „Sieh doch, wie schön unsere Zone ist! Ach, wärst du nur im Frühling hier, wenn Alles in buntfarbiger Blüthe prangt!" Ganz unempfindlich und kalt zu bleiben würde bei einer Wanderung durch die Buschscenen dieses beglückten Landes nur wenigen Gemüthern möglich seyn; aber das Gefühlte festzuhalten und das Entzücken in klare Begriffe auszuprägen ist nicht Jedermann gegönnt. Noch schwerer ist es im Ausdruck das rechte Maß zu halten und nicht Ausschweifungen regelloser Phantasie als wohlgetroffene Züge kolchischer Landschaftsbilder hinzustellen. Zwar hat in Sachen des Gefühls und der Empfindung jeder seine eigene Scala der Erregsamkeit, und wem die Tinten dieses Waldgemäldes zu warm und das Wort zu leidenschaftlich scheint, der mildere beides durch die eigene Kälte, mache aber seinen Frost nicht auch für empfindsamere Seelen zum Gesetz. Mir selbst scheint der Ausdruck noch überall hinter der Natur zurückzustehen. Denn für mich sind die „immer grünen Berge von Kolchis" (Ἀμάραντα ὄρη τῆς Κολχίδος) das verlorne Paradies, das Land der ungestillten Sehnsucht, die beglückte Insel, das fabelhafte *Panchaia* mit den fetten Triften,

... Panchaia pinguis arenis,

die Heimath der Stille und des Friedens, deren Ahnung überall in der bedrängten Brust des Menschen wohnt. Trabisonda und das immergrüne Kolchis ist das Land der wachenden Träume aus der ersten Knabenzeit, ich *mußte* seine Lüfte athmen, es war mir auferlegt, „denn auch der Traum ist von Gott,"

Καὶ γάρ τ' ὄναρ ἐκ Διός ἐστίν.

Fraget nicht, ob ich das Glück am rauschenden Pyxites wirklich gefunden; ob vielleicht im Corylusgebüsch zu Keschab, ob vielleicht im Schattendunkel der Melasschlucht der ersehnte Friede wohnt, oder ob er am Hieron-Oros zu finden ist und in seiner romantischen Scenerie? Der Mensch kann die aller Täuschung entkleidete Wirklichkeit nicht ertragen: raubt ihm nicht seine Region phantastisch erträumter Seligkeit und Vollendung, seine Zufluchtsstätte wider die Bitterkeiten der Gegenwart, wider die Leerheit alles Strebens, wider das Unsättigende selbst der Wissenschaft, raubt sie ihm nicht, damit er sich ein wenig labe und seiner und Anderer Thorheiten hinvergessen kann! Nicht das goldene Vließ, nicht blos alte Pergamente und die melancholischen Ruinen der Comnenenburg zu Trapezus haben mich nach Kolchis geführt; ich folgte geheimnißvollerem Zuge, wich einer unerklärten Sympathie der Erdgebornen für heitere Lüfte und quellenreiche Einsamkeit immergrüner Waldpartie. Was Jerusalem für den mystischen Schwung der büßenden Seele, ist Kolchis für den Götzendienst irdisch bezauberter Phantasie! Ich fühlte, daß hier die Heimath und daß der aufgerollte Anker des modernden Argoschiffes gleichsam das Losungswort zur Verbannung ist. Gerne wäre ich bis zur Frühlingsblüthe – ich wankte schon – in Trabosan geblieben; gerne hätte ich mit den Kolchiern Trauben gekeltert und die Winterfreuden getheilt in glücklicher Vergessenheit. Der Lorbeerbusch, die schöne Andrachne, der salbeiblättrige Cistus und das Grün des *„semper frondentis acanthi"* hätten wohl Ersatz geleistet für das matte Peraleben und die welken Blumen der * * *schen Politik. Aber die Zeit war abgelaufen und der Pontus gab die letzte Frist; die Wetterwolke hing noch über dem Occident, Byzanz und *Hagion-Oros* mahnten zugleich an die lange Schuld, und selbst gemeine Sorge vergällte mir das Glück. Ich stieg nochmals zur Akropolis hinauf und schaute durch die leeren Fensterbogen der buschbewachsenen Kaiserburg auf das schöne Land hinaus. Lebt wohl ihr sanften Hügelschwellungen, lebt wohl grüne Eichenwälder, gebt mir euren Frieden, gebt mir eure Stille mit als Xenium in den Occident! Der Wipfel der hellgrünen Esche, als hätte sie Gefühl, sah melancholisch entgegen zum Fenster herein. Es preßte mir die Brust zusammen und beinahe ward das Auge naß. Die Sonne ging durch den kolchischen Meridian und derselbe reichgeschmückte „Istambol", der ihn vom Bosporus hergeführt, trug den Wanderer vielleicht auf immer aus dem Hafen von Trapezunt. So lange es Licht war und die Sonne schien, blickte ich unverwandt auf die schöne Küste hin, grüßte die vorübereilenden Vorgebirge, die langen Schatten, die Kastellruinen von Kerasunt, die dunkelwelligen Buxhaine des Cytorus,

Et juvat undantem buxo spectare Cytorum,

verträumte die kurze Rast zu Amisus und wäre im Gram über das verlorne Glück selbst am lieblichen Sinopestrand vorübergeschifft, hätte uns nicht auf der Hinfahrt das Dunkel einer mondlosen Nacht den schönen Chersonnes verdeckt. Erst das Drängen im wimpelreichen „Goldhorn" und das Wogen in den menschenvollen Straßen von Byzanz rüttelte den Träumer auf. Das laute wilde Toben beleidigte den an kolchische Waldeinsamkeit gewöhnten Sinn. Es schien als wären wir aus der fabelhaften Zone milder Harmonie wieder in die Welt der Zerrissenheit, der Mühsale und der Leidenschaft zurückgeschleudert.

VII.

Vorwort über Konstantinopel.

Gegen Ende Oktober 1840 bin ich von Trapezunt wieder nach Konstantinopel zurückgekommen und in diesem Mittelpunkt der oströmischen Welt ohne Unterbrechung bis wieder Oktober des folgenden Jahres geblieben. Selbst während dreimonatlicher Sommerlust zu Kadi-Köji *(Chalcedon)* auf der gegenüberliegenden Küste Anatoliens kam ich fast täglich in die Stadt herüber, und die flüchtigen Abwesenheiten im nur vier Wegstunden entlegenen Bujukdere unterbrachen die Strömung des byzantinischen Lebens eben so wenig, da alles dieses nach türkischen Begriffen noch zur Residenz des Padischah gehört.

Stambul, die Metropolis des Erdbodens, ist nicht etwa blos der mit Mauern- und Thürmen eingeschlossene, drei Stunden Umfang haltende und auf zwei Seiten vom Meere bespülte ungeheure Triangel zwischen dem Thor von Adrianopel und der Kanonen-Spitze des großherrlichen Palastes. Die Vorstädte zu beiden Seiten des Goldhorns, die Häuserfluth am Scutari, und den langen, grünen, schlangengewundenen, tiefeingeschnittenen Doppelstreif der Bosporus-Enge vom Thurm des Leander bis hinab zu den fluthenden Cyaneen der Fabelwelt – ein unübersehbares Gewimmel von Hohlziegeldächern und Holzgezimmer, von Gärten, Cypressenwäldern, Kegelbergen und Lustthälern, von bleigedeckten goldblitzenden Spitzthürmen und Tempelkuppeln, im Ganzen über sechs Stunden lang und über zwei Stunden breit – schließt der Name *Stambul* ein. Es ist eine Welt für sich, eine Atlantis der Glückseligkeit, ein Vorrathshaus irdischer Wonne, Sitz der Widersprüche, bewegungsvoll und einsam, Land und Wasser, das große Welt-Amphibium voll Blumenduft, Licht und Schatten und langer Karavanenzüge, voll musikalisch-sausenden Wogenspiels, voll Gondeldrang und vorüberschiffender Delphine. Es ist die ungeheure Burg des alten Kontinents, nach Ost und West durch weite Land-Oeden, nach Süd und Nord durch tosende Sunde von fremder Zone losgetrennt. Wer hier mit Kraft regiert, dem gehorcht die Welt. Eine Stadt, die solche Ideen weckt, näher und länger anzusehen war gewiß nicht verlorne Mühe. Geschäfte im gewöhnlichen Sinne hatte ich freilich nicht; ich bin ja weder Handelsmann, noch Dichter, noch Philosoph in Galakleid, noch Fastenprediger, noch Weltverbesserer, noch *Chevalier d'industrie*, noch Diplomat. Auch die Leckerbissen des Bosporus einzuschlürfen wie jener Archestratos, der die entlegensten Strande besuchte, „τῆς γαστρὸς ἕνεκα καὶ τῶν ὑπὸ τὴν γαστέρα,‟ wie Athenäus sagt,[63] war nicht mein Beruf. Noch weniger sann ich auf Mittel und Wege das deutsche Publikum mit einer neuen, malerisch gefärbten oder topographisch genauen und statistisch langweiligen Beschreibung der so oft und so gut geschilderten Konstantinopolis heimzusuchen. Wer außer der Gräfin Ida *Hahn-Hahn* vermöchte in dieser Sache heute noch wesentlich Neues aufzubringen? Hat nicht jedermann Stambul gesehen? Kennt nicht jedermann den klar ausgeprägten, entschiedenen, raschgespalteten, übergangslosen, aller Verschwemmung und Mattigkeit feindseligen Charakter der Landschaft am Bosporus und wüßte nebenher von Leere, Schmutz, Langweile und kurzem Verstande der Peroten, von gemeinniedriger Armenier-Brutalität, so wie von gerechtem Stolz stupid fanatischer Osmanli und der melancholischen Rolle der Christen in Byzanz zu erzählen? Wem es Vergnügen macht über die Menschen geringe zu denken und in den Erscheinungen des Lebens überall nur die wahre, das ist meistens die schlechte Seite hervorzuheben, wer die Abgeschmacktheit unpraktischer Schwärmer und abgefeimter Sophisten ganz empfinden und zugleich die Quelle kennen will, aus der die einzig wahre Lebensweisheit des „Koheleth‟ geflossen ist, der schlage seine Hütte in Stambul auf. Hier ist die hohe Schule aller Schlechtigkeit, aber auch der Schwerpunkt aller Politik. Die Loose für Europa's Zukunft werden zu Konstantinopel geschrieben und eingelegt, und *vor* dem Zug ihren Inhalt zu ergründen und für eigenen Vortheil günstig auszulegen ist Gesammtaufgabe christlicher Diplomatenkunst. Es ist ein politisches Börsenspiel, eine Tragi-Komödie in großartigem Style und mit Vermummung in groteskester Natur vor aller Welt Augen durchgespielt.

Diesem Spiele habe ich unter dem großen Haufen des gemeinen Publikums ein ganzes Jahr lang nach Kräften zugesehen und in einem berühmten Organ deutscher Oeffentlichkeit über die wechselnden Scenen eine Reihe von Berichten erstattet, mit denen es freilich nicht jederzeit und nicht bei jedermann getroffen war.[64] Die Scene war damals besonders lebhaft und die abenteuerlichsten Karikaturen zogen über die Bühne. Natürlich machte man sich über die Hauptrollenträger, so wie über die vermuthliche Katastrophe privatim auch seine Gedanken, suchte aber nach guter deutscher Art überall das Vage, das Zufällige zu festem Begriff zu erheben oder, wie man sagt, die objektive

Seite der byzantinischen Frage herauszuschälen und einen Maßstab zu schaffen – ein allgemeines Gesetz zu ergründen, um die Irrthümer der Schule und die Schwärmerei der Völker, um Klugheit und Schwäche, List und träge Ehrlichkeit, Erfolg und Niederlage, Gier und falsche Rechenexempel der Staatskünstler zu gleicher Zeit mit dem starren Dogma der anatolischen Kirche und den Hoffnungen Griechenlands zu richten. Vielen mag solches Bemühen nutzlos und nach Maßgabe des Vertrauens auf menschliche Willenskraft sogar anmaßend und insolent erscheinen. Ich aber appellire an die *That* und an das Fatum von Byzanz. Meine Rede – ich fühle es leider selbst – *kann* nicht willkommen seyn, sie bringt ja einen neuen Kandidaten der Weltherrschaft auf die Bühne und stellt Ansprüche, die das humangesittete Abendland bisher theils gar nicht kannte, theils verachtete und an die es sogar jetzo noch nicht glauben will, zum Aergerniß Vieler als im Prinzip der Schlechtigkeit gegründet, folglich als stark, als gefahrdrohend und aus Tücke wider uns vom Schicksal selbst begünstigt den unwilligen Deutschen hin. Man muß von einer Wahrheit tief durchdrungen und von gemeinem Eigennutz sehr weit entfernt seyn, um sich mit allen Gefühlen seiner Zeit und ihrer Koryphäen in Widerspruch zu setzen. Wie traurig, wenn der Einzelne gegen die Vielen Recht behalten sollte und wenn die Bilder, wie sie im nachstehenden Fragment erscheinen, nicht gleich Konstantins Labarum blos Phantome byzantinischer Lüfte, sondern Wesen mit Körper und Seele sind!

VIII.

Ueber die weltgeschichtliche Bedeutung der byzantinischen Monarchie im Allgemeinen und der Stadt Konstantinopel insbesondere.

„Schlummert nur, und leget sie ab eure Sorgenlast, die olympischen Götter steigen ja aus den Gräbern herauf und schirmen hinfüro mit Majestät ihre alten Sitze am Eurotas und im Eichenhain zu Dodona. Höret ihr nicht den Klang des Silberbogens? Geheimnißvoll und riesig steigt es über die Halden des Pindus herab und entsendet drohende Blicke gegen das wilde, hinter dem Ister gelagerte Scythenvolk." So rief es begeistert und triumphvoll durch ganz Europa beim Ausbruch eines großen Ereignisses, das man nicht zu nennen braucht. Heute wissen wir freilich, der mit Pomp angeschlagene Päan besang nur ein Traumbild, eine Phantasmagorie der Schule, man sah die langen abendlichen Schatten der Parnassus-Tannen für antike Heroen an und, wie es nach schmerzlichen Täuschungen immer geschieht, das Gefühl des Uebels drückt mit Doppelgewicht die enttäuschten Gemüther nieder. Oder läugnet vielleicht Jemand, daß der große illyrische Kontinent, das alte Imperium von Byzanz, die Zukunft der Weltgeschicke im Schooße trägt? Ist etwa nicht seit 1000 Jahren jeder Versuch den byzantinischen Himmelsstrich in die Strömung occidentalischen Lebens hereinzuziehen unfruchtbar geblieben und zum Theil ruhmlos gescheitert? Worte, Staatsklugheit, Doctrin und Majestät der römischen Kirche vermochten ebenso wenig als Kriegsheere und Hinterlist weltlicher Potentaten den Sinn der Menschen am Bosporus zu beugen; selbst Wohlthat und Hülfe in verzweifelter Noth blieben um diesen Preis verschmäht. Es liegt etwas Unheimliches in diesem Phänomen und von der Wissenschaft erwartet unsere Zeit das Verständniß einer That, die man gerne läugnen möchte, weil man sie in ihrem letzten Grunde nicht erklären konnte.

> *„Mach es heiter und gestatte den Augen herumzuschauen,*
> *flehte Ajax, und im Lichte laß uns umkommen, wenn es dir*
> *also gefällt."*

Drei verhängnißvolle Städte gibt es auf der Erde, drei Weltringe, an die sich die Schicksalsfäden des menschlichen Geschlechtes hängen: *Jerusalem*, *Rom* und *Konstantinopolis*: das eine die Wiege, das andere der Satz, das dritte der Gegensatz des universellen, weltbeseligenden Christenthums. So lange unser Geschlecht die Erde bewohnt, ist und bleibt es unauflösbar dem magischen Schimmer der drei ewigen Städte unterthan. Biographie der Erde ist das Christenthum: oder haben wir eine andere Aufgabe als Lebendigmachung, Incarnirung des himmlischen Geschenkes in Leidenschaft und Wechselspiel irdischer Verhältnisse? Alle Geschichte ist seit bald achtzehn Aeonen nur Resultat des Kampfes der beiden Grundelemente, in welche diese Eine göttliche Urkraft von Anbeginn auseinanderging: beweglicher Lebensprozeß auf der einen Seite und formlos unausgegohrenes Insichverharren auf der andern. Sinnbild des ersten ist die ewige *Roma* mit dem ganzen dahinterliegenden Occident, Sinnbild des andern Konstantinopel mit dem erstarrten Morgenland. Alle Kraft, alles Leben, im Reiche der Geister wie der Natur, hat von Anbeginn, wie die Weltweisen sagen, einen erblichen, durch nichts auszugleichenden Widerpart. Und folglich ist es ein Gesetz ewiger und höherer Nothwendigkeit, was die beiden Hauptquartiere des ringenden Menschengeschlechts in Auffassung der christlichen Idee nicht weniger als der politischen und philosophischen Doctrinen auseinanderhält. Auf beiden Seiten gehen die kleinern Kreise allmählig im großen Ringe unter, und alle Zerwürfnisse, alles Mühsal in Europa erscheint als Corollar dieser urelementarischen Entzweiung der Einen Kraft. Wir erkennen – um es gleich vornweg zu sagen – *gegen* die gemeine Ansicht der Europäer – einen ureinsäßigen, jetzt noch lebendigen, mit der *Urbs aeterna* gleich unsterblichen, unaustilgbaren Reichsgenius von Byzanz als zweites Element der christlichen Welt. Konstantinopel ward, nach einer Stelle im Gesetzbuche des Theodosius, auf ausdrücklichen Befehl Gottes erbaut.[65] Wie? denkt sich mancher, das verknöcherte Kirchenthum der Anatolier, das in Dienstbarkeit der Islambekenner schmachtende Byzanz stellt man auf Eine Linie mit der sieggekrönten, lebensprossenden, weltumfassenden Tiberstadt? Hier betrachtet man die Dinge aus einem höhern Gesichtspunkte, und schwinget sich über die Linie enger Parteirede und taglöhnernder Politik in eine freiere Region hinaus: das Bleibende, das Ewige, die Idee möchten wir gerne erfassen. Modalität ist ja nicht Wesen und nur der Unkundige kann das Zufällige mit dem Unvergänglichen verwechseln. Der Schatten ist so alt wie das Licht.

Schon früher hat man irgendwo bemerkt, daß etwa nicht blos einige Praktiken der türkischen Staatsverwaltung byzantinisches Gepräge tragen: das ganze Gezimmer der osmanischen Monarchie, die Eintheilung der Provinzen, die Hierarchie des öffentlichen Dienstes, die obersten Justiztribunale in Ost und West vom Hellespont, „in Europa und Anatolien", Namen der Aemter, Form der Polizei- und Munizipalverwaltung, Lug, Trug und öffentlicher Diebstahl der Obrigkeiten, Erbarmungslosigkeit und permanente Verschwörung des kaiserlichen Fiskus gegen Gut und Eigenthum der Unterthanen sind bis auf diese Stunde – nur mit türkischer Benennung – byzantinisch geblieben. Die hohe Pforte von Ikonium und die Kaiserhöfe der christlichen Sultane von Byzantium und Trapezus haben sich in Blut und Leben gegenseitig durchdrungen, und es ist heute nicht mehr gestattet türkisches und byzantinisches National-leben als zwei widersprechende sich feindlich gegenüberstehende Elemente auszuscheiden. Wenn man auch den obersten Lenker dieser compakt in einan-der verwachsenen Land- und Völkermasse des Orients seit Jahrhunderten nicht mehr $Βασιλεὺς$ oder $Αὐτοκράτωρ$ $τῶν$ $Ῥωμαίων$ nennt, ist das Reich von Byzanz deßwegen nicht untergegangen, sein Gestirn nicht erbleicht, seine Staatsidee nicht erloschen. Der Einzug der Sultane von Prusa in die Paläste Blachernä und Bukoleon war nur ein Wechsel der Personen, nicht der Dinge; es war eine materielle Restauration und Wiederbelebung verfallender Welt-ökonomie, schirmendes Provisorium, Instrument der Vorsehung, um die Fu-gen eines Bauwerkes aneinander zu klammern, bis die Zeiten voll, und die natürlichen Erben zur Reife der Jahre und zur Fülle der Kraft gekommen wä-ren. Der Kluge weiß, welcher Sinn in diesen Worten liegt; er wird jedoch über eine allerdings harte und die National-Eitelkeit vielfach verletzende Thesis kein Aergerniß nehmen, noch sie ungeprüft verdammen, weil ihm Verblen-dung der Vielen noch kein Argument gegen bessere Erkenntniß ist. Das cohä-rente Fortleben einer großen, im Abendlande nicht allgemein begriffenen oder doch nicht sattsam gewürdigten, Europas Zukunft bedrohenden byzanti-nischen Staatsidee anschaulich zu machen, das ist die Aufgabe des Augen-blickes. Die Zeiten der Vollendung, wo nach der Verheißung nur Ein Hirt, nur Eine Heerde, und nur Licht ohne Schatten, fallen über das Gebiet mensch-licher Forschung und Mühen hinaus. Den schwungvollen Glanz der occiden-talischen Reiche läugnet freilich Niemand; aber Größe und Glückseligkeit des Abendlandes erblühte aus selbstständigem Ausbilden beider Hauptpotenzen der menschlichen Gesellschaft – des politischen und des kirchlichen Ele-mentes. Der Secularstaat konnte bei uns die Kirche nicht verschlingen, und die Kirche das weltliche Institut nicht aufzehren, und beiden ward – Dank der Wärme germanischen Blutes – versagt auf ihren Lorbeern zu versinken. Liebe zur Freiheit und dennoch Ordnung, menschlich, mitleidvoll, und doch Feuer und Energie, *furor teutonicus* gegen fremden Zwang. So ist das lateinische

Europa. Bei uns ist die Tugend ins Privatleben herabgestiegen, und selbst die öffentliche Gewalt fügte sich – obwohl *gegen* ihre Natur – dem süßen Joche sittlicher Milde und Gerechtigkeit. Barmherzigen Sinn und warmes Gefühl für fremde Noth kennt man nur im Abendlande. Institute, Orden, öffentliche Anstalten um die Thränen der Mitmenschen zu trocknen und die Summe der von unserer Natur unzertrennlichen Leiden zu mindern; Menschen, die hingebungsvoll das Elend in seinem Verstecke freiwillig aufsuchen, Linderung und christlichen Trost bis in die niedrigste Hütte bringen, und fremde Drangsal um Christi Willen zur eigenen machen, kennt man nur bei uns: sie sind der schönste Triumph, die weithinleuchtende Strahlenkrone der abendländischen Christenheit. Zu Byzanz ist die menschliche Brust den süßen Regungen des Mitleidens verschlossen, und an die Stelle unserer liebevollen That setzt man dort das leere, trostlose, unfruchtbare Formular des Glaubens, wie es menschliche Klugheit für bestimmt und deutlich erkannte Zwecke nach langem Hader festgesetzt und zugeschnitten hat. Mit Privattugenden, sagen sie, mag es jeder halten, wie er will; es gibt nur „byzantinische" Pflichten für das Ganze, d. i. gemeinsames Zusammenwirken aller Individuen anatolischen Namens für Gründung *materieller* Gewalt und Herrschaft über die Erde, deren Besitz Jesus Christus der morgenländischen Kirche testamentarisch als Vermächtniß hinterlassen habe.

Von der Allgemeinheit und Stärke dieser anatolischen Staatsidee hat man im Occident vielleicht keine oder doch keine hinlänglich klare Vorstellung. Hier liegt die Gefahr. Konstantinopel war die erste ursprünglich und vollständig christliche Stadt des Erdbodens. Dort gab es keine weltliche Macht, von der man erst Duldung zu erbetteln oder Rechte zu erhandeln hatte; die Dogmatik legte den ersten Grundstein, stieg gleich im Beginn auf den kaiserlichen Thron und grub der oströmischen Welt ihr Gepräge ein, tief, unaustilbar und ungeschwächt bis auf diesen Tag. Nur *eine* Kraft blieb thätig, alle übrigen gingen in dieser einzigen unter. Die Aktion der Staatsgewalt nach außen war Nebensache, das Schwert wendete sich nach Innen gegen die Energie der Geister, bis das Ungleiche überall geebnet, bis jeder Wille gebrochen, bis alle Spontaneität, alle selbstbewußte Schwingung romäischer Nerven getödtet und im ungeheuren Ländercomplex nur *ein* Gedanke übrig war. Man sagt dieses nicht um zu tadeln; man möchte nur auf diesem Wege zu besserem Verständniß der Gegenwart gelangen und auch für die nächste Zukunft Einiges mit Sicherheit vorausbestimmen. Körper gab es im byzantinischen Staatsverbande freilich viele, Seele aber nur Eine, Gedanken auch nur Einen, und auch nur Eine Stadt, die Auserwählte, das apokalyptische Jerusalem am Bosporus.

Für germanische Gemüther hat dieser Nivellirungsprozeß des menschlichen Geistes etwas Zurückschreckendes. Ohne daß das Staatsoberhaupt die mystische Weihe des Priesterordens nahm, mußte der byzantinische Imperator doch Theologe seyn, in gesetzlich bestimmten Tagen am Hofe geistliche Vorträge, Exegesen und Homilien halten, weil eigentlich das Evangelium Reichscodex, weil Christus Imperator und der oströmische Basileus nur seine irdische Hülle war. Nicht blos für zeitliche Wohlfahrt und weltliche Ordnung hatte der „Gottgekrönte" zu sorgen. Auch das ewige Heil der Unterthanen, was sie glauben und verdammen sollten, ward in letzter Instanz dem Imperator anheimgestellt.[66] Als Scepter trug die kaiserliche Hand das Kreuz und, wie man auf alten Tempelfresken und Münzen jener Länder häufig jetzt noch sieht, schmückte das Zeichen der Erlösung alle Gewänder, Fahnen und Insignien des theologischen Herrschers, der den kaiserlichen Segen ertheilte und nach festem Glauben seiner Unterthanen sogar die Kraft der Mirakel besaß. Seine Handlungen erklärte das Gesetz für Akte der Providenz und stellte sie folglich außer Bereich menschlicher Kritik. Daher das Gesetz, welches Tadel eines vom Fürsten bestellten Dieners, ja sogar den Zweifel an seiner Fähigkeit als Hochverrath und Beleidigung göttlicher Majestät bestrafte.[67] Daher das Ungegohrene, das melancholisch Stille der byzantinischen Monarchie; daher die Palastwache der *Silentiarier* und der erklärte Widerwille griechischer Ohren gegen Glockenton.[68] Das regsame Wesen, die laute Rede und der feste Tritt des Abendländers hat für die Byzantiner etwas Widerliches, gleichsam etwas Zuchtloses und empörend Freches, das man mit der Geißel niederschlagen soll. Ein Buch aber wie neulich *David Strauß* geschrieben, ist ihm vollends ein unerhörter und unerklärbarer Gräuel, der für sich allein den Riß zwischen Orient und Occident unheilbar machen könnte. Denn zu Konstantinopel sind alle Controversen schon längst entschieden, alle socialen und geistigen Probleme aufgelöst, der Zweifel selbst verstummt, was bei der Verwirrung der Begriffe in Europa Vielen als ein Segen erscheinen könnte. Und fürwahr, man verzeiht es, wenn ruheliebende verzagte Seelen gegenüber dem Hochmuth und der Unbändigkeit des wissenschaftlichen Gedankens im stupiden Selbstverläugnen der byzantinischen Kirchen-Philosophie einen heilsamen Damm gegen den stolzen und umwälzenden Sinn der abendlichen Welt erblicken.

Der erste Lebensakt des griechischen Kirchenstaates, wir wissen es Alle, spann sich in buntem Gewühle über tausend Jahre fort, und der Uebergang zum zweiten, wo ein Padischah den Reigen führte, war so schnell, so natürlich und geordnet, Kraft und Kunst der neuen Tragöden so eindringlich, nachhaltend und feurig, daß nach kurzem Gram über die Veränderung selbst bei den Besiegten die Threnodie verstummte. In drei Tagen war die Verwandlung ausgeführt und Byzanz, nicht dem Blute, wohl aber der Seele und der Gesinnung nach, vollkommen türkisch. Das allgemeine Gefühl dem lateinischen Abendland gegenüber wieder stark zu seyn, hatte Alles ausgesöhnt und das Joch des neuen Autokraten selbst leicht gemacht. Man vergesse es ja nie, Eifersucht, Widerwille und Geringschätzung gegen die lateinisch glaubenden

Völker ist Nationalcharakter und unaustilgbare Natur der Byzantiner. Auch hat nach Eintritt der türkischen Dynastie das lateinische Abendland bald und lange genug empfunden, daß man in Konstantinopel wieder Kraft und Nerven habe: es erschien wieder eine lange, kriegerisch geschaarte Fronte am Ostrande von Europa und dem Naturgesetze war genug gethan.

Am Siechenlager der Paläologen hatte das transdanubische und das altaische Element um die Ehre der Nachfolge und der Reichsreform gestritten. Obgleich das eine aus Turkestan, das andere aus Sarmatien mit Gewalt hereingebrochen, waren sie doch beide auf byzantinischem Boden eingebürgert und in Sinn und Blut mit Ost-Rom enge verschwägert. Damals war die Zeit der Sarmaten noch nicht gekommen, und wie allzeit, neigten sich Sieg und Herrschaft auf die Seite, wo mehr Kraft, wo mehr Geist und Herrschergröße. Jedoch war die byzantinische Restauration des 15. Jahrhunderts ihrem Wesen nach eine innere, eine aus den Eingeweiden der Monarchie selbst eigenmächtig und ohne Zuthun von Außen entsprungene, daher vollständig, dauerhaft und durchgreifend. Das Credo allein hatte sich am kaiserlichen Hofe geändert, aber nicht mehr als die byzantinischen Autokraten schon verschiedene Male früher, namentlich unter Konstantius im vierten und während der Ikonoklasten-Herrschaft im achten und neunten Jahrhundert unternommen hatten, aber nicht durchzuführen vermögend waren.

Offenbar waren, um die menschlichen Dinge im Gleichgewicht zu erhalten, in der Hand der Vorsehung die talentvollen und energischen Fürsten aus dem Hause Osmans tauglichere Werkzeuge als die christlichen Vorgänger mit ihren Hof-Homilien und ihren kaiserlichen Fastenpredigten im Kreise weibischer Magnaten von Byzanz.

Aber heute, wie man gemeiniglich glaubt, ist auch die Rolle der Padischahe ausgespielt und wird, eigentlich das erstemal seit fünfzehn hundert Jahren, vielleicht in kurzer Zeit die große Erbschaft der Byzantinerwelt ohne Testament und ohne Codicill vakant. Zwar noch ist der Besitzer nicht verblichen und im Veilchenduft bithynischer Lüfte sind die Agonien lang. Aber ist das Leben aus den extremen Theilen des Riesenkörpers nicht schon entflohen, und sieht man denn nicht, wie es im Herzpunkt allein noch krampfhaft in Fieberhitze und galvanischen Prozessen gegen die Verwesung kämpft?

Man hat in neuerer Zeit wiederholt und mit großem Eifer – freilich nur aus fremden Büchern – die Unmöglichkeit einer Wiederherstellung des Orients mit Hülfe des in sich zerfallenen Islam nachzuweisen sich bemüht. Wie nahe oder ferne das Uebel auch immer sey, die verzweiflungsvollen Medicinen, die man in gerechter Besorgniß nachbarlich anzurathen und selbst eigenhändig zu kredenzen nicht ermüdet, beweisen hinlänglich, daß man den Zustand wenigstens für bedenklich hält. Aber wo liegt die Krankheit? Wo ist der Sitz des türkischen Verderbens? Ist dieses Volk heute *physisch* schwächer, feiger, nervenloser als zur Zeit seiner Siege und seiner Herrlichkeit? Einzeln genommen ist die türkische Kriegsmaterie heute was sie zur Zeit der großen Padischahe war, fanatisch, abgehärtet, genügsam, stahlsehnig und der größten Anstrengungen fähig. Und sieht man das türkische Bauernvolk in den Provinzen und selbst die stolz und wild blickenden Gesichter des großen Haufens in der Sultansstadt, sollte man das Ende der lange gefürchteten Monarchie wahrlich nicht so nahe glauben. Denn über Seyn und Nichtseyn der Reiche entscheidet in letzter Instanz doch immer Seelenstärke und physische Kraft auf dem Kampfplatze. Selbst die Summe des Luxus und des sittlichen Verderbens unter den Großen kann jetzt nicht größer seyn als früher. Allein, wie bei den christlichen Byzantinern, ist auch bei den osmanischen das herrschende Haus, die regierende Dynastie verfault. Hier liegt das Uebel. Eine solche Reihe genialer Staatsmänner und energischer Kriegsfürsten hat kein anderes Herrscherhaus je hervorgebracht wie das türkische. Nicht Tugenden, nicht besondere Vorzüge und Eigenschaften des Volkes haben das furchtbare Gebäude osmanischer Größe aufgeführt; es ist ausschließlich das Werk seiner, Menschen und Dinge in wildem Sturm fortreißenden Dynastie. Und wenn unsere Zeit noch einmal einen Bayesid I, einen Murad II, einen Mohammed Ghasi und Suleiman I zu schaffen vermöchte, würde er nicht mit gewaltiger Faust die Geschicke seines Volke erfassen und dem Verhängniß zum Trotz auch jetzt noch frisches Leben in die Gefäße des welkenden Türkenstammes gießen? Der Geist regiert die Welt, und nicht ohne tiefen Sinn erklärt ein berühmter Mann des Alterthums Glanz und lange Dauer der Herrschaft Roms für das Werk einiger ausgezeichneten Bürger der ewigen Stadt.[69] Große Kräfte, einmal ins Weltspiel gebracht, wirken durch ihr natürliches Gewicht noch fort, wenn auch schon lange die erste Triebfeder gebrochen ist.[70] Erscheint aber erst der Schaden auf der Oberfläche, so ist auch das Ende schon nicht mehr ferne und menschliche Hülfe ohne tiefgreifende und lebengebende Wirksamkeit.

Chronologisch auszurechnen, in welchem Jahre die flackernde Türkenlampe in Stambul völlig erlöschen müsse, ist eben so unmöglich als die Hoffnung vergeblich, durch politische Rechenexempel den Einen strahlenden Weltkörper osmanischer Monarchie in ein Planetensystem getrennter Staaten ohne Sonne auseinanderzuschlagen. Alle eure Künste macht die Stadt Konstantinopolis mit ihrem eingebornen Genius zu Schanden. Um der centrifugal über den Erdglobus sprühenden Furie der abendländischen Völker das Gegengewicht zu halten, um die ätzende Wirkung ihrer Geistesbeweglichkeit zu sänftigen und die Wüthenden in Schranken einzudämmen, hat die Natur das byzantinische Reich, wie ein Bleigewicht, an die Sohlen Europas gehängt und durch unabänderlichen Beschluß mit der Ewigkeit anatolischer Doctrin zugleich die Unauflösbarkeit der Monarchie decretirt, deren Herz und Mittelpunkt Konstantinopel ist. Sagen will man hier geradezu, daß unserer Vorstellung nach keine Politik, keine menschliche Weisheit die compakte, durch Glauben, Blut und Thränen unausscheidbar in einander verwachsene Masse des illyrischen Continents zu zerbrechen, in ihre Bestandtheile zu zerlegen und bleibend aus einander zu halten vermögend sey. Schneide man immer entlegene Theile vom Ganzen weg und erwärme sie wie der begeisterte Pygmalion sein Steingebilde, sie verdorren dennoch aus Sehnsucht nach heimathlicher Lebensluft, oder rinnen von selbst unaufhaltsam wieder in den Schooß des Mutterstaates zurück. So groß ist der Zauber dieser geheimnißvollen, noch unbegriffenen Stadt!

Ein Mittel jedoch gäbe es den byzantinischen Bann zu lösen und den illyrischen Trümmern eigene Seelen einzuhauchen: Zerstöret durch gemeinschaftlichen Beschluß des europäischen Areopagus die Stadt Konstantinopolis und füllet mit dem Schutte ihrer Hütten, ihrer Paläste, ihrer Mauern und Thürme das goldene Horn aus, und verbietet zugleich unter Völkerbann die Wiederherstellung von Stadt und Hafenbucht auf der alten, den Mächten des Abgrundes geweihten Stätte. Nicht genug! schaufelt im Grimme auch ihre sieben Hügel nieder, zermalmet wie einst die Legionen zu Korinth sogar die Steine, und mit der Wurzel reißet die gigantischen Platanen aus, und vom Riesenberge des Amycus brechet in der Wuth wie ein anderer Polyphem die waldichte Spitze herab und schleudert Alles, Erde, Felsen, Bäume und Menschen in die Strömung des Bosporus, damit sein musikalisches Sausen am Felsenthor der Symplegaden verstumme, damit der sehnsuchterregende, die Völker des Orients bethörende Syrenengesang des fluthenden Sundes ersterbe und der stolze, Länder verbindende Pontus selbst wie das traurige Caspimeer zur Oede eines verlassenen Binnensees heruntersinke. Dann erst rinnet der Lebenssaft wieder zurück nach *Ternova*, nach *Athen* und nach *Ikonium*. Die Ordonnanz wäre unfehlbar, aber sie ist so ungewöhnlich energischer Natur, im Concept so schrecklich und so entschieden und grausenvoll in der Anwendung, daß man sich niemals, am wenigsten wenn verzagte Hände das Steuer der Welt regieren, zu ihrer Vollziehung entschließen wird. Man hat sie hier nur angedeutet um zu zeigen, wie zähe byzantinisches Leben, wie groß die Gefahr und wie unheilbar das Uebel sey.

Wären Titanen auf der Welt, hätte man ohne Bedenken zu diesem Mittel gegriffen. Aber die Menschen unserer Tage sind nach kürzerem Maße ausgeprägt: sie möchten das Unheil ohne Aufsehen und besonders ohne Störung im Alltagsleben ihrer Ameisenstadt gleichsam im Stillen zur Ruhe bringen. Wozu der Tumult und die schweren Reden? rufen sie aus. Noch ist es mit den Türken nicht zu Ende, und so lange die Leute athmen, kann man immer hoffen und versuchen.[71] In diesem Falle seyd entweder gerecht, oder doch wenigstens uneinig; hasset, necket und hindert euch gegenseitig in euren Praktiken und Kniffen, und ihr werdet noch lange der gefahrvollen Kur enthoben seyn. Könnte man in Europa überall der Ländergier, dem Heißhunger nach fremdem Gute entsagen und den Leidenschaften der menschlichen Natur selbst Stillstand gebieten, so schleppte sich das Türkenreich ohne Mühe noch Jahrhunderte fort. Im Innern ist ja kein überwiegendes Element der Auflösung, der christliche Raya überall muthlos, waffenscheu, uneins und Rettung aus der Dienstbarkeit nirgend aus sich selbst, nur von Außen, aus fremder Zone hoffend. Die Osmanli dagegen leben vom Kapitale großer Feldherrn und Staatsmänner vergangener Zeiten, und bis der ganze Vorrath aufgezehrt, ist für Störung europäischen Schlummers nichts zu besorgen. Jedoch überlasse man sich keiner Täuschung: unsere Zeit ist nicht das Saturnusreich, Asträa ist noch nicht unter die Menschen zurückgekehrt,

Atque iterum ad Trojam magnus mittetur Achilles.

Aber auch in diesem Falle verzaget nicht. Wenn die Türken schon alle Tugenden ihrer Vorfahren vergessen haben, so wird ihnen im allgemeinen Bankerutt erst noch die Verachtung feiger Niederträchtigkeit christlicher Sitte und Politik neue Kräfte leihen und die Frist ihrer Herrschaft noch einmal verlängern. In der Türkei sagen sie es laut und ich bitte um Vergebung für das harte Wort: „Wären die Christen nicht eine hündische, weinberauschte Rotte erbärmlicher Wichte, hätten sie uns schon lange aus Europa hinausgepeitscht: wir fliehen zwar auf dem Schlachtfelde vor ihren Feuerschlünden, verhöhnen sie aber dennoch in ihrem Glauben, zertreten ihre unterjochten Brüder und lachen über die Geberden ihrer Unterhändler, wenn sie sich neidischen Blickes, wie unreine Hunde um ein Stück Brod, vor dem goldenen Thron des Padischah um das Almosen kaiserlicher Huld zerfleischen." Diese türkischen Syllogismen sind ohne Zweifel falsch und ihre Bilder ungeschickt, auch hätten sich Abd-ul-Medschids Staatsphilosophen sorgfältiger um die Tugenden der Christenheit und um unsere Moralcompendien erkundigen sollen. Hier wird aber nur Bericht erstattet, nichts getadelt, nichts widerlegt, aber auch nichts gelobt; und vielleicht ist es nebenher doch auch nützlich zu erfahren, wie man anderswo von den Christen denkt.

Daß man unter solchen Umständen die Restaurationsrecepte des Occidents zu Konstantinopel nur mit Widerwillen und Geringschätzung empfing, ist freilich zu begreifen. Auch hat die europäische Curatel zeitig genug das Vergebliche ihrer Mühen erkannt. Die Türken, heißt es jetzt, sind ja keine Europäer und man hätte sie von einer andern Seite fassen sollen: Warum hat der Sultan nicht den Geist des Islam wieder heraufbeschworen, den alten Glaubenseifer aufgeweckt, alte Gluthen wieder angefacht? Diese Männer sind überzeugt, man könne todte Ideen, erloschene Gluthen, entflohene Geister der Nationen durch eine Ordonnanz der Staatsschreiber wieder lebendig machen. Was Suleiman gethan, meinen sie, könne ja auch Abd-ul-Medschid thun, man könne ihm ja rathen genial zu seyn. Aber Abd-ul-Medschid, wie es scheint, ist nicht geneigt der wohlgemeinten Zumuthung seiner Schirmherrn nachzukommen und mit dem Feuergeist seiner großen Ahnen die kaiserliche Brust zu schwellen. Im Gegentheil, er hat ja öffentlich erklärt und sein Volk es bekräftiget: die Monarchie, wenn sie mit dem gegenwärtigen Fonds islamitischer Praxis nicht mehr bestehen kann, wolle lieber untergehen als durch gesetzwidrige, ihrer Natur verhaßte Mittel das Daseyn fristen. Die Weisheit Europas, erwiedert man, hat auch diesen Fall schon lange vorher berechnet und mit Applaus des Jahrhunderts ein Staatspräparat *in eventum* aufgestellt. Aber nicht Kunst, nicht mit exotischem Saft getränkte Pflanzen, nein, ein aus der Bodentiefe urkräftig heraufbrechender Riesenstamm ist nöthig, um die byzantinischen Räume auszufüllen. Mit der Politik im herkömmlichen Sinne, d. i. mit dem täglichen Kram und Marktverkehr des ehrwürdigen Diplomatencorps hat man hier nichts zu thun; praktisch mischen wir uns in nichts, wollen weder jemand belehren noch irgend etwas besser machen; das harmlose Wort ist unser Tummelplatz. Nur verschmäht es unser „harmloses Wort" ohne alle Beziehung auf die Wirklichkeit, und gleichsam ungebräunt vom warmen Lebenshauch der Gegenwart, ätherisch bleich, wie man es gerne sieht, im Nebel der Vergangenheit zu wandeln. Die Zeit ist eifersüchtig. Von dem was jetzt die Herzen bewegt, von Furcht und Gefahren des Jahrhunderts will sie hören; selbst Leidenschaft und Irrthum vergibt sie gerne, wenn sie nur redlich und ohne Berechnung sind. In diesem Sinne erlauben wir uns eine Frage: „Kann die altbyzantinische Bevölkerung, von der man durch europäische Dazwischenkunft eine kleine Parzelle dem Scepter des Padischah entzogen und mit dem alten Namen „Hellenen" angethan, für sich allein und durch eigene innere Kraft als zweites nothwendiges Element der christlichen Welt figuriren?" „Kann sie – Zeiten und Menschen zum Trotz – andere Nebenbuhler um die goldenen Aepfel der Hesperiden aus der Bahn hinausdrücken und nach urkräftigem Zertreten aller Schranken nervig, sehnig, schöpferisch die große Oede, die verlassenen Paläste am Propontis füllen?" „Kann sie das chaotische Stammgewirre des illyrischen Continents ordnen, die widerstrebenden Geister bändigen, die bahnlos tobenden Kräfte zügeln und volluferig in das gemeinsame Rinnsal politischer Disciplin zusammendrängen?" Alle Freunde der byzantinischen Griechen und mit ihnen das ganze Abendland haben im Schwung der Begeisterung auf die Frage beifällig geantwortet und euch Neuhellenen noch einmal, wie weiland eure Vorfahren im Lande, als sorgenstillende, gefahrverhütende Schirmgötter der Welt begrüßt. Seht nur, wie groß man von euch denkt und wie schwer die Rolle ist, die euch die Phantasie des Occidents übergeben hat. Cherusker, Sueven und Gothen werfen sorgenvolle Blicke bald auf euer Königreich, bald auf scythisches Wolkengedränge und Wetterleuchten an der Istermündung, ob ihr den Feuerstrahl in der Hand des hyperboräischen

Donnerers durch Größe und nervigen Muth zu bannen stark und kräftig seyd. Vielleicht ist euch das zuviel und habt ihr selbst bescheidenere Vorstellungen von eurer Zukunft und eurer Macht, denn bei euch wie bei uns ist der Rausch vorüber, sind die aufgeregten Geister wieder frostig und nüchtern wie vor eurem Hochzeittag. Klug und kühle wie ihr alle seyd, rechnet ihr die Möglichkeiten aus und wäget Sympathien ab, während eine kühle Prosa in Europa eure Titel, eure Papiere, eure Vergangenheit, eure Thaten und euch selbst chemischer Analyse unterworfen und das Facit der öffentlichen Meinung hingehalten hat. Doch was geht das euch an? Vorwärts müßt ihr blicken! Was kümmert euch edle oder zweifelhafte Geburt, glänzende oder ärmliche Wiege, was germanisches Schulgezänk? Eines nur habt ihr nöthig, und dieses Eine ist der Talisman, der alle Herzen bezaubert, der das staatskluge Europa, wenn man es auf der lorbeerbekränzten Stirne des griechischen Volks erblickt, mit Applaus begrüßen wird: *Seyd mächtig* – man wird euch doch ermuntern dürfen – *habt Flotten, Heere, Feuerströme, Industrie* und *Gold*; aber machet schnell, die Könige sind ein ungeduldiges Geschlecht und die Völker nur durch nachdruckvolle That zu fesseln. Wachsen wollen sie euch sehen und inwendig heraus wollen sie, wie der Moskowiter in der jungen Frühlingsbirke, es im hellenischen Staatskörper gähren und kochen und gleichsam die Lebenslymphe auf und niedersteigen hören, um augenblicklich – denn es dränget – euer Gewicht in die Wagschale der Zeit zu legen. Sprechet einmal im Saale der Gewaltigen ein keckes Wort wie die helvetischen Bauern auf dem Leichenhügel der erschlagenen Edelleute; sey das Wort auch grob und ungeschlacht, begleitet es nur mit einer Faust von Granit und einer langen Zeile taktisch geschulter Krieger und jener fürchterlichen Schlünde, die zu Navarino und Ptolemais eure alten Dränger fraßen, und sehet dann, wie freundlich die goldgestickten, sternblitzenden Männer euren Gruß erwiedern und wie schnell in Europa die schlummernde Sympathie erwacht. Aber eben weil ihr noch bei allen Thüren die leeren Hände hereinstrecket, und weil Jedermann sieht, daß ihr im Ganzen weder nützen noch schaden könnet und zur Lösung der großen Frage, zur Wiederherstellung des Orients und zur Sicherung des Weltfriedens aus eigenen Mitteln nichts zu leisten vermöget, daß euer Land gleichsam als Armeninstitut noch immer von milden Beiträgen und abendländischem Wochengeld – ohne eigene Mühe – leben will, habt ihr zwar nicht Mitleiden und christliche Liebe, die euch ewig gesichert sind, aber ihr habt die Bewunderung der abendländischen Welt verloren. Das Endlose, das Unausfüllbare eurer Noth hat Europa ermüdet und erschreckt.

Die Schuld indessen ist nicht euere; es ist Geschick; ihr seyd geworden was ihr werden konntet, und wenn da Jemand anzuklagen, so ist es Europa selbst, wo man für schwache Nerven und leere Taschen von jeher wenig Enthusiasmus hatte. Unser Jahrhundert ist politischen Zwerggestalten abhold, es will nur lebensfrische Körper und kolossales Maß. Sehet nur einmal hin auf dieses Europa, wie stolz und prachtvoll die Königreiche sind; sehet wie es in den Städten wimmelt, wie es blinkt, wie es leuchtet, Paläste, Waffen, Gold und schöne Gewänder, wie es rastlos sinnet auf Ruhm, auf Gewinn, auf Herrschaft, auf Zerstörung, auf Schöpfung und Genuß, ein bewegliches, ein stolzes, ein unwiderstehliches Geschlecht, mit dem in die Länge nicht zu spielen ist.

Mit was denkt ihr euch nun diesen Leuten gegenüber in Achtung zu setzen? Euer Land ist öde, Soldaten wollt ihr auch nicht seyn, „hölzerne Mauern" habt ihr wieder nicht, und die Truhen, heißt es, seyen in Hellas allzeit leer. Und doch stellt man euch in die Competentenreihe zur künftigen Vakatur des Orients! Statt zu handeln und mit zorniger Gewalt das verlorne Gut zurückzureißen, reichet man in eurem Namen Suppliken ein, Bettelbriefe um das Regiment der halben Welt! Aber die Herrschaft ist kein Ding, das die Abendländer freiwillig an die Lahmen an der Heerstraße und hinter den Zäunen für Almosen verschenken. Gewalt üben und mächtig seyn, ist das einzig würdige Ziel menschlicher Bestrebungen, und die gewöhnlichen Titel sich aus der Niedrigkeit aufzuschwingen, waren von jeher Kraft, Genie und Heldenmuth im eigenen Hause. Zwar haben sich Völker durch ihre Fürsten zur Herrschaft hinaufgefreit und ihr Glück durch Tüchtigkeit und klugen Sinn gestärkt; zu Macht und Weltherrschaft hinaufgebettelt aber hat sich unsers Wissens noch keine Nation. Und so viel man die Europäer kennt, ist auf diesem Wege für Griechenland nicht viel zu hoffen. Oder hätte man aus Mangel richtiger Diagnose der menschlichen Dinge schwache Trümmer des christlichen Byzantiums wirklich zu thörichten Begehrlichkeiten verleitet und im Abendland durch politische Maskeraden und scholastische Schattenbilder gleichsam eine neue Theorie des Völkerprozesses aufgestellt? Gutmüthig, aber unerfahren haben wir die kindischen Proceduren der Studentenbank auf das ernsthafte Spiel des Weltdramas übertragen und an die Stelle der korrekten Leidenschaft, der unerbittlichen Staatsraison, eine Art idyllischer Gerechtigkeit, gleichsam Gefühlspolitik und diplomatischen Mysticismus hingeträumt. Leider wird die Welt nicht in diesem Sinn regiert! Christliches Wohlwollen, freundliches Entgegenkommen, persönliche Gerechtigkeit, gute Wünsche für Privatglückseligkeit und Familiensegen, Munizipal-Autonomie und freie Bewegung innerhalb der Schranken gibt und wird Europa den Griechen geben, so viel sie begehren und brauchen können. Denn ungeachtet der dickohrigen Dogmatik von Byzanz ist diesem warmblütigen reichbegabten Südvolke Niemand gram. Aber von Almosen und Mitleiden bis zur Herrschaft über das Morgenland ist ein unermeßlicher Sprung, den ihr, freundliche Hellenen, ohne jene Vorbedingung nicht machen könnet. Kraft, Muth, Energie, Geschick und besonders guter Wille sind euch nicht abgesprochen; allein die Luftströmung ist nicht für euch. Wird die byzantinische Tiara wirklich einmal ledig, so ist der Nachfolger vom Schicksal selbst schon besiegelt und ernannt. Ihr seyd wohl auch im Spiel, aber nicht allein; man braucht auch Schutt und zerhacktes Gestein im Cyclopenbau des Orients. Lasset euch das Wort nicht verdrießen. Habe ich Unrecht und seyd ihr wirklich so innerlich stark und lebenquellend wie man uns versichert, dann werdet ihr meiner Rede zu Trotz eine der Spannkraft eurer Nerven entsprechende Höhe in der Welt erringen. Nur erwartet vom Kollektiv-Enthusiasmus der Europäer nichts mehr, und rechnet für die Zukunft nur auf euch selbst. Die Könige geben nur einmal, und was ihr nicht im Sturmdrang der Dinge rasch und kräftig herüberreißet, wird nie euer Eigenthum. Alle Hoffnung hat man euch ja nicht genommen. Gelänge es den Fürsten des Occidents, durch Weisheit und kräftiges Entgegentreten das Verhängniß zu fesseln und die Lavine gleichsam mitten im Laufe einzudämmen, so könnte euch sogar das volle Spiel noch gewonnen seyn.

Wie – denkt sich Mancher – ist hier nicht ein Widerspruch? Zuerst demonstrirt man uns die Unzerstörbarkeit des byzantinischen Staatselementes und des vom Schicksal selbst mit ehernem Griffel auf den Mauerzinnen von Konstantinopel eingegrabenen Titels seiner Herrlichkeit. Dann behauptet man, das islamitische Chalifat in dieser Metropolis sey nur ein Provisorium, die ehrwürdigen Fragmente in Hellas aber mit ihrem klugen und tugendhaften Fürsten, mit ihren weisen Gesetzen, mit ihren mächtigen Schirmvögten im Occident dennoch nicht unbedingt als byzantinischer Wiederherstellungsapparat auserkohren. Wohin führt man uns? Wer ist denn eigentlich der Auserwählte, wer der Glückliche, dem das Schicksal die Vollziehung der größten Katastrophe des Jahrhunderts aufgetragen? Die Antwort auf solche Fragen hört man nicht überall gerne, weil große Ereignisse große Entschlüsse wollen, große Entschlüsse aber für kleine Seelen peinlich sind. Von jeher wurde geglaubt und namentlich Tiberius war überzeugt, wenn man von Dingen nicht öffentlich redet, geschehen sie auch nicht, und in großen Uebeln sey Stummheit der beste Talisman. Oder ist es nicht genug, daß wir das klassische Hellenenthum endlich aufgegeben und an den Tod der neun Musen glauben? Will man uns auch noch das letzte Spielzeug unserer Phantasie – Hoffnung und Glauben auf lebensprühende Funken der „Präfektur Illyrikum" – zerbrechen? Es liegt in den Weltereignissen und ihrem Verständniß etwas Unerbittliches. Was heute in Hellas lebt, ist nicht in Hellas zu Hause. Hier wäre der Ort, von den großen Maßregeln und dem bewaffneten Dazwischentreten zu handeln, womit einst das mitleidvolle Abendland *viermal* in Einem Jahrhundert das entfliehende Leben im *alt*byzantinischen Staatskörper zu erwärmen und festzuhalten suchte.[72] Wir meinen die großen Tage von Nicopolis, Ancyra, Varna und den europäischen Pontifikalcongreß in Florenz – Materiale für ein langes Buch und für den trostlosen Epilog, daß Byzantium von Innen heraus christlich nicht mehr zu regeneriren sey, aber doch nicht sterben darf. Melancholischen

Gemüthern und Pessimisten wären diese Studien zu empfehlen, für Phantasten und Schwindler gibt es keine Lection.

Warum will man unter den christlichen Byzantinern heute Elasticität, Energie und politische Tugenden voraussetzen, die sie schon im fünfzehnten Jahrhundert nicht mehr hatten? Oder konnte der weltbetäubende Pän von Nicopolis und Varna, wo die Heere gesammter Christenheit für das Heil des theologischen Imperators stritten, den lethargischen Schlummer von Byzanz erschüttern? Damals besaßen die Griechen noch ihre Hauptstadt und stand ihnen thatendürstendes Mitgefühl des Abendlandes zur Seite und sogar Timur der Weltbezwinger auf Bitten und Mahnen der Christenheit als Hort und Retter im Herzen von Anatolien.[73] In Einem Tage ward die Macht der Osmanli bei Angora vernichtet, der Padischah selbst gefangen, Anarchie, Bruderkrieg, Auflösung, Verzweiflung überall im Türkenreich; aber der Sturm hatte umsonst getobt. Volk und Archonten der morgenländischen Kirche blieben auch in solchem Verwirrungsgräuel bewegungslose Zuschauer, bis die zerrissenen Gliedmaßen des feindlichen Staatskörpers wieder aneinander wuchsen und den nervenlosen Byzantiner-Christen in frischer Majestät gegenüberstanden. Ist es wahr, daß die unheilbare Pest des griechischen Volkes ihren Keim in den Geschlechtern der Archonten hat? Sind diese Leute wirklich die Klippe, an der alle Wiederbelebungsversuche der Comnenen, der Cantacuzenen und ihrer Nachfolger gescheitert sind, und die auch gegenwärtig das öffentliche Heil gefährdet? Entschlossene Fürsten, wie Andronicus I, wollten sich durch allgemeines Niedermetzeln des Ungethüms entledigen; zaghaftere und menschliche erkannten die Unmöglichkeit aller Reform und verhüllten ihren Gram über die Unabwendbarkeit des Verhängnisses unter dem Mönchsgewande.[74] Die Herrschaft öffentlicher Tugenden, uneigennütziger Vaterlandsliebe und politischer Gerechtigkeit einzuführen und in Flor zu bringen, versuche nach solchen Proben unter diesem Volke Niemand mehr! Ob aber Staatsgebäude ohne diesen Cement zusammenhalten und dem Wellenschlag politischer Stürme widerstehen können, mag Jeder selbst berechnen.[75]

Schmeichle sich ja Niemand, daß diese Menschenklasse auf andern Punkten des Reiches weniger zaghaft, weniger intriguant und hemmend, daß sie vaterlandsliebender, tugendhafter und besser als in Stambul sey. Ich habe nicht den Muth hier die Frage zu berühren, ob das machtvolle Dazwischentreten Europas zu Navarino in seinen Folgen bisher eben so fruchtbringend und dem Ziele entsprechend, als es hochherzig-christlich im Prinzip und energisch in der Anwendung gewesen ist. Das islamitische Provisorium, sagten damals die Eingeweihten, ist in voller Auflösung, und lasset uns das alte, im Ruin der Zeiten verschüttete Element des christlichen Byzantiums aus der Verwesung in das Leben rufen, damit es jugendlich gähre und seine üppig wuchernde, saftgeschwollene Wurzel unter den morschen Herrscherstuhl der Osmanli treibe. Es wäre peinlich den Zeitgenossen zu sagen: Ihr habt euch betrogen, ihr alle seyd Ignoranten, und ich allein weiß besser was unter jenem Himmelsstrich verborgen ist. Solche Reden wären zu keiner Zeit in gutem Geschmack. Und doch, welchen Namen soll man der verfehlten Rechnung geben?[76] Nur Eine Thesis gestehe man zu: Staatskunst vermöge niemals in todte Körper neue Lebenskeime hineinzulegen, wohl aber schlummernde zu wecken und politisch groß zu bilden. Um diese Keime zu befruchten und in Gährung zu bringen, ist nach unabänderlichen Gesetzen der Natur *homogene Zuthat* nöthig. Eine lange Reihe Mittelsätze darf ich hier überspringen und die Rede bedarf keines langen Commentars. Aber was hält uns zurück, die Dinge ohne Umschweif mit ihrem Namen zu bezeichnen? Im byzantinisch-griechischen Staatsmateriale lebt nur das Dogma, das Kirchenelement, der letzte Puls, der nie erlischt; die übrigen Klänge sind mit dem „ἄσβεστος γέλως" der tafelnden Götter Griechenlands längst verstummt. Moder und verwittertes Gestein hören die Posaune eures Weltgerichts nicht mehr. Tödtet die morgenländische Kirche und demoliret ihre goldenen Dome zu Konstantinopel, zu Kiew und im Kremlin; berechnet aber vorher und wäget sie wohl ab eure Kraft, ob sie auch mit der Größe des Unternehmens im richtigen Maße stehe. Diese Kirche des Orients hat alle Proben innerer Zerrissenheit und äußerer Schmach überstanden; keine Noth konnte ihre Standhaftigkeit erschüttern, keine Verachtung ihr Selbstgefühl ersticken, keine Niederlage das Vertrauen auf endlichen Triumph ihrer Sache wankend machen. Und wie die Natur in allen Dingen auf die äußerste Gränze rückt, erschien der Hoffnungsstern am nördlichen Horizont, wie die byzantinische Nacht am dunkelsten war und Alles verloren schien. Kaum war die Schale am Hellespont gänzlich gesunken, da begann sie an den Quellen der Wolga langsam zu steigen, und wie die Wage heute stehe, ist für Niemand ein Geheimniß. Nur scheint nicht Jedermann zu wissen, wie weit das Gebiet der *byzantinischen* Hellenen reiche. Nördlich geht es bis an die Gestade des Eismeeres, und der Herzpunkt, aus dem das Leben strömt, ist nicht mehr innerhalb der Thermopylen; er liegt jetzt jenseits der Wasserfälle des Borysthenes. Geduld – warum vergeßt ihr es? – Geduld ist nicht Verzeihung, und Rache überlebt alle Gefühle! Wären Epigramme und Feuerschlünde wider Kirchenzorn nicht stumpfe Waffen, so hätte es freilich keine Noth. Das Streben dieser theokratisch-byzantinischen Staatsidee, alle auf ihrem Gebiete fremdartigen Elemente zu vernichten oder verwandelt in seinem Schooße aufzunehmen und in einem großen Weltreiche verkörpert ihrer Nationalfeindin im Occident entgegenzustellen, wird allgemein erkannt, so wie im Gegensatze das Ringen der latino-germanischen Kirche auf *ihrem* Boden sich auszudehnen, sich innerlich zu befestigen und zu kräftiger Einheit aufzuschwingen, für Niemand ein Geheimniß ist.

Zwei heilige Stühle stehen sich in Europa feindlich gegenüber und der Kampf zwischen den nebenbuhlerischen Gewalten wird nicht lange zu verhindern seyn. Von diesem politisch-kirchlichen Dualismus kann sich der alte Continent nicht mehr loswinden, und die Stellung der Parteien wird erst dann klar, wenn Neu-Rom sein Schicksal erfüllet und die Kinder der anatolischen Kirche mit ihrem neuen Konstantin zu thatsächlichem Bewußtseyn ihrer Weltbestimmung gekommen sind. Denke man sich das unermeßliche Chaos von Kräften, die unter jenem Himmelsstrich noch gebunden, aber Eines Willens, eines Impulses gewärtig sind, um einen einzigen Gedanken lebendig in die Weltgeschichte einzuweben. Im weiten Halbringe schlingt es sich um Europa und bereitet den letzten Schöpfungsakt im politischen Bau der abendlichen Welt,

circumfluus humor
Ultima possedit, solidumque coërcuit orbem.

Die Restauration von Byzanz – das ist Axiom – kann nur eine *„slavo-grä-kische,"* keine *byzantinische*, am wenigsten aber eine *hellenische* seyn.[77]

Glaube man ja nicht, der große Haufe der griechisch Glaubenden und griechisch Redenden beklage eine solche Wendung der Dinge. Dort verhehlet man sich nicht mehr das Unmögliche, das Unpraktische abendländischer Staats-Chimären. Bedrängte haben nur Ein Gefühl: Rache und Wiedervergeltung vergangenen Unglimpfes. Als Theile eines großen Ganzen könnten die Griechen Europa quälen und – was ihrer Natur angemessen – mit scythischen Geißelhieben unsere thörichte Liebe zurückbezahlen. Die Frage ist nun: Vermag Europa mit seiner traditionellen Praxis und seinen verwitterten Künsten diese große Peripetie abzulenken? Oder soll man durch neue, bisher unversuchte Mittel die Geister in Bewegung setzen, um der kirchlich-politischen Einheit der Angreifer eine politisch-kirchliche Einheit der Vertheidiger entgegenzustellen, weil nur Gleiches mit Gleichem zu ringen vermag? Deutlicher wird es mit jedem Tage, daß in großen Conjuncturen wie die bevorstehende der Sekularstaat für sich allein nicht genüge, und nur wer in der tiefsten Tiefe die Geister aufzuregen die Kraft besitzt, in letzter Instanz König und Imperator sey. Der Mensch gehorcht ja nur dem Zwang und es könnte sich leicht ergeben, daß die stolzen Autonomien des Occidents im Drange großer Uebel, wenn auch nicht wie man hie und da will, zu bloßen Präfekturen eines in Prinzip und Wirksamkeit höhern Imperiums herabsinken, doch den Bruderbund zu schließen und im Style völliger Ebenbürtigkeit zu verhandeln genöthiget werden mit einer Macht, deren Beisteuer zur Oekonomie menschlicher Dinge unentbehrlich scheint. Aber was rede ich da von Zukunft und von Möglichkeit? Erbettelt man sich nicht schon heute in Demuth als Almosen, was man im Hochmuth des vorigen Jahrhunderts verachtungsvoll von sich gestoßen hat? Das ist nicht der kleinste Triumph einer Sache, die um jeden Preis und durch jedes Mittel die verlorne Herrschaft in Europa wieder gewinnen will.

Eine Restauration im größten Style ist eingeleitet, und der Augenblick zur That ist wahrlich gut gewählt, da eben jetzo der allgemeine Gantprozeß gegen alles weltliche Regiment des Abendlandes hereinzubrechen droht. Nicht böser Wille, nicht Schlechtigkeit und corrupter Sinn – man ist heute um vieles besser als man früher war, – nein, Unfähigkeit ist es und Unzulänglichkeit der waltenden Kräfte was zur Auflösung der weltlichen Ordnung treibt. „Ihr könnet die Geschäfte nicht mehr fortführen," ist der einstimmige laute Gedanke des Continents. Nach innerem Trost, nach Seelenfrieden ringen die Geister. Wer füllet die verzweiflungsvolle Leere der menschlichen Brust? Dürre Theorien und abgenützte langweilige Recepte eurer Staats-Adepten können diesen Trost nicht mehr gewähren, können den Abgrund der Gemüther nicht verschütten. Eure Zeit ist für immer dahin. Nicht Anarchie und Zuchtlosigkeit ist das große Uebel, über das man klagen soll, es ist der Tod alles Glaubens und Vertrauens auf eure alte Kunst, was unser Unglück macht und zugleich den Competenten – es sind mehrere – ihren Titel gibt.

Fragen, wie die jetzt verhandelten, kommen in Zeiten der Intelligenz und Stärke niemals auf die Oberfläche, und die ungestüme Mahnung ist der gründlichste Beweis eurer Schuld. Predige man uns nicht länger von politischem Epicuräismus, von blindem Vertrauen auf schale Medicin und von der Nutzlosigkeit sorgenvoller Blicke in die Zukunft! Wehen denn nicht Lüfte vom Orient? Sehet ihr nicht die Zeichen am östlichen Himmel? Erwärmet durch das phaëthonische Viergespann, regt sich am Nordpol die große Schlange.[78] Schweigend und langsam sammelt es sich wie eine dunkle Wetterwolke, und Blitze fahren nieder zum Zeichen des nahen Sturms. Schleudert nun, wenn ihr so gewaltig seyd, wie einst Jupiter im Weltbrande euren Donnerkeil in die Wolke und zerstreuet die Finsterniß, die über Europa liegt. Der Vorabend eines Confliktes der höchsten Prinzipien der menschlichen Gesellschaft zieht für den Occident heran. Denn alles irdischen Schmutzes und stupiden Mongolismus ungeachtet erscheint, wenn man die politischen Ereignisse zur Idee erhebt, als Haupttriebkraft der slavo-byzantinischen Bewegung dennoch eine religiöse Idee, „der ewige Frohnkampf demüthigen Christenglaubens gegen die stolze Tyrannei der Vernunft." Ob Kraft mit trotzigem Ungestüm, oder Geduld und standhaftes Leiden weiter führe und die Staaten dauernder begründe, muß in einer thränenvollen Zukunft auf deutschem Boden entschieden seyn.

„Nur zwei Dinge, sagen die byzantinischen Kirchenfürsten heute noch, nur zwei Dinge hat Gott schlecht gemacht, den Pabst und den Mahomet. Diese beiden Uebel zu verbessern und die Welt in Vollkommenheit herzustellen, habe er dem rechtgläubigen Imperator von Moskovien überlassen."

Nach diesem Thema lebt und handelt die ganze byzantinische Welt, und eine Idee, für welche Normannenfeuer mit Geduld und Mannszucht der Slaven ficht, ist überall ein bedeutungsvoller Gegner. Alle Mittel das Anschwellen dieser anatolischen Staats- und Kircheneinheit zu hemmen sind ohne Wirkung geblieben. Umsonst schleuderte man europäische Skepsis, Feuerbrände, gesellschaftauflösende Doctrinen in den byzantinischen Gährungsprozeß; umsonst suchten Andere in kluger Berechnung Theile vom Ganzen geistig abzulösen und durch Einimpfung germanischer Kirchen- und Staatsideen die Quelle weitgreifender Apostasien aufzuthun. Das diamantene Rüstwerk, das eherne Gewand des anatolischen Kirchenkolosses vermochte kein Geschoß zu brechen. Oder wo sind eure Triumphe? wo die Siegeszeichen? Und wenn das abendländische Glaubensbekenntniß auch noch auf dem weiten Blachfelde nördlich der Karpathen dem beharrlichen Drängen des Gegners erliegen muß, und auf einer andern Seite germanisches Wesen nicht siegreicher denn bisher einzudringen vermag, dann entsaget aller Hoffnung des Friedens, streuet Asche in die Luft und rüstet euch zum Kampf. Auf das Aeußerste sind wir allerdings noch nicht gebracht, und leider ist Aufrechthaltung des mohammedanischen Sultanats in Konstantinopel als Steindamm gegen das Zusammenrinnen der beiden homogenen, sich sehnsuchtsvoll am breiten Strome entgegenblickenden Hemisphären vielleicht noch die preiswürdigste Politik. Schlimm genug, daß die lateinische Christenheit um solchen Preis, wo nicht Sicherheit auf immer, doch Aufschub der Gefahr und Zeit zur Selbsterkenntniß kaufen muß.

Wie einst gegen die Allgewalt der Legionen, so ist ohne Zweifel das heldenmüthige, geistiger Entwürdigung von Natur abholde Volk der Germanen auch wider das erniedrigende Joch byzantinischen Scythenthums als Schirmvogt und Vorfechter aufgestellt. Setzet ihr aber der Idee nicht eine Idee entgegen, und hoffet ihr noch länger, es könne das germanische Viele mit dem byzantinischen Einen, mit dem Verbundenen das Aufgelöste in gleicher Hoffnung des Sieges die Arena betreten, so habt ihr euch selbst gerichtet. In Deutschland, ich weiß es wohl, ist man mit solchen Reden lästig, und bis in die neueste Zeit haben sie das Daseyn eines Feuerfunkens in der byzantinischen Kirche aus Liebe zur Bequemlichkeit geradezu abgeläugnet: dort sey ja alles Leben erstarret, von Bekehrungseifer und expansiver Kraft des lateinischen Dogmas keine Spur. Oder wird etwa die Welt nicht nach den Regeln der Grammatik regiert? Und wenn auch ein Bollwerk nach dem andern am Ostrande zusammenfällt, schirmen uns nicht die Fragmente alter Pedanten von Lampsakus? Den süßen Gewohnheiten des Tages entsagen und den Strom des öffentlichen Lebens in ein neues Rinnsal lenken, ist unter allen Heilmitteln dasjenige, zu dem sich der Mensch am spätesten, und erst nach fruchtlosem Erschöpfen jeglicher Ausflucht unter Zwang und Noth entschließt. Aber wo ist die Universalidee? Wo der Genius, der Deutschland wie einen Mann bewegt? Noch ist man nicht überall vom Zaubertrunk des 18. Jahrhunderts ausgenüchtert,

Niemand will verzichten auf Kraftzersplitterung, auf Einzelbestrebung und auf Privatkönigthum; seinem in Blut und Lymphe demokratischen Charakter hat das lateinische Europa nicht entsagt. Ein providentieller Damm, eine Kirchengeißel in der Ferne soll uns zur Besinnung bringen. Wo Viele rhythmisch nach Einem Ziele sich bewegen, ist nicht selten auch Erfolg. Unter solchen Umständen in Europa die Geister gleichsam zu *byzantinisiren* und überall die Energie der Seelen abzustumpfen, wäre schlechte Politik. Wie könntet ihr ohne lebendige Kraft und ohne Beistand eines vom Volksherzen herausflammenden Zorns der Prüfung widerstehen? wie der feindlichen Hinterlist, dem langsam aber ohne Rast den Boden unter eurer Sohle wegnagenden Element nicht endlich erliegen? Oder meint man vielleicht, wie einst im christlichen Byzanz, die öffentliche Gewalt könne Kraft und Nervengeist der Völker nach Belieben ersticken und im Augenblick der Noth durch ein Zauberwort wieder ins Leben rufen? Kann man sich dem beruhigenden Gefühle überlassen, daß die Gewaltigen der Zeit überall in der harten Schule der Widerwärtigkeit zur Erkenntniß dieses verderblichsten aller Irrthümer gekommen sind? Ist in Europa der große Wendepunkt eingetreten, das seelendurchdringende Verlangen der Wiederherstellung, des geistigen Aufbaues einer im Orkan demolirten Welt?

Einheit der Gewalt und religiöser Glaube sind die Baumeister aller menschlichen Ordnung. Der Versuch ohne Beistand der religiösen Idee Herrschaft auszuüben und ein blos irdisches Regiment über die Völker aufzustellen, ohne alle Schonung für Seelen- und Gewissensruhe, ohne Rücksicht für das Höhere und Ewige im Menschen Taschen und Kunstfleiß der Nationen mechanisch auszubeuten, hat überall ein gleich klägliches Ende gefunden. Sicherer Beweis, daß wir alle etwas in der innersten Tiefe der Brust tragen, was sich euch widersetzt und was ihr mit Feuerschlünden und Sophismen nicht zu bändigen vermöget. Mit Embargos und Mauthsystemen allein kann man den Dämon nicht mehr bändigen: ihr *müsset* den innern Widerspruch der europäischen Geister versöhnen oder das eigene Spiel verloren geben. *Orbis ruit,*[79] die Fugen des Weltgebäudes gehen auseinander, wehret der Fluth, von allen Seiten dringt die Doppelbrandung ein, die Kirchengeißel, der hungernde *Demos* und der *byzantinische Koloß.* Jeden Tag wird es in Europa schwerer König und Dynast zu seyn. Viele und edle Gemüther verzagen gänzlich, sehen schon die Anfänge des Antichrists und erwarten in naher Erfüllung der Zeiten das apokalyptische Ende des irdischen Wohnplatzes. Gewalthaber! An euch ist es jetzt die Pfade des öffentlichen Heiles aufzuthun und den Feuerglauben an die letzte Medicin im Occident wieder anzuzünden.

Zweiter Band

IX.
Hagion-Oros oder der heilige Berg Athos.
1.

„Verlaß die Welt und komm zu uns," sagten die Mönche, „bei uns findest du dein Glück. Sieh nur dort die schön gemauerte Klause, die Einsiedelei am Berg, eben blitzt die Sonne abendlich in die Fensterscheiben! Wie lieblich das Kirchlein unter Weinranken, Lorbeergehäge, Baldrian und Myrten aus dem Hellgrün des laubigen Kastanienwaldes blickt! Wie silberhell es unter dem Gestein hervorsprudelt, wie es murmelt im Oleanderbusch! Hier hast du milde Lüfte und die größten aller Güter – die Freiheit und den Frieden mit dir selbst. Denn frei ist nur wer die Welt überwunden und seinen Sitz in der Werkstätte aller Tugenden *(ἐργαστήριον πασῶν ἀρετῶν)* auf dem Berg Athos hat." Es war voller Ernst, die frommen Väter erkannten ihren Mann, die Melancholie, die Sehnsucht, den Preis der Einsamkeit und den Zauber, den Waldöde und frische Scenen der Natur über weltmüde Seelen üben. Nicht als Mönch, dazu gehöre eigener Beruf, sondern als unabhängiger Bundesgenosse sollte ich meine Hütte im Revier ihrer heiligen Gemeinschaft aufschlagen und frei von allem Zwang gleichsam als Kostgänger irdischer Glückseligkeit in Gebet, in Sammlung des Geistes, in Leseübung, in Gartenarbeit, in Gesellschaft oder allein durch die buschichten Wälder streifend, allzeit aber im Frieden ausharren, bis der Lebensfaden abgelaufen und die Morgenröthe der schönern Welt erscheint. Für jetzt soll ich noch in die Heimath gehen, verkaufen was ich habe, sollte die tausend Wurzeln, die mich ans abendländische Leben fesseln, muthig aus dem Herzen reißen und ohne Zagen auf die Insel der Glückseligkeit und des Friedens zurückeilen. Für eine mäßige Summe,[1] ein für allemal dem Kloster *St. Dionys* bezahlt, sey ich lebenslänglich Herr der romantischen Klause, nachdem man contraktmäßig festgesetzt, wie viel ich wöchentlich an

Brod, Wein, Mehl, Hülsenfrucht, getrockneten Fischen, Oliven, Licht, Feuerung und anderer Nothdurft für mich und meinen Begleiter aus dem Klostervorrathshaus zu beziehen habe. Das Angebot – ich gestehe es – war verführerisch. Alle Qualen des Occidents, das junge Heidenthum, die Bücherfluth, L…s zwölf dicke Bände über deutsche Urgeschichte, von der man so wenig Kunde hat, ach! zwölf Bände voll Redefluß, voll Kunst und voll unfruchtbarer Gelehrsamkeit; Feuerbachs gigantische, trostlose Philosophie, die Compendienschreiber fielen mir ein und die schlechten Künste, die Eitelkeit, die Ignoranz, der Hochmuth, der Schmutz und die Langweile, die sich überall vorandrängen, dazu noch der Leipziger Meßkatalog, das Titanische im Wissensdrang und der ungestillte Durst nach Erkenntniß und Genuß; Wankelmuth, Partheisucht, Demagogenehrgeiz und Experimentalregiment, Abd-el-kader, die Pariser Advocaten, germanische Verblendung, Mohilew und das verlorne Glück bestürmten zu gleicher Zeit den Sinn. Ich wankte schon und wollte von so vielen und so großen Uebeln Sicherheit erkaufen als Klausner auf der grünen Berghalde St. Dionys. Nach einer Nacht voll innerer Bewegung stieg ich in aller Frühe den Klosterfelsen hinab zum Orangenbach, und auf der gegenüberliegenden Seite der Engschlucht zur Klause hinauf, um mein künftiges „Ohne-Sorgen" in der Nähe anzusehen. Indessen senkte sich über Steilwände und Felsengewirre im feiertäglichen Schimmer das Sonnengold vom einsamen Athos-Gipfel langsam zum Tannenwald herab, legte sich nacheinander auf das helle Kastanienlaub, auf das Platanendickicht, auf die Klause und ihre Gärten mit Herbstflor und Rebgelände, und erreichte endlich die Nußbäume, die Limonien und das dichtverschlungene, laubichte Geranke der waldichten Schlucht, fiel auf das Burgverließ, auf den bleigedeckten Dom und die byzantinischen Kuppeln, auf die Mauerzinnen und Söller von St. Dionys: unten lag spiegelglatt der weite Golf und von innen tönte Glockenklang, süße, heimathlich melancholische Seelenmusik des Christenthums. Ach wäre der Mensch bleibender Glückseligkeit hienieden schon fähig, wo empfände er ihren himmlischen Reiz, wenn nicht in der grünen Waldstille dieses beglückten Chersoneses! Man begreift, wie einst *Sertorius*, müde seiner Zeit und ergriffen von unendlicher Sehnsucht nach Frieden, mitten im Tumult des Bürgerkrieges auf den Gedanken kam, vor sich selbst zu entfliehen und fern von dem tobenden Sturm der Römerwelt den Rest seiner Tage hinter Celtiberien auf den „Glücklichen Inseln" zu verleben. Sertorius ging aber nicht auf die glücklichen Inseln, wollte Seelenfrieden erringen ohne den Lockungen der Ehrsucht zu entsagen, hatte die Liebe zu Herrschaft und Sinnenrausch noch nicht erstickt, die Welt noch nicht überwunden wie die anatolischen Tugendhelden, die freiwilligen Selbstpeiniger und Kampfzeugen in den Kastanienwäldern und lorbeergeschmückten Thalschluchten des Athosberges, dieses kolossalen, von der Natur selbst aufgethürmten und mit unverwelklichem Festgewande

umzogenen *Münsters* von Byzanz. Das Bild ist nicht phantastisch, es ist natur-
getreu, *Athos* ist Wald-Dom der anatolischen Christenheit. Ein mehr als zwölf
Stunden langes, zwei bis drei Stunden breites und durch eine schmale niedere
Landzunge an den Continent gebundenes Bergeiland erhebt sich in isolirter
Majestät über die tiefe Fluth des Strymonischen Golfes.[2] Das ist der Berg
Athos. Langgestreckt ist die Halbinsel, nicht flach, auch nicht wellenförmig
hingegossen, noch als schiefe Ebene nur auf Einer Seite aufsteigend, auch
nicht ein mit Hügel- und Felsengewirre unregelmäßig ausgefülltes Conglome-
rat: haldig und sanft steigt es von *beiden* Strandseiten gegen die Mitte empor
und läuft sattelförmig mit wachsender Höhe und Steile in langen Windungen
fort wie ein Tempeldach, und am Ende strotzt leibig und wohlgenährt, von
drei Seiten rund aus dem Wasserspiegel heraussteigend und auf der vierten bis
zur halben Höhe mit dem Waldgebirge verwachsen, einsam und frei die riesige Athos-Kuppel in die Lüfte, auf der Plattform ein weithin sichtbares Kirchlein, das höchste und luftigste Gotteshaus der morgenländischen Christen,
zugleich Sitz der Sommerlust, der Andacht und der Windsbraut für die Athoniten. Man denke sich eine Augustnacht in Purpurflor und mit allen Reizen
des Südhimmels angethan, den glatten Spiegel über bodenloser Tiefe, mild-
hauchende Seelüfte über die Gärten und Söller fächelnd, Nachtigallen im
Rosenbusch, das lange Walddunkel und die Wachtfeuer auf der Bergspitze;
oder wie das Morgenroth und der erste Sonnenstrahl goldfunkelnd auf die
Felsenkrone fällt und weit unten auf dem Kastanienwalde noch schweigsame
Nacht oder kaum das erste zweifelhafte Dämmerlicht über den Klosterzinnen
am Strande liegt!
Athos ist Hochwarte des ägäischen Meeres und Leuchtthurm aller Orthodoxen in Byzanz.[3] Vom Festlande in das Meer hinausspringende Chersonese
sind vorzugsweise eine Eigenthümlichkeit der griechischen Welt. Zu *Kerasunt*
in Kolchis, bei *Sinope* in Paphlagonien und in der Nähe des Athos selbst hat
die Natur ähnliche Gebilde bald nur begonnen, bald ausgeführt, nirgend aber
ein so schlankes Maß angelegt, die Wände so romantisch ausgeführt und den
Wuchs in so liebliche Formen gegossen wie hier. Ein felsichtes schroff und
mühevoll zu erklimmendes Nadelholzgebirge, quer über den Isthmus streichend, hütet wie ein Säulengang das Thor zur immergrünen Baumregion des
Athos, und wenn der Fremdling nach Ueberschreitung dieser Querwand über
tiefe Schluchten und Hügel aus wildem Rosmarin den Hochpfad erklommen
hat, thut sich eine Scene auf, deren Schönheit man wohl empfinden, aber
nicht beschreiben kann.
Wie ein langer Silberfaden läuft über Sattelkamm und Bergschneide durch
hellgrünes Gebüsch und dichtverwachsenes epheuumranktes Baumgewühl der
Hochpfad mitten durch die Halbinsel bis zum hohen Athoskegel. Bald schroff
und ohne vermittelnden Uebergang, bald sanft und in verlorenen Halden senkt

es sich zu beiden Seiten des Weges in romantischen Vorsprüngen und verschlungenen Thalwindungen oder in weiten, amphitheatralisch ausgebogenen
Prachtfächern über Waldöde, über lieblich bebautes Einsiedlergehöfte, in
dunkelem Waldschatten, hier zum singitischen, dort zum strymonischen Golf
hinab; die Sonne blitzt auf den Wasserspiegel und lockt, durch die laubigen
Bäume fallend, eine Thräne wehmuthsvoller Erinnerung aus dem Auge des
fremden Wanderers.[4] Tief unten am Strande, in weiter Entfernung von einander abgesondert, durch Wald und Vorgebirge getrennt, auf grüner Matte ausgebreitet oder auf meerumbrandetes Gestein mittelalterlich hingezaubert, oder
in waldüberhangenen Schluchten, an rauschenden Silberbächen, zwischen
Limoniengärten und langwipflichten Cypressen heimathlich verborgen, erscheinen die Mönchskastelle mit hohen Mauern, mit gewölbten Thorgängen,
mit Glockenhaus, mit Wart- und zinnenbekränzten Festungsthürmen und
eisenbeschlagenen Doppelflügeln zur Hut der byzantinischen Heiligthümer
wider feindliche Gewalt. Das von der Natur zu beiden Seiten des Pfades in
der Senkung der Bergflügel eingehaltene Ebenmaß, der bei aller Mannigfaltigkeit der Schwellung, bei allem Wechsel der Schatten, des Lichts, der üppigen Scenerie doch überall gleiche Abstand vom Bergkamm gibt dem Auge die
volle Herrschaft über die wunderbare Doppelpracht.[5] Der schlankstämmigen
Pinie und der Weißtanne mit hellgrünen langen Nadeln begegnet man nur am
Felsenportal des Eingangs und auf der obern Region des Steinkegels. Der
langgestreckte Raum zwischen beiden ist *ein* zusammenhängender Laubwald
von Platanen, Buchen, Grüneichen, Oel-, Feigen-, Nuß- und Kastanienbäumen, von Cypressen, Weinreben, Lorbeer- und Haselstauden, von Mastix-
strauch, von immergrünen „Arbutuskirschen",[6] Maulbeer- und Obststämmen
aller Art – hellgrünes, luftdurchfächeltes Berggewand, wo die Myrte, die Ro-
senhecke, der Weißdorn, der Smilax, die Coronilla, die schattige Globularia
und das saftige Grün der Epheuranke auf dem Boden, über der Steinwand und
am lebendigen Kastanienzaun alle Räume füllt; wo Duft, Farbenpracht und
Schmelz der Blumen überall den Sinn berauscht, wo es überall quirlt und rie-
selt und in langen Fäden von der waldigen Hügelterrasse fällt und fortrauscht
mit Gemurmel im Erlbusch! Reitet man von der Hafenbucht herauf, die
prächtige Abtei Xeropotamo vorüber, durch romantisches Waldgeschlinge
zum Höhenkamm, trifft man mitten im Dunkelschatten des Laubwaldes,
rechts am Pfade, eine grüne Alpenwiese mit Zaunwerk künstlich eingefriedigt, Sennhütte und Hürde neben Brünnlein und Bächen; es ist Mittagsgluth,
die schweigenden Lüfte, das Bienengesumme, der Wanderer sitzt am Born,
Kastanienlaub und Alpenflor schwanken im Wasserspiegel,

Quae simul aspexit liquefacta rursus in unda,
Non tulit ulterius,

„wie der Morgenthau in der Sonne, so schmilzt ihm die Seele in der Brust."
Wie jener Emir in Alhambra können wir Alle, selbst der Größte und Glück-
lichste, die Tage wahrer Seligkeit und innigen Entzückens aus unserem Leben
ohne Mühe zusammenzählen. Ich werde einen Septemberabend in den Eng-
thälern des kolchischen Amarantengebirges und die Mittagsrast am Wiesen-
plan ober Xeropotamo nie vergessen. Wie unbegreiflich, wie preislos und
verächtlich doch in solchen Momenten all unser Mühen und Streben erscheint! Der Mensch ist aber nicht zu stillem Genuß, er ist zum Kampf geboren; schweigend eilt er am offenen Thor der Seligkeit vorüber und sucht sich
neuen Gram.

Der Berg Athos mit dem gegenüberliegenden Küstenstrich des macedonischen Erzgebirges (Chalcidice), möchte man glauben, sey eigentlich die Urheimath des Kastanienbaumes: nirgend, selbst in Kolchis, treibt er mit solcher
Fülle und Ueppigkeit aus der Erde hervor; nirgend ist sein Blatt so hell und
warmgrün, seine Frucht so süß, sein feiner Wuchs so riesenhaft, die Fortpflan-
zung so rasch und wucherisch wie hier. Man denke ja nicht an die Magerkeit
der Baumwälder in Südeuropa, oder gar an die langweilige Symmetrie und
feingebürstete Ordnung unserer Hof- und Kunstgehäge. Auf Hagion-Oros ist
freie Wildniß und kunstloses, von der Wurzel an heiter und breit belaubtes
liebliches Dickicht in verschlungenen Pfaden, durch die Meisterhand der Natur für die Lust menschlichen Sinnes gepflanzt und aufgezogen. Wie es nur
überall rankt und sproßt und in geiler Ueppigkeit aus dem Boden dringt, ein
kühnes unsterbliches Pflanzengeschlecht mit urweltlicher Kraft vom zarten,
gestern gebornen Zweiglein bis zum strotzenden Strauch und durch alle Zeit-
und Lebensscalen hinauf zum Mannesalter, zum Secularbaum, zum antedilu-
vianischen Koloß!

Daß erhitzte Phantasie und ideale Ausschmückung am Gemälde keinen Antheil haben, vielmehr jeder Pinselstrich aus Wahrheit und unmittelbarer Anschauung genommen ist, mag der Fremdling an sich selbst erproben. Er
wandle nur bei schöner Zeit, wenn auch nicht über den ganzen Längen-Hoch-
pfad vom Kloster *Chilantari* bis zum Riesenkegel, doch wenigstens über die
reizende Partie oberhalb des Burgfleckens *Karyäs* bis zur Wegscheide, wo
man vom Waldkamm in Schlangenwindungen südwärts zur Pomeranzen-
schlucht von St. Dionys niedersteigt. Ich zweifle, ob ein Europäer, ausgenommen *Grisebach*, je in diese Gegend des Berges gekommen ist, weil man in der
Regel dem kürzern und bequemern Weg zur See von der Bucht unter Xeropotamo dem romantischen Abenteuer zu Lande den Vorzug gibt. Freilich hat
man wegen Empfindsamkeit und romantischen Schwärmens für prachtvolle
Naturscenen und Waldeinsamkeit die Deutschen von jeher ausgelacht. Aber
was soll man sagen, wenn der Bergabhang von Karyäs mit seinen luftigen
Pinien, seinen Gärten, Cypressen und Rebenguirlanden bis zum Kloster Iwi-

ron hinab sogar frostigen Seelen aus den britischen Inseln als ein zweites Eden erscheint, das Baumelysium von *Kerasia* aber mit seinen Sturzbächen zur Zeit der Frühlingsblüthe, wenn die Wasser rauschen und die Nachtigall im Busche schlägt, selbst von abgestumpften Klausnern und Weltüberwindern des Athos wie ein irdisches Paradies gepriesen wird? Nur ist alles Reden und Malen umsonst, weil die Sprache zu arm und mit einem Schlage das Panorama in seiner Farbenpracht der Seele vorzuzaubern unvermögend ist.

Daß in dieser beglückten, von der Welt abgelegenen und von der Natur selbst zum Sitze stiller Schwärmerei eingeweihten Wildniß nur Mönche wohnen und das Grundeigenthum seit Jahrhunderten als fester, wohlverbriefter, unantastbarer Besitz der einundzwanzig annoch bestehenden Klöster katastermäßig einregistrirt und keine Handbreit Land schwebend und ohne Eigenthümer ist; ferner, daß die Grenzscheide der einzelnen Klostergebiete schon lange und überall im Gehölze, am Bach, am Felsabhang, unter Hader, Prozeß und Plünderung türkischer Austrägalgerichte festgesetzt und das ganze Gebiet für sich ein zusammenhängendes Gemeinwesen, eine feste Körperschaft mit aller im Sekularverbande herkömmlichen Ungleichheit in Vermögen, Macht, Ansehen, Erwerbsfähigkeit, Lebenspraxis, Leidenschaft und Trieb, aber mit Municipalfreiheit und Selbstverwaltung bilde, ist zum Theil auch in Europa nicht mehr unbekannt. Nur möchte man auch von den frühern Schicksalen des grünen Chersoneses, von den Anfängen der Mönchskolonien, ihrer Einrichtung, ihrer Denkweise und Sitte, ihrem Wirken und Schaffen, von Büchern, Architektur, Kunst, Gelehrsamkeit und Tugendspiegel der frommen Athosväter Einiges erfahren. Die Neugierde ist nicht unzeitig. Der heilige Berg mit seinem Urwald, mit seiner festverwachsenen und versteinerten Kirchenkonstitution ist Central- und Lebenspunkt des oströmischen Glaubens, gleichsam der Vatikan des Orients, Zielpunkt aller Sehnsuchten, Sammelplatz des Reichthums wie der kirchlichen Ueberlieferung, Freihafen und letzter Zufluchtsort aller Weltsatten von Byzanz, ja das einzige von Barbarentritt nie entweihte Fragment der orthodoxen Monarchie.

Fragt man aber die Mönche um eine dokumentarisch beglaubigte Geschichte des heiligen Berges und seiner Institute, erhält man überall dieselbe Antwort: es gebe keine. Aber warum macht ihr euch nicht ans Werk? habt ihr nicht Goldbullen, Papiere, Zeit und Ruhe genug? „Wozu wäre das gut?" fragen die Väter entgegen, „wir sind hier nur vorübergehend, sind nur Gäste, die auf ihrer Wanderschaft zur Ewigkeit heute einkehren und morgen den Platz Andern überlassen: unser Geschäft ist Gebet und Kirchendienst, alles andere überflüssig"

Eine *politische* Rolle, wie die beiden benachbarten, von einem Kranz prachtvoller Pflanzstädte ehemals umschlungenen, aber weniger romantisch geformten Chersonese von *Kassandra* und *Siggiá*, hat die Halbinsel *Akte* mit ihrem

Riesenkegel im griechischen Colonialsystem nie gespielt.[7] Die Gegend duldete keine große Stadt, weil des pflugbaren Bodens nur wenig und wegen des tiefen und sturmvollen Meeres im Alterthum wie heute selbst der Fischfang nur von geringem Belange war. Während in der Nachbarschaft das gewaltige *Potidäa* und das reiche *Olynth* ihr Gewicht in die Wagschale der griechischen Geschicke legten, nennt die älteste Notiz bei Herodot hier nur fünf unscheinbare, nicht einmal von Hellenen besetzte Orte: *Dion, Holophyros, Akrathooi, Thyssos* und *Kleonä*, von denen man nicht einmal die Lage angeben kann, weil selbst die Ruinen verschwunden oder vielmehr im Bau der Mönchskapelle aufgegangen sind. Nur die Stelle von *Akrathooi* verräth der Name; es mußte an der Spitze der Halbinsel am Fuße des Bergkegels liegen, wo heute die große Abtei *Laura* mit ihren Steinthürmen und Festungsmauern glänzt. Ohne Zweifel decken auch die reichen Klöster *Vatopedi* und *Xeropotamo* mit ihren Buchten und Gartenhalden die Gräber zweier Athosstädtchen. Aber nirgend eine Inschrift, kein Grab, keine Urne, keine Spur. Sicherer Beweis, daß die Athoniten wie die benachbarten Volksstämme in Thracien und Illyricum Barbaren ohne Kunst und ohne Alphabet gewesen sind, im Besitze ihrer ärmlichen Heimath aber von den Hellenen nicht angefochten wurden.

Thucydides in einer merkwürdigen Stelle seiner Geschichte des peloponnesischen Krieges nennt die Bewohner der fünf obengenannten Städtchen auf Athos ein *barbarisches Mischlingsvolk, das zwei Sprachen rede*; zwar enthalte es einige Zuthat aus Chalcidice, Hauptbestandtheil aber seyen durchaus Pelasger und jene Tyrrhener, die einst auf Lemnos und in Athen hausten, dann Krestonier, Bisaltier und Hedonen.[8] Diese Stelle ist für die spätere Geschichte des Athos nicht ohne Wichtigkeit. Thucydides kannte jene Gegend vollkommen, verstand die barbarische Landessprache und wohnte zwanzig Jahre lang in der Nachbarschaft auf seinem Besitzthum zu Skapte-Hyle in Thracien.

Ohne Zweifel war das romantische Halbeiland Athos in vorchristlicher Zeit eben so wie heute ein Wallfahrtsort der umliegenden Völker, ein Nationalheiligthum und gleichsam thracisches Loretto, dessen Bewohner, wie jetzt die Mönche, zum Theil von Zehrung und milden Gaben heidnischer Pilger lebten. Stand nicht ein kolossales Bild des thracischen Jupiter auf der Spitze des Bergkegels, wo jetzt das Kirchlein Maria Himmelfahrt? und feierte man nicht in einem Tempel am Strande, wo jetzt die Abtei des Philotheos, jährlich ein großes Heidenfest sämmtlicher Athoniten, von dem die Lokaltradition bis auf diese Zeit geblieben ist? Noch heute, sagten die Mönche dem jungen *Zachariä*, liegt ein Bruchstück des vom siegenden Christenthum zertrümmerten Götzen in einer Schlucht unterhalb des Gipfels. Natürlich redete dieses Tempelvolk der thracischen Athoniten als gemeinsames Verständigungs- und Bindemittel neben dem einheimischen Barbarendialekt auch das Griechische, und war in vollem Sinne δίγλωσσος, d. i. *doppelsprachig*, wie es heute die *Tzako-nen* sind.

In isolirten Gegenden, besonders wenn man vom frommen Glauben der Mit-welt lebt, hat der Volkscharakter meistens eine Zähigkeit und traditionelle Cohäsion, einen Erwerbs- und Erhaltungstrieb, wie er bei andern Leuten in der Regel nicht zu finden ist. In einer handschriftlichen Geschichte des Klos-ters Philotheos liest man die sonderbare Notiz: Zur Zeit als man den heiligen Berg Athos den Mönchen überließ und die Klöster gründete, habe der ortho-doxe Imperator Constantin sämmtliche Bewohner der Halbinsel in den Pelo-ponnes versetzt und in derselben Gegend angesiedelt, wo jetzt die *Tzakonen* sind.

Athoniten und *Tzakoniten*, meint der philologische Klosterbruder, seyen of-fenbar Synonyma, man dürfe ja nur θ in κ verwandeln und von vorne τζ anfü-gen und man habe aus Ἀθωνίταις in bester Form Τζακωνίταις gemacht. Der Verfasser einer neuern gelehrten Abhandlung über das Volk und die Sprache der Tzakonier erkennt, nach Anleitung des Byzantiners Gregoras, im räthsel-haften Tzakonenvolk einfach die *Lakonen* des Alterthums oder lieber noch das peloponnesische Urvolk der *Kynurier*, was natürlich auch viel wahrscheinli-cher ist, da man im ersten Falle blos *Lak* in *Tschak*, im zweiten aber gar nur *Kyn* in *Tza* und *ur* in *kon* umzusetzen braucht, um für die Kynurier Tzakonier zu erhalten. Nach weisem Dafürhalten einiger Doktoren auf dem Philologen-kongreß zu *Olympiokonarithessalotscheritschaniolosono* kommen Verwand-lungen dieser Art an griechischen Eigennamen häufig vor.

Entnommen ist diese historische Sage einer Uebersiedlung der Athoniten nach Morea aus einem uralten auf Bockshaut geschriebenen Dokument, das auf dem heiligen Berge unter dem Namen „ὁ τράγος, der Bock" bekannt ist und die ältesten Nachrichten über den Anfang der Mönchskolonie enthält. Die Thatsache selbst ist außer Zweifel, nur die Nebenumstände sind fabelhaft. Wie *Rustem* in Iran und der Geisterbanner *Suleïman* im semitischen Asien, ist im byzantinischen Reich Konstantin I. jener mythische Heros, jenes welterfas-sende apokalyptische Riesengenie, dem alles Große und im Ursprung Dunkle der christlichen Heldenperiode und Staatsbegründung von der unwissenden Menge gläubig zugeschrieben wird.

Zu Konstantins I. Zeiten gab es in jener Gegend noch keine Mönche, wurden auf Athos keine Klöster gebaut, folglich Niemand übersiedelt. Die Uebersie-delung konnte erst nach Wiederbezwingung des slavinisirten Peloponneses stattfinden, weil es vor dieser Zeit keinen Distrikt *Tzakonia* gab. Eine noch weit kindischere Legende schiebt die Anfänge der Möncherei auf Athos gar auf die ersten Jahre nach Christi Tod zurück. Auf einer Seefahrt nach Cypern, um St. Lazarus zu besuchen, habe der Sturm die heilige Jungfrau in Gesell-schaft des Apostels Johannes nach Athos verschlagen und auf derselben Stelle, wo jetzt das Kloster *Iwiron* steht, zu einer Zeit an das Land getrieben, wo man eben im nahen Tempel ein großes Götterfest sämmtlicher Bergbewohner feierte. Bei ihrer Landung haben die Götzenbilder laut gerufen: „Seht! seht! Die Mutter Gottes kommt, eilet und fallet vor ihr nieder!" Und wie sie den Ruf gethan, seyen sie zugleich mit dem großen Jupiter-Idol am Gipfel zertrümmert von ihrem Sitz herabgestürzt. Die Athoniten seyen dann vor Maria niedergefallen, hätten sich ungesäumt zum Christenthum gewendet, ihr Götzenhaus gereinigt und der Gottesgebärerin zum Tempel eingeweiht. In der Folge habe *St. Freitag* auch noch den römischen Kaiser Caracalla bekehrt und der kaiserliche Neophyt zu Ehren St. Peter und Paul das heutige Cönobium Caracallas (τοῦ Καραχαλλοῦ) gestiftet. Andere Klöster des heiligen Berges rühmen sich anderer Stifter: die Imperatoren Konstantin, Konstans und Theodosius I., Arkadius, die kaiserliche Prinzessin Pulcheria und sogar Mariens Seegefährte St. Klemens hätten auf diesem gottgeweihten Boden klösterliche Denkmäler ihres religiösen Eifers, ihrer Gottesfurcht und Pracht aufgerichtet. Keine dieser Legenden besteht vor dem Richterstuhl der Kritik, wie es der geschichtschreibende Mönch von Philotheos wohl selbst eingesteht. Man beginnt ja nicht mit prachtvollen Abteien, mit Kirchenschmuck und kaiserlichem Arsenal. Alles menschliche Institut geht von unscheinbaren und ärmlichen Versuchen aus. Melancholische Sehnsucht nach Einsamkeit ist unserem Gemüth eingeboren. Das Christenthum schlug zuerst diese Saite an und schuf die Menschen der Seelentrauer und des unstillbaren Verlangens. Nur wenn er ganz allein und auch noch vor sich selbst geflohen ist, gewinnt der Mensch die Ruhe. Geduld gibt noch keine Freiheit, und despotischem Druck weltlicher Verhältnisse kann man nur durch Flucht entrinnen. Deßwegen wuchs „die neue Philosophie der christlichen Stoa", wie sie die byzantinischen Kirchenscribenten nennen, gleichsam als Talisman und Amulet gegen die Tyrannei des Secularstaates im Gewand der *Eremiten* und *Hesychasten* (ἡσυχία, „die Stille") aus dem Boden der oströmischen Welt hervor. Für Stilllebende, weil Reibung und Wechselspiel menschlicher Leidenschaften fehlt, gibt es keine Annalen, und Niemand hat aufgeschrieben wann, wie viel und wie oft sehnsuchtbedrängte, weltflüchtige Byzantiner im Schatten athonitischer Kastanienwälder zuerst ihren Frieden fanden.

Während des fünfthalbhundertjährigen Nordsturms vom Zeitalter des Arcadius bis in die Mitte des neunten Jahrhunderts (400–841 nach Christus), wo der kaiserliche Spötter und Trunkenbold *Michael*, Theophil's Sohn, auf dem byzantinischen Throne saß, geschieht des Berges *Athos*, seiner Bewohner und seiner fünf Städtchen in keinem Autor ausdrückliche Erwähnung. Was ist aus dem thracischen Mischlingsvolk, aus den doppelsprachigen Tempelleuten von Akrathooi und Holophyros während der Bedrängnisse und Verwandlungen der Slavennoth geworden? Alles Fragen ist vergeblich. Wenn es aber beim großen

Einbruch der Gothen unter Alarich in Griechenland (369 nach Christus) in den Waldungen des *Ossa* und der *Thermopylen* schon von christlichen Anachoreten wimmelte, wie man aus Eunapius von Sardes schließen will, so mußte freilich auch die liebliche Waldöde auf Athos damals schon der Sammelplatz weltscheuer Büßer seyn. Procopius in seinen Geschichten redet von den Slavengräueln der nahen Chersonese Cassandra und Hellespont; nur vom Athosberg weiß er nichts zu sagen. Am meisten aber ist zu beklagen, daß über Schicksal und Zustand des Hagion-Oros während der 47jährigen Herrschaft des Imperators Konstantin Copronymus bei den armseligen Chronisten des achten Jahrhunderts gar nichts verzeichnet ist. Man kennt jene Periode unter dem matten Namen des Bilderstreites. Es war aber ein vom Thron ausgehender, *gegen* den Geist des Volks mit Waffengewalt despotisch durchzuführender politisch-theologischer Umwälzungsversuch der oströmischen Monarchie, ein Kampf des Fortschrittes, der Neubelebung, des abendländischen Elements wider den Stillstandsgenius und die Verknöcherung von Byzanz. Copronymus wollte die Mönche bändigen, wie nach ihm Sultan Mahmud die Janitscharen schlug. Beide Reformatoren griffen zu denselben Mitteln, rangen gegen dieselben Hindernisse und scheiterten an derselben Unmöglichkeit. Nur gebührt, wenn von eiserner Consequenz und Energie die Rede ist, die Palme nicht dem islamitischen, sondern dem christlichen Autokraten.

Zu beiden Seiten des Hellesponts, von Stadt zu Stadt, von Provinz zu Provinz zog Konstantin selbst mit seinem Reformheere, zerstörte mit wahrhaft türkischer Wuth Gemeißeltes und Geschnitztes, hob die Klöster auf, ließ widerspänstige Mönche öffentlich geißeln, zwang sie mit Nonnen zu tanzen und Hochzeit zu halten, steckte sie truppenweise unter die Legionen, oder verbrannte sie zugleich mit ihren Büchern, ihren Bildern und ihren Gotteshäusern im flammenden Wirbel ihrer Zellen. Brandfackel, Geißel, Henkerbeil, Aufruhr des Volkes und Wuth des Imperators erfüllten das ganze Reich. Und doch war Alles umsonst! Nach mehr als hundertjährigem Restaurationsgräuel zog die Regierung am Ende doch den Kürzern und die Mönche behielten Recht. Erst nach vollständigem Sieg des byzantinischen Reichsgenius über die Staatsverbesserungs- und Secularisationsideen des kaiserlichen Hofes unter benanntem Michael III. erscheinen *urkundlich* die ersten Waldeinsiedler auf Athos, geistliche Nomaden und Hüttenbewohner, zwar ohne Pracht und mauerfeste Convente, aber doch nicht mehr, gleich wilden Thieren, ohne gesellschaftliche Gliederung und innern Verband.

Der Einsiedler am Centralkirchlein zu *Karyäs* war Vorstand und Wortführer sämmtlicher Anachoreten in ihren Ansprüchen auf ausschließlichen Grundbesitz des Berges, Vorposten der neuen aus den christianisirten Slaven-Schupanien in Macedonien, Thessalien und Hellas herangewachsenen Bevölkerung der Byzantinerwelt. Rund um den heiligen Berg auf den Inseln (Lemnos, Imbros, Samothrace und Thasos) sowohl als auf dem Continent war *Thessalonica* noch der einzige nordischer Barbarei entronnene Punkt.[9] Nachdem das kaiserliche Heer die eingedrungenen *Slaven* im Felde besiegt, rückten die Mönchsgarnisonen nach, um das Werk der Waffen durch geistige Unterjochung und Bekehrung zu vollenden. Unter Michaels Nachfolger Basilius Macedo (867–889 n. Chr.) baute der konstantinopolitanische Mönch Johannes Kolobos das erste Steinkloster auf dem über die Slaven eroberten Terrain unweit des Castrums Hierissos (Ruine von Akanthos), nicht auf dem Berge Athos selbst, sondern noch außerhalb auf der schmalen fruchtbaren Erdzunge, welche den Chersones mit dem Continent verbindet.

Der neue Abt begehrte die „Bergöde des Athos", wie er sie nannte, als Klostergut für die neue Stiftung, und der Kaiser bewilligte die Bitte in einer goldgesiegelten Urkunde, die man im Archiv zu Karyäs noch heute zeigt. Dies ist zugleich der erste geistliche Besitztitel des heiligen Berges, dessen stilllebenden Einsiedler hiemit in rechtskräftigen Schutzverband des kolobitischen Klosters am Isthmus traten. Und weil die armseligen Hesychasten trotz ihren Erbansprüchen noch immer von den Umwohnern geneckt, gestört und durch Benützung der Weideplätze in ihrem beschaulichen Leben gehindert wurden, hörte Basilius ihre Klagen an und verordnete auf desselben Abtes Fürbitte durch eine zweite Goldbulle, daß in Zukunft kein weltlicher Mensch wegen Erwerbes, kein Hirt, keine Heerde die gottgeweihte Stätte betrete und die geistlichen Uebungen der frommen Väter störe. Kolobos' Nachfolger in der Abtei kehrten sich aber nicht an den kaiserlichen Befehl und gestatteten neuerdings gegen Jahreszins Viehheerden und Leuten aus der Nachbarschaft den Zutritt in die heilige Wildniß, „weil sie verbrieftes Eigenthum des Klosters sey."

Kaiser Leo Philosophus (889–912 n. Chr.) schaffte Recht und schränkte die Ansprüche der Kolobiten ein. Sein Nachfolger hob durch förmliche Emancipation und Unabhängigkeitserklärung der Anachoreten die Verbindung mit der Abtei in Hierissos völlig auf, und man ließ die Weltüberwinder wenigstens von dieser Seite in Frieden. Allein die Niederlassung der Araber auf der Insel Kreta (827–961 n. Chr.) war eine neue und langdauernde Quelle der Bedrängnisse für den Athos, besonders während der Regierungszeit des Konstantin Porphyrogenitus (912 bis 959 n. Chr.). Saracenische Korsaren beunruhigten alle Meere, verwüsteten die Küstenstriche und verscheuchten die griechischen Schiffe aus dem Archipelagus und die frommen Büßer aus ihren einsamen Zellen im Kastanienwalde. Namentlich ward die Mönchsanlage *Vatopädi*, unter Angabe fabelhafter Umstände, um das Jahr 862 n. Chr. von den Räubern verwüstet und verbrannt, und das grüne Eiland, wie es scheint, neuerdings zur Wüste. Wenigstens redet um dieselbe Zeit St. Euthymius von Thessalonica im Leben der heiligen Väter, Symeon, Joseph und Basilius bald von zwei, bald gar nur von *einem* Eremiten auf Athos, die am Ende auch noch bei wiederholten Landungen der Piraten die Flucht ergriffen und die Werkstätte frommer Beschaulichkeit, wenigstens längere Zeit, ohne Bewohner ließen.

Entschieden ist bei aller Dunkelheit der Zeiten doch so viel, daß um das Jahr 960 n. Chr. von den in der Folge so berühmten und prachtvollen Klöstern des heiligen Berges noch keines stand, ja nicht einmal ein steinernes Wohnhaus nach den Regeln byzantinischer Architektur errichtet war. Die Einsiedlerhütte am Bach, in der Nußbaumschlucht, am Lorbeerbusch, am Wasserfall rang noch um Daseyn und Boden heute wider kretische Seeräuber, morgen wider Habsucht und geistlichen Hochmuth des Kolobitenabtes, ein drittesmal wider Zudringlichkeiten wandernder Viehhirten, Slaven und Walachen vom Continent. Aber die verlassenen Hütten füllten sich immer wieder, weil das geplagte Volk in Byzanz die freien Lüfte und den rauschenden Platanenbach am Hagion-Oros nicht vergessen wollte. Es fehlte nur ein lebendiger Mittelpunkt, ein Gesetzgeber, ein Mann höherer Weihe, um die zerstreuten Kräfte zu verbinden und frisches Lebensspiel im erdrückten Körper aufzuregen. Das Viele in demokratisch vereinzelter Wirksamkeit mag nirgend etwas Gedeihliches zu schaffen. Dieser Mann höherer Weihe ist endlich in der Person des Mönchs *Athanasius*, des eigentlichen Begründers der heute noch blühenden Klostergemeinde, auf Athos erschienen. Er kam mit einer Kolonie Mönche aus der griechischen Hauptstadt und pranget mit Recht als geistlicher Städteerbauer und Heros im Kalender der anatolischen Kirche.[10]

Das Abendland kennt den Namen dieses Heiligen eben so wenig als es bisher Ursprung und Lebenskraft des von ihm geschaffenen Institutes kannte. Sein erstes Auftreten unter den Eremiten des heiligen Berges fällt in die Regierungsperiode der beiden Autokraten, Flavius Romanus des Jüngern und Nicephorus Phocas des Saracenenbesiegers (von 959–969 nach Christus), als durch Ausrottung arabischen Blutes und Glaubens auf Kreta das griechische Meer wieder offen und das Hüttenleben auf Athos neuerdings im Schwunge war. Jedoch fand der neue Legislator nur erst wenige Einsiedler, und zwar in Noth und Armuth aller Dinge, ohne Arbeit und ohne Genuß; „denn die Eremiten pflügten nicht, zogen keine Furche, hatten weder Ackerochsen noch Zugvieh, noch irgend ein anderes Lastthier; ja selbst die Hunde fehlten. Sie selbst, in Hütten aus Knüppeln zusammengerichtet und mit ärmlicher Bedachung aus Futterkraut versehen, ertrugen Winter und Sommer, in Hitze und Kälte die entgegengesetztesten Wirkungen der Jahreszeiten. Und galt es etwas herbeizuschleppen, vertraten die Einsiedler selbst die Stelle der Packthiere, legten eine Vorrichtung wie Mauleselsättel auf ihren Rücken und schleppten – als wahre Zugochsen des Herrn Jesu Christ *(ὑποζύγια τοῦ Χριστοῦ)* – keuchend und schweißtriefend die Lasten fort.[11] Ihre Nahrung bestand in Früchten wildwachsender Bäume, wenn nicht mitleidige Schiffer hie und da etwas Getreide oder Hirse gegen frommes Gebet zum Tausche boten". Dies klingt freilich anders als die fabelreichen Beschreibungen des schon um 862 n. Chr. mit Goldplatten gedeckten Tempeldaches in Vatopädi oder die vorgebliche Verleihung von Meierhöfen und Dörfern in Macedonien durch Theodosius I. nach Besiegung des Usurpators Eugenius an dasselbe Stift.

Bei aller persönlichen Freiheitsliebe und aller Rohheit des Privatlebens hatten die Anachoreten doch, wie oben angedeutet, eine Art gesellschaftlicher Einrichtung, ein locker zusammenhängendes Gemeindeband, Bundescentrum und Kapellenregiment um das Ganze zu stützen, ohne die Bewegungen des Einzelnen zu beengen. Unter den Nußbäumen, wo heute der schöne Burgflecken *Karyäs*, stand damals schon ein kleines Kirchlein, um das sich dreimal des Jahres, zu Weihnachten, um Ostern und am 15. August, sämmtliche Bergeinsiedler in gemeinsamer Berathung ihrer Angelegenheiten zusammenfanden. Drei Volksversammlungen einer demokratischen Eremitenrepublik, Rousseau's Bild des sozialen Glückes! Frei, müßig und dennoch sicher seyn, wäre aller Menschen stiller Wunsch. Wie wird es dem städtischen Sittenverbesserer und seinen neuen Ideen unter diesen thierisch lebenden Waldmönchen ergehen? Die Politur, das feingeschliffene Wesen der kaiserlichen Residenz sollte mit der stumpfen Derbheit eremitischer Athleten, monarchische Zucht mit der rohen Ungebundenheit harthöriger Demokraten den Kampf bestehen.

St. Athanasius schritt langsam vor und wollte weniger auf dem Wege der Rhetorik als des Exempels zum Ziele kommen. Zuerst gründete er am Fuße des Athoskegels in einer schatten- und wasserreichen Lage mit Hülfe ärarialischen Goldes das Vorbild und Musterconvent *St. Laura* mit gewölbtem Thore, gemauerten Zellen in der Runde und steinernem Gotteshaus in der Mitte. Byzantinische Mönchspraxis mit Handarbeit und Gebet, mit gemeinschaftlicher Mahlzeit und Unterwerfung Aller unter den Willen eines Einzigen war das auf Athos noch nie gesehene Schauspiel der jungen Kolonie. Man pflügte, pflanzte, säete, kelterte und kochte warme Speisen, webte Gewänder, führte Zugvieh ein, und lebte menschlich unter wohnlichem Dache zu großem Erstaunen der armen, heiligen und wilden aber freien Troglodyten. Gewiß, denkt der Leser, haben die frommen Väter mit ihrem Mauleselsattel auf dem Rücken die Einführung des Lastviehes mit freudigem Gefühl begrüßt und den Mann gesegnet und wetteifernd die Hand nach den bisher unbekannten Vortheilen und Genüssen ausgestreckt. Von allem geschah das Gegentheil.

St. Athanasius mit seinem Laura-Institut, seinem Weizenbrode, seiner Klosterökonomie und seiner Weinkelter fand überall Widerspruch; man tadelte, man schrie und pochte laut über gefährliche Neuerung, über ungeistliches Treiben, über Umkehrung altherkömmlicher Ordnung und verwünschte laut Arbeit, Ziegeldach und Kasernenzucht des fremden Reformators. So widerlich ist dem Menschen jeder Angriff auf seine alten Gewohnheiten, selbst wenn die Neuerung Vortheil bringt, und so unduldsam ist unsere Natur, daß wir aus fremder Hand sogar das Gute nicht ohne Zwang und Widersetzlichkeit nehmen wollen, wie es berufene und unberufene Weltverbesserer von jeher empfunden haben.

St. Athanasius hatte auch in der That den Frieden gestört und den Berg in zwei feindliche Parteien getrennt: die Laurioten mit ihrer neuen Ordnung und ihnen gegenüber die starren Anhänger der alten Waldfreiheit und des alten Schmutzes. In den Augen der letztern war die Einführung des Stadtmönchthums auf dem Hagion-Oros ein Rückschritt in der Heiligkeit, weil nach der ursprünglichen Idee der anatolischen Kirche der Anachoret auf einer höhern Stufe moralischer Vollkommenheit steht als der in gemauerter Zelle eingeschlossene Ascet. Und weil sie im Aufblühen des neuen Klosters einen förmlichen Angriff auf ihre Mönchsfreiheit und zugleich ein schweres Hinderniß auf dem Pfade des Seelenheiles erblickten, brach endlich zur Vergeltung seiner Sorgen und Mühen wider Abt Athanasius den Neuerer, den Umwälzer, der die alte Ordnung aufgehoben, tyrannische Herrschaft eingeführt und wider alles Herkommen Zellen, Mauern und Gärten angelegt, Lastvieh auf den Athos gebracht und sogar Weinreben gepflanzt, ein förmlicher Aufstand sämmtlicher Eremiten aus.

Sie schickten Abgeordnete zu Phoca's Nachfolger Johannes Tzimisces (von 969 bis 975) und schrien im Palast: „Nieder mit Athanasius! Nieder mit Kloster, mit Reben, Gärten, Mauern und Gebäude! Es sey Einöde wie zuvor!" Aber Athanasius gewann den Prozeß, und der Kaiser baute den großen Steinthurm und St. Stephansschanze als Akropolis und Schirmburg der Laura-Kolonie wider die meuterischen Eremiten. Erst nach dieser Niederlage gaben die Vertheidiger der alten Praxis nach, verließen ihre Grasdachhütten und bauten auch feste Wohnungen wie Athanasius. Zugleich verlieh der Imperator mit Beiziehung des Abtes in Laura und anderer Klostervorstände in der Hauptstadt die erste Constitution, eine Art Charte oder vielmehr organischen Edikts, worin Besitztitel und gegenseitige Rechte der neugeschaffenen Berggemeinde, mit Hausregiment, Subordination, Arbeit, Gottesdienst und Lebensweise der Brüderschaften festgesetzt und verzeichnet waren.

Diese Nachrichten über die Origenes des heiligen Berges sind zwar kaum nothdürftig, aber sie sind urkundlich und aus zum Theil noch aufbewahrten kaiserlichen Goldbullen gezogen, so daß die unbeglaubigten Legenden und thörichten Faseleien gutmüthiger, aber ungelehrter Mönche, besonders im großen und reichen Vatopädi, in Zukunft Niemanden mehr bethören sollen. Vier Punkte stehen fest: 1) die Uranfänge des Einsiedlerinstituts auf dem Berge Athos verlieren sich im fabelhaften Dunkel der vorslavischen Byzantiner Periode des 5. und 6. Jahrhunderts; 2) das gesetzlich eingerichtete, reformirte

Mönchthum mit Steinbau und verbrieftem Eigenthum begann erst in der zweiten Hälfte des 10. Jahrhunderts (ca. 970 nach Christus); 3) Mutterstift, nach welchem sich die übrigen Neubauten richteten, ist das heute noch blühende große Kloster *Laura* am äußersten Rande der Halbinsel; 4) weil die europäischen Provinzen des byzantinischen Kaiserthums mit Griechischreden damals noch nicht fort konnten, waren die Bewohner der neugebauten Convente großentheils slavischer Herkunft, weßwegen man jetzt noch, selbst in den ältesten Stiftungen wo das Slavische längst erloschen, im Slavendialekt geschriebene Liturgien und Kirchenbücher findet. Ob man die alte, halb serbisch, halb griechisch verfaßte Handschrift über die ersten Klosteranlagen auf Hagion-Oros, wie der Historiograph von Philotheos meldet, zu St. Laura noch sehen könne, ward diesmal leider nicht untersucht.

Nach Dämpfung des ersten Widerstandes ging der Aufschwung, wie es scheint, rasch aber nicht friedlich voran. Während in der ersten Constitution unter Kaiser Tzimisces nur achtundfünfzig Ansiedlungen verzeichnet waren, erscheinen unter Konstantin Monomachus (1042 bis 1054 nach Christus) neben Laura schon andere Klöster im großen Styl, namentlich das schöne Xeropotamos und das große Vatopädi, neben einer Menge steingemauerter Klausen mit Kirche, Garten, Ackerfeld, Obstwald und eingefriedigtem Besitz, im Ganzen über hundertundachtzig selbstständige Anlagen mit 700 Mönchen, die sich aber zur Zeit des benannten Herrschers „voll teuflischer Zwietracht in Prozessen und Schlägen unter einander zerrissen."

Hader über Mein und Dein, Gierde nach Erweiterung der Marken, kirchlicher Hochmuth und Kastengeist, Neid der armen Klosterbrüder gegen die reichen, laxer Sinn im Gegensatz blinder Zeloten und strenger Klausur hatten Eintracht und Frieden vom heiligen Berge verbannt und alle Gemüther erbittert. Anarchie und Raserei der Streitenden stieg auf einen Grad, daß man auf dem Punkte war sämmtliche Anlagen wieder aufzugeben und den Berg zu verlassen, wenn nicht Konstantin Monomachus gleichsam durch einen zweiten Schöpfungsakt ins Mittel getreten wäre. Die Schuld dieser Skandale wird im großen Papierdiplom des Imperators dem Feinde alles Guten *(τῷ μισοκάλῳ)*, dem Teufel zugeschrieben, der den Mönchen die Köpfe verrückt und mit weltlichen Leidenschaften vergiftet habe. Für den oströmischen Kirchenstaat war ein Mönchskrieg im Nationalheiligthum ein Gegenstand von Gewicht und eine öffentliche Angelegenheit, die man mit größter Sorgfalt zu behandeln und zu schlichten hatte. Mit Beiziehung des Patriarchen und der einsichtsvollsten Klostervorsteher der kaiserlichen Residenz ward eine neue organische Einrichtung für den heiligen Berg entworfen und Abt Kosmas vom Kloster Tzintziluk in Konstantinopel beauftragt, diese „Friedenskonstitution", wie sie der Berichterstatter nennt, unter den tumultuirenden Mönchen einzuführen.

Nach Herstellung einer vollständigen Liste der altbestehenden und seit der ersten Verfassung neu gegründeten Institute berief der Friedensverkünder eine allgemeine Versammlung nach der Centralkirche in Karyäs und hörte die Klagen an: „es war aber alles voll Geschrei, voll endlosen und unvernünftigen Haders *(ἔρις ἀλόγιστος)*." Am meisten schrie man gegen die Aufnahme von Sklaven und Unfreien in den Mönchsverband; dann wider den wucherischen Großhandel der reichen Mönche, die auf eigenen Schiffen des größten Tonnengehaltes Wein und Getreide nach Konstantinopel lieferten; endlich gegen die Milchkühe und die Zugthiere der neuen Convente; gegen den Verkehr mit Bauholz, Brettern, Kien und Tannenharz, den geringere Mönche in Person zu merklicher Versäumniß kirchlicher Verrichtung gewinnsüchtig nach allen umliegenden Provinzen trieben.

Unter Griechen den Handel ganz verbieten schien allen unmöglich. Man suchte einen Mittelweg und gestattete den Großmönchen hinfüro zwar Verschiffung ihrer Waaren, aber nur auf *kleinen* Fahrzeugen *(πλοιάρια)* zu 200–300 Metzen, auch nicht mehr bis Konstantinopel, sondern nur bis *Enos* in Thracien auf der einen, und bis *Saloniki* in Macedonien auf der andern Seite. Kühe und Ochsen mußten ebenfalls das Feld räumen, und der Kleinhandel mit Holz und Pech wurde gänzlich und auf immer abgeschafft – ein höchst wohlthätiges Gesetz, dem der heilige Berg vorzugsweise den blühenden Zustand seiner Wälder und den üppigen Reichthum seiner Vegetation zu verdanken hat.

Zwischen der ersten und zweiten Constituirung der Athos-Klöster sind nicht mehr als 70 Jahre verflossen, und doch welche Verwandlung in Praxis und Lebensansicht der Mönche findet man nicht am Schluß der kurzen Periode! Von der strengen Ascese und cynischen Armuth der Holzhüttenbewohner war man in zwei Menschenaltern zum Festungspalast, zum spekulativen Betrieb der Feldökonomie und des Großhandels, und ohne Zweifel auch zu Luxus und Verderbtheit der kaiserlichen Residenz in schneller Progression fortgeschritten. Man war im Zuge den kirchlichen Charakter des alten Berginstitutes gänzlich abzustreifen und aus Liebe materieller Interessen sich gleichsam selbst zu säcularisiren. Doch hat die am Hagion-Oros ureinsässige und im Boden selbst radicirte Idee der Einsiedelei und Pönitenz im großen Conflict zuletzt dennoch den Sieg errungen.

Von Kijew und den Quellen der Wolga, vom Dunkelwald im innersten Kolchis, vom freien Hellas, aus den Thälern des Hämus, von Illyrien und Czerna-Gora blicken aller Augen mit sehnsüchtigem Verlangen nach dieser großen Glaubens- und Bußanstalt des byzantinischen Kirchenthums. Wenn auch in der Zwischenzeit durch die Frömmigkeit von Fürsten und Privaten der Reichthum der Klöster an Meierhöfen, Weinbergen, Oeltriften, Geld und Gut, auf den Inseln des Archipelagus, auf der anatolischen Küste, in Thracien, Thessalien, Macedonien, in der Stadt Rom und dem zum Orient gehörigen Theil Süditaliens, und in der Folge sogar im kaukasischen Iberien, im norddanubischen Dacien und Moscovien in kolossalem Maß anschwoll, und die Klostergebäude selbst aus wiederholten Unfällen durch Elemente und feindliche Gewalt mit erhöhtem Glanze hervorgingen, und Marmorsäulen die goldreichen Tempel schmückten, so brach sich doch die Welle irdischer Sorge und Pracht seit Konstantin Monomachus jederzeit am Felsenthor des grünen Chersoneses. Das Weib, das begehrliche Auge, das Hochzeitfest, üppige Künste, Kirmesfeier und sinneaufstürmender Tumult blieben mit aller Zucht des Hausthieres aus dem Bereich der heiligen Gemeinde auf immer verbannt. „Da ist kein Jahrmarkt, sagt Gregoras, keine Spekulation, kein Wucher, kein Tribunal und kein Richterstolz; auf dem Athos weiß man nichts von Herr und Knecht, und dort allein ist wahre Freiheit und das richtige Maß menschlicher Dinge.“ – Kein lebendes Wesen wird auf dem heiligen Berg geboren. Man stirbt nur, aber ohne Thräne, ohne Monument.

Sonderbar genug hat sich die Doppelansicht der auf dem zweiten Congreß zu Karyäs sich bekämpfenden Parteien in den Klostereinrichtungen bis auf den heutigen Tag fortgeerbt. Zwar Packsättel tragen die Mönche nirgend mehr, und seit Jahrhunderten hat das Maulthier allenthalben, selbst in den Klöstern strengster Observanz, das Lastgeschäft übernommen; aber das Regiment im Innern ist jetzt noch ein doppeltes, da ein Theil der Klöster im monarchischen, der andere im demokratischen Sinne verwaltet wird. Die ersten heißen *Cönobien* und die Mönche stehen mit völliger Ertödtung eigenen Willens unter einem auf Lebzeiten ernannten und mit absoluter Gewalt bekleideten Abte. In diesen hat Niemand ein Eigenthum; eingebrachtes Vermögen und Frucht der täglichen Arbeit so wie der Mönch selbst mit Leib und Seele gehören dem Kloster an, welches dafür die Angehörigen kleidet, nährt, in der Krankheit pflegt und nach dem Tode begräbt und vergißt.

Die Mahlzeit der Cönobien ist gemeinschaftlich, das Kleid uniform, das Gebäude reinlich, das Individuum schweigsam und höflich, das Ganze voll Takt und Ebenmaß. Dies alles ist bei den republikanisch regirten verschieden, man nennt sie auch nicht *Cönobien*, sondern *Idiorrhythma Monastiria*, d. i. solche Klöster, wo der Einzelne nach eigenem Urtheil und Gutdünken lebt. Hier wählt man die Vorstände durch Stimmenmehrheit, aber jedesmal nur auf ein Jahr, und zwar mehrere zugleich, damit das Regiment nicht zu drückend werde und der eine den andern in Maß und Schranken halte. Ueber Wohl und Wehe des Ganzen wird entweder von diesen Obrigkeiten besonders, oder von allen stimmfähigen Mönchen zugleich im Gemeindesaal entschieden und der Beschluß von dem fest bestallten Geheimschreiber augenblicklich zu Papier gebracht und ausgefertigt. Jeder Conventual erhält aus dem Klostermagazin sein Bestimmtes an Naturalien, hat auf gemeinsamem Corridor abgeschlossene Wohnung, eigene Küche und selbstgewählte Bedienung, und kleidet sich nach Belieben, ausgenommen die mörserartige schwarze Kopfbedeckung, die bei allen die gleiche ist. Eben so verwaltet, vermehrt oder vermindert, verspekulirt und vermacht jeder Mönch sein Privatvermögen wie es ihm gefällt, und hat mit seinen Hausgenossen überhaupt nichts gemeinschaftlich als den Gottesdienst in der Kirche und das Grab auf dem Leichenacker. Man ist hier freier Gottseligkeitsbürger und kümmert sich gerade nicht allzeit sonderlich viel um Hauspolizei, um Sauberkeit, reinlichen Anzug und feste Ordnung.

Offenbar hat sich in Sitte und Einrichtung der *freien* Klöster die Tradition des alten, durch monarchisches Cönobitenthum St. Athanasii beschränkten und verkürzten Anachoreten-Republikanismus des heiligen Berges erhalten.

Obwohl Prozesse und Eifersüchteleien der Convente unter sich bis auf den heutigen Tag nicht selten sind, haben doch beide Disciplinen *ein* Bestreben von jeher mit einander gemein: keinen allgemeinen Klosterimperator in der Nähe zu dulden und wenigstens im eigenen Hause vollkommen freie Hand zu haben. Wenn man auf alle Freuden und Genüsse der Welt verzichtet, soll man einem zwischen die selbstgewählte Obrigkeit und das Himmelreich nicht noch eine dritte Potenz zum Plündern und Brandschatzen, wie sie sagen, dazwischenschieben. Von den Fesseln der Kirche in Hierissos hatte sie schon Konstantinus Porphyrogenitus emancipirt; aber von den Oberaufsichtsansprüchen des Abts von Karyäs konnten sie sich erst nach dem Erlöschen des griechischen Reiches, in Folge großer Unfälle und gleichsam einer dritten fast allgemeinen von den Fürsten der Slaven ausgegangenen Restauration der Klöster im Beginn des siebzehnten Jahrhunderts (1600) gänzlich ledig machen. Denn aus der Grasdachhütte und dem kleinen Centralkirchlein war im Sinne der athanasischen Reform nach und nach ein prachtvoller Tempel mit vergoldeter Felderdecke, mit Porphyrsäulen und magischem, zur Andacht einladendem Helldunkel, nebst Kloster mit breitem Glockenthurm, und nebenan die fortlaufende Marktgasse mit niedrigen Kaufläden und Arbeitsschoppen, mit gepflasterten Nebengassen, Häusern, Kapellen, Gärten, Wohnthürmen unter Cypressen, die kleine Hauptstadt des heiligen Berges herangewachsen. Daher der Name *Protaton* für das Kloster und *Protatos* oder *Protos* für den Abt von Karyäs, der sich im Laufe der Zeit gleichsam als Mönchspatriarch und geistliches Bergoberhaupt bischöfliche Rechte und Kirchenkleidung, vorzüglich auf Vorsprache Kaisers Andronicus Paläologus I. (1283 bis 1322 n. Chr.) vom Patriarchenstuhl in Konstantinopel zu erwerben wußte.

Indessen nennen sich die Bischöfe zu Hierissos noch immer „ἐπίσκοπος τοῦ ἁγίου ὄρους Ἄθωνος;" aber die Mönche erkennen die Ansprüche nicht, lassen ihn nicht über die Gränze und geben ihm des Jahres nicht einen Pfennig zum geistlichen Unterhalt. Nur das Schattenbild eines Bergpatriarchen und Centralabts von Karyäs mit dem Recht das Polystaurion und Hypogonation zu tragen, Subdiaconen und Lectoren zu ordiniren, erbt sich ohne wirkliche Macht und ohne Gewinn in der Person eines armen, aber ehrgeizigen Mönchs des Hagion-Oros fort. Und doch fehlen auch für *diese* Würde die Bewerber nicht.

Es müßte die Leser nur langweilen, wollte man Ursprung und Schicksale der übrigen zwanzig Großabteien des Berges nach Angabe der zum Theil selbst mit legendenartigen Exordien ausgeschmückten Goldbullen der Imperatoren chronologisch auseinandersetzen. Genug, daß die Erbauung der einundzwanzig Mönchsburgen, die man gegenwärtig auf Hagion-Oros findet, zwischen die Jahre 970 bis 1385 n. Chr. hineinfällt und *St. Dionys*, wo ich am längsten verweilte, unter den großen Anlagen die jüngste und letzte ist.

Daß im Laufe des vierzehnten und fünfzehnten Jahrhunderts eine verheerende Fluth, wie eine zweite Saracenenkatastrophe, über den heiligen Berg gekommen sey, ein Theil der Klöster verlassen, ausgeplündert und verbrannt im Schutte lag, andere halb verfallen ihr ärmliches Daseyn fortschleppten, darüber lauten die Nachrichten in allen Conventen gleich. Nur die Ursache des Ruins, wie sie die Mönche angeben, ist offenbar mythologischer Natur und alles historischen Grundes ermangelnd. Erbittert über die Hartnäckigkeit der Mönche in Verschmähung des lateinischen Dogma's, sey der Papst von Alt-Rom in eigener Person mit einer gewaltigen Flotte an den Athos gekommen, um dieses Hauptquartier anatolischer Widersetzlichkeit mit Gewalt zu erobern und zu züchtigen. Die Groß-Klöster, namentlich Vatopädi und Laura, hätten aus Bequemlichkeit und Furcht für ihr weltliches Gut die Adoration wirklich geleistet; die meisten aber fromm und unbeugsam allen Zumuthungen des lateinischen Oberpriesters widerstanden, und in Folge dieser heldenmüthigen Ausdauer im orthodoxen Glauben hätte der Pontifex in seiner Wuth die prächtigen Abteien *Xeropotamos*, *Kutlumusi*, *Zographu* und *Dochiarion* geplündert und angezündet. Allein selbst über den Zeitpunkt des Verderbens sind die unwissenden Mönche und ihre Chronisten nicht einig, meistens aber gilt der letzte in Verzweiflung aller Dinge unternommene Unionsversuch der morgenländischen und abendländischen Kirche auf dem Concilium zu Florenz (1439 n. Chr.) als Epoche des päpstlichen Feldzugs und seiner vandalischen Execution. In den byzantinischen Ländern ist das Gedächtniß der Menschen kurz, und von der Schärfe europäischer Kritik ist seit Prokopius (560 n. Chr.) im Orient selbst der Begriff erloschen.

Betrachtet man das unübersehbare Elend, das sich in den dritthalbhundert Jahren zwischen der Herrschaft der Lateiner im Orient und dem Einzug Sultan Mohammeds II. durch das Kanonenthor in Konstantinopel über alle Provinzen des illyrischen Dreiecks legte, so erklärt sich der Ruin der Athosklöster ohne Schwierigkeit. Zwar hören wir Occidentalen es nicht gerne, wenn man von fanatischer Unduldsamkeit, von barbarischer Unkunde der Menschen und Dinge und endlich von einfältiger Wirthschaft unserer Vorfahren und Landsleute im Orient redet. Fänden sich aber in spanischen oder sizilischen Archiven noch die vollständigen Tagebücher der großen catalonischen Abenteurer-Compagnie, die als wohlbestalltes Räuberregiment mit Siegel und Ausschuß anfangs am Hellespont, später auf der Halbinsel Kassandra ganz in der Nähe des heiligen Berges Jahre lang (1305 bis 1309 n. Chr.) ihr Wesen trieb, so könnte man wahrscheinlich bis auf Datum und Namen erzählen, wer Xeropotamo verbrannt und das romantische Mönchsrevier um Kutlumusi ausgeplündert und verwüstet hat. Auf zehn Tagreisen in der Runde, sagt *Muntaner* der Augenzeuge, sey während dieser Frist alles Land menschenleer und unbebaut geblieben.

Es stand aber damals, wie man weiß, das lateinische Abendland unter der Oberlehnsherrlichkeit des römischen Stuhles, und alles von den Byzantinern erduldete Ungemach fiel in ihrem beschränkten Sinne auf den Summus Pontifex an der Tiber zurück. Und wenn man hier wiederholt erklärt, daß die türkische Herrschaft bei den Griechen als eine Art Restauration und Sicherstellung wider lateinische Verfolgung galt und vorzüglich von der Geistlichkeit allenthalben begünstigt wurde, so kann es nur noch Unkunde und thörichtes Selbstgefallen einiger Abendländer verdrießen, wenn man byzantinische Abneigung gegen das Lateinerthum für wohlbegründet und permanent erklärt.

In Saloniki weiß man heute noch mit allen Umständen zu erzählen, wie die Mönche des Schloßbergklosters die von den lateinischen Christen beherrschte Stadt im Jahre 1430 an Murad II. verriethen und zum Dank dieser That ihre Existenz, ihre Rechte und Besitzungen bis zu dieser Stunde ungeschmälert erhalten haben. Und wer will es den von den Franken verhöhnten und geplünderten, von der eigenen Regierung aber nicht geschirmten Athosmönchen übeldeuten, wenn sie schon lange vor der Katastrophe des Kaiserthums Abgeordnete an das türkische Hoflager nach Prusa und nach Adrianopel sandten um voraus Schutz und Wohlwollen der künftigen Herren des Orients zu erflehen? Nur einmal, und zwar erst hundert Jahre nach Eroberung Konstantinopels, wurden die Türken undankbar und griffen in einer Anwandlung gläubiger Raserei nach dem lange verschonten Kirchengut ihrer christlichen Unterthanen. Damals verlor der heilige Berg seine Meierhöfe auf Lemnos und in Kleinasien, und türkische Haufen plünderten und verbrannten sogar auf Hagion-Oros selbst mehrere im langen Frieden wieder reich gewordene Klöster und metzelten Mönche nieder. Dieses im Einzelnen zwar auch nur wenig bekannte, aber im Ganzen als Faktum historisch beglaubigte Ungewitter war die letzte größere Drangsal der lieblichen Klosterzellen im Kastanienwalde. Das Verderben war aber kein allgemeines, durchdachtes und anhaltendes wie die Verfolgungen und brutalen Neckereien der Abendländer; es war nur ein zorniges Aufflammen schnell verrauchender Türkenwuth und *soll* auf das Jahr 1534, das vierzehnte Sultan Suleïmans I., fallen.

Einzelne Schläge trafen hie und da ein Athoskloster wohl auch später noch, besonders in Geldverlegenheiten der Pforte; aber es fanden sich immer reiche und gläubige Seelen, die das confiscirte Klostergut käuflich erstanden und den ausgeplünderten Vätern aus Andacht wieder schenkten. So kaufte die Tochter des walachischen Fürsten *Peter* die weggenommenen Ländereien von *St. Dionys* um das Jahr 1580 und überließ sie gratis dem rechtmäßigen Besitzer. Die Spuren solcher Uebel waren bald verwischt, wie aus *Peter Belon*, einem französischen Naturforscher aus eben jener Zeit, zu entnehmen ist. *Belon* der Arzt und Botaniker hatte unter allen Europäern, so viel man weiß, in wissenschaftlichem Interesse den heiligen Berg am frühesten besucht und eigentlich die erste Kunde von der paradiesischen Schönheit des unbekannten Chersoneses und seiner mönchischen Gemeinde in das Abendland gebracht. Seine dreijährige Reise im Orient fiel zwischen die Jahre 1546 bis 1549 unserer Zeitrechnung und war eine Frucht des kunstsinnigen französischen Hofes unter Franz I. und dem Cardinal von Tournon. Der Bericht über den Hagion-Oros ist zwar kurz und vorzüglich auf Pflanzenkunde berechnet, er entwirft aber die Grundzüge des Gemäldes mit so viel Schärfe und gesundem Sinn, daß sie heute noch eben so wahr und frisch wie vor 300 Jahren sind.

Während dreier Aeonen hat sich bei den Mönchen auf Athos nichts verändert, ist keine neue Idee eingedrungen, ist keine neue Pflanze aus dem Boden herausgewachsen, und wenn sich der oströmische Genius auch in Zukunft des germanischen Elementes zu erwehren vermag, so müssen Belons Schilderungen und Sittenzüge auch nach tausend Jahren noch treffend seyn. Wen aber Ideengang und Wirbelwind des Occidents erschreckt, der sehe um Trost und Gegengift auf den Athosberg, auf das versteinerte Gedankenkapital, auf den zoologischen Typus in Architektur, in Wortsyntax, in Genuflexion, Gastlichkeit und seliger Ignoranz der Mönche. Und weil sich die byzantinische Kirchen- und Staatsidee als konstitutiver Bestandtheil des menschlichen Geschlechts mit einer auch dem Verblendetsten fühlbaren Gewalt in Europa geltend macht, so wäre ein Blick auf die Athosklöster nicht mehr überflüssig. Oder ist nicht dort der Antivatikan und das geistige Waffenhaus, mit dem man den illyrischen Continent erschüttert?

Ein Namensverzeichniß der Convente in ihrer natürlichen Reihenfolge finden wir gleichfalls zuerst in Belons Buch. Zwar sind mehrere Namen aus Unkunde des Griechischen fehlerhaft geschrieben, dagegen aber die geographische Lage der Klöster, ob auf der Süd- oder Nordseite des grünen Waldgebirges, ob am Strande oder weiter oberhalb im Dickicht, richtig angegeben. Belon fand sie, wenigstens von außen, alle gut gebaut, mit hohen Mauern eingeschlossen und wider Angriffe der Piraten genugsam verwahrt. Und die Epitheta „sehr schön, lieblich, reich, groß, noch größer und noch reicher," die er dreien aus ihnen zugesteht, lassen mit Sicherheit auf eine damals glückliche Epoche des heiligen Berges schließen. Freilich hat der walachische Grieche *Johannes Comnenus* aus Bukurest, der 160 Jahre nach Belon (i. J. 1701) längere Zeit auf Hagion-Oros lebte und mit umständlicher Behandlung der einzelnen Klöster einen Pilger-Guide im Vulgardialekte schrieb, über Pracht und Herrlichkeit der Gebäude, über Goldreichthum der Tempel, über Architektur, Freskomalerei und Porphyrtische ihrer Speisesäle ein weit glänzenderes Bild als sein Vorgänger aufgestellt, aber nebenher auch gewissenhaft die Quellen der großen und allgemeinen Verwandlung des heiligen Institutes angedeutet. Die Sorge für den heiligen Berg ging nach gänzlichem Verkommen der beiden orthodoxen Imperien von Byzanz und Trapezunt auf die gottesfürchtigen Fürsten der Slaven und Moldo-Walachen über. Athos ward das neue Jerusalem der Scythen, und alles was der heilige Klosterbund noch heute besitzt, Daseyn, Glanz, Schirm, Nahrungssaft und Hoffnung ist fromme Gabe der Sarmaten, ist aus den danubischen Slavenländern und aus Moscovien herbeigeflossen.

Von den einundzwanzig Großabteien sind folgende *sechs*: *Chilantari, Zografu, Simopetra, St. Paul, Xenophu* und *Russico* von Grund aus serbo-bulgarische Stiftungen; *acht* andere aber: *St. Gregoriu, Karakalu, Dochiarion, Kutlumusi, Xeropotamos, Pantocratoros*, das trapezuntische *St. Dionys* und selbst das kaiserliche prachtvolle *Laura*, weil im Laufe des fünfzehnten und sechzehnten Jahrhunderts durch dacische Woiwoden und Bojaren, theils aus gänzlichem Ruin wieder neu aufgebaut, theils aus Verarmung und Verfall hergestellt, erweitert, verschönert und mit Grundstücken ausgestattet, als Schöpfungen der Fürsten von Yassy und Bukurest anzusehen.[12] Keinen Antheil weder der Gründung noch der Wiedererneuerung haben die Slavo-Walachen nur an den folgenden *sechs*: *Iwiron, Protaton, Esphigmenu, Philotheu, Kastamonitu* und *Stauronikita*. Darunter ist *Iwiron* eine reiche, auf der verbrannten byzantinischen Mönchskapelle St. Clemens durch iberische Frömmigkeit aus dem Grund erbaute, mit Gütern um Tiflis ausgestattete und später glanzvoll erweiterte, *Philotheu* aber eine kleine, von den grusinischen Fürsten Leon und Alexander um das Jahr 1492 n. Chr. nur restaurirte Abtei, zu der nach schwankenden Legenden ein St. Philotheus mit zwei heiligen Gesellen einst den Grund gelegt. *Stavronikita* dagegen wurde erst nach Belons Besuch auf Hagion-Oros in den letzten Jahren Sultan Suleïmans (1520–1570 n. Chr.) aus langer Verödung durch den Patriarchen Jeremias *senior* von Konstantinopel wieder aufgebaut und mit griechisch redenden Mönchen besetzt. Für die übrigen vier kennt man nur griechische Ursprünge und Patronanzen, ausgenommen in der allerneuesten Zeit, wo die erbliche Gottesfurcht der russischen Czare den Thau ihres Goldes über alle Convente des heiligen Berges mit gleicher Liebe und Milde niederträufeln läßt, insbesondere aber das große und stolze *Vatopädi* mit kaiserlichen Gnaden tränkt. Doch theilten auch schon in früherer Zeit die beiden heiligen Serbenfürsten Sabbas und Symeon mit den byzantinischen Imperatoren Manuel Comnenus und Andronicus Paläologus I. als Hauptpatronen die Ehre der Restauration und Bereicherung dieses prachtvollen, durch Glanz und gute Ordnung heute alle Athosklöster überstrahlenden Instituts.

Woher, wie und warum ich in diese liebliche Oede gekommen bin, wie mich die Väter aufgenommen und behandelt haben; dann über Lebensweise, Ideenkreis, Beschäftigung und Politur der heiligen Gemeinde erzähle ich kurz und ohne Schminke in einem folgenden Fragment. Aber aus allen Klöstern, das sage ich vorher schon, hätte *meine* Sympathie *St. Dionys*, das liebliche Cönobium, die abgeschlossene Welt am rauschenden Aëropotamus, wo Nettigkeit, Ordnung, Milde und doch strenge Zucht die Welt am leichtesten vergessen lehrt. Mit kolchischem Golde durch den Groß-Comnen Alexius III. gegründet und mit Jahresrenten aus der kaiserlichen Schatzkammer in Trapezunt ausgestattet, spielt es als letzter Akt comnenischen Glaubenseifers und gleichsam als Codicill der letzten Griechendynastie eine melancholische Rolle in den Annalen von Byzanz.

Dreimal des Tages ertönen seit fünfthalbhundert Jahren für das Heil ihres Wohlthäters und seines kaiserlichen Hauses die Hymnen betender Mönche himmelwärts. Aber wo ist Trapezunt und seine Pracht? Wo sind die goldgefüllten Kammern, wo das schöne Comnenenblut und die stolze Kaiserburg zwischen tiefausgehöhlten Schluchten voll Schatten, voll weinlaubumschlungener Bäume, voll rauschender Bäche hoch auf den Felsen hingezaubert? Ach! seht nur hin auf die Palastruine, auf den einsamen Thurm mit farbigem Gesimse und herbstlich gelbem Quaderstein! Schauet hinauf aus dem Thaldickicht, wenn es Abend ist, wie die kolchische Mondsichel schweigend durch die leeren Bogenfenster des gebrochenen Saales blickt; sehet und lernet was den Völkern nerven- und thatenlose Psalmodie im Kampfe gegen das Schicksal nützt!

X.
Hagion-Oros oder der heilige Berg Athos.
2.

Die Anker sind gelichtet und mit Riesenkraft wälzt sich das Feuerschiff – die schwarze Rauchsäule hinter ihm – durch den Mastenwald des goldenen Horns, in leichter Kurbe um das Gartenkap des großherrlichen Palastes beugend in die Propontis hinaus. Ach welch Gefühle beim Abzug aus dem Weltprätorium! Welche Wehen für Europa birgst du in deinem Schooß! Schweigend und nicht trocknen Auges – ich habe ja lange dort gewohnt – sandte ich noch den letzten Gruß an den Reichsgenius von Byzanz:

> *Nam me discedere flevit*
> *Et longum....vale, vale, inquit, Jöla!*

Die Sonne hing schon abendlich hinter *Selymbria* und scheidend spiegelte sich der letzte Strahl auf den Halbmonden der Tempel und in der dreifachen Fensterreihe der Uferkaserne in Scutari. Aber das Schiff rollte fort, und das prachtvolle Stambul mit seinen Tugenden und Gebrechen, mit seiner morgenländischen Schweigsamkeit, seinen Intriguen und seinen Diplomaten sank in das Dunkel hinab. Die Morgenröthe (11. Oktober) fand uns bei Gallipoli, und im Feuerglanz der aufsteigenden Sonne, von heiterem Nord getrieben, strichen wir an *Lampsakos* und *Aegospotamoi* vorüber, rasch durch den „fluthenden" Hellespont, und nach einstündigem Aufenthalt in der Enge bei *Abydos* mit erneuter Kraft hinaus gegen *Tenedos*. Das Meer ging hoch, die Welle uns entgegen schäumte über Bord; doch Wind und Wellen zum Trotz rauschten wir, das bergige *Imbros* und *Samothrake* rechts lassend, bis dicht an das baumlose Eiland *Lemnos*, wo in einer Entfernung von wenigstens zwölf deutschen Meilen der Athoskegel dunkel aus den Fluthen stieg. Abends erschreckte uns der Riese; er schien so nahe vor uns, hatte eine Nebelkappe auf dem Scheitel und hinter ihm zog grauliches Gewölk mit der veilchenrothen Sonnenscheibe in den Lücken. Ueber der bodenlosen Tiefe an seinem Fuße schwammen wir in der Finsterniß, und wie der Morgen graute, war das Phantom verschwunden, der Himmel trübe und das Fahrzeug auch schon Kap Cassandra vorüber, tief in den Golf von *Saloniki* eingedrungen, und eher als Mittag fielen dicht an der amphitheatralisch den Strandhügel hinansteigenden Stadt die Anker.

In vierzig Stunden Zeit waren die Propontis, die Dardanellen, das ägäische Meer seiner ganzen Breite nach und der lange Golf von Thermä gegen Wind und Wellen, in einem schwimmenden Saale, unter reichlichen Mahlzeiten und in bester Gesellschaft durchschifft. Der eben ernannte Erzbischof von Thessalonika mit seinem Diakon, ein perotischer Wechselherr und der Berichterstatter waren die einzigen Kammerpassagiere und die Reden um so lehrreicher, weil der Prälat nicht blos ein feiner Weltmann, sondern als Zögling des berühmten *Eugenius Bulgari* auch des Hellenischen kundig war. Auf die zufällig hingeworfene Frage, was für Leute auf Imbros wohnen, sagte er ganz ruhig: Es sind Leute, die zwar „römisch" reden, aber von Bulgaren abstammen.[13] Auch das große Waldgebirge im Mittelpunkte der Insel Thasos, fügte er hinzu, nenne man gewöhnlich nach einem Ort gleiches Namens *Bulgaro*.

Der Kapitän hatte zwar den Auftrag, wenn es Zeit und Meer gestatte, von der geraden Linie abzulenken und mich im Vorbeifahren an der Hafenbucht des Hagion-Oros ans Land zu setzen.[14] Allein es war mondlose Mitternacht, wogendes Meer, bedeckter Himmel und Strichregen wie das Fahrzeug am Fuße des Riesenkegels vorüberzog. Und in der Zeit des süßesten Schlummers im matterhellten Prunksaal vom Lager aufstehen und ohne Begleitung, ohne Dienerschaft mit dem ganzen Geschleppe des Reiseapparates auf unbekannter Küste in der Dunkelheit zu landen schien noch weit unbequemer als direkt nach Saloniki zu steuern, und von dort zu Lande, gleichsam wieder zurück, auf den heiligen Berg zu reiten. Ein zweiter Grund nach Saloniki zu eilen war die Sehnsucht im Hause des Herrn v. *Mihanowitsch* die neuesten Produkte der deutschen Wissenschaft zu mustern und das im langen Aufenthalt bei den ungelehrten Byzantinern Versäumte nach Kräften nachzuholen.[15]

Sie werden es kaum glauben, auf dem Comptoir eines levantinischen, in Stambul gebornen und des Deutschen gänzlich unkundigen Wechslers wurde um *Schellings* philosophische Doctrin und ihren Unterschied von *Hegels* Lehre gefragt. Weiß Gott, ob ich den Leuten die Sache auch nur halb verständlich machte; jedenfalls mußte die Kunde, daß ich im Hauptstapelplatz Macedoniens eine vollständige Sammlung der vorzüglichsten deutschen Werke benannter Disciplin finden werde, unter diesen Umständen doppelt willkommen seyn. Nach B….ff und M….t wurde natürlich zuerst gegriffen. Nach der lang-weiligen Plackerei mit der türkischen Syntax und dem Kanzleistyl von Stam-bul war es ein eigenes, höchst wohlthuendes Gefühl in M….ts Philosophie der subjektiven Natur zu lesen: „Die Negation ist Negation des Außeinander der Natur." – „Der Geist als diese Negation aller Unterschiede der Natur, die er zugleich erhalten hat, ist das Erkennen." – „So hat der Geist, als denkend, die Natur im Rücken und entwindet sich derselben. Das ist aber nur eine einsei-tige und schiefe Stellung des Geistes zur Natur." – Obgleich diese Definitio-nen an sich vollkommen klar und verständlich sind, gelang es mir doch um keinen Preis sie einem türkischen Kadi aus *Jannina* begreiflich zu machen, der sich mit Metaphysik beschäftigte und wissen wollte, ob man im Lande der *Nemtsche* auch *Ilmĭ Mantek* (Logik) und überhaupt *Ilmĭ Hikmet* (Philosophie) treibe. Wir waren zusammen aus Konstantinopel gekommen und ich besuchte ihn während seines Aufenthaltes in Saloniki, um Hegel'sche Definitionen ins Türkische zu übersetzen. Einen Theil des Zwiegesprächs, in Fragen und Ant-worten, türkisch und deutsch, finde ich im Tagebuch mit der Bemerkung auf-gezeichnet, daß insbesondere der Satz: „Insanün ruhhĭ fikr ederiken tabijeti ardĭna brakar hem ondan aïrilir" (der menschliche Geist, als denkend, hat die Natur im Rücken und entwindet sich derselben) die Verwun-derung des osmanischen Philosophen erregte.

In Stambul, dessen kann ich Sie redlich versichern, meinte ich oft, es könne mit der türkischen Monarchie doch noch eine Zeit lang fortgehen, und zwar nicht so fast wegen des armseligen Flickens und Nachhelfens durch mensch-liche Weisheit, als weil Zufall, Gewohnheit, Trägheit, Ungeschicklichkeit und Langmuth im Bunde mit der natürlichen Schwerkraft alles Bestehenden auch die Osmanli stützen müsse. Allein seit dem philosophischen Examen mit dem Kadi in *Selanjk* habe ich am Heile des Türkenstaates vollends verzweifelt. Oder saget selbst, ob ein Reich bestehen könne, wo man nicht einmal weiß, daß der Geist als denkend die Natur im Rücken habe?

Als Leitfaden für antiquarische Forschungen hatte ich *Tafels* Werk über Thes-salonica und sein Gebiet mitgenommen und meinte zugleich occidentalisch gelehrten Bewohnern der großen und vielbesuchten Hauptstadt Illyricums ein neues und angenehmes Geschenk zu bringen. Allein das Buch war schon vor meinem Eintreffen daselbst bekannt, und durch einen des Lateinischen kundi-gen Prälaten ein Exemplar sogar nach *Jannina* in Epirus gekommen. Diese Arbeit eines deutschen Gelehrten – und das ist ihre beste Kritik – gilt am Orte selbst, den sie behandelt, für ganz vorzüglich, und darf allen Reisenden, die künftig Macedonien besuchen und noch andere Sorgen als Liebe für Gewinn in fremde Länder tragen, als nützliche Begleitschaft empfohlen werden. Man hat in Deutschland seit zwanzig Jahren vielerlei über den illyrischen Landtriangel und seine politischen Zuckungen geschrieben, aber nicht Jedermann hat *Tafels* Scharfsinn und historischen Takt gezeigt.

Im Ganzen blieb ich ungefähr sechs Wochen in Saloniki, *eine* Woche vor und fünf nach der Athosreise, bemerke aber, um die Leser nicht zu zerstreuen und vor allem die Hauptpartie des Unternehmens kurz und bündig auszumalen, vielleicht erst später noch einiges über die Stadt und die umliegenden Provinzen. Obgleich voll Unruhe und Verlangen in St. Dionys einzuziehen, stieg ich doch wiederholt auf den Festungsberg der Stadt und spähte nach der Gegend von *Pella* hinüber, wo die Wiege des größten aller Helden stand.[16] Dem Zauber des Ruhmes kann Niemand widerstehen, und man möchte beinahe die Schwäche der menschlichen Natur auch dann entschuldigen, wenn sie Alexanders Größe und Herrschertalent über die stille Glorie friedlicher, aber unscheinbarer Kaziken und Volksbeglücker erhebt. Welchen Preis hätte sonst der Mensch für seine Qual!

Der Weg von Saloniki nach Karyäs, Hauptort und Mittelpunkt des Hagion-Oros, beträgt zwar nicht mehr als 36 Stunden, stellt aber Muth und Geduld selbst solcher Leute auf die Probe, die im Orient keine Fremdlinge sind. Gewohnheit und fast täglicher Verkehr zwischen der Hauptstadt Macedoniens und dem Mönchsgebiet haben Etapen festgesetzt, deren erste – das hochgelegene Bergdorf *Chortiat* – nur drei gute Wegstunden von Saloniki entfernt ist und wegen der kühlen Nachttemperatur auf die meisten Fremdlinge einen entmuthigenden Eindruck macht. Die Bewohner dieser Ortschaft besitzen gleichsam das Privilegium Reisende und Waaren auf ihren Maulthieren nach *Karyäs* zu schaffen; dabei verpflegen sie sich und ihr Angehöriges selbst und nehmen der langen Strecke ungeachtet doch nicht mehr als zehn bis zwölf Franken für jedes Thier.[17] Die zweite Etape ist das Doppelte der ersten, und man übernachtet – nach einem ermüdenden Ritt über Stock und Stein, zuerst von Chortiat ins breite Thal hinab zum See Langasa, dann auf der Ebene fort und durch eine schattenreiche Platanenschlucht mit hellem Bach, den man zehnmal durchwatet – im schönen Dorf *Zagliberi* am Nordabhange des waldigen *Chlumgebirges*, der Gränzscheide zwischen *Chalkidike* und dem fruchtbaren Thalgrunde, den die Alten *Anthemontis* nannten.

Die Leute des Dorfes hatten noch Weinlese (21. Oktober), und Körbe mit blauen Trauben gefüllt standen im lehmummauerten Hofe des Einkehrhauses. Es war nur ein Erdgeschoß, aber reinlich, und auf einem Schemel vor der Thüre saß das dreizehnjährige Töchterchen der Wittwe, festlich geschmückt, goldene Münzen im Haare, schweigend und unbeweglich, zum Zeichen daß man werben dürfe. Hennen, Reis, Eier, Brod, Butter, Wein und Trauben gab es hier in Fülle, und gelabt durch schmackhaft bereitete Kost schliefen wir nach der Gluth des Tages und wegen der milden Nacht an der Außenwand des Hauses unter einem Vordach auf unsern Teppichen erquickend süßen Schlummer.

Ein Handelsmann aus Saloniki mit seinem Waarentransport für Hagion-Oros, und ein Archimandrit aus dem Kloster Vatopädi mit seinen beiden Knechten aßen und lagerten sich in patriarchalischer Einfalt neben mir und meinem Diener in der Halle. Der Mann war Albanese von Geburt und durch mehr als zwanzig Jahre Seelenhirt der griechischen Gemeinde zu *Bitolia* (Monastir) im Pindus. Außer dem Schkypi redete er noch walachisch, bulgarisch, neugriechisch und türkisch zum Theil mit vieler Fertigkeit, hatte in schwierigen Zeiten viel erfahren, und kehrte müde des Tagwerkes mit den Früchten seiner Frömmigkeit und seiner Sorgen in die Stille von Vatopädi zurück.

Larégovi, wo man nach achtstündigem Ritt am dritten Tage schläft, ist noch größer, noch schöner, noch reicher und noch romantischer gelegen als *Zagliberi*. Das langgestreckte *Chlumgebirge* öffnet hier einen breiten Durchbruch, eine riesige Bergspalte in die amphitheatralisch niedersteigende Waldregion des chalcidischen Küstenlandes. Daher der slavische, von der Unwissenheit späterer Zeiten in Larégovi corrumpirte Name *Jaruga*, d. i. *Bergeinschnitt*, *Tiefschlucht*, eine Erklärung, die ihr schönstes Argument aus der Naturbeschaffenheit des Ortes zieht.[18] Larégovi, aus dem Ruin des Aufstandes wiederhergestellt, zählt wohl vierhundert Wohnhäuser mit einer zwar noch unvollendeten, aber für Macedonien vortrefflichen Fremdenherberge, wo zu gleicher Zeit mit uns von der entgegengesetzten Seite her ein Diakon des Bischofs von *Hierissos* einzog und für seinen Gebieter Nachtquartier bestellte. Außer der luftigen Halle waren erst zwei Wohnzimmer hergerichtet. Das eine hatte Matten und Fußteppiche mit breiten Divanen und Ruhekissen, gemalte Wandkasten und einen um die vier Seiten laufenden Sims, Glasscheiben, gutschließende Holzläden und Blumenkörbe vor dem Fenster. Auch die Thüre, was in byzantinischen Ländern selten, war von hartem Holze, füllte die Pfosten und trug ein künstliches, schöngeschmücktes Schloß. Im zierlich geformten Kamin knitterte die Flamme aus trockenem Birnbaum, einladend nach der Mühe des Tages und wohnlich für einen Oktoberabend auf der Berghalde von Chalkidike.

Diese Herrlichkeiten waren aber natürlich nur dem Kirchenfürsten zugedacht; uns andern gab man das zweite Zimmer, zwar auch mit Kamin, Glasfenster und Läden, aber ohne Divan, ohne Fußteppich, ohne Polster, ohne Sims, auch waren die Wände nur von Lehm und noch ohne Tünche, eine Binsenmatte mit Kopfkissen die ganze Bequemlichkeit. Unten in geräumiger warmer Stallung waren die Maulthiere mit ihren Treibern, oben der Bischof mit seinem Diakon, und wir mit Begleitung und Anhang, alles im Hause voll Andacht über die Nähe des Heiligen von Hierissos.[19] Der Archimandrit unserer Karavane wartete dem Prälaten auf, mein Diener rüstete das Abendessen und ich sah aus der mondbeleuchteten Halle durch die halboffene Zimmerthüre hinein, wie Se. Heiligkeit, die schwarze Mörsermütze auf dem Kopf und mit untergeschlagenen Beinen hinter der runden Tafelscheibe auf farbigem Teppich sitzend, eben das Nachtmahl verzehrte und sich gütlich that. Emsig und vornehm zierlich wanderten die Finger in den Schüsseln herum, und dem Essenden gegenüber stand, des Winkes gewärtig, mit Krug und Trinkschale in der Hand der junge Diakonus, ein unbärtiges Apollobild aus *Polyhiero* unweit der Ruinen von Olynth. Schon früher hatte ich vom geschwätzig freundlichen Jungen erfahren, daß sein Patron nach Saloniki reise, um dem neuernannten Metropolitan-Erzbischof seine Ehrfurcht zu bezeugen und zu gleicher Zeit die in solchen Fällen übliche Contribution als Suffragan zu bringen. Der byzantinische Clerus, wie man weiß, hat weder Sold noch Stiftung und ist auf zufälligen Gewinn und auf Erpressung in seiner eigenen Heerde angewiesen. Der Metropolit besteuert außer seinem eigenen Sprengel noch die Suffraganbischöfe, die dann ihrerseits den geistlichen Bedarf auf die Dörfer und die Gemeinden ihrer Diöcese legen. Der von Hierissos hat leider nur zwölf, durch die Insurrection von 1821 zu Grunde gerichtete Ortschaften des Erzdistriktes oder die sogenannten *Mademochoria* (vom türkischen *Maden*, „das Bergwerk"), als Feld zur Betriebsamkeit, daher geringes Einkommen und üble Laune, aber, wie der Mundschenk meinte, desto größere Hoffnung auf eine bessere Eparchie.

Von Larégovi nach Hierisso, der vierten Abendstation, reitet man ungefähr in neun Stunden, man mag links über die Erzgruben von *Nisvoro* oder rechts, wie wir, über das liebliche Walddorf *Ravanikia* gehen. Beide Wege sind voll romantischer Scenen und prachtvoller Fernsichten, besonders wenn der Wanderer aus dem Laubtheater von *Longomat* über Steilseiten und Arbutusgebüsch die letzte Höhe erklimmt und wie durch einen Zauberschlag vor sich den Athos, links und rechts das Meer, die blauen Golfe von *Siggia* und *Stellaria*, die Insel Thasos und den Gebirgschersones von *Longos* mitten in der Fluth, und tief unten zu seinen Füßen auf der schmalen Erdzunge des zwischen dem Hochland Chalkidike und dem Hagion-Oros weit aufgerissenen Spaltes das Städtchen *Hierissos*, das alte *Akanthos*, die zerstörte Akropolis und den einsamen Steinthurm im Felde mit einem Blicke überschaut. Ich frage die beiden Herren *Urquhart* und *Zachariä*, ob sie nicht heute noch mit Entzücken an den großen Kastanienwald von *Ravanikia* und seine kolossalen Stämme, an die Brunnen und die rauschenden Wasserbäche, an die Platanen, Haselstauden, Eichenbüsche und Waldschatten dieses lieblichen Revieres denken? Welche unsichtbare Hand schirmt etwa dieses Laubparadies vor der Zerstörungshand der Industrie? Kann denn Natur überall nur als Einöde in voller Majestät ihre Kraft entfalten? Vielleicht dieselbe Waldpracht hat einst die Höhenzüge um Saloniki, den kahlen Bergkranz um die weite Binnenebene Thessaliens, besonders aber den jetzo melancholisch-öde über Athen hereinblickenden Hymettus, und zum Theil den ausgedorrten Boden Attika's selbst bedeckt! Zündet auf Athos die Wälder an und fället die Urwald-Riesen von Ravanikia, bald wird mit der grünen Herrlichkeit auch der Bach versiegen, wird der Mastixbusch verdorren, und ihr habt die Künste unserer Zeit über ein unentweihtes Labyrinth gebracht, habt den Sitz des seligsten Entzückens mit Axt und Feuerbrand säcularisirt. Verwitterte, abgenutzte Seelen des Occidents, nach Kolchis, nach Athos eilet, den Duft ewig grüner Laubholzwälder athmet ein, wenn ihr noch der Erhebung fähig seyd! Hier nahm Medea den Zaubertrank, der Jolkos und Korinth zu frischer Energie erweckte. Ohne Wald ist für Menschen keine Lust, und selbst die Götter schlugen ihren liebsten Sitz in dunkeln Wäldern auf,

> ... habitarunt Dî quoque silvas.

Ach wem ist die Kraft des Wortes verliehen, um die weinlaubbekränzten Ahornwälder in Kolchis und die Kastanienpracht am Thore des Hagion-Oros vor Hunger und mörderischem Stahl abendländischer Verfeinerung zu schirmen! Ich weiß es, ein Baumtribun und Waldbeschirmer prediget Widerstand gegen die Mechanik des Jahrhunderts und gegen das Glückseligkeitsapostolat unserer Zeit. Aber Waldeinsamkeit macht stolze Seelen und gibt kühne Gedanken, dem verzagten Säkulum zum Trotz. Mitten in der Laubstille – die Scene ist nicht vergessen – saßen wir unter hellgrünem Gebüsch dicht am Bach beim frugalen Mahle. Thier und Wanderer genossen der Mittagsruhe und im Gefühl der Waldunabhängigkeit lachte ich beinahe laut beim Gedanken, wie oft der Mensch im Occident aus Unkunde wahren Glückes nach Phantomen hascht und wie oft er feige um kindischen Flitter, um thörichten Lohn, Ehre, Gut und Zufriedenheit verkauft. Die Sonne war schon unter dem Horizont, und zufrieden mit dem Tagwerk und den Gedanken traten wir ins Einkehrhaus von Hierisso.
Der Ort, zu Belons Zeiten (1547) von größerm Belang und mit Festungswerken gegen die Angriffe der Piraten verwahrt, hat jetzt kaum vierzig bewohnte Steinhäuser am Abhang des Uferhügels. Der Rest sammt der Akropolis ist Ruine. Doch vergeht kein Tag ohne fremde Gäste, weil Alles was nach Athos zieht oder von dannen kehrt in Hierisso die Nacht verbringt. Wir fanden hier Getreide-Silo wie in Nubien, große Armuth, aber noch größere Geduld. Viele Familien, unvermögend eine Wohnung mit Mauerwerk, Fensterladen, Thürpfosten und Bedachung aufzurichten, flechten außerhalb des Fleckens neben ihrer Spanne Ackerland Hürden aus Weidenbusch. Die dem Süden zugekehrte Seite ist mit aufgeschichteten Strohbündeln zum Aus- und Eingang halb verdeckt, ärmlicher als die Nigritier und schutzloser gegen den Wintersturm als einst die Einsiedler auf Hagion-Oros vor der Reform des Athanasius. Was denken etwa diese Hürdenleute, wenn sie feiste Mönche und wohlgekleidete

Franken hochmüthig an ihrem Weidendach vorüberreiten sehen? Und doch sprechen sie Niemanden um Almosen an und hört man nichts von gewaltthätigen Handlungen in der Nachbarschaft. Für solche Noth muß jedoch die Zeit von einer Ernte zur andern eine doppelt lange seyn!

Reis, Butter, Fische, Eier, Limonien, Oel und Brod und neuen Wein gab uns der Wirth; aber eine Henne war nicht ohne Mühe im Orte aufzubringen. Wir waren ja am Thore des großen Büßerinstitutes von Byzanz und wollten uns noch einmal kräftiges Labsal bereiten vor der nahen Pönitentenkost. Bis Chilantari, dem ersten Kloster, waren es freilich nur sechs Stunden, aber zwölf bis Karyäs, was in dieser Jahreszeit (23. Oktober) und auf solchen Wegen in einem Tage nicht zurückzulegen ist. Kaum graute der Morgen, so ritten wir schon zum letzten Tagwerk den Hügel von Hierisso hinauf und erblickten wieder die hohe, waldige, rauhe Bergwand, das Athosportal in starrer Majestät vor uns. Niemand könnte die Herrlichkeiten errathen, die hinter dieser finstern Hülle verborgen sind.

Daß die Erdzunge zwischen den Ausläufern des macedonischen Küstengebirges und dem Hagion-Oros kaum eine halbe Stunde breit und in gerader Richtung nicht länger als fünf Viertelstunden im Schritte ist, hat man oft genug erzählt. Ebenso bekannt ist Herodots Erzählung von einem Durchstich oder Kanal, den Xerxes vor seinem Zuge wider Griechenland von Golf zu Golf auf der niedrigsten Einsenkung des Isthmus graben ließ, breit und tief, daß zwei Triremen neben einander schiffen konnten. In Europa sind aber die Gelehrten noch im Streit, ob uns Herodot eine Thatsache oder eine Fabel erzählt. Als Hauptargument wider die Thatsache gilt die Schwierigkeit des Unternehmens und ein Vers aus Juvenal:

creditur olim
Velificatus Athos et quidquid Graecia mendax
Audet in historia...

Juvenal schrieb Satyren, und im Orient, wenn es nur Geißelhiebe und Menschen kostet, gibt es keine Schwierigkeiten. Es arbeiteten ja 12,000 Mann sammt den Athosbewohnern nationenweise und in regelmäßigem Wechsel drei volle Jahre unter der Peitsche persischer Aufseher im Geschwindschritt, wie jetzt die Nil-Fellah unter Mohammed-Ali's mildem Regiment jährlich die verschlammten Kanäle räumen oder neue graben zu Mehrung der eigenen Noth. Das Bild beim jonischen Erzähler ist wunderschön: man sieht wie sie schaufeln und keuchen und in Reihen über einander gestellt sich die Erde entgegenwerfen, bis sie aus der Tiefe an den Rand gelangt.[20] Für Alles war bei der Arbeit gesorgt, für Markt, für Nahrung und für Geißelhiebe. Das Lager mit der Ersatzmannschaft stand am Eingange des Hellesponts, und zahlreiche

Schiffe unterhielten beständige Verbindung mit der arbeitenden Abtheilung am Isthmus. Auch geologisch, so viel ist durch competente Richter nachgewiesen, läßt sich gegen die Sache nichts einwenden, und *Thucydides*, der fast ein ganzes Menschenalter in der Nähe wohnte, redet vom Athosdurchstich wie von einem Ding, dessen Bestand Jedermann kenne. „Ach dieser Thucydides!" „Was weiß etwa dieser Thucydides?" sagten sie neulich in Athen, und wie es scheint sagen Viele auch in Deutschland so.

Der grüne, stellenweise mit Schilf bewachsene Streif, der sich auf der niedrigsten Stelle des mattgelben Isthmusgrundes quer von einem Ufer zum andern zieht, heißt bei den Umwohnern heute noch *Problaka*. Problaka ist aber kein griechisches Wort und deutet ohne Zweifel auf das Verbum *Probiati*, das im Slavendialekt Illyricums „durchstechen" bedeutet. Wahrscheinlich sah man zur Zeit der Colonisirung Macedoniens durch slavische Völker noch deutlichere Spuren des persischen Grabens als zu unserer Frist. Bei uns – das sehe ich voraus – wird man das slavische *Problaka* nicht überall gelten lassen, und ich selbst – wäre es mir darum zu thun – würde in einem scharfen Syllogismus zu Jedermanns Erbauung etwa wie folgt das Gegentheil beweisen: „Wo ein Kanal gegraben wird, da sieht man auch einen Kanal. Ἄρα γε, hätte Xerxes auf der Athoszunge wirklich einen Kanal gegraben, so würde man auf der Athoszunge auch wirklich einen Kanal erblicken. Nun aber erblickt man auf der Athoszunge keinen Kanal, Ergo hat Xerxes auf der Athoszunge keinen Kanal gegraben, Ergo sind keine Slaven über die Donau gekommen, Ergo ist Problaka griechisch, Ergo kann man in Griechenland aus Papierkanonen feuern und aus leeren Taschen Sold bezahlen, Ergo sind in Kukuruz Giganten, Ergo gebt mir eine Decoration, Ergo, Ergo...." Gestehen Sie doch, daß diese Conclusionen bündig sind![21]

Bei unserm Ritt über den Isthmus aber waren Tag und Gemüth nicht sonderlich für gelehrte Forschung und scharfes Argument geeignet: am Himmel trieb Gewölke graulich kühl, vom Hellespont blies es herbstlich auf die *Problaka* herüber und wir zogen schweigend den steilgewundenen Pfad der ersten Bergwand hinauf, durch Waldöde, an ausgebrannten Schluchten, versiegten Brunnen und furchtbaren Steilgründen vorbei, über Hügel, wilden Rosmarin und steiniges Geklüfte zum Platanenbach hinab, wo für den müden Pilger auf einsamem Rasengrund, von Buschwerk und dichtbewachsenem Steingewinde umschlossen, mitten im Gehölze und ferne von aller menschlichen Hülfe, Tränke und Rast bereitet sind. Die Gegend heißt *Callitza*, das Wasser selbst aber *Protoneró*.

Obgleich von Unsicherheit des Waldes nichts verlautete, peinigte uns doch die Erinnerung an die Vergangenheit; und wenn auch nicht sonderlich furchtsam, schielten wir mit dem Brod in der Hand zu Zeiten doch etwas seitwärts, ob nicht Flintenläufe und schwarze Palikarenaugen irgendwo aus dem laubichten

Busche blitzen. Denn eben auf dieser Stelle bestand zehn Jahre früher der Engländer *Urquhart* sein bedenkliches Abenteuer mit den Hagion-Oros-Klephten. Die Räuber standen im Dickicht neben dem Brunnen und hatten schon ihre Gewehre angeschlagen, wie er eben aus derselben Quelle trank, an der wir unser Hierissomahl verzehrten. Bei diesem Wasser beginnt das eigentliche Mönchsrevier und der dem Weib verpönte, durch eine zweite, dicht und parallel hinter der ersten laufende Gebirgswand von der Welt und ihren Sorgen getrennte Grund, „Megali-Vigla" oder die *Große-Warte* genannt. Wie eine plattgedrückte, stumpfwinklichte *Pyramide* streicht die Große-Warte und ihr dunkler Pinienwald von einem Strand zum andern der ganzen Breite nach über den Chersones und endet auf der Seite des nordöstlichen Passes als schmaler, weit über die Grundfläche des heiligen Waldes in die Brandung hinausgreifender Felsendamm im Promontorium Platy.

Kaum ist man durch unwegsames Steingewirre hinter den dunkeln Pinienvorhang gedrungen, ändert sich plötzlich die Scene: man tritt unvermuthet mitten in die immergrüne Buschregion der heiligen Oase; die Lüfte fächeln milder, und ein breit ausgekerbtes Flachthal, von besonders prachtvollen Platanen beschattet, ladet unwillkürlich zur Niederlassung ein. Rechts aus einer Vertiefung, weniger als eine Stunde vom Strand, blickt mitten aus Wald und langwipflichten Cypressen das Mauerwerk und der Glockenthurm der großen Slavenabtei *Chilantari* hervor. Es war noch früher Nachmittag und wir zogen durch die üppig bewachsene Hügellandschaft in der Richtung gegen Vatopädi fort, erreichten aber erst nach Sonnenuntergang und bei schon einbrechendem Dunkel den gewölbten Thorweg und die gastlichen Hallen dieses schön gemauerten und großartigen Mönchskastelles. Hölzerne Kreuze, hie und da auf Felsenvorsprüngen und Scheidewegen mitten im Walde aufgestellt, verkündeten uns deutlich, hier sey einmal wieder christliches Land, ein noch unentheiligtes Ueberbleibsel des alten Byzantium. Vielleicht lächelt man mitleidig über die gläubige Empfindsamkeit; aber ich gestehe ungescheut die Schwäche, das Auge belebte sich beim Anblick dieser Wahrzeichen des Heiles und das Blut ging rascher, ich dachte an die Heimath, an die romantischen Waldscenen am Eisak in Tirol, an die Rebgelände und Kastaniengruppen seiner entzückenden Mittelberge; an euch dachte ich, Schaldersthal, rauschender Forellenbach, tiefe Waldöde, sommerliche Lüfte und ziehendes Gewölke – Symbol der Jugend und der Vergänglichkeit; an dich, hölzernes Wetterkreuz im Birkenlaub, an dem der Knabe scheu und andächtig so oft vorüberging. Sitz der Wonne und der Lust, wie könnte ich deiner je vergessen! Nach einem Lebenscyklus voll Gram und wechselvoller Geschicke begegne ich dir unerwartet wieder in unbesuchter Stille byzantinischer Wälder und grüße dich mit leidenschaftlicher Gluth, Sinnbild der Selbstüberwindung, Labarum, das die Cäsaren vom goldenen Sitz gestoßen und den stolzen Dünkel der Philosophen erniedrigt hat! In diesem Augenblick begriff und pries ich das zornige Gemüth, mit dem man sich einst in der Heimath – das Feuerrohr in der Hand – wider die frevelhaften Schänder des Heiligthums erhob. Eben weil ich so lange und so vielfach Zeuge war, wie der Islam in seiner Unmacht noch stolz die Kreuzesfahne verhöhnt und ihre Bekenner verachtet, ergriff es mich beim Anblick der verwitterten Balken im grünen Buschwald des Hagion-Oros weit lebendiger als mitten im christlichen Lande, wo der Besitz nachlässig, und unbestrittener Sieg vergeßlich macht. Für den Fremdling ist der Orient eine reiche Quelle von Gemüthserschütterungen, die freilich einem Diplomaten nicht gestattet sind. Vielen Menschen aber gewährt zorniges Aufwallen und leidenschaftliches Empfinden mehr innere Zufriedenheit und süßeren Genuß als das frostige Gesicht und die imperturbable Ruhe des Scythen B...ff.

Wir gingen diesen Abend nicht auf dem Hochweg des Bergkammes, von dem ich im ersten Bericht erzählte, sondern tiefer unten, am schönen, in einem Küsteneinschnitt kaum drei Viertelstunden von Chilantari lieblich gelegenen Kloster *Esfigmenu* vorbei, über die Quergerippe, Parallelthäler und Schluchten der Seitenhalde, und erblickten von einem hohen dichtbebuschten Strandvorsprunge, der die halbcirkelförmige Waldbucht nördlich schloß, weit und tief unter uns, sanft auf einer Neigung des riesigen Laubwaldtheaters gebaut, in seiner Außengestalt der „Mauerkrone der Göttin Cybele" vergleichbar, das Kloster Vatopädi, als eben die Sonne hinter die Bergscheide sank und der letzte Strahl auf die Zinnen des obern Thurmes fiel. Nach neunstündigem Ritt über unwegsames Gebirge, und auf die leidenschaftlichen Aufregungen und Eindrücke des Tages war Ruhe das erste Bedürfniß. Und wir schliefen nach einem mäßigen, in Gesellschaft des Reise-Archimandriten und des Fremdenempfängers verzehrten Abendessen aus gesalzenen Fischen, Reis und Vegetabilien, bestens versorgt und mit Gemächlichkeit auf den Divanen des Fremdensaales hingestreckt den gesunden Schlaf.

Hagion-Oros-Kost gibt leichtes Blut und hellen Sinn. Mit dem anbrechenden Morgen begann aber auch schon Sorge und Gemüthsunruhe über möglichst zweckmäßige und möglichst wohlfeile Einrichtung des Gesammtklosterbesuchs am heiligen Berg. Noch hatte ich keinen Begriff, was eine Athosbibliothek eigentlich sey und zu welchen Erwartungen Anordnung und innerer Gehalt dieser im Occident vielbesprochenen Institute berechtigen könne. Zwar hatte ich *Zachariä's* neuesten, mit Sorgfalt und Talent geschriebenen Bericht zur Hand; allein der Späterkommende meint immer klüger als der Vorgänger zu seyn, und durch Schärfe oder Glück begünstigt, vielleicht zu entdecken, was dem andern verborgen blieb. Auf die Phantasie verlorne Klassiker aufzufinden, hatte ich freilich voraus verzichtet, und dafür mein Ziel auf bessere Kunde des byzantinischen Zeitalters gestellt. Von den Strandklöstern war es daher vorzugsweise auf *Vatopädi, Iwiron, Laura* und besonders auf *Sankt-Di-*

onys; von den Waldconventen aber nur auf *Karyäs* und *Chilantari* abgesehen. Zugleich erschien es ökonomisch merklich vortheilhafter, die Operationen auf der Stelle in Vatopädi selbst zu beginnen, um mit der Mühe eines zweiten Besuches auch der Last eines zweiten Ehrengeschenkes an die frommen Väter zu entkommen. Ungesäumt wurden die bis Karyäs gedungenen Maulthiertreiber bezahlt und abgedankt und die Vorstände des Klosters nach eingenommenem Morgenimbiß um Audienz ersucht. Man weiß bereits was ein *„Monastirion idiorrhythmon"*, ein freies, republikanisch verwaltetes Athoskloster ist, und Vatopädi gehört in diese Klasse.

Im Sommerdivan gegen die See gekehrt, saßen die vier Großbeamten der heiligen Gemeinde zum Empfang des Fremden aus Occident. Nach Austausch und Leistung der gewöhnlichen Artigkeiten morgenländischer Besuche ging ich gleich zur Sache, und erklärte den Vorständen ohne langes Präambulum: ich hätte ein Buch über das orthodoxe Imperium von Trapezunt geschrieben, und sey jetzt auf einer Reise im Orient begriffen um durch Auffindung neuer Thatsachen und unbekannter Schriften das Buch in seiner Ausführung zu verschönern und zu Ehr' und Preis seinen Werth im Urtheile der Landsleute noch höher zu stellen. Ich vergaß nicht beizufügen, daß ich sogar wie ein zweiter Jason in das entlegene Kolchis und in die wohlverwahrte Stadt *Trabesonda* gezogen, ein Jahr zu Konstantinopel geblieben und zum Schluß in der doppelten Absicht, um in den Handschriften seiner gepriesenen Heiligthümer neue Argumente für das benannte Thema zu suchen, in den Tugenden der frommen Väter aber Erbauung und kräftiges Exempel für eigene Vollkommenheit zu schöpfen, auf den Hagion-Oros gekommen sey, und für beides in Vatopädi den Anfang zu machen gedenke. Zugleich überreichte ich die Empfehlungsschreiben aus Stambul und Saloniki, damit sie Inhalt und Zweck meiner Bitte amtlich erfahren und das Nöthige verfügen möchten.

Was die Tugenden betreffe, erwiederte der Vorsteher, sey ich allerdings auf den rechten Platz gekommen; denn nirgend werde das Fastengebot mit solcher Strenge gehalten, Gottesdienst und Gebet so andauernd und eifrig gepflogen, weltliche Zerstreuung mit solcher Schärfe und Gewissenhaftigkeit vermieden und das Leben überhaupt mit solcher Hingebung und Selbstverläugnung nach den Vorschriften der orthodoxen Concilien eingerichtet wie in den Gesammtklöstern auf Hagion-Oros. Das sey aber auch ihr Ruhm und die unerschütterliche Grundlage ihres Kredites, von dem sie wohl wüßten, daß er sich nicht blos auf die Länder *ihres* Glaubens beschränke, sondern auch in das Abendland gedrungen sey. Wenn ich aber glaube in Wissenschaft und Gelehrsamkeit bei ihnen etwas zu gewinnen, sey ich zu ihrem großen Herzeleid irrthümlich berichtet: sie alle seyen Ignoranten, und Unwissenheit (ἀμαθία) sey allgemeine Sitte des heiligen Berges, weil Gott am letzten Gerichtstage den Menschen nicht frage was er gelernt, sondern wie er gehandelt habe. Von einem Imperium Trapezunt hätten sie niemals gehört und wüßten auch nicht ob in ihrer Bücherkammer etwas derart zu finden sey; jedenfalls wäre mein Suchen vergeblich *(μάτην πονεῖς)*, wenn ich nicht bestimmt und mit Namen das Buch bezeichnen könnte, wo von Trapezunt gehandelt werde. Uebrigens sey ich herzlich willkommen, Alles stehe mir offen, und ich möge bei ihnen nur bleiben, so lange es mir gefalle. Nur sey es üblich, daß sich Fremde vor allen weitern Schritten beim Regierungsausschuß in Karyäs melden und dann erst, mit dem Circulare in der Hand, ihre speziellen Zwecke von Convent zu Convent verfolgen.

Eine Stunde nach dieser Unterredung ritten wir durch das hohe Portal von Vatopädi hinaus. Karyäs ist kaum drei Stunden entfernt und liegt in einem Hochthal unterhalb des Bergkammes, 2000 Fuß über dem Meere.[22] Schon wenige hundert Schritte vom Kloster erhebt sich der Pfad steil über den Strand und zieht in malerischen Wendungen durch dichtverwachsene immergrüne Buschregion zum Hochwald hinauf. Reichthum, Lebenskraft und Fülle des Pflanzenwuchses, wie man sie hier erblickt, müssen auch den weniger Unterrichteten mit Bewunderung erfüllen. Das Gesträuch, bis fünfzehn Fuß hoch, wäre undurchdringlich, hätte man nicht die Pfade künstlich ausgeschnitten. Myrten und Schattenblumen füllen alle Räume, und die Lianen ranken in so üppigem Triebe, daß sie an vielen Orten, besonders bei den Wasserfällen der ersten Einsenkung, gleichsam ein Laubdach über den Kopf des Wanderers bilden, der voll Erstaunen an den Einsiedeleien und zaubervollen Scenen dieser unbekannten Zone vorüberzieht, bis der von üppigen Kräutern und Farngebüsche düster durchwachsene Hochwald mit riesigen Wallnuß- und Kastanienbäumen, Steineichen und Cypressen in der Umgegend von Karyäs die Seele mit neuem Entzücken erfüllt.

Um die Waldlust dieses unvergänglichen Paradieses ganz zu schlürfen, sollte man warmes Blut, Gemüth und Wissenschaft wie *Grisebach* besitzen. Das Städtchen selbst mit seinen hundert Steinhäusern, seinen zwanzig Kapellen und seiner Klosterkirche und ihrem stumpfen Glockenthurm – ein immer frisches Garten- und Guirlandengehege – lehnt sich an die quellenreiche Steilseite des Laubwaldes, und hat seinen Namen ohne Zweifel von den jetzt seltenen Wallnußbäumen oder von den Haselnußstauden erhalten, die heute noch überall in den Gärten, zwischen den isolirten Wohnhäusern, insbesondere jenseits des kleinen Sturzbaches üppig aus dem Boden wuchern.[23] Man führte uns zu einem der vorsitzenden Prälaten, der zufällig aus Vatopädi war und ein schönes Gartenhaus mit allerlei außergewöhnlichen Bequemlichkeiten bewohnte. Se. Heiligkeit saß am Divan neben der Kasse und strickte wollene Socken. Wie vor dem Gemeinderath in Vatopädi erklärte ich auch hier mein Anliegen, und wir verständigten uns schnell; denn polirt und gewandt sind die Athosmönche alle, wenn sie auch nur Strümpfe stricken, Litaneien singen und

Ignoranten sind. Ein Verwandter des Prälaten, ein Empiricus aus *Cumerdschina* in Thracien, nahm Antheil am Gespräch und erzählte vom jungen *Zachariä* aus Heidelberg, vom Bodenreichthum des thracischen Landes, von Mohammed-Ali und von der Medicin, mit der in Cumerdschina nicht viel, aber bei den Mönchen auf Hagion-Oros gar nichts zu verdienen sey.

Fremde werden beim Mangel einer Einkehr gewöhnlich im Sitzungsgebäude selbst, und zwar neben der Wachtstube der Hagion-Oros-Miliz untergebracht; zu meinen Gunsten aber machte der freundliche Epitrop eine Ausnahme und verschaffte mir im Hause des Deputirten vom Kloster Philotheos selbst eine Unterkunft. Während man das Zimmer zurecht machte, begleiteten sie mich beide zum türkischen Polizeivorstand, einem bejahrten Bostandschi aus Konstantinopel, der natürlich weder lesen noch schreiben konnte und die Geschäfte durch einen unbärtigen Kurdensklaven aus *Scheresor* in Assyrien besorgen ließ. Nach türkischem Brauch ward der Ferman laut abgelesen und der Inhalt zugleich als Material des Gesprächs ausgebeutet. Wir machten es kurz, weil der alte Aga nicht sonderlich ideenreich war und überdies eben der Fastenramasan begonnen hatte, wo ein frommer Musulman erst nach Untergang der Sonne heiter und gesprächig wird.

„Was es in Stambul Neues gebe, ob es im Lande der Nemtsché theuer oder wohlfeil zu leben sey, und ob der *Kral* des Landes viele Soldaten und Kanonen habe," war der ganze Commentar zum vorgelesenen Aktenstück. Sie begreifen wohl, daß ich hier nichts von Gelehrsamkeit und alten Pergamenten erzählte; die prätentiöse und doch nichtssagende Phrase *„Dunjái gesérim Saltanát istchün,"* „ich bereise die Welt aus Liebe zur Pracht," war dem Bostandschi polizeilich hinreichender Grund meiner Erscheinung auf Hagion-Oros. Vater *Bessarion*, der Hausherr, konnte zwar lesen und schreiben, war aber ein Feind der Orthographie wie aller gefährlichen Neuerung. Statt τὴν ἰδιοποιῶ schreibt der gute Philotheït τὶν εἰδιόπίο, was ihn aber nicht hindert gastlich gegen Fremde und eifrig im Gebet zu seyn. Dagegen besuchte mich, während der Diener das Essen bereitete, der Geheimschreiber der Regierungsjunta, ein junger und wohlgeschulter Chilantarimönch aus Skopelo in Hellas gebürtig. Als *Kaïri's* Discipel war er voll neuer Ideen und hatte auch die verbesserten Lehranstalten in Athen besucht. Maurocordatos war ihm zwar Ὄργανον πάσης κακίας τῇ Ἑλλάδι, „Werkzeug alles Unheils für Griechenland"; allein statt St. Basilius und St. Pachomius liest der Geheimschreiber die Werke des Isokrates und Demosthenes und schreibt das Hellenische mit Leichtigkeit und Eleganz. Ob das Alte und das Neue nicht etwa auch auf dem heil. Chersones früher oder später mit einander in Conflict geräth? Oder mit andern Worten: wird der abendländische Trieb nach Wissenschaft, Fortschritt und Erkenntniß nicht auch einmal verwüstend und auflösend in die stille Zone des Hagion-Oros dringen? Wird die anatolische Kirche auch ihre Encyklopädisten und ihre

Hegel'sche Philosophie zu überstehen haben? Die Antwort hängt vom Gang der Dinge in Hellas und von noch etwas ab, das man wohl mit einem Chilantarimönch im Gartenhaus zu Karyäs, aber nicht so leicht mitten in Deutschland vor dem großen Publikum besprechen kann. Einiges Unkraut meinte ich hie und da in der überreichen Vegetation zwischen dem markigen Blatt des Lorbeerbaums und der „brennend gelben Blume des Hypericumstrauchs" schon jetzt bemerkt zu haben; doch hat es noch lange hin bis sich die Auftritte des zehnten und eilften Jahrhunderts im neueren Sinn wiedergebären könnten. Inzwischen war die Sonne untergegangen und die Zeit zur Abendkost gekommen. Man trug eine gesottene Henne auf, die der freundliche Sockenprälat als Xenium geschickt; Reis, Butter, Wein, Brod, Eier, Kaviar, Fische und getrocknete Früchte hatte der Bazar geliefert, und so endete voll Zufriedenheit und guter Laune der erste Tag in der Hauptstadt des heiligen Municipiums.

Von der übermäßigen und nutzlosen Strenge der Mönchsregel in Sachen der Diät wird am Regierungssitz zum Trost menschlicher Schwäche etwas weniges nachgelassen. Selbst Vater Bessarion, der Rigorist, hatte an Nichtfasttagen ein Ragout aus Ziegenfleisch, und mein Beschützer, der sockenstrickende Prälat, unterhielt – wohlverstanden nur für ungewöhnliche und vom Arzt vermerkte Fälle – eine Hennenkolonie mit Zubehör im verborgensten Winkel des Hofs und mit Auferlegung strenger Klausur, um die Bewohnerschaft des heiligen Städtchens ja nicht in der Andacht zu stören und durch sinnliche Eindrücke vom Weg des Heiles abzulenken. Der Bostandschi mit seinem Haushalt ißt gar Hammelfleisch, so wie auch die Municipalmilizen, obgleich Christen, was Diät betrifft, auch nicht immer nach gleichem Grad der Vollkommenheit streben wie die weltüberwindenden *Kalógeri*.[24] Wenn man regieren soll, meinen die Väter in Karyäs, ist es an der Ehre allein nicht immer schon genug; man will und muß zu Zeiten auch kräftiger essen und in Christo fröhlich seyn.

Des andern Morgens führte mich Vater Bessarion in den Sitzungssaal, um die Papiere zu überreichen und das übliche Examen auszuhalten. Ich meinte nur vor dem engern Ausschuß, den vier Direktoren der Junta, zu erscheinen, fand aber das ganze Kollegium in feierlichem Senat versammelt. Auf drei Seiten eines länglichten Vierecks saßen in morgenländischer Weise auf breitem Divan 25 ehrwürdige Gestalten mit wallenden Bärten und weiten dunkeln Gewändern, schweigend und unbeweglich, wie der Senat des Cyneas. Der Anblick hatte etwas Feierliches und Ehrfurchterregendes. Auf der offenen Seite des Vierecks, aber eine Stufe tiefer, saß am Tische der Geheimschreiber aus *Chilantari*, mit dem ich Abends vorher die lange Unterredung hatte. Mein Platz war auf der Schmalseite neben den Vorständen, und nicht ohne Verlegenheit blickte ich auf die lange Doppelzeile schwarzer Mönche, und die großen Augen und die asiatische Melancholie der ausdrucksvollen, scharfgezeichneten, sonnengebräunten Südgesichter machten mich im ersten Andrang über den Erfolg meines zu stellenden Antrages selbst besorgt.

Ich fühlte Beklemmung und so etwas von disciplinirter Verzagtheit ungeübter Schattensitzer. Allein Kaffee und Süßigkeiten, die im Orient bei keiner Gelegenheit fehlen, gaben Zeit und Gemüthsruhe, und einige Incidenzfragen meines nebenan sitzenden Beschützers brachten mich vollends in Gang. Ich erklärte der heiligen Versammlung ungefähr in denselben Worten, aber etwas umständlicher als in Vatopädi den Zweck meiner Athostour, legte die Empfehlungsschreiben des ökumenischen Patriarchen, des Wesiers von Saloniki und ihrer eigenen Residenten aus Konstantinopel vor, vergaß auch nicht anzurühmen, daß ich das Glück hatte in Folge langer Pilgerfahrten zum heiligen Grabe, nach Cypern und nach Kolchis, die drei von Sanct Lukas eigenhändig gemalten und in der anatolischen Kirche allein erhaltenen Originalbilder der *Panagia* von *Megaspiläon* in Morea, vom Kloster Kykky auf Cypern und vom *Melas*berge bei Trapezunt zu sehen. Ich erzählte ihnen wie einst *Alexius* der Großcomnen und Imperator, laut der noch aufbewahrten Goldbulle, eines der schönsten und gesegnetsten Convente des vielberühmten Athos mit kaiserlicher Munificenz gegründet habe, und ich vor Begierde brenne dieses Denkmal fürstlicher Frömmigkeit zu Nutzen und Ehren der heiligen Gemeinde näher zu betrachten und Alles zu erforschen, was sich etwa an Nachrichten über jenen letzten Staat orthodoxer Autokraten in den zahlreichen Sammlungen des Hagion-Oros finden sollte. In der (grundlosen) Besorgniß die Mönche möchten wie auf Sumelas ihre üblichen Tücken auch hier gegen mich wenden und die Existenz der Goldbulle gar abläugnen oder das Vorzeigen unter dem Prätext verweigern, daß von den beiden Archivschlüsseln der eine im Patriarchat zu Konstantinopel liege, bat ich zum Schluß um eine spezielle Empfehlung an ihre heiligen Brüder in *Sanct Dionys*, wo ich für meine Zwecke am längsten zu verweilen hätte.

Der Vorsitzende des Tages antwortete in wohlwollenden Ausdrücken, las die Empfehlungsschreiben des Patriarchen und der Athos-Epitropen laut in der Versammlung vor und versicherte, sie hätten die Absicht meiner Ankunft in ihrer Gemeinde vollkommen begriffen; es kämen ja ungefähr in gleichem Sinne öfter Fremde aus dem Abendland, und spezieller Empfehlung bedürfe es bei dem liebevollen Geist ihrer Brüder in Sanct Dionys durchaus nicht; ein Cirkular in herkömmlicher Form von ihrer Seite ausgestellt sey alles was ich nöthig habe, und dieses werde auch der *Grammatikos* ungesäumt und unter ihren Augen selbst in Ordnung bringen. Wo immer auf dem Hagion-Oros ich mit diesem Papier erscheine, werde ich brüderlich auf- und angenommen seyn.

Dann erst wurde die Unterhaltung allgemeiner; jeder fragte was ihm besonders im Sinne lag: der eine über Bayern, seine Größe, seine Macht und seine

Bedeutung; der andere über Deutschland und seine Bewohner überhaupt; der dritte gar über China, wo eben der Opiumkrieg begonnen hatte. *Jerusalem*, *Athen*, das Bild von *Megaspiläon*, *Misiri* (Aegypten), *Hr. Mynas*, ein gelehrter Gräcist aus Paris (zu derselben Zeit in Auftrag seiner Regierung auf Hagion-Oros) und *St. Anonymus*, der neu aufgefundene Heilige von Vatopädi, kamen nach der Reihe ins Spiel. Manche ehrwürdige Mönchsgestalt that kindische Fragen und mancher Augenglanz erlosch bei geöffnetem Munde; aber auch Allianzen der Sympathie und Intelligenz mit zwei Deputirten (Senatoren), die ich später oft besuchte, wurden in diesem allgemeinen Wettkampf mönchischer Neugierde und Redesucht geschlossen.

Etwas Welt- und Länderkunde ist bei solchen Gelegenheiten das fruchtbarste und befriedigendste Thema und der wirksamste Talisman angenehm zu seyn. Inzwischen war auch das Umlaufschreiben in bester Form ausgefertigt und mit dem Sigill der heiligen Junta versehen in meine Hand gelegt, worauf ich unter freundlichen Blicken und den besten Wünschen der Väter aus der Versammlung ging. Der Vortheil sich ohne Mittelsperson verständlich zu machen und seine Interessen selbst zu vertheidigen, ist wenigstens in meinen Umständen von größerem Belang als man gemeiniglich glaubt. „Seht, seht, hieß es, dieser Deutsche hat zwar eine etwas schwere Zunge, aber er redet hellenisch und *römisch*, daß man ihn versteht, und er scheint auch zu wissen, was in der Welt passiert." Vater Bessarion erzählte mir nachher alles was seine Kollegen zu Ehre und Vortheil des abtretenden Fremdlings sagten. Denn aller Heiligkeit und Abtödtung zum Trotz hat das Bedürfniß der Kritik selbst die Athosmönche nicht verlassen.

Während die Väter in ungewöhnlich langer Sitzung die Geschäfte des Tages erledigten, besah ich Karyäs und seine wahrhaft reizende Umgebung ungestört. Kern des Orts ist die am Bergabhang sich krumm hinziehende Kaufstraße *(τὸ Βαζάρι)* und ihre drei oder vier kurzen Seitengäßchen, alles mit großen Kieseln roh gepflastert und ohne Zuthun der Bewohner durch die vom Berge herabsprudelnden Bäche reingehalten. In diesem Theil allein sind die Häuser städtisch aneinandergerückt und mit einer Doppelreihe niedriger Schoppen versehen, in welchen Krämer und Handwerker der gewöhnlichsten Ordnung, unbeweibte Weltleute oder Kalogeri ihr Geschäft betreiben. Da sieht man neben den Stoff- und Eßwaarenhändlern bärtige Mönche, die Schuhe machen, Kleider nähen, Eisen schmieden, Magazine mit heiligem Schnitzwerk aus Horn und Bux, Kirchenzierrathen, gemalten Bildern, Korallen, Farben und hölzernen Löffeln halten, und zur Erleichterung des Verkehrs auch kleinen Wechsel treiben. Einsiedler voll Kasteiung und Schmutz schleppen in weiten Haarsäcken ihr rohes Fabrikat zu Markt; Regierungsmitglieder sitzen an den Auslagen ihrer arbeitenden Brüder und heimgarten über den Gang der Berathungen, über schwebende Prozesse; aber alles ohne Geräusch, ohne Zank, ohne Leidenschaft; in Karyäs ist Niemand zornig, redet Niemand laut, es ist wie im Mohn-Palast des Schlafes, man sieht, daß sie Hände und Lippen bewegen, hört aber ihre Stimme nicht, gebannte Geister, Schattenbilder ohne Nerv und Blut.

In Karyäs fehlt das Weib und mit ihm die Familie, die häusliche Sorge, die Eleganz der Sitte und des Putzes, die Elektricität der Lebensgeister, die Begierde und aller nachhaltige Trieb menschlicher Bestrebung. Außerhalb dieses festen Mittelpunktes sieht man in Gärten, unter Weinlaubguirlanden, Haselnuß- und Maulbeerpflanzungen, an Bächen und plätschernden Brunnen überall hin zerstreute Steingebäude mit Söller, Kapelle und Glocken bald in Gruppen, bald einzeln stehend, und jenseits dieser zweiten Region auf der ansteigenden Halde dicht hinter dem Bazar und der Klosterkirche eine dritte: aus Cypressen und Pinien hervorblickende Einsiedeleien, Wohnthürme mit helldunkeln Zimmern und gothischen Fensterbogen, Heiligthümer auf beranktem Felsen, Waldhütten und luftige Sommersitze; unterhalb des Städtchens aber, in einer Niederung kaum eine Viertelstunde entfernt, zwischen Gartenflor, Rasen, Wassersprudel und Laubschatten das kleine neugebaute Kloster *Kutlumusi* mit Bogengängen und weittönenden Glocken; das Ganze ein ineinanderrinnendes entzückendes Naturgemälde mit Kastaniengrün, Buschwerk, Schluchten und Hochwald in weitem Rahmen eingefaßt. – Bild der Glückseligkeit und der süßen Schwärmerei! Warum bin ich wieder nach Europa zurückgegangen! Warum habe ich noch einmal die Seelenqual und die Winternebel Germaniens um deinen Frieden und deinen ewigen Frühling eingetauscht!

Bis Sonnenuntergang schwärmte ich allein im Lustrevier, und erst des andern Tags spät ritten wir, Karyäs verlassend, quer durch das Dickicht des Waldabhanges zum Hochkamm hinauf und über die Schneide fort, sanft ansteigend, wohl drei Stunden lang durch Baumdunkel bis nahe an den Ort, wo sich die furchtbare Felswand der Athospyramide senkrecht aus der düstern Schattenregion in die Lüfte schwingt. An vielen Stellen ist die Bergscheide nicht breiter als der Reitweg, und links und rechts fallen die waldigen Seitenflügel ohne Vorberg und Uebergang, wie der Athoskegel selbst, unmittelbar vom höchsten Kamm zum Strand hinab.[25]

Vergessen Sie ja nicht, was ich früher von der Riesenfülle und Lebenskraft des Pflanzenwuchses dieser Gegend schrieb. Denken Sie noch den sonnigwarmen Mittag, die herbstlichen Tinten der Luft und das schwärzlichblaue Wasserpanorama mit Olymp und Halbinsel Sithonia auf der einen, mit Thasos, Samothrake und dem thracischen Pangäus auf der andern Seite, und Sie werden begreifen, was man auf dreistündigem Ritt über eine solche Scene empfunden hat. Die Sonne war schon durch den Meridian gegangen und wandte den Lauf abendwärts als wir von dem Höhenpfade rechts ausbogen und in die grüne Steilschlucht von St. Dionys niederstiegen – melancholisches Sinnbild des eigenen Lebens am Wendepunkt! Die Linie ist schon überschritten und die *„anni recedentes"* werfen ihre Schatten morgenwärts. Von der Tanne am Kamm stiegen wir durch alle Regionen des Laubwaldes fünf Viertelstunden lang ohne Milderung bis zur Pomeranze des Strandes herab.

Das Archontalik (Herrenwohnung) von Sankt Dionys hat etwas ungewöhnlich Heimathliches; das größere oder das Winterzimmer, mit Matten und farbigen Teppichen, mit laufendem Divan, einer Wandschlafstätte und mit italienischem Kamin geschmückt, erhält das Licht hauptsächlich von der Decke und nur zum Theil durch zwei innere Fenster vom anstoßenden kleinern Sommerzimmer. Letzteres, auf drei Seiten frei und durch doppelte Fensterreihen erhellt, springt nach byzantinischer Architektur über die Hauptmauer des untern Stockes vor und schwebt gleichsam frei über dem Abgrund von wenigstens 30 Menschenlängen senkrechter Tiefe. Das Auge überblickt den Golf, das Tafelland Chalkidike, den thessalischen Olymp und das gebirgige Langeiland Sithonia auf der einen, die grüne Waldschlucht bis zum Kamm auf der andern und den kleinen Athoskegel auf der dritten Seite.

Höflich und gastlich sind, wie man sagt, die Athosmönche überall, gefühlvoll und herzlich schienen sie mir aber vorzugsweise im wohlregierten Sanct Dionys. Ist die abgeschlossene, dem Fremdenzug ungleich weniger ausgesetzte Lage des Klosters etwa schon genügend, um die harmlosere Natur seiner Bewohner zu erklären, oder fällt der Ruhm zum Theil auf die altererbte Strenge dionysischer Disciplin und auf die vortreffliche Leitung des gegenwärtigen Abtes zurück? Vater *Gerasimus*, vor zwei Jahren noch, er sagte mir es selber, Weltmensch und Sünder in Konstantinopolis, jetzt aber strenger Büßer in Sanct Dionys, führte uns in die Wohnung ein und leistete Gesellschaft, während ein bulgarischer Laienbruder Küchen- und Zimmerdienst besorgte. Etwa eine Stunde redeten wir über die corrupte Natur des Menschen, über das Sittenverderbniß der Welt im Allgemeinen und der Stadt Konstantinopel insbesondere, und kamen am Schlusse zur gemeinschaftlichen Ueberzeugung, daß in weltlichem Verband die Leidenschaft auch beim redlichsten Willen nicht zu bändigen, und siegreicher Kampf nur mit Hülfe strenger Klausur, wie in Sanct Dionys zu bestehen sey. Vater Gerasimus und ich verstanden uns vollkommen, unterhielten uns sehr gut, und schieden voll gegenseitiger Erbauung schon nach dem ersten Dialog als die besten Freunde von einander. Für Leute in permanenter Klausnerexaltation hat der Drang ihr Lebensinstitut zu rechtfertigen etwas Unwiderstehliches. Uebrigens waren mir die byzantinischen Studien und das gute Gedächtniß diesen Abend besonders nützlich; denn sicherlich hat ein melancholisch frommes Citat aus Johannes Damascenus in Sanct Dionys mein Glück gemacht und hauptsächlich den Sinn des Vorstandes zur Willfährigkeit gegen mein Petitum gelenkt. „Wie eine Blume verwelkt und wie ein Traum vergeht und zerfließt der Mensch."[26]

Vater Gerasimus fand den Spruch eben so schön als treffend, und die freundliche Miene des Abtes, vor dem ich des andern Morgens erschien, sagte deutlich genug, daß er in mir weniger den irrgläubigen Abendländer als den Freund und Lobredner seines weltüberwindenden Institutes sah. Die Würdenträger saßen dem *Igumenos* zur Seite und hörten nicht ohne sichtbares Vergnügen eine kurze Schilderung des Reiches Trapezunt, der Comnenischen Geschicke, meiner Arbeiten und meiner Wünsche. Mit Ueberreichung des Bücherverzeichnisses gab man volle Freiheit in der Bibliothek umzusehen, zu copiren und zu thun was mir beliebe. Nur wie ich auch die Goldbulle ihres kaiserlichen Stifters, diesen verborgenen, unbekannten und mit Eifersucht bewahrten Klosterschatz zu sehen und abzuschreiben begehrte, erschracken die frommen Väter ein wenig und sahen einander verlegen und fragend an. Woher ich denn wisse, daß sie dergleichen besitzen, da dieses Kleinod, so viel ihnen bekannt, ein Ausländer noch nie verlangt und gesehen habe? Freundliche Worte besiegten am Ende ihre behutsame Scheu und eine Commission brachte feierlich den heiligen Schrein mit der kostbaren Reliquie des Imperators von Trapezunt. Es ist eine anderthalb Fuß breite und fünfzehn Fuß lange Papierrolle mit farbigen Randarabesken und wundervoll verschlungenen Zügen ausgeschmückt. Die Doxologie (das *Bism illah* der Mohammedaner) am Eingang ist in zwei Zoll hohen halb goldenen, halb lasurblauen Buchstaben mit besonderer Pracht geschrieben und nach byzantinischem Kanzleibrauch das Wort „Majestät" sammt Unterschrift des Herrschers überall in Purpurdinte ausgedrückt. Die größte Zierde des Dokumentes aber sind die beiden Standbilder des Autokraten *Alexius* und seiner Gemahlin *Theodora* durch die Hand trapezuntischer Meister oberhalb des Textes, sechzehn Zoll hoch mit Farben und im vollen Kaiserornat kunstreich und wunderschön aufgetragen, damit in solcher Weise nicht nur das Andenken kaiserlicher Frömmigkeit und Huld, sondern auch die Gesichtslinien, das Kleid, die Gold- und Perlenstickerei und der reiche Schmuck an Edelsteinen des kolchischen Selbstherrschers auf die Nachwelt übergehen.

Alexius hält in der rechten Hand das Scepter in Kreuzesform, mit der linken das eine Ende der zusammengerollten und goldgesiegelten Bulle; *Theodora* aber in der linken den goldenen Reichsapfel und mit der rechten das andere Ende der Rolle. Ueber beide schwebt segnend der Salvator Mundi im Brustbild und mit einer Glorie von Gold um das streng byzantinische Antlitz. Die Edelsteine an Krone und Kleid der Herrscher sind in ihrer natürlichen Farbe dargestellt, und die buschigen Ohrgehänge fallen an beiden Figuren als doldenartiges Diamantengeflecht bis auf die Schulter herab. Die Krone des Imperators ist rund geschlossen und mit dem Kreuz auf der Spitze, Theodora's

Diadem aber oben mörserartig ausgerandet; beide aber, wie an Wesen höherer Art, von einer Purpurglorie umflossen. Das Ganze ist ein prachtvoller Anblick und auch für ein Künstlerauge vielleicht nicht ohne Werth. Unterhalb der Titulaturen des Kaisers und seiner Gemahlin ist beiderseits das große aus einer thalergleichen massiven Goldplatte bestehende Insiegel mit Standbild und Namen des Herrscherpaares durch Goldhäkchen am Diplom befestigt. Dann beginnt erst der Text des Dokumentes selbst mit allem Aufwande kalligraphischer Kunst und Zierlichkeit. Neben dem Original lag eine Copie, die man vorsichtshalber vor etwa hundert Jahren in gewöhnlicher Cursivschrift mit möglichst treuer Nachbildung der Figuren für den Fall entworfen hat, daß ersteres verloren gehe oder gar im Laufe der Zeit für die ungelehrten Mönche der Abtei unverständlich werde. Das Original konnte ich nur im Beiseyn der Vorstände durchsehen und mit der Copie vergleichen, letztere aber gab man mir nach Beseitigung erneuter Bedenklichkeiten gutwillig auf das Zimmer zum beliebigen Abschreiben des Textes und Abzeichnen der Figuren.

Nicht zufrieden allen literarischen Zudringlichkeiten des Fremdlings nachgiebig zu begegnen, ließ mir der Abt durch Vater Gerasimus Baulichkeiten und Einrichtung des Klosters zeigen, und der bulgarische Küchenmeister sollte das Mahl so schmackhaft und reichlich rüsten als es ohne Fleisch nur immer thunlich sey. Aus Dankbarkeit für so viele Rücksicht ging ich aber auch mit den Mönchen in die Vesper (εἰς τὸ ἑσπερινόν) und erbaute die guten Väter – ich denke es wenigstens – durch Andacht und Geduld. In Klöstern, wie Sie wissen, sind Kirche und Speisesaal allezeit die ersten Glanzpartien, und beide in Sanct Dionys wie aller Orten auf Hagion-Oros mit einem fortlaufenden Cyclus geistlicher Fresken ausgemalt, zu denen das Neue Testament, das Heroenalter des Mönchthums, besonders aber die *Apokalypse* des Apostels Johannes unabänderlich das Thema liefern. Die erste Rolle nicht etwa nur in den Säulengängen von Sanct Dionys, sondern in der ganzen anatolisch glaubenden Welt, in Malerei, Literatur, Politik und Lebenspraxis spielt die Apokalypse. Sie ist das gelesenste Buch, gleichsam Nibelungenlied, Pandektenheft und Nationalcodex von Byzanz, auf welche der berechnende Theil des Volkes seine Ideen, seine Weltansicht, seine politischen Combinationen und seine Hoffnungen stützt. Sie ist der Maßstab, mit welchem das Morgenland Bonaparte, die Janitscharenvesper, die Schlacht von Navarino, den Frieden von Adrianopel und die Zukunft von Hellas mißt.

Hätte ein Athosmönch auf einer Schule in Europa die Universalgeschichte zu lehren, so würde er als Leitfaden gewiß nicht das Compendium von Dr. Daniel Beck in Leipzig, sondern die mystischen Visionen des Exulanten auf Patmos nehmen. Es ist Nationalglaube der Griechen, Gott habe das Weltregimentsprogramm vom Beginn des Christenthums bis zum Ende der Zeiten in diesem Buche niedergelegt. Wenn die fast widerstandlose Besitznahme der byzantinischen Provinzen durch die türkischen Sultane und besonders die Gleichgültigkeit der Nation beim Falle der Hauptstadt selbst den Chaldäern und Weisen des Abendlandes heute noch ein Räthsel ist, so war dagegen den Griechen in diesem Punkte von jeher Alles klar. Sie erkannten in Murad I., in Bajesid Wetterstrahl (*yildirim*) und in Mohammed Ghasi augenblicklich das „Thier" der Apokalypse (XIII, v. 1) und legten, weil doch aller Streit vergeblich, die Waffen ab.[27] Welche Stelle dieses Buches aber glauben Sie wohl daß man in Griechenland citirte, als Europa seine neun Chöre Schreiber in den Orient schickte, um mit Hülfe einiger Tonnen Besoldungskostenaufwandbe- berechnungsüberschlagstabellen in provisorisch abgekürzter Form das byzantinische Reich zu reconstruiren? Virgil hat den Landwirthen den Rath gegeben, zuerst das Erdreich zu untersuchen und dann erst den Pflug einzusenken.

Die Lage des Klosters mit seinen Terrassengärten und seinem hohen, gothisch ausgezackten Zinnenthurm auf der meerbespülten Seitenböschung der einsamen fast senkrecht aufsteigenden Schlucht macht einen tiefmelancholischen Eindruck, dem sich das Gemüth nur zu gerne überläßt. Das Orangendelta an der Mündung des Sturzbaches ist nicht breiter als einen Flintenschuß, die Tiefe nicht über zehn Minuten, und auf beiden Thalseiten unersteiglicher grünbewachsener Schieferrand. Denken Sie sich noch fünf Stockwerke mit Holzsöllern übereinander gegen die See hinaus, in der Mitte den alterbraunen, großen Steinthurm über das kräftige Mauerwerk und den Klosterdom hoch in die Lüfte ragend, und Sie haben das Bild von St. Dionys. Die erste Gründung sämmtlicher Klostergebäude mit Inbegriff der Wasserleitung verschlang die bedeutende Summe von zehn Millionen Silberpfennigen oder Handelsaspern, die als fromme Gabe in Frist von drei Jahren aus dem Schatze des Kaisers Alexius floß.[28] Man mußte aber auch, um den nöthigen Raum zu gewinnen, zuerst den Felsen abplatten und einen cyklopischen Unterbau aus der Tiefe heraufführen. Der Festungsthurm ist so mächtig, daß er in Zeiten der Gefahr sämmtliche Klostereinwohnerschaft aufnehmen und beschirmen konnte. Den Eingang aber hat man wie bei den Pyramiden wenigstens sechzig Fuß über der Grundfläche auf einer Blumenestrade angebracht, wo ich verführt durch die milden Lüfte Nachts allein lange saß. Der Vollmond hing über dem Verließ, Licht und Schatten wechselten in geisterhaftem Spiel, kein Blatt rauschte, das Meer glitzerte, die Mönche schliefen. Welche Gedanken! Welche Ruhe über der Burg! Welches Schweigen in der grünen Schlucht!

Denkt sich der Europäer unter Klosterbibliothek auch nicht immer Prachtsäle mit Stukkatur und Gold wie zu Melk, San Marco und Kremsmünster, so stellt er sich doch wenigstens eine Reihe luftiger Zimmer vor, von oben bis unten mit Büchern angefüllt, alles nach Fächern und Format symmetrisch geordnet, katalogisch eingetragen, wenigstens 5000 bis 6000 Nummern, sammt Vorstand, Schreiber und Fonds zu fortgehendem Ankauf neuer oder noch fehlender Werke. Auf byzantinische Klöster überhaupt und auf den Berg Athos insbesondere die occidentalischen Begriffe von Literatur und geistigem Leben anzuwenden wäre großer Irrthum. Liturgischen Bedarf ausgenommen hat man auf dem Hagion-Oros, so lange die Klöster bestehen, noch niemals ein Buch gekauft, und vom Klostervermögen nur einen Pfennig für solche Zwecke hinzugeben, würde in allen zwanzig Abteien Niemand in den Sinn kommen. „Für was seyen Bücher gut?" fragen die Mönche. „Was der Mensch zur Seligkeit nöthig habe, sey schon lange festgesetzt; weltliches Wissen und Grübeln führe vom Wege des Heiles ab und das Verderben sey durch die Gelehrten in die Welt gekommen; studirte Leute bringen Alles in Unordnung (οἱ γραμματικοὶ ταράττουν τὰ πράγματα), Glaube und christliche Demuth könne mit Philosophie und gelehrtem Dünkel in einer und derselben Seele nicht beisammen wohnen, das eine oder das andere müsse nothwendig weichen; und eben hierin bestehe der Vorzug des Athos-Instituts, daß sie den Wissensteufel aus dem Herzen geworfen und sich ganz, mit Leib und Seele, dem Dienste des Herrn ergeben haben. Uebrigens wüßten sie wohl, daß die ganze Welt nicht leben könne wie sie; aber dafür heiße es auch im Evangelium, Viele seyen berufen, aber Wenige auserwählt. Hagion-Oros sey nun einmal Sitz der Auserwählten, Exempel und Musterwirthschaft irdischen Tugendwandels, damit sich die Wege des Heiles nicht ganz verfinstern und alles Fleisch wie in den Tagen Noahs sich vom Göttlichen entferne. Dogma und Kirchenpraxis in primitiver Gestalt und Reinheit zu bewahren sey die Aufgabe ihrer heiligen Gemeinde, und Unabhängigkeit von materiellen Bedürfnissen und bürgerlichem Verbande das einzige Mittel das vorgesteckte Ziel zu gewinnen."

Die Physis auf das Minimum zu reduciren und dieses Minimum mit dem Karst in der Hand sich selbst aus dem Boden herauszugraben ist leitender Gedanke des mönchischen Instituts, wie es, um der Römerzinszahl und dem Regiment der Pandekten zu entrinnen, die anatolische Kirche begriffen hat. Glauben Sie wohl, daß man sich unter diesen Umständen auf dem Hagion-Oros viel kümmere, was Hr. Prellerus in Dorpat über die Fragmente des alten Grammatikers Praxiphanes disputire, oder daß man gar Dr. Wall aus Oxford lese, von dessen großem Werke über die Erfindung des ABC eben erst ein Theil der Einleitung in drei Oktavbänden zu nicht mehr als 1500 Seiten erschienen ist? Die Sammlungen der Athosklöster haben sich ohne Zuthun der Gemeinde aus der Verlassenschaft verstorbener Bischöfe oder büßender Laien zufällig und ohne Plan gebildet. Weltmüde Intriguanten, Feldherrn, bankerotte Hofleute und ausgetriebene Fürsten aus Byzanz brachten mit ihrer Langweile und ihrem Lebensüberdruß zugleich ihre Politur und ihre Bücher mit, die nach ihrem Tode dem Kloster blieben, die aber Niemand las und die spätere Zeit nach Europa verhandelte oder aus Unwissenheit und Mißgeschick in Massen verfaulen ließ.

Der Orient hat ein Problem gelöst, an welchem die Europäer mit all ihrer Weisheit und Kunst gescheitert sind. Bei uns hat die Zeit das Mönchthum theils besiegt, theils umgebildet; in der morgenländischen Kirche aber ist es heute noch auf demselben Standpunkt, wo es die Altväter *Sanct Paphnutius* und *Sanct Schnudius* (die Kopten in Siut sprechen Sche-nuti) im ersten Jahrhundert der Gründung gelassen haben. Wir wüßten kein menschliches Institut zu nennen, dessen Geist, Form und ursprüngliche Energie fünfzehn Jahrhunderte nicht zu erschüttern vermochten. Vermag denn nur der Orient allein Ewiges zu schaffen? oder ist im Gegensatz mit unserer Beweglichkeit überall das Insichverharren sein Gesetz?

Wir überlassen es Andern vom stereotypen, todten Buchstaben der Athosconstitution zu reden, und mitunter zu berechnen wie viel eine Gesellschaft an Kraft und Werth verliere, sobald sie sich außer Bereich des Fortschrittes, der stetigen Verbesserung und des abendländischen Wandelprinzips gestellt. Mir genügt es, noch diesseits des Hellesponts einen Ort zu wissen, wo man der Tyrannei des Genusses, den Künsten der Herrschaft und den Syllogismen der Hof-Sophisten zugleich widerstehen kann. Leute die den Kampf mit der Materie wagen, sind noch keine Thoren und wenn Freiheit und innerer Friede um geringern Preis als um Hingabe der Wissenschaft, der Kunst und der Lebenseleganz nicht zu erringen ist, so darf selbst der Philosoph den Kauf nicht tadeln. Frei ist nur wer entbehren kann. Auf dem Athos allein hat der Mönch mit Luxus und Welt niemals capitulirt wie in Europa, wo sie in früherer Zeit hin und wieder meinten, man könne fette Kost verzehren, weiche Gewänder umthun, den Grazien huldigen und nebenher doch Wesen und Kredit der Heiligkeit bewahren. Und eben der Umstand, daß es bei den Bewohnern des heiligen Berges in anderthalbtausend Jahren Niemand wagte in der äußeren Disciplin eine Aenderung vorzuschlagen, hat ihrem Institut mit Ansehen, Rang und Ewigkeit auch das Gepräge des höchsten Adels aufgedrückt. Unangefochten von Zeit und Menschen blieben von jeher nur Mäßigung, Geduld und Gram.

Für die Meisten von uns hat schon der Gedanke an die Athoskost etwas Abschreckendes. Oder würden Oliven, grünes, im Wasser gekochtes Gemüse ohne Zuthat, rohe Gurken, Knoblauchstengel, süße Zwiebeln, Salzfische, weicher Käse, Bohnenbrei, Obst, Honig, Brod und Wein ohne alle Abwechslung das ganze Jahr und das ganze Leben in Europa nicht auch dem strengsten Büßer ungenügend seyn? Fleisch ist innerhalb der Klöster auf ewig versagt; an Fasttagen, das ist nahe acht Monate des Jahres, sogar das Ei, der Fisch und das Oel verbannt, alles unabänderlich und ohne Widerrede; denn auf dem Hagion-Oros – ein für europäischen Stolz unerträglicher Gedanke – gibt es keine Opposition, die Form hat den Geist vollständig übermannt, und erst wenn ihr diese eherne Hülle zerbrochen habt, greift abendländische Aktion byzantinische Gemüther an. Wie einst Sanct Hieronymus hält auch Vater Gerasimus, der noch junge, aber doch erfahrungsreiche Mönch in Sanct Dionys, ohne strenge Diät die Herrschaft über die Sinne für eine Unmöglichkeit. In Konstantinopel habe ihm der Teufel heftig zugesetzt und wiederholte Niederlagen bereitet; jetzo gehe es besser; es hat ja Niemand ein Bett, man duldet auch das Sopha nicht, man schläft auf grobem Teppich und die Hemden sind aus Schafwolle; in keinem Athoskloster wird Leinwand gestattet und jeder hat seine ärmliche Wäsche selbst zu besorgen und im Stand zu halten; Glätte und Bügeleisen sind zugleich mit Haarscheere und Rasirmesser gänzlich unbekannt; ein Kamm, der einzige Toiletteartikel der Hagion-Oros-Helden. Zu langes Haar wird in Büschel gebunden oder leicht geflochten unter der schwarzen Mörsermütze aufgewickelt.

Der Vorstand genießt keinerlei äußere Auszeichnung, weder in Kleid, noch in Essen, noch in der Bequemlichkeit; er hat nur die Sorge für das Ganze, den unbedingten Gehorsam aller Einzelnen, und von den Laienbrüdern, so oft sie vor ihm erscheinen, die morgenländische Adoration auf allen Vieren. Goldenes Pektorale, Hoftisch und Prälatenstolz sind gänzlich unbekannt. Von den acht für Beten und Psalmiren in der Kirche täglich festgesetzten Stunden fällt der größere Theil, wenigstens im Winter, auf die Nacht. Und mit dieser Ascese noch nicht zufrieden gehen die Väter in St. Dionys alle Sonnabende des Jahres wie am Vorabende gewisser Heiligenfeste schon mit Untergang der Sonne wieder in die Kirche, singen, beten, meditiren, räuchern und liturgiren die ganze Nacht ohne Unterbrechung bis die Morgenröthe erscheint; dann erst beginnt der feierliche Gottesdienst, mit dem sie sich nicht vor zwei Stunden nach Sonnenaufgang zu Ende kommen. Der Abt darf in der Kirche niemals fehlen. In Winternächten dauert die Qual oft nicht weniger als fünfzehn Stunden; aber die Strengen, mit dieser Uebung in ihrer Andachtsgluth noch nicht gesättigt, setzen Beten und Wachen unmittelbar nach dem allgemeinen Gottesdienste privatim noch in ihrer Zelle fort und bringen es nach und nach bis auf zweiundzwanzig Stunden ununterbrochener Andacht und Peinigung. Dafür schweben sie aber auch, wie man häufig gesehen haben will, zuweilen gleich körperlosen entsinnlichten Wesen in mystischem Schwung durch die Kastanienwälder. Von diesen Nachtwachen ist in der lateinischen Kirche nur der Name (Vigil) geblieben, in der griechischen aber hat sich neben der Benennung (ἀγρυπνία) auch die That erhalten, an die ich, ohne selbst auf den Hagion-Oros zu kommen, niemals hätte glauben können.

Die Mönche in St. Dionys und Simopetra sind Märtyrer bei lebendigem Leibe und könnten sogar einen Spötter zur Achtung zwingen. Gewiß muß eine Kirche, die ihre Gläubigen zu solcher Strenge mit sich selbst und zu solchem Heroismus begeistert, über größere Hülfsmittel und Kräfte gebieten als man der anatolischen gewöhnlich zugesteht. In den sogenannten freien oder demokratisch regierten Klöstern sind sie zwar nicht im Prinzip, aber doch in der Praxis etwas milder, und legen sich die Tortur einer Agrypnia nur an gewissen Tagen im Jahr oder bei ungewöhnlichen Veranlassungen auf. Was sagen etwa die Sybariten des Occidents zu dieser Praxis? Ueber uns übt der Gaumenkitzel eine so allgemeine Herrschaft, daß es selbst frommen und gottesfürchtigen Leuten ihre ascetischen Tugendsiege zuweilen durch ein Lieblingsgericht aus ihrer Küche zu belohnen räthlich scheint. Gleichwie es, nach Tacitus, bei unsern heidnischen Vorfahren keine Schande war zu fliehen, wenn man nur später wieder Stand hielt und den Feind bekämpfte, eben so überlassen die christlichen Deutschen dem Laster scheinbar und auf Momente den Sieg, um es nachher mit erneuter Kraft zu bekämpfen.

Auf Hagion-Oros gönnt man keine Rast, und hat sich einmal die Klosterpforte hinter dem Weltüberwinder zugeschlossen, ist der Bund mit der Sinnlichkeit auf immer zerrissen. Und doch fehlt es nicht an Aspiranten. Sieben Neophyten aus der arbeitenden Klasse, alle unter dreißig Jahren, rissen sich letzthin auf einmal aus dem Verderbensschlamm in Galata und im Fanar und gingen nach Sanct Dionys. Im Orient gibt es Leute, denen selbst die Sünde Langeweile macht und denen Krieg wider sich selbst Bedürfniß ist. Finden Sie es nicht gut, daß es für solche Gemüther Zufluchtsstätten gibt? Während meines Dortseyns meldete sich ein Kleinasiate von kaum zwanzig Jahren und vortheilhaftem Aeußern, ward aber zurückgewiesen, obgleich er mit seinem Erbtheil in Baarem gekommen war. Jugend und Schönheit sind in St. Dionys keine Empfehlung; man fürchtet den Teufel, weil er der Mönchstugend in allen Gestalten Fallstricke legt. Man will reifere Jahre, gebrochene und hart bedrängte Seelen und kühles Blut. Ob sie die hebräischen Vokalzeichen Schurek und Kibbuz unterscheiden und Hiphil und Hophal conjugiren können, wird nicht gefragt. „Heute sind die Patres im Wald um Kastanien aufzulesen, morgen ziehen sie die Klostergoëlette ins Arsenal, Pater Joseph macht Schuhe, Pater Michael schlägt Wolle, und Leonidas mit Konstantin nehmen Brod und Käse in ihren Umhängesack und rudern Pater Galaktion, der ein Schreiben zur Regierung nach Karyäs bringt, in der kleinen Barke nach Xeropotamo, während Pater Chrysanth mit Knecht und Maulthieren nach Kloster Paulu zieht und die vom Abt eingehandelten Bohnen bringt.“

Man hat Gartenbau, Reben, Oelbäume und in einigen Klöstern sogar etwas Ackerland. Jedoch hält man für Pflug und Stall und häufig auch für Mühle und Grobschmiede um Lohn gedungene Knechte, die nach Umständen auch in die Bruderschaft treten und, was bei uns Aussteuer und Bildung heißt, durch Kraft, Fleiß und Demuth ergänzen. In Nahrung, Kleidung und Ansehen ist kein Unterschied zwischen Unterrichteten und Unwissenden. Wer sich auf Gelehrsamkeit etwas einbildet und gerne den Präceptor spielt, gehe ja nicht unter diese Mönche oder meide wenigstens jene Klöster, die wir im vorigen

Artikel Cönobien oder monarchisch regierte nannten. In den freien wäre für aristokratische Unterschiede, feudale Bequemlichkeit und Uebergewicht noch eher ein Spielraum, weil hier der Mönch Herr seines Vermögens bleibt, Reichthum aber selbst im Mauerpräcinct der Demuth und Kasteiung den Zauber nicht verloren hat. Diese freien Hagion-Oros-Klöster sind ein wahres Bild des deutschen Staatenbundes, ein glattgemeißeltes Ganzes nach Außen, aber mit Autonomie, sogenannter Stubenunabhängigkeit für das innere Leben. In diesen Klöstern kann der Mönch nach Maßgabe seiner Geldmittel eine aus mehreren Zimmern bestehende und streng abgeschlossene Wohnung nehmen und sie auch auf seine Kosten so bequem einrichten als es ihm beliebt.

Vater * * im Prachtkloster Iwiron hat sich weit vom Prätorium nahe am Citadellenthurm einquartiert, ein Vestibulum und ein kleines Museum mit Büchern und Karten für geistige Praxis angelegt, das Ganze durch eine Thür auf den Corridor des neugebauten Parallelogramms von seinen Brüdern abgeschlossen. Vor den Fenstern des Museums und der Winterresidenz hat Vater * * einen Balkon gebaut und Blumen aufgestellt, den Boden unterhalb aber mit Pomeranzen angepflanzt, damit die milden Zephyrlüfte den Blüthenduft durch die Fenster wehen. Links schließt ein Segment des Meeres, in der Fronte ein Bergvorsprung des immergrünen Buschwaldes, rechts die laubbeschattete Bergseite den Horizont, im Pomeranzenbusche aber rinnt über weiße Kieselsteine ein Arm des hellen Klosterbachs und nistet – sicher vor Knabenmuthwille und Jägerlist – ein Heer von Nachtigallen. Im Frühling wenn die Pomeranze duftet, die Myrte blüht, die lauen Lüfte wehen und aus dem Busch das himmlische Concert der Philomele in das offene Fenster dringt, möchten Sie da nicht der Mönch von Iwiron seyn? Auf einer Terrasse am Thurm hat Vater * * Feigenbäume gepflanzt und einen Laubgang aus Reben angelegt, die man im Orient *Jediverenia* nennt, weil auf ihren Ranken wie auf dem Citronenbaum Knospen, Blüthe und Frucht in jedem Grade des Wachsthums und der Reife zu gleicher Zeit zu sehen sind.[29]

Zum Zimmerdienst hat Vater * * zwei Aufwärter, den ältern im Mönchskleid für die schwere, den jüngern, einen zufällig noch unbärtigen, schlanken, vortheilhaft und schön gebildeten Jungen voll Demuth und guter Zucht, für die leichtere Arbeit. Diese Jungen, man heißt sie im Orient *Seelenkinder*, flüchten sich häufig aus der sündhaften Welt in den Schirm eines frommen Kalogeros, ehren ihn wie den Vater und lernen von ihm Gehorsam, Kochkunst, Gebet und Kirchenpraxis mit allem was ihr Patron an Wissenschaft besitzt. Gewöhnlich erben sie das Gut des sterbenden Beschützers oder treten, wenn die Jahre sind, selbst in den Verband. Etwas zu bilden und zu schaffen will selbst der fromme Klausner auf Hagion-Oros haben. In den strengen Cönobien dagegen ist diese Art Rekrutirung nicht üblich und wegen des gemeinsamen Zusammenlebens auch nicht zulässig. Vater * * ist auch ein Mann von bedeutender

Conversation und für einen Athosmönch nicht ohne Belesenheit. Aber statt Bücher durchzusehen, über die er als Mitvorstand die Aufsicht führte, wollte er im Bibliothekthurm lieber von der Wüste Sahara, von den Nilkatarakten, vom Krokodil und vom Hippopotamos hören und erfahren wie es in der heißen Zone sey. Zwei Tage blieb ich bei diesem gastlichen Weltüberwinder von Iwiron, und er sandte mir Jediverenitrauben als Xenium. Von den Türken, meinte ich, müßte ein Christ, besonders unter griechischen Mönchen, beständig Böses reden; aber Vater * * nahm sie in Schutz und maß ihnen drei Tugenden zu, die man bei den orthodoxen Völkern gar nicht finde. Τὸ φιλάνϑρωπον, τὸ εὔσπλαγχνον καὶ τὸ μεγαλοπρεπές, d. i. Menschlichkeit, Mitleiden und Prachtliebe ohne Beisatz gemeiner Gesinnung (Geldgierde) sey Nationalcharakterzug der Osmanlü. Statt von Saltanat[30] und Politik reden sie zu St. Dionys von Buße und Weltende, das der Klosterdidaskalos aus Philippopopoli schon nach dreiundzwanzig Jahren erwartet. In Iwiron, wie es scheint, rechnen sie noch auf längern Termin, weil sich mein freundlicher Zwischenredner noch 2000 türkische Grusch (200 fl. Münze) wünschte, um die Wohnung noch schöner und noch bequemer einzurichten.

Will einer die Erinnerung an das Vergangene nicht völlig abstreifen und keinen besondern Grad der Vollkommenheit erklimmen, thut er besser seinen Ruhesitz in einem der freien Klöster aufzuschlagen, wie Vater * * *, der Schiffskapitän aus Lemnos, der seine alten Tage und die Früchte weltlicher Betriebsamkeit im großen Vatopädi verzehrt. In der Jugend plagte er sich hart, kam oft nach Taganrog und litt Verfolgung durch Oesterreicher, Britten und Türken; die Zeiten waren schlimm, Erwerb verkümmert, ehrliche Leute überall gefährdet, besonders im Freiheitskriege, und man konnte Freund und Feind im Nebel des Archipelagus nicht immer genau unterscheiden. Vater * * * hat sich zwar in der Hauptsache ebensowenig vorzuwerfen als der kaum 40jährige Vater *Cäsarius* der Zwangbote, der zwanzig Jahre im Patriarchat zu Konstantinopel Häschersdienste versehen, manchen Erzbischof und unzählige Vagabunden, liederliche Mönche, schlechte Zahler und Gesetzübertreter im Weichbild von Stambul eingefangen und vor das Tribunal des ökumenischen Patriarchen geliefert hat. Der Mann war unerschöpflich an Anekdoten aus der Polizeichronik, kannte jedes Haus und alle Familiengeheimnisse zwischen den Sieben Thürmen und Bujukdere und würde – was sehr viel ist, selbst Herrn Frédéric Soulié in seinem Genre noch etwas Neues sagen. Vater Cäsarius empfängt die Fremden, sorgt für ihre Bewirthung und Unterkunft mit Beihülfe eines andern ihm untergeordneten Mönchs aus Xanthi in Thracien, den man wegen allerhand Peccadillen in der Gemeinde nicht mehr dulden konnte und zur Besserung auf Hagion-Oros verbannte.

In den byzantinischen Ländern ruinirt man die Leute nicht auf der Stelle, man ist billig im Erkenntniß und gönnet Zeit zur Buße. Die Flagge – wohin es die

Seemächte in Europa noch immer nicht gebracht – deckt dort überall die Waare. Nachts wenn das musikalische Holz in die Kirche ruft, werfen der Schiffskapitän aus Lemnos, der Gensdarme aus Stambul und der Diener aus Xanthi mit gleicher Andacht das dunkle Kapuzenkleid um und wandeln – das dünne Wachslicht in der Hand – durch die düstern Gänge zum Psalmenstuhl. Untertags aber, wenn sie nicht eben beten oder Sünden bereuen, verkehrt und zecht Vater Cäsarius mit den Fremden, berechnet der Diener wie viel es etwa Trinkgeld gebe, und steigt der alte Schiffer zum Strand hinab Conchylien zu suchen und Fische zu angeln, wie weiland in der Welt. Der Umgang mit abgekühlten Weltleuten und disciplinirten Sündern hat einen eigenthümlichen Reiz.

Außer dem politischen und religiösen Begriff ist im Orient auch die Umgangsform, die Gesellschaftsphrase und das Gedankenkapital seit mehr als tausend Jahren stereotyp. In gleichen Umständen bedient sich dort Jedermann derselben Ausdrucksform und derselben Sprüche mit derselben Sicherheit, weil Jedermann bei demselben Lehrmeister, das ist beim alten Herkommen und bei der uralten mündlichen Ueberlieferung zur Schule ging und folglich Sackträger, Mönch und Wesir auf derselben Stufe gesellschaftlicher Ausbildung und sozialer Dialektik stehen. Keiner fürchtet den andern, Niemand ist verlegen, Niemand linkisch, und der geringe Mann, der Bauer vom Pfluge weg redet und verkehrt im Bewußtseyn grammatikalischer Ebenbürtigkeit mit Personen vom höchsten kirchlichen und politischen Range nach üblicher Begrüßung eben so leicht und gewandt wie mit seines Gleichen.

Wie verschieden ist alles das bei uns! Wir haben die Tyrannei der Bildung, des Progresses, der Doctrin, des feinen Tones und sind vor Allem genöthigt „Esprit" zu haben und die neueste Wandelscala akademischer Geschmackssentenzen und Salondekrete über Wortconstruction, Bedeutung und Syntax zu kennen, um zu jeder Stunde „auf der Höhe des Moments" zu seyn. Ach, welche Pein! Opponent hat die „jüngsten Feigenblätter" gelesen und spricht mit Begeisterung von „spargelheuchelhaftem Distelsinn" oder hat gar, wie K** in seiner Vorrede zum Trauerspiele *Maria von Medici* „die Urgewalten, die, in dem staatsideellen Sühnespiel Fundament und Begränzung bildend, mit der Zeit selbst wieder in Frage kommen, vom Hintergrunde gleichsam losgelöst und in den Vorplan hereinbeschieden", was natürlich einer Revolution gleichkäme und unmittelbar die Einheit Deutschlands zur Folge hätte. Der Sorgen, der Studien, des Lernens ist bei uns kein Ende! Wie glücklich ist dagegen der Orient! Dort gibt es keine Akademie, keine Autoren, keine fortschreitende Bildung und Niemand liest ein Buch. Käme jetzt St. Athanasius, der Hagion-Oros-Reformer, wieder aus dem Grabe in seine Laurakolonie zurück, er fände seine Mönche noch auf derselben Stelle geistiger Gymnastik, wo er sie vor 900 Jahren verlassen hat. Selbst die halbvollendete Phrase, bei der ihn der Tod überraschte, könnte er zu Jedermanns Verständniß im Style seiner Zeit ergänzen. Auch die beiden Cypressen im Klosterhofe stehen noch, die der Heilige vor fast neun Aeonen als Schößlinge dem Boden anvertraute.[31] Aeußere ich ängstliche Gefühle bei einer vorzunehmenden Reise, beruhigt und tröstet man mich im ganzen Umfang des byzantinischen Reichs, in allen Ständen wie in allen Gesellschaften und in allen Nationen mit derselben Phrase, die Jedermann kennt und Jedermann zu Hülfe nimmt: *Korkanün Anasi aghlamas*, „die Mutter eines Furchtsamen weint nicht,“ das heißt, sey unbesorgt, es geschieht dir nichts. Glauben Sie, daß man sich in einem Zirkel europäischer Gelehrten mit so gemeinem Troste begnügen könnte? Hier müßte einer vorerst sagen was „Furcht“ im Sanskrit heiße, dann wie man es auf Chinesisch und Tübetanisch, im Pali, im Zend, im Pehlvi, auf Türkisch, Griechisch, Amharisch, Kurdisch und Baskisch ausdrücke. Dann kämen verschiedene dem Wesen nach sich widersprechende objektive und subjektive Definitionen des Wortbegriffs, dann erst die Trostgründe in logischer Ordnung sammt Corallarien und Zusätzen in laufender Nummer, reichlich gestützt durch Citate aus der Philosophie des Lao-tse, aus Zoroaster, aus Pherecydes, aus Quintus Calaber, aus den Tusculanischen Quästionen, aus Seneca und *Boëthius de consolatione philosophiae*, aus Ulphilas und Snorre Sturleson, sogar aus Wachuschts kaukasischer Chronik und dem neuesten Trostdialog des französischen Admirals mit dem König Yotété, alles im Original mit Angabe von Band, Seite, Ausgabe, Format und Varianten.

Wundern Sie sich noch, wenn die Literatur vielen Leuten im Occident als eine Geißel des menschlichen Geschlechts erscheint? Geht doch nach Byzanz, da braucht ihr nichts zu wissen! Aber der Bettler und der Taglöhner setzen sich im Einkehrhause ohne Scheu vor eurer Gelehrsamkeit und Bildung auf eure Bank, und der Diener, o des Gräuels! sogar mit euch zu Tische. Der Einsatz ist ja für alle gleich und morgen – das weiß der Diener – kann er an Reichthum und Macht über euch stehen, was im hierarchisch gegliederten Zustande der abendländischen Gesellschaft unmöglich ist. Oder sind nicht Kara Georg und Obrenowitsch von der Schweinhürde weggelaufen, um sich unmittelbar auf den Fürstenstuhl zu setzen, was sie selbst nicht verlegen und ihre Untergebenen im Gehorchen nicht bedenklich macht! In gleicher Weise habe ich ein ehrwürdiges und beredtes Mitglied der Junta von Karyäs nach der Sitzung mitten unter seinen Dienern – das Messer in der einen und den riesigen Kohl in der andern Hand, in der Küche angetroffen. Welche Scene hätte dieses in Europa gegeben! Der Mönch aber legte ohne Betroffenheit Instrument und Material seiner Abendkost auf den Herd, führte den Fremden in das Besuchzimmer und redete mit Ruhe und Fluß, als hätte er eben den Commentar zu einer Homilie von Sanct Chrysostomus vollendet. Krautschneiden und Regieren, scheint es, kann man auf Hagion-Oros zu gleicher Zeit.

Aus diesen einzelnen Zügen kann sich der Leser ein vollständiges Bild des Hagion-Oros, seiner Mönche und ihrer Lebensweise zusammensetzen. Bei aller Einheit und Ungetrenntheit des Instituts ist die Observanz, wie Sie gewiß bemerkt haben, doch eine doppelte. Das Kleid, das Gesetz, die Hoffnung und das Ziel ist überall dasselbe; nur in Berechnung des zum Weltüberwinden erforderlichen Kraftquantums weichen die einzelnen Klöster unter einander ab, ohne daß die Rigoristen von Simópetra und Sanct Dionys deßwegen heiliger und gerechter zu seyn behaupten, als ihre milderen Brüder und Nachbarn in Xeropotamo und Iwiron. In Europa ward das Mönchthum ein vieles, in Disciplin, Kleidung, Ansprüchen, Interessen und Bildungsgrad sich nicht selten entgegenstehendes, bald heimlich, bald offen sich befehdendes zum Aergerniß der Christenheit. War etwa Sanct Basilius der Cappadocier ein größerer Philosoph und Gesetzgeber als St. Benediktus von Nursia? Oder sind Alt- und Neu-Rom auch in diesem Punkt zwei wesentlich verschiedene und unversöhnlich von einander getrennte Elemente?

Auf den Spruch Pauli: „Wer nicht arbeitet, soll nicht essen", hat die griechische Kirche das Institut der Bettelmönche aus ihrem Bereich verbannt, nur Einen Orden geduldet und diesem das Rebmesser, den Schäferstab, den Karst und den Pflug als Grundbau unterlegt. So lange diese Kirche freie Ackerbesitzer und Bauern hat, wird sie auch Klöster und Mönche haben. Warum sollte man aber Leute beunruhigen, die sich neben der täglichen Arbeit freiwillig noch Plagen und Entbehrungen auflegen, ihren Theil an den öffentlichen Lasten tragen, und zu keiner Zeit in schwelgerischen Gelagen und üppiger Lebensfülle der öffentlichen Noth Hohn sprechen und den communistischen Zorn bedrängter Volksklassen entzünden? Es ist bemerkenswerth, wie im Gegensatz mit Europa Reichthum und blühende Finanzen in der ärmlichen Lebensweise, in Kost, Kleidung und täglicher Gewöhnung der griechischen Mönche niemals eine Steigerung zu bewirken vermochten. Ohne Zweifel hat dieses streng consequente Festhalten an der ursprünglichen Einfachheit des Instituts als Talisman für seine Erhaltung gesorgt. Nur wenn ich selbst leide und entbehre, kann ich mit Erfolg dem hungernden Haufen Katechismus predigen und proletarische Geduld.

Der basilianische Calcül stützt sich auf ein tiefgefühltes unabweisbares Bedürfniß der menschlichen Natur, auf die Liebe zur Einsamkeit und zum Stillschweigen. Und es legt für den psychologischen Rechenmeister allerdings ein vortheilhaftes Zeugniß ab, daß er das Eine Grundelement seines Gedankens in drei sich ergänzende und durchdringende Kategorien schied, oder mit andern Worten, daß er *drei* Grade mönchischer Einsamkeit und Stille einsetzte. *Klosterbewohner*, *Anachoret* und *Ascet* oder Klausner sind die drei strenggeschiedenen technischen Ausdrücke des dreigetheilten Mönchsgrades von Byzanz. Wer nur der Welt entfliehen, aber doch Freud' und Leid einer größern Gesellschaft gleichgesinnter und zu gleicher Uebung verpflichteter Brüder theilen will, sucht Aufnahme in einer der eben beschriebenen Gemeinden des Hagion-Oros. Ist aber Jemand mit der Gesellschaft so weit zerfallen, daß er nicht mehr als ein oder zwei Individuen neben sich ertragen kann, so läßt er sich gegen Erlegung einer bestimmten Summe mit seinen Gesellen in einer wohnlichen, zum Kloster gehörigen, *eine* bis *drei* Miglien entlegenen Separatbehausung nieder und heißt dann *Anachoret*. Zu einer solchen Anachoretenwohnung gehören nach griechischem Canon ein am Hause an- oder nahehingebautes Gotteshaus mit Glocken, Gemüsegarten, Weinberg, Oeltrift, Wallnuß-, Mandel- und Kirschbäume, hinlänglich für Beschäftigung und Lebensnothdurft des gottseligen Pächters. Diese Anachoreten dürfen die selbstgezogenen Trauben keltern, frisches Brod backen und überhaupt alle in der Mutterabtei erlaubte Kost genießen, was den Klausnern oder Mönchen des dritten Grades nicht mehr gestattet ist.

Der Name selbst sagt es schon, daß Klausner oder Weltüberwinder des letzten Grades jene Kampfhelden sind, denen Tugendmuth, Melancholie oder Freiheitsliebe alle menschliche Gesellschaft unter demselben Dach überflüssig und lästig macht. Auf lieblich romantischen Stellen des immergrünen Buschrevieres, an Wasserfällen, mitten im Dickicht luftiger Bergvorsprünge, in milden Einsenkungen des laubigen Hochwaldes stehen die Zellen und epheu-umrankten Troglodytenwohnungen dieser vollendeten Exercirmeister (*ἀσκητής*) auf der Wallstatt der Gerechtigkeit. Diese leben und kleiden sich nur von der Arbeit ihrer Hände, aber ohne Ackerland, ohne Weinberg, ohne Kelter und Oelpresse, einsam lebend wie die Cyklopen der Odyssee. Schlingreben in Bogen oder an der Hüttenwand angepflanzt, ein kleines Bohnenfeld, Feigen, Kirschen, Birnen und Kastanien mit Zwieback sind für den Bedarf genügend. Diese Baumfrüchte mit den Trauben, zur Zeit der Reife gesammelt, in Stücken geschnitten und in der Sonnenhitze gedörrt, einmal des Tages mit trockenem Brod und Wasser genossen, dienen als Nahrung für den Winter. In gebetfreien Momenten flechten diese Einsiedler Stricke und Kleiderfranzen aus Wolle, Matten und Sonnenschirme aus Binsen wie Robinson Crusoë, schnitzen Löffel und Handhaben aus Holz, Kreuze, Rosenkränze und Bilderwerk aus Horn, bereiten Rosenöl und andere Essenzen aus Athoskräutern (*Betonica*) für weltliche Toilette und Medicin, weben, stricken, nähen, binden Bücher ein, copiren Liturgien oder malen Heiligenbilder und tauschen diese Waaren im Kloster, wohin die Zelle gehört, oder auf dem Bazar in Karyäs gegen Zwieback, Kleidungsstücke und andere Nothdurft ein.

An Sonn- und Festtagen steigen sie durch Busch und Wald beim Klang der Glocken zur Klosterkirche herab, oder wandern in Andacht zur nahen Anachoretenkapelle, oder bleiben im eigenen Gotteshaus, wo ein Weihmönch aus dem Litoralconvent Messe hält und Absolution ertheilt. Denn es gibt Punkte auf dem Athos, und es sind die reizendsten der heiligen Region, wo diese unter sich strenggeschiedenen Zellen doch gleichsam eine geschlossene Waldgemeinde bilden und eine Kirche in ihrer Mitte haben. Ein solches Einöde- oder Eremitendorf nennt man *Skiti* oder *Askitirion* (von Σκέω oder Ἀσκέω), die einzelne Hütte aber heißt *Kellion* oder *Kelläon* und der Bewohner, der Tugendmeister selbst – ein *Kelliot*. Die berühmtesten dieser Askitirien sind *Kerasia*, *Kapsokalyvia* (die *Warmen-Hütten*) und *Hagia Anna*, sämmtlich auf der Steilhalde des Athoskegels angelegt und zum Kloster Laura als Eigenthum gehörig. Vor allen großartig ist die Lage von Kerasia – zehn Waldzellen im Laubdunkel, (nach Grisebach) 2000 Fuß senkrechter Höhe über dem Wasserspiegel, eine zauberhafte Scene! Oberhalb dieses Eremiten-Paradieses der einsam über den Wald hinausragende Marmorkegel des Athos; unterhalb der Hütten die hellgrüne Steilschlucht, und über die Wipfel riesiger Kastanien der Blick in die schwarzblaue Fluth hinab. Die reine Höhenluft, das purpurne Abendlicht, die langen Schatten, das herbstlich bleiche Novemberlaub neben Immergrün, die fliehende Zeit, die Erinnerung an vergangene Lebensstürme und der Friede der waldeinsamen Zellen machen „einen tiefen und nachhaltigen Eindruck" auf das melancholische Gemüth.

Hagia Anna, nur anderthalb Stunden von St. Dionys über Felsen und Kunstterrassen des grünen Strauchwaldes ausgebreitet, zählt an die sechzig Zellen arbeitsamer Eremiten; in Stürzen von Terrasse zu Terrasse rauscht der Bach, und vor der Thüre des Einsiedlers von *Nea-Skiti* (Neukampfheim) steht ein Baum, eine einzige Rebe umschlingt ihn, und aus dem Laube strotzt eine Traubenfülle, wie sie nur der Küstenwald von Kerasunt erzeugt. Der Garten hängt am Felsenriff, im Häuschen selbst sind beide Zimmer mit der Halle reinlich und mit geflochtenen Matten belegt, an der Außenwand Geranke, in der Runde überall saftiges Grün, Ruhe und Seligkeit und laue Lüfte. Wer aus dem Drang des Lebens hier die Einkehr nimmt, setzt sich, wie jener *Corycius* beim Dichter, an Reichthum und Pracht Königen zur Seite und verzehrt zufriedener als sie das auf eigenem Boden erzeugte Mahl.[32]

Außer den zwanzig Großabteien und dem Städtchen Karyäs sollen nahe an 300 solcher Zellen und Anachoretenhäuser auf dem heiligen Berge seyn. Und wenn die Klöster mit ihrer Disciplin, ihrer Menschenzahl, ihren Landgütern, ihren ausländischen Kolonien, ihrem Reichthum, ihrer gemeinschaftlichen Arbeit und Kirchenpracht ein Bild der Städte sind, so muß das Anachoreten- und Zellenleben aller Grade die Ruralgemeinde, das Bauerndorf und den Einödehof weltlich eingerichteter Länder bedeuten. Grundtypus bleibt überall derselbe; nur hat man in Europa kranken Gemüthern die Medicin genommen und mit verhaßter Tücke verzagten Seelen die Flucht aus der rauhen Berührung mit der Welt abgeschnitten. Platons Staat ist Ideal geblieben, aber die Republik des Cappadocischen Basilius hat die vier Weltmonarchien der Apokalypse überdauert und durch die That bewiesen, daß sie ihren Lebenssaft aus geheimnißvoller Tiefe unseres Herzens saugt. Ihr Prinzip ist Negation, die in menschlichen Dingen weiter und sicherer führt als titanisches Selbstbestimmen und Vorwärtsstreben.

Der Wunsch eine Art Statistik, besonders das numerische Verhältniß dieser basilianischen Heiligen-Republik zu kennen, ist ganz natürlich, aber um so weniger leicht zu befriedigen, weil unter jenem Himmelsstrich im Großen wie im Kleinen über Besitz, Menschenzahl und Summe der Einnahme und der Ausgaben überhaupt nur wenige Mitglieder der Gesellschaft genaue Kenntniß besitzen und solche Dinge von diesen Eingeweihten als Regierungsgeheimnisse sorgfältig verschwiegen werden. Schon die Fragen nach der Köpfezahl eines Klosters, nach seinen Meierhöfen, seinen Dörfern und ihrem Ertrag erzeugen Frost, Zurückhaltung, Schweigen, ausweichende Reden, oder finden höchstens oberflächliche, allgemeine, von der Wahrheit gewiß entfernte Erwiederung mit Klagen über schlechte Zeiten, verfallene Finanzen und zusehende Verarmung des Gemeinwesens. Ueberhaupt sind Fragen um physisches Alter wie um Vermögen im Orient überall anstößig und wider alle gute Sitte. Ich habe mich eben so fleißig erkundigt, aber die Wahrheit sicherlich eben so wenig erfahren als meine unmittelbaren Vorgänger *Smith*, *Zachariä* und *Grisebach*. Alles was zum heiligen Berg gehört, die in den Klöstern einregistrirten Profeßmönche, dann die kleinern Anachoretengesellschaften, die Dorfkellioten und Waldeinsamen mit den weltlichen Knechten und Handwerkern zusammengerechnet, soll die Zahl von 6000 Individuen nicht übersteigen, in ruhigen Zeiten aber auch niemals unter 4000 herabsinken. Gegenwärtig (1841) *sollen* in den zwanzig Abteien etwas über 2000 Weltüberwinder eingetragen seyn, von welchen mehr als die Hälfte auf die vier Großklöster *Laura*, *Vatopädi*, *Iwiron* und *Xeropotamo* fällt; auch *Chilantari*, *St. Dionys* und *Russico* sind stark besetzt.

Aber zu keiner Zeit des Jahres ist die ganze Zahl präsent und viele Klosterbrüder sehen sich das ganze Leben niemals, weil die Mönche ihre Grundstücke und auswärtigen Besitzungen nicht verpachten, sondern unter beständiger Aufsicht und Leitung ausgesandter Gemeindeglieder auf eigene Rechnung bewirthschaften. Drängt einen frommen Büßer das Verlangen wieder einmal die verderbte Welt in der Nähe zu sehen und sich der eigenen Vollkommenheit im Gegensatze der außerhalb des Hagion-Oros grassirenden Unsitte zu freuen, so bewirbt er sich bei seiner Gemeinde oder seinem Vorstand um eine Oekonomenstelle auf den Höfen in Macedonien, auf Thasos, auf dem Chersones von Kassandra oder Sithonia, besonders zur Erntezeit und wenn man Trauben keltert. Da gibt es süßen Most, Kastanien, Abendtänze, Schwänke und christlichen Zeitvertreib, an welchem die guten und vielgeplagten Kalógeri, besonders wenn sie noch jung und derbe sind, nur so viel Antheil nehmen als der

Ernst ihrer Angewöhnung und die unantastbare Heiligkeit ihres Gewandes erlaubt. Züge rüstiger Bulgaren und Walachen beider Geschlechter steigen dann vom Gebirg herab und helfen um Taglohn den Segen des beglückten Flachlandes einheimsen. Auf der Korntenne im Freien, am Brunnen, unter dem Schattendach grünbelaubter Bäume erklingt nach der Arbeit die slavische Gusla. Die Luft ist weich, der Most erquickend und der Reigen voll weltlicher Anmuth: wäre es ein Wunder, wenn auch der strenge Ascet auf Augenblicke *La Bruyère's* evangelische Traurigkeit (*„tristesse évangélique"*) ablegt und sich im Herrn einige Erleichterung gönnt, um nachher mit desto heißerer Inbrunst wieder die Wege der Pönitenz zu wandeln.

Vom Centrum mönchischer Zucht noch weiter entlegen sind die Besitzungen in den Donauländern, die Filialklöster und Seelsorgerplätze zu Monastir (Bitolia), in Bucharest, zu Moskau und zu Tiflis, wo das Kloster Iwiron reich begütert ist, aber wegen der Entfernung vom Muttersitz die Epitropen nur alle fünfzehn Jahre wechselt. Von Moskau kommen sie nach vier Jahren und von Bucharest nach zweien wieder in den Convent zurück mit den Früchten ihrer Frömmigkeit und Oekonomie. Diese Besitzungen außerhalb der Athoslinie, sey es Klosterhaus mit Kapelle in der Stadt oder Meierhof mit Grundstücken auf dem Lande, nennt man nicht etwa nur bei der heiligen Republik, sondern bei allen Klöstern der Byzantinerwelt *Metóchion* (Anhängsel, Pertinenz). Wie häufig begegnet man in den Wäldern der Chalkidike, auf dem Isthmus, auf der großen Warte, Athosmaulthieren mit Wein, Oliven, Kaviar, Käse und getrockneten Früchten im Geleite eines Mönchs, während die Hagion-Oros-Goëletten mit Getreide-Ladungen aus den benachbarten Halbinseln über den Golf von Sithonia streichen!

Ist aber ein Mönch im Lesen und Schreiben bewandert und für Geschäfte tauglich, so kann er als diplomatischer Agent der heiligen Berggemeinde zu Saloniki, zu Athen oder gar im Fanar zu Stambul residiren, wo sie geräumige Wohnungen (wenigstens zu Saloniki und Konstantinopel) unterhält und mystisch dunkle Hauskapellen mit farbigen Fensterscheiben und mit dem Bild des neuen Sanct Georg, eines Schkypetaren aus Jannina, in weißer Fustanella, rothem Fes, goldenem Heiligenschein und grünem Palmzweig zum Zeichen des Märtyrthums, weil er in besagter Stadt (1834) durch türkische Hinterlist für seine Schönheit und seinen Glauben öffentlich den Tod gelitten hat.

Jedoch hat das geistliche Gemeinwesen der strengen Ordnung und des Landbesitzes ungeachtet doch ein jährliches Deficit in den Finanzen, das man durch künstliche Mittel decken muß. Beredte und muthige Brüder mit Copien mirakulöser Bilder oder mit Reliquien versehen, durchstreifen zeitweise die Eilande und die nahe liegenden Provinzen Rumeliens und Anatoliens, um Kredit und geistlichen Ruhm des Hagion-Oros durch Reden und Exempel auch in der Ferne zu erhalten und zu beleben. Für eine beliebige Gabe an

Geld oder Naturalien berühren und küssen gläubige Christen, besonders die kindlich frommen Bulgaren, den heiligen Schrein und ziehen oft in Schaaren unter Leitung eines hochzeitladenden Mönches in den heiligen Wald, besuchen die Klöster ihres Vertrauens und lassen gegen Erlegung bestimmter Summen ihre Namen zu frommem Gedächtniß in die Register schreiben, wie uns Zachariä in seinem Werk ausführlich erzählt. Aber *Kaïri* von Andros und die deutschen Philosophen in Athen hätten das Athos-Municipium – wäre man nicht bei Zeiten eingeschritten – um diesen nicht unwichtigen Zweig des öffentlichen Einkommens gebracht. Nur sind diese ausgesandten Finanzmönche ihrerseits häufig im Verdacht vom Erlös der geistlichen Gnaden manchmal nur den kleinern Theil an die Commune abzuliefern, das Mehrere aber für sich zu behalten und für Privatzwecke auf ihren Wanderungen auszugeben. Doch gewährt bei so großen Mängeln die Frömmigkeit der transdanubischen Slaven noch häufig Trost.

Was die innere Verwaltung betrifft, genießt dieser kleine dem Sultan tributäre Mönchsstaat denselben Grad von Unabhängigkeit, wie die Fürstenthümer Serbien und Moldo-Wlachia. Athos ist eigentlich das älteste freie Gemeinwesen im türkischen Reich; kein Musulman, ja nicht einmal ein weltlicher Christ darf sich im heiligen Bezirke niederlassen, und selbst der Bostandschi in Karyäs hängt gewissermaßen von den Mönchen ab. Man findet hier wie in einem europäischen Staate eine durch freie Wahl jährlich zu erneuernde Regierungsjunta, ein jährlich zu votirendes Budget, Steuerumlage, Deficit, Polizei und Schulden. Diese letztern hauptsächlich in Folge des Aufstandes und der schweren Contributionen, die man nach der Unterdrückung desselben erlegen mußte. „Mönch gib Geld *(Keschisch para ver)*!" riefen die unersättlichen Albanesen den ganzen Tag. Zuerst gab man die Baarschaft hin, verkaufte dann silberne und goldene Kirchengefäße, Perlenschmuck und Edelsteine, und nahm zuletzt noch Kapitalien zu wucherischen Zinsen auf, woran man, besonders in Laura, heute noch zu zahlen hat. Wie es jetzt steht, soll der öffentliche Dienst jährlich eine Million Silbergroschen oder 500,000 türkische Piaster erheischen. Die Hälfte dieser Summe geht als Tribut nach Stambul. Mit der andern bestreitet man die kleinen Gratifikationen an die Regierungsmitglieder, bezahlt die üblichen Geschenke an den ökumenischen Patriarchen, an die heilige Synode, an den Wesir in Saloniki, an den Bostandschi und seinen Schreiber in Karyäs, besoldet die christliche Municipalmiliz und die auswärtigen Agenten, und gibt wo immer zum Vortheile der Republik durch Klingendes nachzuhelfen ist.

Diesen jährlichen Bedarf nach Köpfen auf die einzelnen Klöster, auf die Anachoreten und Zellenleute umzulegen, meint Vater Bessarion, sey kein leichtes Geschäft und führe oft zu sonderbaren Auftritten in der heiligen Versammlung, weil jeder Deputirte, wie weiland im heiligen römischen Reich, die Interessen seiner Committenten mit Wärme und Standhaftigkeit zu verfechten hat. Unter solchen Umständen sind den Athosvätern, wie Sie wohl selbst sehen, von der Welt zwar nicht die Genüsse, aber doch die Sorgen und die Bedrängnisse geblieben. Mitten in der Andachtsgluth stört fromme Klausner der Gedanke, wie bei gehemmtem Absatz der heiligen Fabrikate ihre in Karyäs zu erlegende Steuerquote zu erschwingen sey. Deßwegen können die heiligen Büßer, auch wenn sie wollten, Geprägtes noch immer nicht mit gehöriger Verachtung behandeln, und dürfen auch im Examen zellenpachtender Weltüberwinder nicht gar zu kritisch seyn.

Sie erinnern sich noch aus dem vorigen Fragment des Ausdrucks „Hesychasten", wie man die Waldeinsiedler des Hagion-Oros vor der Athanasischen Reform nannte. Das Wort bezeichnet jenen unaussprechlichen, europäischen Weltleuten nicht leicht zu erklärenden Zustand völligen Versunkenseyns des geistigen Vermögens in Gott, jenen moralischen Opiumrausch des Orients mit seinem Gefolge unnennbaren Seelenentzückens, die Frucht indischer Sonnen und der schauerlichen Gräberwüste hinter dem ägyptischen Theben. Die Einsiedeleien des Hagion-Oros sind der westlichste Punkt, bis wohin die mystische Praxis der heißen Zone gedrungen ist. Um dieser gesteigerten Vision und Ascese des obersten Grades zu genießen, setzt sich, nach Angabe eines in der christlichen Mystik bekannten Tugendmeisters aus dem eilften Jahrhundert, der Eingeweihte in einen Winkel der verschlossenen Zelle, senkt das Haupt auf die Brust und blickt, alles Irdische vergessend, unverwandten Auges, Anfangs verworren und trostlos, bald aber mit ineffabler Seligkeit so lange auf die Brusthöhle und die Nabelgegend, bis er den Platz des Herzens und den Sitz der Seele entdeckt. Und wie dieses gelungen, umfließt den Geist ein geheimnißvolles ätherisches Licht, welches die Hesychasten auf Hagion-Oros in schwärmerischer Ueberschwänglichkeit für das reine und vollkommene Wesen der Gottheit hielten und mit fast buhlerischer Zärtlichkeit verehrten. Mosheim in seiner Kirchengeschichte philosophirt über diese Scene, Gibbon lacht und denkt an Bedlam; ich sage nichts, weil die fürchterliche Einsamkeit der libyschen Wüste in meiner Seele einen Klang angeschlagen hat, den gute Laune und Witzspiel europäischer Gelehrten weder erzeugen, noch ersticken können. Nur meine ich, der „Mönch von Iwiron" schwinge sich vielleicht selten und nicht ohne Gewalt aus seinem Pomeranzenduft zu dieser Höhe geistiger Seligkeit empor.

Der Keim lebt heute noch in den Zellen des Kastanienwaldes und in den selbstpeinigenden Enthusiasten in Simópetra und Sanct Dionys; aber wie man dieses Kapitel berührt, werden die Mönche stumm, weil sie entweder selbst nichts wissen oder weil sie nichts sagen *wollen*. Ohne Zweifel gibt es, wie in den Mysterien von Eleusis, ascetische Grade für die himmlische Lichtvision, von der mit Nichteingeweihten zu reden gesetzlich verboten ist. Doch einer der gewandtesten Metaphysiker und Disputirgeister seiner Zeit, der lateini-

sche Mönch *Barlaam*, wußte bei seinem Erscheinen auf dem Hagion-Oros um
die Mitte des 14. Jahrhunderts durch Verstellung und Beredsamkeit einem
Asceten des obersten Grades die Geheimlehre des Lichtgottschauens abzulo-
cken. Statt die Sache mit gastlicher Schonung als ein Curiosum hinzunehmen,
machte sich der Italiener über die Athosmönche lustig und erklärte die Behauptung, man könne mit materiellem Auge das körperlose Wesen der Gottheit schauen, oder die göttliche Essenz sey eine materielle Lichtsubstanz, für
heidnische Thorheit und lästerliche Häresie. Der Streit machte damals großes
Aufsehen und erfüllte zuerst den heiligen Berg und am Ende Konstantinopel
selbst, den kaiserlichen Hof und den Rest des von den Osmanen noch nicht
verschlungenen Reiches mit Aufruhr und Tumult.

Hier ist nicht der Ort über solche Dinge zu sprechen; aber um dieselbe Zeit
verglichen die Hofjuristen Karls IV. die sieben Kurfürsten in der goldenen
Bulle mit den sieben Hauptsünden, proklamirte Cola Rienzi die römische
Republik, erklärte eine Kirchenversammlung in Konstantinopel die Identität
des ekstatischen Athoslichtes mit dem unerschaffenen Licht des Berges Tabor,
drangen die Türken in Europa ein und mähte der „schwarze Tod" verderben-
bringend durch die ganze Welt. Byzanz ging zwar unter, aber die Athosväter
hatten gegen den lateinischen Gegner den Prozeß gewonnen und glaubten
ungestört an die Ewigkeit ihres Nabel-Lichtes. Dem Occident gegenüber sind
sie heute noch was sie damals waren. Vater Gerasimus, in allen Dingen polirt
und nachgiebig, wollte nur im Dogma von keinem Vergleiche hören, und beinahe hätte ich durch eine einzige Rede seine gute Meinung verscherzt. Glücklicherweise aber fehlten mir mit Barlaams Gelahrtheit auch seine fanatische
Impertinenz und seine Schonungslosigkeit.

Von Außen – das darf man sich in Europa merken – sind alle Angriffe auf
griechische Nationalität, die gleichbedeutend mit anatolischem Dogma ist,
vergebliches Bemühen. Die Gefahr kann nur eine innere seyn, wie sie einst
dieselben Athosmönche einer spätern Epoche in der berühmten Akademie von
Vatopädi erkannten. Körperschaften, die von der öffentlichen Meinung leben,
unterscheiden mit wunderbarem Takt schon entfernt, was ihrem Interesse för-
derlich oder schädlich sey. Von einer romantisch bewaldeten, gegen das Meer
steil abfallenden Höhe schaut eine moderne Ruine, weißliches Gemäuer mit
zwei langen Fensterreihen, massivem Unterbau und einer Wasserleitung in
hochgesprengten Bogen, aber ohne Dach und vom wuchernden Gesträpp des
immergrünen Buschwaldes überwältigt, melancholisch auf Vatopädi herab.
Der Bau ist etwas über hundert Jahre alt und ward für Unterweisung der
Hagion-Oros-Kandidaten im Kirchengriechisch auf gemeinsame Kosten der
heiligen Republik aufgeführt.

Hier trat der berühmte Corfiot *Eugenius Bulgari* in den ersten Jahren der Kaiserin Katharina II. als Vorstand ein, und fand in den weiten Räumen nur sie-

ben Schüler.[33] Der Mann war vollendeter Meister im Hellenischen und hatte philosophische und historische Studien im europäischen Sinne betrieben. Die Anstalt hob sich schnell, der Ruhm des Lehrers, der Geist des Jahrhunderts, die reizende Lage der Schule zog junge Leute aus allen benachbarten Ländern der Türkei, aus Rußland und Italien in die Akademie nach Vatopädi. Bis an 200 Zöglinge hatte Eugenius im Moment der Blüthe in 170 Zellen untergebracht. Die weite Fernsicht über das Meer, die gesunde Höhenluft, die entzückende Scene des grünen Laubwaldes und die Abgeschiedenheit von weltlicher Aergerniß und Zerstreuung mußte die Empfänglichkeit junger Gemüther für besseres Wissen wundervoll erhöhen.

Was sind die schönsten Musensitze Europas im Vergleich mit der bezaubernden Waldakademie des heiligen Berges? Aber wie unlängst in *Kaïri* und seiner Androsschule, glaubte man auch bald in Eugenius Bulgari und seinem Institut die Keime gefährlicher Neuerung, anarchischer Gährung und einer das griechische Morgenland kirchlich umwälzenden Geisteremancipation zu erkennen. So hatten es aber die Mönche bei ihrem Stiftungsakte nicht gemeint. Philosophie und freie Gymnastik des Geistes – das fühlten sie wohl – könne neben der alten Mönchspraxis des Hagion-Oros nicht bestehen. Sie fürchteten für den Glauben an das unerschaffene Taborlicht, für die Pilgerkaravanen, für den geistlichen Kredit und die jährlichen Opfergaben nicht weniger als für die Bande ihrer eigenen Disciplin.

Bulgari und seine Schule waren dem Untergang geweiht. Anfangs neckte man den gelehrten Meister, untergrub das Ansehen, verdächtigte endlich die Moral des Lehrers und der Schüler, berichtete nachtheilig an das geistliche Oberhaupt der griechischen Nation in Konstantinopel, und ruhte nicht eher bis der Mann aus Ekel seinen Posten selbst verließ, um nach kurzem Aufenthalt im Fanar einem glänzenden Loos in Rußland zu begegnen, wo er als freiresignirter Erzbischof von Cherson mehr als neunzigjährig zu St. Petersburg (1806) verschied. Mit dem Vorstande war auch der Geist entwichen; die Zöglinge verloren sich, das Institut verkümmerte und wurde endlich als „gefährlich für Religion und Sittlichkeit" durch ein Rescript des ökumenischen Patriarchen völlig aufgehoben. Voll Freude über den Sieg trugen die Mönche das Hausdach ab, brachen die Sparren weg und hoben die Thüren aus, um dem flüchtigen Feind auch die Hoffnung für die Zukunft abzuschneiden. Durch das offene Portal dringt heute in üppiggedrängtem Pflanzentrieb der Wald, und statt blühender Jugendgesichter schaut immergrünes Gesträpp und Lianengeranke zu den leeren Fenstern heraus.

Die griechische Kirche duldet keinen Unterricht und schlägt besonders Weltweisheit und Dichtkunst mit unauflöslichem Bann. Aber sie bekennt ihr System unverhohlen, und wo immer ein Magister über den Gesichtskreis von Sanct Chrysostomus und Sanct Paphnutius in das freie Gebiet des Denkens und geistigen Schwelgens hinüberschweift, legt sie laut ihr Veto ein und schließt die Schule zu. Ueber das „europäisch-heidnische Treiben" in Griechenland hört man auf dem Hagion-Oros mancherlei Besorgnisse, und von den Folgen der neuen Ideen für das Athosinstitut reden die alten Väter und der jüngere Nachwuchs schon in ganz verschiedenem Sinn. Diese Frommen haben zwar Unrecht, aber sie glauben nicht an Fortdauer und Bestand anti-anatolischer Staats- und Kirchenordnung des neuen Königreichs, und ihnen schien türkisches Regiment für das Seelenheil weit gefahrloser als die (damalige) Halbfrankenwirthschaft eines Maurokordatos in Athen. Es ist nicht gleichgültig was man über solche Dinge auf Hagion-Oros denkt. Hagion-Oros ist eine Macht, deren gute Geneigtheit nicht Jedermann geringe achtet und übersieht. „Wir haben Fremde aus Rußland im Kloster," sagte man irgendwo, „aber sie lassen sich nicht viel sehen und gehen nur Nachts zu Zeiten aus den Zellen." Schöbe man zufällig die Nordgränze des hellenischen Staates bis an den *Strymon* vor, möchte ich sehen wie sich die Ordonnanz einer durch Franken geschaffenen Monarchie mit der uralten, volkverwachsenen, mächtigen Körperschaft des heiligen Berges setzen würde.

Wer nur Classisches sucht, gehe ja nicht auf Hagion-Oros, von dessen ärmlichen Sammlungen das Werthvolle schon längst verschwunden und nach Europa gewandert ist.[34] Hier ist nur für Byzantinisches Gewinn zu hoffen. Aber wie z. B. ein der Botanik gänzlich Unkundiger die schöne im Herbst blühende Amaryllis am Felsenriff von Xeropotamo nicht bemerkt, eben so werden auch in byzantinischen Studien und Historien Unbewanderte nur grämlich und mit Verachtung an den Mirakelbüchern und Kirchen-Legenden der Athosbibliotheken vorübergehen. Was hätte wohl ein ehrenwerther Variantensammler zu den 48 Folioseiten griechischer Fest- und Staatsreden auf die Mirakel des Stadt- und Landespatrons *Sanct Eugenius* von Trapezunt gesagt? Das Opus ist im Katalog nicht einmal genannt und, wie es häufig geschieht, mit einem andern von ganz verschiedenem Inhalt zusammengebunden. Nur zufällig erblickte ich die Worte *Ikonium, Melik Sultan, Alatines, Basilevs Trapezuntos, Andronikos Gidos, Sinope,* und fand am Ende ein historisches, in Europa nicht gekanntes Fragment von Wichtigkeit für die politische Geschichte des Sultanats Ikonium und des Imperiums Trapezunt.

Die Sache ist freilich nur für die historische Literatur von Werth, und kann hier nicht umständlich verhandelt werden. Genug, daß man jetzt die eine der beiden großen Lücken der trapezuntischen Geschichte vollständig auszufüllen und nebenher manche neue Notiz über die Küstenländer des Pontus Euxinus, über die griechischen Pflanzstädte in der Krim, über Topographie von Trapezus und der nächsten Umgebung aus den Zeiten des dreizehnten Jahrhunderts in Umlauf setzen kann. Ein historisches Dokument von solcher Bedeutung in einem Bande griechischer Kirchenfestreden zu finden, wird nur dann befremden, wenn man nicht bedenkt, daß im byzantinischen Imperium die Kirche der Staat war und das politische Faktum ganz im Kultus aufgegangen ist. Sacristei und Handelscomptoir sind hier die einzigen Archive der Weltgeschichte. Dieser Gedanke hat mich auf den Hagion-Oros geführt und durch die gewonnenen Resultate Eigenliebe und wissenschaftliches Bestreben zu gleicher Zeit befriedigt.[35]

Sie wollten nur *„De Situ et Moribus"* des heiligen Berges hören, und ich bin Ihrem Wunsch nach Kräften begegnet, habe Eindrücke, Bilder und Scenen gezeichnet, habe Gegenden, Menschen und Leidenschaften geschildert und halte es für nutzlos die flüchtige Bücherschau, das späte Bemühen den Bergkegel zu erklimmen, die kurzen Klosterbesuche und die wiederholten Tändeleien in Karyäs und Chilantari mit allen Kreuz- und Querzügen nach der Abreise vom gastlichen St. Dionys chronologisch aufzuführen, weil das vorangeschickte Sittengemälde selbst nur Ergebniß dieser Wanderung und ihrer Einzelheiten ist. Die Pointe der Reise liegt im trapezuntischen Originalfragment und im Conterfei des Athosmönches und seiner Hütten. Bei *Grisebach* ist es die Besteigung der Athospyramide und die Scala ihrer Vegetation. Wie diese Pointe überschritten, ist in beiden das Epos der Handlung auf dem Höhepunkt, das Blut wird kälter, die Erzählung matter, der Leser schläfriger, das Ende erwünschter und der kürzeste Epilog der beste. Ob sich die Mönche ihres Gastes heute noch erinnern, ist freilich ungewiß; in *meiner* Seele aber hat die Melancholie der Weltüberwinder und das zaubervolle Bild des immergrünen Paradieses einen tiefen und bleibenden Eindruck zurückgelassen. Doch

> Nicht allein der Glauben ist es, der die Welt besiegen lehrt,
> Wißt daß auch die Kunst in Flammen das Vergängliche verzehrt.

XI.

Fünf Wochen in Thessalonika.

„Viele Kreuze auf der Stirne und viele Teufel in der Brust",[36] sagte halblaut
der griechische Begleiter im Einkehrstalle zu *Langavich,* wo wir auf dem
Rückwege vom Hagion-Oros nach Thessalonika das letztemal die Nacht blieben und von unserm Platze aus dem Abendessen seiner sich unablässig be-
kreuzigenden Glaubensgenossen zusahen. Drei rüstige Palikaren mit einem
halbgewachsenen Jungen saßen um die runde Scheibe auf dem Lehmboden
und verzehrten ihre Freitagskost aus Poristengeln, Oliven, Käse und Honig.
Sie tranken der Reihe nach aus der hölzernen Flasche, die rhythmisch in die
Runde ging. Aber kein Zecher setzte den Kürbiß an den Mund oder gab ihn
nach dem Zuge seinem Nachbar hin, bis er nicht jedesmal sowohl vorher als
nachher drei Kreuze geschlagen und mit einem raschen Blick nach Oben sich
geistig gesammelt hatte. Sieh einmal, könnte einer denken, das sind fromme
Wirthsleute; da wird man gewiß billige Rechnung machen. Ich hatte noch
weit andächtigeren Tafelscenen orthodoxer Griechen beigewohnt und allzeit
gefunden, daß frommes Essen nicht jedesmal fromme That bedingt. Vater
A…s, der Grammatikos der Heiliggrab-Epitropie in Jerusalem, verschlang
große Brocken Gesottenes und Gebratenes, legte nach jeder tüchtigen Einfuhr
die Instrumente nieder, kreuzte andächtig die Arme über die Brust, seufzte tief
und drehte zu merklicher Erbauung der heiligen Erzbischöfe und der fremden
Gäste aus Occident die großen Augen himmelwärts. Aber nach dem Tischgebet war der junge wohlbeleibte Vater A…s wieder vollendeter Weltmann und
erster politischer Intriguant, giftiger und gefährlichster Gegner der lateinischen Sache in Jerusalem. Wir kennen ja alle Fontenelle's Spruch: *Boileau
dévot et méchant, Racine plus dévot et plus méchant.* Dieser Spruch gilt natürlich nur von den Griechen, die in Jerusalem unsere Feinde sind.

Wir hatten nach der erprobten und jedem Fremden in jener Gegend zu empfehlenden Gewohnheit eine Henne zum Sieden aufgebracht und aus der Brühe eine dichte nahrhafte Reissuppe mit Citronensaft angemacht, Grünzeug, getrocknete Früchte, Salzoliven, Eier und Honig im Wirthsladen gekauft und wegen der frischen Novembernacht beständig Feuer aus dürren Baumästen neben dem Lager unterhalten.[37] Geflügel am Freitag verrieth schon den Ausländer; Feuer neben dem Nachtlager und ein Diener, der nicht mit dem Herrn ißt, ließen (irrig) auf Rang und Wohlstand schließen. „Vielleicht ist es gar ein Milordos", d. i. ein Franke, der alte Steine ansieht und das Geld nicht achtet. Im Grunde darf man sich also auch nicht wundern, wenn des andern Morgens, hauptsächlich des Brennholzes wegen, eine für das ärmliche Lokal ganz unverhältnißmäßige und erst nach einiger Unterhandlung bis zum Niveau der Billigkeit ermäßigte Rechnung zum Vorschein kam. Die Maulthiertreiber, um uns über die gewöhnliche, zu früh erreichte Station *Zagliberi* und ihre bequeme Einkehr weiter gegen Saloniki fortzubewegen, hatten die Rast in *Langavich* als ebenfalls sehr reizend und elegant geschildert. Es war aber zum größten Verdruß nur ein gewöhnlicher Dorf-Han für vierfüßige Gäste, d. i. vier dünne durchlöcherte Wände aus Röhricht und Lehm mit einem Hohlziegeldach ohne Decke; der Boden aus festgestampfter Erde, mit zwei Feuerstellen, einem Backofen und einer Auslage für griechischen Küchenbedarf. Das Bett, wie Sie wohl wissen, ist in solchen Fällen auch nur eine Binsenmatte neben der knisternden Flamme, und folglich nach zehnstündigem Ritt durch unwegsames zerrissenes Bergland Grund genug zu murren und betrübt zu seyn. Ich dachte an die schönen Säle, an die weichen Divane und die freundlichen Mönche von St. Dionys, von Vatopädi und Chilantari, und verglich die gegenwärtige Noth und herabgekommene Lage mit den Vorzügen des Hochfleckens *Laregovi*, wo wir die Nacht vorher geblieben waren, und dessen Lieblichkeiten ich Ihnen schon bei Gelegenheit der Hinreise und des mit uns einkehrenden Bischofs und seines Mundschenken aus Polyhiero, im vorausgehenden Bruchstück geschildert habe.

Das Alles – ich weiß es wohl – sind Kleinigkeiten, an deren Kunde dem Leser wenig liegen kann. Aber was soll ich Ihnen von *Langavich* erzählen? Ich bin ja nicht Botaniker und Geolog wie *Dr. Grisebach*, wie *Copeland, Weise, Smith* und *Friedrichsthal*, nicht Statistiker wie *Ami-Boué*, nicht Prophet wie *Blanqui*. Oder meinen Sie gar, ich sey in den Maulthierstall nach Langavich gekommen um den Einwohnern Gesetze zu schreiben, ihre Prozesse zu schlichten oder gar die Armeen der 32 alten Städte von Chalkidike zu kommandiren, von denen man bei Aristoteles liest? Und wenn ich das Alles wäre und verstände, wie jener berühmte Archäolog, käme ich doch zu spät. Die Partien sind ja alle schon besetzt und die Rollen ausgetheilt. Warum ich in das Byzantinische gekommen bin und was ich dort suche, brauche ich nicht mehr zu wiederholen. Der Mensch, die Sitte, das Bauerndorf, die gemeine Rede, der Streit, der Widerspruch und die Vergangenheit sind meine Thesen und haben mich wiederholt unter diesen Himmelsstrich geführt. *Empfinden* will ich, Gefühle wechseln, entbehren, schwelgen, fürchten, hoffen, was man bei der Glätte und gleichförmigen Geschwindbewegung des öffentlichen Lebens in Europa bald nicht mehr kann.

Nähmen Sie es den Leuten übel, wenn ihnen zuweilen selbst die Herrlichkeit, die Philosophen, die Lügen, die falsche Gerechtigkeit und das scheinheilige Thun des Occidents zuwider wären und Langeweile machten? Im Sittengemälde hat aber auch der kleine Strich sein Verdienst. Warum gibt man uns im luftigen, wasser- und pflanzenreichen *Laregovi* keinen Kohl? „Kohl wird hier nicht gepflanzt, weil hier *Κλεψία* (Dieberei), nicht *Νόμος* und *Τάξις* (Gesetz und Ordnung) regieren und jeder stiehlt was der Nachbar säet". Die vielen Kreuze und die starke Rechnung in Langavich und die „Klepsia" von Laregovi sind aber das einfachste und kennbarste Bild der öffentlichen Zustände im Orient: Jeder stiehlt was der Andere säet; die Regierungen aber nehmen hier Allen Alles weg, und den Frieden hat nur wer Bettler ist.

Während meine Vorgänger sorgfältig die Gränzscheide der immergrünen Gebüschvegetation bei Nisvoro erspähen, die Wiesenkräuter im Muldenthale vor Laregovi zählen und vom Gipfel einer Waldkuppe des *Cholom* Strich und Höhe der Gebirgsketten Macedoniens überschauen und ergründen, fragte ich mich selbst auf meiner Binsenmatte: warum etwa in diesem Theile Chalkidike's die Orte, die Seen und die Berge so sonderbare und ganz ungriechische Namen, z. B. *Cholom, Nisvoro, Zagliberi, Laregovi, (Jaruga), Rawa, Ravanikia, Chortiat, Galatista, Langasa* und *Langanichia* trügen? Die Beantwortung solcher Fragen ist zwar weniger lohnend und auch weniger unterhaltend als ein botanisches Bild der Kräuterwiesen von Hierisso, als der Buchenhain von Nisvoro und die Ueppigkeit der Grasnarbe unterhalb Laregovi. Das Schlimmste scheint noch, daß man in diesem einzigen Punkte bei uns ganz und gar nicht neugierig ist, ja Grund und Erklärung dieser ethnischen Anomalie gar nicht einmal hören mag. Man wendet sich verdrießlich weg, blickt nach der Stelle wo *Stagira* stand und fragt: wo sind die Ruinen von Olynth?

Das bittere Gefühl des zu erduldenden Ungemaches; Hunger, Ermattung, Unheimlichkeit des Ortes, endlich der Gedanke an unbelohnte Arbeit und an die vielleicht fruchtlos versplitterte Errungenschaft beschlichen die Seele und trübten auf kurze Zeit den Sinn. Aber die unerwartet kräftige Kost und die warme Luft der Hütte versöhnten bald den Widerspruch. Die Fremden, die Führer, die Wirthsleute und die Maulthiere aßen zu gleicher Zeit, alle, wie es schien, vergnügt und zufrieden mit dem Geschicke. Wir schliefen kräftig, verließen des andern Morgens eine Stunde vor Sonnenaufgang den Stall, ritten im Herbstnebel zum Bergsattel von Chortiat hinauf, rasteten um Mittag am Brunnen und erreichten sonnenversengt noch vor zwei Uhr Nachmittags das obere Festungs-thor von Saloniki, durch welches wir vier Wochen vorher ausgezogen waren. Gegen ein Geschenk von vier Silbergroschen blieben Gepäck und Pässe unge-öffnet und eine halbe Stunde später hatte ich wieder das vorige Zimmer bei der Doktorswittwe *Georgi* mit jener Empfindung innerer Zufriedenheit bezogen, wie sie nur der Gedanke an den glücklichen Ausgang einer zweifelhaften und waglichen Unternehmung unserem Herzen entlocken kann. Mit Pilgerstaub bedeckt (denn man gönnte keine Zeit für nöthige Toilette), mußte ich mit Hrn. v. Mihanowitsch im nahen österreichischen Consulat zu Tische gehen.

Dreißig Tage Pönitentenkost auf Hagion-Oros hatten die Nervengeister gewal-tig herabgestimmt und der Sehnsucht wieder in den europäischen Lebenscyk-lus einzutreten einigen Drang verliehen. Wenn dem Sittengesetze nur um sol-chen Preis zu genügen wäre, stünde ich, aufrichtig bekannt, bei aller Geringachtung raffinirter Genüsse noch auf sehr niedriger Stufe zur Gerech-tigkeit. Im Gegensatze mit den griechischen Katholiken und ihrem thierischen Mandat wagen wir lateinische Christen kräftig zu essen und dennoch tugend-haft zu seyn. Wenn sich auch beide Kirchen am Ende über Ambition der Priester, über streitige Rechte der Anciennität und über die natürlichen und ewig unausgleichbaren Antipathien zwischen Morgen- und Abendland mögli-cher Weise je verständigen könnten, so würde das Fastengebot allein Hoff-nung und Möglichkeit des Vergleiches zertrümmern. Sicher liegt der Wandel-scala unserer Kirchendiscplin ein philosophischerer Gedanke unter, als dem starren Tugendsystem und dem unerbittlichen Fastenrigorismus der Anatolier, „cui jam pares non sumus.“[38]

Die Klausner-Atmosphäre des heiligen Berges und der enggezogene Ideen-kreis der Selbstpeiniger mit ihrem kindischen Gerede täglicher Mirakel und himmlischer Erscheinungen hatten in kurzer Frist so vertrocknend und läh-mend auf Geist- und Redefluß gewirkt, als wäre ich nicht Wochen, sondern Jahre lang dem Verkehr europäisch civilisirter Menschen entrückt gewesen. Freilich wird die Wirkung in solchen Fällen von der Wärme des Blutes, vom Grade der Hingebung und der Empfänglichkeit für äußere Eindrücke und von dem Umstande abhängen, ob einer unmittelbar oder mittelst eines Dritten mit den vespernden Legendenmönchen verkehrt. Aber drei Jahre auf Hagion-Oros könnten wohl ein neues Kapitel zu Ovids Metamorphosen liefern.

Der geographischen Nähe ungeachtet ist die Kluft zwischen uns und der Grie-chenwelt viel weiter und viel tiefer als man glaubt. Jedoch soll eigene Unwis-senheit die Hagion-Oros-Mönche hoffentlich nicht hindern, kostbare Ueber-bleibsel alter Literatur in ihren staubigen Bücherkammern zu besitzen? Mit besonderem Interesse sucht Hr. v. Mihanowitsch, der gelehrte und patriotische Slave, die Kunde der alten Zustände der illyrischen Halbinsel zu erweitern, und hatte mir besonders aufgetragen im Kloster Vatopädi ein von *Zachariä*

bezeichnetes Prachtmanuscript Strabo's durchzusehen, ob sich in demselben vielleicht das in unsern Ausgaben fehlende, die Beschreibung von Corcyra, Süd-Epirus und Macedonien mit Chalkidike, Athos und den übrigen Chersonesen bis an den Hellespont enthaltende Ende des siebenten Buchs finde. Bei den Mönchen in Chilantari aber sollte ich über die angebliche Existenz einer in glagolitischen Schriftzeichen verfaßten Biographie des großen Bulgaren- und Morawenapostels *Cyrillus* aus Thessalonika Erkundungen anstellen, zu Nutzen und Ruhm der neu erwachten und energisch betriebenen Studien des alten Slaventhums. Leider war das Ergebniß für beide Fälle ein verneinendes, da die Athoshandschrift des Strabo mit derselben Phrase: Κινέας ἔτι μυθοδέστερον ...,
wie unsere europäischen Drucke schließt, die Chilaniari-Mönche aber selbst nicht einmal zu sagen wußten, ob sie das Verlangte haben oder nicht. Die guten Väter gestanden aufrichtig, daß bei ihnen außer den Akoluthien und Gebeten in der Kirche das ganze Jahr Niemand ein Buch ansehe oder je einer aus ihrer Mitte das Wort „Glagolitenschrift" auch nur gehört habe. Es wäre ihnen wohl bekannt, daß St. Cyrillus ihrem Volke das Evangelium zuerst gepredigt habe, aber weiter wüßten sie von der Sache nichts. Man ließ mich später nach Belieben in der kleinen Sammlung selbst herumsuchen, die ich in dem Wachsmagazin mit dem Eingang durch Küche und Speisekammer fand.

Die Gierde, mit welcher ich in den ersten Zeiten nach der Athosreise den politischen Inhalt der Journale aus Augsburg, Paris, Malta und Smyrna verschlang, die wissenschaftlichen Revüen durchlief und in der ausgewählten Bibliothek des gastfreundlichen Consuls herumgriff, zeigte klar, wie leer und genußlos das Leben außerhalb des europäischen Ideenkreises wäre. Mit welcher Empfindung glauben Sie wohl, daß ich in der Allgemeinen Zeitung die Berichte über den eben zu Bonn versammelten Philologencongreß und Prof. Kreysers kluge Rede „von völligem Erlöschen alles griechischen Wesens" sammt der Entgegnung eines bekannten Eiferers für ungeschwächtes, heute in Idee, Kunst und Sprache nicht weniger lebendig als vor Troja gährendes Hellenenthum, mitten unter „slavisch" redenden Macedoniern las?

Die Größe der Stadt, ihre Lage an der See, der milde Himmel, die schnelle und sichere Verbindung mit dem Occident, der lebhafte Verkehr, der Zusammenfluß von Fremden, der duldsame Sinn der Bewohner aller Sekten, die Leichtigkeit des Erwerbes und des Lebens verleihen dem Aufenthalt in Thessalonika einen Reiz, wie ihn sicherlich keine Stadt der europäischen Türkei besitzt. Die Luft selbst hat an dieser Küste etwas Weiches, Jonisches und zum frohen Genuß des Daseyns Einladendes, was man weder in Trapezunt noch viel weniger in Athen oder Konstantinopel gefunden hat. Viel glücklicher als andere Reisende, die immer Eile haben und gleich anfangs schon mit der halben Seele bei Katheder, Ambition, gelehrter Coterie, Handwerkszeug und Gewerbe in Europa zurückgeblieben sind, gehörte ich ganz mir selbst an, überließ mich, aller Bande ledig, zwang- und sorglos dem Freudenstrom und blieb noch einen vollen Monat in der Stadt des üppigen leichten Sinnes. Viel fehlte nicht und ich wäre den ganzen Winter geblieben. Von 8 Uhr bis Mitternacht und noch länger saß ich jeden Abend im Consulat; wir lasen Altes und Neues und von Allem das Beste, redeten, recensirten, trieben Slavica, Kritik und Philosophie.

Ich lernte viel; denn Hr. v. Mihanowitsch gehört sicher in die Klasse jener Männer, in welchen die größte Summe theoretischer Kenntnisse und praktischer Erfahrungen über politisches Leben, Geist und Physis des illyrischen Continents verborgen liegt. Zu Hause las und excerpirte ich wieder, ordnete die Kolchis-Papiere, die Athos-Notizen, bemaß die Beute, berechnete die Kosten und analysirte noch einmal das ganze Hagion-Orosleben, Chalkidike und meine Tour. Diese hatte – was man vielleicht nicht ungerne hören wird – mit Inbegriff der Maulthiere und Dardaganis Sold bei einer Dauer von 31 Tagen ungefähr 1166 türkische Piaster oder Grusch, d.i. 291 Franken oder 116 Gulden C.-M. gekostet.

Schon in Europa hatte ich mich bei einem griechischen Geistlichen, der lange auf Athos lebte und mit den Gebräuchen des Instituts, sowie mit der Arithmetik der Weltüberwinder vollkommen vertraut war, sorgfältig erkundigt, wie viel ein gewöhnlicher occidentalischer Gentleman, der nur mit *einem* Bedienten den Hagion-Oros besucht, für Bewirthung und Pflege billiger Weise geben soll. *Vier Franken* täglich, meinte der Kalógeros, würden den Erwartungen der Väter ganz entsprechen und dem Geber ein rühmliches Andenken am heiligen Berge sichern. Sie begreifen wohl, daß diese Taxe nur von solchen Athosreisenden zu verstehen ist, die ihre Mittel zu Rathe halten müssen wie ich, und sich nicht auf Milordis beziehe, die „alte Steine suchen und das Geld nicht achten." Ich schlug eine Mittelstraße ein und würde allen Hagion-Oros-Besuchern desselben bescheidenen Ranges rathen eben so zu thun.

Bei längerem Verweilen in einem Kloster, wie z. B. in *St. Dionys,* wo ich zwölf Tage blieb, legte ich obigen Calcül zu Grunde und übergab dem heiligen Abte bei der Abschiedsvisite 200 türkische Grusch (ungefähr 48 Franken) für sein „Gotteshaus", drückte aber dem bulgarischen Laienbruder, der uns als bestellter Koch so gut verpflegte, noch aparte 25 Grusch als eigenes wohlverdientes Honorar in die Hand, vergaß auch seinen Gehülfen Leonidas mit der Kleinigkeit von 5 Piastern nicht und erfreute zuletzt am Thore noch den „heiligen Pförtner" mit einem mäßigen Tribut von vier γρώσσια (1 Frank).

Als Regel gelte: die Spenden, wenn sie auch mäßig sind wie die meinigen, unter *Viele* und zwar *eigenhändig* zu vertheilen, besonders aber den „heiligen Pförtner" nirgend zu vergessen. Will oder muß aber ein Fremder seine Reden und Ausgaben durch einen Dolmetsch besorgen lassen, muß er auch gespicktere Kassen führen und über größere Mittel gebieten als der mäßig begüterte

Tourist. Kostspieliger dagegen ist es, wenn der Aufenthalt nur 1–2 Tage dauert und das Kloster ein republikanisch regiertes ist. Theils um die Neugierde des Lesers zu befriedigen, theils um auch ein beiläufiges Maß für solche Fälle aufzustellen, will ich den *ein*tägigen Aufenthalt im Kloster Chilantari an der Ausgangsstation des Hagion-Oros finanziell genauer auseinandersetzen.

Vom heiligen Regierungssitz in Karyäs kommend ritten wir Abends in den Klosterhof und wurden von einem dienenden Bruder ohne Umstände in die neu und elegant gebaute Fremdenwohnung eingewiesen, mit Wasser versehen und eine Zeit lang allein gelassen. Man hielt uns wahrscheinlich für *Orthodoxe*, d. i. für Leute die große Ansprüche machen, seitens der Mönche Alles für Schuldigkeit halten und am Ende Nichts bezahlen. Schon war ich im Begriff über den ungastlichen Sinn dieser Chilantari-Slaven verdrüßlich zu reden, als auf ergangene Meldung der Grammatikos des Klosters in das Zimmer trat, um den Fremden zu bewillkommnen, und nebenher mit der den Orientalen eigenthümlichen Feinheit nach Bedeutung und Herkunft des Gastes zu forschen. Der Grammatikos – wie er selbst erzählte – war in Chilantari fremd wie wir und erst ein Jahr im Dienst dieser Mönchsgemeinde. Als geborner Moraït habe er zu Ikonium in Kleinasien, wo er zur Zeit des Aufstandes seiner Heimath lebte, unter den fanatischen Türken Lebensgefahr auszustehen gehabt und sey endlich nach vielen Abenteuern und langem Herumirren auf den heiligen Berg gekommen, um gegen fixen Lohn auf Ruf und Widerruf den Chilantari-Mönchen als Geheimschreiber und Interpret zu dienen.

Durch Zufall oder als Klephte im Kampfe hatte er die eine Hand verloren, verstand aber neben dem Vulgären auch das Hochgriechische, sprach geläufig türkisch und citirte Verse aus Hesiodus. Ich citirte so viel mir einfiel entgegen, strebte nach besonders guter Diktion, sagte woher des Landes und was ich in Chilantari suche, und rückte auch meinerseits möglichst breit mit dem in Stambul erlernten Türkisch heraus. Nach einer Stunde etwa empfahl sich der Grammatikos, um den Vorständen zu hinterbringen, daß der Gast ein Franke sey, die Landessprachen rede und (mit Verlaub) allerhand wisse.[39] Auf dieses hin kam einer der Vorstände selbst – ein Bulgar aus Sischtow, der schon die höchsten Würden in Chilantari bekleidet hatte und jetzt als Mit-Igumenos im Ausschusse saß – um den Gast von neuem und noch wärmer zu bewillkommnen und als Gesellschafter die Honneurs zu machen. Nach byzantinischer und überhaupt morgenländischer Etikette darf man achtbare Fremde so wenig als möglich sich selbst überlassen. Der Mann aus Sischtow war vielleicht andächtiger und heiliger, aber sicherlich viel weniger gewandt und unterhaltend als der vielgewanderte Grammatikos mit Einer Hand.

Wer gerne Martials Epigramme liest, findet bei aller Geduld und Höflichkeit die endlosen im Bauerngriechisch vorgetragenen Erzählungen der Klosterlegenden und ihrer täglichen Mirakel und Heiligenerscheinungen am Ende doch etwas langweilig und einschläfernd. Besonders während der türkischen Occupation des Hagion-Oros habe sich die *Panagia* beinahe jeden Abend zum Schrecken der Albanesen im Klosterhofe wandelnd und schwebend sehen lassen. In *Iwiron* hatte man mir schon dasselbe erzählt. Wie aber nach dem Frieden von Adrianopel die islamitischen Besatzungen den Berg verließen und die Noth vorüber war, endete auch der abendliche Spuck in Hof und Corridor und die Besuche der Panagia – sagte der Mönch – haben jetzo gänzlich aufgehört. Das Kloster kultivirt mit Kunst und Erfolg besonders den Gartenkohl, der alles Ackerland rings um die heiligen Mauern bedeckt. Auch bestand das Abendessen, wobei Igumenos und Grammatikos Gesellschaft leisteten, nur aus einer Kohlsuppe und einer Platte Reis und noch vier andern Platten, sämmtlich aus Kohl, aber alle kalt: kalte Kohlblätter in Oel geschmort, Salat aus Kohl, zum Nachtisch wieder Kohl. Die Mönche in Chilantari leben sparsamer und armseliger, dachte ich, als die Frösche bei Homer,

> Οὐ τρώγω ῥαφάνας, οὐ κράμβας, οὐ κολοκύντας ·
> Οὐδὲ πράσοις χλοεροῖς ἐπιβόσκομαι, οὐδὲ σελίνοις.[40]

Vom Glagolit des heiligen Cyrillus wußte natürlich keiner von beiden Tischgenossen Auskunft zu geben. Der Grammatikos verstand ja nicht slavisch und der Igumenos las gar kein Buch; man vertröstete mich auf die Conferenz im Gemeinderath, dem ich des andern Morgens nach dem Gottesdienst mein Anliegen persönlich vorzutragen hätte. Von Büchern reden macht griechischen Mönchen allzeit Langeweile, und die frommen Proëstotes sprachen in der Sitzung lieber von allerhand politischen Dingen, vom Czar, von Abdul-Medschid, vom Papst und von Griechenland, lasen auch das Circulare der Karyäs-Junta der Reihe nach, bis es der letzte, ein hochgewachsener kraftvoller Serbe, der unter Milosch gefochten hatte, mit Gleichgültigkeit, wo nicht gar mit einiger Geringschätzung dem Inhaber zurückgab und alles Suchen nach dem fraglichen Objekt voraus für unnöthig erklärte. Auf diese Bemerkung nahm ich das Circulare, stand auf, dankte für die gastliche Aufnahme und fragte: ποῖος εἶναι ὁ ἅγιος δίκαιος; (Welcher ist der heilige Rentmeister?) Ἐγώ, antwortete der hochgewachsene kastanienhaarige Serbe, dem ich im Beiseyn des Rathes sogleich 20 Piaster türkisch (5 Franken) διὰ τὴν ἐκκλησίαν (für die Kirche) übergab. Plötzlich – ach wären Sie doch im Saale gewesen! – plötzlich erglänzten alle Gesichter von Heiterkeit, man begleitete mich feierlich durch die Corridore in die Fremdenwohnung zurück, ernannte eine Commission um die Herrlichkeiten des Klosters, die Fresken und die Bibliothek hinter dem Kochzimmer zu zeigen und bereitete in der Zwischenzeit ein treffliches Mahl, für welches durch besondere Fügung der Panagia die Fischer verwichene Nacht einen ungewöhnlich reichen Fang im Meere thaten. Wahrscheinlich hatten die armen Väter vom ärmlich gekleideten Fremdling wohl glatte Worte, viel höflichen Dank, aber kein Geld erwartet, während sie selbst bei aller Wohlhabenheit des Ganzen persönlich doch nur von Entbehrungen leben und allzeit und überall und jedermann geben sollen.

Wir aßen mit Heiterkeit und großem Appetit. Zugleich ward die Freigebigkeit gegen das Gotteshaus freimüthig belobt, und auf die vertrauliche Frage, wen ich schicklicher Weise noch bedenken sollte, deutete der Grammatikos auf den nebenan sitzenden heiligen Igumenos (Alt-Prälaten) aus Sischtow, der uns gestern und heute mit seiner Gesellschaft bewirthet habe; jedoch sey auf die reichliche Kirchengabe auch hier nichts weiter nöthig und nur für die Küche u. s. w. eine Kleinigkeit noch beizufügen. Er selbst nahm nichts. Bei der Abreise begegnete uns außerhalb der Zimmerthüre zuerst der Oberkoch, dann bei der ersten Stiege das Unterküchenpersonale, unten im Hofe standen die beiden bedienenden Mönche und am Thore der „heilige Pförtner" mit seinem Substituten. Unter diese vertheilte ich auch noch zusammen 25 Grusch, im Ganzen also 45 Grusch türkisch oder 4 Gulden Conventionsmünze für zweimal Essen und eine Nacht. Ich sage dieses nur, damit Athoswanderer künftig wissen, was in diesem Punkte schicklich ist, besonders aber daß sie nicht etwa aus falscher Scham den Gesellschaft leistenden Prälaten (in den freien Klöstern) zu beschenken unterlassen, wie es mir selbst in Iwiron erging, wo ich das verhältnismäßig beträchtliche Honorar dem Oberzimmerwärter übergab, der es wahrscheinlich ganz oder theilweise zu bestellen vergessen hat. Die beiden Tischgenossen begleiteten uns sogar noch eine Strecke außerhalb des Mauerumfanges auf dem Weg zum Platanenwald und dem Isthmus von Chalkidike. Wir begrüßten uns mit Wärme, ich versprach das Wiederkommen und einen Thermometer für den Grammatikos als Gastgeschenk.

Der Name „Chalkidike" bedeutet, wie Jedermann weiß, auf deutsch Erzdistrikt, Minengegend, ist aber heute im Lande selbst nicht mehr üblich und durch den halbtürkischen, halbgriechischen Terminus „Mademochoria", d. i. die Bergwerksdörfer verdrängt.[41] Der Naturreichthum an edlen Metallen, besonders an Gold, hat schon in den ältesten Zeiten die Hellenen in das Land geführt, Reichthum durch Handelsbetrieb gegründet und in Folge desselben civilisirten Luxus und politische Freiheit zum Bedürfniß gemacht. Ohne die drei Chersonese Kassandria, Sithonia und Athos, die man niemals zu Chalkidike rechnete, beträgt nach Grisebach die Länge des Minendistrikts von West nach Ost nicht mehr als etwa 10, die Breite aber durchschnittlich gar nur 6 geographische Meilen. Und doch blühten auf diesem kleinen Raum nach Aristoteles 32 freie Städte, der sogenannte Staatenbund von Chalkidike, von denen wir aber nur Chalcis, Olynthos, Akanthos, Apollonia, Stagira, Mekyberna, Torone, Angäus und Singus mit Namen historisch kennen. Das schöne und reiche Olynth galt als Hauptstadt und Sitz des Bundes.

Bis zur Eroberung durch Philipp den Macedonier gehörten die chalcidischen Städte zu Thracien,[42] und obgleich von den 32 Bundesnamen sich nicht ein einziger aus den Stürmen des byzantinischen Mittelalters retten konnte, ist dem Ländchen doch bis auf den heutigen Tag, nach allen Wechseln, ein höherer Grad bürgerlicher Freiheit als eine gleichsam dem Boden und der Luft inhärente Modalität geblieben. Es theilt sich in die zwei großen, dem Sultan zwar Tribut zahlenden, aber sich selbst aristokratisch freiregierenden Municipalitäten *Siderókapsa* auf der Ost- und *Chassiá* auf der Westseite. Beide zählen miteinander noch 27 Gemeinden und eben so viele Großdörfer, deren zwei wohl den Rang, aber nicht die Schönheit und den Glanz von Städten haben. Hauptort des Ostdistriktes, des eigentlichen Minenlandes, ist *Nisvoro* mit 12, wie es *Polyhiero* oberhalb der Ruinen von Olynth mit 15 freien Burgflecken im Westdistrikte ist. Meinen Vorgängern Cousinéry, Leake, Urquhart und Grisebach ist der vortheilhafte, die in Thracien und Macedonien üblichen Physiognomien an Schönheit auffallend überragende Typus der Griechen von Chalkidike, besonders im Distrikt Chassiá nicht entgangen, und man ist deßwegen allgemein geneigt – und glaubt sich aus besondern Gründen sogar berechtigt – hier ein „fast noch reines und unvermischtes" Fragment der alten griechischen Bevölkerung zu erkennen. Am eifrigsten nimmt sich *Cousinéry* (Ende des vorigen Jahrhunderts) des chalcidensischen Hellenismus an.[43] Die Provinz sey zwar den Calamitäten der Slavenstürme nicht entgangen, habe aber Dank der dichten Waldregion, die als Asyl diente, immerfort eine Art Unabhängigkeit behauptet und zugleich die Reinheit des alten Blutes bewahrt. Bei den Männern von Laregovi fand Herr Cousinéry „sentimens visibles de leur antique noblesse", und bei den Weibern „traces des anciennes habitudes domestiques," elegante Kleidung und regelmäßige Züge. Aber viel wärmer als das reinliche weiße Gewand mit der blendend weißen Fustanella und rothen Plattmütze der Albanier spricht die verständigere Bodenkultur, das Profil, der kluge Sinn und besonders das klare Ursprungsbewußtseyn dieser Waldleute für das Alterthum ihrer Race. Weder Türke, noch Bulgar, noch Albanit, noch Jude, sagten sie Hrn. Cousinéry, habe sich unter ihnen häuslich niedergelassen und „wir alle in diesen Bergen bilden uns etwas ein auf unsern Griechentitel, auf unsere Tempel, auf unsere Bischöfe, auf unsere Priester und auf unsere Schulen."[44] Das Alles ist sehr erbaulich zu hören, und wie die Sachen seit dem Erlöschen des Minenbetriebes daselbst stehen, zum Theil auch ganz richtig; nur ist hier von der alt-chalkidischen Bevölkerung keine Rede, sondern von einer byzantinischen Colonisation nach der Wiedereroberung der Provinz durch die Imperatoren der Heraklius-Dynastie und ihrer Nachfolger im 7ten und 8ten Jahrhundert unserer Zeitrechnung.

Auch so viel ist einzugestehen, daß nach den historisch begründeten Metzeleien und Verheerungen auf *Kassandria* und in ganz Chalkidike während des 6ten und 7ten Jahrhunderts n. Chr., im besagten Chersonese sowie am ganzen Küstenstriche, hinauf bis Saloniki einerseits und bis Polyhiero im immergrünen Walde andrerseits, sich *keine slavische Niederlassungen* gebildet haben und somit der westliche Distrikt mit dem größern Theil der 15 Freidörfer und der Halbinsel Kassandra dem byzantinischen Griechenblute zu vindiciren sey. Der Ostdistrikt dagegen, das eigentliche Erzgebirge mit den Gold- und Silbergruben, ward vollständig slavinisirt. Der Stamm der Runchi-Slaven hatte das Gebiet vom Xerxes-Kanal bis zur Bolbe-Mündung, wo ehmals Stagira, bis zum See von Langasa überschwemmt und darin alles neu gemacht; nicht eine einzige Ortschaft, nicht ein einziger Name aus griechischer Zeit ist geblieben. Führt der Kanal am Isthmus des Hagion-Oros nicht heute noch den slavischen Namen *Probjati* (Durchstich)? Besonders auffallend und die Natur der Oertlichkeit bezeichnend ist aber das von griechischer Kehle noch nicht bis zur Unkenntlichkeit entstellte *Nizvoro,* der Hauptflecken der eigentlichen Mademochoria, mitten unter (erloschenen) Schmelzöfen und verwitterten Schlackenhaufen am steilen Ostrande des hohen Tafellandes. *Izvárak* nennt der illyrische Slave heute noch die „Schlacke."[45]

Laregovi (Jaruga) und *Cholomón* (Cholm) haben wir im vorigen Fragmente schon erklärt. *Ravana* und sein Diminutivum *Ravanichia,* vom slavischen *ravna, ravnina, ravnitza* (wir zogen durch beide Dorfer) bedeutet „Ebene"; in *Langaza* aber und in *Langavichi* ist das (polnische) *Lengi,* die „Wiese" nicht zu verkennen, in *Zagliberi* und in *Longomat* aber wird selbst der fanatische Eiferer keinen hellenischen Laut entdecken. Gegen dieses Argument ist nichts einzuwenden, und man muß sich im Grund Glück wünschen, daß die Herren Cousinéry, Leake und Grisebach in botanischen, geologischen und politisch-geographischen Forschungen versenkt, Dinge dieser Art nicht berechnen mochten. Was wäre sonst über Chalkidike noch zu sagen übrig gewesen? Die Slavenniederlassungen reichen tief in den Buschwald bis dicht an Polyhiero und herab bis zur Seeküste des westlichen Athosgolfes. Aber warum reden sie heute in Laregovi, in Nizvoro, in Longomat, in Libiada griechisch und nicht mehr illyrisch? Wir fragen entgegen, warum man zu *Stargard* in Pommern und zu Bergen (Gora) auf der Insel Rügen heute deutsch und nicht mehr slavisch rede? Man hat die Beobachtung gemacht, daß die byzantinischen Imperatoren nach Bewältigung der slavischen Eindringlinge auf der großen Heerstraße von Konstantinopel nach Thessalonika *(via Egnatia)* die Barbaren überall in Masse nach Anatolien deportirten und dagegen kleinasiatische Colonien an ihre Stelle setzten, besonders aber die Seeküste und die Hafenorte von Barbaren entweder gänzlich säuberten, oder doch dem *griechischen* Element daselbst das Uebergewicht zu verschaffen suchten. Man kann wohl denken, daß bei diesen Heilmaßregeln der reiche, vorzugsweise von den Slaven besetzte und ausgebeutete Minendistrikt von Chalkidike nicht übersehen wurde.

Die alten Ortsnamen blieben; nur für den Hauptsitz des Erzbetriebes schuf das wiedereindringende Byzantinerthum den neugriechischen Terminus „Siderókapsa" d. i. Eisenschmelze.[46] Aber das Slavische erhielt sich *viele* Jahrhunderte neben dem Griechischen was jetzt allein noch übrig ist. Wenigstens fand *Belon* (1549) unter den Bewohnern der Bergwerksdörfer noch nicht das reingriechische Element der Laregovioten des Hrn. Cousinéry. Es wohnte damals in den Dörfern ein Gemisch von Slavisch, Bulgarisch, Griechisch, Türkisch und Albanisch redenden Menschen,[47] ja das Slavische war noch das verbreitetste und die Arbeiter selbst waren der Mehrzahl nach *Bulgaren;* die Dorfleute in der Runde aber *Serben,* denen zugleich das Griechische geläufig war.[48]

Belon erscheint als sehr kluger und scharfer Beobachter, weil er in Uebereinstimmung mit den Byzantinern überall eine der zweiten, der sogenannten Bulgarenschicht *voraus*gehende und von ihr verschiedene, gleichsam *erste* und *primitive* Slavenschicht auf griechischem Boden anerkennt. Diese primitiven Slaven des sechsten Jahrhunderts sind die wahren Väter, Schwäger und Blutsverwandten des heutigen griechischen Bauernvolkes in Macedonien, Thessalien, Hellas und Peloponnes. Länger als 900 Jahre redete das Volk in den benannten Landschaften griechisch und slavisch zu gleicher Zeit, wie die heutigen Böotier, Attiker, Korinthier und Argiver neben dem angelernten Neugriechisch noch immer ihr heimathliches Albanisch bewahren. Das Slavische ist erst während der letzten vierhundert Jahre, mit Ausnahme der Nordspitze von Akarnanien, auf alt griechischem Boden als Volkssprache erloschen und ausgestorben. Daß es aber auf den beiden entgegengesetzten Endpunkten Griechenlands, nördlich in der *Chalkidike* und südlich im *Taygetos* im fünfzehnten und sechzehnten Jahrhundert noch in vollem Gange war, ist durch zwei unverwerfliche Zeugen, *Chalkokondylas* und *Belon,* erwiesen. Um die Spuren dieser Slaven-Antiquitäten aufzufinden, muß man nicht die Vorträge auf der Hochschule zu Athen, wohl aber die Phraseologie des Landvolkes, besonders der Weiber als Substrat unterlegen. Den Markassit (Substanz aus der Verbindung des Schwefels mit was immer für einem Metall), sagt Belon, nenne man in den Minendörfern von Siderokapsa allgemein *Ruda;* die Gold- und Silberglätte aber *Leskena.* Beides ist slavisch; nur wird statt Ruda „*Truda"* zu schreiben seyn, wie man es im Illyrischen heute noch findet. Damals (1549) waren noch 5–600 Schmelzöfen mit 6000 Arbeitern in Thätigkeit, und der Reinertrag der Münzstätte Siderokapsi belief sich ohne Rücksicht auf den Privatgewinn der Arbeiter (Verschleuderung, Veruntreuung und Dieberei im Großen und Kleinen) für Rechnung des Großherrn allein monatlich auf 18- bis 30,000 Golddukaten und auch noch darüber.[49] Urtheile man wie hoch der Ertrag der Chalkidike-Minen im Alterthum, in den ersten Jahren der Bearbeitung gewesen sey, und ob man sich über Philipps Drang die Goldquelle in seinen Schatz zu leiten verwundern soll.

Was *Ural* und *Altai* den Russen heute sind, waren die Erzgruben von Chalkidike und Philippi den macedonischen Fürsten im Alterthum, ein unerschöpfliches Potosi, wo die Schlüssel zu allen Akropolen und der Preis für alle griechischen Gewissen zu Tage gefördert wurden. Ohne Gold ist selbst das Genie gelähmt. Die Adern der edlen Metalle, behauptet man, seyen schon gegen Ende des vorigen Jahrhunderts erschöpft gewesen, und seit der Insurrektion von 1821, zu der sich Chalkidike in seinem unglücklichen Stern fortreißen ließ, ist auch die Bearbeitung der Eisengruben auf Befehl der türkischen Regierung eingestellt. So viel ich in Laregovi hörte, wurden von den zur Strafe der Felonie sämmtlich niedergebrannten Flecken und Dörfern nicht alle wieder hergestellt. Namentlich ist *Siderokapsi* so gänzlich verkommen, daß die *Mademochoria*-Municipalität ihren Sitz gegenwärtig zu Nizvoro aufgeschlagen hat.[50] Die zwölf verbrannten Burgflecken mit ihren Dependentien bilden die bischöfliche Diöcese Hierisso, deren jeweiliger Ordinarius aber nicht mehr im Titularflecken dieses Namens, sondern gleichfalls zu Nizvoro auf der luftigen, baum- und quellenreichen Halde, mit der Aussicht auf den blauen Golf von Stellaria und auf die über den heiligen Wald hinausragende Steinpyramide des Hagion-Oros-Kegels residirt.

Der Leser erinnert sich noch aus dem vorausgehenden Fragment, wie uns auf der Hinreise der „Engel von Hierisso" im Einkehrhause zu Laregovi begegnet ist und wir Sr. Heiligkeit geistliches Quartier und Abendessen beschrieben haben. Vom Athos kommend sahen wir bei unserm warmen Mittagsritt durch Nizvoro nun auch Dom und Residenz des byzantinischen Despotis, wenn man das gemauerte Heumagazin außerhalb des Ortes, ohne Thurm und Glocke, einen Dom, und das bescheidene mit hölzernem Söller versehene, den übrigen Dorfbauten vollkommen gleiche Wohnhaus des Prälaten eine Residenz nennen will. Leider hat die republikanische Verfassung der morgenländischen Kirche der allen Südvölkern, insbesondere aber den geistlichen Funktionären und Dienern Gottes eingebornen Liebe zur Ostentation und äußern Pracht nur *innerhalb* der vier Tempelwände vollen Spielraum gelassen. Ein byzantinisches Patriarchal- oder auch nur Episcopalhochamt, schien mir immer, müsse diesem Volke wie ein Feentraum die Sinne berauschen und es wenigstens auf Augenblicke das bürgerliche Elend und die verlorne Herrschaft vergessen lassen.

Wenn der demüthige Diener Gottes in vollem Ornate der alten Kaiser des Orients, in goldgestickten Purpurhalbstiefeln, in goldener Tunika, mit golddurchwirktem kaiserlichen Mantel, mit Scepter und blitzendem Diadem hoch über der erstaunten Menge und der glanzvollen Levitenschaar halb in Weihrauchwolken verhüllt auf dem Throne sitzt, wie könnte er noch an die Schmach seiner Kirche, an den Stolz des Islam oder auch nur an die schweren Summen denken, um die er seine berauschende Herrlichkeit erstanden hat? Mit dem Rang einer herrschenden (Staats-) Religion hatte die griechische Kirche auch ihren weltlichen Besitz verloren und ward auf Almosen und Stola der Gläubigen angewiesen. Hat der griechische Geistliche wie immer eine

„Eparchie" an sich gebracht, so hält er nach dem ersten Gottesdienste unfehlbar seine Antrittsrede oder bischöfliche Homilie an die Gemeinde, wobei im ganzen byzantinischen Reiche ein und dasselbe Thema zu Grunde liegt: „Greifet der heiligen Kirche unter die Arme, tröstet die weinende verfolgte Braut Christi durch reichliches gottgefälliges Almosen!" Natürlich geht kein Gläubiger zur ersten Episcopalfunktion des neuen Despoten mit leeren Taschen in die Kirche; denn unmittelbar nach der Anrede – so erzählte mir ein Gläubiger von Laregovi – setzte sich Monsignore von Nizvoro in vollem Ornat unter die Kirchenthüre; ihm zur Seite stand ein Diacon mit weitem silbernen Teller, auf welchem der Reihe nach langsam und kenntlich die ersten Wirkungen apostolischer Beredsamkeit niederklangen. Nachher war große Sitzung des Municipalrathes des Minendistriktes, um die Summe zu berathen, mit der sie die „weinende Braut Christi" trösten wollten. Der Beschluß hat Gesetzeskraft und darf, im Weigerungsfalle einzelner Dörfer oder Familienväter ihre Quote zu erlegen, selbst auf dem Wege der Exekution vollzogen werden. Da ist keine Rente, keine Stiftung, kein Stipendium und auch keine geistliche Funktion, ausgenommen auf Bestellung. Kein byzantinischer Priester, kein Bischof, celebrirt, und selbst am Sonntag ist kein Gottesdienst, wenn ihn nicht Jemand aus der Gemeinde vorausbestellt und nachher bezahlt.

Welche Unordnung, um nicht zu sagen gänzliche Auflösung bei einem solchen Zustande durch die freidenkerischen Lehren des Priesters *Kaïris* über die griechische Kirche hereinbrechen müßte, kann man sich leicht vorstellen, und man muß es dem anatolischen Clerus als solchem verzeihen, wenn er im Interesse der Selbsterhaltung den gefährlichen Neuerer und seine Saat zu vernichten strebt. Die beständige Furcht durch das Eindringen occidentalischen Geistes Ehren, Einkommen und Macht zu verlieren, erstickt im byzantinischen Clerus alle Sympathie für Deutschland, seine Weisheit und seine Regierungskunst. Denn geschlossene Corporationen halten jenen Zustand des Vaterlandes jedesmal für den glücklichsten und patriotisch besten, der ihnen in Gegenwart und Zukunft die größte Summe an Autorität und Genuß verbirgt. Von uns Deutschen will man im Oströmischen in keinem Falle etwas wissen. Jedoch haben seit dem grausamen Zerfahren des letzten Freiheitstraumes die byzantinischen Christen nicht etwa nur in der Chalkidike, sondern überall in der Türkei auch die Zuversicht auf die eigene Kraft verloren und somit alle Hoffnung, sich je zu wahrer Unabhängigkeit aufzuschwingen, gänzlich abgelegt. „Selber können wir uns nicht mehr helfen, und da es auch mit dem „neuromäischen Reiche" nicht vorwärts will, so bleibt uns nichts übrig als in Demuth und Geduld zu warten, bis die Russen kommen und der türkischen Oekonomie in Stambul ein Ende machen."

Wenn man selbst in der *quasi* unabhängigen Chalkidike solche Reden führt, was werden sie erst in Thessalien sagen, wo sich die Parteien stündlich gegenüberstehen und wo das Joch unmittelbar auf dem Nacken liegt? Pflanzen und Gebirgszüge haben Andere mit kundiger Uebersicht und mit umfassender Kenntniß geschildert; weniger hat man auf die religiösen und politischen Vorstellungen der Romanien (Rumelien) bewohnenden Völkerschaften, auf die Reden des gemeinen Volkes und auf die mittelalterlichen Geschicke jener Länder geachtet. Großentheils um hierin einigen Nutzen zu schaffen und die nicht überall correkten Begriffe unter den deutschen Landsleuten hie und da wenigstens theilweise zu berichtigen, bin ich durch Romanien gezogen und so viel als fünf Wochen in Thessalonika geblieben. Aber aufrichtig gestanden, es lagen auch andere Motive mit im Spiel. Ist denn nicht, wie Prokesch sagt, das Reisen selbst ein Genuß? Während Andere meiner Ordnung in Deutschland bleiben und täglich mit der Censur, mit tückischen Recensenten und mit ihrer eigenen Eitelkeit in bitterm Kampfe liegen, athme ich friedlich und frei die macedonischen Lüfte und höre zu, wie der bulgarische Priester das acht Tage anhaltende St. Nikolausfest mit der seinem Volke eigenen Gemüthlichkeit beschreibt.

„Sollte Gott je sterben," sagen die nahe an fünf Millionen zählenden Bulgaren, „so wählen wir *St. Nikolaus* an seiner Stelle als unsern Gott." Wie weit ist es doch von diesen, den St. Nikolaus zum Weltregiment erhebenden Bulgaren bis zu Feuerbach und den Philosophengöttern in Frack und Pantalon zu Berlin![51] Gebt diesen Leuten plötzlich Dr. David Strauß und die deutschen Jahrbücher in die Hand und sehet selbst, ob sie dann zufriedener und glücklicher sind, als in ihrer Slaveneinfalt und mit ihrem Nikolaus? Solche Fragen und Vergleiche – ich weiß es wohl – soll man lieber gar nicht thun; aber in Thessalonika fällt einem mancherlei ein, woran man in Deutschland gewiß nicht denkt. Und zuletzt hält man es für ein großes Glück, wenn man nichts zu befehlen und nichts zu verantworten hat.

Während die Bulgaren von ihrem St. Nicola so Großes denken und ihre Popen nur von Rußland kommende Ausgaben des Neuen Testamentes und der Liturgie für philologisch correct und dogmatisch orthodox erklären, schleudert Monsignore *Hillereau,* päpstlicher Generalvikar des Orients, den Bannfluch vom Perahügel herab und bezeichnet durch amtlich ausgefertigten, von allen Kanzeln feierlich verkündeten und durch die Journale des Orients verbreiteten Erlaß „Mildthätigkeits- und Menschlichkeitsakte außerhalb katholischer und *französischer* Autorität geübt für Abfall vom Glauben und Rebellion gegen den apostolischen Stuhl zu Rom."

Offenbar ist die Stellung der lateinisch-katholischen Kirche auf dem Boden des byzantinischen Reiches eine höchst ungünstige, und – was man anderswo nicht merkt – ihre äußere Erscheinung hat dort beinahe etwas Peinliches, etwas Unerquickliches, ja fast etwas Niedriges und Unehrenhaftes, das sich überall an die Sohlen besiegter Minoritäten hängt, nicht etwa weil es ihren Agenten an Geschicklichkeit, an persönlicher Tugend, an Standhaftigkeit und jener indefinissabeln, nur vollendeten Diplomaten inwohnenden Geisteselasticität und casuistischen Geschmeidigkeit gebräche, die in Europa so große Erfolge gibt. Es liegt vielmehr in der byzantinischen Atmosphäre selbst gleichsam ein deleterischer Stoff, der unsere Sache nicht Wurzel schlagen läßt oder doch die Saat *vor* der Reife schon erstickt. Die allgemeine römische Kirche macht im Byzantinischen nicht nur keine Fortschritte; sie verliert offenbar Terrain, was man dagegen immer sagen, schreiben und berichten möge. In Jerusalem, in Tiflis, in Kolchis, am Bosporus, in Athen, im Balkan, am Dnieper, an der Weichsel, überall sind wir geschlagen und zurückgedrängt; aber der Ruin hat erst begonnen. Immer hatte ich das Unglück, in Sachen des östlichen Europa's eigene und zu Zeiten etwas abweichende, aber deßwegen nicht allezeit irrige Meinungen aufzustellen, und würde auch dieses Mal die Thesis gerne weiter verfolgen, wenn es ohne Gram und Kränkung andächtiger Deutschen geschehen könnte.

So lange Ostrom dem Wesen nach *griechisch* war, begegneten sich der Katholik von Byzanz und der Katholik von Rom, wenn auch etwas frostig, doch immer noch als Brüder und ὁμόπιστοι.[52] Das Band ward erst zerrissen und der Bruch unheilbar gemacht, nach der Ueberschwemmung Romanies durch die Slaven. Erst mit diesem uns überall entgegenstehenden Volke kam ein Element unausgleichbaren Widerspruchs in den Schooß der anatolischen Christenheit. Um das Gedeihen lateinischer Sache ja desto sicherer zu hindern, ist das kleine Häuflein der Katholiken am Bosporus, zum größten Aergerniß der Ungläubigen, auch noch unter sich selbst im Krieg. Die auf der linken Seite des goldenen Horns wohnenden Handels- und Gewerbsleute aus den österreichischen Staaten, aus Italien, Frankreich und Spanien wollten ein steingebautes Versorgungshaus für verunglückte und erwerbsunfähige Familien ihrer Genossenschaft errichten. Sultan Mahmud gab das Terrain, das Wasser und 1000 fl. Conventionsmünze als milde Beisteuer. Die Genossen selbst leisteten *pro rata* monatliche Beiträge, eine Wohlthätigkeitsjunta, Monsignore Hillereau an der Spitze, übernahm die Leitung; Pater Nicola wanderte in das Abendland und erpredigte Summen von Belang; das Gebäude war vollendet und sollte während meines Aufenthalts in Stambul (1841) seinem Zwecke geöffnet werden. Schon rauchte es aus den Schornsteinen und Bedrängte hatten ein Asyl, als über die Frage, wer das Institut dirigiren und welcher christliche Gesandte es beschützen soll, Streit entstand. Der Generalvicar des Orients meint, der katholischen Kirche, d.i. ihm selbst stehe allein die oberste Leitung zu und Protektor könne Niemand als der Gesandte des Allerchristlichsten Königs seyn. Dagegen erhob sich zahlreicher Widerspruch: „man wolle die Früchte eines durch gemeinschaftliche Anstrengung erzielten Gutes den Franzosen allein zum Genuß vindiciren; das Institut sey christliches Gemeingut und jeder Gesandte lateinischen Bekenntnisses müsse Coprotektor seyn, die Verwaltung aber in den Händen des von sämmtlichen Beisteuernden zu ernennenden Ausschusses bleiben, damit die Wohlthaten gleichmäßig vertheilt und parteiische Begünstigungen verhindert würden." Das katholische Pera ging in zwei Parteien auseinander. Beide hielten Sitzungen in getrennten Lokalen, die Gesandten thaten Sprüche und berichteten nach Europa; man gab Erklärungen, es fielen Reden, es erschienen Artikel, es kam selbst zu Auftritten und die „Liberalen", ihrem Führer folgend, waren schon mit Knitteln bewaffnet, um gegen Monsignore Hillereau und seine Anhänger Gewalt zu brauchen. Monsignore excommunicirte seine Gegner, die Griechen spöttelten und selbst die phlegmatischen Türken verzogen höhnisch die Gesichter: „Seht nun einmal diese dummen Giaur, wie sie sich über nichts vertragen können!" „Wann hat aber auch ein Giaur je einen vernünftigen Gedanken gehabt?" Keine Partei wich, die monatlichen Beiträge hörten auf, die armen Refugiés verloren ihr Asyl und ein türkisches Piket von 10 Mann besetzte das Gebäude, damit sich die katholischen Christen nicht auf der Schwelle ihres eigenen Wohlthätigkeitstempels selbst unter einander erwürgten.

Um den Eindruck dieser ärgerlichen Scenen zu verwischen, ging ich Sonntags (12. December 1841) in die Kirche und hörte Messe und Homilie des frommen Vaters *Va-con-Dio,* apostolischen Missionärs von Thessalonika. Vater *Va-con-Dio* ist ein katholischer Grieche aus Santorin, hat in Rom gelernt, zu Rodosto und zu Prusa für Mehrung des katholischen Glaubens bedeutend gewirkt und namentlich durch salbungsreiches Vorbeten des Vaterunsers in der Umgegend benannter Stadt ein griechisches Mägdlein bekehrt, ja den Türken selbst Respect eingeflößt, was er mir Alles zur Ehre Gottes und seiner Kirche in Demuth selbst erzählte. Vater *Va-con-Dio* predigte italienisch, warm und zum Herzen dringend; auch verstanden wir den Sinn seiner geistlichen Ermahnungen fast durchweg und fanden nur den Satz: *Noi abbiamo obligo di crocifissare Gesù Christo sotto il titulo di San Giovanni* etwas dunkel. Wir besprachen noch im Consulate alle zusammen in gemeinschaftlicher Abendberathung den Vortrag, konnten jedoch über den Sinn besagter Phrase nicht in's Klare kommen. Beredt an Pater *Va-con-Dio* ist eigentlich nur sein Beispiel, seine Milde, seine Menschenliebe, sein Wohlthätigkeitssinn, seine Geduld und sein untadelhafter Wandel. Sünder zur Reue mag er durch sein Exempel bewegen, aber griechische Mägdlein wird er in Thessalonika keine in den Schooß der lateinischen Kirche führen. Indessen nimmt sich *Don Leonardo* mit vorzüglichem Eifer der Kinderschule an und entwickelt überhaupt einen weit höhern Grad apostolischer Thätigkeit als seine geistlichen Amtsbrüder in der armenisch-katholischen Gemeinde von Stambul. Diese Gemeinde zählt weniger als 8000 Seelen und ernährt zur Wahrung des Heiles außer dem Patriarchen-Erzbischof noch 80 geistliche Seelenhirten, von denen aber keiner je eine Predigt hält oder eine Schule besucht. Auf Befragen gottesfürchtiger

Männer, warum in diesen wichtigen Dingen so wenig geschehe, machte der Erzbischof in der Synode eine so pathetische Beschreibung der Amtsmühseligkeiten seiner Collaboranten, daß es wirklich schien, es bleibe den armen Geplagten für Predigt und Schule keine Zeit mehr übrig.

Näher besehen aber gehen diese armenischen *Vertabet* (Doktoren der Theologie) in ihrer hohen, breiten, viereckigen schwarzen Kopfbedeckung den ganzen Tag von einem Hause ins andere, machen Besuche, erzählen und hören Familienneuigkeiten, intriguiren, essen Süßes, trinken Kaffe und sorgen so für geistliches Wohl der anvertrauten Herde. Daß aber diese Besuche in der Regel nur auf die Häuser der Reichen fallen, hat ohne Zweifel auch seinen Grund, da die Seelen der Reichen allenthalben größere Gefahren zu bestehen haben als die der Armen, und folglich die geistliche Ernte bei den erstern weit ergiebiger als bei den letztern ist. Ueberhaupt kann man nichts Kläglicheres und Erfolgloseres denken als diese apostolischen Missionen im griechischen Orient, wenn sich hier um mehr als Erhaltung des Besitzes, wenn sich um Eroberung und Fortschritt handeln soll.

Oft habe ich mich selbst gefragt, ob man in Rom noch immer an die Möglichkeit einer Verständigung zwischen der morgen- und der abendländischen Kirche, d.i. an die Unterwerfung der erstern unter die Herrschaft der letztern ernstlich glaube? Die Frage ist keine müßige, sie gewinnt täglich an Bedeutung und an Dringlichkeit. Müßte sich ein beschränktes Individuum nicht scheuen der erprobten Klugheit, Menschenkenntniß und Standhaftigkeit unserer obersten Kirchenbehörden seine Privatmeinung entgegenzustellen, so möchte ich den Vätern der Propaganda nur auf diesem einzigen Felde zurufen: „Lasciate ogni speranza!" Es versteht sich wohl von selbst, daß man diese Bemerkung nicht in feindseligem Sinne macht, sondern daß man nur über den Stand einer Sache berichten will, gegen welche in Europa Niemand gleichgültig seyn kann.

Uebrigens ist Thessalonika im Grunde ebensowenig als Konstantinopel selbst eine *griechische* Stadt, weil die griechisch redende Bevölkerung auch mit Einrechnung der gräko-slavischen Haushaltungen in beiden die Minderzahl bildet und gleichsam nur als Kolonie und Fremdenansiedlung zu betrachten ist. Der Volksmasse und dem allgemeinen Charakter nach wäre Thessalonika eigentlich eine Stadt Israels und sollte mit Recht *Samaria* heißen, weil von den im äußersten Falle die Zahl von etwa 70,000 Seelen nicht überschreitenden Insassen 30- bis 36,000 Juden (in 6200 und einigen Familien) sind.

Der Verkehr im Allgemeinen, die Börse, der Cours, die Sensarie (Wechselsensale), der Detailhandel und besonders die Domestikenstellen zu Platz und Haus in der ganzen Stadt sind in jüdischen Händen. Auch ein großer Theil der Hafengondoliere und fast alle Lastträger sind Juden. Es gibt zwar ein eigenes Judenviertel, aber die Abrahamiten durchbrechen überall die Schranken. Die

ehemals viel gerühmte hohe Schule der Rabbiner mit 200 Lehrern, wie man in Büchern liest, hat schon lange aufgehört und kein Thessalonika-Jude wollte je von einer solchen Anstalt etwas vernommen haben. Sie fabriciren auch keine Teppiche mehr wie zu Chalfa's Zeiten im siebenzehnten Jahrhundert. Hochzeit halten und Nachwuchs schaffen, möchte man sagen, ist ihr einziges Geschäft. Kein Mensch in diesem Volke, sey er reich oder arm, darf ledig bleiben. Kaum ist der Junge in die Jahre der Mannbarkeit getreten, wird er vor die Gemeinde citirt und bedeutet ein Weib zu nehmen; die Sorge für den Unterhalt des neuen Familienstandes bleibt seiner eigenen Betriebsamkeit anheimgestellt. Stirbt die Frau und ist der Wittwer noch nicht über die Schwelle des Alters getreten, so muß er von Obrikeitswegen in möglichst kurzer Frist zu einer neuen Verbindung schreiten. Nur Kindheit, Tod oder Altersschwäche befreien von der Last. Wie es aber auch in Saloniki von Judenkindern wimmelt mit schwarzen Augen und ausdruckvollen morgenländischen Gesichtern! Aermere Familien ernähren die Knaben nur bis zur Vollendung des zehnten Lebensjahres, von welchem an sie selbst für ihre Nahrung sorgen müssen. So viel man zu Turnovo in Thessalien und anderswo bemerken konnte, gilt diese Praxis auch bei den untern Klassen der christlichen Bevölkerung wenigstens in den Städten und stadtähnlichen Flecken allgemein. Das schärft nun freilich die Sinne, es führt aber auch zu Unordnungen und Leichtfertigkeiten, die – selbst mit Inbegriff von Stambul – nirgend bedenklicher als in Saloniki sind. Denn was äußere Sittenpolizei betrifft, ist Trapezunt eine Trappistenklause und Stambul selbst beinahe ein Nonnenkloster im Vergleich mit Salonik! Dagegen ist das brüderliche Zusammenstehen der Israeliten gegen die Mitbewohner der Stadt in vielen Dingen musterhaft. Entläßt ein Christ oder Muhammedaner seinen jüdischen Domestiken ohne Grund, so mag er sich selbst bedienen; um keinen Preis findet er einen andern, bis er sich mit dem vorigen verglichen hat. Kann sich einer im Reden selbst vertheidigen und will er sorglos und wohlfeil lebend umfassende moralische Studien machen, so bleibe er ein Jahr in dieser Stadt, vorausgesetzt, daß er Erfahrung und Phlegma genug besitzt, sich nicht am Ende selbst der lauen Strömung hinzugeben.
Numerisch nicht viel schwächer als die Juden sind die Osmanli, deren nicht weniger, vermuthlich aber mehr als 25,000 die Stadt bewohnen und an Reichthum, Ansehen, Phlegma, Stolz und Macht natürlich den ersten Rang behaupten. Die Besitzer ausgedehnter, gewöhnlich an christliche Kolonen verpachteter Ländereien im Vardargrunde, unter andern die Abkömmlinge jener Bege und Feldherrn, die zur Zeit der ersten Eroberung unter Murad I. und Bayesid I. in das Land gekommen sind und große Lehen erhielten, haben sich sämmtlich als Bewohner prächtiger Seraï in Saloniki eingebürgert und hauptsächlich die luftigen, das flache Franken-, Juden- und Griechenviertel überragenden Stadttheile eingenommen. Vor den Metzeleien und Verfolgungen zur Zeit des

Aufstandes sollen 8 bis 10,000 Gräken in der Stadt gewesen seyn; heute findet man deren kaum 3000, und diese noch großentheils von fremden Gegenden der Türkei eingewandert. Den vierten Rang in der Bevölkerung nehmen die Franken und den letzten die Zigeuner ein.

Alle diese Nationalitäten haben ihre eigenthümliche Sprache, deren man um seine Geschäfte in Saloniki mit Vortheil zu betreiben, wenigstens fünf: das corrupte Judenspanisch, italienisch, bulgarisch, griechisch und türkisch verstehen soll. Mit Ausnahme der Türken gibt es auch selten einen gewerbsamen Saloniker, der vom Bulgarischen nicht wenigstens die nothwenigste Markt- und Handelsterminologie verstände, da das Landvolk der im Südwesten der Stadt sich bis an den Olympus hinziehenden Fruchtebene, die die Hauptstadt mit Lebensmitteln versorgt, vorzugsweise slavisch ist. Türkisch redet ohnehin jedermann.

Man könnte fragen, wie es um die Bevölkerung von Thessalonika stünde, im Falle sich durch fremden Arm die Revolution auch hier befestiget hätte und in Folge der Schlacht von Navarino Macedonien an Griechenland gekommen wäre? Juden und Türken, über 60,000 Menschen, wären mit *einem* Zuge aus dem Mauerumfang verschwunden und hätten eine unter den gegenwärtigen Verhältnissen unausfüllbare Lücke gelassen. In Romanien wäre ja Niemand, um eine so große Erbschaft zu übernehmen. Hat man denn nicht *Chalcis,* die große Festung und ihre Wälle ohne Kanonen, ihre Courtinen ohne Vertheidiger, ihre Arsenale ohne Waffen, ihre Magazine ohne Vorräthe, ihre Thore ohne Angel und ihre Häuser ohne Menschen gesehen? Ob es mit Akrokorinth, Vonitza, Zitun, Monembasia und Modon besser stehe? Der Bankerott der Sache, nicht der Menschen, ist in Hellas überall und zwar in Permanenz.

Wenn ich nur auch so glücklich wäre wie Andere! und könnte ich, wenn auch nicht die phantastischen Luftgebilde politischer Visionäre, doch wenigstens die Möglichkeit selbstständiger Kraftentwicklung auf romanischem Boden entdecken! Wie oft saß ich in sonnigen Decembertagen einsam bei der magern Baumgruppe auf der halbcirkelförmigen, ausgebrannten, die obern Festungsmauern Saloniki's überragenden Hügelreihe und blickte über die Stadt in den blauen Golf hinab, auf den schneereichen Olympus, auf den waldigen Ossa und auf die dunkle Tempespalte hinüber, oder auf die alten Städtchen und Weiler der Dorogobuten, der Sagudaten und anderer Slavenstämme in der nächsten Umgebung der Stadt! Ich durchlief ihre Geschicke von Ottfried Müllers *Makednern* bis zu den „Solun" zu Wasser und zu Lande bestürmenden Darogobuten, Runchinen und Sagudaten der Byzantiner, ging aber jedesmal mit des Dichters Vers in die Stadt zurück:

Καὶ δὴ δοῦρα σέσηπε νεῶν καὶ σπάρτα λέλυνται[53]

Das Gefühl, ihre Sache sey aus sich selbst nicht mehr zu reproduciren, ist bei den byzantinischen Griechen allgemein verbreitet. Freilich sieht man dieses nicht im Vorbeigehen oder im Wechsel herkömmlicher Redensarten mit Leuten ohne alle Kenntniß der Vergangenheit. Jedoch reicht Erinnerung und historisches Wissen selbst bei den „Philosophen" des Landes nirgend über die letzten Zeiten des byzantinischen Reiches hinauf. Für uns aber ist es ein Gegenstand ernster Betrachtung, wenn sich heute die große Masse des macedonischen Bauernvolkes mit ihren Popen und Starosten gleichsam ohne Dolmetsch mit ihren Glaubensgenossen, den Moskowiten von Kijow, Dorogobusch und Nowgorod unterreden kann.

Wie das geschehen konnte und *wozu* es führe, ist eine Frage, der man bei uns noch immer ausweicht, die sich aber wie ein Gespenst überall unserm Blick entgegenstellt. Orthodoxes Slaventhum ist mit Blut und Leben der Süd-Donauländer so innig verwachsen, daß man sich ein Romanien ohne Slaven-Element gar nicht mehr denken kann. Ein „Weiser" in *Turnovo* zweifelt gar nicht, daß Alexanders Feldherrn slavisch geredet haben. Im Occident ist man allerdings – was diesen Punkt betrifft – besser unterrichtet und weiß, daß sich einst Alt-Macedonier und Hellenen ohne Vermittler eben so wenig unter einander verstanden als sich heute Tzakonen und Neugriechen verstehen können. Wie weit sich aber das Alt-Macedonische vom eigentlichen Hellenischen entfernt habe, vermochte bisher keine Gelehrsamkeit und Schärfe abendländischer Archäologen zu ermitteln. Daß es aber ein verwandter, wo nicht gar ein und derselbe mit dem in der Chalkidike, auf dem Athos-Chersonese und den benachbarten Strymonländern gesprochener Dialekt gewesen seyn müsse, hat auch Niemand bezweifelt. Nur hat uns – so viel ich weiß – die ganze klassische Erbschaft des Alterthums keinen vollständigen Satz dieser macedonischthrakischen Mundart aufbewahrt. Daß sie aber mit griechischen Lettern geschrieben wurde und auch nicht *radikal*, wie z.B. das Albanische, von der gemeinen Sprechweise des übrigen Griechenlandes verschieden war, ist ebenfalls angenommen. Wenn der „Stein" im Attischen $\varphi\acute{\epsilon}\lambda\lambda\alpha$, im Macedonischen aber $\pi\acute{\epsilon}\lambda\lambda\alpha$ hieß, so deutet dies auf nahe Beziehungen und engen Zusammenhang beider Sprachen. Ist aber das heute im Peloponnes hausende und von Niemand verstandene Völckchen der Tzakonier wirklich aus der Athos-Halbinsel dahin übersiedelt worden, wie es die Klosterurkunden oder vielmehr Ueberlieferungen des Hagion-Oros besagen, so hätten wir ein noch lebendiges Fragment der thrako-macedonischen Sprachen aufgefunden.

Wie in der Urheimath zur Zeit des peloponnesischen Krieges, sind diese Tzakonier auch jetzt noch ein Mischlingsvolk, welches zwei Sprachen redet, das gewöhnliche Griechisch und den Urdialekt, d.i. das Pelasgisch-Tyrrhenische mit thracischen (chalcidischen, krestonischen, bisaltischen, hedonischen) Elementen gemischt. Die Sache verdient wohl ernste Erwägung, und es wäre keine gering zu achtende Frucht einer Hagion-Oros-Fahrt, wenn in der verwickelten und vielseitig gedeuteten Tzakonensache einmal ein fester Ausgangspunkt gefunden wäre.

Wer es aber unter diesen Umständen noch für einen Gewinn hält, daß sich nach dem Untergang alles macedonischen Gepräges doch wenigstens das byzantinische Griechenthum am Küstenrande gegen slavisches Uebergewicht erhalten habe, mag es den Schutzgeistern der Festung Thessalonika danken. Ich betrachtete sie oft und lange diese prächtigen, weißen, hohen Mauern von *Solun*,[54] wie sie sich amphitheatralisch über die Hügelkämme und am Hochrande tiefer Erdeinschnitte mit byzantinischen Streitthürmen und Zinnen hinziehen, eine den Slaven des Mittelalters unbezwingbare Schutzwehr. Sechsmal erschienen sie innerhalb 130 Jahren (580–710 n. Chr.) mit Heeresmacht, öfter mit barbarischem Belagerungszeug zu Wasser und zu Lande vor der Stadt, wie es *Tafel* in seiner merkwürdigen Schrift aus unverwerflichen Quellen zum ersten Mal historisch nachgewiesen hat. Mit besonderem Interesse verweilte ich aber bei der jetzigen Derwisch-Einsiedelei, ehemals Kirche und Kastell der heiligen Blutzeugin *Matrona* außerhalb der nordwestlichen Ausbeugung der Festungsmauer, wo die Slaven im ersten und zweiten Kriege den Sturm anlegten und duch ein Legendenmirakel des Stadt-Heroen Demetrius bei einem nächtlichen Ueberfalle verblendet wurden.[55] Der hartnäckige und am Ende siegreiche Widerstand der Seehauptstadt Illyricums gegen das slavische Element ist eine eben so merkwürdige als in den Folgen wichtige Begebenheit. Von *Solun* drang ja die christliche Lehre mit Alphabet und milderer Sitte hauptsächlich in die slavischen Landschaften des Innern der großen Halbinsel bis an die Save und an den Ister vor. Wären aber zur Zeit des Slavenheldenthums auch Thessalonika und Konstantinopel gefallen, hätte die byzantinische Kultur wahrscheinlich schon damals einen ganz verschiedenen Entwicklungsgang gefunden und müßte nicht erst in unsern Tagen zu gemeinsamer Unruhe des Occidents nach ihrer Vollendung ringen. Die Nationen haben ihr Horoscop und die Weltereignisse ihr nothwendiges Gesetz. Beide Begriffe auf das byzantinische Reich, auf seine Vergangenheit und seine Zukunft angewendet, sollen allen politischen Urtheilen und Handlungen in Beziehung auf jene Länder zu Grunde liegen, wenn man nicht aus einem Irrthum in den andern fallen und die erste Thorheit durch eine zweite noch größere verbessern will. Man ist dieser hellenischen Mummereien als eines unfruchtbaren und nutzlosen Kinderspieles in Europa herzlich satt. Wir möchten einmal im Gegensatze mit den landesüblichen Schul- und Phantasiegemälden nach der Natur gezeichnete Bilder der jetzo in Romanien lebenden Menschen sehen; möchten das Maaß ihres Geistes, die Syntax ihrer gemeinen Rede, den Grad ihres Selbstvertrauens, ihre Vergangenheit, ihre Hoffnungen und ihre Sehnsucht kennen, um mit Hülfe dieser Prämissen künftige Möglichkeiten auszurechnen. Nicht was werden *soll*, sondern was werden *kann* und folglich *wird* und *muß*, ist uns nützlich zu erfahren. Unsere Zeit ist nun einmal voll politischer Kümmernisse und die Wissenschaft selbst nur um diesen Preis geehrt.

Smyrna ist auch eine große Stadt, in welcher Tugend und Sittenstrenge eben nicht die vornehmste Rolle spielen; aber der Gedanke was etwa in der nächsten Zukunft das Loos von Smyrna seyn werde, fällt einem dort gar nicht ein, während man sich in Thessalonika dieses Gedankens nie erwehren kann und selbst bei der eingebornen Bevölkerung ein dunkles Vorgefühl, eine vorüberstreifende Gemüthsunruhe bemerkt, als stünde ihre Stadt auf wankendem Boden und hätte die gegenwärtige Ordnung der Dinge keine lange Dauer zu erwarten. Aber was wird geschehen? Macht es die Lage des Emporiums auf dem Durchschnittspunkt des großen Heerweges *(via Egnatia)* von Rom über Dyrrhachium nach Konstantinopolis, und von Nowgorod über Belgrad nach Alexandria und Indien, daß es die Ereignisse früher und empfindlicher berühren als andere Orte desselben Himmelstrichs? Wenn schon zur Zeit des Apostels unter der christlichen Gemeinde von Thessalonika dieselben Besorgnisse herrschten und gleichsam das Tagesgespräch bildeten, so möchte man das politische Unruhegefühl dieser Stadt beinahe für endemisch halten. Das Uebel, d. i. die Furcht vor dem Antichrist und dem Sturz des Cäsarenthrones erreichte damals eine solche Höhe, daß St. Paulus mit einem Trostschreiben helfen mußte. Den Antichrist erwarten sie zwar heute nicht, aber an die Kraft Abdul-Medschids glauben in Saloniki selbst die Osmanli nicht mehr und im Griechenviertel rechnen sie den Zeitpunkt aus, *wann* St. Konstantin mit Kanonen und Grenadieren über die Donau geht. Wenn ihnen aber St. Paulus schrieb, sie sollten „allzeit lustig seyn und beständig beten, sich aber der Lüderlichkeit und des Betrügens in Handel und Wandel" enthalten,[56] so befolgen sie von diesen Moralien heute noch die erste vollkommen, die zweite zum Theil, die dritte und vierte aber – wenn es nicht zu hart geurtheilt ist – gar nicht mehr. Von salonikischer Ueppigkeit zu reden erlaubt die gute Sitte nicht, obgleich *diese* Seite des Lebens allen Katecheten und Fastenpredigern zum Trotz für den Beobachter fremder Tugendscala wenigstens hier noch immer die ergiebigste Ernte liefert. Weit schlimmer ist der absolute Mangel des Rechtsbegriffes, der zwar im ganzen byzantinischen Reiche nirgend in vorzüglichen Ehren steht, unter den Christen von Thessalonika aber, wie es scheint, nicht einmal als Antiquität zu finden ist. Wie ein Richter in Prozeßsachen das Urtheil nicht nach Parteirücksichten und eigenem Profit, sondern nach Sachlage und strenger Gerechtigkeit fällen, dabei noch in allen Handlungen Gewissenhaftigkeit und praktische Redlichkeit empfehlen könne, will hier Niemanden einleuchten.

Es hat das größte Aufsehen erregt und allgemein als unerhörte, der menschlichen Natur widersprechende und folglich utopische Neuerung gegolten, als Hr. v. Mihanowitsch seinem Tribunal diese Haltung gab und auf dem k. k. Consulate mit stoischer Unbeugsamkeit das Vexill der Gerechtigkeit wehen ließ. „So war es in Saloniki nie;" so ist es in Saloniki nicht der Brauch! „Es ist ja ganz gegen das alte Gewohnheitsrecht unseres Platzes, und unmöglich können wir uns an ein Verfahren dieser Art gewöhnen." „Seht nur einmal den Richter, der keine Geschenke nimmt und dem „Vermöglichen und Stärkern" gegen unangesehene Leute nicht allzeit und unbedingt Recht zuerkennt!" Man begreift auch gar nicht wie es solche Leute nur geben könne. Hr. v. Mihanowitsch und sein Kanzler, Hr. Dubrowitsch aus Ragusa, werden von den Eingebornen als Menschen höherer Art allgemein angestaunt und bewundert, von Niemanden aber nachgeahmt. Daß es um die Tugend, um strenges Recht, um uneigennützigen Sinn etwas Schönes sey, gestehen die Salonikier gerne zu, halten es aber zugleich für mährchenhaft und für unmöglich solche Praktiken auf *ihrem* Platze durchzuführen. Das Recht üben, nicht bestechlich seyn und den Beamten das Stehlen zu verbieten, gilt hier beinahe für engherzigen Pedantismus des Occidents und für lateinische Ketzerei, vor der sich ein Orthodoxer sorgfältig zu verwahren sucht. *Russische* Justizpflege und *russischer* Verwaltungsstyl als congenial und allein dem „alten Brauche Romaniens" angemessen, wird dagegen von Jedermann, besonders von den Vermöglichen gepriesen.

Wir mit unserm sittlichen Gefühle, mit unseren communistischen Mitleidstheorien und in Sonderheit mit unserer ärarialischen Gerechtigkeit sind den Byzantinern allenthalben ein Anstoß und ein Aergerniß. Ueberhaupt scheint gleiche Berechtigung Armer und Reicher im Staatshaushalt und vor dem Gesetz den byzantinischen Christen eben so unzulässig und monströs, als den Muhammedanern die Gleichstellung der Giaur mit den „Gläubigen" durch den kaiserlichen Erlaß von Gülhane als unausführbare und verdammliche Neuerung galt.

Beide Versuche werden in dieser Weltgegend ewig unausführbar seyn und die Existenz jeder Regierung untergraben, die sich solchen Träumen überläßt. Sultan Mahmud hat sich getäuscht, wenn er den Islam für versöhnlich hielt; die Deutschen aber haben ebenso falsch gerechnet, wenn sie die aristokratische Pleonexie von Byzanz durch Rescripte und politische Katechesen zu übermannen hofften. Wohl stärkere Kräfte als man neuerlich in den Kampf gebracht, sind dieser diamantenen Hyder erlegen. Romanisches Terrain könnte nur eine Sündfluth für *unsern* Sittencodex empfänglich machen. Unkundige Schwärmer und Metaphysiker glauben freilich nicht was ich sage. Denn gleichwie der Deutsche, nach der witzigen Bemerkung eines Pariser Correspondenten, ein Kamel nicht nach der Natur, sondern aus der Tiefe seines sittlichen Gefühles construirt, so schuf er auch in seiner Phantasie für Ost-Rom politisch-moralische Zustände, die mit der Wirklichkeit im grellsten und oft lächerlichsten Widerspruche stehen und bei den fremden Nationen allerlei Bedenken gegen deutsche Weltanschauung und praktisches Geschick des großen Philosophenvolks erregen. Abendländisches Regiment und Wesen – das ist ein Axiom – kann sich im Byzantinischen nur mit Hülfe der bewaffneten

Macht, der Polizei und des unablässigen Zwanges behaupten, wie die Gewalt der Türken. Fruchtbare Herrschaft dagegen, innere Ruhe und nationales Gedeihen ist in diesen Ländern nur durch die sinn- und glaubensverwandten Russen möglich. Hier wird nicht capitulirt, nicht der Streit durch halbe Concessionen ausgeglichen wie bei uns, wo die Gemüther weich, die Sitten schmiegsam und die Charaktere flüssig sind.

In Byzanz sind die Formen starr, und geometrisch congruente Dreiecke die einzige Möglichkeit. Ich weiß es, wie ungerne man solche Reden hört. Nie kann sich unser Volk mit Slavenglorie und Slavenübergewicht versöhnen; aber wenn die Gewalt der Dinge das Gemüth ergreift, wenn Wahrheit und That lauter reden als edle Leidenschaft und selbst Nationalgefühl, kann das ein Gegenstand der Beschuldigung seyn? Politische Bedeutung und Kraft des uns anwidernden Slaven-Elements erkennen und in seiner Wirksamkeit nachweisen, ist nicht Verrath an der eigenen Sache; es ist Intelligenz, es ist die natürliche Frucht der Erfahrung, es ist ein Dienst, den man nicht etwa Diplomaten und Regierungsagenten, die unsere Weisheit nicht nöthig haben, sondern allen in ihren Meinungen unabhängigen und nach deutlicher Erkenntniß ringenden Menschen geleistet hat. Man gebe wohl Acht, es wird nicht gesagt, daß Ueberwältigung des byzantinischen Imperiums durch die russischen Slaven ein für Deutschland nützliches und wünschenswerthes Ereigniß sey und *gefördert* werden müsse. Im Gegentheile, es wäre viel heilsamer und deutscher Antipathie angemessener, wenn man es verhindern, wenn man die Scythen hinter ihrem Riphäischen Gebirge festbannen und auf dem ganzen Continent der Gräko-Slaven die *lateinische* Bildung einpflanzen und zur Blüthe bringen könnte. Wenn aber das großartige Unternehmen in *der* Art wie es der Occident durchzuführen unternahm, auch bei innerer Möglichkeit des Gelingens dennoch scheitern mußte, was wird erst geschehen, wenn die Natur der Dinge selbst wider uns im Bunde steht? Lasse man es sich nicht verdrießen, unsere Rivalen haben im Byzantinischen überall den Vorzug und wir Deutschen sind dort noch etwas weit schlimmeres als blos verhaßt, wir sind – versteht sich mit Unrecht – geringe geachtet und ausgelacht.

Die Ereignisse sind in der Zwischenzeit weit genug vorgerückt um diesem bis jetzt unerträglichen Bekenntnisse selbst mitten in Deutschland wenn auch nicht Lob doch Duldung zu erzwingen – freilich kein sonderlich geeignetes Mittel sich bei den Leuten zu empfehlen und beliebt zu machen! Ob aber vielleicht nur *Macedonien* mit seinem Hagion-Oros, seiner Chalkdike und seinem *Dorogobuten* dem Fremdling so düstere Bilder vormale, und ob vielleicht unsere Sache in *Thessalien* und bei den eigentlichen Hellenen zu *Mali-Sina* und *Kolo-Petinitza* jenseits der Thermopylen besser stehe, und ob wir daselbst mehr Kredit genießen und glänzendere Fortschritte machen, soll der freundliche Leser aus dem nächsten Fragment erfahren.

XII.

Reise von Thessalonika nach Larissa. Zweimonatlicher Aufenthalt in Thessalien.

Der Leser fühlt so gut wie ich selbst, daß der romantische Theil der Reise eigentlich in Saloniki geschlossen ist. Wir nähern uns der Sorge und dem Kampf. Europäische Lüfte wehen aus *Hellas* über den Olymp herüber und die melancholisch süßen Klänge, welche die Kolchisscenen und der Hagion-Oros in der Seele zurückgelassen, vertönen allmählig auf den einförmigen baumlosen Ebenen Thessaliens und verstummen völlig wie sie der Dunstkreis europäischer Leidenschaft in Zitun berührt. Hellas war nur schön so lange man es nicht kannte, und selbst das gepriesene Tempe sinkt im Preis, wenn man früher den unsterblichen Schmuck immergrüner Paradiese gesehen hat. Kann denn für die Sterblichen allzeit nur das Entlegene, das Unbekannte, das geheimnißvoll Verborgene seinen Reiz bewahren, und verwischen europäische Analysen überall die Seligkeit?

Ich gebe kein Diarium, kümmere mich auch nicht viel um Längenmaß und Zahl zu mechanischer Verbesserung der Erdbeschreibung. Andere haben es vor mir und mit größerem Geschick gethan als ich es je vermöchte. Nicht um die Natur hochmüthig zu beherrschen und zu überwältigen, bin ich aus der Heimath fortgezogen; ein unwiderstehlicher Hang nach dem Sonnenland trieb mich hin; ich überließ mich duldend seiner Macht, ob ihr vielleicht ein erklärendes Wort über unsere Zukunft, ein Wahrzeichen künftiger Geschicke zu entlocken sey. Denn hier ist der Faden der Ariadne zum Labyrinth abendländischer Verwirrung und Politik. Unglückseliger Gedanke! Beklagenswerthes Loos die Menschen in einer großen Sache *gegen* ihr eigenes Interesse, gegen die natürliche Strömung der Selbstliebe, der Eitelkeit, der Schwärmerei und der geistigen Verblendung des Irrthums zu überführen! Ich hatte öffentlich und vor ganz Europa die Macht des germanischen Genius über Griechenland geläugnet und den Lebensquell für das wieder erstandene Hellas anderswo als im Occident erkannt.

Mußte ich nicht mit Besorgniß auf die thessalischen Berge hinüberblicken, hinter denen – weniger als 60 Wegstunden von Saloniki entfernt – die Marken des neuen Staates laufen? Vielleicht harren meiner daselbst Demüthigungen und Beschämungen mancher Art, und zeigen mir die Deutschen im Triumph die Schöpfungen ihrer Verwaltungskunst; nicht etwa bloß ihre Landstraßen, ihre Tribunale, ihre hellblauen wohlgeschulten Bataillone, ihr Schreibercorps, ihre Tabellen, Registraturen und haushohen Aktenstöße, sondern den Volksgeist, den sie angefacht, das Gähren und Rauschen jugendlicher Lebenskraft, das ihr Genie hervorgerufen, das Ineinanderfließen und Zusammenwachsen zweier Nationalitäten zu einem neuen Volke voll Kraft, Munterkeit und Disciplin, wie man es nach solchen Opfern an Weisheit und Gold bei den erfindungsreichen Deutschen allgemein erwarten wollte!

Nur mittelmäßig beunruhigt durch Gedanken dieser Art verließen wir am 21. December (1841) um Sonnenuntergang den Ankerplatz von Saloniki. Zufällig hatte ich im deutschen Consulat die Bekanntschaft eines Herrn *** gemacht, der eines Processes wegen von Turnovo in Thessalien nach Saloniki gekommen war. Der Mann ward als Knabe zu einem reichen Oheim nach Temesvar gebracht, von wo er nach mehr als dreißigjährigem Aufenthalt, und nachdem er durch Unfälle (1837) ein bedeutendes Vermögen verloren hatte, als Wittwer mit zwei Töchtern wieder auf das Erbtheil seiner Familie in Turnovo zurückgegangen war. Neben dem Griechischen und dem Illyrischen war Herr *** des Deutschen vollkommen mächtig, und nicht ohne große Freude nahm ich den Vorschlag an mit ihm nach Turnovo zu ziehen und einen Theil des beginnenden Winters daselbst in seinem Hause zu verleben. Die Stadt sey nur drei Stunden von *Larissa*, der Residenz des Wessirs Namik-Pascha entfernt, an den ich durch das kaiserliche Consulat bestens empfohlen war. Um Studien über Thessalien zu machen, sey kein Ort im Lande mehr geeignet als Turnovo, da es als Sitz weiland zahlreicher Türkisch-Garnfabriken jetzt noch eine starke zum Theil wohlhabende Christenbevölkerung und nur etwa vierzig mohammedanische Familien habe. Um der Mühseligkeit und Langweile des achtzehnstündigen Landweges über die angelaufenen Ströme und sumpfigen Niederungen des Golfes zu entrinnen, hatten wir den Abgang eines Segelschiffes erwartet, das eine Ladung Holz von *Claritza* herübergebracht und Waaren und Reisende als Rückfracht eingenommen hatte. Claritza (wird auch Karitza geschrieben und gesprochen) ist ein christlicher Küstenort am Fuß des wald- und quellenreichen Ossa, Saloniki gerade gegenüber und nur zwei

Stunden seitwärts von der Tempeschlucht, durch welche der Weg aus Macedonien nach Thessalien führt.

Zu größerer Bequemlichkeit nahmen wir die Kajüte für uns allein und Herr *** hatte, ohne zu sagen wer sein Begleiter sey, für je 20 Grusch Fahrgeld ausgehandelt. Wie aber kurz vor dem Aufbruch der Kapitän am Bord erschien und aus Anzug und Accent erkannte daß ein Franke in der Gesellschaft sey, erhob er allerlei Bedenklichkeiten über den eingegangenen Kontrakt: man habe ihn hintergangen; man hätte ihm vorher sagen sollen, wer die Kajüte miethe; die Zeiten seyen ohnehin nur gar zu schlecht, der Mühe viel, des Gewinnes wenig und folglich müsse er je zehn Grusch weiter auf die ausbedungene Summe legen. Wir machten wohl einige Gegenbemerkungen; aber alles ohne Rohheit, ohne Geschrei und mit der größten Höflichkeit. „Ἡ ἐφενδειά σας, Eure Herrlichkeit behandelt uns gar zu hart; in solcher Weise ist noch kein Schiffspatron mit mir verfahren," sagte Herr*** zum Kapitän, der aber aller Erwiederungen ungeachtet auf seiner Forderung blieb, die ich im Grunde doch nicht übertrieben fand und gerne für mich allein übernahm. Zu Klaritza ist es eben wie in Trapezunt, „der Franke muß vermeintlicher Schätze halber überall mehr bezahlen als der Eingeborne."

Der Kapitän mit seinem Handel zufrieden aß und trank mit uns, während ein leiser Zephyr das Schiff über die ruhige Fläche trieb. Die Morgenröthe fand uns auf der Höhe von Platamona dicht am Fuße des schneebedeckten Olympus, dessen Ausläufer sich hier dem Strande nähern und die natürliche Gränze Macedoniens gegen Thessalien bilden. Hinter uns war das Schlachtfeld von Pydna, vor uns der lieblich runde, noch immer schneelose, bis auf den Gipfel waldbekleidete Ossa im Glanz der aufgehenden Sonne; rechts der hohe Olymp, das halbverfallene Kastell auf dem isolirten Platamonakegel, der Tempespalt, und zwischen Bäumen und Gebüsch einer fetterdigen Deltaniederung, die gelblich schlammige Fluth des *Peneios*, an dessen Mündung das Schiff erst gegen Mittag unter mattem Hauch vorüberzog. Welche Erinnerungen in welch engen Raum zusammengedrängt! Um zwei Uhr Nachmittag waren wir am Ziel, hatten aber schon in weiter Ferne vom Meere aus gesehen, wie sich oberhalb des Dorfes auf der Halde mitten im Wald des Ossa die Rauchsäule eines romantisch gelegenen Mönchsklosters in die Lüfte schwang. Das gewerbliche Karitza hat weder Hafen noch Landungsplatz. Die Schiffer trugen uns über die seichte Uferstelle auf ihren Schultern an den buschreichen Strand und mehr als zwei Stunden angestrengter Arbeit bedurfte es, um mit Beistand sämmtlicher Genossenschaft und roher Maschinen das schwere hochkielige Fahrzeug aufs Trockene herauszubringen, da sich die Schiffahrt mit diesem Tage bis zum Frühling schloß.

Ein kleines Geschenk an die albanesische Zollstätte befreite von aller Untersuchungslast und die freundlichen Schkypetaren, die sämmtlich griechisch

verstanden, fanden den türkischen Reiseschein vollkommen in Ordnung, obwohl sie ihn verkehrt in die Hände nahmen und thaten als wenn sie ihn lesen könnten. Sogar für möglichst gutes Unterkommen – es ward ja Abend – sorgte der Vorstand der Zöllner in einem leeren Hause. Trocken Holz in Fülle, Nachtlampe und etwas Küchengeschirr ward herbeigebracht und ein epirotischer Junge, der in Geschäften nach Larissa ging, rüstete nicht ohne Geschick das gemeinsame Abendessen. Ein frischer Indian aus Saloniki, eine gebratene Schöpsenkeule, Reis, Wein und Früchte in Fülle gaben ein fröhliches Mahl am Fuße des einst von den Riesen aufgethürmten buschreichen Ossakegels. Das Glück begünstigte uns diesmal mit Allem. Wir bedurften dreier Pferde und fanden sie um den geringen Preis von je zwölf Grusch (drei Franken) für den eilfstündigen Weg von Karitza nach Turnovo, aus dessen Umgegend die Eigenthümer der Thiere gebürtig waren. Hätte mich irgend eine magische Gewalt mit Aelians Beschreibung des Tempethales in der Hand unmittelbar von der Schulbank in die Hütten am buschigen *Ossa* versetzt, um bei anbrechendem Morgenroth durch das romantische Felsenthor in Thessalien einzudringen, hätten vielleicht unruhvollere Träume den Schlummer zu Karitza gestört. Wir schliefen ja am Thore der irdischen Glückseligkeit. Oder ist „Tempe" nicht im literarischen Occident Inbegriff und Sinnbild einer vollendet schönen Landschaft, eines irdische Paradieses, über das die Natur ihren ganzen Reichthum an Pflanzenfrische, Waldschatten, vollufrigem Wellenspiel, Blumenflor und immergrünem Schmuck in idyllenhaftem Frieden ausgegossen hat?
Schwärmereien dieser Art sind der Levante fremd. Man kennt wohl die Paßenge, den Schlund, „τὸ Boghasi," τὸ στενὸν, τὸ δερβένι, auf der Heerstraße von Platamona nach Larissa; aber ungewöhnlich schöne Naturscenen bemerken hier die stumpfen Gebieter des byzantinischen Reiches eben so wenig als ihre gebeugten Unterthanen. Was ist Tempe? Ist es ein breites oder schmales, oder hoch eingerandetes, am Ende geschlossenes Wald- und Wiesenthal mit vollem Strom in der Mitte wie Kaschmir? oder ist es eine wasserreiche Baumoase wie Damaskus? oder eine vor dem Blicke des Wanderers verborgene Waldöde voll Quellen, voll Stille, voll Lieblichkeit und hochwipfeliger Cypressen wie *Gargaphie?* Nichts von alle dem ist Tempe. Tempe ist ein Heerweg, ist ein tief eingeschnittenes Rinnsaal, ist ein langes, hohes, busch- und schattenreiches Felsenthor ohne Decke; die Wolken schauen hinein und die Sonne, wenn sie durch die Mittagslinie von Thessalien geht. Doch muß das Bild dem Leser noch immer dunkel bleiben, wenn nicht zugleich ein anschaulicher Begriff des großen innerhalb dieser hohen Pforte liegenden Ringbeckens das Verständniß der romantischen Scenerie erleichtert. Schon das Wort „Ringbecken" erklärt die Natur des Landes, der ebenen, fetterdigen, in der Runde von Bergen eingeschlossenen Gartenmulde, die der Europäer *Thessalien* nennt. Nur denke man sich diesen thessalischen Bergring nicht glatt

und senkrecht wie eine Wand. Es dacht sich nach Innen langsam ab, bildet Halden, streicht stellenweise in Form niedriger Hügel und steiler Vorsprünge regellos in die Ebenen hinaus; auch an Höhe und Massenhaftigkeit sind sich die einzelnen Bestandtheile des Ringes, Olympus, Pindus, Ossa, Pelion und Othrys nicht einander gleich; nur die Wasser rinnen rund von allen Seiten mit ihrer reichen Gabe an Schlamm in den Mittelpunkt herab. Ein riesenhaftes Amphitheater, ein Colosseum im größten Styl hat die Natur aufgebaut und inmitten der Arena steht *Larissa* die Metropole am tiefen wellenreichen *Peneios*.

Der Peneios selbst stürzt vom westlichen Rand herab und wälzt sich in weiten Bogenkrümmungen der größten Länge nach durch die Ebene, aus welcher links und rechts alle Flüssigkeit des Ringes in diese gemeinsame Pulsader zusammenströmt. Das Becken müßte sich mit Wasser füllen und Thessalien wäre heute noch wie in der Mythenzeit ein großer Binnen-See, hätte nicht ein geheimnißvoller Werkmeister vergessener Jahrhunderte den riesig tiefen Spalt im festgekitteten Bergring durchbrochen und der süßen Binnenfluth die Bahn geöffnet. Dieser riesig tiefe Spalt, diese Bahn der süßen Binnenfluth ist das „Tempethal", die Naturnothwendigkeit, der fluthende Bosporus Thessaliens. Nach dem Gesetze der natürlichen Oekonomie muß der Bruch im Punkte der tiefsten Senkung des Terrains und zugleich der dünnsten Scheidewand, des kürzesten Abstandes vom Meere seyn. Diese Bedingungen erfüllen sich im nordöstlichen Theile des Bergringes auf der niedrigen Verbindungslinie des angeblich über 9000 Fuß hohen am Kamm tafelförmig gezogenen Olympus und der sanften waldreichen Ossa-Pyramide, wo nach dem übereinstimmenden Maße der Alten die Dicke der Ringwand nur 5000 römische Passus, d. h. 22,769 Pariser Fuß beträgt, die wir in etwas weniger als zwei Stunden in gleichmäßigem Karavanenschritt durchritten sind. Wenn wir nun auch noch bemerken, daß die beiden Riesenpylonen an der äußern Tempepforte, Ossa und Olympus zwar den Strand erfüllen, aber nicht senkrecht ins Meer niederstürzen, sondern wie die Mündung eines Trichters sich links und rechts in lieblichen weitausgreifenden Curven auseinanderbeugen, so läßt der kluge Leser auch ohne unsere Erinnerung durch den schlammreichen Peneios außerhalb des Felsenthores und zwischen den beiden Curven ein Delta von üppig strotzendem Pflanzentriebe bilden.

Von Saloniki kommend, waren wir an der Hypotenuse dieses Deltas vorübergeschifft, und am Morgen nach der Karitza-Nacht zogen wir dem rundgeschweiften Fuß des Ossa folgend durch wucherisches Gestrüpp einer romantisch schönen Wildniß in zwei Glockenstunden zum Thor der Schlucht an der Deltaspitze hin. Das Delta ist ein dichter Busch- und Laubholzwald, von Bächen und Kanälen durchschnitten, und inmitten des Geschlinges und der riesenhaften Platanen-Decke überraschte uns der Peneios. Nichts verkündete die

Nähe der großen, breit, voll und ruhig strömenden Wassermasse. Wie der Nil, wie Cäsars Arar schleicht sie ohne Geräusch, ohne Fall und Ungestüm melancholisch durchs Gebüsch. Das unter Bäumen versteckte, von Griechen bewohnte *Laspochorion* (Schlammdorf) ist die einzige Ortschaft dieser beglückten Oede. Aber in umgekehrtem Verhältniß mit dem Reichthum des Bodens ist die Armuth der Laspochoriaten so groß, daß ihre Häuser nicht einmal aus Holz gezimmert, sondern in Gestalt langgezogener Bienenkörbe aus Weiden geflochten und von innen mit Schlamm verkittet sind. Nur der Pyrgos des türkischen Agha ragt aus Stein gebaut über die Rohrhütten seiner Knechte empor. Dagegen schauen hoch von der Rundhalde des Olympus die drei großen, ebenfalls griechisch redenden, wohl gebauten und freier athmenden Flecken *Crania, Pyrgetos* und *Rhapsana* in malerischer Lage auf den herbstlich bleichen Delta-Wald und das ärmliche Röhricht von Laspochorion herab.

Herrschender Baum an Menge, Pracht und ungeheurer Größe sowohl außerhalb der Schlucht als in ihrem Innern ist die morgenländische Platane. Sie zieht durch den ganzen Tempe-Spalt, füllt alle leeren Räume, engt die Strömung ein und steigt, nicht zufrieden mit trockenem Continent, in üppiger Fülle selbst aus dem vollen Wasserspiegel. Wetteifernd mit diesem schönen Baum drängen sich die Terebinthe, die Granate, der gelbe Jasmin, die Esche, die Steinlinde, Ilex die immergrüne Eiche, der Kermes, der wilde Oelbaum, Arbutus Andrachne mit der röthlich feinen Rinde, Arbutus Unedo, Agnus Castus, besonders Lorbeer in ungewöhnlicher Fülle, Höhe und Pracht, ein unverwelklich grüner Blätterschmuck in die Uferdekoration und bilden beiderseits ein dem Sonnenstrahl undurchdringliches, von Weinreben und lianenförmiger Clematis (Waldrebe) malerisch umschlungenes Schattendach, unter dem der breite volle Strom, an vielen Stellen durch die Ueppigkeit des Pflanzentriebes verdeckt, die sanfte Fluth vorüberwälzt.

Die Platanen hatten zwar (22. December) ihren Blätterschmuck abgelegt; aber das Uebermaß der immergrünen Bäume und Gesträuche, duftendes Gebüsch, Geniste, Cytisus und hoher Rosmarin (nur die Myrte sah ich nicht), bewahrten den Eindruck ewigen Frühlings in der Tempeschlucht. Fluß und Straße füllen häufig die ganze Sole zwischen dem Ossa und Olymp; und doch behauptet der ungebändigte Pflanzentrieb auch hier seine Macht. Der Weg ist breit und sicher, stellenweise aufgemauert oder gar lebendig ausgemeißelt und mit Marmor bekleidet aus dem nahen Bruch. Doch matt und eben wie die 20 bis 30 Fuß unterhalb streichende Wasserfläche verläuft er nicht; er steigt und fällt je nach den Vorsprüngen des Ossa-Fußes wild romantisch, und auf der höchsten dieser Felsenschwellungen, etwa fünfzehn Minuten innerhalb des Eingangs von Karitza her, blickten wir zurück und sahen durch das bogenlose Felsenthor das Segment am wolkenfreien Himmel und über die gedrängten Wipfel des Delta-Waldes, die blaue See im Golf von Saloniki. Mehr noch

vielleicht als Pflanzentrieb und Immergrün überrascht der Bach- und Quellen-
reichthum in der Schlucht. Aber nicht von der Höhe stürzt es herab, plät-
schernd über Wald und Felsenriff wie im kolchischen Melas-Thal; hier bricht
es rasch und voll neben der Sole des Wanderers unter dem Gestein der Seiten-
wände, unter den Wurzeln der Platanen hervor und eilet breitströmend, dia-
manthell und kühle wie ich es nirgend sah, dem Peneios zu. Welcher Reichthum, welche Frische da vergessen und unbenützt verrinnt! Wo die
Silberwelle über die Straße rinnt, blickt der Marmorgrund blendend weiß zwischen grün bemoostem Rand aus dem Spiegel der Flüssigkeit hervor. Die
Ossaseite, an der die Straße zieht, ist waldschluchtig eingebrochen und bietet
wiederholt deltaförmige Ruheplätze mit hellgrünem Rasen, Blumenflor, Quellen und Gebüsche.

Dagegen fällt der Olympus fast in der ganzen Tempelänge steil und wie durch
Künstlerhände durchgesägt in den Fluß herab; doch fehlt auch hier nicht auf
allen Punkten der immergrüne Pflanzenschmuck. Mäßig am Eingang wächst
die Olympuswand nach dem Stadium an Höhe. Wundervolle Formen, runde
Thürme, Bastionen, lange Curtinen, Festungswälle in kolossalem Styl ziehen
vorüber bis zum Mittelpunkt, wo die Schlucht am engsten, die Wand beiderseits am höchsten (man meint über 800 Fuß) und der Charakter der Landschaft
am wildesten ist. Hier strichen kalte Lüfte, das Nadelholz erschien oberhalb
der Steilwand, graues Gewölke zog eilend über die Gipfel und hoch über den
dunkeln Spalt schwebten langflügelichte, fahle Aare des Olympus. In der
furchtbarsten Oede der Schlucht ragt von der Spitze eines über 600 Fuß senkrecht hohen Ossafelsens ein zerstörtes Kastell als Thalsperre dicht über die
Straße herein. Nur zwei bis drei Stunden, sagte man uns, dringe der Winter-
sonnenstrahl in diesen Theil der Felsenkluft. Desto lieblicher sind im Sommer
das dunkle Pflanzengrün, die Einsamkeit und die Schattenkühle. Wie sich der
Spalt von der macedonischen Mündung bis in die Mitte hinein trichterförmig
verengt, dehnt er sich von dort gegen die thessalische Mündung im gleichen
Maße wieder aus, so daß zwei lange an der Spitze sich berührende Hörner das
treueste Bild von Tempe geben. Nur scheint die Temperatur auf der thessalischen Seite noch reizender als auf der andern zu seyn. Milde, sonnenbeleuch-
tete Hügel schimmern am Olympusfuß zwischen hohen Bäumen herüber;
entzückendes Wiesengrün, Platanenhaine, kühler Quellensprudel und dicht
bewaldete Eilande im Peneios selbst bilden die Sommerlust der Leute von
Baba, dem ersten Dorfe lieblich zwischen Laubholz, Pinien und Cypressen
unmittelbar am Thor der Schlucht gelegen. Selbst der Fluß verzichtet hier auf
seinen schweigsam leisen Gang und wälzt die volle Fluth nicht ohne Gemurmel über das drei Fuß hohe, von Ufer zu Ufer den Strom schief schwellende
Wehr hinab. Künstliche Höhlen und grünumranktes Geklüfte zu beiden Seiten
des Thales deuten auf geheimnißvolles vergessenes Spiel des Alterthums.

Vor einer dieser Höhlen an der Olympuswand steht nach Erzählung der christlichen Begleiter jetzt noch eine Kapelle der Panagia und an jeder Seite des Eingangs ein hoher Lorbeerbaum. Daphne, sagt die Fabel, vor dem thessalischen Apollo fliehend, ward im Tempe in einen Lorbeerbaum verwandelt. Mit einem Kranz aus den Blättern dieses Baumes auf dem Haupte und mit einem Zweige desselben in der Hand, habe dann Apollo das Orakel zu Delphi übernommen. Zum Andenken kam alle neun Jahre eine delphische Gesandtschaft und opferte feierlich auf dem Altare am benannten Baum. Das war thessalische „Kirmeß" und Sommerfeier des lorbeerreichen Tempethales, vielleicht an derselben Stelle, wo jetzo die Kapelle mit dem ewiggrünen, breitbelaubten Doppelbusche steht! Im Vorübergehen pflückte auch ich einen Zweig und bewahre ihn heute noch neben fahlen Blättern des Thales Josaphat zur Erinnerung an den Temperitt.

Nicht mehr als dreißig Häuser und zwischen Baumdickicht eine Moschee zählten wir in Baba, hielten Mittagsruhe und sahen die schöne Landschaft am Tempethor und die malerische Lage ihrer Dörfer an.

Die Abhänge der zu beiden Seiten des Thores hügelicht auseinanderfahrenden Berg-Curven sind auch hier mit bewohnten Orten und mit Ruinen aus dem Alterthum geschmückt. Hier erblickten wir zuerst das berühmte und durch seine Türkisch-Garnfärbereien weiland auch in Europa wohl bekannte *Ampelakia* links ober uns auf der Ossa-Halde mit der Aussicht über die große thessalische Ebene einsam an Felsenwände hingelehnt.

Ampelakia sieht nicht in das Innere der romantischen immergrünen Schlucht herab, und in Baba selbst, obgleich schon innerhalb des Ringbeckens, ist der Blick noch eingeengt. Erst wie man die kleine, baumreiche, etwas über eine halbe Stunde lange und von niedrig streichenden Hügeln eingerundete Ebene von *Makro-Chorion* (Langendorf) überschritten hat, öffnet sich der weite Horizont und erscheint auf einmal in monotoner Majestät die ungeheure, länglichtrunde, spiegelglatte Binnenfläche Thessaliens, und wie Nebelschatten schwamm in dunkler Ferne das Minaregewirre von *Larissa*. Sieben gute Stunden hatten wir noch bis *Turnovo*. Wie die Sonne hinter Agrafa unterging, kamen wir unweit dem türkischen Dorfe Kasiklar zur Peneios-Fähre und erreichten, im Zwielicht des halb verhüllten Mondes über die Fläche streichend, erst nach acht Uhr Abends unser Ziel.

Nach dem neuesten Stande der byzantinischen Studien weiß auch der nur mäßig unterrichtete Leser ohne Mühe, daß *Turnovo (Τύρνοβος)* kein griechischer, sondern ein rein slavischer Name sey und auf Deutsch mit „Dornheim" zu übersetzen wäre. Zum Unterschiede von der alten bulgarischen Hauptstadt gleiches Namens zwischen Balkan und Donau wird das nordische „Groß-Turnovo", das südliche thessalische aber „Klein-Turnovo" genannt. Zum Troste vieler sey es aber gleich voraus bemerkt, daß im Laufe der Zeiten und der Verwandlungen die griechische Rede in Klein-Turnovo zwar der Hauptsache nach die Oberhand gewonnen, aber nicht wenige Slavismen in die Familien- und Umgangssprache aufgenommen habe. Hinter der nördlichen Abdachung des Olympus reden die „Römer", d. i. die Griechen noch distriktweise slavisch; auf der südlichen dagegen ist nur noch ein schwacher Beisatz geblieben, der in der Richtung gegen das freie Griechenland immer dünner wird; aber selbst im Peloponnes und besonders im Taygetos noch jetzt nicht gänzlich erloschen ist. Gleich in der ersten Nacht schwärmten junge Turnobiten singend durch die Straße an unserm Haus vorüber:

> Καθὲ χωριὸ καὶ ζακόνη,
> καθὲ μαχαλᾶς καὶ τάξι,
> *Jedes Dorf hat sein Gesetz,*
> *Jeder Flecken seinen Brauch.*[57]

Die Stadt selbst – denn ihre Gestalt und Lage zu erforschen war im Laufe des folgenden Tages das erste Geschäft – ist auf dem der Tempeschlucht entgegengesetzten nordwestlichen Saume der großen Ebene, auf spiegelflachem Terrain nur etwa 500 Schritte von dem nackten Steinhügel-Rand erbaut, der als Ausläufer vom Olymp herüberstreicht und das erste amphitheatralisch über die Central-Ebene gegen den Pindus aufsteigende Stufenland vermittelt. Längs dem Nordrand der Ebene, ungefähr drei Wegstunden von Turnovo, beginnen die mit Oleaster und Grüneichen bewaldeten Halden und Vorberge des Olympus, dessen kühner, lang gezogener, breiter Tafelkamm sich riesig über alle Berge des Ringbeckens hebt und im Winter den Glanz seiner Schneelager, im Sommer die erquickende Kühle seiner Alpenlüfte über die weite Ebene versendet. Neben diesem gewaltigen Bau spielt selbst der waldige Ossa-Kegel mit allen übrigen Rand-Kanten eine mehr als bescheidene Figur.
Turnovo hat eine mehr dem europäischen Style nahende Bauart, wie man sie unseres Wissens in keiner Stadt des türkischen Reiches wieder findet. Die Straßen sind meistens breit, gerade und durchschneiden sich mit Zierlichkeit in rechten Winkeln; sie sind oder waren vielmehr mit großen Kieselsteinen kunstreich gepflastert, selbst Hochpfade fehlen nicht und häufig laufen sogar offene Kanäle in der Mitte. Im Ganzen ist es etwa die Figur eines länglichten Vierecks, das mit seinem Ostende an das breite, hier aber meistens wasserlose Bett eines wilden Stromes reicht, den die Einwohner *Xeraï,* die Gelehrten *Saranta-Poros* (40 Furten) und die europäischen Commentatoren des Alterthums *Titaresios* nennen. Er kommt aus den Schluchten des Olympus über die Hochebene Alasona und hinter dem Steinhügelrand südlich von Turnovo auf die Ebene heraus, macht eine rasche Krümmung nach Norden zum Fuß des Olympus zurück und fällt durch neue Zuflüsse getränkt und perennirend weniger als eine Wegstunde außerhalb der Tempe-Schlucht in den Peneios.

Wann der Schnee im Gebirge schmilzt oder Wetter niederrauschen, wälzt er eine furchtbare Wasserfluth mit donnerndem Gebrumm an Turnovo vorüber. Zur Nachtzeit hörten wir den dumpfen Ton der rollenden Wogen bis in den entlegensten Theil der Stadt herein. Unter allen Umständen aber sichert eine Steinbrücke von sechzehn eleganten Bogen die Verbindung mit dem entgegengesetzten Ufer und mit der Straße nach Larissa. Der Eindruck der Stadt Turnovo auf das Gemüth des Fremden ist durchgehend luftig, heiter, leicht und offen, weil die Häuser der Insel-Vierecke meistens niedrig aber geräumig und durch Gemüsegärten, weite Höfe und lehmummauerte offene Plätze mit großen Holzthoren von Nachbar und Straße geschieden sind. Ein erhöhtes Gelaß oder *ein* Stockwerk auf dem Erdgeschoß ist Regel der Turnobiten-Architektur. Romantisch ist das freilich nicht, denn auch an Schatten und Grün ist in Turnovo kein Ueberfluß. Hie und da eine Gruppe weißer Maulbberbäume, eine Rebe auf der Gartenmauer, ein Aprikosenbusch, eine Platane am Brunnen ist der ganze Schmuck. Aber auch nichts beengt in Turnovo den Sinn, und der breite Olympus sieht überall in die Straßen herein.

Um vor der Brücken-Mauth unbelästigt zu bleiben waren wir vorigen Abend im Mondlicht durch das trockene Strombett geritten und durch einen weiten Mauerbruch über öde Plätze in unsere Wohnung gekommen. Ein Drittheil der Häuser, die im ersten Decennium dieses Jahrhunderts noch von wohlhabenden und gewerbfleißigen Griechen bewohnt waren, ist seitdem verschwunden und ganze Quadrate an der zum größern Theil geebneten Umwallung haben sich in Kürbisfeld und leeren Weideplatz verwandelt. Doch klage der Leser über diesen Verfall nicht die Türken an! Turnovo, von der Natur zum stillen Glück des Landbaues angewiesen, ward durch die Umstände ein Manufaktur-Ort und folglich war auch sein Glanz nur ein erborgter, sein Loos ein erkünsteltes und sein Reichthum vom Wechsel der Zeit, der Mode und der Industrie bedingt. Die englischen Spinnereien und der Fortschritt der Chemie und ihre schwunghafte Anwendung auf die Künste des Lebens im Occident haben die Blüthe von Turnovo, Ampelakia und Tscharnitschena in Thessalien zerstört. Jedermann kennt ja Ampelakia und das roth gefärbte türkische Baumwollengarn, mit welchem noch während des Continentalsystems dieser zur höchsten Blüthezeit nur etwa 4000 Seelen zählende Flecken auf der Ossa-Halde ausschließlich nicht blos die benachbarten Provinzen der Türkei, sondern auch die westlichen Christenländer, besonders aber Deutschland versorgte. Pesth, Wien und Leipzig waren die Hauptniederlagen und Mittelpunkte des „türkischen" Garnhandels und unglaubliche Summen flossen aus den westlichen Landen nach Thessalien.

Beaujour in seinem *Tableau du Commerce de la Grèce* und aus ihm *Urquhart* haben Art, Epoche, Blüthe und Verfall dieser Ampelakia-Industrie weitläufiger besprochen, beide aber den Antheil vergessen, welchen *Turnovo* und

Tscharnitschena, jedes unabhängig und für sich, am reichen Ertrag der Färbereien hatte. Der Vater des Hrn. ***, in dessen Hause ich einen Theil des Winters verlebte, hatte auf diesem Wege ein großes Vermögen erworben und die schöne Wohnung aufgerichtet, die unter Familienstreit, Prozeß, Unglück und Zwietracht seiner Kinder, wie alles in Turnovo, schon wieder zu Grunde geht. Der Boden von Thessalien hat sich nicht geändert, er gibt heute noch wie damals jährlich an 3000 Ballen Baumwolle. Auch die Liebe zu Arbeit und Gewinn ist in Nord-Thessalien mit der Hand-Manipulation in Weben, Spinnen und Färben dieselbe geblieben wie sie vor fünfzig Jahren war; aber „die Deutschen kaufen unser Garn nicht mehr, sie färben es jetzt selbst," sagte ein Empiricus von Turnovo, der lange in Ampelakia gelebt und jetzt, versteht sich ohne Studien, die Heilkunst übt.

In Tscharnitschena, wohin ich später kam, ist dieselbe Klage: „Die Deutschen kaufen unser Garn nicht mehr, sie färben es selbst, wir müssen zu Grunde gehen, weil wir mit den Maschinen und Zauberkünsten des Occidents nicht zu concurriren vermögen." In Thessalien hat die Maschine noch nicht den Menschen vom Brod verdrängt wie in Europa; aber leider geht die Liebesgluth der Deutschen, ob sie gleich warme Philhellenen sind, doch nicht so weit, um die theure Handarbeit der Thessalier dem wohlfeilen Maschinenprodukt der Britten vorzuziehen. Nicht blos Deutschland ist dem türkischen Gespinnst verschlossen, brittische Industrie hat es sogar in der Türkei selbst vom Markt verdrängt. Maschinengesponnene Seide verkauft man in Larissa zu unglaublich niedrigen Preisen, und doch weben sie zu Ampelakia *(ὑφαίνουν, ὑφαίνουν ἀκόμη)* noch immer fort, färben in Turnovo und haspeln Seide ab in Tscharnitschena, um den Triumph des ausländischen Nebenbuhlers wenigstens auf eigenem Boden noch streitig zu machen. Kann man es diesen Leuten übel nehmen, wenn sie streng conservativen Prinzipien huldigen und sich leidenschaftlich gegen das maßlose Fortschreiten und ewige Verbessern der Künste erklären? Nach den Vorstellungen der Weisen von Ampelakia hätten die öffentlichen Zustände den möglichsten Grad der Vollkommenheit erreicht, sobald die Thessalier allein das türkische Garn färben und die Deutschen es zu sehr hohen Preisen bezahlen. In Turnovo ertragen sie den Umschwung mit Resignation, weil die Verletzten bereits verkommen oder weggezogen und ihre Häuser eingefallen sind. Aber in den beiden andern Orten schmollen sie auf den Trümmern ihres Glückes mit dem ganzen Occident in thörichter Empfindsamkeit; und namentlich werden zu Ampelakia fremde Europäer, kommen sie nicht des Handels wegen, häufig geschmäht und ausgetrieben. In Tscharnitschena jagt man sie zwar nicht fort, besonders wenn sie in guter einheimischer Begleitung kommen, begegnet ihnen aber allenthalben mit so viel Zurückstoßung und beleidigender Kälte, daß sie selbst gerne so schnell als möglich weiter ziehen, wie es mir in einigen der besten Christenhäuser des Orts begegnet ist. Ein häßlicheres Amphibium als der europäisirte Handels-Grieche auf seinem byzantinischen Boden besteht in der Natur der Dinge nicht.

Im Grunde ist es, wie ich mir zeigen und erklären ließ, der jetzo in Europa so allgemein verbreitete Krapp mit Ginster und der Kalipflanze für Pottasche, was lange fort das ausschließliche Glück der benannten drei Gemeinden Thessaliens machte.[58] Nur sind diese Farbekräuter nicht seit undenklichen Zeiten, wie ich es dachte, sammt der kunstreichen Benützung auf thessalischem Boden einheimisch, sondern erst zu Anfang des 15. Jahrhunderts durch die Türken ins Land gekommen, was man nirgend besser wissen kann als in Turnovo selbst.

Die Stadt mit den weiten, geradwinklichten Straßen und der Färber-Industrie ist ein Bauwerk des klugen Häuptlings *Turchan-Beg*, unter dessen Anführung Thessalien bleibend unter türkische Botmäßigkeit gerieth. Die Annalisten beider Theile übergehen, wie allzeit wenn es sich um stille Werke des Friedens und der bürgerlichen Wohlfahrt handelt, den Einzug der Osmanli in *Larissa* und die Kolonisirung der Centralfläche Thessaliens durch seldschukische Türken aus Ikonium sammt ihrer asiatischen Industrie mit Stillschweigen. Aber das Andenken hat sich unter den alten türkischen Familien durch mündliche Ueberlieferung und eine noch bei der Hauptmoschee aufbewahrte Lebensbeschreibung *Turchan-Begs* bis auf diese Stunde fortgepflanzt. Der alte, reiche, menschenfreundliche und gerechte Türke Hadschi-Oghlu von Turnovo erzählte oft und weitläufig wie Turchan-Beg mit seinen Begleitern von Larissa (Jenischehir) herausgeritten kam, wie er am Wasserteich vom Pferde stieg, zuerst ein Bethaus und dann die Stadt bauen ließ, die er von den Hechten des Teiches Turnavo,[59] d. i. „Hechtenheim" genannt habe. Der Civilgouverneur des Ortes will aus derselben noch aufbewahrten Biographie Turchan-Begs wissen, daß die bleibende Besitznahme des Landes durch die Osmanli und die Erbauung Turnovos unter Sultan Murad II. dreißig Jahre vor der Eroberung Konstantinopels (1453) Statt gefunden habe. Dasselbe hat man Hrn. *Urquhart* zehn Jahre früher mit dem Beisatze erzählt: die Osmanli wären nur auf Bitten der christlichen Bewohner Larissa's gekommen, um das Land vor der drückenden Herrschaft eines slavischen (serbischen) Häuptlings zu befreien. Weil aber Turchan-Beg mit seinen 5000 Streitern das Land gegen die feindlichen Slavenstämme im Pindus und der nördlichen Gebirge nicht zu beschützen vermochte, habe er fünf bis sechs tausend seldschukische Familien aus der Umgegend von Ikonium in Asia Minor zur Auswanderung nach Thessalien bewogen und sie als Militär-Kolonien, mit der Fronte gegen den Olympus, in einer Reihe von zwölf neuerrichteten festen Dörfern auf der Centralfläche nördlich von Larissa angesiedelt.[60]

Im Rücken dieser permanenten kriegerischen Linie ward gleichsam als Hauptquartier und Sitz des Oberbefehlshabers *Turnovo* errichtet und auf Turchans

Bitte vom Sultan Murad mit großen Freiheiten ausgestattet. Turchan war ein kluger, billiger und duldsamer Mann, der alle Glaubensbekenntnisse mit gleicher Gerechtigkeit behandelte und namentlich bedrängten Christen eine Freistätte in seiner neuen Stadt errichtete. Zehn Jahre bezahlten fremde Ansiedler keine Abgaben, und dann waren Kopfgeld und Zehnten die einzige Leistung, die sie dem Stifter und seinen Nachkommen auf „ewige Zeiten" zu entrichten hatten. Kein Pascha durfte in die Stadt, keinem türkischen Heerhaufen war der Durchzug gestattet, auch Frohndienste konnten nicht gefordert werden, und zu mehr Sicherheit wurden diese Privilegien unter den Schirm der Religion gestellt und der Grundbesitz als Tempelgut, als Lehen (Vakuf) der islamitischen Metropolis von Mekka erklärt und so aller weltlichen Controle entrückt. Bis zum griechischen Aufstand und zu Sultan Mahmuds Reformen blieben alle diese Privilegien in der Hauptsache unangetastet, und die Nachkommen des Stifters sind heute noch im Besitz der ersten lokal-obrigkeitlichen Stelle. Aber Niemand würde jetzt dem Wesir Namik-Pascha den Eintritt verwehren, und die zuchtlose Soldateska hatte während des griechischen Freiheits-Kampfes oft in Turnovo Quartier genommen.

Turchan-Beg war aber nicht blos Soldat; er besaß die Kunst des Friedens, der Erhaltung, des Verwaltens und der Schöpfung bürgerlicher Glückseligkeit in nicht geringerem Grade. Er gehörte in die Zahl jener seltenen und bevorzugten Wesen, deren Trefflichkeit und geniales Wirken Jahrhunderte umfaßt, weil es unversiegbare Quellen des Segens und der Wohlfahrt auch den künftigen Geschlechtern öffnet. Nicht blos an Tapferkeit und kriegerischer Disciplin waren die Türken den byzantinischen Christen überlegen; die Türken übertrafen sie noch insbesondere in vielen nützlichen, einträglichen und das bürgerliche Daseyn verschönernden Künsten, die als altes Erbtheil des Orients zu betrachten sind. Am auffallendsten aber zeigte sich türkisches Uebergewicht, wenn man den genialen Blick, mit dem ihre Führer die praktische Seite des öffentlichen Lebens erfaßten, mit den läppischen Concepten der blödsinnig im Labyrinth dogmatischer Spitzfindigkeiten herumfaselnden Staatsmänner von Byzanz vergleicht.

Mit den Farbekräutern und ihrer kunstreichen Benutzung brachte Turchan-Beg zugleich die übrigen Fertigkeiten nach Thessalien, die mit gewinnreicher Verarbeitung der Seide, der Baumwolle und des gemeinen Vließes verbunden sind. Und war Turnovo auch Mittelpunkt und gleichsam Lieblingsresidenz der neuen Pflanzenwelt und der neuen Industrie, umfaßte der intelligente Eroberer und Bildner in seiner Sorgfalt doch das ganze Land. Brücken, Einkehrställe, Brunnen, Kaufbuden, Bäder, steinerne Garnwäschen, Mühlen, Gotteshäuser und Schulen, wovon das Meiste heute noch besteht, wurden mit sicherm Takt inmitten der bankerotten Gräko-Slaven als frische Lebensknospen am rechten Orte angelegt. Nur weiß ich nicht ob die Turnobiten nicht gar zu selbstgefällig sind, wenn sie den weißen Maulbeerbaum mit dem Seidenblatt auf ihren Feldern für älter halten als die Anpflanzung desselben in Saloniki, um Adrianopel und sogar bei Prusa in Bithynien. Mit größerm Rechte vielleicht mögen sie auf die Schönheit ihres Baumes eitel seyn; denn sicherlich muß das ungewöhnlich breite, glänzende, dunkelgrüne Laub des thessalischen Maulbeerbaums, besonders auf den Feldern des von Turnovo etwa vier Stunden entlegenen *Tscharnitschena*, im Vergleiche mit andern jeden Fremden überraschen. Auch kann man die Handfertigkeit im Spinnen und gewisse traditionelle Kunstgriffe in Behandlung der Seidenraupe und ihrer Pflege, wie man sie wegen der größern Weichheit und Vollendung ihres Produktes den Thessaliern vor allen Gegenden der Levante von jeher zuerkannte, sogar jetzt noch nicht läugnen.

Im Gegensatz mit europäischem Brauch – man hatte es vor mir schon Hrn. Urquhart erzählt – werden in Thessalien nicht die Blätter am Maulbeer-Baume gepflückt, sondern die jährlichen Sprossen abgeschnitten, weil in dieser Weise nach der gemeinen Vorstellung das Blatt an Saft und Fülle gewinnt und auch die Raupen lieber auf die Zweige kriechen, deren Reinhaltung erleichtert, Trieb und Schwellung aber gefördert werde. Unter solchen Umständen ist es gar nicht zu verwundern, wenn Turnovo um die Mitte des 17. Jahrhunderts, nach dem Bericht des Engländers *Brown*, „eine große und lustige Stadt mit achtzehn Kirchen und nur drei Moscheen gewesen ist," und sogar Mohammed IV. bezaubert durch die Pracht der grünen Ebene, mit dem ganzen Gefolge seines asiatischen Hofes wiederholt daselbst seine Residenz aufgeschlagen und Turchan-Begs alte Lieblingsschöpfung zum Tummelplatz der Serai-Intriguen, des Hofluxus, der Kranichjagd und der an der hohen Pforte unterhandelnden und hündelnden Diplomaten der Christenheit verwandelt hat. Das Hoflager des Padischah war zu jener Zeit noch Mittelpunkt der europäischen Dinge und die türkische Monarchie für sich allein noch weit mächtiger als die Gesammtmasse der uneinigen, in gegenseitiger Eifersucht erbosten, geldarmen, zuchtlosen und schlecht regierten Staaten des christlichen Occidents. Christliche Ohnmacht war türkischer Kraft gegenüber so flagrant und die Rolle der stolzesten Nationen des Evangeliums vor dem „Chaliphen der Gläubigen" so ärmlich und hülflos, zugleich aber so bettelhaft und zudringlich, daß sie ein unaustilgbares heute noch fortlebendes Gefühl der Geringschätzung und Verachtung gegen alles Christenwesen im Herzen des türkischen Volkes zurückgelassen haben.

Ambassadeurs und *Ministres plénipotentiaires* des Imperators von Deutschland, des Königs „de France et de Navarre", und des Czars von Moŝkovien wurden an der hohen Pforte offiziell beohrfeigt und zur Thüre hinausgeworfen, kamen aber, nach der mündlichen Bemerkung eines Türken, wie gepeitschte Hunde immer wieder schweifwedelnd gleichsam zu ihrem Gebieter und Brodherrn bei der andern Thür herein. Niemand wird vermuthen,

Louis XIV. und die andern Potentaten der Christenheit haben die Verübung solcher Unwürdigkeiten an ihren Repräsentanten aus Mangel an Selbstgefühl verschluckt. Es war Machtlosigkeit und die alte Gewohnheit Europas vor dem Padischah und dem Allah-Ruf seiner streitgeübten Miliz zu zittern, was ihren Arm lähmte und die verzagten Seelen der „Giaur" zu racheloser Geduld schmachvollen Schimpfes zwang. Sogar ein dunkles Vorempfinden, als wäre die türkische Monarchie der Schlußstein des neuern Staatensystems, und würde mit ihrer schon damals geträumten Auflösung zugleich das vermittelnde Element und der heilsame Damm zerstört, der noch die giftigen Leidenschaften der christlichen Staaten in Schranken oder gleichsam in der Schwebe hielt, wollen kluge Beobachter in der europäischen Politik schon während der Herrschaft Sultan Mohammeds IV. (1648 bis 1687) erkennen. Gilt Abd-ul-Medschid für sich und sein Haus heute auch nur noch im gutmüthigen Glauben seiner Unterthanen, nicht aber dem Wesen nach wie seine Vorfahren im 17. Jahrhundert als Lenker und Mittelpunkt der politischen Bewegungen, so hat doch das byzantinische Reich objektiv von seiner universellen Bedeutung nichts verloren. Und könnte man, anstatt mit einfältigen Projekten am todten Buchstaben des türkischen Gesetzes zu rütteln, das regierende Haus zur alten Energie und Genialität erwärmen, so wäre auf dieser Seite mit der kleinlichen Eifersucht der Potentaten alle Noth der Zeit beschwichtigt. Lieber noch als das Uebergewicht Seinesgleichen duldet man tyrannische Laune, Druck und Schmach von fremder Gewalt, wenn sie nur *alle* Rivalen mit gleichem Maße demüthiget und niederdrückt.

Kein Volk kann sich mit größerm Rechte über seine Fürsten beklagen als die Türken, weil alle Schuld verlorner Herrlichkeit des Reiches dem Abfall des regierenden Hauses von der alten Sitte, Zucht und Energie beizumessen ist. „Höre nicht auf die Einflüsterungen der Weiber; der Schatz sey allzeit gefüllt, selbst um den Preis der Volksbedrückung; der Sultan sitze allzeit zu Pferd und das Heer sey immer in Thätigkeit", war der letzte Rath des sterbenden Groß-Wesirs Mustafa Köprili an eben diesen Mohammed IV. den Kranichjäger von Turnovo. Zu Pferde saß er freilich das ganze Jahr, aber nicht an der Spitze der Heerschaaren, die Wien und Candia stürmten; *Mohammed IV. regnoit et ne gouvernait pas.*

Das Andenken an jene Zeiten des Glanzes und der Pracht hat sich durch mündliche Ueberlieferung in der jetzt so geräuschlosen öden Stadt zum Theil noch immer fortgepflanzt und man erzählt noch vom großen stadtähnlichen Zeltlager des Padischah, von den vergoldeten Kugeln, vom Drängen der Falkeniere, Jäger, Diener, Segbane (Hundewärter), Paschen und Gesandten sämmtlicher Staaten der Christenheit, von Ragusa bis zum römischen Imperator, mit ihrem Gefolge und in ihrer einheimischen Sitte und Tracht. Nur sind die 18 christlichen Kirchen in Turnovo jetzt auf zwei herabgekommen und dagegen die Moscheen von drei auf sieben angewachsen, obgleich der Ort heute wie damals überwiegend christlich ist.

So lange die hohe Pforte keine ernsthafte Gefahr von Seite der christlichen Völker witterte und besonders die Politik der Czare nicht kannte, war sie gegen die griechischen Unterthanen viel nachsichtiger und duldsamer als man gewöhnlich glaubt. Die Verfolgung und Verkürzung alt verbriefter Freiheiten begann erst mit dem Erscheinen der Moskowiter auf der Bühne, bis endlich der große Aufstand in unsern Tagen mit den Schöpfungen des langen einheimischen Friedens und der Industrie auch alle Verträge, Berate und Privilegien der frühern Zeiten in Thessalien wie überall in der Türkei zerstörte und zerriß.

„Die *Angli* und die Nemtzii sind Griechenfeinde und hindern uns die Türken aus Thessalien zu treiben," sagte der Empiricus und stellte auf meine Frage um den numerischen Belang der beiden feindlichen Volksstämme das Verhältniß wie Eins zu Zehn bis Fünfzehn, indem er die thessalische Türken-Bevölkerung auf etwa 25,000 Familien, die christliche aber aufs zehn- bis fünfzehnfache berechnete, was eine offenbare Thorheit ist. Denn in Thessalien haben sich die Türken nicht blos in den namhafteren Städten, wie es allenthalben ihre Sitte ist, zum Nachtheil der alten Einwohner massenhaft zusammengedrängt; sie haben wegen der vorzüglichen Fruchtbarkeit und Schönheit des Bodens unter Anleitung des weisen Turchan-Beg das offene Land, d. h. die fette Central-Gartenfläche des Ringbeckens in Besitz genommen, so daß den Christen nur die rauheren, zum Theil wasserlosen und magern Berg- und Hügeldistrikte übrig blieben.

Am allerungünstigsten stellt sich das Verhältniß begreiflicher Weise in der Hauptstadt Larissa heraus, wo man auf eine Bevölkerung von 36,000 bis 40,000 Türken-Seelen nur etwa 400 jüdische und beiläufig eben so viele griechische Familien zählt. Eben so, wo nicht noch schlimmer, ist es zu Pharsalos bestellt, das man mit gutem Gewissen eine rein türkische Stadt nennen darf. Bis zur Unterdrückung der Janitscharen wurde von den trotzigen Moslimen dieses nahe an 700 Haushaltungen fassenden Ortes kein Christ in ihrer Mitte geduldet, jetzt haben sich eine kleine Anzahl, wenn wir recht notirten, sieben oder acht arme christliche Familien der untersten Volksklasse als Pächter, Krämer, Handwerker und Pferdevermiether am äußersten Saum der Stadt und gleichsam in den abgelegensten Schmutz- und Kothgassen eingenistet.

In den beiden Städtchen *Thaumako* am Südrande und *Alasona* am Nordende Thessaliens ist die Bürgerschaft nach übereinstimmender Schätzung zur Hälfte griechisch und zur Hälfte türkisch; in *Trikkala* dagegen, der zweitgrößten Stadt des Landes, wohin ich aber nicht selbst gekommen bin wie in die vorgenannten Orte, soll das griechische Element selbst jetzt noch unbedeutend seyn. Ausschließlich griechisch ist von bedeutenden Orten nur *Ampelakia*, dann das bulgarische Tscharnitschena, besonders aber das Municipium der

Halbinsel Trikkeri auf dem östlichen Abhange der Pelions-Kette, was dem alten Lande der Magneter entspricht und jetzt die slavische Benennung *Zagóri* trägt, obwohl die Sprache, der dieses Wort angehört, schon längst erloschen ist. Selbst im Hügelland zwischen Larissa und Pharsalus, was man im Alterthum die *Hundsköpfe* (*Cynoscephalae*) nannte, trafen wir ganz türkische Dörfer an. Das genaue Verhältniß beider Bestandtheile herzustellen, ist indessen für einen durchreisenden Fremden nicht leicht möglich, weil die Fragen nach Maß und Zahl in solchen Dingen überall schwer zu beantworten, in der Levante aber häufig auch noch verdächtig sind. Nur merkte ich bald genug, daß beide Parteien den Gegner verkleinern und nebenher sich selbst so hoch als möglich taxiren. Für sich selbst kennt freilich jeder Ort die Zahl seiner Familien, die ganze Provinz umschließende Angaben aber bleiben immer schwankend und zweifelhaft.

Wer die *christliche* Bevölkerung Thessaliens auf das Doppelte der *türkischen* stellt, hat sie wahrscheinlich überschätzt. Hätte die Pest im vorigen Jahrhundert nicht wiederholt und ausschließlich die ikonischen Pflanzdörfer der Ebene heimgesucht und das sinnlose Rekrutirungsgesetz im gegenwärtigen die Reihen der thessalischen Türken kläglich gelichtet, so würde das Verhältniß für sie ein noch günstigeres seyn. Vor hundert Jahren, sagt die Turnobiten-Tradition, wüthete die Seuche unter den „*Koniarides*" so stark, daß es schien als sollten diese Kolonien völlig von der Erde verschwinden. Mehrere Dörfer starben fast gänzlich aus oder konnten sich bis heute von ihren Verlusten nicht erholen. Das große Koniari-Dorf *Mati* auf dem Weg nach Alasona, unmittelbar am Fuße des Paßüberganges aus der Central-Ebene auf das Plateau, trägt die Spuren dieser „göttlichen Züchtigung" in auffallenden Zeichen an der Stirne: kaum der dritte Theil ist noch bewohnt, das Uebrige rasirt und mit Gestrüpp unter altem Gemäuer bedeckt. Das größte Hinderniß der Volksvermehrung liegt bei den Türken in der unerbittlichen Strenge der öffentlichen Moral, die keine Bastarden duldet und den Verkehr der Geschlechter überhaupt nicht mit derselben gegenseitigen Geduld und Freiheit, und mit derselben Rücksicht auf menschliche Gebrechlichkeit behandelt wie die mildere Sitte der Christenheit, wo nach der Lehre der Oekonomisten Macht und Reichthum der Staaten im geraden Verhältniß mit der Volksmenge steht.

Ehrenhalber konnten die besiegten Griechen hinter den Ueberwindern nicht zurückstehen, und so ward türkische Herrschaft, gegen die man in der Bücherwelt so mancherlei deklamirt, am Ende noch ein wahres Correctiv christlicher Unsitte und Liederlichkeit. Nur kommt den Griechen der Umstand zu Gute, daß sie unter allen Umständen und ohne alle weitere Sorge für Pflege, Nahrung und Zukunft eine möglichst zahlreiche legitime Nachkommenschaft zu erzielen sich im Gewissen für verpflichtet halten. Im Grunde meinen sie, wie die europäischen Glückseligkeits-Krämer, Macht und Sieg liege in der

Zahl. Der türkischen Bevölkerung Thessaliens dagegen brachte die Freierklärung Griechenlands einen nicht unbeträchtlichen Zuwachs, da sich die Reste der albanesischen Muhammedaner nach Uebergabe der Festungen mit den Trümmern ihres Vermögens in das nahe Gränzland zurückzogen. In Turnovo hatten sich mehrere Familien aus Moraitisch-*Lala* niedergelassen und angekauft. Es sind lauter Albanesen die, wie die Sulibewohner, neben ihrem Schkypi alle das Griechische reden, türkisch aber erst nach ihrer Vertreibung in der neuen thessalischen Heimath gelernt haben. Ich ging mit den Leuten viel um und sie redeten nie ohne Sehnsucht von den luftigen, kirschen- und quellenreichen Höhen ihres Moraitischen Vaterlandes, welches jetzt zu ihrem größten Leidwesen „der Barbarese" besitze.[61]

Der Leser, besonders wenn er ein Gegner der neuen Thesis über die Verwandlung Griechenlands ist, kümmert sich vielleicht um die islamitischen Elemente Thessaliens nur mittelmäßig und möchte lieber vom klassischen Alterthum hören und von unparteiischen Augenzeugen vernehmen, was und wie viel von Thessalien, wenn auch nicht der Iliade, doch wenigstens des Strabo, des Plinius und des Lucian übrig geblieben ist. Das Verhältniß des Alten zum Neuen ist kurz und schnell anzugeben. Von den 75 Städten, die man zu Plinius Zeiten nur innerhalb des Ringbeckens oder Bergtheaters von Thessalien zählte,[62] haben sich nur die fünf Namen *Larissa*, *Pharsalos*, *Thaumakos*, *Trikka* und *Olooson* (die letzten drei etwas verstümmelt) erhalten, die übrigen siebenzig sind alle verschwunden.[63] Von den Bergen, deren die Alten in Thessalien 34 kannten, hat nur der einzige Olympus, von den Flüssen und Seen aber keiner seinen Namen auf unsere Zeiten gebracht. Auch über den kümmerlichen Rest der fünf Stadtnamen, besonders über *Larissa* und *Pharsalos* triumphire man nicht zu früh; denn es sind von Türken und nicht von Griechen bewohnte Orte, die nur noch den antiken Namen tragen. Indessen ist durch eine Ironie eigener Art selbst der riesige Götterberg der Profanation nicht entgangen und nennen die griechisch redenden Thessalier den See in einem Hochthal des Olympus noch immer *Nezero*, was bekanntlich das slavische Appellativum für *lacus* ist und auch im übrigen Griechenland, besonders in Akarnanien, wiederholt gefunden wird.

Nach allem was über die Sache im gelehrten Deutschland bereits verhandelt wurde, braucht man nicht erst lange zu erklären, welchem Sprachstamme *Mezzovo*, *Kissova* und *Zagora*, die heutigen Namen des Pindus, Ossa und Pelion, angehören. Von *Turnovo* und *Tscharnitschena* war schon oben die Rede; *Lipochovo*, *Lapovo*, *Strunitza*, *Gletscheda*, *Klinovo*, *Gardichi*, *Selo* und *Kratzova* aber werden eben so wenig angefochten als man den Wörtern *Voliana*, *Duklista*, *Gunitza*, *Lepenitza*, *Smokovo*, *Meluna* und *Goritza* slavische Form und Bedeutung streitig macht. Da man die Ueberschwemmung des griechischen Bodens durch eine Fluth slavischer Kolonien nicht mehr läugnen kann, so sucht man das geschichtliche Faktum wenigstens so unbedeutend und wirkungslos als möglich hinzustellen. Hierin verfolgen die deutschen und die griechischen Widersacher zwei ganz verschiedene Wege, indem die erstern wohl das offene flache Land für ungriechisch erklären, um wenigstens die Städte und die Gebirge der alten Bevölkerung zu sichern; die zweiten aber, wie es bei der türkischen Eroberung geschah, den Eindringlingen ihrerseits die Städte preisgeben, um das offene Land, d. i. den Kern des Volkes für ungemischt und rein zu halten. Unrecht zwar haben gewissermaßen beide, doch stehen die deutschen Hypothesen der Wahrheit viel näher als die griechischen, weil sich in der That größere oder kleinere Bürger-Complexe griechischen Blutes in einer namentlich zu bestimmenden Anzahl von Städten inmitten des Sturms bis zur türkischen Invasion erhalten haben. Das freiheitsliebende, landbauende Volk der Slaven zog das Leben auf Feld und Dorf überall dem Drängen und Treiben großer Städte vor. Daraus allein erklärt sich die Unzahl slavischer Berg-, Fluß- und Dorfnamen auf der ganzen Oberfläche des griechischen Festlandes im Allgemeinen und Thessaliens insbesondere. Eben so richtig ist es, daß Reste der alten Bevölkerung hie und da in Gebirgsgegenden Rettung und Sicherheit gefunden haben.

Aber dieses an sich nicht unwichtige Argument stützt meine Thesis eben so kräftig als sie dem Satz der Gegner dient; nur ist nicht zu vergessen, daß der zuletzt Spielende den Preis gewinnt. Wie sich beim Andrang der slavischen Horden griechisches Volk in die Gebirge flüchtete, in derselben Weise suchten feldbautreibende Slaven der Ebene auch ihrerseits das Heil in den Bergen, sobald sich die christlichen Heere von Konstantinopel erobernd und bekehrend über das byzantinischer Hoheit und Sitte entfremdete Hellas ergossen. Aus diesem wohlzuerwägenden und ja nicht zu übersehenden Grunde sind die slavischen Namen sogar jetzt noch gerade in den rauhesten und der Kultur ungünstigsten Gebirgsgegenden Thessaliens und Moreas am dichtesten gedrängt. Man vergleiche den Taygetus in Lakonien, den Gebirgsstock in Nord-Arkadien, Pindus mit Ossa und Pelion in Thessalien. Läugnen, klügeln und deuteln helfen hier nichts, Formen und Worte sind unerbittlich. Der Schlüssel zu diesem ethnographischen Problem liegt in den beiden Thatsachen, die erst in unsern Tagen durch Verbesserung der byzantinischen Studien zur Kunde des gelehrten Occidents gekommen sind: wir meinen die zum Theil friedlich[e], zum Theil gewaltthätige Besetzung des griechischen Bodens durch slavische Volksstämme und die allmählige Bändigung und Gräcisirung derselben durch die christlichen Autokraten von Konstantinopel. Das slavische Thessalien ward gleich dem südlichen Griechenland durch die Byzantiner in der Periode wiedererwachter Reichskraft *recolonisirt* und dadurch die byzantinisch redende Mischung erzielt, die unter dem Schatten türkischer Zucht auf unsere Zeiten herabgekommen ist. In Thessalien, scheint es, ist die slavische Sprache bald nach der Unterwerfung und Christianisirung der eingesiedelten fremden Stämme der byzantinischen Redeweise gewichen. Einige Andeutungen über die Construktion dieses thessalischen Griechisch, d. i. des im Munde des gemeinen Volkes lebenden Dialektes, so wie über die Namen und Sitze der weiland im Lande hausenden Slavenstämme hat man in einem besondern Fragment sammt einer gedrängten Uebersicht der ganzen Lehre über das slavische Element in Griechenland zu geben versucht.

Die Angriffe der christlichen Imperatoren auf diesen Getreideboden der benachbarten Länder und Inseln begannen schon in der zweiten Hälfte des siebenten Jahrhunderts und wurden mit einer merkwürdigen Hartnäckigkeit und Ausdauer so lange fortgesetzt bis man endlich die fetten Triften der Peneus-Ufer, bis man das schattige Tempe und die traubenvolle Halde des Ossa wieder gewonnen hatte. Fragt aber ein Eiferer und Widersacher, warum das Slavische in Thessalien so schnell verschwand, da es doch im benachbarten Macedonien zu zwei Drittheilen des Landes noch jetzt als Muttersprache gilt und im Mainatischen Gebirge erst seit etwa 300 Jahren ausgestorben ist, so darf man um die Antwort nicht verlegen seyn. Wie nach der Besitznahme Thessaliens durch die Osmanli sich in kurzer Zeit zahlreiche Türken-Kolonien bildeten, eben so drängten sich nach der Restauration der byzantinischen Monarchie durch die beiden energischen Dynastien der Isaurier und der Slaven unter *Basilius* dem Makedonen, wegen der günstigen Lage zum Handel und wegen der ausnehmenden Ertragbarkeit des Bodens schnell eine neue Christenbevölkerung in das zwar von slavischen Barbaren beherrschte und angebaute, aber von Griechischredenden ohnehin niemals ganz verlassene Land. Jedoch hat ein anderes Fragment der alten Bevölkerung Thessaliens, der Volksstamm der *Wlachen* seine Sprache und seine althergebrachten Sitten mit mehr Standhaftigkeit als die im hohen Grade assimilationsfähigen *Slaven* vertheidigt und bis auf unsere Zeiten bewahrt, so daß neben Turko-Albanen und Gräko-Slaven heutzutage noch ein drittes von den beiden genannten gleich verschiedenes Element in Thessalien besteht.

Die Wlachen Thessaliens nennen sich wie ihre Sprach- und Stammgenossen in den Donau-Fürstenthümern ebenfalls „Romanen", sprechen ein verderbtes Italienisch und haben ihren Hauptsitz auf dem Kamm und den beiden Seitenabhängen des Pindus, in den Quellschluchten des Peneios und seiner Nebenflüsse, wo die byzantinische Geschichte des eilften Jahrhunderts ihrer zum erstenmal gedenkt. Ob sie Reste römischer Militär-Kolonien oder die latinisirten Ur-Barbaren des Gebirges seyen, ist für unsern Zweck gleichgültig. Auch können wir weiland ihre Verzweigungen längs der Gebirgskette durch Ober-Macedonien bis in den Balkan hinauf, so wie den einstigen Zusammenhang mit ihren Landsleuten auf dem nördlichen Donau-Ufer, hier nicht umständlicher berühren. Sie hüten und beherrschen die Thore zwischen Thessalien und

Albanien; und *Mezzovo*, eine aus Stein gebaute Stadt von beiläufig tausend Häusern auf dem Scheidekamm zwischen den in entgegengesetzter Richtung hinabsteigenden Paßengen, kann als Hauptort der thessalischen Wlachen gelten. *Malacassi, Lesinitza*, besonders aber *Kalarites, Kalaki* und *Klinovo* mit einigen und zwanzig Dörfern in und an den Pindus-Schluchten gehören ebenfalls diesem Voke, das sich wegen der rauhen Lüfte seiner Heimath nur spärlich mit Ackerbau beschäftigt, aber mit desto größerem Erfolge Viehzucht und Alpenwirthschaft im größten Style treibt und durch den Reichthum seiner Schafheerden in ganz Rumelien Bedeutung erworben hat. Zur Winterzeit, wenn Schnee die Gebirgshöhen deckt, werden die grasreichen Ebenen des milden Tieflandes selbst bis in's freie Griechenland hinein nomadisch abgeweidet, bis der wiederkehrende Frühling die schwarzen Zeltdörfer der wandernden Wlachi-Schäfer zurück auf die Alpen treibt.

An Nüchternheit, häuslichem Sinn und Industrie sind die Wlachen den Griechischredenden eben so weit überlegen als sie an Geschliffenheit der Sitten, an Geist und Pfiffigkeit im Allgemeinen hinter den Gräko-Slaven zurückstehen. Indessen haben diese einfachen und groben Viehhirten doch ein vorzügliches Geschick in Metall-Arbeiten. Die mit Gold und Silber eingelegten Waffen und Rüstungen, die wir an den Arnauten und Palikaren bewundern, gehen aus den Werkstätten der Wlachen hervor, wie die unter den Namen *Capa, Greco* und *Marinero* in den Seestädten des Mittelmeeres wohlbekannten wasserdichten Kapuzenmäntel dem größern Theile nach als ein Erzeugniß wlachischer Woll-Industrie zu betrachten sind. Wlachische Krämer und Handwerker trifft man in allen Städten der europäischen Türkei, und sogar nach Ungarn und Oesterreich führt sie die Liebe zum Gewinn. Daß sie aber auch das Geschäft im Großen verstehen, beweist der reiche *Sina* in Wien, der ein geborner Wlache aus *Klinovo*, wenn wir nicht irren, oder doch aus einem der vorgenannten Orte im Pindus ist. Aus diesem Wanderleben erklärt sich auch die allgemeine Vertrautheit der wlachischen Männer mit der neugriechischen Redeweise, der sie jetzt auch kirchlich angehören und die bekanntlich als gemeinsames Verständigungs- und Bindemittel der verschiedenartigen Volksstämme zu beiden Seiten des ägäischen Meeres dient. Die Weiber dagegen verstehen in vielen Dörfern nur das Wlachische, wie sie auf Hydra früher auch nur das Albanesische verstanden. Wie die Gebirgsbewohner überhaupt kann auch der Wlache im fernsten Lande seine Heimath nicht vergessen, und sehr häufig kehrt er im Alter mit den Früchten der Lebensmühe in den Pindus zurück um in gleicher Erde mit seinen Vätern zu ruhen.

Das jetzt so friedliche und nur auf Arbeit und Gewinn bedachte Wlachen-Volk war indessen nicht jederzeit von so ruhigem Geiste beseelt oder auf seine gegenwärtigen Sitze in der westlichen Gebirgsmark Thessaliens eingeengt. Die thessalischen Wlachen hatten wie später ihre Nachbaren, die Albanier, auch ihre Periode des Glanzes und der politischen Größe, die zwar kurz und vorübergehend wie die Herrlichkeit der Thebaner, aber im byzantinischen Zeitalter nicht ohne Bedeutung war. Neben den heute noch bestehenden Gemeinden *Vlacho-Libadi* und *Vlacho-Jani* in den südlichen Ausläufern der cambunischen Berge unweit Turnovo nennt Anna Comnena (1082) einen Wlachiflecken *Exebas* in den Gebirgsthälern des Pelion am Ostrande Thessaliens, und nach Benjamin von Tudela, der im zwölften Jahrhundert durch Griechenland zog, war *Zitun* im Süden Gränz- und Eingangsstadt des „Wlachi-Landes.“[64] Wie der Peleponnes hatte im Mittelalter auch Thessalien in der gemeinen Sprache des illyrischen Dreiecks den alten Namen verloren und ward eine Reihe von Jahrhunderten nur als Μεγάλη-Βλαχία, „Groß-Wlachei“ bekannt, im Gegensatze zu Akarnanien und Aetolien, die man nach einer Unterscheidung beim Byzantiner Georg Phrantzes „Klein-Wlachien“ hieß. Georg Pachymeres, Hofhistoricus des ersten Paläologen Michael, sagt es ja deutlich: Die vor Alters Hellenen genannten und von Achilles befehligten Thessalier habe man zu seiner Zeit „Groß-Wlachiten“ genannt.[65] Dagegen beschränkt Nicetas von Choniä den Begriff Μεγάλη-Βλαχία hauptsächlich auf den Gebirgsring und das über die Ebene emporsteigende Hügelland, während er die von verzagten und unkriegerischen Gräko-Slaven bewohnte Centralfläche noch gerne Thessalien nennt. Sagt aber nicht auch der benannte Rabbi Benjamin ausdrücklich, die Wlachen wohnen auf den Bergen und steigen in die Region der Gräken herab um zu plündern? An Gelenkigkeit vergleicht sie derselbe Wanderer mit den Gazellen; ihr kriegerischer Muth sey unbezähmbar und kein König habe sie noch zu bändigen vermocht.

Der Mann aus Tudela hatte die Eindrücke seines Zeitalters richtig aufgefaßt. Denn kurze Zeit nach der Durchreise des Rabbi Benjamin (1186) erhoben sich im Bunde mit den besiegten und mißhandelten Bulgaren sämmtliche Wlachen längs der Pinduskette bis in die Thäler des Balkan hinauf unter ihren Führern Peter und Asan wider die drückende, unredliche und diebische Herrschaft des byzantinischen Hofes und errichteten das sogenannte zweite Bulgaren-Reich mit der Hauptstadt Groß-Turnovo am Nordabhang der Hämuskette (Balkan). Die südlichste Landmark dieses wlacho-bulgarischen Reiches waren die thessalischen Berge mit einem unabhängigen Häuptling, der sich „Groß-Wlach“, Μέγα-Βλάχος nannte und als solcher in den gleichzeitigen Chroniken der Franken und Byzantiner glänzt.

Allen diesen ehrgeizigen Bestrebungen, Gährungen und Unabhängigkeitsgelüsten der einzelnen Volksstämme des illyrischen Continents hat die klug und nachdruckvoll hereinbrechende Türkengewalt im 14ten und 15ten Jahrhundert endlich Stillschweigen auferlegt. Die Kunst, eine compakte politische Einheit als Kardinalpunkt des Occidents am Bosporus zu schaffen, wie es die christlichen Imperatoren von Byzanz mit allen Hülfsmitteln des Evangeliums niemals oder doch nur vorübergehend und sporadisch vermochten, haben die Fürsten aus dem Hause Osman bleibend und nachhaltend mit Takt und Energie mehr als 400 Jahre lang allein verstanden und durchgeführt, bis es endlich moskowitischer Standhaftigkeit gelungen ist, den Hebel der Zwietracht einzusetzen und das feste Bauwerk im Grunde zu erschüttern.

Die Nothwendigkeit einer großen illyrischen Einheit und Kraft liegt, wie jedes höhere Gesetz, im Instinkt der abendländischen Staatskunst; nur wird sie durch Kurzsichtigkeit und Privatverblendung in der Erkenntniß gehindert, daß diese illyrische Einheit und Kraft, wenn sie nicht länger eine osmanische zu seyn vermag, nothwendig und gesetzlich eine moskowitisch-slavische werden *muß*. Das Illyrisch-Eine, scheint es, wollte man im gegebenen Falle plan- und ordnungslos durch ein Illyrisch-Vieles ersetzen und die Ironie hat schon ihr Spiel begonnen, da sie den Europäern das sonderbare Privilegium verlieh, mit kolossalen Mitteln im Orient kleine Wirkungen hervorzubringen und allerhand luftigen in sich selbst zerrinnenden Spuck für schön gegliederte, nervenstraffe Schöpfungen anzupreisen. Erlaubt ist es allerdings sich gegen das Schicksal zu sträuben, aber der Kampf muß würdevoll und tragisch seyn. Ob aber die Nachwelt über das Auftreten der Occidentalen auf byzantinischem Boden ein besonders günstiges Urtheil fällen werde, scheint jetzt sogar in dem tief betheiligten Deutschland schon Vielen zweifelhaft. So unwiderstehlich drängt sich die Erkenntniß hervor, daß man Instrumente in die Hand genommen, ohne deren Wirkung und Gebrauch zu kennen.

Die politisch gänzlich verfaulten und nur im Dogma lebendigen Christenstämme von Byzanz haben keinen Central Lebenskern, aus dem sich, wie man mit mehr Phantasie als wahrer Kunde im Occident wähnte, je ein organisch selbstständiges und den Hauch der politischen Atmosphäre ertragendes Gebilde entwickeln könnte. Die griechischen Volksreste sind nur Material, nicht „*Causa finalis*" (Zweckbegriff) der künftigen Ordnung der alten Welt. Und in so weit hat auch der Empirikus von Turnovo nicht Unrecht, wenn er sich über die Hindernisse beklagt, welche die *Angli* und die *Nemtzi* der Vertreibung der Türken aus Thessalien entgegenstellen. Nur konnte ich nicht recht begreifen, wie die „Nemtzi" zur Ehre kommen, irgend etwas in der Welt zu hindern; es müßte denn der thessalische Politikus die Bemühungen Oesterreichs für Aufrechterhaltung türkischer Gewalt, oder die secundären Hemmschuhe bezeichnen, welche auf Andeutung genannter Kabinete die deutsche Dynastie von Athen der eingelernten Bewegung der Gräken unterlegte. Daß übrigens Unterhandlungen im Gange seyen und durch zwei der griechischen Sache besonders gewogene Mächte mit Eifer betrieben werden, um Thessalien entweder auf dem Weg der Güte oder der Gewalt von der Pforte loszureißen und an das freie Griechenland zu knüpfen, ließ man sich in Turnovo um keinen Preis ausreden. Man spekulirte schon auf das Steigen der Realitäten, der Häuser, der Aecker, der Weinberge, und mancher Kauf ging zurück oder ward aufgehoben, weil man erst den Regierungs-Wechsel und die neue Ordnung erwarten wollte. Selbst Türken fingen im Vertrauen auf den Bestand ihrer Sache zu wanken an und Nedschib-Beg, einer der reichsten Landbesitzer Thessaliens, dessen prachtvollen Palast ich in Larissa besah, hielt das Ereigniß so wenig für unmöglich, daß er schon auf Wege sann, wie er sich den reichen Besitz auch unter der neuen Herrschaft bewahren möge. Nedschib-Beg ist gegen die christlichen Colonen seiner Ländereien viel humaner und freigebiger als die übrigen Gutsherren, besonders die christlichen, die an Begehrlichkeit, Wucher und schonungsloser Härte gewöhnlich noch die Türken übertreffen. Der byzantinische Christ – das darf man ihm nachsagen – weiß nichts von Mitleid und Barmherzigkeit gegen den Mitmenschen. Der Türke empfindet und übt beides sogar gegen die Widersacher und Nebenbuhler seines Glaubens und seiner Politik.

„Aber Dimitri, du schuldest mir den Pachtzins schon seit so vielen Jahren; es wäre doch einmal Zeit zu kommen"! *„Pek eji, Pek eji Efendim, birasdan gelirim* (ganz gut, ganz gut, mein Gebieter! nächstens werde ich kommen)." So lautete das Zwischengespräch des alten freundlichen Hadschi-Oghlu mit einem seiner christlichen Pächter, der uns auf der Straße begegnete und mit 3000 Grusch seit Jahren im Rückstand war. „Der Mann ist gar so saumselig", fuhr der Türke sich zu mir wendend fort, „doch man muß mit den armen Leuten Nachsicht haben, die Zeiten sind hart, die Lasten groß und wenn er kann wird er wohl bezahlen." Der alte reiche Hadschi-Oghlu kennt zwar den Buchstaben des Evangeliums nicht, lebt aber im Geiste desselben und übt die milden Gebote der Nächstenliebe, aus der man nach dem Spruch des Apostels hauptsächlich Christi Schüler erkennt, besser als der Christ. Gewiß ist Hadschi-Oghlu der Türke vor Gott ein Gerechter und vielleicht weit angenehmer als der orthodoxe, für sein anatolisches Bekenntniß glühende Archont ***, der seine Pächter bis zum Verhungern preßt, und sein Geld auf 180 Procente bringt.

Die griechische Revolution, der man im Occident so schöne Farben leiht, so classisch erhabene und philosophisch tiefe Motive unterlegt, schrumpft in der Nähe besehen zur gemeinen und rohen Balgerei eines nach Urtel und Recht der Weltereignisse von Haus und Hof getriebenen, aber durch fremde Worte und Kräfte aufgehetzten Bankerottirers um das verlorene Gut herab. Von Kunst, Wissenschaft, Alterthum und Philosophie, wie man in Europa meint, ist und war nie die Rede. Auch um Herstellung einer gerechten Ordnung, um Hebung und Besserung der untern von Jedermann gedrückten und geplünderten Volksklassen handelte es sich nicht; am allerwenigsten aber blies Wahrnahme dogmatischer Interessen die Flamme des Aufruhrs an. Oeffentliche Verwaltung, Druck und Plünderung, Verderbniß und Käuflichkeit der Justiz, Monopol und Privilegium sollten bleiben wie in der Türkenzeit; nur sollten

Raub und Profit und ungerechtes Gut ihre Strömung in *andere* Taschen nehmen. Die Sympathien der europäischen Politik gingen über den Tumult in Theile auseinander. Das kühle und besonnene Staats-Element war dem gegenwärtigen Besitzer hold; Phantasie, Schwärmerei und Edelsinn taumelte für die Insurgenten; die Klugen und Feinen aber betrogen beide und lachten am Ende die einen und die andern aus. Alle Versuche den gefährlichen Hader durch Vergleich zu schlichten haben fehlgeschlagen, weil die einen stolz auf ihr Recht keinerlei Zugeständnisse machen wollen und ohne Gefahr das Ganze zu verlieren auch nicht machen können, die andern aber brutal durch sichern Hinterhalt mit weniger als mit *restitutio in integrum* nicht zu befriedigen sind.

Wenn man die Türken hört – und hören muß man sie doch, – fällt die ganze Schuld des glimmenden Streites und des gefährdeten Levantefriedens auf die Christenheit zurück, und wären alle Bemühungen die Parteien durch billiges Nachgeben zu versöhnen nicht durch türkischen, sondern durch christlichen Fanatismus fruchtlos geblieben. Wenn es ohne Aergerniß christlich-andächtiger Leser geschehen könnte, wollte ich die Bemerkung eines sehr hochgestellten Türken über diesen Gegenstand wortgetreu so hiehersetzen, wie ich sie im Tagebuch (Konstantinopel, 12. April 1841) verzeichnet finde. Der gegenwärtige *Scheich-ul-Islam* (Groß-Mufti) sagte bei Gelegenheit der traurigen Scenen, die im Frühjahr 1841 um Leskowatz und Nissa in Bulgarien vorgefallen, zu zwei besuchmachenden Europäern die merkwürdigen Worte: „Wir kennen die christliche Religion recht gut, wir respektiren ihre Moral und wissen, daß sich das ganze Gebäude derselben gerade wie der Islam auf den Mosaismus stützt. Unser Widerwillen gegen die christlichen Unterthanen so wie die Verweigerung gleicher Rechte mit den Moslimen haben ihre Quelle nicht in *religiösem* Fanatismus, wie man in Firengistan glaubt; der Grund ist ganz und gar *politischer* Natur. Wir fürchten das „materielle" Umsichgreifen der „Pfaffen", deren blinde Werkzeuge die christlichen Raja sind. Die Fanatiker unter euch (es ist ein Türke, ein Ungläubiger, der da redet) erklären Christus für einen Gott, während ihn die Mäßigen (?) doch nur für einen Menschen halten. Rußland und Frankreich wirkt durch diese Pfaffen (man verzeihe dem blinden Heiden) um Stellungen, Einfluß und Macht inmitten unseres Reiches zu erlangen. Da wird eine Mühle, dort ein Acker, hier ein Haus, ein Weingarten moslimischer Besitzer unter allerlei Vorwänden angesprochen, bis sie uns im Namen ihres „Gottes" nach und nach außer Besitz bringen. Heute noch geben wir den Raja gleiche Rechte mit den Moslimen, wenn sie ihrem Russen- und Franzosenschutz entsagen und sich als loyale Unterthanen der Pforte ohne alle ungerechte Prätension geriren. Der Moslim-Prophet sey ein Lügner, der ihrige aber ein Gott, folglich gehöre Land und Herrschaft nicht den Türken, sondern ihnen, sagen sie, und wie könnten wir bei solchen Gesinnungen diesen Christen-Leuten gleiche Rechte mit uns bewilligen?"

Auf diese Argumentation Sr. moslimischen Heiligkeit war nichts zu erwiedern; und wer immer mit Sinn und Treiben der christlichen Raja und ihrer Lenker in der Türkei nicht ganz unbekannt geblieben ist, oder in blinder Partei-Leidenschaft nicht alles Gefühl für Billigkeit verloren hat, muß die Wahrheit dieser Beschuldigungen vielleicht mit unbedeutender oder vielmehr mit gar keiner Beschränkung anerkennen. Das christliche Byzanz war verfault und durch die in genialer Frische aufkeimende Türkenherrschaft nach dem Gesetze des natürlichen Pflanzentriebes überwuchert und verdeckt. Solche Eroberungen sind nicht wie die vorüberbrausenden Weltstürme eines Timur und Napoleon; es sind Verwandlungen der Gattung, die kein Zauber lösen kann. Die Türken sind in natürlicher Progression nach demselben Gesetze an die Stelle der Byzantiner getreten, wie die Russen den Platz der gänzlich verwitterten Tataren eingenommen haben, und kein Verständiger wird an die Möglichkeit einer politischen Auferstehung des Chans der goldenen Horde glauben. Eben so thöricht wäre es von einer Wiedergeburt der Comnenen und der Paläologen zu träumen.

Auch war das Gefühl der Sicherheit, der Dauer und des unzerstörbaren Uebergewichts türkischer Nationalität und Macht bei der hohen Pforte so lebendig und fest begründet, daß sie die überwundenen Christen zwar als Wesen geringerer Art behandelte, sie aber in voller Freiheit und Duldung gewähren ließ und kein Moslim sich ärgerte, daß zu Turnovo, an den Thoren der Hauptstadt Thessaliens, achtzehn Christen-Kirchen und nur drei Moscheen waren. Erst die Entdeckung, daß die Mächte der Christenheit, nicht zufrieden ihre Grenzen gegen das Anschwellen türkischer Gewalt zu schirmen, im Innern des türkischen Reichs selbst Einverständnisse zu gründen und die erstorbenen Reste der Byzantiner durch Restaurations-Ideen einer christlichen Monarchie zu erwärmen suchten, gab den Dingen eine andere Gestalt und ward die fruchtbare Mutter von Auftritten, die Europa abwechselnd zu Zorn und Mitleid reizten. „*Uns* hat der Boden ehmals gehört und wir wollen ihn wieder haben", sagen die aufgehetzten Christen griechischen Bekenntnisses. „*Uns* aber gehört er jetzt, wir haben ihn erobert und wollen ihn auch in Zukunft besitzen", antworten die Osmanli. Sultan Mahmud, im letzten Decennium seiner Herrschaft ohne Zweifel der liberalste und billigste Mann im Lande, hätte vollkommene Rechtsfreiheit gewährt; aber *beide Parteien* widersetzten sich seiner Versöhnungstheorie, und namentlich nannten die griechischen Primaten das Programm von „*Gülhane*" eine Maskerade, ἕνα μασκαραλύκι, über die man lachen müsse. „Nicht friedlich *nebeneinander* und mit gleichen Rechten wollen wir mit den Türken leben; nein, unsere Knechte sollen die Türken seyn, wie unsere Hunde wollen wir sie halten."[66] So lautet das Gegenprogramm der auf fremde Macht und die Apokalypse pochenden, für sich allein aber verzagten, ohnmächtigen und ganz hülflosen Pfortenunterthanen anatolischer Glaubenslehre.

Noch weit unwürdiger aber und peinlicher, wenn man ohne Aergerniß den ganzen Gedanken ertragen kann, ist die Rolle des römischen Katholicismus im Orient. Zur Zeit seiner höchsten Blüthe durch den Genius und den Heldenmuth des Islam bei *Hittin* und *Ptolemaïs* vollständig erdrückt; auf Cypern, Rhodus und Candia aber nacheinander in riesenhaftem Streite überwunden und gänzlich aus dem Orient getrieben, sucht er sich durch List auf dem alten Boden wieder einzuschleichen und gleichsam auf landstreicherischen Umwegen wenigstens einen Theil des verlornen Gutes wieder zu gewinnen. An und für sich ohnehin überall in der Minderzahl und vom schwachgläubigen Occident auch lange ohne allen Beistand gelassen, sank er auf die unterste Stufe der Ohnmacht und Verachtung herab, bis endlich glücklichere Umstände im Heimathland der zwar eingeschrumpften, aber doch unzerstörbaren Lebenswurzel in unsern Tagen wieder frischen Trieb verlieh. Nur Schade, daß man die gute und heilige Sache der Religion selbst durch imbecille Niederträchtigkeiten fördern zu müssen glaubt! Einerseits den Griechen auf ihrem eigenen Boden in Verschmitztheit, Hartnäckigkeit, Rabulisterei und abgefeimten Künsten den Vorsprung abzugewinnen und andererseits die eifersüchtigen Bedenklichkeiten der islamitischen Obrigkeit zu beschwichtigen und am Ende beide zu übervortheilen ist im Allgemeinen die weitaussehende, verzweiflungsvolle Aufgabe der römisch-katholischen Levantemiliz, für deren Schirmvögte die Fürsten des Hauses Bourbon gelten. Dieses Spiel der religiösen Parteien in der Nähe besehen, verursacht jedem friedlichen, geraden Manne Ekel und Unwillen zu gleicher Zeit, und nichts fand ich – man verzeihe den Ausdruck – natürlicher und gerechter als den mit Verachtung gepaarten Trotz, welchen türkisches Regiment selbst in seiner Ohnmacht noch sämmtlicher Christenheit, besonders der abendländischen, entgegenhält. Eingreifend und systematisch thätig sind im türkischen Orient nur die lateinisch-katholischen Franzosen und die griechisch-katholischen Russen; doch letztere mit ungleich mehr Cohäsion, Geschick, Erfahrung und Erfolg als ihre Nebenbuhler. Die übrigen Großmächte thun nichts, wollen nichts und werden auch deßwegen als Freunde nicht ernstlich in Rechnung gebracht. Wenn man etwa glaubt, Oesterreich genieße in den Staaten des Padischah und insbesondere bei den katholischen Christengemeinden daselbst bedeutendes Ansehen und übe großen Einfluß aus, so hat es mit diesem Glauben in Beziehung auf die türkischen Behörden seine volle Richtigkeit. Die Oesterreicher handeln ja wie sie sprechen, und zeigen sich unabänderlich als die redlichen, wohlmeinenden und standhaften Bundesgenossen, Rathgeber und Nothhelfer der Türken in allen Verhältnissen, unter allen Bedingungen und um jeden Preis. Selbst schmachvolle Beleidigungen von Seite der Osmanli können ihr deutsches Phlegma nicht in Bewegung setzen; sie ertragen alles, sogar das äußerste, natürlich blos des gemeinen Friedens und der Gerechtigkeit wegen, mit einer

Uneigennützigkeit und Seelengröße, die selbst den fanatischen Musulman der türkischen Hauptstadt in Erstaunen setzt.

Um so frostiger dagegen lauten die Hymnen bei der katholischen Prälatur, am apostolischen Central-Vikariat des Orients, in den Katholiken-Gemeinden der türkischen Monarchie. Denn die Oesterreicher geben nichts, schicken kein Geld, versagen selbst bei großen Calamitäten hülfreiche Hand, reißen auch keine türkischen Provinzen an sich und wollen insbesondere von Errichtung eines katholischen Kaiserthums im Orient weder etwas wissen noch für dieses phantastische Ziel das geringste thun. Statt zum Vortheil der katholischen Kirche zu intriguiren, mahnt Oesterreich überall zu guter Aufführung, zur Ruhe, zur Unterwürfigkeit und zu christlicher Geduld: „es soll schon einmal besser werden, wenn auch nicht hienieden, doch in der andern Welt, wo alles ausgeglichen wird."

Von alle dem thun die Franzosen publice und besonders privatim das Gegentheil, weil sie noch immer nicht vergessen können, daß sie einmal Könige von Jerusalem, Großherren von Athen und Imperatoren von Byzanz gewesen sind. Sie haben beständig die Hände offen und sind im rechten Moment auch zum *Handeln* bereit. Aber leider ist ihr Kampf ein doppelter und verzehren ihre Sendlinge und geistlichen Milizen den besten Theil der Kraft, um erst Boden und Menschenmaterial für ihre orthodoxen Projekte zu schaffen, was ihre christlichen Nebenbuhler in so reichem Maße schon besitzen. Daher die unglaubliche Rührigkeit, der nimmersatte Gewerbfleiß und Heißhunger der römischen Stationen den armenischen, syrischen, griechischen und chaldäischen Lehrbegriff zu befehden, schismatische Seelen individuell oder in ganzen Gemeinden zu gewinnen, überall neue Rechte, erweiterten Besitz, Consular-Einflüsse und künftige Hoffnungen und Aussichten zu erwerben und zu gründen durch Andacht, Lehre, Bestechung, falsche Versprechungen und – wenn es angeht – auch durch mittelbaren oder unmittelbaren Zwang. Doch wie weit ist man noch vom Ziel, und wie viele Generationen werden noch verrinnen, bis man die Maske wegwerfen, Aufruhr predigen und der Centralgewalt am Bosporus offen Trotz bieten kann, wie die vom nordischen Koloß geschirmten Christen von Byzanz! Denn das ist doch am Ende bei den apostolischen Bemühungen im Morgenland *ratio sufficiens* und Hintergrund. Verständige Leute müssen lachen, wenn die römische Kirche über moskowitische Tyrannei, über schismatische Propaganda und teuflisches Umsichgreifen häretischer Wölfe jammert und öffentliche Gebete anstellt, um die Donnerkeile des Himmels auf das Haupt des neuen Diocletianus an der Newa herabzulocken.

Die Russen thun jetzt nur was die abendländische Kirche schon oft gethan hat, zu thun das Recht hat und auch wieder thun wird, sobald sie Kraft und Mittel hat. Das größte und unverzeihlichste Verbrechen der Russen besteht darin, daß sie ihr Handwerk besser verstehen und es im Orient mit glänzenderm Erfolge betreiben als ihre geistlichen und weltlichen Nebenbuhler im Occident. Wollt ihr den Russen das Spiel verderben und das „Handwerk" legen, so macht ihnen im eigenen Lande bleibend zu schaffen. Vermögt ihr aber dieses nicht, so laßt dem Verhängniß seinen Lauf und wißt vor allem, daß österreichisches Dulden und Verhätscheln sammt den hochtoryschen Katechesen eines Aberdeen den Osmanli eben so wenig zur Humanität und Energie verhelfen als fromme Saalbaderei andächtiger Pedanten im Bunde mit germano-gallischen Phantasiegebilden den alten Geist von Byzanz in ein neues Rinnsal leiten. Und eben weil ich auf der einen Seite nur Schwäche und fehlerhaftes Bestreben mit Schmach und Niederlage, auf der andern aber Kraft und richtigen Sinn bemerke, hat man sich seine eigene von engherziger Andacht eben so freie als von spekulirendem Eigennutz entfernte Vorstellung über die byzantinische Frage gebildet. Ein trauriges Geschäft ist es freilich in einer so großen Angelegenheit bei seinen eigenen Glaubens- und Staatsgenossen überall nur Thorheit und Irrthum zu sehen; Sieg, Klugheit und wahres Verständniß dagegen nur auf Seiten des Nebenbuhlers zu entdecken und anzupreisen.

Man ist aber auch deßwegen noch kein „Slavophilos" und blinder Sektirer für eine mit Recht verhaßte Politik. Ich frage sogar, ob die Entwicklung der byzantinischen Dinge, in wie ferne sie sich heute jedermann offen vor Augen stellt, die Ansichten der germanischen Adepten oder die herbe Kritik ihres Gegners zu bestätigen scheine? Haben auch Einzelne der Gräko-Slaven den Occidentalismus (man verzeihe den Ausdruck) in sich aufgenommen und als buhlerisches Symbol ihren Volksgenossen anempfohlen, so ist er deßwegen noch nicht in den öffentlichen Geist Illyrikums eingedrungen, um lebendige Frucht zu bringen. Der Occidentalismus wird, kann und darf aber auch nicht eindringen; ein höheres Gesetz, innere und äußere Gewalt hindern seinen Gang und tödten seine Kraft. „*Die Ataktoi,*" sagte der Empirikus von Turnovo, „*sind für uns Griechen besser als die Taktikoi.*" Das heißt: „mit eurer europäischen Ordnung in Krieg und Politik können wir uns nicht bewegen, können wir den Kampf gegen die Fremdlinge nicht durchfechten, unsere Bestimmung nicht erfüllen; wir sind ein anderes Volk als ihr, haben andere Geistes- und Seelenbedürfnisse, andere Meinungen, Wünsche und Ansichten als ihr, ihr und eure Sache paßt nicht für uns, zwischen uns und euch herrscht keine Sympathie." – In diesem Turnobiten-Spruch ist ein ganzes System, eine Zukunft, ein Schicksal vorausgesagt. Zur Zeit der Freistaaten, meinte derselbe Zwischenredner, habe das alte Hellas gegen das Ausland nichts Erkleckliches zu leisten vermocht; kaum hatten aber die Griechen an Philipp und Alexander von Macedonien tüchtige Archistrategen und monarchischen Zwang, als sie in kurzer Zeit die Herrschaft über die Welt gewannen. Wo die Gräken unserer Tage ihre Archistrategen, ihre Alexander und Philippe sehen und von wo sie jetzt den „monarchischen Zwang" erwarten, braucht man verständigen Lesern nicht erst zu sagen. Gewiß ist nur so viel, daß sie von uns, von unserer Proto-kollar-Schirmvogtei, von unserm politischen Hermaphroditismus und unserm provisorischen Schatten-Königthum am Ilissus für *ihre* Zukunft nichts erwar-ten und daß ihre Hoffnungen anders wohin gerichtet sind.

Die Gräko-Slaven glauben heute selbst nicht mehr, daß ihr Stamm durch eige-ne Kraft und auf eigene Rechnung je in der Welt noch etwas bedeuten könne. Geheimster, innerster Gedanke und gleichsam der Brennpunkt, in welchem alle Strahlen der National-Hoffnungen und Ideen zusammenlaufen, ist die zwar langsam aber fest und ohne Pause anschwellende große Einheit der anatoli-schen Katholiken unter Archistrategie der verbrüderten Moskowiten zu Schutz und Trutz gegen das verhaßte Lateinerthum. Inzwischen nehmen sie unser Geld, greifen nach dem stützenden Arm, entlehnen auch etwa eine nützliche, d. h. gewinntragende Einrichtung, lachen aber unter sich weidlich über das Don-Quixotische Europa und seine unpraktischen Ideen, besonders über die „einfältigen Deutschen", die sich einbildeten, sie könnten durch Compendien, Collegien-Hefte und weintrinkende Präceptoren die Zeiten der hellenischen Mythologie und des Heroenthums heraufbeschwören und nebenher doch latei-nischen Sauerteig an das Ikonostasium der anatolischen Kirche legen. – Schön wäre es freilich, wenn die humanen, christlichen und versöhnenden Ideen des Occidents auf griechischem Boden keimen und lebendig würden und zu politi-scher Bedeutung sich aufzuschwingen vermöchten, wie es unsere Staatsmän-ner hoffen und unsere Publicisten als gewiß voraussetzen, ja schon als bereits geschehen annehmen, ich aber im Angesicht aller Doxologien von Athen und allen philhellenischen Jubels der Occidentalen über die vollendete Constitution ohne alle Scheu vor brittisch-gallischer Staatsweisheit entschiedener und herz-hafter als je für eine praktische Unmöglichkeit und schülerhafte Täuschung erkläre. Deßwegen sage ich aber keineswegs, man hätte nicht thun sollen was man that; ich lobe sogar und preise die theoretische Weisheit der Concepte, die Reinheit der Absicht, die Uneigennützigkeit der Ausführung, sage aber nur, daß eure Bemühungen vergeblich und eure Rechnungen irrig sind. Das eben ist das Tragische in der Sache, daß sich der lateinische Occident auch mit vollem Bewußtseyn und klarem Erkennen in Niederlage und Irrthum stürzen *muß*, das gräkoslavische Moskowitenthum aber dem Sieg und dem Ruhm nicht entflie-hen *kann*, weil das Fatum den einen treibt und das andere hält.

Ohne Zweifel werden die deutschen Gegner den Vorwurf phantastischer Welt-anschauung auf mein eigenes Argument zurückschleudern und besonders das Geschrei über Verrath vaterländischer Sache und angestammten Glaubens nicht sparen. Aber man gebe wohl Acht, die Consequenz der That wie die Logik des Gedankens ist auf meiner Seite und ich zeihe die Staatskunst des Occidents eines Fehlers wider die Mathesis der politischen Scheidekunst, da sie *wider* die Natur der Dinge mittelst dogmatischer Reagentien das *mosli-*

misch Eine in ein *christlich* Vieles zerfällen und dieses christlich Viele dem Prinzip seiner eigenen Genesis feindlich gegenüberstellen will, während doch nach allen Gesetzen der Natur das christlich Viele nur aus dem christlich Einen zu erzielen ist und dieses Eine zuerst sein volles Stadium durchlaufen und auf den Punkt der Reife gelangen muß. Dieses christlich Eine aber ist der leitende Gedanke des illyrischen Continents, den weder brittische Dreidecker noch kosmopolitisch-hellenisch-germanische Phantasmagorien in Athen ersticken können. Unter diesen Umständen schien mir die Frage eines turnabitischen Osmanli, „*ob* und *wie viel* die Niemetz (die Oesterreicher und sämmtliche Deutschen) an Moskovien Tribut zu zahlen und Rekruten zu stellen haben", viel weniger abgeschmackt als sie vielleicht einem deutschen Leser scheinen wird, der seine Meinungen über byzantinische Zustände nicht aus unmittelbaren Anschauungen und Erfahrungen schöpfen kann, sondern aus den übrigens höchst achtbaren *Dr. Kindischen* Kritiken der Berliner Jahrbücher entlehnen muß.

Nicht genug an Tribut und Rekruten, fragte der freundliche alte Türke auch noch „ob die Deutschen sehr große Furcht vor den Moskof haben." Ich erschrack nicht wenig über die sonderbaren Vorstellungen, die in Thessalien über die deutsche Nation und ihr Verhältniß zu Rußland umliefen, und suchte mit patriotischem Sinn richtigere Begriffe von deutscher Größe und Majestät aufzustellen und so das Thörichte levantinischer Begriffe nach Möglichkeit zu beseitigen und zu verbessern. Erst nach längerem Verkehr mit den Völkern des byzantinischen Reichs merkte ich, daß man uns Deutsche allgemein zwar für gute und redliche, aber für wenig zahlreiche, ja für einfältige, unkriegerische und verzagte Leute halte, die den *Betsch-Tschasari* (den Cäsar von Wien) als ihren Gebieter erkennen und übrigens in der Welt nicht viel zu bedeuten haben. Man wollte mir gar nicht glauben, als ich von 40 Millionen *Niemetz* redete mit dem Bemerken, daß unser Land mehr Leute habe als das Padischahlik von Stambul, mehr als die „*Inkilis Adaleri*" (brittischen Inseln), sogar mehr als das Reich des *Bunabarde*. Erst wie sie hörten daß Deutschland nicht so wie Moskovien, wie Frankreich und das „*Döblet Alije*" (die hohe Pforte) einem einzigen Oberhaupte gehorche, sondern durch 38 Köpfe von verschiedenster Größe, vom Koloß bis zur kleinsten Dimension herab, geleitet werde, war ihnen alles klar. „Da kann bei euch freilich nicht viel zusammengehen" meinten die guten Osmanli und strichen ungläubiger als je die Bärte über meine Versicherung, daß man in Deutschland allgemein dafür halte, in den 38 *Nemtsche*-Köpfen herrsche allzeit ein und derselbe Sinn. Nur das Verhältniß dieser vielen Köpfe zum größten und obersten, den es ja doch geben müsse, konnte ich den Leuten nicht verständlich machen. Mehemed Alis neuere Position und die alten *Dere-Bege* (Thalführsten) Anatoliens schienen die Sache noch am besten zu versinnlichen.

Ich erzählte – versteht sich kurz und dem Ideenkreis der Zuhörer angemessen– wie es bei uns vor 1000 Jahren stand, welche Rolle einst Deutschland gespielt und *wie* und durch *wen* wir hauptsächlich aus dem Einen ein Vieles und aus einem starken Volke ein schwaches geworden sind. Denn in Thessalien hat man in solchen Dingen volle Freiheit zu reden und die Sachen bei ihrem rechten Namen zu nennen ohne Anstoß, ohne Hemmniß, ohne Bedenklichkeit. Rohe Umrisse an der Wand über Lage, Größe, Abstand und Macht der Landschaften in Beziehung auf Stambul als Mittelpunkt alles staatlichen Lebens der alten Welt halfen den Worten nach und gaben allerlei Gedanken. Türken, die füher niemals ein Christenhaus besuchten, kamen zu uns und saßen stundenlang auf dem Divan, um von den Zeitläuften reden zu hören und Fragen zu thun. Am meisten Freude machte ihnen die Nennung der ganzen Folgenreihe ihrer Sultane von Osman I. bis Abd-ul-Medschid herab, welcher als Urquell aller Herrschergewalt noch immer – wie die guten Osmanli glauben – Krone und Investitur an die „sieben Kral" der Christenheit verleihe.

Selbst eine Berichtigung dieses tröstlichen Vorurtheils ertrugen sie geduldig und ein Mekka-Pilger machte am Ende den traurigen Epilog: er sehe wohl, wie es jetzt stehe, *Schimdi Padischah dejildür Top schimdi tadsch verir*, d. i. „jetzt verleiht nicht mehr der Padischah, jetzt verleiht die Kanone das Diadem."

In dieser Weise entstand nach und nach – wenigstens mit einigen Türken – eine gewisse Annäherung und Vertraulichkeit des Umgangs, wobei man sich nicht selten den letzten Gedanken sagte und besonders über die gegenseitigen Nationalsitten weitläufig verhandelte. Als höflicher Gast erkannte ich den Osmanli in nicht wenigen Dingen den Vorzug vor uns Christen zu und richtete einmal gleichsam als Neubekehrter die Taschenuhr in ihrer Gegenwart nach morgenländischer Tagesrechnung, was den Kredit noch weit schneller hob als selbst die politischen Lektionen mit Schattenriß und Nomenclatur der Padischahe. Dieser „Niemetsch," hieß es mit Verlaub, ist ein Mensch von Geist, er weiß das Bessere schnell zu unterscheiden und sich anzueignen.

Herabgewürdigt und ohne Zuversicht ist in der Türkei nur die Regierung; das Volk hat weder von seiner fanatischen Energie noch von seinem Selbstvertrauen etwas verloren und fühlt sich dem meuterischen Sinn der christlichen Raja ohne fremde Dazwischenkunft sogar in der europäischen Hälfte des Reichs vollständig gewachsen. Bei uns denkt man sich die christliche Bevölkerung der Olympus-Halden, der Pelion-Abhänge, der Pindus-Schluchten so gern als ein Geschlecht antiker Helden, voll Kraft und hoher Gesinnung, als eine Gattung gefesselten und gebannten Prometheus, dessen Zauber man nur zu lösen brauche, um in Hellas eine neue Welt zu schaffen. Unglücklicher Weise rechtfertigten diese „Helden des Nordgebirges" unsere schwärmerischen Hoffnungen zur Zeit des großen Aufstandes eben so wenig als die unkriegerischen Bewohner der südlichen Distrikte. Unregelmäßige Haufen albanesischer Milizen und türkischen Landsturms der Ebene dämpften die Bewegung im ersten Anlauf, plünderten und verbrannten der Reihe nach die für unzugänglich gehaltenen Dörfer und Städtchen im Gebirge, das sich bis heute noch nicht vom Ruin völlig zu erholen vermochte. Dieser Mensch – denkt sich vielleicht der Leser – mit seiner prosaischen Nüchternheit zerstört uns noch alle Träume, verwüstet alle Poesie! Warum nicht auch etwas hellenisch-patriotische Metaphysik und scholastische Schwärmerei wie bei dem liebenswürdigen, talentvollen und scharfsinnigen *Cyprian Robert* und in den Parlamentsreden eines *Palmerston* und *Guizot* zu lesen ist? Zwei Dinge scheinen mir heute unmöglicher als je: einmal daß sich im großen illyrischen Dreieck irgend ein christlich-byzantinischer Staat durch sich selbst zu erheben und politisch selbstständig zu constituiren, durch eigene innere Kraft sich frei zu erhalten und fortzuleben vermöge; zweitens, daß irgend eine bleibende Schöpfung genannter Art durch den *Occidentalismus* in jener Gegend zu erwarten sey. Die eine Hälfte dieser Thesis wird durch die Wendung der Dinge in den Süd-Donauländern nach und nach auch den verblendetsten europäischen Gemüthern klar, die Richtigkeit der andern aber muß sich erst in der Folge zeigen. Das Ganze soll sich ohne alle Kränkung und Verunglimpfung anderer Ansichten lediglich auf bessere Kenntniß der Seelenzustände jener Völker, sowie auf schärfere Wahrnehmung der Kräfte stützen, die sich feindselig und nebenbuhlerisch auf jenem Boden gegenüberstehen.

Während meiner Anwesenheit in Turnovo befand sich der Gemeinderath in großer Bedrängniß und hielt wiederholte Sitzungen, weil er auf Befehl des Statthalters Namik-Pascha plötzlich und in kürzester Frist über Verwendung der Gemeindegelder und über die eingehobenen Steuern Rechnung legen sollte, solche Rechnungen aber in Turnovo, wie an vielen anderen Orten äußerst schwer zu stellen sind. Die Bürger – offenbar etwas turbulente und von St. Simonistischen Ideen angebrannte Köpfe – hatten eine Klagschrift eingereicht, der Gemeinderath lege mehr Steuer um als die Regierung verlange; auch verwende er die Armenfonds nicht gerade jeder Zeit zum Trost der Dürftigen und die Gemeindetaxen nicht für öffentliche Zwecke, sondern habe beides in eine Quelle eigenen Vortheils und selbstsüchtigen Privatvergnügens umgewandelt. Leider war auch der Erzbischof von Larissa in der Sache betheiligt, weil er aus natürlicher Abneigung gegen die hauptsächlich von Türken bewohnte Metropole einen großen Theil des Jahres in dem nur drei Stunden entfernten und beinahe ganz christlichen Turnovo lebt, wo er eine schöne Kirche, eine bequeme Wohnung nebenan und reichliches Einkommen besitzt und folglich nach der Constitution der morgenländischen Kirche zugleich das große Wort im Verwaltungsrath zu führen hat. Aus Achtung für die hohe Würde des Prälaten ließ ich mich auch vorstellen und kam später mit Herrn ** einige

Male, um Sr. Heiligkeit meine fortwährende Ehrfurcht zu bezeugen, in das Haus. Die Wohnung ist nur ein Erdgeschoß dicht an der Kirche und sammt dem weiten, maulbeerbaumbepflanzten Hofraum durch ein Mauerquadrat von Straße und Blick der Ungläubigen abgeschieden. In sibirisches Pelzwerk ein-gehüllt sitzt der Erzbischof, wie ein Pascha, mit untergeschlagenen Beinen im Divanswinkel, das strenge Antlitz gegen den Eingang gewendet, um jeder Bewegung Meister zu seyn.

Langes Reden und vieles Fragen ist nicht im Geschmacke des hochwürdigs-ten Prälaten; er hat dem Anschein nach andere Sorgen und ist immer aufs Ernstere bedacht, besonders auf Förderung des Seelenheils durch Mehrung irdischer Schätze und Schlichtung böser Händel und verwickelter Intriguen, die auf dem dornvollen Pfade der Tugend in Thessalien selten fehlen. Gebür-tig aus Mitylene und Mönch von Profession sitzt Se. Heiligkeit jetzt auf dem dritten Thron, für welchen ohne die Gaben an Kanzleipersonale und türkische Patrone nur an den Patriarchen allein die Summe von 20,000 Grusch (2000 Gulden C. M.) zu erlegen war. Einen vierten noch einträglichern Sitz zu erste-hen erlauben die canonischen Gesetze nicht, und so muß sich der ehrwürdige Kirchenfürst zu nicht geringem Herzeleid für den Rest des Lebens mit der Archiepiskopal-Tiara von Larissa begnügen und durch Fleiß, Gebet und geist-liche Industrie die Lücken auszufüllen suchen, welche das magere Vließ sei-ner Schäflein jährlich in den apostolischen Taschen läßt.

Im Allgemeinen wissen ja die Leser, daß sich der orthodoxe Klerus in der Türkei, wie der katholische in Irland, nach der Confiskation des Kirchenguts und nach Verdrängung des Christenthums vom Rang einer Staatsreligion nur mit den Stolgebühren, Gemeindeumlagen und freiwilligen Beiträgen der Gläubigen behelfen muß. Ohne Zweifel wäre die Lage noch weit ärmlicher, wenn die Oberpriester nicht zugleich an der Spitze der Civilverwaltung ihrer Religionsgenossen stünden. Der Erzbischof von Larissa ist zugleich oberster Polizeichef, erste richterliche Instanz in Rechtsstreitigkeiten über *Mein* und *Dein*, Vorsitzer bei Steueransätzen, bei Verwendung des Armengeldes, bei Vertheilung außerordentlicher Spenden wohlthätiger Christen, so wie bei allen Testaments-Exekutionen seiner Heerde. Und wer wollte es den frommen viel-geplagten Hirten übel nehmen, wenn sie ihr kümmerliches Loos zu verbessern suchen und für ihre große Mühe hie und da etwas auf die Seite legen oder vielmehr in brüderlichem Einverständniß mit den weltlichen Primaten etwas mehr „Wolle scheeren" als eigentlich nöthig wäre. Das hat freilich mitunter auch seine Schwierigkeiten, weil man jetzt sogar im Lande der Osmanli rech-nen lernt, die Verordnungen kennt und den Gemeindevorstehern schärfer als weiland auf die Finger sieht.

Ein stehender Posten in den Communalrechnungen sind die „geheimen Aus-gaben zum Nutzen der Gemeinde", und wenn dies alles noch zu wenig ist und den Heißhunger der Verwalter nicht zu stillen vermag, so fehlt am Tag der Steuerablieferung an die türkischen Kassen zufällig ein gewisses Quantum, worüber natürlich ungesäumt die Mahnung der Oberfinanz-Behörde erscheint. „Fünfzehntausend Grusch (1500 Gulden Conv.-Mz.) fehlen an der Summe der katholisch-christlichen Gemeinde[67] und Don ***, der für Alles hafte, möge das Mangelnde heute lieber als morgen nachsenden, bei Vermeidung der Exekution." – Das war nun freilich eine verdrießliche Nachricht und der Kasus wurde ungesäumt in einer Sitzung der Gemeinde-Bevollmächtigten verhandelt. „Ich habe nichts zurückbehalten", sagte Don A.; „mein weltlicher Collega und Mitvorstand muß den Griff gethan haben, *er* hat das Geld abgeliefert." Der weltliche Collega und Mitvorstand läugnete auch nicht. Er habe aber das Fehlende zu geheimen nicht wohl näher zu bezeichnenden Zwecken für Nutzen und Frommen der Nation **schen Bekenntnisses ausgegeben und man möge daher den Schaden durch Nachschuß und Zusatzpfennig der Steuerbaren decken. Es gab Widerspruch, selbst Scenen gewisser Heftigkeit fielen vor und Don A. mußte augenblicklich Zahlung leisten. Der Mitvorstand wurde zwar abgesetzt unter strengen Reden des geistlichen Collegen, aber am nämlichen Abend noch vom Strafredner zu Tisch geladen und der gemeinsame Verdruß unter Zuwinken und geheimnißreichem Lächeln freundschaftlich weggetrunken. Wie die Sache weiter ging und endete, gehört nicht hieher. Genug, wenn der Leser weiß, daß Regieren und Verwalten in der Türkei mit mancherlei Schaden, Verdrießlichkeit und Aergerniß verbunden ist; am Ende aber doch immer die *Vielen* für die Rechnungsfehler und falschen Griffe der *Einzelnen* stehen müssen.

Um sich im Dienst der Gemeinde zu stärken und gegenseitig zur Standhaftigkeit anzufeuern, halten die Vorsteher hin und wieder gemeinschaftliche Mahlzeiten, wozu die Kosten aus den Ersparnissen am Armengeld und aus andern Erüberigungen bestritten werden. Zu solchen Communalessen pflegt man alle bedeutenden Familienhäupter, auch wenn sie nicht eben in der Verwaltung sind, aus Höflichkeit und Vorsicht einzuladen. Bei dieser Gelegenheit Jemand zu übersehen, der sich auch unter die Leute von Bedeutung zählt, könnte zu großen Unannehmlichkeiten führen, wie es in Turnovo wirklich kurz vor meinem Aufenthalte daselbst geschehen ist. Denn wirklich hatte man *Pandasy* den alten Garnfärber, einen etwas derben und barschen Mann, beim Herbstschmaus vergessen und weggelassen. Das war nun groß gefehlt, nicht etwa weil die Gemeinderäthe das „Brod des Armen" aßen, sondern weil sie es ohne *Pandasy*, den alten Garnfärber, essen wollten. Die Zusammenkunft war in einem einsamen, unweit der Stadt zwischen Cypressen und Maulbeerbäumen romantisch versteckten Klösterlein, und eine äußere Holzstiege führte aus dem lehmummauerten Hof zum luftigen Tafelzimmer hinauf, wo die Primaten mit dem Erzbischof an der Spitze voll guter Dinge waren.

Bei den vielen Arbeiten und Sorgen hat Se. Heiligkeit gewöhnlich scharfen Appetit und findet insbesondere, daß ein guter Schluck Gebranntes seiner Constitution noch am besten zusage. Doch muß man aus Liebe zur Wahrheit bemerken, daß Se. Heiligkeit auch etwas ertragen kann und Vormittag allermeist, und als sorglicher Wächter seiner Heerde häufig sogar auch Nachmittag vollkommen bei Trost und nüchtern ist. Mit weggelegtem Ueberwurf und aufgestülpten Aermeln saß der ehrwürdige Prälat am Ehrenplatz und ermunterte seine Mitgäste zur Frömmigkeit, gab ihnen geistliche Lehren und machte sie unter Lob und Preis auf die Allmacht Gottes aufmerksam, die in Thessalien so guten Wein, so kräftiges Brod, so süße Kräuter und so fette Schöpsenkeulen wachsen lasse. Auch fand Se. Heiligkeit, daß es bei aller menschlichen Unzulänglichkeit und Schwäche im Grund genommen an Gottesfurcht, an frommen und christlichen Gedanken zu Turnovo und Larissa noch nicht gebreche und daher die beste Hoffnung vorhanden sey, der gute Gott werde seiner Heerde in Zukunft vielleicht noch milder und gnädiger gedenken als bisher geschehen. Der fromme und gottesfürchtige Prälat war besonders heiterer Laune und man hatte vor dem geistlichen Gelage aus den Communal-Erüberigungen Gastgeschenke in türkischen Goldmünzen an die Zechenden vertheilt, wobei der Antheil des hochwürdigsten Pontifex natürlich nicht der geringste war. Aber sieh da! inmitten der geistlichen Lustbarkeit geht die Zimmerthüre auf und Pandasy der alte Garnfärber tritt herein.

Wie ein zweiter Ulysses im Saal der Freier stand der Mann aus Turnovo mit einem mächtigen Kurbatsch unter der Thüre und hinter ihm ein handfester Genosse als Stützpunkt in etwaiger Noth. Das aufgedunsene dunkelblaue Gesicht war noch dunkler gefärbt, die kleinen grauen Augen sprühten Zornesfunken unter struppigen Brauen hervor und ein Strom von Schmähungen ergoß sich über die verblüfften Zecher und den hochwürdigsten Vorsitzer des Mahles. Gewissenlosigkeit, Schelmenstücke, Diebeskniffe und derlei verfängliche Dinge warf er ihnen vor, und „ob sie sich nicht schämten den Armen das Brod vom Munde wegzunehmen und schwelgerische Gelage zu halten, während so viele christliche Familien in Turnovo am Hungertuche nagen?" Niemand antwortete in der ersten Ueberraschung, man war ja ungerüstet und sah den mit einem Knotenstock bewaffneten Helfer vor der Thüre. Der Rasende vergaß sich völlig; wie vom Dämon fortgerissen schritt er zum Tisch heran und schwunghafte Peitschenhiebe klatschten sausend auf den gottgeweihten Prälaten nieder. Aber gestärkt durch Speise und Trank sprang der beleidigte Oberpriester auf und packte den ruchlosen Färber mit fester Hand. Es entstand wüthendes Gemenge, es regnete Hiebe, Püffe, man kratzte, spie einander ins Gesicht; Pandasy faßte den Gegner am ehrwürdigen Mönchsbart, und am Ende kamen die Ringenden bei der Thüre hinaus und rollten ineinander verbissen und verschlungen über die Holzstiege in den Hof hinab, wo man sie endlich nach erschöpfter Wuth auseinander brachte.

Der alte Pandasy und sein Begleiter schwangen sich aufs Pferd und ritten in die Stadt zurück, der Erzbischof aber ging wieder in den Saal hinauf. Ein Blitz, möchte man glauben, sey aus den Wolken auf den verruchten Frevler niedergefahren, der seine Hand wider den Gesalbten des Herrn aufgehoben hatte. Die unerschöpfliche Langmuth Gottes, welcher ohne Zweifel seinen Diener prüfen wollte, kam aber bei dieser Gelegenheit wieder deutlich ans Licht; denn nicht nur ist der Blitz nicht herniedergefahren, die Gemeinde konnte auch die Entfernung ihres mißhandelten Erzbischofs auf wiederholtes Begehren nicht erwirken. Die türkischen Behörden nahmen für den Garnfärber Partei; man vermittelte, suchte auszusöhnen, „es sey nur momentanes Aufwallen der Leidenschaft, des Affektes, des gekränkten Selbstgefühls ohne alle nachhaltige Bosheit gewesen, das man gegenseitig vergessen müsse." Zu nicht geringer Schmach des christlichen Namens blieb der Garnfärber unbestraft und behielt Se. erzbischöfliche Heiligkeit ihre Schläge wie ihren Sitz bis auf den heutigen Tag. Ein Augenzeuge hat mir alles erzählt. Jeder aufrichtige Freund der Religion muß das Loos der byzantinischen Priesterschaft beklagen, weil sie im Schmutz irdischer Interessen befangen, nirgend jenen achtunggebietenden Grad von Unabhängigkeit und jenen höhern reinen Glanz besitzt, den nur Uebergewicht geistiger Vorzüge und sozialer Stellung gewähren kann.

Die byzantinische Kirche ist die Magd ihrer Gläubigen, die ihrerseits Knechte eines fremden Eroberers sind. Durch Sittenreinheit und strenges Exempel die Heerde erbauen und zur Tugend führen, wäre schön; aber auch durch geistliche Censuren das moralische Uebel bekämpfen, wäre für das Allgemeine schon Gewinn. Das erstere ist in Thessalien eben so schwer als überall, das andere aber in den politischen Verhältnissen der anatolischen Kirche nicht praktikabel, weil es Uebertritte zur herrschenden Staatskirche des Islam erzeugt. „Willst du leben und deine Einnahme nicht verlieren, so lasse mich gewähren", sagt der vornehme reiche Grieche. „Drückst und verfolgst du mich, so werde ich Türke und räche mich", spricht der Arme und Geringe. An sittliche Veredlung und Besserung durch Zuthun der *Ecclesia militans* ist unter solchen Umständen nicht zu denken; spontane Gewissensregungen und innere Erleuchtung führen hier allein zur Besserung. Desto leichter wird man sich die spekulative Gewandtheit erklären, mit welcher der griechische Pope und Erzpriester vor allen Geistlichen der Christenheit, Geldgeschäfte zu leiten und geistlichen Erwerb überhaupt zu betreiben versteht. „*Tabu*" nennen die Götzenpfaffen auf den Südsee-Inseln jedes ihnen anständige irdische Gut, um es vor den Griffen der Laien sicher zu stellen. Erst in Turnovo erfuhr ich zufällig, daß der byzantinische Klerus ein ähnliches Erwerbsmittel ausgedacht und jährlich bedeutende Werthe als „Gut des heiligen Grabes" *(τοῦ ἁγίου τάφου)* in seinen Gewahrsam bringt.

Wie man in der lateinisch-katholischen Kirche für *„propaganda fide"* sammelt, wirkt und spekulirt man in der griechisch-katholischen, um das heilige Grab vollends den „abgöttischen" Lateinern zu entwinden. Nicht etwa nur Baares wird angenommen; auch seidene Stoffe, Brokate, Teppiche, kostbare Möbel, Stickereien in Gold und Silber, Perlenschnüre und diamantengeschmückte Heiligthümer werden bei den Kirchen hinterlegt und als „Heiliggrab-Gut" aller Reklamation, ja nicht selten den Ansprüchen legitimer Erben enthoben. Denn Papa-Chilio, des Erzbischofs Vikar zu Turnovo, versichert die reichen Wittwen, „nichts sey Gott gefälliger und führe sicherer zum Himmel als Bereicherung des heiligen Grabes selbst auf Kosten der eigenen Kinder." Geld, sagt der fromme Pope, führt zu Müssiggang und Sünde; die Jungen sollen sich nur selbst bemühen, sollen arbeiten, sparen, sammeln, die Matronen aber sollen fleißig fasten und an gebotenen Tagen außer Teig mit Feldgras nichts genießen und *ihm* das Erübrigte bringen, damit er es beim heiligen Grab auf geistliche Zinsen lege.

Der äußerste, letzte, allgemeinste und immanenteste Gedanke der byzantinischen Kirche ist das heil. Grab. Byzanz ist centripetal und nur innerhalb der Gränzen thätig; das universelle centrifugale Rom dagegen, sinnt zu gleicher Zeit wie es den Buddhaisten von China und den Anthropophagen auf Nukahiwa und Tonga-Tabu das sanfte Joch christlicher Gesittung und geistlicher Herrschaft auf den Nacken lege. Ein byzantinischer Tasso würde die Befreiung Jerusalems von den Lateinern zum Thema seiner Gesänge wählen. Die abenteuerlichsten Sagen über Mirakelkämpfe und Siege der orthodoxen Bischöfe in der heiligen Stadt wider den abendländischen Erbfeind cirkuliren unter den gläubigen Garnfärbern von Turnovo, und der Titel eines Heiliggrab-Pilgers verleiht dem anatolischen Christen nicht geringern Ruhm als die Wallfahrt nach Mekka dem Mohammedaner gibt.

Was der abendländischen Kirche nie ganz gelingen wollte, oder schnell wieder verloren ging, hat die morgenländische vollständig durchgesetzt: sie ist eine compakte Einheit in Sinn und Bestrebung und ihre größte Stärke liegt in der Mäßigung mit der sie erst nur um Anerkennung gleicher Rechte ringt. Nach dem Siege wird sie ihrerseits zum Angriff übergehen.

Diese einzelnen Sittenzüge aus dem Leben der Thessalier unserer Tage mögen manchem Leser vielleicht kleinlich, ja unbedeutend und sogar langweilig scheinen und man fände es vielleicht unterhaltender und viel lehrreicher, wenn ich mit Uebergehung geistiger und materieller Zustände der byzantinischen Jetztzeit mehr das Alterthum in Angriff nähme und gewisse äußerst wichtige, aber noch immer unentschiedene Streitfragen der Archäologie zu lösen und z. B. akademisch-gründlich herzustellen suchte, ob Jason die linke oder ob er die rechte Sandale verloren, wo und aus welchem Geschirr eigentlich Achilleus das Bärenfett gegessen und welchen Weg der verzauberte Esel Lucians auf seiner empfindsamen Reise aus Thessalien nach Macedonien genommen habe; *item* zu welcher Klasse die von Pyrrha und Deukalion nach der Fluth hinter sich geworfenen und in Menschen verwandelten Pindussteine gehörten? ob es Granit, Glimmerschiefer, Feldspath-Porphyr, rother Sandstein oder Dolomit gewesen sey? An alle diese Fragen und noch an viele andere dachte ich oft genug in Turnovo. Ich war ja mitten auf dem Schauplatz der ältesten Mythenwelt und der Uranfänge des hellenischen Volkes, sah täglich den niedrigstreichenden Pindus, das Oetagebirge, den Pelion, den Ossa und die vielwipflige, breite, massige, hohe Wand des nahen Olympus mit dem fetten Wintergrün der larissäischen Ebene vor meinem Auge prangen und hielt mit den Centauren von *Wlachojani*, wie mit den Giganten der spindelreichen *Ampelakia* freundlichsten Verkehr. Nicht wie die Leute, welche Phthia und Schönhellas bewohnten und Myrmidonen, Hellenen und Achäer hießen,[68] vor dreißig Aeonen waren oder nach dreißig Aeonen etwa seyn könnten und sollten, sondern wie sie *heute* sind, wie sie jetzt denken und handeln, was sie gegenwärtig suchen, hoffen und fürchten, ist diesen Skizzen als Ziel vorgesteckt. Mögen andere vom „Lanzenschwinger Epistrophos", von *Selepias*, *Protesilaos* und *Philoktetes* reden und das „schöngebaute Joklos" und die larissäischen Tänzerinnen preisen; ich erzähle von Seldschuken, Wlachen und Gräko-Slaven, von Krappwurzeln, Weberschifflein und Metropoliten, von Papa-Chilio und Garnfärber Pandasy, vom breiten dunkelgrünen Maulbeerblatt und vom melancholisch-lieblichen Klageruf des „Gkjon" durch die mondstillen, heiterfrischen Sommernächte von Turnovo. Wem das Gemälde verzerrt und widerlich scheint, der klage die Menschen an, daß sie nicht besser sind. Es ist hier vielleicht etwas mehr als Menander; doch nicht ganz die Ungebundenheit der alten Komödien, die

> *Siquis erat dignus describi, quod malus aut fur*
> *Quod moechus foret aut sicarius aut alioqui*
> *Famosus, multa cum libertate notabant.*

Nach einwöchentlicher Rast und sattsamer Bekanntschaft mit den Verhältnissen Thessaliens überhaupt und Turnovo's insbesondere ward ein Ausflug nach der Hochebene *Alasona* unternommen, um das Land auch im Einzelnen kennen zu lernen. Ich wollte wissen warum Homer der Stadt *Olooson* (heute *Alasona*) den Beinamen λευκήν, „die weiße" gibt.[69] Auch hatte ich schon zu Thessalonich gehört, ein Mann von Tscharnitschena auf derselben Hochebene sey im Besitz von mehr als zwei Pfund neugefundener Münzen des Alterthums, unter denen sich vielleicht *inedita* aus den Zeiten der thessalischen Republiken finden könnten. Nach den europäischen Landkarten wäre Alasona wenigstens 12–15 Stunden von Turnovo entlegen; der wirkliche Abstand beträgt aber nur vier Stunden im gewöhnlichen Karavanenschritt. Außer dem Hausherrn und dem oft bemeldten Empirikus Konstantin schloß sich *Ali-Beg*, der Sohn eines reichen Albanesen aus Lala, mit seinem Diener, der ehmals Räuber war, der Gesellschaft an. Vermuthlich war Ali-Begs Vater als Polizeichef von Turnovo begierig zu wissen, was ein Franke um diese Zeit in Tscharnitschena für Geschäfte haben könnte.

Der Leser erinnert sich noch, daß Turnovo nur etwa 500 Schritte vom sanft ansteigenden Uferrand der großen Ebene liegt. Dieser Rand, wie zum Theil auch schon früher bemerkt wurde, ist eine vom Fuß des schieferreichen Olymp auslaufende, dürre, gerundete Hügelkette aus nackten Marmorfelsen ohne Baum, ohne Quelle, ohne Grün und nur mit einem staubigen, salbeiähnlichen Kraut aus dem Geschlecht der Sideritis, wenn wir nicht irren, traurig und dünne bewachsen, während der „smaragdgrüne Rasen und das dunkle Grün der Binsen, Gesträucher und Bäume" auf der von Quellen und Bächen reich getränkten Fläche das Auge ergötzt und das Gemüth erheitert. Wir ritten etwa anderthalb Wegstunden am Fuß der dürren Hügelkette bis zum Punkt, wo sie, unmittelbar hinter dem Koniaridorfe *Mati* stumpfwinkelig mit dem Granit der Olympuswurzel zusammenrinnt. Ein krystallheller wasserreicher Bach, wir sahen es nicht ohne Entzücken, quillt unmittelbar unter dem ausgebrannten Gestein hervor und hat sich dicht am Ursprung ein tiefes (die Eingebornen sagen bodenloses) Becken mit hellgrünem Wasserspiegel und einem Kranz hohen Schilfes gegraben. Ein Platanendickicht von riesigem Wuchs gibt dem Wanderer Schattenkühle und aus dem überströmenden Born zieht durch Gebüsch und Grün der lange Silbersprudel zwischen den Seldschuken-Dörfern in der Richtung gegen Tempe zum Bett des *Sarantaporos* und mit diesem in den welligen Peneios hinab. Im Gegensatze mit dem periodisch rauschenden Wildstrom von Turnovo möchten Neuere in diesem schönen Bache den „lieblichen Titaresios" der Iliade erkennen.[70]

Um die Sterblichen für das reiche Gut einer so üppigen Strömung und einer so erquickenden Schattenfülle gleichsam zu bestrafen, und das große Gesetz der Contraste aufrecht zu erhalten, liegt unmittelbar hinter dem Raume des dürren Hügelrandes, beinahe eine Wegstunde vom Brunnen der Glückseligkeit entfernt, ein Christendorf ohne einen einzigen Baum und ohne alles Wasser, so daß der tägliche Bedarf für die ganze Gemeinde, für Mensch und Vieh, in Fässern vom Born der Ebene heraufzuschaffen ist. Und doch bleibt das Dorf von Geschlecht zu Geschlecht auf dem undankbaren Grunde! Der Mensch, scheint es, lebt um jeden Preis, und Gewalt und Natur mit allem Muthwillen tyrannischer Laune sind noch schwächer als seine Geduld.

Thessalien ist mehr als jedes andere Land der türkischen Monarchie treues Sinnbild des Islam und des Evangeliums. Der Islam mit seiner Grundlage des Hochmuths und der Sinnlichkeit besitzt alles Labsal der grünen fetten Trift;

das Evangelium dagegen als Religion der Demuth, der Armuth, der Entbehrung und des beständigen innern Kampfes hat in Thessalien überall nur die ausgebrannten, schatten- und wasserlosen Schieferhalden des großen Uferrandes als Erbtheil erhalten. Die Weiber dieser „Wasserlosen" hüten den Herd und weben, die Männer suchen als Handwerker, Taglöhner, Schnitter, Sämänner und Spekulanten Brod und Erwerb in der Ebene, in großen Städten, auf fernen Küsten, und kommen im Winter oder Zeitweise mit dem Erübrigten in ihre traurige, aber doch theure Heimath zurück. Diese Gemeinden sind sicher, weil niemand ihren ertraglosen Boden begehrt. Doch sind Heldenmuth und nachhaltiger kriegerischer Ungestüm, wie ihn die Romantik des Abendlandes den Dürr-Haldenbewohnern des großen Ringbeckens leiht, in neuern wie in ältern Zeiten nicht sonderlich zum Vorschein gekommen. Sind Albanier und reine Slaven, wie z. B. der Tschernogorze (Montenegriner) herausfordernd und kriegerisch, so ist der Gräko-Slave und der Gräko-Wlach eher kleinmüthig, geduldig und verzagt.

Von dem slavisch benannten, aber ikonisch bewohnten Dorfe *Mati* kamen wir in einer Stunde sanften Rittes in ansteigender Schlucht auf die Höhe des Passes, wo ein albanescher Soldhaufen zur Hut des Ueberganges unweit eines isolirten Wartthurms am Bivouakfeuer lag und uns erst nach scharfem Examen und gehörigem Ausweis, als wären wir Klephten, vorüberließ. Der Paß wird *Meluna* genannt und gewährt einen überraschend schönen Rückblick auf die große „pelasgische" Ebene, die sich wie ein grüner, von Silberfäden durchwirkter Teppich weit über das im Dunstkreise schwimmende Minaret-Gewirre von Larissa und die deutlich zu erkennenden Salambria-Windungen in prachtvollem Panorama auseinanderzieht. Eine kürzere und weniger steile Schlucht führt auf der andern Seite des Bergsattels auf die kleine Hochebene von *Alasona* hinab, die ein vollkommenes Ebenbild der großen Centralfläche in verjüngtem Maße ist. Bei einem Durchmesser von etwa anderthalb Stunden mag sie deren fünf im Kreise zählen und hat, wie man es schon vor mir bemerkte, ganz das Ansehen eines plötzlich zum Festland erstarrten Sees mit ungleichem Küstenrand. So spiegelglatt, nivellirt und feingebürstet ist der früchtenschwangere humusreiche Grund.

Die Schluchten des Olympus und der Cambunischen Berge, die mit ihren Ausläufern die ganze Umwallung der lieblichen Fläche bilden, spenden ihre Wasser theils perennirend, theils periodisch und treiben die Pappel, den Maulbeerbaum, die Weinrebe und den Maisstengel in strotzender Fülle empor. Kaum waren wir vom Bergsattel herabgestiegen, als vom entgegengesetzten Rand der Ebene Stadt und Felsenkloster *Alasona* mit den *weißlichen* Klippen herüber leuchteten und uns das Räthsel des Homerischen Epithetums erklärten. Rechts am Fuß der Olympushalde, wo aus breitem Schlunde der Wildbach hervorrauscht, hing die „Maulbeerstadt"[71] und neben ihr ein anderes

Kloster lieblich unter Baumgruppen und dunkelm Laubwerk versteckt. Hier war unser Ziel. Aber die Münzen, das hörten wir gleich nach unserer Ankunft im Einkehrhause von Tscharitschena, hatten bereits ihren Weg nach Athen genommen und die Scheu vor dem Bölük-Baschi-Sohn, den man in unserer Begleitschaft sah, hemmte allen weitern Verkehr. Kaum ein und anderer Christ wagte es insgeheim seine ärmliche Waare anzubieten. Arm seyn und doch jedesmal die Steuer pünktlich zahlen, ist die einzige Tugend, die man von türkisch regierten Unterthanen fordert.

Noch ehe wir uns recht niedergelassen und den Ort besehen hatten, waren die Geschäfte auch schon abgethan, und wir hätten leicht noch denselben Abend nach Hause reiten können. Wir blieben aber doch die Nacht und einen Theil des folgenden Morgens, um einige Primaten der Maulbeerstadt heimzusuchen und den Rückweg über das etwa eine halbe Stunde entlegene „weiße" Alasona zu nehmen. Tscharitschena, sagt man uns, hat zwischen 700 und 800 Wohnhäuser mit breiten vorsprüngenden Dächern und häufig mit einem viereckigen Zinnenthurm aus Stein wegen der Olympusklephten, in deren unmittelbarem Bereich am Eingang der tiefklaffenden, wildtosenden, frischathmenden Bergschlucht, zum Theil auf sanft ansteigender Halde die Ortschaft liegt. Der dreiarmige Wildbach, die vielen Brücken und Stege, die laufenden Rohrbrunnen, selbst die Unebenheiten des Bodens, besonders der Reichthum an Quellen, hellgrünem saftreichem Grase und Gestrüpp innerhalb der Stadt, und das breite dunkelgrüne Laub der über die Dächer ragenden Terrassenbäume vermehren die Lieblichkeit der Lage und zugleich die Schuld der Menschen, daß ein solcher Ort nicht Sitz des Friedens, des Ueberflusses und des allgemeinen Glückes ist. Noch stehen zwar einige Häuser leer und mehre sind ganz eingefallen; doch hat sich keine Ortschaft Thessaliens von den wiederholten Plünderungen und Bedrückungen durch Klephten und Albanesen während des Aufstandes so schnell erholt als diese Maulbeerstadt Tscharitschena, die, wie schon früher gesagt, zugleich mit Turnovo und Ampelakia so lange Zeit das gewinnbringende Seiden- und Garnmonopol mit dem Occident besaß.

Wie in beiden genannten Plätzen ist auch hier von der alten guten Zeit nur ein Schatten mit reichem Maße übler Launen zurückgeblieben. Europäern begegnet man in den weiland vornehmen und reichen Primaten-Häusern von Tscharitschena mit zurückschreckender Kälte, wo nicht gar mit ausgesuchter Unhöflichkeit. Die Generation der beglückten Garn- und Seidenhändler, die einst jahrelang in Ungarn, in Wien, in Leipzig wohnten und deutsch lernten, ist noch nicht ausgestorben; von den großen Summen aber, die weiland aus dem „witzlosen Nemtzilande" nach Thessalien rannen, sind leider nur die Erinnerung noch geblieben und der Verdruß über das verlorne Glück. Egoistisch zurückstoßende Kälte des Occidents gepaart mit der allen byzantinischen

Christen angebornen Herzlosigkeit gibt an sich schon keine besonders liebenswürdigen Charaktere. Fügt man zu dieser saubern Mischung noch eine
tüchtige Dosis des herabgekommenen und bankerotten Handelsorten überall
eigenthümlichen Tones schmollender Bitterkeit und kleinlich boshaften Sinnes hinzu, so hat man fürwahr die Elemente einer neuen, bei den Physiologen
noch nicht aufgezählten Menschenspecies, deren schönste Exemplare in
Tscharitschena und Ampelakia sind. Dagegen waren wir dem Bischof des
Ortes ein willkommener Besuch, und der freundliche Prälat dankte meinen
einheimischen Begleitern ausdrücklich für die Ehre einen „Franken" in sein
Haus geführt zu haben.

Der Mann war ein noch junger, schwarzköpfiger, rüstiger Bulgaro-Slave, der
neben der Muttersprache geläufig griechisch und türkisch verstand, aber gegen die Gewohnheit seiner Standesgenossen die Kalogeros-Mütze weggelegt,
und das rabenschwarze Haar in zierlicher Toilette zusammengerichtet hatte.
Die anständigen Fragen des Bischofs, sobald er wußte woher der Fremdling
komme, über bayerische Staatsverfassung, über Gemüthsart und Geist des
Königs, so wie über Macht und Kraft der einzelnen Fürsten Germaniens und
über kirchliche Ordnung insbesondere verriethen schnell, daß wir zu einem
der begabtesten, geistvollsten und hellsten Köpfe des byzantinischen Clerus
gekommen waren. Der Mann hatte Ideen und könnte unter günstigen Umständen bei seinen Glaubensgenossen eine bedeutende Rolle spielen.

Nicht ohne etwas Selbstgefälligkeit über die geräumige, zwei Stockwerke
hohe und ganz gemauerte Wohnung und den reinlichen, eleganten „Hausstand" fragte *Monsignore*, ob die Bischöfe im Frankenlande auch dergleichen
Herrlichkeiten besitzen? Um die innere Gückseligkeit des Mannes nicht zu
trüben, aber auch der Wahrheit nichts zu vergeben, ward dem Bischofhaus
von Tscharitschena vor allen mir bekannten geistlichen Residenzen byzantinischer Lande der erste Rang zuerkannt, jedoch beigefügt, daß es besonderer
Umstände wegen die Franki-Bischöfe in allen diesen Dingen noch viel weiter
zu bringen wissen. Man beschrieb Form und Ausschmückung geistlicher
Fürstenburgen, wie sie in Deutschland vor der Revolution waren und zum
Theil auch jetzt noch sind und, so Gott will, bald wieder werden sollten. Ich
erzählte in Kürze vom Pomp bischöflicher Aufzüge, vom gesegneten Einkommen der fränkischen Oberhirten, von der Größe ihrer Diöcesen, so wie
vom andachtsvollen Luxus und vom großen Nutzen solcher Dinge für das
Seelenheil.

Der Sprengel dieses in seiner Vorstellung so gewaltigen und glücklichen Sla-
ven-Pontifex besteht eigentlich nur in den beiden Städtchen *Tscharitschena*
und *Alasona*, von denen das eine nicht ganz, das andere aber auch nur zur
Hälfte christlich ist. Die beiden Bauerndörfer am entgegenstehenden Rand der
Spiegelebene sind ausschließlich von Mohammedanern bewohnt. Und doch

genießt er alle Vorrechte des byzantinischen Episkopats, trägt am Altar die Kaiserkrone auf dem Kopf und wird – nach unsern Begriffen – mit dem Titel „Königliche Hoheit" angeredet.[72] Als König und „Despot" gebührt ihm die morgenländische Adoration Seitens seiner Glaubensgenossen und ich sah oft genug, und sah namentlich auch hier wie der gläubige Empirikus von Turnovo jedesmal vor Sr. Hoheit von Tscharitschena auf alle viere niederfiel und mit der Stirne den Fußboden berührte. Bei den starrköpfigen Franken, wie man weiß, ist so viel Andacht und Demuth nicht üblich. Auch klagen die griechischen Bischöfe nicht selten über das straffe, irreligiöse und hochmüthige Benehmen derjenigen ihrer orthodoxen Schäflein, die eine Zeitlang im Occident waren und vom wahren Glauben „abgefallen sind".

Im byzantinischen Orient, bei Gräken und Türken, – man kann es nicht oft genug wiederholen, – gelten wir Abendländer ohne Ausnahme für eine Horde zuchtloser Libertins, die alle Bande göttlicher und menschlicher Disciplin abgestreift und in der Praxis keine Grenzscheide zwischen Gut und Böse anerkennen. Nicht genug! Uns Deutsche hält man überdieß noch allgemein und insgesammt für *stupid* und *verzagt*. Wenn man die erste und allgemeine Hälfte dieser Levante-Meinung im Selbstgefühl seiner Vorzüge auch noch ertragen und nöthigenfalls sogar erklären kann, so muß doch der zweite und besondere Theil dieser Nationalkritik in Betreff der Deutschen einiges Befremden erregen, besonders wenn man in Rechnung bringt, daß sich die Byzantiner ihr Urtheil nicht etwa *a priori* nach Diktaten und Randglossen irgend eines eben so unweltläufigen als tiefsinnigen capadocischen Metaphysikers und Kathederhelden, sondern aus eigener Erfahrung und unmittelbarem Verkehr mit den Deutschen der neuesten Zeit gebildet haben. Von sich selbst eine gute Meinung zu haben ist bei jedem Volke üblich, und selbst das Uebermaß der Eigenliebe wird verziehen; aber erst die Anerkennung durch die Fremden schafft jene innere Befriedigung und jenen vollen Ruhm, auf den die Nationen mit Recht so eifersüchtig und empfindlich sind. Und diese Anerkennung soll uns Deutschen, die wir jährlich zehntausend Bücher drucken lassen, von Leuten versagt werden, die bisher weder etwas Verständiges zu schreiben, noch etwas Kluges zu thun vermochten!

Oft habe ich bei mir selbst unter diesen Umständen nachgedacht, warum etwa das große deutsche Volk im Byzantinischen so geringen Credit genieße und dort weniger als z.B. bei unsern christlichen Nachbarn in England, Frankreich und Moskovien ob seiner Weisheit und Stärke gepriesen sey? Manchmal glaube ich freilich den Grund entdeckt zu haben, scheue mich aber doch mit dem Gedanken herauszurücken, den der Kluge von selbst erräth, der Thörichte aber doch nicht begreifen, noch viel weniger aber loben würde. Soweit ich in den byzantinischen Landschaften herumgekommen bin, habe ich überall gefunden, daß man sich Deutschland unter der slavischen Benennung „*Nie-*

metz" (türkisch *Nemtsche*, griechisch Νεμίτζιος) als eine compacte politische Einheit mit einem einzigen zu *Betsch* (Wien) an der „*Tuna"* residirenden allgewaltigen Oberhaupte denkt, wie etwa die Staaten von *Stambul, Moskov, Frendsch* und *Inkilis*. Wie ich aber das Irrthümliche dieser Vorstellung berichtigte und von den achtunddreißig an Umfang und Macht höchst ungleichen, von einander völlig unabhängigen, durchaus eigensinnigen, nach der gewöhnlichen Behauptung aber doch in gleichem Takt sich bewegenden und wenn es darauf ankomme, einsinnigen Staaten der Niemetz erzählte, sahen sie mich mit Augen an, in denen ich deutlich las: „Jetzt begreifen wir, wie und warum ihr seyd, für was wir euch halten."

Der Bischof von Tscharitschena, der noch niemals einen *Niemetz* gesehen hatte und natürlich auch unsere politischen Einrichtungen nicht kannte, äußerte seine Verwunderung über eine Ordnung besagter Art mit Höflichkeit und schien auch die ideale Harmonie der achtunddreißig *Selbständigkeiten* weniger schwer zu begreifen als die türkischen Zwischenredner beim Souper des Wesires von Larissa, bei dem wenige Tage nach unserer Heimkehr von Alasona derselbe Gegenstand verhandelt wurde. Voll Beschämung muß ein Deutscher die Augen niederschlagen, weil man wenige Schritte jenseits der Gränzen von dem großen deutschen Vaterlande schon nichts mehr weiß. Den byzantinischen Völkern wenigstens sind wir heute noch eben so fremd als uns Europäern Tombuktu und die Negerstaaten Inner-Afrika's. Ohne alle Ruhmredigkeit sey es gesagt, ich habe gleichsam die ersten Begriffe über unser politisches Daseyn in den Orient gebracht und eine Menge neuer Vorstellungen auf der weiten Strecke zwischen Kolchis und den Pindusschluchten in Umlauf gesetzt.

Das Verhältniß der Theile zum Ganzen, der souveränen Getrenntheit zur ungetrennten Einheit konnten die guten Osmanli nicht begreifen. Hätte ich den Leuten freimüthig gestehen können, das Einsseyn des deutschen Staatencomplexes sey nur ein im abstrakten Denkvermögen, nicht in der Realität Bestehendes, sey gleichsam nur ein idealer Begriff, der in der Wirklichkeit keine Anwendung finde, so wäre Allen alles gleich anfangs klar geworden. Aber wie könnte man so etwas behaupten und im Byzantinischen herumerzählen? Aus Patriotismus blieb ich verworren und unverständlich. „Aha!" sagte endlich ein weiser Osmanli, „jetzt verstehe ich das Verhältniß der Theilfürsten zum Ganzen: es ist dasselbe wie weiland der *Dere-Bege* Anatoliens zum Padischah." Wie sie aber hörten, daß der gewaltige Kral von Trandabul[73] auch ein Theil des deutschen Ganzen sey, war alles Verständniß wieder dahin. Am Schlusse solcher Unterredungen kamen wir meistens stillschweigend in dem Gedanken zusammen, „eine politische Verfassung, welche die Ausländer nicht begreifen und die Einheimischen selbst nicht allemal verstehen, eine Deutsche oder eine „*Niemetzverfassung"* zu nennen."

Mit dem Wesir Namik-Pascha, Statthalter von Thessalien, konnte man sich freilich leichter verständigen. Der Mann hat in Paris sehr gut Französisch gelernt, London und St. Petersburg besucht, Deutschland durchzogen, europäische Kulturbegriffe aufgenommen und sogar Abbé *Millots* Universalgeschichte gelesen. Zur Zeit der Reform hatte man ihm mit dem Rang eines Ferik (Generallieutenant) das große und wichtige Paschalik Makedonien anvertraut. Wie aber mit dem jungen Sultan die alttürkische Partei wieder ans Ruder kam und das Reaktionssystem nach und nach überwog, versetzte man den wegen seiner Reisen und seiner Erstrebnisse des „Giaurthums" verdächtigen Namik auf den geringern und weniger ergiebigen Posten *Larissa*. Sein Nachfolger in Salonichi kann nicht einmal die eigene Sprache lesen und schreiben, unterhält aber ein wohlbesetztes Harem beider Geschlechter, verachtet Europa und seine Wissenschaft, plündert die Provinz und ward ob seiner großen Verdienste zum Rang eines Muschir (Marschall) erhoben. Von alle dem ist Namik-Pascha das Gegentheil, und seine Verwaltung nennen selbst die christlich-griechischen Raja Thessaliens eine gerechte.[74] Eben deßwegen kann er es unter den gegenwärtigen Umständen zu nichts bringen, und der schon vor zwei Jahren nicht ohne Sehnsucht und Zuversicht erwartete Muschirtitel ist heute noch immer nicht nach Larissa gekommen. In der Türkei muß man „Verdienste" haben, um vorwärts zu kommen!

Hr. von *Mihanowitsch*, zu dessen Consular-Sprengel auch Thessalien gehört, hatte mir ein Schreiben an Namik-Pascha anvertraut und wir ritten – der Weg beträgt nur drei mäßige Stunden – eigens nach Larissa hinein um es dem Wesir zu übergeben. Leute, die in der Welt herumreisen, stellen gerne Vergleichungen der einheimischen und der fremden Sitten an. Und wenn man hier bemerkt, daß der Zutritt zu einem türkischen Großbeamten mit viel weniger Umständen und Gefahren verbunden ist als bei den Wesiren desselben und oft noch weit geringern Ranges in der Christenheit, so soll es kein Tadel, sondern eine leere Beobachtung seyn, die sich von selbst ergibt. Am Hofthor des Regierungsgebäudes, wo die oberste Civil- und Militärgewalt der Provinz residirt, fanden wir keine Schildwacht. Im Erdgeschoß, zum Theil in ärmlichen Schoppen auf zwei Seiten des innern Platzes, sind die Kanzleien. Im ersten Stockwerk, wohin man aus dem Hof auf einer hölzernen Außenstiege gelangt, ist ein offenes Vestibulum, wo sich die Cavassen und unmittelbaren Diener der Gewalt aufhalten und der Privatsekretär seine Stube hat. Diesem erklärt man seine Absicht mit dem Wesir zu sprechen, der unmittelbar am Vestibulum seinen Divan hat. Die Stelle der Zimmerthüre, die den ganzen Tag offen bleibt, vertritt ein Vorhang aus gefärbtem Tuch, das man ohne weitere Meldung auf die Seite schiebt oder, wenn man von Bedeutung ist, durch einen der Diener heben läßt. Das alles ist aber so einfach und zugleich den engherzigen Begriffen und Satrapenlaunen des Occidents so widerstreitend, daß es einem disciplinirten

Deutschen beinahe an der nöthigen Kühnheit gebricht ohne alles Zögern, Zagen, Fragen, Besorgen und Verneigen vorwärts zu gehen. „Geh nur hinein! was zögerst du?" rief ein Albanese aus dem Vestibulums-Trupp dem Fremdling zu. Ich hob das Velum weg und sieh da! Namik Pascha in seinem kaffeebraunen Paletotsack, das kübelförmige dichtwattirte rothe Fes auf dem Kopfe, saß mit untergeschlagenen Beinen wie eine Pagode an der Divansecke. Ich hielt meinen Sermon, so gut es ging, auf türkisch und übergab zugleich das Schreiben des *Hrn. von Mihanowitsch.* Der Wesir erwiederte den Gruß in derselben Sprache, that einige Fragen, lud zum Sitzen ein und las den Brief, während der Diener schweigend und leisetretend den Kaffe und die Ambrapfeife brachte. Inzwischen traten immer mehr Leute in den Saal, denn es war um die geschäftigste Zeit des Tages und wir wurden im Gespräche über den Inhalt des Briefes, über die Grenzverhältnisse des benachbarten Griechenlands, über die Londoner Konferenz, über Personalien etc. beständig unterbrochen und der Pascha fragte, ob ich Eile habe und nicht einen Tag in Larissa bleiben und nach Sonnenuntergang mit ihm essen wollte, wir könnten dann in Ruhe weiter reden.

Obwohl ich lieber nach Turnovo zurückgeritten wäre, hatte ich doch nicht den Muth nein zu sagen. Zugleich sandte der Pascha Befehl in ein angesehenes Christenhaus, man soll mir Quartier bereiten, und der Hausarzt, ein Grieche aus Volo, der etliche Jahre in Wien gewesen ist, wurde beauftragt, den Gast zu unterhalten, in der Stadt herumzuführen, ihn auf alles Merkwürdige aufmerksam zu machen und Abends bei gehöriger Zeit in das Seraï zurückzubringen. Natürlich erhob niemand Widerspruch, denn des Wesirs Wille ist hier Gesetz. Unter den Eintretenden war auch ein ganz ärmlicher in Lumpen gekleideter bejahrter Türke, der wo nicht geradezu ein Bettler, doch jedenfalls in den geringsten und niedrigsten Umständen war. Drei albanesische Bimbaschi in vergoldeten Brustschuppen und glänzenden Gewändern, und neben diesen ein mohammedanischer Landedelmann mit seinem elegant gekleideten, kokett geschniegelten Sohn machten dem Pascha zu gleicher Zeit ihre Cour. Der Mann in Lumpen trat aber ohne die geringste Verlegenheit, vielmehr in ungebeugter stolzer Haltung vor den Pascha hin, legte eine kleine Feldblume als Gabe auf das Divankissen, nannte seinen Namen und fragte, „wie es mit seiner Sache stehe? er habe auf seine vor mehreren Tagen eingereichte Bittschrift noch immer keinen Bescheid erhalten und komme nun selbst zu sehen, was der Pascha für ihn zu thun gedenke, denn es habe Eile, er könne nicht mehr leben und es *müsse* ihm geholfen werden." Der Wesir antwortete mit der größten Sanftmuth: „*Dschianum* (mein Gemüth), ich habe deine Bittschrift gelesen und kenne deine Lage recht gut und nur der Drang der Geschäfte, der jetzt besonders heftig ist, hat mich verhindert die Sache vorzunehmen; man wird dir helfen, man wird das Mögliche thun, deine Lage zu erleichtern, nur mußt du dich noch einige Tage gedulden; beruhige dich nur und geh in Allahs Namen, deine Sache ist nicht vergessen." Der Mann dankte, bat aber noch einmal, der Pascha möge ihn nicht zu lange warten lassen „denn das erste und nothwendigste Geschäft der Obrigkeit sey dem Bedrängten beizustehen und dem Nothleidenden Rath zu schaffen." Und so ging der Mann in Lumpen mit derselben Zuversicht, mit welcher er hereingetreten war, zum Saal hinaus.

Denke man sich eine solche Scene in der Christenheit und stelle man die Leutseligkeit des Wesirs von Larissa neben die hochmüthige Härte hin, mit der man Armen und Geringen in den Paschaliken der christlichen Länder begegnet. In der Türkei gibt es keinen höhern Rang als „Moslim" zu sein, und auf diesen Titel ist der Bettler nicht weniger stolz und zuversichtlich als der Wesir. Ich hatte dem Auftritt mit dem größten Interesse zugesehen und ging dann mit dem Medicus in das angewiesene Christenhaus.

Zu sehen ist in Larissa nichts. Es ist eine Türkenstadt ohne die geringste Spur als hätte hier jemals das kunstreiche Volk der alten Hellenen gewohnt. Selbst die Festungswerke der byzantinischen Periode sind verschwunden sammt Thor und Burg, in welcher noch Mohammed IV. während seines Aufenthalts in Thessalien (1669) residirte. Lange grasbewachsene Erdlinien mit verfallenen Holzthoren und halbgefüllten Gräben über leere Felder streichend, verrathen streckenweise die Richtung der alten Mauer und die verschwundene Größe von Larissa. Die Stadt ist offen und zieht sich, wie Prusa am Olymp, bei einer Viertelstunde Breite fast eine Stunde Weges in der Länge dicht am rechten Stromufer des Salambria fort.[75] Der Fluß ging um diese Jahreszeit (6. Januar) voll und schlammig und trat in den Niederungen des linken Ufers häufig aus. Die mit Hochpfaden versehene, zwei Wagen breite, 320 Fuß lange, aus breiten Quadern erbaute Brücke mit neun saracenischen Spitzbogen ist das unvergängliche Werk des ersten türkischen Eroberers, jenes vielgenannten Turchan-Begs aus der ersten Hälfte des 15ten Jahrhunderts.

Wohl strichen wir durch die Bazare von *Jenischehir*,[76] um zu sehen wie viel und welcherlei einheimisches und fremdes Gut in den Magazinen liege und zu welchen Preisen man hier verkaufe. Auch einige Stadtviertel wurden durchzogen, der Erzbischof und das neue Pracht-Seraï eines reichen Begs besucht, aber aus Zufall hörten wir nirgend ein verständiges Wort, nirgend einen neuen klugen Gedanken und saßen bis gen Abend hin im Kaffehause auf dem langgezogenen sanft anschwellenden Hügelkamm, wo weiland Citadelle und Theater von Alt-Larissa standen. Von beiden dringt an vielen Stellen altes Gemäuer zu Tag. Diese milde, im Verhältniß zum wagrechten Larissa-Grund nicht unbedeutende Schwellung des rechten Salambria-Ufers macht den ganzen Reiz der Stadt. Ein Segment der weiten bergumschlossenen Ebene mit den langen Bogenwindungen des reichen vollen Stromes in der Richtung gegen den Ossa und Olymp lag im Glanz des Abendgoldes vor unserm Blick.

Wohl einige Stunden saß ich auf dem freien Platz vor der Thür und schaute bald in die blauen stillen Lüfte hinaus, bald in die langsam wogende Strömung des Peneios und auf den einsamen Platanen Chersones – Sonntagslust der Larissa-Jugend – an der nahen Uferkrümmung hinab. Am Abhang des Citadellenhügels in der Richtung gegen die Bazare steht ein isolirter Thurm mit einer Glockenuhr, und weithin über das Häusermeer tönte in abendlicher Stille der Stundenklang. Wir warteten bis die letzten Strahlen der untergehenden Sonne auf den Gipfeln des Olymp erloschen und kamen bei anbrechendem Dunkel in das Seraï zurück.

Namik Pascha saß noch auf derselben Stelle und in derselben Haltung wie wir ihn vor mehr als sechs Stunden verlassen hatten. Namik Pascha reitet selten aus und sitzt, wenn er nicht in Geschäften seiner weiten Provinz von der Hauptstadt abwesend ist, Tage, Wochen, Monate lang, von Morgen bis Abend gleichsam bewegungslos und mit allzeit gleicher Miene in der Divansecke, um Gerechtigkeit zu spenden, Fragen zu lösen, Bedenken zu heben, Streite zu schlichten, Huldigungen einzunehmen, Befehle zu ertheilen und sich von jedermann Gehorsam und unterwürfiges Entgegenkommen leisten zu sehen. Geschäft oder kein Geschäft, Divane menschenvoll oder leer macht keinen Unterschied; der Pascha sitzt unverrückt und wartet bis es etwas zu befehlen gibt. Erst mit Untergang der Sonne steht er auf und geht langsam ernsthaft über die Stiege in den zweiten Stock hinauf, wo Harem und Familie mit dem übrigen Labsal der Tagesmühen seiner harrt. Gewiß liegt im *Regieren* ein eigenthümlicher Reiz und ist das Geschäft im Grunde vielleicht nicht gar so langweilig und qualvoll als es bisweilen Uneingeweihten scheinen mag. Auch hat man ja schon dem Diener des weisen Ritters von der Mancha gesagt: „wer einmal die Hände am Steuerruder habe, wolle nicht mehr loslassen, weil Befehlen und Gehorsam zu finden gar so süße Dinge seyen," „*por ser dulcissima cosa el mandar y ser obedecido.*" Sollte es mit diesem Axiom richtig seyn, so hatte Namik Pascha dieses Mal ganz gewiß einen Tag der Sättigung und des glücklichsten Uebermaßes, denn meiner Rechnung nach saß er wenigstens vierzehn volle Stunden machtübend auf seinem Divansplatz.

Bald nach uns traten noch zwei Gäste ein, der Mufti von Thessalien und der Kadi von Larissa, nach dem Wesir die angesehensten Personen der Provinz. Klugheit verlangte die Gegenwart dieser beiden hohen Funktionäre aus der Klasse der Ulema, um Zeuge zu seyn, daß der Wesir einem Ungläubigen gegenüber den Gesetzen muselmanischer Orthodoxie und Herrschaft in keinem Punkte etwas vergeben habe. Namik Pascha war ja wegen seiner Reisen und Studien in Europa bei der jetzo wieder mächtigen Kaste der Eiferer des Abfalls vom Glauben verdächtig. Alle Anstalten und das ganze Benehmen des Wesirs während der mehr als vierstündigen Abendgesellschaft verriethen sorgfältiges Bestreben vor den beiden gefährlichen Beobachtern gerecht zu seyn.

Wie vorhin der Erzbischof beim Erübrigungs-Mahle zu Turnovo das Evangelium, so citirte der Pascha einen Spruch des Propheten und hatte auch die Mahlzeit nach altmusulmanischem Brauch ohne Teller und Bestecke angeordnet. Die Stelle der einen vertraten frische weiche Brodscheiben, die man am Ende auch noch ißt, die Stelle der andern aber, wie männiglich bekannt, die Finger der rechten Hand. Nur für die Suppe, die in einem schön verzierten Topf aus Bronze im Centrum der Kupferscheibe stand, hatte man anderthalb Fuß lange Löffel aus Buchsbaumholz herumgelegt. Und doch hatte der Wesir vollständiges Tafel-Service aus Europa in seinem Schrank! Vielleicht ist der vielen Berichte ungeachtet mancher Leser dennoch neugierig zu erfahren wie man bei einem türkischen Großbeamten in feinem orthodoxem Styl zu Abend speist.

Für Gestalt und Einrichtung des Zimmers gibt es im Orient, wie jedermann weiß, eine einzige unüberschreitbare Norm. Ein Divans- oder Selam- (Empfang-) Zimmer kann nur ein Viereck seyn und ist unfehlbar in zwei Räumlichkeiten von ungleicher Größe geschieden. Die erste und allzeit kleinere Abtheilung ist ebenen Trittes gleich am Eingang, ohne Sitz und Bequemlichkeit und der Boden nur mit geringen Matten bedeckt; die zweite und größere ist um einen Tritt höher und häufig durch hölzerne, zierlich geschnitzte und ungerufen von geringeren Leuten nicht zu überschreitende Schranken von der untern abgesondert. Hier sind farbenreiche Fußteppiche und läuft auf drei Seiten mit breiten und bequemen Kissen der Divan. Die Wände sind weiß getüncht oder höchstens mit leichten Arabesken flüchtig und matt verziert. So war unser Gesellschaftssaal in Larissa beschaffen. Als Mittelzimmer hatte er nur nach vorne Fenster, aber diese mit schmalen Zwischenräumen und in zwei Reihen übereinander, von denen die obere und allzeit kleinere Reihe Scheiben von matt gefärbtem Glase hatte. Seitwärts auf dem Fußboden, nicht weit von den schön geschnitzten Schranken des Presbyteriums lag eine große, schwach gerandete, massive Silberplatte und auf ihr stand ein vier Fuß hoher Leuchter aus demselben Metall mit einem Kerzenlicht. Ein zweites Licht in einem Messingbehälter von gewöhnlicher Größe und Form stand am Eckfenster rechts und in einer Nische des untern Raumes brannte eine zierliche Glaslampe mit Oel gefüllt. Das war Beleuchtung und Schmuck des aromatisch duftenden Speisesaales. Von Tisch, Sessel, Commode, Schreibpult, Secretär, Consol, Tabouret, Fußschemel und anderm europäischem Firlefanz sah man keine Spur. Auf der Fensterseite des Divans nahm für sich allein der Mufti Platz, ihm links an der Seitenwand hatte sich der Kadi gesetzt, diesem gegenüber am Divans-Ende der rechten Wand saß der Wesir und ihm zur Seite auf einem Frankenstuhl der Gast aus Nemtscheland. Der griechische Arzt als des Paschas besoldeter Diener und des Sultans geborner Unterthan hatte zwar links vom Kadi einen Sitz, aber ohne Lehne, und wenn er auch vor dem Essen

gleich den übrigen Gästen den Kaffe erhielt, so ward ihm doch nach unverbrüchlicher Vorschrift türkischer Sitte die Ehre der Pfeife nicht vergönnt; auch
ward ihm bei der Ceremonie des Händewaschens vor und nach dem Essen
nicht wie den Uebrigen ein goldgesticktes, sondern ein einfaches Handtuch
zum Abtrocknen vorgehalten. Solche Unterschiede wären in Europa entehrend
und unerträglich, hier aber fallen sie Niemanden auf, weil sie im religiösen
Gesetz begründet sind, das jedermann kennt und dem sich kein Mensch ent-
ziehen kann.

Als es Zeit zum Essen war, stellte der Diener ein mit Perlmutter eingelegtes,
hohles, unterhalb mit Spitzbogen rundgeziertes Achteck im Divanswinkel
zwischen dem Mufti und Wesir auf den Fußteppich und legte darauf die große
Kupferscheibe mit dem dampfenden Suppennapf, den Buchslöffeln, den
Brodkuchen, verschiedenen Tunken, Süßigkeiten und einer Schale frischer
Trauben (6. Januar), die während des ganzen Essens zum Belieben der Gäste
stehen blieben. Zwölf bis fünfzehn Speisen hintereinander, Süßes mit Saurem,
Gesottenes mit Geschmortem und Gebratenem, Ragout mit ganzen Stücken in
wundervollem Wechsel; nur zu trinken gab man nichts; nicht einmal Wasser
stand zur Verfügung. Ich hatte Vormittag auf dem Bazar außer Weintrauben
eine gute Dosis mit Butter und Honig bereiteten Khadaif verzehrt und litt
während des Mahles empfindlich Durst. Zwar holt der Diener auf leises Verlangen das Wasserglas; weil es aber niemand begehrte, fehlte mir auch der
Muth. Der Tisch ward so in den Winkel geschoben, daß die drei Musulmanen
auf dem Divan bleiben konnten, die beiden „Ungläubigen" aber auf ihren mit
den Divanskissen gleich hohen Stühlen den offenen Raum besetzten.

Das Essen selbst dauerte etwa eine Stunde und die Unterhaltung mußte schon
aus Respekt für die beiden hochwürdigen Ulema, die als orthodoxe Musulmanen nicht Europäisch verstanden, in türkischer Sprache gehalten werden. Nur
selten fiel eine französische Phrase des Wesirs dazwischen und die beiden
Gesetzesleute, sobald sie merkten, daß man ihrer Rede in etwas kundig sey,
konnten sich das Vergnügen an den nach ihrer Vorstellung so weit herkommenden Fremdling ihres Glaubens und ihrer Sitte Fragen zu thun nicht versagen. So lange es nur Persönliches betraf und in kurzem Dialog über Heimath,
Nationalität und Reisen durch islamitische Länder, über Sitte und Brauch
moslimischer Völker, über Aufenthalt in Stambul, über Zeit und Methode türkischer Studien und über den allgemeinen Eindruck osmanischen Staatslebens
auf mein Gemüth Bescheid zu geben war, ging alles gut und ich kam in bedeutenden Kredit, hauptsächlich weil die Antworten durchgehends nach dem
Sinn byzantinischer Höflichkeit bemessen waren. Wenn aber dann ihrerseits
Wesir und Ulema fanden, daß der Gast für so kurzen Aufenthalt im „glücks-
eligen Stambul" merklich viel gelernt und besonders den wahren Accent sich
angeeignet habe, so kann hierin der Leser mit mir selbst auch nur die Gegen-

wirkung byzantinischer Geschliffenheit erkennen. Für fremdes Lob ist ja keine Nation empfindlicher als die türkische und nirgend wird das Verdienst die Landessprache zu reden so hoch geachtet wie im Reiche der Osmanli.

Nach dem Essen ging jeder auf seinen vorigen Sitz zurück und wie der Diener mit unnachahmlicher Grazie die Ceremonie des Händewaschens verrichtete und wie natürlich zuerst wieder zum Mufti kam, nahm dieser die Ehre nicht mehr an und wies den Kannenträger mit dem Worte: *„Müsafiré,"* d.i. „zum Gast", auf die andere Seite hinüber.[77] Das war eine Sache von großer Bedeutung und ich säumte keinen Augenblick mit der stambulinischen Erwiederung: *Chajir, Efendim, ben dschümlenin ednasi im,* „Nein, mein Gebieter, ich bin unter allen der Letzte."[78] *Aferim* (Bravo) sagte hierauf halblaut der hochwürdige Mufti und blickte mit selbstgefälliger Miene den Kadi an. Die eigentliche Soirée oder türkische Akademie im höheren Styl begann erst jetzt und dauerte noch mehr als drei volle Stunden. Beim Reichthum und bei der Mannigfaltigkeit der Gegenstände, die während einer so langen Zeit verhandelt wurden, und zugleich bei dem sichtbaren Streben des Mufti seine arabisch-persische Gelehrsamkeit spielen zu lassen, kam ich wenigstens anfangs wiederholt aufs Trockene. Allein was ich uncorrekt ausdrückte und unvollkommen verstand, oder gar nicht ausdrücken konnte und gar nicht verstand, dolmetschte kundig der Wesir.

Grammatik, Länderkunde, Geschichte und Staatsverhältnisse lieferten unerschöpflichen Redestoff. Und nachdem man die gegenwärtige Constitution des Nemtschelandes zu nicht geringer Verwunderung der Gesellschaft beschrieben hatte, ward türkische Neugierde über Ursprung und Wachsthum des Hauses Oesterreich befriedigt und auf die sonderbare Frage des Wesirs „Warum die deutsche Kaiserwahl so lange auf Prinzen von Oesterreich fiel" eine Antwort gegeben, die man hier nicht wiederholen will. In einer zu Konstantinopel wöchentlich einmal erscheinenden türkischen Zeitung, die sich zur Belehrung türkischer Leser hauptsächlich mit Uebersetzungen aus europäischen Werken über Oekonomie, Naturgeschichte und Technologie beschäftigt, ging auch vom Zustande des Ackerbaues im *„Kralyk Baviera"* mit großem Lob die Rede und der Pascha fragte, ob es in unserm Lande wirklich so fruchtbare und sorglich kultivirte Strecken gebe, welche durch 40 bis 60fältigen Segen die Mühe des Bebauers vergelte, wie unglaublicher Weise im besagten Journal zu lesen sey? Ich merkte wohl, daß hier der sogenannte Donaugrund zwischen Regensburg und Straubing verstanden werde und stellte, ohne von der Sache eigentlich selbst etwas genaueres zu wissen, aber eingedenk des persischen Spruchs, die Frage eines Großen niemals mit *„ne mi danem"* (ich weiß es nicht) zu beantworten, den Ertrag irrthümlich genug auf höchstens 16 bis 20 Samen, was dem Pascha im Vergleich mit der als Getreideboden berühmten Ebene von Larissa zwar noch immer viel, aber am Ende doch glaublicher schien.

Namiks Urtheil über die neugriechische Wirthschaft in Athen, so wie über die Grenzverhältnisse und über das Benehmen der hellenischen Behörden und ihrer Patrone überhaupt will ich des Friedens wegen lieber gar nicht erwähnen. Man kann sich ja selbst vorstellen, daß ein türkischer Pascha und Gränz-Woiwode „bei den alten Erinnerungen und täglich frischen Reibungen mit empörten und hochbeschützten Sklaven in der hellenischen Sache" weniger schwärmt und kokettirt als ein mystisch-trunkener Präzeptor aus Berlin. Dieser Theil der Unterredung wurde aparte und ganz in französischer Sprache zwischen dem Wesir und seinem Gast gehalten, während die beiden entferntsitzenden Ulema mit einem dritten erst nach dem Essen hereintretenden Kollegen in eifrigem Gespräche befangen waren.

Ich benützte diese Gelegenheit dem Wesir die neue Ansicht auseinanderzusetzen, die sich in Europa seit Jahren über die Nationalität der heutigen Griechen gestaltet hat. Welches Gewicht in dieser Doctrin für Aufhellung und Begründung gewisser Ereignisse liege, ward dem intelligenten Osmanli auf der Stelle klar. „Gebieter!" sagte er sich an die Gesellschaft wendend, „eine neue und wichtige Sache! Höret nur was der Gast von den Griechen erzählt; sie sind nicht nur dem Glauben sondern meistens auch dem Blute nach Brüder der Bulgaren, Sirben und Russen." Zugleich gab er einen kurzen Umriß der Begebenheiten wie er sie eben vernommen hatte und ich sie noch weiter zu ergänzen und zu bekräftigen suchte. Verschiedene Eigenheiten der höhern türkischen Umgangssprache lernte ich erst bei dieser Veranlassung kennen. So lautete z. B. meine etwas pedantische Phrase: *Eski Urum kilidschdan getschirildi* (die alten Griechen sind vernichtet worden) im Munde des Wesirs viel einfacher und eleganter „*Junani spathi oldu*" (die Jonier sind dem Schwert verfallen).[79]

Bei der Nähe von *Fersala* (Pharsalos) fiel die Rede natürlich auf das berühmte Treffen zwischen Cäsar und Pompejus. Namik Pascha erzählte den drei andächtigen und solcher Dinge ganz unkundigen Ulema das Ereigniß mit der größten Genauigkeit; auch der Circumvallationslinien von Dyrrhachium wurde gedacht, wobei der wahre einheimische Name „Drasch" (Duras, Durazzo, Dyrrhachium) zum Vorschein kam.[80] Gewiß gibt es wenige Türken, die eine europäisch geschriebene Universalgeschichte gelesen haben oder nur zu ertragen vermöchten. Auch fand der gute Pascha in Abbé Millots Composition gar zu viele und gar zu unerträgliche „Pfaffereien" (man verzeihe einem Türken diesen Ausdruck) als daß er nicht eine seiner Vorstellungsweise näher liegende Darstellung wünschen sollte. Ich nannte ihm *Comte Segur*, hätte aber sicherlich aus Patriotismus und zu gründlicher Belehrung des wißbegierigen Wesirs irgend ein deutsches Compendium von etwa 48 dicken Quartanten empfohlen, wenn der Wesir unsere Sprache verstünde. Die langen Erzählungen über Vergangenheit und gegenwärtigen Bestand der Westländer machten auf den Mufti – das sah ich wohl – einen von Neugierde und Betroffenheit gemischten, im Ganzen aber patriotisch-peinlichen Eindruck, weil ihm türkisches Wesen und Uebergewicht im Gegensatze christlicher Ländergröße und Gewalt von nun an weniger majestätisch und weniger sicher scheinen mochte. Wie es so oft geschieht, hatte *Wissen* und *Erfahren* auch bei ihm in kurzer Zeit den alten Glauben zerstört und Bedenklichkeiten an die Stelle fester Zuversicht gestellt. „Ich sehe wohl," sagte er, „daß ihr Christen, während wir in stolzer Sorglosigkeit und Selbstgenügsamkeit nicht achteten was im Abendland vorging, uns über den Kopf gewachsen seyd." Um auch seinerseits Belesenheit und Weltkenntniß zu zeigen, lenkte er die Rede auf Kahira, auf die Schönheiten von Damascus und auf die wundervollen Scenen seines Schattenwaldes zurück. Nachdem er über diese Gegenstände nach türkischen Begriffen zierlich und gelehrt, das ist mit reichlicher Anwendung arabischer und persischer Ausdrücke gesprochen hatte, kam er auf das Lob der „Niemetz" zurück und bemerkte, um unsere alte Größe und Weisheit zu beurkunden, daß schon der jüdische König Salomo eine deutsche Prinzessin zur Frau genommen hatte.

Der später eingetretene Ulema schien ein Philologus zu seyn und sich vielleicht etwas mit vergleichender Sprachenkunde zu beschäftigen; denn seine Fragen betrafen alle nur den grammatischen Bau der deutschen Rede, und er wollte unter andern wissen, ob wir im Singular des zweiten Personal-Pronomens (du) für das Femininum[81] eine eigene Form haben wie die Araber? Aus allen am wenigsten redete der magere, etwas düster und mohammedanisch sorghaft blickende Kadi. Besonders gut gelaunt, gesprächig und heiter war dagegen der Wesir, er herrschte ja unbedingt und jedermann war bemüht seine eigene Weisheit der seinigen unterzuordnen. Dafür ließ er aus seinem Schatz die massiv goldene, auf vier Füßen ruhende und mit großen Brillanten reich verzierte Dose herunterbringen und zeigte sie dem Gast mit der Bemerkung, daß es ein Geschenk des Kaisers von Rußland sey. „Jetzt sey er zwar nur erst *Ferik* (General-Lieutenant), aber der Muschirtitel werde, *insch allah*, auch bald von Stambul kommen."

In ganz gleichen Zwischenräumen wurden Erfrischungen gereicht, Scherbet, Backwerk, Süßes etc. Endlich ward ein albanesischer großer Apfel von vorzüglichem Aroma mit Messer und Handtuch jedem der Sitzenden besonders in einen Teller auf den Schooß gelegt, zum Schlusse aber noch einmal Kaffe herum gegeben, was in mohammedanischen Abendgesellschaften das Zeichen zum Aufbruch ist. Etwa um die fünfte Stunde Nachts erhoben wir uns, grüßten nach der Reihe den Wesir; der Aufwärter hielt das Velum und wir gingen mit türkischer Ordnung und Gravität zum Divan hinaus. Der Ulema harrten im Hofe ihre Maulthiere und Diener, mich aber führte der Medicus durch die finstern und holperichten Straßen der Stadt in das christliche Quartier zurück.

Des andern Morgens hatten wir noch kleine Geschäfte in den Bazaren und ritten endlich mit einer Ladung frischer Trauben vom Ossagelände, noch ehe es an der Glockenuhr Mittag schlug, über die saracenische Bogenbrücke gegen Turnovo hinaus.

Mehr für meine eigene Belehrung als für Berichtigung angeblicher Irrthümer der Zeitgenossen bin ich nach diesen Scenen noch einen vollen Monat in der freundlichen Stadt der Garnfärber geblieben. Festbesuche, vorübergehende und alltägliche, folglich eingelernte, berechnete und gleichsam stereotype Dialoge lehren selten den wahren Charakter und Sinn der Menschen kennen. Man muß sie unvorbereitet überraschen und so lange unter ihnen weilen, bis sie des Selbstzwanges müde werden und gleichsam vergessen, daß sie ein Fremder sieht. Ich wollte die *Ultima ratio* der byzantinischen Gemüther erspähen und den Schlüssel zum Verständniß öffentlicher Zustände finden, welche den Occident so enge und so peinlich berühren und einer eben so folgenreichen als unerwarteten Entwickelung entgegeneilen. Wenn mich das Roman- und Schülerhafte meiner eigenen Begriffe endlich anekelte und ich nach besserer Erkenntniß strebte, so wird das hoffentlich keine Kränkung für andere seyn.

Der Satz, daß die *politischen* Zustände der Nationen ihren letzten Grund in den *moralischen* haben, läßt sich bei einer Nationalität, in welcher der Individualismus so vollständig vernichtet ist, wie in der byzantinischen, weniger bestreiten als anderswo. Jedoch gibt es Thesen, in welchen der Irrthum beinahe schöner als das richtige Erkennen ist. Oder soll man sich dem humanen, philosophischen, für Autokratie des individuellen Geistes und für hellenische Tugend so warm fühlenden Deutschland gegenüber nicht schämen, seinen Glauben an die Majestät des Occidentalismus und besonders an die Tugend von Byzanz so früh und so vollständig verloren zu haben? Das Schlimme ist nur, daß allen occidentalischen Theorien zum Trotz die Byzantiner selbst nicht an byzantinische Tugend glauben. Doch dürfen sich wohl nicht viele Fremde rühmen, das vollgültige Geständniß der absoluten und unheilbaren Bösartigkeit des griechisch-byzantinischen Volkscharakters aus nationalem Munde selbst vernommen zu haben.

Ein turnobitischer Kodschiabaschi (Gemeinde-Verwaltungsrath oder Oberältester) Namens *Calosso* rückte endlich nach vielen Analysen und herkömmlichen Phrasen über die gegenwärtigen und künftigen Geschicke der „römischen Nation" mit dem melancholischen Geständniß heraus: „Wir selbst zwingen die Türken durch unsere Schlechtigkeit zu drückenden und ungerechten Handlungen. Unsere Großen sind wie die Bojaren in Moldo-Wlachia, sie tyrannisiren das Volk, sind unersättlich und ohne menschliches Gefühl. Daher die Unmöglichkeit der Arbeit und der Bodenbestellung, daher die Oede Griechenlands und das traurige Schauspiel aus dem freien Hellas fliehender und beim Sultan Zuflucht suchender Familien, ja ganzer Gemeinden. Was Wohl und Wehe des gemeinen Volkes betrifft, trat man in Hellas geradezu und ohne alle Verbesserung in die Fußstapfen der Osmanli."

Den erklärenden Text zu diesem Bilde gibt die Geschichte der Byzantiner alter, mittlerer und *neuester* Zeit. Eine kraftvolle Autokraten-Natur des zwölften Jahrhunderts wollte das byzantinische Erbübel durch Ausrottung sämmtlicher Primatialgeschlechter heilen. Es wäre aber sicherlich eine falsche Rechnung gewesen, weil die aus den untern Volksclassen Heraufrückenden noch jedesmal mit den Plätzen auch die Verderbtheit der Vorgänger übernommen haben. Man ist weder kleinmüthig noch Timon; aber hier ist das Uebel größer als alle Medicin. Und wenn unverzeihlicher Fehler ungeachtet doch nicht jedermann berechtigt ist, die Menschen überhaupt und die politischen Geschäftsleute mit ihren Praktiken insbesondere geringe zu achten, so hat sich doch der Glaube an die Ohnmacht abendländischer Recepte allmälig sogar der verblendetsten Adepten selbst bemächtigt. Europäische Weisheit und Energie, von der man glaubt, daß sie alles bewältige, hat auf byzantinischem Boden ihren Meister gefunden. Fehlte diesen Völkern ein *Louis XI.*? oder hat ihnen die Natur jene Eigenschaften des Geistes und des Gemüths versagt, die den Europäer vorzugsweise lenksam und politischer Ordnung empfänglich machen? oder liegt die Ursache noch tiefer und ist hier gar eine andere Welt, die wir nicht verstehen können? Ein Volk, das seinem eigenen Blute warmes Gefühl, Liebe und Erbarmen versagt, das mit unersättlicher Gier Mittel des Genusses sammelt und sich doch allen Genuß versagt, ist aus andern Elementen zusammengesetzt als wir. Vaterlandsliebe, Selbstverläugnung und uneigennützige Aufopferung für das gemeine Beste würde man da vergeblich suchen. Ein sterbender Turnobit weigerte sich standhaft seinem eigenen Sohn und Erben den Ort zu nennen, wo sein Geld vergraben liege: „ich habe es mühevoll erworben und will nicht, daß du dich des leichten Besitzes erfreust; erwirb selbst und mach dann was du willst." Alles Suchen war vergeblich und ich sah es selbst, wie der Erbe des reichen Mannes das Haus demolirte, um den versteckten Mammon des Vaters aufzufinden.

Gewiß ist der griechische Boden an gemünztem Gelde und an vergrabenem Schmuck der reichste in der Welt. Familienhäupter, welche in dieser Weise Körbe voll spanischer Thaler besitzen, schlafen auf harter Erde und glauben Verschwender zu seyn, wenn sie mit Knoblauchstängeln, süßen Zwiebeln und eingemachten Oliven ihren Hunger stillen. Mehr als Eine warme Speise des Tages verzehrt in seiner Familie selbst der reichste und liberalste Byzantiner nicht. Feuer wird in den wenigsten Haushaltungen angezündet. Das Haupt der Familie setzt sich in den Laden des *Bakkal*, d. i. Früchten- und Lebensmittelhändlers und verzehrt dort sein Byzantiner Mahl, unbekümmert um Weib und Kind, die nach Thunlichkeit selbst für sich zu sorgen haben. Um etliche Pfennige essigsaure Kohlblätter, aus dem nächsten Laden geholt und roh mit trocken Brod einmal des Tages verzehrt, müssen in solchen Fällen Ueppigkeit und Wohlgeschmack deutscher Bürgerkost ersetzen. Bei aller Aermlichkeit ist aber auch der jedem Einzelnen zugemessene Theil so geringe, daß ein reichlich essender Abendländer nicht begreifen kann, wie ein menschlicher Körper mit so wenig Nahrung bestehen und wachsen könne. Freilich ist aber auch *Hunger* im weizenreichen Thessalien wie in Aegypten eine der vorzüglichsten Ursachen frühzeitiger Versiechung und Sterblichkeit.

Schon früher ward bemerkt, daß in nicht wohlhabenden Christenfamilien die Knaben nur bis Zurücklegung des zehnten Jahres im väterlichen Hause Nahrung erhalten, dann aber für sich selbst sorgen müssen so gut sie es verstehen. Man kann wohl denken, in welche Unordnung und Selbstvergessenheit unter solchen Umständen mancher Junge verfällt. Erwachsene, so lange sie ledig sind, thun sich häufig truppweise zusammen, kaufen gemeinschaftlich ihre Lebensmittel auf dem Markt und kochen und verzehren sie im Bäckerladen.

Diese Sittenzüge sind etwa nicht Ausnahmen, einzeln vorkommende Fälle, oder bei den Leuten in Turnovo allein zu finden: sie sind Regel und allgemeines, bleibendes Ergebniß der bürgerlichen Zustände aller Christengemeinden im byzantinischen Reiche. Und doch sind diese Länder beim größten Elend der untern Volksklassen von der Last des gemeinen europäischen Bettlerwesens so zu sagen völlig frei, nicht etwa in Folge weiser Gesetze, sondern durch Sitte und Gewohnheit, die stärker sind als jedes Gesetz. Kein griechischer Christ bettelt einen Griechen an, weil er weiß, daß keiner etwas gibt. Wird aber dennoch angesprochen, wie es in den von Europäern besuchten und bewohnten Stapelorten geschieht, so betrachtet der Grieche den Bittenden mit kalter Ruhe, philosophirt wohl mit dem Nachbar über die Wirkungen des Hungers im Antlitz und über die Lumpen am Kleide des Elenden, die Gabe wird aber doch versagt, was auch Niemand übel nimmt.

In der Türkei erträgt der reiche Christ den Druck der Gewalt, der arme aber seine Noth mit gleicher Resignation; beide rechnen mechanisch auf ein besseres Jenseits und sind hienieden stolz ein *byzantinischer Christ* zu seyn. Oft beneidete ich bei aller eigenen Wärme und Andacht diese Leute um ihren festen Glauben und um ihre zweifellose Zuversicht. Wahrhaft, die Europäer wissen Preis und Segen des Christenthums nicht genug zu schätzen! Muß man denn aber auch *unterdrückt*, *Helot*, *hungrig*, *Ignorant* und *Bettler* seyn, um das volle Gewicht der göttlichen Doktrin zu fühlen? Beinahe möchte man Christen und Moslimen von Byzanz entschuldigen, wenn sie von uns nichts wissen wollen und wenn sie Bücherplage, Projekte, Unglauben, Unzufriedenheit, galante Laster, Kasernenleben, Conscription, Trunkenheit, tabellarische Verzeichnisse und Gassenbettel als die wahren Symbole und die unzertrennlichen Gefährten europäischer Kultur betrachten.

Es ist nicht genug, daß die Nationen ihre Vorzüge und ihren Werth selbst erkennen, sie sollen auch wissen in welchem Lichte sie fremden Völkerschaften erscheinen. Jeder Tag brachte eine neue Idee, einen neuen Vergleich und je freier und zwangloser man sich gegenseitig gehen ließ, desto lehrreicher ward der Verkehr. Doch die Zeit ging schnell, und der Sommerschein, der entzückende wonnige Hauch des Lebens, der so manchen schönen Jännertag über der thessalischen Ebene lag, forderten wiederholt zur Reise auf. Aber immer neue Zögerung, neues Hinderniß! Bald trat ein Regentag dazwischen, bald blies es nordischkalt vom schneeigen Olymp herab; der alte Türke rieth vollends den Frühling zu erwarten, gab mir schmackhafte Melonen und reimte im Scherz über den langen, ihm so willkommenen Aufenthalt,

> *Dolaschdüm Schami, Misiri,*
> *Oldüm Turnavo jesiri.*[82]

Unter welchen Umständen ich aber doch endlich Turnovo und Larissa in der ersten Februarwoche (1842) verließ und über Pharsalos in die griechische Quarantäne nach Lamia gekommen bin, dann Chalcis auf Euböa sah und die zweijährige Levante-Wanderung im Piräus geschlossen habe, soll in Kürze noch als Nachtrag ein eigenes Fragment erzählen.

XIII.

Reise von Larissa an die Gränze des Königreichs Griechenland. Quarantäne von Zitun. Schluß.

Aber warum *Zitun* und nicht *Lamia*? warum amtlicher Namensrestauration zum Trotz die *slavische* Benennung des Gränzortes in der Aufschrift auch jetzt noch vorangestellt und die *hellenische* nur so nebenher als Parenthese eingeschaltet? Ist das nicht verdammlicher Starrsinn und offenbarer Beweis, daß man von den Russen gedungen ist den hellen Born des Hellenenthums durch Bulgarenschlamm zu trüben und am Schluß der „Fragmente", wie im Anfang und in der Mitte, dem griechenliebenden Deutschland Aergerniß zu geben, den ländergierigen Russen aber die Wege künftiger Macht und Herrschaft zu bereiten? Ich Beklagenswerther, was habe ich gethan! welch Unheil ist durch mich in die Bücherwelt gekommen!

> *Eheu! quid volui misero mihi? Floribus Austrum*
> *Perditus et liquidis immisi fontibus apros.*

Daß papierne Ordonnanzen nur selten die Volkssitte überwinden, ja gewöhnlich schwächer als verjährte Gewohnheiten sind, weiß jedermann, und was die Kanzlei zu Athen „Lamia" nennt, heißt beim Volke noch jetzt *Zitun*. Wir aber reden mit Vermeidung leeren Bombastes überall gerne die Sprache des Volkes. Populäre Gründe! – wird man sagen – hinreichend für gesunde Seelen, aber ungenügend den Zorn gelehrter Hellenomanen zu entwaffnen! Der Gefahr eingedenk haben wir schon zu Turnovo auf Vertheidigung gesonnen und – wie wir hoffen – in der Odyssee das Heil gefunden. Sinnreich und bescheiden verglichen wir uns beim langen Aufenthalt am Tempethal den lotosessenden Gefährten des Ulysses und die Fettebene von Larissa selbst dem Land der Lothophagen, wo man der süßen Heimath vergißt und nicht mehr weiter ziehen will. Ach wäre das Sittengesetz nur nicht gar so strenge und sinnen-schmeichelnde Weichlichkeit durch die Moralisten nicht so hoch verpönt! wahrhaft ich wäre bethört durch physisches Wohlbehagen noch lange in Thessalien geblieben. So süß schmeckte das Lotos – thymianduftendes Hammelfleisch mit Weizenbrod und Trauben –, so milde und nervenschwellend fächelten, obgleich zu Zeiten noch Wolken zogen und Regen fiel, unter blauem Himmel die Mittagslüfte. Wie die sentimentale Gräfin Ida erst auf den Ruinen von Balbek die „Fabel" Aurora und Tithon verstand, so ward auch mir das lieblichste aller Bilder in Ovids Verwandlungen erst in Thessalien klar. Nur in Thessalien konnte Daphne in die Gestalt des Lorbeerbaumes übergehen und lebendigfühlend mit der Erde zusammenwachsen,

Sentit adhuc trepidare novo sub cortice pectus.

In diesem Lande mehr als irgendwo im Orient fühlt der Mensch, daß er ein Sohn der Erde ist und, mit Verlaub der Ueberschwenglichen, nur vom reichstrotzenden Busen der Mutter Kraft und Nahrung zieht. Doch wer dürfte ohne Beleidigung strenger Sitte von gesteigerter Sinnlichkeit und von heiterer Lymphe thessalisch genährter Körper reden? Wenn aber bei überzähliger und unzufriedener Bevölkerung irdisches Gedeihen allein die Wahl neuer Sitze bestimmen soll, so wäre für die Temperatur des deutschen Bluts ohne Zweifel Thessalien der geeignetste Himmelsstrich. Der Gedanke war zu verführerisch, und obgleich die Unmöglichkeit deutschen Sinn in dieses Rinnsal zu lenken ebenso klar erschien als die Hoffnung duldendes Nebeneinander zwischen abend- und morgenländischem Kirchenthum zu erzielen mit jedem Jahre sinkt, folgte ich dennoch dem lockenden Bild so oft ich in den letzten Tagen des Aufenthalts auf dem Kastellhügel von Larissa saß und das Auge über den prachtvollen Teppich der peneischen Ebene schweifen ließ. Die Myrte trieb frischen Saft und ruhig wälzte sich in weiten Krümmungen die volle Fluth des Salambria zum Tempethor hinab. Doch umsonst! Das Erbe ist schon vergeben.

Byzantinisch angebaute Fluren gewinnt der Abendländer heute nicht mehr auf friedlichem Wege; der Gewalt aber und dem klugen Gedanken haben die deutschen Stämme auf immer entsagt. Die Chlodowige, die Alariche, die Theodoriche sind in Deutschland ausgestorben und nur als Knechte wandern unsere Brüder nach entlegenen Zonen. Wie der Leser sieht, haben wir in Thessalien nicht blos „Lotos" gegessen, wir haben auch der Leiden und der Geschicke des deutschen Volkes gedacht und zugleich durch herzhaftes Losreißen vom üppigen Strand der „peneischen Daphne", so viel an uns, praktisch die Tugend geübt. Den Lockungen der Sünde und der Könige entgeht der schwache Sterbliche nur durch die Flucht. Man meinte zwar, es wäre besser den Februar noch vollends in Turnovo zu verleben, weil erst dann von rauhen Lüften nichts mehr zu besorgen sey.

Die Leute hatten Recht, Februar ist für Thessalien Wintermonat. Ich wollte aber fort, sah noch einmal die Lieblingsplätze des langen Aufenthalts, die einsam stehende Platane vor der Stadt, den Teich, den Brunnen, das „romantische Klösterlein" in mildem Abendgold und trat nach freundlichem Abschied von Christ und Musulman am Spätmorgen des 4. Februar (1842) die Wanderung zur griechischen Grenze an, wo ich endlich christliches Regiment und deutsche Gesellen treffen sollte. Der Weg in gerader Richtung beträgt kaum über zwanzig Stunden und geht, ohne Larissa zu berühren, auf einer Fähre über den Peneios unmittelbar nach Fersala (Pharsalus). Ich hatte einen Pindus-Wlachen von Klinovo als Diener aufgenommen, durfte ihn aber in Folge neuester Verordnung ohne ausdrückliche Erlaubniß des Wesirs Namik-Pascha nicht über die Gränze nehmen. Man wollte die Flucht der christlichen Raja hindern, die sich auf diesem Weg häufig dem Charadsch und andern Plackereien der türkischen Verwaltung entzogen. Um die Sache schnell und mündlich zu schlichten, machten wir den kleinen Umweg über Larissa, fanden aber beim Wesir nicht mehr ganz das freundliche Entgegenkommen des frühern Besuches. Man war etwas kühler und gestattete erst nach vielen Reden und Bedenken die Fertigung des Reisescheines, für welchen außer Stellung eines Bürgen wegen der Rückkehr noch 20 Grusch (ein Conventionsthaler) Taxe zu erlegen waren. Der Bürge wollte sich aber auch nicht ohne große Mühe und nur gegen Vorausbezahlung des nächstfälligen Kopfgeldes (drei Gulden Münze) bereden lassen. Dann hatte man erst das Paßbüreau zu suchen, den türkischen Kanzleichef anzugehen, und das Schreibervolk zu begütigen – früher unbekannte Mühen und erst durch occidentalische Weltverbesserer in die Türkei verpflanzt! Zum Glück war das Alles im Hof des Seraï untergebracht und fand ich der vielen Mißverständnisse und müssigen Fragen ungeachtet mehr Geduld als nach europäischen Begriffen zu erwarten stund.

Während der türkische Schreiber die „besondern Kennzeichen" des Wlachen protokollirte, mußte ich laut vorgängiger Belehrung mit dem Gelde in der Tasche klingeln, was den schreibenden Türkenfingern sichtlich Elasticität verlieh. Ueber diese und andere Sorgen waren beinahe zwei Tage vergangen und die Straßen von Larissa boten damals ein besonders lebhaftes Schauspiel dar, weil von dem neugeworbenen Albanesencorps beinahe die Hälfte schon in der Stadt versammelt war und alle Einkehrhäuser von schmutzigen Fustanellen wimmelten. Wir hatten die beste Gelegenheit zu sehen wie der Sultan seine Milizen wirbt. Man brauchte 6000 Mann Leichtbewaffneter zur Hut des wiedergewonnenen Syriens und zum bevorstehenden Kampf wider die Maroniten im Libanon. Die Pforte begnügte sich unter Geheimhaltung der wahren Bestimmung sechs Binbaschi nach Thessalien zu senden mit der Vollmacht, je 1000 undisciplinirte Arnauten zu werben „als ginge es gegen das benachbarte Griechenland."

Siebenzig Grusch (sieben Gulden Münze) mit täglicher Brodration war der Monatsold des gemeinen Mannes; der Binbaschi dagegen war für seine Person außer dem unerlaubten Gewinn durch falsche Musterrollen mit monatlich 3000 Grusch (300 Gulden Münze) bedacht. Für Kleidung, Waffen und andern Bedarf hatte die geworbene Mannschaft selbst zu sorgen. Sogar das Glaubensbekenntniß fand bei jener Werbung keine Schwierigkeit. Christ und Musulman war gleich willkommen, wenn er nur Waffen hatte und Gehorsam schwur. Sämmtliche Einkünfte des Paschaliks Thessalien wurden als Brod und Sold des undisciplinirten, meuterischen Haufens aufgerechnet. Mancher der bestallten Binbaschi hatte weniger als die Hälfte des Contingents, und doch bezog er – versteht sich nicht zu seinem Schaden – Löhnung und Ration für die volle Zahl von tausend Mann. „Verlornes Geld!" meinte der redliche alte Türke Hadschi-Oghlu von Turnovo, „das *Devlet alieh* (die hohe Pforte) muß in dieser Weise elend zu Grunde gehen!"

Jedermann im Lande kannte die Unterschleife und den Raub am öffentlichen Gut; nur die Centralgewalt zu Stambul wußte nichts. Denn in der Türkei hat die oberste Gewalt das Recht in der eigenen Sache blind zu seyn und in den meisten Dingen den wahren Stand entweder gar nie oder doch erst zuletzt zu erfahren, wenn nicht mehr zu helfen ist. Einmal sah ich dem Guerillamanöver des in meinem Han eingelegten Haufens zu, könnte aber von ihrer Kriegskunst nicht viel mehr Rühmens machen als von ihrer Tugend und Sittsamkeit. Daß wir in fremden Ländern hie und da besonders auf Sitte und moralische Zustände merkten, ist freundlichen Lesern nicht unbekannt. Die Sache hat aber namentlich in diesem Falle ihre Bedenklichkeit, weil wir in der Kunst ohne Nachtheil dem Texte Schlüpfrigkeiten einzuweben hinter dem berühmten „Verstorbenen" eben so weit als in Witz und feinem Styl zurückgeblieben sind. Doch glauben wir ohne bedeutendes Aergerniß für sittenstrenge Leser sagen zu dürfen, daß man zu Larissa in Thessalien *Salep* trinkt und von diesem in Europa wenig bekannten Specificum großen Consumo macht.

Salep ist bekanntlich ein Strauch, der hauptsächlich in Syrien gedeiht und wie die Patate den Werth nicht in Blatt und Stengel, sondern an der Wurzel hat. Die Salepwurzel theilt dem Blut eine erhöhte Wärme mit und ruft gewissermaßen die schlummernde Sinnlichkeit nach Maßgabe der Dosis zu regerem Leben auf. Zu Markt wird die Wurzel in gedörrtem Zustande gebracht, vom Salepsieder aber zu feinem Pulver zerstoßen und mit Zuthat von etwas Ingwer zu einem graulichen Bräu versotten, der an Consistenz der Chocolade gleicht und in der Christenheit zuweilen von Kranken, im Islamitischen aber aus Ueppigkeit nur von den Gesunden getrunken wird. Von besonders nachhaltiger Wirkung, meint man im Orient, sey das Getränke vor Sonnenaufgang und unmittelbar nach dem erquickenden Labsal des Morgenschlafs. Salep! Salep! rief es durch die dunkeln Straßen von Larissa schon um 5 Uhr frühe (Februar). Die ambulanten Salepmänner haben der Uebung wegen ein feines Gehör. Der Diener klirrte am Fenster und sogleich trat ein rothbärtiger Osmanli herein, die Laterne in der einen, das kohlengeheizte Réchaud mit dem brodelnden Saft in der andern Hand und credenzte die volle Tasse, für die er nicht mehr als 5 Para, d.i. etwas über drei Pfennige unseres Geldes nahm. Der Aermste kann sich diese Erquickung verschaffen und ich bitte die Leser über mein larissäisches Frühstück keine Bemerkung zu machen.

Es wehte winterlich vom Ossa herüber und die Mühen des Tages und die frostigen Dialoge mit Namik Pascha, mit den Schreibern und Pferdevermiethern kühlten bald wieder das mäßig erwärmte Blut. Um uns das im Sommer freilich unschwere Tagwerk nach Pharsalus wegen der Kürze des Lichts in etwas zu erleichtern, machten wir uns nach eilig geschlossenem Miethvertrag noch Abends zum Thor hinaus und schliefen im Einkehrstall des nächsten Dorfes etwas über zwei Wegstunden von der Stadt. Wir rechneten auf eine schlechte Nacht. Frostige Winde bliesen durch die zerlöcherten Lehmwände auf unsern Lagerplatz und bald drangen Schneeflocken vom Ziegeldach herab. Holz war nicht zu haben, wir kauften aber 15 Pfund Kohlen, sotten Eier, schmorten Fische in Olivenöl, tranken Wein und schliefen in die Mäntel gehüllt wider Vermuthen vortrefflich, lange und warm am Kohlenfeuer. Die Nacht hatte förmlich den (vierzehntägigen) thessalischen Winter gebracht und wie wir mit dem Morgengrau vor die Hütte traten, war der Boden streckenweise mit dünner Schneekruste bedeckt. Dennoch ritten wir ohne Säumniß fort und freuten uns bei Zeiten nach Pharsalus zu kommen und einen bequemern Han zu finden als im Dorf ohne Baum und Holz. Aber bald zeigte es sich, daß der Pferdeführer den Weg nicht wußte und auch noch niemals in Pharsalus gewesen war. Um für die Strecke von Larissa nach Zitun drei Dukaten zu ersparen, die ein kundiger und ehrenfester Türke mehr als ein Grieche begehrte, hatten wir letzterm den Vorzug gegeben und wurden nun, wie billig, für unzeitige Sparsamkeit zur Strafe gezogen.

Die meisten Leser kennen den Namen *Cynoscephalä* so wie die große Schlacht, in welcher die römische Legion zum erstenmal die macedonische Phalanx überwand. Eben so gut weiß man auch, daß „Cynoscephalä" auf deutsch „Hundsköpfe" bedeutet und daß im Alterthum nicht blos eine bestimmte Ortschaft, sondern wegen der Gestaltung des Bodens eine größere Landstrecke zwischen Larissa und Pharsalus diesen Namen trug. In dieser Gegend waren wir jetzt, und der Anblick des Landes erklärte am besten das alte Wort Cynoscephalä. Kurz vor dem Dorfe, in dem wir schliefen, begann sanft ansteigend ein Labyrinth niedriger, baumloser, niedlich ineinander verschlungener Stumpfhügel – milde, langgedehnte Schwellungen des fruchtbarsten Bodens mit rinnenden Bächen, Kräuterwiesen und kleinen grasbewachsenen Moorgründen in den muldenförmigen Vertiefungen – im Ganzen etwa sieben Stunden lang und vier bis fünf Stunden breit. Bis zum Dorfe Pa-gratsch ging es noch leidlich, dann aber sagte der Führer unumwunden, er wisse nicht welcher von den vielen nach allen Seiten zwischen den Hügeln auseinandergehenden Reitpfaden der rechte sey und nach Pharsalus führe. Was war zu machen? Die Schuld lag auf unserer Seite und wir ritten auf Ge-rathewohl. Zum Unglück war die Gegend auch noch menschenleer und nur ein Kranich, der einsam am Wasser stand, sah uns verwundert vorüberziehen. Bauern, die wir später in einiger Entfernung trafen, wußten auch keinen bes-sern Bescheid und so übernahm ich denn im Vertrauen auf meine Kompaß-kunde die Leitung der Karavane selbst. Aber sieh da! während ich auf einer moorigen Stelle den Eingebungen meiner vermeintlichen Weisheit folgte, that das Pferd einen falschen Schritt, stürzte seitwärts in eine Schlammtiefe und sank bis an den Gurt; mich selbst schleuderte es im entgegengesetzten Sinn, doch reichte mir die Pfütze nur bis an das Knie. Die Geduld brach selbst bei diesem Auftritt kaum; das Thier ward wieder aufs Trockene gebracht und wir ritten, obgleich die schneegetränkte Flüssigkeit in die Fußbekleidung gedrun-gen war, unverzagt zu einem Konaridorf hinan, wo uns ein großnasiger Os-manli in weißem Turban nach vielem Irrsal zum rechten Weg verhalf. „Auf die Derwisch-Einsiedelei im Pinienwalde richtet euren Weg, dort werdet ihr *Tschataldsche*[83] von ferne sehen." So war es auch.

Nach mehr als sechsstündiger Plage hatten wir endlich den Südrand des Hundskopf-Labyrinths erreicht und erblickten auf einmal das spiegelglatte, links und rechts unabsehbare, auf der uns entgegengesetzten *Südseite* aber durch ein dammartig hereinspringendes Vorgebirge begrenzte Feldmeer der pharsalischen Ebene vor uns ausgebreitet. Wir waren wirklich überrascht und vergaßen beim Anblick der prachtvollen mit Saaten und Gras bedeckten Flä-che auf einige Minuten unsere Noth. Am wasserreichen Bach, welcher die Ebene von einem Rand zum andern der Länge nach in diagonalem Laufe durchschneidet und seine perenne Fluth mittelbar in den Peneios wälzt, er-kannten wir sogleich den Enipeus des Alterthums, und sahen deutlich die zierliche Steinbrücke und den breitgetretenen Weg, der nach Pharsalus führt. Aber noch viel Wichtigeres als Kornfeld, Bach und Steinbrücke: die Walstatt, wo Cäsar den Pompejus schlug, lag offen vor dem Sinn. Zur Beschreibung jenes verhängnißvollen Tages und Cäsars Strategie lieferte erst der Ueberblick der pharsalischen Felder den wahren Commentar. Die Lagerstelle beider Hee-re, die Schlachtordnung, ja der Platz, wo die einzelnen Legionen standen, wo die Reiter fochten und die Reserve der zehnten Legion den Sieg entschied, lagen wie gezeichnet vor dem Blick.

Manche Stelle in Cäsars Schriften würden die Herausgeber viel verständiger und lichtvoller commentiren, wenn sie den Schauplatz der Begebenheiten selbst gesehen hätten. Diese Bemerkung gilt hauptsächlich dem alexandrinischen Akademiker Appianos, der in Beziehung auf die pharsalische Walstatt in bedeutendem Irrthum ist, wie sich weiter unten zeigen soll. Von Cäsars Commentarien, die seit der Studentenzeit auf keiner Reise fehlen, wurde der betreffende Abschnitt auf den Hügeln selbst gelesen, wo das Lager der pompejanischen Legionen stand. Dann ging es mit Bedacht den sanften Abhang hinab und fort gegen den Enipeus, der an den Zelten des großen Gegners der Optimaten vorüberrann.

In solchen Momenten fehlen auch dem Müden die Gedanken nicht! Um in die Stadt zu kommen, die am Fuß des Bergrandes gegenüber in Nebeldunst und leichter Schneedecke winterlich begraben war, hatten wir von unserm Standpunkte aus noch einen anderthalbstündigen Ritt über die fetterdige, von geschmolzenem Schnee durchnäßte Spiegelfläche zu überstehen. Die armen, schlechtgenährten und schwer beladenen Thiere erlagen fast unter der Bürde und nicht ohne große Anstrengung erreichten wir endlich gegen drei Uhr Nachmittags das Ziel. Wir bedurften insgesammt der Ruhe und Mensch und Thier hatte Labung nöthig. Wie wir uns auf die knisternde, kleidertrocknende, hammelschmorende Flamme aus Reisig und dürrem Holze freuten! An Holz konnte es in Pharsalus ja nicht fehlen; oder hatten wir nicht Bäume gesehen und im nahen Gebirge Nadelwald? Aber das gemauerte Einkehrhaus dieser Türkenstadt war leider noch weit ärmlicher und trostloser als der Stall im letzten Christendorf. An Brennholz war gar nicht zu denken; selbst Kohlen gab es nicht. Kein Fleisch, kein Fisch, kein Reis, kein Ei! sogar die Nachtlampe fehlte. Wir aber waren müde, hungrig, durchnäßt und zitterten vor Frost auf unserer Matte am kalten Herde sitzend.

Das Zimmer hatte, wie natürlich, keine Decke, wir sahen durch das lose Ziegeldach die grauen Wolken ziehen und gegen Abend trieb es eisige Lüfte durch den rohen Schornstein und die ladenlose Fensteröffnung auf das Lager herein. Wir sahen einer bedenklichen Nacht entgegen, vielleicht der schlimmsten, die ich je auf Reisen zugebracht. Wenn in dieser Lage das Fieber käme! Welch eine zweifelhafte Lage! Um das Maß der Verlegenheiten voll zu machen, sagte uns auch noch der Führer seine Dienste auf: er könne und wolle nicht weiter ziehen, das Land jenseits Pharsalus sey ihm so unbekannt als uns und morgen frühe reite er nach Larissa zurück. Es war ein junger Mensch, ein blonder Menelaus der Olympusdörfer, voll guten Willens; aber er wußte im Lande weder Bescheid noch hatte er frischen Muth. Diesen Uebeln mußte nach Thunlichkeit zugleich begegnet werden.

Nachtlampe und Kohlen lieferte ein Krämer der Nachbarschaft; aber wie wir zwei- und dreimal holen ließen, war der Preis jedesmal um die Hälfte angewachsen und am Ende ging der Vorrath aus. Das Fenster ohne Laden ward mit zusammengesuchten Matten zugemacht und mit vieler Mühe am Ende auch noch etwas Wein und Brod aufgebracht, was mit den Hammelsresten aus Larissa doch nur ein kümmerliches Nachtmahl gab. Wir theilten es gutwillig mit dem Führer, nachdem uns ein Grieche des Orts seine Pferde auf den andern Morgen, aber nur bis zur nächsten Station *Domoko* vermiethet hatte. Dort, hieß es, müssen wir türkische Führer nehmen, denen es allein gestattet sey über die Grenze ins fremde Land zu gehen.

Die Nacht in Pharsalus glich einer wahren germanischen Winterscene. So traurig flockte und brauste es vom Berg herab. Gott weiß es, mit welchen Gefühlen wir uns am matten Kohlenfeuer zur Ruhe legten! Die wenigsten Leser vermuthen aber auch nur, mit welcher Summe von Sorgen, Geduld und Noth ich beinahe jeden Satz dieser Fragmente vorausbezahlen mußte. Gewinn ist uns im Lesen fremdes Ungemach. Nur begreift vielleicht ein „Glückseliger" nicht immer schnell, warum man im Einkehrhaus zu Pharsalus eigentlich noch keine vergoldete Felderdecke, keine Gueridons und keine elastischen „Couchetten" hat. Wir aber schliefen der Bedrängniß ungeachtet bis uns die Morgenkälte frisch und erquickt neben dem verglommenen Herde weckte. Ich glaube, der warme Saleptrunk in Larissa hat das Winterelement noch in Pharsalus besiegt. Nur kam der neue Führer in aller Frühe mit Bedenklichkeiten wegen des bedrohlichen Wetterstandes und meinte, ob wir uns nicht noch einen Tag Ruhe gönnen wollten. So gerne wir auch unter erträglichern Umständen einen Tag geblieben wären, lehnten wir doch in der Noth aller Dinge den Vorschlag ab und erklärten um jeden Preis heute noch nach Domoko zu ziehen. Auf wiederholtes Einreden fragte ich nur so obenhin, wo der Kadi von Pharsalus wohne? Statt der Antwort sagte der Grieche, in anderthalb Stunden werde er mit frisch gefütterten Pferden im Hofe stehen, sey die Witterung wie sie immer wolle. Die Zwischenzeit wurde benutzt die Gelegenheit des Ortes noch einmal anzusehen.

Pharsalus ist eine türkische Bauernstadt von weniger als 4000 Seelen, hat aber in der Lage große Aehnlichkeit mit Antiochia am Orontes. Es ist eine schmale, lange Kothstadt, längs dem Fuße einer sich zur Ebene verflachenden steilen Hügelkette hingestreckt und ohne alle Spur des Alterthums, ausgenommen die zerstörte große Akropolis hoch oben auf der Bergebene, von der sich wie zu Antiochia beiderseits am Felsenrande lange, verwitterte Festungsmauern zur Stadt herabziehen. Ich gab mir nicht die Mühe und hatte auch keine Zeit die Berghöhe zu erklimmen, sah aber um so eifriger auf das gestern durchwanderte Schlachtfeld der römischen Bürgerkriege hinüber. Statt den Leser mit einer umständlichen Aufzählung aller Einzelheiten jener Schlacht und dann noch weiter mit einer Abhandlung über die Bürgerkriege im Allgemeinen und über die ganze römische Geschichte überhaupt von Aeneas bis Augustulus heimzusuchen, wie es der belobten Gräfin an meiner Stelle sicher begegnet wäre, begnügen wir uns mit der einfachen Berichtigung einer irrigen Angabe des Griechen Appian. Offenbar hat der gelehrte Akademiker die pharsalischen Felder nicht selbst gesehen und sein Werk nur aus fremden Büchern zusammengetragen, sonst hätte er in geradem Widerspruch mit Cäsars Text die Walstatt nicht zwischen Stadt Pharsalus und den Fluß Enipeus verlegt,[84] während der Streit der Nebenbuhler um die Weltherrschaft auf dem kornreichen Blachfeld zwischen dem *rechten* Enipeusufer und dem Hügelrande des Hundskopf-Labyrinths entschieden wurde. Cäsar, der sonderbar genug weder Stadt noch Fluß mit Namen nennt, erschien zuerst von Epirus her und lagerte im Kornfeld am Wasser. Pompejus zog mehrere Tage später von Larissa kommend, auf demselben Weg den wir genommen hatten, und schlug ohne in die Fläche hinabzusteigen das Lager auf den Hügeln auf, an deren Fuß er sein Heer in bequemer und ihm günstiger Stellung vergeblich zum Kampfe bot.[85] Am Entscheidungstage selbst lehnte Pompejus den rechten Flügel, Cäsar aber den linken an den Fluß, der beiden Heeren die Seite deckte und die Angriffe der Reiterei unmöglich machte. Diese Stelle (Cäs. III, 88 und 89) setzt die Sache außer Zweifel. Wie Pompejus geschlagen und selbst das Lager am Hügel genommen war, floh Alles nördlich in der Richtung gegen Larissa durch das Hügelrevier, auf dem sie vorher gekommen waren. Aus Cäsars Angaben ist es klar, daß keines der streitenden Heere in der Richtung gegen Pharsalus den Fluß überschritten hatte. Nach Appian aber wäre der Rückzug entweder durch den Fluß „mit hinderlichen Ufern" (*impeditis ripis*) oder vielmehr – was offenbarer Unsinn – *südlich* gegen *Domoko* und die Thermopylen geschehen, wohin wir uns nach dieser kurzen Abschweifung vom Reiseziel unter nicht ganz günstigen Wetterzuständen etwas später als neun Uhr Vormittags in Bewegung setzten.

Nach einem Paar etwas lichter Morgenstunden, die uns mit falschen Hoffnungen kirrten, war ein dichter Nebel über Berg und Fläche herabgestiegen, und wie wir an's andere Ende des Städtchens kamen, wo Weiber an der Quelle wuschen, fing es zu schneien an. Wir ritten schweigend vorüber, weil uns der Wind die Flocken ins Antlitz trieb und die düstere Atmosphäre bald die nächsten Gegenstände dem Blick entzog. Nur der glatte weiche Pfad verrieth, daß wir nach einer Wegesstunde aus der steinigen Durchgangsniedrigung des pharsalischen Vorgebirges wieder auf das Feldmeer gekommen waren. Sehen konnte man es nicht. Die Luft bot eine jener Scenen, wie sie nur die Iliade malt, und gleich Ajax flehten auch wir zu Zeus um Licht, obwohl zur Dunkelheit auch noch die Qual des Hungers kam. Wir hatten uns ohne Imbiß auf den Weg gemacht, weil der eigene Vorrath aufgezehrt und in Pharsalus um jene Stunde nichts zu finden war. Welch ein Glück daß wenigstens der Führer der Landschaft kundig war! Erst am Ende der hier drei gute Stunden breiten Fläche öffneten die aufsteigenden Nebel den Horizont und wir standen am Fuße eines hohen Kegelberges, auf dessen Spitze unsere Sehnsucht, das Städtchen Domoko wie in den Wolken hing. Des Schnees ungeachtet hätten wir mit guten Pferden vielleicht in weniger als einer Stunde das Ziel erreicht. Aber wir brauchten das Doppelte, und die Thiere waren eben so erschöpft wie wir, ja selbst den Führer, den hartlebenden Griechen aus Pharsalus, wandelte auf halber Berghöhe vor Hunger Ohnmacht an. Er konnte nimmer fort. Ein Labetrunk, eine Krume Brod hätten ihn zu Kraft gebracht; aber beides fehlte, Sack und Flasche waren schon am Morgen leer. Nach kurzer Rast wurde noch einmal angesetzt und wir krochen langsam athmend jammervoll den steilen Pfad hinan. Doch umsonst! die Kraft versagte noch einmal, und wie sich der Arme zu letzter Hülfe auf die Gruppe des koffertragenden Pferdes setzte, sank auch noch das Thier unter der Doppellast nach kurzer Strecke zur Erde nieder. Durch vereinte Mühe ward wieder aufgeholfen, wir sahen die Häuser ober uns und kamen mit Aufraffung der letzten Kraft endlich todesmatt bei der gastlichen Thüre an. So groß war die Schwäche, daß ich die schroffen Treppen ins obere Stockwerk ohne helfenden Arm nicht mehr zu erklimmen vermochte.

Das Haus war ein christliches und wegen der unebenen und beschränkten Räumlichkeit von Domoko thurmähnlich an den Abhang hingelehnt. Zum Glück fanden wir eine Zelle leer mit überhängendem Bretterdach und Söller vor der Thüre, wie die Hütten in Tirol. Neben der Thüre war die kleine Fensteröffnung, der Boden von gestampftem Lehm und eine Feuerstelle im Hintergrunde, wo sofort die Flamme von trockenem Birnbaum lichterloh in die Höhe schlug.

Leser, die nach succulentem Mahle unsere Noth angeekelt hat, werden bei der Nachricht der glücksvollen Lage in Domoko wieder ausgesöhnt und zufrieden seyn. Reis, Eier, Hülsenfrüchte, Brod, Wein, Holz und Raki war im Ueberfluß; aber müde Deutsche wollen kräftigere Substanzen, und nicht ohne viele Mühe ward auch noch eine Henne zum Nachtmahl aufgetrieben. Man denke sich die Lust! Nur war im ganzen Haus kein Hafen, um das Kleinod herzurichten, kein Leuchter die Kerze aufzustecken und kein Kücheninstrument das Geschäft mit Anstand auszuführen. Wohl eine Stunde suchte und fragte man im Städtchen herum bis endlich der ersehnte Topf erschien.

Domoko, wie schon früher bemerkt, ist von Türken und Griechen zugleich bewohnt; die Griechen aber kochen nicht, wenigstens kein Federvieh, und es gab gleich anfangs einen hohen Begriff von unserer Bedeutung und unserer Macht, daß wir an einem gemeinen Wochentage ein solches Mahl bereiten ließen. In der Zelle neben uns war auch ein Fremder, der nichts als einmal des Tages Bohnen mit Oliven aß. Bei den Griechen müssen auch die Thiere fasten, weil die Menschen selbst nur Zwiebel essen und das gewonnene Geld vergraben wird. Die Deutschen lieben zwar viel und gute Kost, haben aber ein weiches Herz für fremde Noth und erbarmen sich besonders des lieben guten Viehs. Unsere Pferde sammt dem Führer hätten zwar bei all ihrem Pharsalusblut die Schlacht bei Gaugamela nicht entschieden, erhielten aber doch in

Domoko des harten Tagwerks wegen Gerste zum Desert; der Agogiate selbst durfte sich mit dem Wlachidiener zu den Resten des reichlich aufgestellten Mahles setzen und erhielt, um die Ohnmacht gründlich auszutreiben, neben dem ausbedungenen Lohn noch eine Extradosis Raki als Labetrunk. Nachdem wir am Ende noch für frische Pferde bis in die Quarantäne von Zitun mit einem Türken abgeschlossen hatten, überließen wir rund am Feuer gelagert die matten Körper der langersehnten Ruhe. Damit aber ein für das Seelenheil besorgter Leser nicht etwa glauben müsse, die Nacht in Domoko sey für christliche Wanderer gar zu weich und üppig gewesen, wollen wir nur bemerken, daß, wie in den wenigsten Fällen unseres Erdenwandels das Gute ohne Beisatz vom Uebel ist, so auch im Einkehrhaus zu Domoko das übersüße Glück durch etwas Wermuth gedämpft und verbittert war. Daß die Zellendecke fehlte, war ein geringeres Uebel als der Mangel des Kamins. Die aus gehobelten Sparren und Brettern schön gezimmerte und knapp gefugte Dachung, obgleich von Rauch und Schlacken angeschwärzt, hielt Schnee und Kälte von oben sattsam ab; aber bei Thür und Fenster, die des Rauches wegen offen blieben, drang es vom Söller schneidend kalt auf die Schlafenden herein, während zerlassener Schnee über der Herdflamme durch die Bretterfugen drang und als rußgefärbte ätzende Flüssigkeit in regelmäßigen Pausen auf die grauen Mäntel niederfiel, noch heute sichtbar zur Erinnerung an die Winternacht in Domoko. Nicht genug, in der Zimmerecke neben meinem Lager war am Fußboden eine runde Oeffnung angebracht, die dem Gelasse unterhalb als Rauchfang diente. Ein widerlicher Qualm aus ranzigem Oel und nassem Holze, der sich von unten herauf in die Wirbel der obern Heizung schlug, tödtete alle Poesie und stellte bald das Gleichgewicht in unserer Lage her. Wir waren ja zur Winterszeit gleichsam mitten im rauchenden Kamin logirt!

Es schneite und stöberte die ganze Nacht und auch noch den folgenden ganzen Tag ohne Unterlaß. Wir hofften aber auf Besserung und wollten Morgens dennoch fort. Der Türke erklärte geradezu die Unmöglichkeit und sagte auch, wir hätten uns vor allem zur Durchsicht des Reisescheins beim Oberbefehlshaber der Gränzschluchten, der hier residire, in Person vorzustellen, weil ohne dessen Erlaubniß niemand aus dem Land gelassen werde. Wie wir im Serai erschienen, hieß es: „der Aga schläft, kommt in einer Stunde wieder." Nach einer Stunde schlief der Aga noch und erst gegen zehn Uhr that sich der Divan auf. Ich war nicht ganz ohne Sorgen. Das Städtchen war mit albanesischen Söldnern angefüllt und der Aga selbst gehörte diesem Volke an. Vielleicht gibt es Hindernisse, vielleicht Forderungen übermäßiger Natur, da der Albanese besondern Werth aufs Klingende zu legen pflegt und ich allein und ohne Schutzbrief des Wesirs von Larissa gekommen war. Mit dem Grammatikus hatte ich schon vorher geredet und in der Halle auch Bekanntschaft mit einem Exemplar aus dem männlichen Harem gemacht, das dem Aga nach Albanesenbrauch in Domoko nicht fehlen durfte. Der gute Junge sagte mir, wie ich mit seinem Gebieter reden soll und er wollte ihm selbst ungebeten mein Petitum bestens anempfehlen, wofür er zwei Silbergroschen als Geschenk erhielt. Im Divan mußte ich natürlich meine Sache selbst vertreten; aber Zuversicht mit Zungengeläufigkeit wuchsen schnell, wie ich merkte, daß der Aga im Türkischen von nicht besonderer Stärke war. Manche in Stambul erhaschte Phrase ward mit glänzendem Succes vor den unwissenden Schkypetaren zur Schau gestellt. „Wie schön er türkisch spricht!" sagte halblaut der Aga zum Grammatikus. Das ist im Munde eines Albanesen freilich kein großes Lob, beweist aber, welchen Vortheil auch geringe Kenntniß in der Osmanlisprache reisenden Europäern in der Türkei gewährt. Nur wer türkisch redet, gilt im Lande als ehrenwerther Mann, hat Religion und achtet göttliche und menschliche Gesetze: *„Türktsche bilir, allahdan korkar.*"[86] Denke man nur, bei aller Andachtsgluth und dogmatischen Schärfe für Glaubensreinheit und geistliches Uebergewicht wären D. und W. sammt ihrem theologischen Anhang in M. bei den Osmanli doch nur Atheisten, Leute ohne Treue und Glauben blos weil sie des Türkischen nicht kundig sind!

An Hemmniß oder irgend eine ungerechte Zumuthung war bei solchen Vorlagen nicht weiter zu denken, und der Abreise stand auch nichts weiter entgegen als die finstere Atmosphäre mit ihrem winterlichen Schneegestöber. „Geht nicht! Seht nur das Wetter an! Ihr gehet zu Grunde," sagte warnend der Grammatikus. Wir blieben noch den ganzen Tag, der uns nach besserer Anordnung bei reichlicher Zehrung und in nützlichen Dialogen mit den Zollbeamten am Feuerherde schnell vorüberging. Wir besuchten auch eine Art improvisirter Schenke, wo die moslimischen Schkypetaren gegen Koran und Prophet tapfer zechten. Bekanntschaft mit Kriegsleuten ist überall schnell und leicht gemacht, und nicht ohne vielseitig freundlichen Zuspruch der rauhen Gesellen gingen wir in die Wohnung zurück.

Sorgfalt und Fleiß, womit ich während des langen Aufenthalts in Stambul etwas Nützliches zu lernen suchte, belohnten sich in solcher Weise häufig schon während der Reise selbst. Wir sagen es nicht des eitlen Ruhmes wegen; wir sagen es andern zum Trost, damit sie lernen was und wieviel ein Mensch, der selbstständige Meinung und unabhängigen Sinn weit höher als Gunst und Sold der Großen achtet, auch in mäßigen Umständen durch eigene Kraft zu schaffen vermöge. Leiden und Noth sind vergessen; Erfahrung, Einsicht, Erinnerung und geistiger Genuß sind geblieben und werden noch lange bleiben; sie sind mein wohlerworbenes freies theures Eigenthum! Zwar hat uns der Rauch in Domoko Antlitz und Hände angeschwärzt; aber wir schliefen gelabt und erquickt so wonnig am wärmeströmenden Herde, wie die innerlich zerrissenen, schuldbewußten Kinder des Glückes, des Ehrgeizes, der irdischen Größe in ihren Prunkgemächern und exquisiten Lüsten zu schlummern nicht vermögen. Haltung und Thun des Menschen gewinnt eine andere Gestalt, sobald sich der Gedanke, daß kein Erfolg, kein Genuß, kein Wissen, kein Rang, keine irdische Größe, Drang und Qualen des Gemüthes stillen kann und wahrer Seelenfriede nur im *Versagen* liegt – seiner gänzlich bemächtigt hat. Wer die Fesseln des Ehrgeizes, der Gierde, der Habsucht, der Eitelkeit nicht abzustreifen vermag, ist weder ein weiser, noch ein tugendhafter, noch ein *freier* Mann, noch kennt er das wahre Glück, das wir alle suchen, das aber so wenige von uns wirklich finden. Hiemit ist nicht gesagt, daß man um weise, frei und glücklich zu seyn, zur Winterszeit in thessalisch Domoko am rauchigen Herde liegen müsse. *Unsere* Weisheit, weit entfernt von der Schule des Diogenes, duldet und liebt sogar die Eleganz der Außenseite. Wir erzählen nur, was wir damals auf der Seele hatten und was uns nach vielen und harten Proben als einzig richtiger Weg zum höchsten Gut des Lebens – zu Gleichmuth und Zufriedenheit erschienen ist.

Ohne Zweifel haben wir für Mehrung und Kräftigung wahrer Lebensweisheit im Allgemeinen durch unsere Sittenpredigt schon jetzt Bedeutendes gewirkt. Wir hoffen aber, und zwar insbesondere in Deutschland und beim ehrwürdigen Corpus der Gelehrten und Andächtigen, durch unsern Frost und unsere Gleichgültigkeit für falsche Ehren, zerfließende Weichlichkeit und schnöden Flitter der großen Kinderwelt nächstens noch weit größere Bekehrungen zu erleben und in kurzer Zeit die Summe der Selbsttäuschungen, der eiteln, thörichten Bestrebungen zwischen Belt und Adria wesentlich gemindert zu sehen. Am Ende sind wir gar noch vom Schicksal auserkoren, das von erlauchten „Reisendinnen" neulich in Massa als corrupt verdammte Europäerblut moralisch zu reinigen und durch das Laugencorrosiv unserer Homilie wieder gesund zu machen. Welch ein Ruhm für unsere Unbedeutenheit! Die Gräfin mit dem „schleifenden Schritt" deutet als Universal-Galen das Uebel der Zeiten an, und wir – der geradredende Plebejer – heilen es durch unsere thessalische Panacee. Ist das nicht überschwänglicher Gewinn für zwei rauchgeschwärzte Nächte in Domoko? Was hätten wir aber auch sonst über unsere Winterrast in einem Orte berichten sollen, an welchem das Alterthum selbst in der Sommerlust nichts als die rauhe Lage und die prachtvolle Fernsicht zu rühmen wußte?[87] Unsere Leser erinnern sich aus dem vorigen Fragment der Gestalt des thessalischen Ringbeckens und wissen, daß sich das Randgebirge allerseits schluchtig und durchbrochen, aber amphitheatralisch und breit gegen die fette Mittelebene niedersenkt und im letzten Stadium, wenn der Wanderer aus den Hochschluchten tritt, eine entzückende Aussicht über das endlose Gefilde öffnet. Auf einer solchen luftigen Höhe, an deren Fuß das pharsalische Feldmeer endet und die schluchtenvollen Berge beginnen, liegt Domoko.[88]

Wir waren aber vom Glücke weniger begünstigt als die Legionen des Flaminius und mußten den Ort verlassen ohne das Auge am schönen Spiel des pharsalischen Panoramas zu erquicken. Eine flockenschwangere Nebeldecke hatte sich wie ein Leichentuch bewegungslos über die weite Niederung gelegt, und wir ritten am Morgen des dritten Tages noch vor Anbruch des Lichtes mit unsern türkischen Führern zum Städtchen hinaus, von dem wir nicht einmal den Umfang, noch weniger Busch und Wald des unter dichter Schneekruste vergrabenen Weichbildes gesehen hatten. Doch schien der Zorn der Elemente endlich versöhnt; und wie wir auf sinkendem Pfade über Schnee und Eis der Ebene *Tawüklü* längs dem Nezerosee über Bäche und weiches Erdreich zu den Platanen hinabgekommen waren, wo der Engpaß beginnt, gingen die Wolken auseinander und sah stellenweise das blaue Firmament herab.[89]

Die Natur dieser Thalenge, ihre verschlungenen Windungen und felsigen Aussprünge malt Livius mit den wenigen Worten *„confragosa loca implicitasque flexibus vallium vias"* in seiner Art trefflich und wahr, bis die seit Deukalion bestehende Form Thessaliens unter gewaltigen Naturkräften zusammenbricht und ein neues Gebilde entsteht. Drei Stunden von Domoko wird das Land menschenleer und ein isolirter Steinthurm oder sogenanntes *Serravalle* aus der fränkischen Ritterzeit (13. Seculum) bildet mit einem Haufen albanesischer Söldner auf dieser Seite den äußersten Vorposten und gleichsam die Gränzwache des türkischen Sultanats von Stambul gegen den *„Bavaresikral"* in Athen. Bei diesem Thurm hatten wir die letzte Plage, weil der Schkypetaren-Offizier in der Meinung einen guten Fang zu machen am „einfältigen" Franken, der sich nicht zu vertheidigen wisse, eine namhafte Summe als Durchgangszoll verlangte.

Etwas beunruhigt, daß ich von der kleinen Karavane allein in den Thurm hinaufgeladen wurde und auf meinen höflichen Gruß vom rohen Osmanligesellen keinen Bescheid erhielt, fragte ich ihn auch meinerseits erbost, wer ihm das Recht gebe von mir, der ich mit des Sultans Paß von Stambul komme, Geld zu fordern? *„Aded dür,"* „so ists der Brauch", sagte er etwas höflicher. Ich erklärte ihm aber, alle seine *„Aded"* gingen mich nichts an; ich sey ein Deutscher Begsade (Beïsade), der die Welt bereist und Niemanden etwas gibt. Zugleich hielt ich den türkischen Reiseschein zur Durchsicht hin, mußte ihn aber selbst vorlesen, weil im ganzen Thurm kein Mensch das türkische ABC verstand. Dieser Akt von Gelehrsamkeit nebst angefügten summarischen Erklärungen über das Nemtscheland, – alles (mit Verlaub) in gutem Türkisch – that die beste Wirkung und der Häuptling fragte am Ende ganz freundlich, ob es mir denn auf einige Para zu einer Tasse Kaffee auch noch ankomme? Ich war nicht hart genug nein zu sagen, gab ungefähr einen Franken und ward von einem mitreisenden Griechen, wie wir den Thurm hinter uns hatten, als zu nachgiebig getadelt: „nichts, gar nichts hätte ich geben sollen."

In nicht viel mehr als einer Stunde nach diesem letzten Conflict mit den Türken hatten wir die Höhe erstiegen, wo die Gränzmark des freien Hellas streicht, und hier fand es mein Tadler ganz in der Ordnung, daß ich dem Wunsche der Palikaren mit einer Kleinigkeit entgegenkam. Die armen Jungen waren mit Wenigem zufrieden und gegen die gesetzliche Gebühr einer Drachme (25 kr. rh.) begleitete uns einer aus ihnen in die zwei Stunden unterhalb liegende Quarantäne von Zitun hinab. Am 9. Februar 1842 hatten wir das Ziel unserer türkischen Wanderschaft erreicht und waren wieder in der Christenheit. Selbst die landfremden Palikaren freuten sich unseres Heiles und empfingen uns mit der größten Freundlichkeit auf dem Boden des freien Griechenlands.

Alle Noth, so denkt mit Recht der Leser, muß jetzt ein Ende haben. Denn gleichwie das Christenthum im Ganzen und im Einzelnen das Gegentheil des Islam ist, eben so müssen und werden sicherlich auch die Bekenner des einen in allen Dingen von den Bekennern des andern vortheilhaft verschieden seyn. Denn sobald sich beiderseits gleichviel Schlechtigkeit mit derselben Masse von Noth und Elend fände, und wenn die öffentlichen Zustände bei den einen ebenso trostlos und verfallen wie bei den andern wären, wie sollte der Uneingeweihte dann erkennen, um wie viel Tonsur und Dogmatik von * * besser als Derwischmütze und Koran von Medina sey? Man sieht, der Vergleich ist billig und ganz zum Vortheil der Christenheit gestellt.

Wenn es in türkisch Pharsalus an Holz und Kohlen und Brod gebricht und die Fenster ohne Glas und Läden, die Albanesen im Thurm aber, der Gerechtigkeit vergessend, nach fremdem Gute lüstern sind, so wird in Zitun schon deßwegen an physischen Gütern Ueberfluß, an sittlichen aber Fülle herrschen und besonders die Gerechtigkeit daselbst in Ehren seyn, weil man in Zitun nicht blos Christ, sondern überdies noch Hellene ist. Scenenwechsel mußte es hier geben und christliche Leser würden es sogar übel nehmen, wenn man ohne alles Merkmal von Contrast und Farbenspiel, wie etwa von der Lausitz in die Brandenburger Marken, so von türkisch Thessalien ins christliche Hellas herüberkäme.

Wer immer dem freien Königreich die nördliche Grenze gezogen, hat es sicherlich mit Verstand und im Bunde mit der Natur gethan. Eine geradlinige, beiderseits sich abflachende, in Rissen und Brüchen langsam niedersteigende Bergscheide trennt türkisch Thessalien von Griechenland. Die Nordseite des Höhenzuges war noch rauh und winterlich, während die südliche gleich unterhalb des Scheitelpunktes in jungem Gras und Lentiscusstrauch schon mildere Lüfte und größere Macht der Frühlingssonne verrieth. Der Leser kann sich das Panorama gleichsam selber malen. Ein Querthal, breit und schön und mit einem Strom in der Mitte zieht wie ein Festungsgraben in gleicher Richtung mit unserem Höhenzug vom Meer ins Land hinein, und die gegenüberstreichende Thalwand übertrifft an Höhe und Mächtigkeit wie an Steile und Waldreichthum bei weitem die Linie, von der wir niederschauten. Der Fernblick vom Zirlberg ins Innthal unterhalb gibt mit Ausnahme der niedlichern Formen des griechischen Bodens beinahe ein ähnliches Bild. Eine Reihe fester Steingebäude mit kleinen Besatzungen, in gemessenen Zwischenräumen den Bergkamm krönend und von ferne sichtbar, bilden gleichsam die Mauerzinnen zum langen Erdwall wider das Türkenthum. Weit unten am Fuß der Höhe, in der Einsattelung zweier Hügel gegenüber den Thermopylen, zeigte uns der Palikar die Stadt Zitun, und um Ein Uhr Nachmittags am vorbenannten Tage hatten sich die Thore der hellenischen Quarantäne hinter uns zugemacht.

Die Klausur war nur auf acht Tage festgesetzt und muß im Sommer, der natürlich schönen Lagé wegen, sogar ein geringes Uebel seyn. Aber zur Winterszeit gab es christlichen Regimentes ungeachtet doch Einiges zu bedenken. Und um es nur kurz zu sagen, die Aussichten waren nicht viel günstiger als im Einkehrhaus zu Pharsalus. Es gebrach an Allem, sogar an Holz und Kohlen, nur nicht an Höflichkeit der Bediensteten und an Mahnung zur Geduld. „Wir sind noch klein, jung und arm, vielleicht wird es bald besser seyn." „Aber für Geld und gute Worte aus Vorsicht trocken Holz und Kohlen herzuschaffen, wäret ihr doch groß und alt genug." „Die Leute dieses Landes, entgegnete man, kochen nicht, wollen lieber frieren als Geld für Feuerung geben. Doch hoffe man für unsern Bedarf noch etwas Zehrung beim Bakkal zu finden, ja man denke sogar seit längerer Zeit zwei, drei Stuben mit Glasscheiben und europäischer Bequemlichkeit für bessere Reisende herzurichten; aber es fehle noch immer an den nöthigen Mitteln das Beschlossene auszuführen. Auch sey bis jetzt auf *dieser* Seite nur armes Handwerksvolk aus den türkischen Provinzen nach Hellas eingewandert und ich wäre der erste „Milordos", der des Weges komme."

Die kleineren Räume waren leider alle besetzt und wir mußten uns, um allein zu seyn, vorerst mit einer weiten Sommerbaracke begnügen, deren ganze Einrichtung aus drei Holzpritschen und einem Feuerherd bestand. Der Fußboden war Steingeröll, die Oberdecke fehlte ohnehin und durch die weiten Spalten in Dach und Fensterläden blies bei heiterem Himmel Nachts der kalte Wind herein. Am grünen Reisig, das man zur Feuerung eilig sammeln ließ, konnten wir uns nicht erwärmen und der als Wächter zugetheilte Albanesen-Palikar brach Nachts in der Noth die Reste des Holzgitters ab, welches den verdächtigen Theil des Hofraumes vom gesunden schied. Das war übrigens die einzige Nacht, in der uns die Kälte gar nicht schlafen ließ. Wir verkürzten die Zeit mit Reden und der Wächter, der siebenthalb Fuß hohe, schlanke, unbärtige, unverdrossene Schkypetar mit seinen kleinen Albanesenaugen, dünnem Nasenknorpel und blendend weißem Teint war um so beredter, da er warme Kost, in Butter geschmorte Eier, getrocknete Feigen, rohe Poristängel und Oliven gegessen hatte und Tags darauf noch Besseres hoffte.

Die Stadt war nur eine halbe Stunde entfernt und hatte an Lebensmitteln Ueberfluß. „Uebrigens soll ich mich über die ärmlichen Zustände unserer Lage nicht wundern, „ „da bisher lauter Diebe in der Quarantäneverwaltung waren." " „Jetzt müsse natürlich bald alles ein besseres Hersehen gewinnen, da man heilsame Reformen vorgenommen." Aber bei aller Ehrenhaftigkeit der neuen Verwaltung wird es in der Zituner Quarantäne vermuthlich bis auf diese Stunde beim Alten gebleiben seyn, weil die Griechen bei Neuerungsvorschlägen und in Abschaffung veralteter Mißbräuche mit lobenswerther Vorsicht verfahren, aus Klugheit nichts übereilen, vorher alles langsam, wiederholt und reiflich bedenken und überall mit schonungsvoller Behutsamkeit an den öffentlichen Schaden gehen, ja aus gegenseitiger Nachsicht und christlicher Geduld meistens lieber gar nicht darangehen. Sie wollen es nicht machen wie die Europäer, die wohl niederreißen, aber selten etwas Besseres auf die leere Stelle bringen. Wollte man alle Diebe aus den Aemtern treiben und überall nur Gerechte an ihre Stelle setzen, so blieben wahrscheinlich sämmtliche Beamtenstuben des hellenischen Königreichs in alle Ewigkeit vacant. Als geistreiche Menschen, wie die Griechen alle sind, wählen sie unter zwei Uebeln natürlich das geringere und die Dinge bleiben wie sie sind.

Oeffentliches Gut nach Kräften als Privateigenthum zu behandeln ist uralte Landespraxis, ist gleichsam fest und wohl ersessenes Recht der byzantinischen Beamtenwelt. Und statt die Griechen als neuerungssüchtig und rebellisch zu verschreien, wie es andere thun, finden wir sie entschieden conservativ und besonders voll Respekt für ihr historisches altes Recht. Man sollte glauben, sie hätten insgesammt bei weiland Dr. Hugo in Göttingen Jurisprudenz studirt. Dieses Urtheil ist ein von persönlichen Berührungen ganz unabhängiges und die jämmerlich kalte Pritschennacht hat uns eben so wenig *gegen* die Hellenen eingenommen als uns die günstigere Lage am folgenden Tage zu ihren Gunsten bestach. Man gab uns eine bequemere Zelle mit Bretterboden, Ueberdecke und wälschem Kamin. Für Strohmatte, Feuerzange, Topf und Leuchter ward auch gesorgt und der Krämer hatte gutes Brennmaterial mit reichlichem Nahrungsstoff aus der Stadt gebracht. Für Fensterscheiben aus Papier hatte eigene Industrie gesorgt und wir waren in wenig Stunden ein Gegenstand des Neides und der Bewunderung für die Poristängel essenden Mitgefangenen der Nachbarschaft. Allein die Herrlichkeit hatte ein schnelles Ende.

Der freundliche Quarantänearzt hatte uns gebeten mit den Mängeln der Anstalt Nachsicht zu haben, Griechenland sey noch „jung, klein und arm"; hätten wir aber irgend einen Wunsch, brauchten wir nur zu befehlen, alles werde zu unsern Diensten seyn. So spricht in Hellas jedermann, aber niemand will etwas thun. Die Gelegenheit zu „wünschen und zu befehlen" kam viel schneller als es nöthig war. Das üppige Leben in unserer Zelle und das Glück der beiden Diener, die gegen alle griechische Sitte eben so christlich gefüttert wurden wie der Gebieter selbst, veranlaßten die Meinung, Milordos müsse ein gutmüthiger, reicher, liberaler und geldverachtender Geselle seyn und auf diese Vorstellung hin gründete der amtlich aufgestellte Krämer seinen Plan. Statt guter Kohlen wie früher, brachte er am dritten Tag Kohlenstaub und statt des bestellten Quantums Hammelfleisch eine alte magere Henne, für die er 120 Lepta (30 kr.) wollte. Bei unserer Weigerung die Lieferung anzunehmen, weil wir Anderes und Besseres bestellt, schwur er hoch und theuer, daß Anderes und Besseres zu dieser Frist gar nicht zu finden sey.

Die Verhandlung ging vor aller Augen im Hof vor sich und jedermann erkannte das Unrecht dem trügerischen Krämer zu: „der Mensch sey ein Albanese", d. i. der Inbegriff aller Schlechtigkeit. „ „Aber ihr seyd alle so, Lügner, Schelmen, Diebe vom ersten bis zum letzten." " Nach warmer Sittenpredigt behielt der Mäkler seine Waare und wir blieben ohne Feuer und Kost, oder mußten mit Poristängeln zufrieden seyn in gleichem Loose mit der Nachbarschaft. Erst einige Stunden später hatte ein Erpresser die schönste Heizung und das schönste Hammelfleisch gebracht, obwohl der amtliche Versorger bei allen Heiligen der anatolischen Kirche geschworen hatte, es sey nur schlechtes in der Stadt, ja man finde gar keines und es werde überhaupt nicht mehr geschlachtet in Zitun. So ging es fort bis endlich der neunte Tag dem Hader und der Klausur zugleich ein Ende machte.

Nachdem die Rechnungen geordnet und nicht ohne neues Plänkeln jedermann gesättigt und befriedigt war, verließen wir den Sitz der Plage und ritten freudig und nicht ohne Bedacht wie unsere Erfahrungen andern Reisenden frommen sollen, nach Zitun hinein. Sollte das Schicksal ja irgend einen Deutschen gleich uns zur Winterszeit dieses Weges aus Thessalien nach Hellas führen, so nehme er unsere Widerwärtigkeiten als Mahnung zu größerer Vorsicht an, und komme ja nicht in die Quarantäne nach Zitun ohne folgende Gegenstände vorsorglich mit sich zu bringen: 1) Lebensmittel für wenigstens Einen Tag; 2) eine tüchtige Saumladung trocken Holz und Kohlen; 3) eine Feuerzange, ein Kohlenbecken und Wandnägel *quantum sufficit*; 4) einen Tisch; 5) eine Rohrdecke; 6) ein Brett; 7) eine sechs Fuß lange Dachrinne; 8) Schmutzkratze und Besen; denn bei den Hellenen wird nicht gekehrt, und ohne Rettungsbrett und Dachrinne kann man bei Thauwetter nicht wohl zur Zellenthüre heraus.

Wir blieben mehrere Tage in der Stadt, um endlich ohne Zank der Freiheit und des Lebens zu genießen, bis wir weiter zogen über Euböa nach Athen. Zugleich wollten wir doch auch sehen, welche Fortschritte öffentliches Leben und allgemeine Glückseligkeit des griechischen Volkes während des zehnjährigen Friedens unter dem Schirmhut des Bavaresenthums in Zitun gemacht. Man darf dem Leser wohl gestehen, daß wir schon im Jahr 1833 bei Gelegenheit des Besuchs von Thermopyle Zitun zum erstenmal gesehen haben. Die wasserreiche Umgegend ist zwar kahl und baumlos geblieben wie zur Türken-zeit, aber das Städtchen selbst hebt sich der (damaligen) wenig geschickten und noch weniger redlichen Verwaltung zum Trotz allmählig aus den Ruinen heraus. Wir sind nicht nach Zitun gekommen, um die Machthaber anzuklagen oder sie gar eines Bessern zu belehren und zu thun, als hätten wir allein das Geheimniß im Gänsekiel alles öffentliche Ungemach mit einem Federstrich zu tilgen und durch Zauberschlag jedermann glücklich und reich zu machen. Wenn wir je etwas bekrittelten, so war es nur die Hast und das thörichte Selbstvertrauen, mit dem man sich an's Ruder drängte, als wäre es eben ein so leichtes Ding auf „byzantinischem" Boden und mit „byzantinischen" Elemen-ten eine nach abendländischen Begriffen blühende und innerlich geordnete Staatsgesellschaft einzurichten. Den Ueberschwänglichen, den Leichtblütigen und den Unbesonnenen haben wir von jeher unsern Zweifel, unser Mißtrauen und unsere Verneinung entgegengesetzt und allzeit gefunden, daß es billiger ist (wenigstens im Orient) die öffentliche Verwaltung nicht nach dem Guten, das sie gethan haben will, wir aber nicht zu entdecken vermochten, sondern nach dem Bösen zu beurtheilen, das sie unterlassen hat.

Wenn man die Hände immer in den Taschen des Volkes hat und im Moment des Dranges doch immer wieder Bettler ist – „*inter continuas rapinas perpe-tuo inops*"[90] – wie erklärt ihr das? Glücklicher Weise haben wir solche Fragen zu beantworten weder Beruf noch Lust. Mancher Leser weiß auch schon, daß uns weniger die Politik und am wenigsten die Eitelkeit auf neuem Schauplatz eine Rolle zu spielen wiederholt ins Morgenland getrieben hat. Abenteuerli-cher Hang fremde Sitte zu sehen, angeborne Schwärmerei und Liebe schöner Landschaftsbilder beflügelten allein den Schritt. In solchen Gemüthszustän-den ist man weder Intriguant noch Stellenjäger, noch Diplomat, noch Weltver-besserer. Man ärgert sich auch nicht zu häufig über die Thorheiten der Men-schen; man lacht weit lieber (versteht sich im Stillen) als man pocht und schilt. Diesem Charakter milder inoffensiver Schwärmerei sind wir hoffent-lich im ganzen Cyklus der „Fragmente" treugeblieben, und eben weil wir diesen Charakter bis zum Ende behaupten möchten, ist es besser wir schlie-ßen hier in der Gränzstadt des hellenischen Königreichs unsere Irrsale und unsern Bericht. Hellas ist ja, wie sie sagen, europäisches Land, und wo fänden wir den Muth Dinge zu besprechen, die man schon vor uns so oft und so gut verhandelt hat. Rühmte ich z. B. die freundliche Aufnahme beim damaligen Obristlieutenant Fabrizius[91] so wie kriegerische Zucht und Haltung des unter seinem Befehl an der Gränze aufgestellten kleinen Truppencorps, so könnte es die Eifersucht anderer Offiziere erregen, deren Sinn nicht weniger gastlich und deren Fustanellen-Schaaren eben so gut geübt, genährt und gekleidet sind wie die Besatzung in Zitun. Wie sollte ich erst ohne Aergerniß erzählen, was ich gleich auf der Gränze über die Bavaresen hörte? Man hält uns für unmännlich und weichlich, für Leute „die man anfangs fürchtete und zuletzt verachtete." Jedermann weiß aber, daß wir abgehärtete, kräftige und gerechte Menschen sind, daß wir in Kunst und Wissenschaft wie im Betrieb des bürgerlichen Lebens mit andern Nationen überall auf gleicher Höhe stehen, ja ihnen in Vielem überlegen sind und besonders in Andacht und Sittlichkeit als Muster dienen. Und doch ward ich von Leuten, die gestern noch türkische Knechte waren, mit der sonderbaren Bemerkung angeredet: „Die Bavaresen haben uns bestohlen und in der Kultur um ein Jahrhundert zurückgeschlagen." Solche Urtheile widerlegen sich selbst. Die Thoren! Als wenn man bei uns diebisch wäre und in der Kultur rückwärts ginge! Wer in Deutschland hätte je dergleichen gehört? Ja, noch weit Schlimmeres mußte ich vernehmen, verschweige es aber lieber ganz, weil es bei aller Falschheit doch hie und da kränken und betrüben könnte. So weit ist es durch Ungerechtigkeit und boshafte Leidenschaft unserer Gegner mit uns gekommen, daß wir in der Fremde nicht selten aus Vorsicht sogar das Land verläugnen müssen, aus dem wir gekommen sind. Ich reiste als „Tirolese", um vor Beleidigung, Spott und Neckerei der freundlichen Hellenen sicher zu seyn. Das half noch in Zitun, in Stylida und auch noch im ausgestorbenen Chalcis (Negroponte), wo seit Auswanderung der Osmanlibevölkerung Stille über öden Straßen, über menschenleeren Häusern und grasbewachsenen Plätzen liegt und das unheimliche Echo des eigenen Schrittes, wie im ausgebrannten Ilium, den Wanderer erschreckt,

Horror ubique animos, simul ipsa silentia terrent!

In Athen dagegen nützte die Vermummung nichts mehr, und statt wie Cephalus in schwärmerischer Einsamkeit durch die lieblichen Scenerien des thymianduftenden Hymettus zu streifen, mußte ich – o des harten Looses – dem griechischen Volke über meine Slaven-Thesis Rede stehen.

XIV.

Das slavische Element in Griechenland.[92]

Wie man die „Slaven" nur nennt, entsteht in Deutschland schon Mißbehagen, Eifersucht und Zorn; man fühlt sich instinktmäßig aufgeregt wie gegen einen Erbfeind und Gegner, mit dem man einst noch um die höchsten Güter des Lebens, um Glück, Ruhm und Freiheit den Kampf zu bestehen habe. Dieses Gefühl der Abneigung ist so alt wie das deutsche Volk und seine Geschichte. Um sich zu hassen braucht man ja nur Nachbar zu seyn und die gleichen Nationalbestrebungen und Tugenden zu besitzen wie der Nebenbuhler. Germanen und Slaven sind vorzugsweise die „Gemüthvollen" und „Ackerbautreibenden", folglich die am meisten dehnbaren Stämme des Erdbodens. Beide sind *Japhets* Kinder, denen das Erbtheil *Sems* und die Zelte seines Knechtes *Cham* verheißen sind.[93] Es ist Erbhaß unter uns und Ausgleichung doppelt schwer. Friedlich *neben* einander können wir vielleicht leben, *lieben* aber werden wir uns nie. Dagegen ist der Zorn wider die *Westlichen* in Deutschland nur erkünstelt, gleichsam kanzleimäßig anbefohlen und amtlich unterhalten und erlischt daher jederzeit mit der Gefahr, die uns von jenseits der Vogesen drohte.

Die Slaven sind uns aber auch im Frieden zuwider; ihre Rührigkeit, ihr Geschick, ihre Fruchtbarkeit, selbst ihre Geduld erbittert uns, und wenn im Kriege wider andere Völker der *„furor teutonicus"* nur den wehrhaften Gegner auf dem Schlachtfelde erschlug und sich im Uebrigen mit Beute, Tribut, Steuer und Mahlzeit begnügte, verfolgte er den überwundenen Slaven bis in das Heiligthum der Familie, um *slavische* Existenz wo möglich in der Wurzel zu ersticken. „Die Franken", sagt ein byzantinischer Scribent des zehnten Jahrhunderts, „verfuhren gegen die Slaven mit solcher Härte, daß sie in Croatien sogar die Säuglinge erschlugen und sie den Hunden zu fressen gaben."[94]

Solche Gräuel würde die Zeit nicht mehr dulden, aber der innere Hochmuth ist uns geblieben und den Slaven als Race wird in ungerechtem Sinn das Anerkenntniß geistiger Ebenbürtigkeit bis zu dieser Stunde versagt. Es ist ein eigener Zug der menschlichen Natur, dem schuldbewußten Unrecht noch den Haß beizufügen: „die Slaven seyen kein welthistorisches Volk, wie Sinesen, Inder, Perser, Griechen, Römer und Germanen;" sie seyen nur Ausfüllungspartikel und gleichsam ein großes *Enklitikum* des menschlichen Geschlechts ohne eigene innere Bedeutung. Hegel nennt sie ein „Mittelwesen zwischen europäischem und asiatischem Geist" und hält ihren Einfluß auf den Stufengang der Fortbildung des Geistes, ihrer politischen Größe ungeachtet, nicht für thätig und wichtig genug, um Gegenstand seiner philosophischen Betrachtungen zu seyn.[95]

In demselben Buche, welches den Germanen die Verwirklichung des christlichen Prinzips, d. i. des Prinzips des christlich freien Geistes als Weltpanier und die endliche Lebendigmachung des Vernunftstaates vindicirt, erhält die „große slavische Nation" keinen Platz. Gegen dieses letzte Gericht deutscher Philosophie Protest einlegen und den Slaven coordinirt mit uns ein universalgeschichtliches Hauptmoment als Aufgabe zuerkennen, gilt in Deutschland als Abfall von der Philosophie, wo nicht gar als Verrath am eigenen Bluthe. Hegel – man sage dagegen was man wolle – ist der deutsche Philosoph κατ' ἐξοχήν, weil er in unserm Volke die Spitze des menschlichen Geschlechts und den „zum Bewußtseyn gebrachten und That gewordenen Geist" erkannte. Daß aber die Slaven der eine der beiden Weltfaktoren, oder wenn man lieber will, der Schatten des großen Lichtbildes der europäischen Menschheit seyen und folglich die Constitution des Erdbodens ohne ihr Zuthun im philosophischen Sinne nicht reconstruirt werden könne, ist die große wissenschaftliche Häresie unserer Zeit.

Ist es aber nicht ein Widerspruch, wenn der „weltlich versöhnte" Westen läugnen will, daß ihm ein geistlich versöhnter Osten in gleicher Majestät gegenüber stehe und gegenüber stehen *müsse*? Wenn schon dieses Wort der Nothwendigkeit als Thesis die Deutschen verletzt, welches Schicksal wird erst das Corollar – gänzliches Aufsaugen und Verflüchtigen des hellenischen Elementes – treffen? Gestorben ist griechischer Genius freilich nicht, er ist nur ausgewandert und hat im Occident seinen Wohnsitz aufgeschlagen.[96] „Der Mensch ist das Maß aller Dinge," war Hauptprinzip der Sophisten Griechenlands, und wir wissen alle, daß die deutsche Philosophie unserer Tage bei demselben Facit angekommen ist. Gleichwie aber der „Particularität" der griechischen Leidenschaft und Zerrissenheit, welche Gutes und Böses niederwarf, ein blindes Schicksal, eine eiserne Gewalt gegenüberstand, um diesen Zustand „ehrlos zu machen und jammervoll zu zertrümmern", weil Heilung, Trost und Besserung unmöglich war: eben so stehen der Particularität occidentalischer Leidenschaft und Zerrissenheit – nicht als zertrümmerndes wollen wir noch hoffen, aber als warnendes, wohlthätig beschränkendes und an nothwendige Zucht und Einheit mahnendes Fatum – die Slaven gegenüber.

Zu läugnen ist es nicht, und ein deutsches Gemüth empfindet es tief genug, wie interesselos und seelentraurig uns diese gebundene, gleichsam eiserne Fatumsherrschaft des Slaventhums erscheint. Auch soll sich Niemand verwundern, wenn man die Nachricht, daß Neu-Athen, Neu-Lacedämon und Neu-Hellas im Allgemeinen, mit Inbegriff des großen illyrischen Länderdreiecks, nicht nur den heitern Geist des hellenischen Wesens nicht mehr darstellen, sondern daß sie überhaupt gar keinen eigenthümlichen Geist, kein lebendiges Prinzip, keine selbständige Idee versinnlichen; daß sie als Fragment, als Aggregat und gleichsam als verlorner äußerster Wandelstern des sarmatischen Solarsystems nur von *Kijew* und seinen vergoldeten Kuppeln als gemeinschaftlichem Centrum slavischer Weltordnung Licht und Wärme empfangen, wenn man, sage ich, diese Nachricht gleich anfangs in Deutschland mit Mißtrauen, mit Unglauben und mit Widerwillen aufgenommen und den Urheber der öffentlichen Reprobation preisgegeben hat.

Daß das „Schöne“ sterben muß, hat uns der *Dichter* schon gesagt. Daß es aber in Hellas wirklich gestorben und das seelenvolle heitere Jünglingsbild, unter dem sich unsere Schule das griechische Leben träumt, dem cappadocisch-basilianischen Psalmengott mit dem Weltschmerz, „dem häßlichsten aller Menschen“[97] überall so ganz und gar erlegen und gewichen sey, daß man europäische Kunst, Verwaltung und Staatsbegriffe in Neu-Hellas nicht mehr verstehe und der Occident daselbst nichts Lebenskräftiges zu schaffen vermöge, vielmehr als Gegenstand entschiedener Abneigung nothwendiger Weise zurückgetrieben werden *müsse*, konnte ohne Entrüstung Niemand hören. Aber warum hat das verbündete Europa mit seinen Sympathien, seinen unermeßlichen Mitteln und seiner furchtbaren Kraft in Hellas und Byzanz unter aller Welt Augen schimpflich Bankerott gemacht? Wir sind verlacht und ausgetrieben, und was wir in langer Mühe angesäet und mit dem Schweiße des Occidents begossen haben, ist gleich jener Kürbisstaude vor Ninive in *einer* Nacht verdorrt. Das Faktum ist unwiderleglich und die Nichtigkeit unserer Bestrebungen nicht mehr wegzuläugnen. Aber die Kunst, die Menschen zu überreden, daß sie imbecill und falsche Rechner sind, bleibt nach dem Faktum nicht weniger schwer, nicht weniger lästig und gefahrbringend als vor dem Spiel. Politische Irrthümer hat ja noch Niemand durch Worte aufgehalten, sie strafen und corrigiren sich immer selbst. Meinerseits bleibe ich ganz gelassen, wenn die Lehre über ein slavisches Jerusalem am Bosporus, über politische Sympathien, geistigen Gehalt und historische Vorgänge der heutigen Bewohner Griechenlands hartnäckig bestritten und mit Unwillen zurückgewiesen wird. Die Selbsttäuschung in diesen Dingen geht so weit, daß viele „Glückselige“ in

Deutschland heute noch der festen Ueberzeugung sind, ein großes hellenisches Kriegsheer, versteht sich lauter schöne junge Männer und in einem Anzuge wie der Jason und die Aegineten-Figuren in der Münchener Glyptothek, werde mit Sandalen am Fuß, mit Tartschen und sechzehn Fuß langen *Sarissen* in der Hand und eine Schaar wehrhafter Philologen und deutscher Grammatiker an der Spitze, nächstens seinen Einzug in Konstantinopel halten, um sofort durch Gründung einer kritischen Zeitschrift über εἰ und ἄν, sowie durch Installirung peripatetischer Philosophen in den Gärten des Serai das todte byzantinische Kaiserthum ins Leben zu rufen und das schwankende Gleichgewicht der europäischen Staaten neuerdings zu befestigen. Warum soll man harmlose Schwärmer im Traume stören? „Die Vernunft ist mir zu schwer", heißt es mit Recht in den Ghaselen eines unsterblichen deutschen Lyrikers.

Daß weiland die alten Germanen das *westliche* Reich zertrümmert und sich in den Provinzen desselben angesiedelt haben, wissen wir freilich lange schon und lesen es noch täglich in hundert Bänden. Daß aber einst unsere Erbfeinde, die Slaven, ein ähnliches und noch viel tiefer einschneidendes Gericht über das *östliche* Reich verhängten; daß Slavenblut, Sitte und Sprache bis in den innersten Sitz der Hellasstämme vorgedrungen und sogar der Peloponnes Jahrhunderte lang dem Namen und der Sache nach ein „slavisches Barbarenland" gewesen sey, ist eine in der That so ungewöhnliche Thesis, daß man sie ohne genügenden und streng geführten Beweis schon ihrer Neuheit wegen nicht dulden kann. Beträfe der Streit nur leere Worte, wie es über so manchen Gegenstand bei uns geschieht, hätte ich die Sache aus Liebe zum Frieden und aus Ekel längst preisgegeben. Allein wir haben uns lächerlich gemacht, weniger vor der Mitwelt – der indulgenten Bundesgenossin aller Thorheiten – als vor der Nachwelt, die sich über das enge Maß unserer politischen Einsicht mit Recht verwundern und nicht begreifen wird, wie das Vorspiel der neuen Weltordnung bei den klugen Deutschen so lange unverstanden blieb. Denn wie sich in Europa die Ueberzeugung festsetzt, daß die Landschaften am *rechten* Ufer der untern Donau mit den Landschaften am *linken* Ufer desselben Stromes homogen an Blut, an Glauben und Seele sind; Energie, Kraft, Leben und Zukunft aber sich nur bei den Russen offenbaren, so wird man zwar nicht die Politik – denn wir müssen und werden uns wehren – aber man wird den Calcül, die Hoffnungen und die Instrumente wechseln und vor Allem die Natur des zu bekämpfenden Gegners besser ins Auge fassen. Kenntniß des Terrains und des Widersachers ist ja die erste Bürgschaft für den Sieg.

Den alten Kriegsobersten der slavischen Völker gegen das römische Ostreich fehlt zwar einerseits das Heroische, das Großartige, das Kolossale der germanischen Alariche, Theodoriche, Chlodowige und Totilas; andrerseits entzieht ihnen das Unvermögen, die wiederholt belagerten Hauptfestungen Konstantinopel, Thessalonika, Korinth und Patras einzunehmen, Siegel und Beglaubigung der Vollendung. Darüber ist Freund und Gegner einverstanden. Ob sie aber in solchen Massen über die Donau gedrungen seyen, daß sich ihr Blut bis in die obersten Stufen der byzantinischen Gesellschaft hob und sich als Slaven-Dynastie sogar auf dem kaiserlichen Throne niederließ, hat noch Niemand untersucht.

Die altbyzantinischen Länder, die man heute Slavonien, Croatien, Dalmatien, Bosnien, Serbien, Ober-Albanien und Bulgarien nennt, sammt allen Thälern des großen dardanischen Gebirgsstockes und Vierfünftel von Thracien und Macedonien, gibt man endlich verloren und erkennt sie, der Sprache wegen, als *rein slavische* Gebiete an. Aber für alles was südlich von dieser Linie liegt und das eigentliche Hellas bildet, hält man unerbittlich am Alten fest, „weil daselbst nicht nur heute allgemein griechisch geredet werde, sondern ununterbrochen, selbst während der Gräuelscenen der nordischen Einbrüche griechisch geredet wurde und weil der Bevölkerungsstock zu keiner Zeit eine wesentliche Verwandlung weder durch Mischung des Blutes, noch durch Verkrüppelung der genialen Ideen erlitten habe."

Alle diese Punkte, im Einzelnen wie im Ganzen, haben wir schon früher angefochten und fechten sie auch jetzt noch an, aber viel entschiedener und sicherer als wir es vorher thaten. Oder hätten wir denn umsonst der Reihe nach alle Provinzen des byzantinischen Reiches durchwandert und besucht? Vom Daseyn der vier alten Dialekte als Volkssprache ist ohnehin keine Rede. *Aber auch nicht einmal das halbbarbarische Vulgargriechisch ist in Hellas gegenwärtig überall Muttersprache.* Sind nicht mehr als die Hälfte der Bewohner des freien Königreichs, und zwar in den vorzugsweise als classisch berühmten Distrikten, jetzt noch *albanische Schkypetaren*, deren Redeweise dem Hellenischen nicht näher steht als das Alt-Phönicische von Tyrus und Sidon dem deutschen Dialekt? Wir hatten bereits einige Schocke neuester Reisebeschreibungen, Tagebücher mit topographischen und statistischen Tabellen über Griechenland, und weiß Gott wie viele Constitutionsentwürfe und Organisationsprojekte des wiedergebornen Hellas, Vorschläge und Zeichnungen zum Bau der Akademie, des peripatetischen Lyceums, der Stoa und der Lesche des Sokrates, ohne daß Jemand auf den Gedanken gekommen wäre, die albanischen Bauern von Attika und Böotien, besonders aber die tapfern Männer von Hydra und den umliegenden Inseln für etwas anders als direkte und leibliche Descendenten der *Marathonomachen*, der *Salamino-* und *Leuctromachen* anzusehen und zu begrüßen. Im Gegentheil, man fand diese wohlgenährten, knochigen, hartlebenden Schkypetaren cranologisch und physiognomisch von „frappanter Aehnlichkeit" mit den Bildsäulen, Glyphen und aufgegrabenen Resten des Alterthums. Im Schwindel und Vollgenuß antiker Gefühle gab ein berühmter Architekt sogar den Rath, man solle Athen nicht mehr im Sinne des perikleischen Zeitalters und seiner revolutionären Eleganz restauriren, vielmehr soll *„dorische"* Härte, Häuserwirre und Dorfähnlichkeit wie zur Zeit des trojanischen Krieges im Neubau herrschend seyn, damit ja das Antike der Wohnhäuser und der krummen engen Gassen mit der antiken Physiognomie und Redeweise der heutigen Bewohner zusammenstimme.

Bei dieser Veranlassung muß man wahrhaft die *„ingenii celeritas"* der deutschen Gelehrten bewundern. Denn um sie zur Einsicht und zum Geständniß zu bewegen, daß die Schkypi-redenden Albanier in Attika und im ganzen östlichen Hellas wirklich Schkypi-redende Albanier und nicht jonische Marathonomachen seyen, brauchte es blos 20 Jahre Bekanntschaft und 13 Jahre Zank, Ueberlegung und Disput, was für eine so verwickelte Sache in deutscher Weise gewiß nicht zu lange ist. Wie viele Jahre aber verrinnen müssen bis sie zugeben, die neugriechischen Ortschaften *Warsova, Orsova, Kamenz, Glaz, Struz* und *Kukuruz* seyen nicht *hellenische*, sondern *slavische* Klänge und ihre Bewohner, obgleich jetzt nicht mehr slavisch redend, doch keine ursprünglichen Hellenen, läßt sich natürlich gar nicht vorausberechnen. Ich fürchte sogar, ein Menschenleben reicht zu diesem Ziel nicht hin. Und ich habe somit geringe oder vielmehr keine Hoffnung das Ende eines Streites zu erleben, der in Deutschland hauptsächlich des Einsatzes wegen eine gewisse Celebrität erworben hat und als häretischer Verlassenschaftsartikel auf die folgende Generation übergehen wird. Kein Argument vermöchte und selbst die Evidenz wäre nicht kräftig genug, den Hellenenglauben jener Deutschen zu erschüttern, welche die Gemüthsbewegungen der Jahre 1821–27 getheilt und empfunden haben.

„Fanatismus ist", wie die Philosophen sagen, „Begeisterung für ein Abstraktes, das sich negirend zum Bestehenden verhält."[98] Gegen Begeisterte mit Syllogismus und Ergo zu Felde ziehen ist aber zu allen Zeiten verlorne Mühe gewesen. Deßwegen wollen wir diesem achtbaren und noch immer zahlreichen Theil unserer Zeitgenossen nicht weiter lästig seyn, noch ihn ferner in seinen theuersten Interessen verletzen: wir lassen ihn vielmehr dieses Mal ganz aus dem Spiel und richten das Wort, mit ihrer Gunst, lieber an das jüngere Geschlecht, welches vom scandalösen Prozeß zwar gehört, aber sich noch keine eigene Meinung gebildet hat. Diesem zu Gefallen machen wir hier gleichsam einen Aktenauszug und stellen die Hauptgründe unserer Lehre kurz und bündig noch einmal zusammen, thun es aber mit jener heitern Ruhe und unbefangenen Laune, die in literarischen Fehden bei uns so selten sind.

Gegenstand des Streites – man merke es wohl – ist nur der altgriechische Continent in Europa mit den nächstgelegenen Eilanden des Archipelagus. Ein Theil der *Cycladen*, sämmtliche *Sporaden* und die ganze anatolische Küste bleiben vorläufig außer Frage. Wer sich gegen ein angeblich behauptetes allgemeines Erlöschen der griechischen Race im ganzen Umfang des byzantinischen Imperiums ereifert, rennt, wie man einst dem Rousseau sagte, mit dem

Kopf gegen eine offene Thüre, weil er sich niemals die Mühe genommen nachzusehen, *was* man eigentlich will und behauptet hat. „Die einst zwischen dem macedonischen Olymp und der Südspitze des Peloponneses einsässigen, dorisch, attisch, jonisch und äolisch redenden Hellenen wurden in nachweisbarer Zeit auf gewaltsamen Wegen dem größern Theile nach vernichtet, die Reste aber mit eingewanderten transdanubischen Slaven und andern Fremdlingen in einer Weise vermischt, gekreuzt und zersetzt, daß die gegenwärtigen Bewohner jener Distrikte, wenn sie jetzt auch griechisch reden, doch nicht mehr als ächte Nachkommenschaft der alten Bevölkerung zu betrachten sind." So lautet die allgemeine Thesis.

Vielleicht wäre es gleich Anfangs klüger gewesen, mit der unangenehmen Wahrheit behutsamer herauszurücken und sie nur theilweise, und in einer für die öffentliche Meinung und für die Interessen der Gegenwart schonenderen Form ins Spiel zu bringen. Was im Rausch des neuen Fundes nicht geschah, soll jetzt geschehen, nachdem der lange Streit das Gemüth gereinigt und gestählt, Fleiß und Erfahrung aber die Nothwenigkeit erwiesen haben, vorerst durch billige Rücksicht auf menschliche Schwächen und Vorurtheile den Weg zu Verständigung und Compromiß zu bahnen. Die Frage zerfällt von selbst in zwei wesentlich verschiedene und von einander unabhängige Theile: den *schkypetarischen* (albanischen) und den *slavischen*. Die Durchführung des ersten ist verhältnißmäßig ohne große Schwierigkeit, weil bei einigem guten Willen und einigem Unterricht sich Jedermann an Ort und Stelle selbst die lebendigen Beweise sammeln kann. Schlimmer steht es mit dem zweiten oder dem *slavischen* Elemente, da bekanntermaßen heutzutage nur in einem kleinen Theile Alt-Griechenlands das Slavische noch als Muttersprache geredet wird. Wie soll man nun Leuten, die ein Interesse haben, sich nicht überzeugen zu lassen, den Beweis liefern, daß weiland alle Landschaften Alt-Griechenlands der Hauptsache nach slavischredende Bewohner hatten und folglich durch eine unausfüllbare Kluft von den alten Hellenen losgerissen waren.

Um der Gegenwart nicht alle Hoffnung abzuschneiden, verlegen wir den Ausgang unserer Argumentation achthundert Jahre hinter unsere Zeit, d. i. auf das Jahr Eintausend der christlichen Aera zurück, und bringen die Thesis unter folgende präcise Formel: „Um das Jahr Eintausend n. Chr. war die Halbinsel Peloponnes mit dem ganzen rückwärts liegenden hellenischen Continent, Weniges ausgenommen, von scythischen Slaven bebaut und von den Zeitgenossen als Slavenland anerkannt." Gelingt es den so gestellten Satz wissenschaftlich zu begründen, so ist die Partie in der Hauptsache gewonnen, ohne daß man die Schirmvögte des Neuhellenenthums absolut zur Verzweiflung bringe. Bleibt ihnen nicht der Trost gänzlichen Auftrinkens und völliger Verwandlung der eingedrungenen Scythen-Elemente durch byzantinisches Griechenthum? Wie dieses geschehen konnte, ist schon viel leichter zu erklären, da man das große Exempel vollständiger Germanisirung des einst gleichfalls slavischen Ostdeutschlands in der Nähe hat. Verständige Leser lieben es aber nicht, daß man ihnen jegliches haarklein vordemonstrire; sie wollen vielmehr, daß Mehreres ihrem eigenen Nachdenken zu Schluß und Combination überlassen sey. Das Argument selbst aber möchten wir in eine solche Form gießen, daß es Dilettanten durch Klarheit und Kürze gewinne, Gelehrte von Profession aber durch Schärfe der Syllogismen und durch Anfügung der Beweisstellen im Original befriedige, und am Ende durch Maß und Sorgfalt sogar den erbittertsten Feind und Gegner, die talentvollen Brauseköpfe von Athen, noch zu Capitulation und Duldung zwinge.

Gewinnt nur erst das griechische Königreich mit gesichertem Fortbestand auch *innere* expansive Kraft und triumphirt daselbst wider Vermuthen germanisches Wesen im gefahrvollen Spiel entscheidend über das glaubensverwandte Element der nördlichen Slaven, dann erst wird man im Abendland an ein Hellas mit eigner Seele glauben, *mögen die Antecedentien seyn wie sie wollen.* Dieser Gedanke allein könnte die Griechen und selbst ihre schwärmerischen, eiteln und geldgierigen Panegyriker in Europa mit meinem Argument versöhnen. Beide Vorbedingungen sind aber zur Stunde noch problematisch und mehr als Einem Zweifel unterworfen. „Was haben aber die feinfühlenden, freiheitsliebenden, kunstsinnigen, klugen und schönen Hellenen mit den knochigen, verschmitzten, bestialischen Scythen und ihrer corrupten Verwaltung gemein?" Das ist die Frage, welche mir die Deutschen noch immer entgegenstellen; die Frage auf welche ich schon einigemal geantwortet habe und hier noch einmal präcis, kurz und bündig antworten will.

Zum Unglücke für die in Griechenland selbst sich erhebenden Widersacher sind die Hauptbeweise der Thesis aus ihrem eigenen Rüsthause, d. i. aus den Schriften, aus der Geographie und aus der Sprache ihres eigenen Landes und Volkes entlehnt. Liest man z. B. bei einem der vorzüglichsten einheimischen Geschichtsschreiber der byzantinischen Periode die trockene und unumwunden hingestellte Phrase: „um diese Zeit wurde der Peloponnes gänzlich slavinisirt und ein barbarisches Land"; dann bei einem andern: „heutzutage bewohnen beinahe ganz Epirus, ganz Hellas und den Peloponnes sammt Macedonien aus Scythien eingewanderte Slaven", so wird der gewissenhafte und verständige Leser innehalten, diese auffallenden Stellen nicht nur noch einmal und wiederholt betrachten, er wird auch den historischen Vorgängen nachspüren und gleichsam die ersten Vorbereitungen, Wahrzeichen und Erfolge einer so wichtigen Thatsache kritisch herzustellen suchen. Jedermann weiß ja, daß große politische Verwandlungen nicht plötzlich hereinbrechen wie die Sündfluth, und daß folglich eine Periode langer Drangsale über das Imperium von Byzanz gekommen seyn müsse, bis sich Verzweigungen der nördlich vom Donaustrome sitzenden Slavenvölker massenhaft in Arkadien und auf den

Steilhalden des spartanischen Gebirges niederlassen konnten. Ein vollständiger und auf gewaltsamen Wegen duch sitten- und sprachfremde Eindringlinge bewirkter Wechsel der ackerbautreibenden Bevölkerung führt nothwendig eine eben so vollständige Revolution in der Topographie des Landes herbei. Flächen, Höhen, Berge, Wälder, stehendes und strömendes Gewässer, Hütte, Dorf, Stadt, Distrikt und endlich das Land selbst erhalten theilweise oder im Ganzen neue und aus dem Genius der neuen Bevölkerung geschöpfte, meistens physische Eigenschaften, Lokaleindrücke oder Erinnerungen an die alte Heimath wiedergebende Benennungen.

Er wird daher mit der größten Sorgfalt die Nomenclatur des Peloponneses prüfen, und wenn er das ganze Eiland nach allen vier Weltgegenden und in allen Theilen mit rein slavischen Namen überdeckt findet, am Ende sich selbst gestehen müssen, der byzantinische Scribent habe Recht und der Peloponnes sey in einer bestimmten Epoche wirklich ein barbarisches Slavenland gewesen.[99] Da kommen aber nun die Gegner mit ihrem Argument: „Daß griechische Ortschaften noch gegenwärtig *Warschau, Kamenz, Chyrvatez (Krabatenheim), Glogow, Beresow, Lewetzow, Glaz, Struz, Bukowina* und *Kukuruz* heißen, wollen sie allerdings glauben, obwohl ihrerseits dergleichen je weder gehört noch gelesen, noch selbst im Lande bemerkt worden sey. Ob aber *Struz* und *Kukuruz* und *Glogau* und *Krabatenheim* am Ende nicht doch noch klassische Namen seyen und schon im Homer und Pausanias zu finden wären, müsse man vorerst näher prüfen. Jedenfalls aber sprechen die Leute von peloponnesisch Kamenz und Warschau heute nicht slavisch, sondern neugriechisch, ergo haben sie auch niemals slavisch, sondern allzeit griechisch geredet und sind legitime klassische Descendenten des Agesilaus, des Philopömen und des Polybius."

Hauptsächlich habe ich es mit Historikern und Philologen zum Theil von bedeutendem Rufe und Kredit zu thun, die aber bei aller grammatikalischen Gelehrtheit doch in Erdkunde, Ethnographie und Mittelalter so unpraktisch und so unwissend sind, daß sie mit bestem Willen einen russischen Eigennamen von einem altgriechischen nicht zu unterscheiden wissen; mit Leuten, sage ich, die keine Landkarte kennen, keinen Begriff von der schmalbegränzten Räumlichkeit des griechischen Continents besitzen, die nicht merken, daß z. B. *Pirnatscha* und *Warwutzena*, die gegenwärtigen Namen zweier Flüsse in Messenien und Arkadien, einem andern Volke angehören als die alten Benennungen *Pamisus* und *Helisson*, und die fest glauben, schon König Menelaus habe Sommerpartien nach dem luftigen Bergdorf „*Opschina*" (oberhalb Mistra) gemacht und Agamemnon mit seiner Gemahlin Klytämnestra häufig den arkadischen Volksmarkt in *Wolgast* und *Zopoto* besucht. Mit solchen Gelehrten über die mittelalterlichen Geschicke Griechenlands argumentiren – man muß es gestehen – ist eine eben so geistreiche als belohnende und lehrreiche Beschäftigung. *Schafarik* hat eine Sprachkarte des Panslavismus herausgegeben, auf welcher mit Weglassung aller Gegenden, wo das Slavische zwar ehemals herrschte, aber im Laufe der Zeiten erloschen ist, die Gränze wie weit es heute noch gesprochen wird, mit Farben genau und scharf bezeichnet ist. In Macedonien reicht sie bis an das westliche Stadtthor von *Saloniki*, überläßt aber die ehemaligen Slavenstädte *Niagosto, Kotzani, Servitza, Greveno* und *Anaselitza* am Nordrande des Olympus aus demselben Grunde dem *griechischen* Sprachgebiet, aus welchem er die einst gleichfalls slavischen, heute aber deutschen Landschaften Pomern, Meklenburg, die brandenburgischen Marken und sämmtliche Elbegegenden dem deutschen überläßt. Hätte aber der gelehrte Schafarik die Gränzen der Slavensprache für das Jahr tausend unserer Zeitrechnung anzugeben, würden zwischen Tempethal und Cap Matapan (Maïna) nur wenige Punkte, zum Zeichen ihres Griechenthums, ohne Farbe geblieben seyn. *Τί ζμπωρίζεις* (svoris) „was sprichst du da?" *Εἶναι ἐπάνω εἰς τὴν πόλιτζα*, „es steht oben auf dem Sims." So reden die thessalischen Helleninnen von *Turnovo*. Die Buchstaben dieser Doppelphrase und die Endsylbe des einen der beiden begriffgebenden Wörter sind allerdings griechisch, aber der Kern ist illyrisch-slavisch, wo *isvori-ti* „reden", *Polizza* aber den an der Wand hinlaufenden Sims bedeutet.

Das sind freilich lästige Anspielungen, die man auch nicht leicht entkräften wird. Wie kann man sich aber auch mit gemeinem Volke, und nun vollends mit Weibern von Turnovo in Unterhaltungen und Discurse einlassen, um die slavischen Barbarismen des thessalischen Familienherdes aufzufangen? Der Geschmack ist verschieden. Die einen sind nach Hellas gekommen, um Wein und „griechische Abendluft" zu trinken und die Wanzen zu bekriegen; die andern aber um (versteht sich in Gedanken) Armeen zu befehligen und als fahrende Scholasten und Hexenmeister den todten Zeus nach Olympia zu bannen. Ich Armer sitze auf der Hausterrasse von „Dornheim" *(Τύρνοβα)*, horche auf das Volksgerede und blicke melancholisch über die trübe Fluth der *Salambria*[100] auf die waldige Schlucht des Ossa hinüber. Wie ärmlich doch jenes *Nevoliani* dort auf der unfruchtbarsten Steilseite des *Kisova* hängt, und wie winterlich der Nebel über die thessalischen Slavenseen Nezero und Karla schwebt![101] Dagegen meinte ein Philosoph des Städtchens, wenn das Erdreich auf der Ebene „*σφικτή*" (gedrängt, fest), so sey es auf der Spitze des Olympus „*buchavo*" (d. i. locker, schwammig), und zwei Frauenzimmer aus Temeswar fügten die Bemerkung bei, wie leicht man doch das Neugriechische lerne, wenn man *illyrisch* versteht.[102]

„*Καθὲ χωριὸ καὶ ζακόνι, καθὲ μαχαλᾶς καὶ τάξει,*"[103] singen ja die Turnobiten-Jungen auf der Gasse und fügen die Redenden häufig am Schlusse ihrer Erzählungen als *μῦθος δηλοῖ* hinzu. Was grämt man sich aber auch über diese Slavismen der Thessalier? Im Munde der Penesten, d. i. des gemeinen Volkes, wird man sie wohl noch lange, vielleicht auf immer dulden müssen; aber die Philosophen und die Reichen in *Turnovo* und *Velestin* werden sie ablegen, wie sich das neue Königreich mit seinem Bildungstrieb, seinen Schulen und seinem hellenisch-etymologischen Restaurations- und Reinigungsapparat jener Gegenden bemächtiget hat. Nur den *slavischen Infinitiv*, scheint es, will sich das hellenische Volk selbst in der Freiheit nicht nehmen lassen, wie Deucalions steingeborne Menschen zum ewigen Zeichen des Ursprungs ihre „Härte" bewahrten.[104] Durch Ordonnanzen läßt sich in solchen Dingen nichts erzielen. Unterricht und Studium wirken schneller. Man sieht es ja in Athen und Osthellas, wo das schul- und alphabetlose Albanesen-Schkypi mit jedem Jahre Terrain verliert und nach einigen Menschenaltern vielleicht von selbst erlischt, wie das Slavische nach einander in Arkadien, in Elis, in Messenien, in Akarnanien, in Aetolien, Phokis, Lokris und Böotien und zuletzt in Lakonien nach und nach erloschen ist.

Obwohl diese albanischen Schkypetaren selbst nach der in der Revolution erfolgten Austreibung ihrer zum Islam abgefallenen Brüder aus den lakonischen und arkadischen Bergdistrikten *Bordunia*, *Lala*, *Phonia* etc. noch ungefähr die Hälfte der Bevölkerung des Königreichs Hellas bilden, haben sie doch weder der byzantinischen Sprache noch der Geographie des Landes bedeutende und umfassende, in keinem Falle aber so tief einschneidende und so unaustilgbare Merkzeichen aufgedrückt wie ihre Vorgänger, die scythischen Slaven. Und wäre das Albanische noch vor Wiederanknüpfung des Jahrhunderte lang gänzlich unterbrochenen Verkehrs mit dem gebildeten Abendlande vom klassischen Boden verschwunden, so könnte man heute die Colonisirung der schönsten und wichtigsten Provinzen von Hellas durch dieses harte und den Künsten abgeneigte Volk mit noch weit größerem Rechte wegläugnen als die theilweise um tausend Jahre ältere und noch weit umfassendere Ueberschwemmung durch die Slaven, die so viel Zorn und Widerspruch bei den deutschen Grammatikern erregt, während es doch dem alten Strabo seiner Zeit kein Mensch übel nahm, wenn er die Uranfänge der alten Hellenen gleichfalls aus barbarischen Elementen zusammensetzte. Freilich hielt man es damals nicht für möglich, politische Stellung, Macht und Herrschaft – die natürlichen Resultate der Seelengröße, des Muthes, des Verstandes und der Geistesüberlegenheit – blos durch Suppliken und Dekrete zu erlangen. Das griechische Volk wie eine reiche Hetäre zu loben und nachher die Rechnung einzusenden, ist freilich bequemer und gewinnbringender als in den griechischen Bauerndörfern herumzuliegen und die Rede ziegenmelkender Schkypetaren zu untersuchen.

Wenn nun selbst der determinirteste Kämpfer für unvermischtes Hellenenthum die jetzt noch bestehende Herrschaft slavischen Blutes, slavischer Sprache und Sitte im weiten Länderbezirke von den Ufern der Donau bis an die

Stadtthore von Saloniki und bis an den Fuß des Olympus zugestehen muß, und wenn man denselben Zustand wenigstens für die festgesetzte Epoche, 1000 n. Chr., als im ganzen Peloponnes vorherrschend nachzuweisen die Mittel hat, so ist die Metamorphose des zwischen beide Slaven-Ausgangspunkte hineinfallenden kleinen Territoriums von Hellas ein nothwendiger Folgesatz. Deßwegen hat man auch früher die ganze Kraft der Argumentation hauptsächlich auf diesen Punkt geworfen.[105] Fragen Sie aber, wie man denn überhaupt auf den Gedanken von einer mehr oder weniger vollständigen Slavinisirung der peloponnesischen Halbinsel und des gesammten griechischen Continents verfallen, und diesen häretischen, Enthusiasmus abkühlenden und allgemeinen Unwillen erregenden Satz mitten unter das begeisterte Abendland schleudern konnte, so antworte ich mit den guten Hagion-Oros-Mönchen, daß wie allzeit so auch dieses Mal das Unheil und der Widerspruch vom Bücherlesen entstanden ist.

Beim Ausbruch der Revolte auf Morea wußte ich so wenig als es die Gegner jetzt wissen wollen, welche Vorgänge und Schicksale Land und Leute hatten, die unter dem Titel Spartiaten, Elier, Arkadier, Argiver und Korinther als Supplikanten und Insurgenten plötzlich auf dem Welttheater erschienen. Man hatte in Deutschland weder eine gute Landkarte, noch ein verständiges Buch, noch einen vernünftigen Begriff über die Gestalt des neuen Griechenlands. Beim achäischen General Philopömen und höchstens beim römischen Consul Mummius (aus der Mitte des zweiten Jahrhunderts vor unserer Zeitrechnung) knüpften wir unsere Ideen an. Die „Byzantiner" – freilich mehr als dreißig Folianten – hat entweder Niemand gelesen oder in diesem Punkt Niemand verstanden. Das Wort *„Morea"* war mir zuerst verdächtig. Noch auffallender waren die vollkommen wendisch klingenden Ortsnamen, wo die ersten Gefechte vorgefallen sind. Wie kamen denn *Valtezzi, Vitin, Kamenz* in das Centrum des Peloponneses? was ist *Mistra* am Taygetus für ein Wort? warum heißen sie den Bach an den Ruinen von Megalopolis nicht mehr Helisson, sondern *Varvutzena*, und ein Flüßchen in Tzakonien gar *Zavitza*, d. i. die kleine Save? Unter diesen Bedenklichkeiten las ich im Buche des Kaisers Konstantin Porphyrogenitus über die Provinzen des byzantinischen Reichs beim Thema „Peloponnes" folgende Stelle, die ich ohne Furcht gleich im Original selbst hersetzen will, da sich um solche Dinge ohnehin nur Leute von Fach bekümmern:

„Ὕστερον δὲ πάλιν τῶν Μακεδόνων ὑπὸ Ῥωμαίων ἡττηθέντων, πᾶσα ἡ Ἑλλάς τε καὶ ἡ Πελοπόννησος ὑπὸ τὴν τῶν Ῥωμαίων σαγήνην ἐγένετο, ὥστε δούλους ἀντ᾽ ἐλευθέρων γενέσθαι· ἐσθλαβώθη δὲ πᾶσα ἡ χώρα καὶ γέγονε βάρβαρος, ὅτε ὁ λοιμικὸς θάνατος πᾶσαν ἐβόσκετο τὴν οἰκουμένην, ὁπηνίκα Κωνσταντῖνος ὁ τῆς κοπρίας ἐπώνυμος τὰ σκῆπτρα τῆσ τῶν Ῥωμαίων διεῖπεν ἀρχῆς, ὥστε τινὰ τῶν ἐκ Πελοποννήσου μέγα φρονοῦντα ἐπὶ τῇ αὐτοῦ εὐγενείᾳ, ἵνα μὴ λέγω δυσγενείᾳ, Εὐφήμιον ἐκεῖνον τὸν περιβόητον γραμματικὸν ἀποσκῶψαι εἰς αὐτὸν τουτοῒ τὸ θρυλούμενον ἰαμβεῖον

„γαρασδοειδὴς ὄψις ἐσθλαβωμένη.“

ἢν δὲ οὗτος Νικήτας ὁ κηδεύσας ἐπὶ θυγατρὶ Σοφίᾳ Χριστοφόρον τὸν υἱὸν τοῦ καλοῦ Ῥωμανοῦ καὶ ἀγαθοῦ βασιλέως.“ D. i.

„Später aber, nachdem die Macedonier von den Römern besiegt worden, gerieth ganz Hellas mit dem Peloponnes unter das Netz der Römer, so daß sie statt selbstständig dienstbar wurden. Als aber während der Herrschaft des Mist-Konstantin über die Römer der pestartige Tod den Erdkreis entvölkerte, wurde die ganze Provinz (Peloponnes) „slavinisirt und so völlig barbarisch,“ daß sich der berühmte Grammatiker Euphemius über einen Peloponnesier, der seine edle (um nicht zu sagen unedle) Abkunft gar zu höchlich rühmte, durch den bekannten Spottvers lustig machte:

„Ein verschmitztes Slavoniergesicht.“

„Es war aber dieser (Peloponnesier) Niketas, der seine Tochter Sophia mit Christophorus, Sohn des guten wackern Kaisers Romanus vermählte.“[106] Diese Stelle lehrte mich das Ueberwiegen der slavischen Nomenclatur in der Topographie Moreas freilich begreifen, und ward ihrerseits die fruchtbare Quelle genauerer Forschung und eben so wichtiger als historisch unbestreitbarer Folgesätze für die Geschichte des illyrischen Continents. Das einzige Wort „ἐσθλαβώθη“ hat das Geheimniß byzantinischer Vergangenheit verrathen. Auch hat sich der Zorn gegnerischer Kritik vorzüglich über dieses Citat ergossen. Leute, die noch keine Zeile aus den „Byzantinern“ gelesen hatten, ja nicht einmal ihr Daseyn kannten, warfen mir vor, ich hätte die Stelle nicht recht verstanden: ἐσθλαβώθη heiße nicht „slavinisirt“ sondern „unterjocht, in servitutem redacta“, und das Epigramm des Euphemius sey nicht mit „verschmitztes Slavoniergesicht“, sondern mit

„Altes in die Knechtschaft geführtes Gesicht“
(Vieta facies in servitutem redacta)

zu übertragen, wie es auch in der ersten holländischen und spätern Bandurischen Version zu lesen ist und in der neuesten Bonner Edition unverändert nachgeschrieben wurde. „Ein altes in die Knechtschaft geführtes Gesicht“ wäre fürwahr ein ungemein witziges Epigramm![107] In Athen gehen sie noch weiter und erklären neben dem deutschen Ausleger auch den Autor selbst, den guten Konstantin Porphyrogenitus für einen Ignoranten. „Wer denn dieser Konstantin eigentlich sey und was denn er vom Peloponnes seiner Zeit wissen konnte?“ Konstantinus Porphyrogenitus, der VIII. dieses Namens, war Autokrat von Byzanz, regierte 47 lange Jahre (912–959) und schrieb eine Menge Bücher, von denen jedoch nur drei, die Beschreibung der Provinzen, die Abhandlung über äußere Politik und innere Verwaltung des Reiches und das Werk über die Ceremonien des kaiserlichen Hofes bis auf unsere Zeit gekommen sind.

Von Geist, Humor, Malice und tragischem Schwung, welche die Denkwürdigkeiten von Belisars Geheimschreiber *Procopius* so anziehend machen, entdeckt man in diesen kaiserlichen Compilationen freilich nicht sonderlich auffallende Spuren. Auch hielt es Se. Oströmische Majestät für unschicklich viel eigene Gedanken zu haben oder einen pragmatischen Faden zu innerer Verbindung durch die eckicht und ungeschliffen aneinander gereihten Fragmente durchzuziehen. Aber der Imperator, einer slavischen Familie angehörend, redete neben dem Griechischen auch das *Slavische*, und hat uns durch seinen pedantischen Fleiß und Geschmack Notizen hinterlassen, die man anderswo vergeblich sucht. Schon sein kaiserlicher Vater und Vorfahr, *Leo Philosophus*, war ein gelehrter Herr, der schlechte Jamben schrieb und zum größten Verdruß des Clerus von Byzanz nacheinander vier Weiber nahm. Der Großvater, Kaiser *Basilius*, war dagegen freilich nur ein slavischer Bauernjunge aus Macedonien, hatte sich aber durch Glück und durch eigene Kraft bis zum kaiserlichen Diadem hinaufgeschwungen und die erste große *Slavendynastie* des byzantinischen Reiches gegründet.[108]

Den byzantinischen Genealogen, durch welche der Porphyrogenet Leben und Thaten seines großen Ahnherrn beschreiben ließ, schien es freilich unschicklich, das regierende Haus von so geringem und niedrigem Ursprung herzuleiten. Sie erzählen daher ganz umständlich, versteht sich Alles aus zuverlässigen, unbestreitbaren, aber sonst aller Welt unbekannten Quellen, daß Basilius der Macedonier väterlicherseits in gerader Linie vom königlich armenischen Geschlechte der Warschakiden, weiblicherseits aber von Konstantinus Magnus und im Ganzen von seinem Landsmanne Alexander dem Macedonier abstamme. Obwohl sich seine Familie nur mit Kornschneiden und Pflügen beschäftigte und er selbst als Wickelkind bei der Einnahme Adrianopels durch den Bulgarenkönig *Krum* mit der noch übrigen Bevölkerung der Stadt nach Bulgarien ziehen mußte, habe doch zuerst ein kokettirender Adler symbolisch, dann der Prophet Elias mit artikulirten Worten der Mutter während des Kornschneidens die künftige Größe und Majestät des Sohnes vorherverkündet.

Zum Jüngling herangewachsen dachte Basilius sein Glück in der Hauptstadt zu versuchen und sich bei irgend einem Großen als Knecht zu verdingen. Er war aber so arm, daß er die Reise zu Fuß machte und bei seiner Ankunft in Konstantinopel die erste Nacht außerhalb der Ringmauer auf den steinernen Stufen einer Klosterkirche sich niederlegen mußte. Der derbe Slavenjunge erregte das Mitleiden der Mönche; denn er war, nach Ephraem von Byzanz, ein kräftiger, gewandter, nervenstarker, gutgewachsener, blühender, gefälliger junger Mensch mit dichtem Haarwuchs, unverdrossener Seele und durchdringendem natürlichem Verstand.[109] Mit solchen Eigenschaften hat man zu Konstantinopel von jeher Glück gemacht. Durch Zuthun der Mönche kam Basilius gleich in das Haus eines vornehmen Mannes am kaiserlichen Hofe, stieg in der Gunst des Herrn, gab in entscheidenden Augenblicken Proben des Muthes, der Intelligenz und der Seelenstärke, daß ihn, nach Durchlaufung der höchsten Ehrenstellen, der byzantinische Autokrat Michael der Trunkenbold als Mitkaiser neben sich auf den Thron erhob (866), welchen aber Basilius schon im folgenden Jahre, nach gewaltthätiger Beseitigung seines Herrn und Wohlthäters, allein besaß. Hofleute und amtliche Scribenten reden zwar von Nothwehr und von einer *Suprema lex* der öffentlichen Wohlfahrt, die das Leben des trunkenen Autokraten zum Opfer verlangte. Allein das sittliche Gefühl der Nachwelt läßt sich weder durch Energie des Charakters, noch durch große Erfolge und glänzendes Verdienst, noch durch falsche Berichte und höfische Toilettenkünste bestechen und beschwichtigen.

Wenn es am kaiserlichen Hofe schon unter *Michael* dem Trunkenbold von Bulgaren und Slaven wimmelte und selbst der Senat und die höchsten Palastämter mit Leuten dieses Volkes besetzt waren,[110] so hatten sie nun durch ihren Landsmann Basilius auf länger als anderthalbhundert Jahre Reich und Diadem vollends an sich gebracht. Die kaiserlichen Hofgelehrten sagen es freilich nicht so unumwunden, weil sie den slavischen Bauernknecht in letzter Instanz, wie oben gesagt, für einen Sprößling des macedonischen Helden erklärten. Aber die Sache war so *allgemein bekannt*, daß sie selbst zu den arabischen Annalisten des Zeitalters drang und in ihre Compendien aufgenommen wurde. So liest man z. B. in der Chronik des *Hamsa* von *Isfahan* unter der Rubrik „Basilius der Macedonier" folgende Stelle: „Dann ward das Reich von diesem Hause auf das Geschlecht der „*Slaven*" übertragen; denn Basilius der *Slave* tödtete (den Michael) in den Tagen *Al-Motaz* im Jahre 253 (A. Ch. 867)."[111]

Basilius der Slave war ungebildet, aber ein Mann der Energie und der That, dem jedoch die Vorsehung im Gegensatze mit den sieben ersten Osmanli-Sultanen das Glück versagte, den Geist der Kraft auf die Kinder zu vererben. Denn von seinen Söhnen und Nachfolgern war der sogenannte Bücher-Leo zwar gelehrt, aber schwach und unthätig; Alexander dagegen ein toller Wüstling, der auf einen *Slaven*, Namens Basilitzes, alle Reichthümer und Ehren häufte und ihn selbst mit Umgehung der Kinder seines verstorbenen Bruders zum Nachfolger in der Regierung ernennen wollte.[112]

Zum Glück für den Neffen starb der eigensinnige, harte Oheim unvermuthet nach kaum einjähriger Herrschaft, und der siebenjährige Konstantin Porphyrogenitus ward anfangs unter Vormundschaft seiner Mutter Zoë und später seines Schwiegervaters Romanos Autokrat des Orients, konnte aber erst im vierzigsten Lebensjahre, nach gewaltsamer Austreibung des Vormundes, zum Vollgenuß der obersten Macht gelangen. Ein Autokrat, der sich 33 Jahre lang am Gängelbande führen läßt und ohne Ungeduld die Gewalt in fremder Hand erblicken und sich mit dem Schatten der Macht begnügen kann, ist in keinem Falle ein Mann von bedeutender Leidenschaft und von sonderlich heißem

Blute. Regte sich aber auch zuweilen der Ehrgeiz, ward er bald im Staub der kaiserlichen Bibliothek erstickt. Konstantin war Gelehrter im Diadem, der seinem Sohne Romanus statt des Beispieles rühmlicher Thaten zwei schmale Compendien und ein dickes Werk byzantinisch-antiquarischen Inhalts als Vermächtniß hinterlassen hat.

Mit Konstantin und seinem Vorgänger Leo hat Papierregiment und Seraïwirthschaft am Bosporus eigentlich begonnen. Monarchen, die Prosa schreiben, haben alle dasselbe Thema: Vergangene Schicksale oder künftige Wohlfahrt des Reiches und des regierenden Hauses. Charakteristik und Analyse der porphyrogenetischen Schriften wäre hier nicht am rechten Orte, aber läugnen wird Niemand, daß unter dem oft leeren und pedantischen Wust byzantinischer Staatsmaximen und Regierungskniffe Notizen der fruchtbarsten Gattung verborgen sind. Namentlich werden die Russen (οἱ Ῥῶς) und die südlichen Slaven überhaupt in Konstantins Compendium über den Staatshaushalt mit ihren guten und schlechten Eigenschaften zum erstenmal auf das Welttheater gebracht und psychologisch, kurz aber kennbar geschildert. „Eine unersättliche unausfüllbare Gier nach Geld sey das allen scythischen Völkern von der Natur aufgedrückte Merkmal; sie setzen Alles in Bewegung, ringen und haschen nach Allem, und doch sey ihrer Begehrlichkeit kein Ende und wachse das Verlangen mit dem Besitz. Für geringe Leistungen fordern sie unverschämten Lohn. Unter allen am bettelhaftesten und zudringlichsten aber seyen die Chasaren, die *Ungarn* und die *Russen*, die in einemfort nach Konstantinopel kommen, um sich unter nichtigem oder unerheblichem Vorwande gestickte Gewänder, Kronen und andere Toilettenartikel aus der kaiserlichen Garderobe oder gar das Staatsgeheimniß des griechischen Feuers auszubitten."[113]

Stolze ungarische Magnaten und die Russen-Czare müssen heute freilich lachen, wenn sie die Sittenkatechese und die scythischer Begehrlichkeit entgegenzustellende Ablehnungsformel des kaiserlichen Pedanten lesen. Damals (950) waren aber diese Völker noch Barbaren und Heiden. Das sanfte Joch des Christenthums hatte ihre Wildheit noch nicht gezähmt, sie noch nicht sittlich verwandelt, veredelt und besonders die Russen noch nicht zu jenem Grade von Uneigennützigkeit und christlicher Liebe erhoben, die sie heute in allen Privat- und öffentlichen Verhandlungen andern zum Exempel durchschimmern lassen. „*Kijew (τὸ κίαβον, κιοάβα)*" nennt Konstantin Metropole und Herzpunkt der niemalsruhenden und mit fanatischer Zähigkeit unaufhaltsam nach *West* und nach *Süd* drängenden „Ῥῶς".

Die vollen Kassen, die Goldkronen und die gestickten Gewänder von Byzanz hatten für diese Wilden einen unwiderstehlichen Reiz, und schon damals wäre Ost-Rom vielleicht russischer Zudringlichkeit erlegen, hätten sich nicht nach der Reihe wilde und kiegerische Stämme aus Turkestan und Kiptschak, Petschenegen, Usen, Polowzen und endlich die Tataren durch Besetzung der

Dniepermündungen, der heutigen Moldau und überhaupt des Nordufers des Pontus Euxinus wie ein schirmender Keil zwischen Kijew und Byzanz hereingeschoben und für letzeres neue Lebensfrist ausgewirkt. Diese Scheidewand aufrecht zu halten, galt im zehnten Jahrhundert als Hauptmaxime byzantinischer Politik. Um sie niederzureissen und alle Hemmnisse des Russendranges zu beseitigen, brauchte es fast 900 Jahre Arbeit, Leiden und Geduld. Der Mensch kann nicht über schnellen Gang des Fatums klagen. War mit Griechenland Friede, fiel die Russenplage auf die nördlich und westlich von Kijew liegenden Slavenstämme der Berbianen, der Drugobiten, der Kribitschen, der Serben und anderer den Russen schon damals zinsbaren Brudervölker.[114] Ruhen konnten sie niemals. Alles Land von Kijew am Dnieper hinauf bis Nowgorod *(Νέμογαρδ)* und heraus zu den Wohnsitzen der *Frangi* hinter dem Elbestrom nennt der Porphyrogenet „Sklabinien" *(Σκλαβινίαι)* und weist ihm *Drugubiten, Lenzaninen, Kribitschen, Serben* etc. als Bewohner an.[115]

Dieselbe Benennung „Slavinien" tragen aber im Westen der Maritza und im Süden der Donau sämmtliche Landschaften zwischen dem ägäischen und adriatischen Meere, selbst mit Einschluß von Macedonien und Thessalien, erweislich schon im 7ten Jahrhundert und noch *vor* dem Einbruch der Bulgaren und der Gründung ihres Reiches. Wir finden die Dragubiten und Sagudaten bei Saloniki; die Belegezeiten, Bajuniten und Berziten in Thessalien und Nachbarschaft; die Kribitschen in Messenien, die Milingi im Taygetus, die Ezeriten im Eurotasthal, die Serben im größten Theile des Illyricums; Stämme mit der allgemeinen Benennung „Sklaben, Sklabinier und Sklabesianen", in Elis, in Arkadien, in Lakonien, in Tzakonien, in ganz Peloponnes. Aber das eben ist es, was man nicht glauben will und ich erst beweisen soll. Uebrigens ist die Chronologie dieser Begebenheiten ein Umstand, der ängstliche und unerfahrne Leser beinahe nicht weniger beunruhiget, als die Sache selbst.

Wann sind denn – so hört man häufig fragen – alle diese Gräuel über das schöne poetische Hellas hereingebrochen? Und hat denn außer dem Slaven-Imperator Porphyrogenitus in der bezeichneten Stelle kein gleichzeitiger Annalist je von solchen Scenen Meldung gethan? Alles ignoriren und wie nicht gesagt betrachten, was man hierüber schon früher gewissenhaft verfaßt und gründlich nachgewiesen hat, hieße doch einerseits an Bescheidenheit und Selbstverläugnung, andrerseits aber an Insolenz und Dickohrigkeit alles Maß überschreiten. Zu Anfang des 6ten Jahrhunderts, besonders mit Justinian I. (527–565) begann das Uebel, und die Mitte desselben 6ten Jahrhunderts (550) ist mit voller Sicherheit als Zeitpunkt regelmäßiger Slavenströmung über die Donau und theilweiser Seßhaftmachung auf byzantinischem Boden anzunehmen.[116]

Decennien lang gingen Plünderungszüge und Verödung bleibender Niederlassung voran, wie es *Procopius* kurz aber eindringlich geschildert hat.[117] Den Peloponnes erreichte die nordische Fluth zwar erst gegen das Ende des 6ten

Jahrhunderts,[118] aber um die Mitte des 10ten hatte der Tumult noch kein Ende gefunden. Die letzte Slavenhorde, in so ferne von gleichzeitiger authentischer Nachweisung die Rede ist, wälzte sich unter der Reichsverwesung des mit unserm Porphyrogenitus zugleich regierenden *Romanus Lecapenus* (von 920 bis 944) über den Isthmus von Korinth.[119] Cardinalpunkt der ganzen Slaventhesis ist die Patrasser Schlacht, welche Nicolaus der Patriarch aus dem eilften, und Konstantin der Purpurgeborne aus dem zehnten Jahrhundert, an Zeit, Ort, Umständen und Erfolg übereinstimmend erzählen.[120] Nur hatten sich nach dem Bericht des erstern die Avaren schon 218 Jahre früher, d. i. Ausgangs des sechsten Jahrhunderts im Peloponnes festgesetzt, welcher dagegen nach Angabe des letztern erst unter Copronymus, d. i. um die Mitte des achten Jahrhunderts „ganz slavinisirt und barbarisch wurde." Beide Angaben stehen in keinem innern Widerspruch, weil das Mehr oder Weniger, das Früher oder Später der ersten Ansiedlung für uns ein gleichgültiger Umstand ist, sobald nur das Factum selbst über allem Zweifel steht. Aber nicht ohne Grund hat man *wider* mich geltend gemacht, daß nach der kaiserlichen Erzählung die rebellischen Slaven im „Thema Peloponnes" zuerst die Wohnungen der „benachbarten Gräken" überfielen und ausplünderten, dann aber sich gegen Patras wandten, das Flachland vor den Festungsmauern überschwemmten und die Stadt selbst belagerten.

Es müssen also – so argumentiren sie – doch noch byzantinische Griechen im Lande, und zwar in der alten Provinz *Achaja* übrig gewesen seyn, deren Besitzungen die Slaven noch plündern und verheeren, und die sie selbst gefangen wegschleppen konnten. Der Text läßt hierüber kein Bedenken.[121] Es fanden ja selbst die Franken bei ihrer Landung (1205), wo doch Alles schon in ein gemeinsames christliches Morea zusammengeflossen war, sogar die alte Benennung *Achaja* noch am nördlichen Küstenrande des Peloponneses haften, während die übrigen Neunzehntel des Landes in Jedermanns Munde mit dem slavischen Appellativ „Moreas" bezeichnet wurden.[122]

Das friedliche Nebeneinanderseyn zweierlei Blutes und zweierlei ethnischer Elemente, und zwar eines schwachen und eines starken, auf peloponnesischem Boden wäre demnach für den Zeitraum von 600–800 n. Chr. unwiderleglich dargethan. Die Einrede, daß die scythischen Eroberer niemals einen hinlänglichen Grad politischer Selbstständigkeit und Autonomie errungen und in der Praxis allzeit als Unterthanen des byzantinischen Imperators gegolten hätten, ist dagegen unbedingt zurückzuweisen, da im oftberührten Patriarchalbericht das gegenseitige Verhältniß unzweideutig und klar angegeben wird. „Sie (die Eindringlinge) waren von der romanischen Herrschaft so völlig abgetrennt, daß kein romanischer Mann ihr Gebiet betreten durfte."[123]

Wer immer in Konstantinopel regiert, hat das eifersüchtigste Verlangen auch Herr über Griechenland und besonders über Morea zu seyn. Den innern Küstensaum von der Hauptstadt des Reiches an der Propontis und am ägäischen Meere entlang bis nach Innerhellas offen und von griechisch redenden Leuten bewohnt zu erhalten, war eine der traditionellen und standhaftesten Maximen der christlich-byzantinischen Politik. Wenn aber Dr. Grisebach mit Pouqueville meint, griechisches Blut und griechische Redeweise habe sich auf den Küstenländern Thraciens und Macedoniens durchweg auf derselben Linie erhalten, auf der sie schon im Alterthume war und heute wieder gefunden wird, so hat er dennoch Unrecht.[214] Von der Maritza bis zum Hagion-Oros herab war der Strand erweislich schon um die Mitte des siebenten Jahrhunderts ganz slavinisirt und der Landweg – die *via Egnatia* – von Konstantinopel nach Thessalonika durch slavische Eindringlinge verlegt und abgesperrt. Namentlich saßen die Strymon- und die Runchi-Slaven um Philippi und Amphipolis, wo unter andern heute noch die slavischen Ortschaften *Groß-Orsova* und *Klein-Orsova* sind. Sie trieben Küstenfahrt und Seeraub auf ihren barbarischen Monoxylen, plünderten auf Inseln und am Hellespont und leisteten den Binnenlandbrüdern in den wiederholten Angriffen auf Thessalonika von der Seeseite kräftige Unterstützung.[125]

Um die Straße zu dieser großen und wichtigen Handelsstadt wieder zu öffnen, ging Heraclius' Enkel, Konstans II., um das Jahr 658 persönlich wider „Slavinien" ins Feld und erfocht, wie der byzantinische Mönch Theophanes kurz, unbestimmt und talentlos berichtet, große Vortheile, „besiegte und unterjochte viele".[126]

Mit diesem Feldzuge hatte das byzantinische Imperium gegen die *slavische* Bevölkerung der europäischen Reichshälfte gleichsam die Offensive ergriffen. Jedoch war der erste Akt, wie es scheint, nicht sonderlich folgenreich und eindringend, da die Slaven um eben diese Zeit und noch später wiederholt das feste Thessalonika zu Wasser und zu Lande ängstigten.[127] Justinian II. Rhinotmetos (A. C. 685–695 und 705–711) richtete schon mehr aus, drang bis Thessalonika durch, befreite das Emporium, schlug und unterjochte „Strymonen und Runchinen mit andern Slavenstämmen", wie St. Nicephorus von Konstantinopel beinahe noch trostloser und kürzer als sein Landsmann Theophanes berichtet.[128]

Um jedoch Gehorsam und Unterwürfigkeit des neueroberten Landes auf alle Zeiten sicher zu stellen, verpflanzte Justinian II. einen Theil der slavischen Bevölkerung auf die asiatische Seite des Hellesponts. Dieser Theil war so zahlreich, daß der Imperator 30,000 kräftige junge Leute als Prätorianer ausheben und im Feldzuge wider die Araber dem kaiserlichen Heere einverleiben konnte.[129] Aber auch die Zurückgebliebenen duldete er an der Seeküste nicht länger, sondern verpflanzte sie weiter Strymon aufwärts in das Hochgebirge, wie es Porphyrogenitus *(lib. II. 3 de Themat.)* ausdrücklich bemerkt. Die slavischen Dorfnamen am Strand und in der Chalkidike, auf dem Wege von Saloniki nach Hagion-Oros, blieben bis auf unsere Zeit; aber griechische Rede-weise gewann nach und nach wieder die Oberhand. Slavenverpflanzungen in Masse aus Europa nach Anatolien wurden von Justinians II. Nachfolgern nach jedem Siege regelmäßig wiederholt und bildeten die zweite Regierungsmaxi-me byzantinischer Politik. Jedoch vermochten diese Maßnahmen doch nicht den wilden Freiheitssinn der Slavenstämme zu bändigen. Bis die Kirche mit dem Taufbecken dazwischentrat, begannen sie das Spiel immer wieder von neuem, und namentlich hatte Konstantin Copronymus (741–775) die größte Noth das kaiserliche Ansehen in einem Aufstande der von Rhinotmetus ge-bändigten und geschwächten Slaven Macedoniens zu behaupten. Doch war der Feldzug des Jahres 758 n. Chr. für diese Gegend eben so entscheidend in seinen Folgen, als in seinem Hergang einfältig erzählt vom langweiligsten und kurzsichtigsten aller Chronisten, Theophanes von Byzanz.[130]

Armseligkeit und Unfähigkeit dieses Mannes sind um so beklagenswerther, da er als Zeitgenosse den ersten großen Kriegszug des byzantinischen Imperiums gegen die vollständig slavisirten Landschaften Thessalien, Inner-Hellas und *Peloponnes* unter Kaiserin Irene (780–802) einzuregistriren hatte. Irene, aus einer athenischen Familie abstammend, hatte vom Zustande Griechenlands vielleicht bessere Einsicht als ihre Vorfahren, und sandte ein großes aus den eingewanderten streitbaren Stämmen Thraciens und Macedoniens rekrutirtes Eroberungs- oder Entdeckungsheer unter dem Patrizier Staurakios (783 n. Chr.) gegen die *„Slavinenvölker"*. Wohin ist also der byzantinische Feldherr gezogen, um diese „Slavinen" zu unterjochen? Theophanes antwortet trocken und kurz: „Staurakios rückte in Thessalien und Hellas ein, unterjochte alle und machte sie dem Kaiserthum zinsbar, drang sogar in den Peloponnes und brachte viele Gefangene und große Beute römisch-kaiserlicher Majestät zu-rück."[131]

Dies ist Alles was der Mönch, nachdem er noch darüberhin den prachtvollen Triumpheinzug des Staurakius und die gefangenen Slavenfürsten aus dem Peloponnes in Konstantinopel gesehen hatte, über eine der wichtigsten und, nach europäischen Begriffen zu urtheilen, größten und folgereichsten Bege-benheiten der Geschichte von Byzanz zu sagen weiß! Aber nennt Theophanes hier nicht das eigentliche, alte, klassische Hellas und sogar den Peloponnes unumwunden ein von „slavischen Völkern" besetztes Land, das byzantini-scher Majestät (um 783 n. Chr.) *nicht* gehorchte, *keinen* Tribut zahlte, und gegen welches man ein großes Unterjochungsheer aussandte, um es wieder in den Reichsverband hereinzuziehen? Wenn aber die byzantinische Streitmacht und der Feldherr Staurakios mit dem Auftrage von Konstantinopel ausziehen die „Slavinenvölker" zu bändigen, und wenn sie, um diesen Befehl zu vollzie-hen, Thessalien, Hellas und den Peloponnes feindlich überziehen, Alles unter-werfen, zum Tribut nöthigen und Beute und Gefangene in großer Menge von besagten Ländern nach Konstantinopel bringen, so ist der Schluß, daß jene Landschaften damals von unabhängigen Slavinen besetzt waren, ein natürlicher und ein unabweisbarer. Ἐσθλαβώθη πᾶσα ἡ Πελοπόννησος καὶ ἐγένετο βάρβαρος. Wahrhaft, Porphyrogenitus – wie Sie sehen – hat Recht, im Peloponnes war alles „slavinisirt und barbarisch." Freilich möchten wir auch gerne wissen, wie weit Staurakios im Peloponnes eingedrungen sey? wo man sich slavischer Seits zum Gefecht eingestellt? welche Verträge man geschlossen und welche Einrichtungen und Bürgschaften man angeordnet habe, um den Gehorsam der Provinz auch für die Zukunft zu sichern? Aber Theophanes, in weltlichen Dingen offenbar weniger neugierig als ein deutscher Politicus, gibt auf alle diese Fragen keine Antwort. Daß aber dieser erste byzantinische Heerzug des Staurakios keine bleibenden Folgen hatte, beweist der allgemeine Aufstand der peloponnesischen Slaven und die obenerzählte Belagerung und Verzweiflung von Patras unter Irenens Nachfolger Nicephorus I. (807 n. Chr.) zur Genüge.[132]

War denn nicht nach Inhalt des oft angezogenen Patriarchalberichts der Peloponnes bis zur Wunderschlacht vor Patras friedlichem Verkehr mit romanischen Leuten verschlossen? Wie aber der Strateg mit seiner ungeschwächten Hülfsmacht den Sieg der Bürger von Patras im Allgemeinen benützt habe und wie tief er in das Innere der Slavenkantone vorgedrungen sey, wird wieder nicht gemeldet. Nur so viel ist klar, die ganze Westseite von Morea, d. i. die Ebene von *Elis*, das Gebiet von *Messenien* mit Theilen von *Arkadien* und *Achaja*, so weit die Erzdiöcese Patras reicht und wo es heute noch von slavischen Ortsnamen wimmelt, ist unter dem „Zinsslaven-Distrikte" des heiligen Andreas zu verstehen. Oder heißt es denn im byzantinischen Epitomator nicht ausdrücklich, daß zu seiner Zeit (1000 n. Chr.) in den Gegenden des untern Alpheiosstromes „im Lande der ehemaligen *Pisaten*, *Kaukonen* und *Pylier* sogar der griechische Name nicht mehr bestehe und Alles von „Scythen" bewohnt sey?"[133]

Diese Scythen sind es, die vor Patras durch St. Andreas Intervention überwunden und Knechte seiner Metropole wurden. Nicephorus I. vor seiner Erhebung bekanntlich Oberstfinanzbeamter des Reiches und in der Kunst den Unterthanen das Geld aus der Tasche zu prakticiren, anerkannter und noch heute unübertroffener Meister, wußte die Niederlage der peloponnesischen Slavinen zum Vortheil des Fiskus trefflich auszubeuten. Von den Reichthümern des eroberten Lagers durften die Bürger nichts behalten, Alles ward zum Vortheil des heil. Andreas eingezogen, weil der Apostel, und nicht die Patrenser den Sieg erfochten habe. Dann mußten die Besiegten, außer dem jährlichen Geldzins an die Metropolitankirche, auch noch für die Strategen, Großbeamten und Gesandten der Völkerschaften, denen als Sicherheitsgeiseln Patras zum Wohnort angewiesen war, Unterhalt und Beköstigung herbeischaffen. Zu diesem Behufe hatten die Slavinen eigene Proviantmeister, Köche und Konfekt-meister bestellt und den ganzen Bedarf, ohne alles Dazwischentreten der Metropolis, nach eigenem Gutdünken und Vermögen als Gemeindelast unter sich umgelegt.[134]

Um Mißbräuchen, willkürlichen Beschwerungen und geistlichen Erpressun-gen den Weg zu verlegen, stellte Leo der Philosoph eine Urkunde aus, in welcher bis auf die kleinste Einzelheit Jegliches verzeichnet war, was die pa-trassischen Zinsslavinen dem Metropoliten zu entrichten hatten. Könnte man den Staatsmalcontenten unserer Zeit diese Urkunde des Philosophen im Pur-pur vorlegen, würden sie billig über die Einfälle und Wendungen der byzanti-nischen Finanzleute erstaunen. Besonders hat es Nicephorus in diesem Punkte zu einer Virtuosität gebracht, deren sich gegenwärtig höchstens Mohammed-Ali rühmen kann. Den Grundsatz, daß eigentlich die ganze Summe des öffent-lichen und des Privaterwerbes mit aller Arbeitskraft des Volkes von Rechtswe-gen dem Fiskus verfallen sey, hat eigentlich dieser dogmatisch eifrige Christenimperator aufgestellt und in allen Consequenzen praktisch durchge-führt.

Ungefähr 20 Jahre lang ertrugen die Slaven das kaiserliche Joch mit Geduld. Aber unter *Theophilus I.* brach ein allgemeiner Aufstand aus, die Slavinen des Peloponneses erklärten und behaupteten sich unabhängig, plünderten, seng-ten, raubten, schleppten Gefangene weg und stahlen, wie der Bericht sagt, unbehindert, bis Theophils Nachfolger, Michael der Trunkenbold, den Proto-spatharius Theoktistos mit einem großen, in Thracien, Macedonien und den übrigen abendländischen Statthalterschaften rekrutirten Heere sandte und „sämmtliche Slaven und Rebellen des Peloponneses" bändigte. Nur die „*Eze-riten*" und *Milengi*" in der Gegend von Lacedämon und Helos, d. i. im Euro-tasthal und zu beiden Seiten des Mainagebirges, blieben noch unangefochten. Denn dort, fügt Porphyrogenitus hinzu, ist ein großer, sehr hoher und schwer zugänglicher Berg, mit Namen Pentadaktylos (Taygetus), der wie eine Kehle weit in das Meer hinausläuft und auf dessen Steilwänden sich einerseits die *Milengi*, andrerseits aber die *Ezeriten* niedergelassen hatten.[135] Theoktistos hätte diese Slavenstämme des rauhen Spartanergebirges zwar auch unterjo-chen können, sey aber – was einem byzantinischen Strategen des Mittelalters ganz gleich sieht – von diesem Unterwerfungsversuch freiwillig abgestanden und habe sich begnügt, den Milengen 60, den Ezeriten aber 300 Goldmünzen jährlich als Tribut aufzulegen.[136]

Für ehrsame deutsche Präceptorenpolitik ist das 50ste Kapitel *de Administra-tione Imperii* ein großes Unglück und eine widerwärtige Erscheinung. Oder sehen Sie denn nicht, wie hier das Eurotasthal und der spartanische Tayge-tos – gerade der Stolz und die Hoffnung occidentalischer Hellenomanie – als Hauptsitze der resolutesten und hartnäckigsten Slavenstämme figuriren? Zugleich werden Sie aber auch begreifen, wie gerade in der Nachbarschaft des zerstörten Sparta und auf beiden Berghalden und in den innersten Schluchten des Pentadaktylos bis tief in die Maïna und zum Cap Matapan hinab, *heute* noch Alles mit rein slavischen Ortsnamen übersäet ist und die Familien sogar *jetzt* noch slavische Geschlechtsnamen führen. Wer für eigene Belehrung die Mühe scheuet den maïnatischen Gebirgszug auf der französischen *Carte de la Morée* in acht Blättern Namen für Namen durchzusehen, mag das Verzeichniß von 153 unbezweifelt slavischen Benennungen zu beiden Seiten des Eurotas und des Taygetus, S. 73 ff. der akademischen Abhandlung „Ueber den Einfluß der Besetzung Griechenlands durch die Slaven etc." (München bei Cotta 1835) nachsehen. Wenn aber Jemand nicht einmal merkt oder nicht glauben will, daß z. B. die spartanischen Ortsnamen *Kosova, Levitzova, Polovitza, Varsava, Sitzova, Goritza, Kryvitza, Mistra, Sagan* und *Trikotzova* slavisch und nicht hellenisch seyen, soll sich um diese Dinge lieber gar nicht kümmern und das Urtheil Andern überlassen.

Ueber die *slavischen* Familiennamen der heutigen Mainaten wird man weiter unten merkwürdige Belege bringen. Der Gegenstand verdient um so größere Aufmerksamkeit, da man nachweisen kann, daß selbst *sechs* Jahrhunderte *nach* den oben beschriebenen kriegerischen Auftritten, d. i. um die Mitte des 15ten Jahrhunderts, die mainatischen Bergbewohner noch slavisch redeten und folglich sarmatische[137] Muttersprache und primitiver Trotz der peloponnesischen Slaven sich am längsten im *Spartanerlande* erhalten habe. Von der stöckischen Verschrobenheit europäischer Literaten in Würdigung und Auffassung *griechischer* Zustände des Mittelalters hat man keinen schlagendern Beweis als daß sie selbst die umständliche, unabweisbare und mit den Ereignissen *gleichzeitige* Erzählung des Porphyrogenitus über vollständige Slavinisirung des Taygetus und Eurotasthales weder zu würdigen noch für Berichtigung ihrer mangelhaften Vorstellungen zu benützen verstehen.

Der kaiserliche Berichtgeber saß schon mit seinem Mitkaiser und Schwiegervater Romanus als Puppe auf dem Thron und compilirte Bücher, als die mildbesteuerten Ezero- und Milengi-Slaven von Sparta neuerdings Tribut und Gehorsam verweigerten und ein selbstständiges, unabhängiges Gemeinwesen auf Morea bildeten.[138] Konstantin schildert als Augenzeuge den Zorn seines Schwiegervaters, der ein großes Heer unter Krinites in den Peloponnes schickte und dem Anführer ausdrücklich befahl, mit diesen „Slaven" einmal zu endigen und sie auszurotten. Sie wehrten sich aber herzhaft, und der Kampf dauerte vom Monat März bis November. Erst nachdem Krinites die Ernten verbrannt und das ganze Thalland am Fuß des Taygetus verwüstet hatte, verstanden sich die freiheitliebenden Slaven zur Unterwerfung. Zur Strafe ihrer Rebellion sollten die Milengi in Zukunft statt 60 Goldstücke 600, die Ezeriten aber statt der vorigen 300 ebenfalls 600 jährlich als Tribut erlegen. Es dauerte aber nicht lange und ein Zusammenfluß günstiger Umstände verschaffte ihnen bald wieder die vorigen Bedingnisse und die alte Stammunabhängigkeit aus der Theoktistoszeit. Der Einbruch einer neuen aus den *slavischen* Kolonien Joniens wieder nach Europa und in den Peloponnes herüberdringenden Horde und in Folge dessen verdächtige und rebellische Machinationen unter den peloponnesischen, seit kurzem erst bekehrten und gräcisirten Archonten selbst drohten mit völligem Verluste der Provinz. Als Preis der Ruhe baten die Milengi- und Ezero-Slaven bei dieser Gelegenheit um Enthebung der im letzten Vertrage auferlegten Lasten, und Romanus mußte aus Furcht, die besagten Slaven möchten mit den frischeingedrungenen „Slavesianen" gemeinschaftliche Sache machen und die ganze Provinz an sich reißen, die Bitte bewilligen und sogar ein feierliches Instrument, eine sogenannte Goldbulle ausstellen, worin die Milengi wieder mit 60, die Ezero-Slaven aber mit 300 Goldstücken betheiligt waren.[139]

Vollendete Slavinisirung des lakonischen Gebietes – mit Ausnahme des Castrums Maina – ist eine der bewährtesten, documentirtesten und folglich unanfechtbarsten Thatsachen der Byzantinerperiode. Als Zeitgenosse, als theoretisch Mithandelnder und – was nicht zu vergessen – als Slave an Sinn und Blut wußte der Porphyrogenet in der Sache am besten zu urtheilen. Er ist aber auch gegen seine Gewohnheit gerade in diesem Faktum besonders kritisch und sogar geographisch genau. „Die Einwohner des Castrums Maina, sagt er, sind nicht vom Geschlechte der besagten Slaven, sondern der ältern „Römer", die von den eingebornen Peloponnesiern jetzt noch „Hellenen" genannt werden. Der Ort, in dem sie wohnen, ist wasserlos und unwegsam, trägt aber Oelbäume zu ihrem Unterhalt. Das Castrum aber liegt auf einem Steilvorsprung des *Malévri*, d. i. jenseits *Ezero* am Strande."[140] Die Zahl dieser mitten unter den Taygetus-Slaven wohnenden Maina-Hellenen gibt der Porphyrogenet nicht an. Er sagt nur, daß sie wegen ihrer Unterthanentreue von Alters her nur 400 Goldstücke Schatzung bezahlten und mit den übrigen Slaven unter Basilius Macedo, seinem Ahnherrn, sich zu Christo bekehrten.

„*Maïna*" scheint dessenungeachtet nicht hellenischer Etymologie anzugehören.[141] Das Castrum selbst ist jetzo Ruine, aber man versicherte in Athen, von Leuten der untersten Volksklasse jenes Bergdistriktes „κόμισον ὕδωρ" statt des gewöhnlichen „φέρε νερό" gehört zu haben. Ueberdies *soll* sich sogar der altgriechische Infinitiv gegen die slavische Form des neugriechischen daselbst behauptet haben. Man hat keinen Grund die Angaben des kaiserlichen Statistikers, wie man es hie und da in Griechenland versucht, zu bekritteln oder zu verdächtigen. Im Kanton Maïna haben sich mitten unter Slaven Ueberbleibsel althellenischer Bevölkerung erhalten. Eben so vergeblich wäre es, mit Hingabe der übrigen Theile doch die Ostseite der peloponnesischen Halbinsel, das vielbesprochene Tzakonien zwischen Argos und Monembasia, für eine Ausnahme

des allgemeinen Ruines zu erklären. Der Angelsachse, St. Willibald, Heiden-
bekehrer und Bischof von Eichstädt, kam auf seiner Pilgerreise zum heil.
Grabe i. J. 723 nach Monembasia, das er unbefangen und ohne die Deutschen
kränken zu wollen, eine Stadt im „slavinischen Lande" nennt.[142] Ist das nicht
ein Beweis, daß der Peloponnes schon *vor* der großen Slavenfluth des Copronymus (747 n. Chr.) sogar in der gemeinen Umgangssprache als *terra slavinica*, als Slavinenland gegolten habe und folglich die aus Evagrius dem Scholastiker und Nikolaus dem Patriarchen geschöpfte Slavenchronologie auf
geschichtlichen Thatsachen beruhe? Zu Karl Martells Zeiten kümmerten sich
die Deutschen wenig um die alten Hellenen. Radbot und Witekind hatten andere Sorgen. Offenbar ist St. Willibalds Argument eines der lästigsten und gefährlichsten für die Schirmvögte perennirenden Hellenenthums, wie es für die
Sache selbst als eines der bedeutungsvollsten und vielsagendsten erscheint.

Berechne man selbst, was vorausgegangen seyn müsse, bis man das altlakoni-
sche *Monobasia* eine „Stadt in Slavinien" nennen durfte. Und wenn vollends
noch unter Konstantin Porphyrogenitus mehr als 200 Jahre nach St. Willibalds
Besuch in Slavisch-Monobasia eine frische Horde „Slavesianen" eindringt
und sich im Peloponnes niederläßt, mag man billig fragen, welche Gestalt die
Dinge in Hellas selbst, d. i. in den unmittelbaren Vorlanden des Peloponneses
hatten? Liegt in diesen Ereignissen nicht der schönste Kommentar zum byzantinischen Epitomator von Strabo's Geographie: Καὶ νῦν δὲ πᾶσαν Ἤπειρον
καὶ Ἑλλάδα σχεδὸν καὶ Πελοπόννησον καὶ Μακεδονίαν Σκύθαι Σκλάβοι
νέμονται?[143]

In Athen, wo man bei aller Leidenschaftlichkeit doch noch billiger und verständiger urtheilt als bei uns, wollten sie in Anbetracht der allmählig sich
herausstellenden Unmöglichkeit historisch beglaubigte Thatsachen unbedingt
wegzuläugnen, in so weit nachgeben, daß sie wohl eine zeitweise Oberherr-
schaft slavischer Häuptlinge über Altgriechenland, d. i. eine Slavinisirung der
Stadtleute und, um nach unsern Begriffen zu reden, des sogenannten Adels
und der herrschenden Kaste etwa wie unter den Osmanli zugestehen, die
ackerbautreibende Masse aber, die Dorf- und Landbewohner, d. i. den Kern
der Nation, in strenger Geschiedenheit von den barbarischen Eindringlingen
dem reinhellenischen Blute vorbehalten.[144] Die Sache ist aber gerade umgekehrt. Nur in großen Städten und festen Plätzen, deren sich die Barbaren nicht
bemächtigen konnten, haben sich Reste der byzantinischen Griechen, jenes
unkriegerischen, verschmitzten und trügerischen Krämervolkes erhalten, welches man im Occident so zärtlich liebt und „Hellenen" nennt. Von *Belgrad* an
der Donau südwärts durch die ganze Breite des illyrischen Länderkeiles bis
nach *Tschimow* und *Polowitz* in der Maïna ist die ganze, Dörfer, „Flecken"
und offene Städtchen bewohnende Bauernmasse in den Hauptbestandtheilen
slavischen Ursprungs.

Die Slaven liebten zu allen Zeiten und lieben jetzo noch den Pflug, den Viehstall, den Bienenkorb, den Jahrmarkt, das Saitenspiel, das Hochzeitmahl, die Familie, das Landleben, die Gastfreundschaft und die Freiheit – geduldige, zähe, gewerbliche Leute, wie man sie gerne als Unterthanen hat. Die Idee des Panslavismus – das Schreckbild unserer Tage – war damals noch nicht in das Bewußtseyn der von einander unabhängigen Slavenstämme gedrungen.[145] Das Geheimniß byzantinischer Ohnmacht ward zuerst durch Attila's Heerzüge verrathen und die Sehnsucht nach dem schönen Himmel Romaniens allmählig Nationalinstinkt aller in den traurigen Nadelholzwäldern und Sumpfebenen zu beiden Seiten der Weichsel und der Karpathen siedelnden Slavinen. Der Drang nach einmal durchbrochenen Schranken war nicht mehr zu stillen, bis der illyrische Continent in Blut und Leben slavinisch verwandelt war. Romanische Lüfte haben rasche Wirkung auf nordische Körper. Frühlingslau haucht es in den laubigen Hämusthälern, am Bosporus, im lorbeergrünen Tempe, am Eurotas, und gesteigerte Physis ist die erste Empfindung auf dem neuen Boden. Daher das schnelle Wachsthum, der hohe Bau, die animalische Fülle der eingewanderten Slavenbevölkerung gleich in den ersten Generationen.

Schon Eunapius hat an den Westgothen bemerkt, daß nach ihrem Donau-Uebergang in glücklicher Mischung der Atmosphäre Knaben und Mädchen des Volkes wunderbar in die Höhe schossen und zu schneller Mehrung der Masse lange vor dem gewöhnlichen Termin die Pubertät erreichten.[146] In der Eigenschaft selbstständiger Volksgemeinden und nur während des avarischen Uebergewichts als Unterthanen des Groß-Chans, allzeit aber als Ackerbauer haben sie mit ihren Knäsen und Schupanen (Stammhäuptlingen) an der Spitze den peloponnesischen Boden in Besitz genommen und mit dem Staatsleben ihrer nordischen Heimath auch die Dörfer-, Berg- und Flußnamen auf das neue Vaterland übertragen.[147] Aber diese Ansiedelung geschah – wenigstens im ersten Jahrhundert der Einbrüche – nicht jederzeit auf höflichen Wegen und so zu sagen auf Einladung und mit Verlaub der Regierung von Byzanz. Die Slaven waren derb und nahmen mit Gewalt.[148] Gewöhnlich erschlugen sie die vorigen Besitzer, zündeten die Städte an und machten Alles neu.[149] Nur Akrokorinth, den Sitz des byzantinischen Strategen, und die feste reiche Handelsstadt Patras mit den Schlössern und Dardanellen von Naupaktus sammt der Felsenburg Monembasia zu erobern und durch Aufstellung eines Gesammtslavenkrals[150] aus ihrer Mitte die Halbinsel unter Ein Oberhaupt zu bringen, wie die gleich anfangs mit einer Dynastie eingewanderten Bulgaren, vermochten sie nicht und erlagen daher dem ersten kräftigen Angriff der von energischen Naturen geführten kaiserlichen Heere ohne großen und nachhaltigen Widerstand.[151] Aus diesem Grunde hat der Peloponnes staatsrechtlich niemals aufgehört Provinz des byzantinischen Reichs zu seyn. Auch ward slavische Autorität und Herrschaft über die Halbinsel mit der slavischen Benennung „Morea" amtlich niemals anerkannt, wie man das Alles in Bulgarien durch gesetzliche Verträge erzwungen hatte.[152]

In der größten Bedrägniß, als der Avaro-Slavinen-Chan Konstantinopel zu Land bestürmte, das Perserheer auf der asiatischen Seite des Bosporus in Skutari lag und Alles verloren schien, ward die Verbindung des Reichscentrums mit Korinth, Patras, Thessalonika und andern Küstenstädten Romaniens durch Hülfe der Seemacht keinen Augenblick unterbrochen und somit auch in den verzweifeltsten Umständen die äußere Contour und das rohe Gezimmer der Monarchie gerettet. Rom unterlag den Barbaren, aber Konstantinopel nicht. Konstantius Chlorus' Sohn war genialer als Romulus. Der Bosporus, die Dardarnellen und der Golf von Korinth haben die Reste der byzantinischen Welt zusammengehalten und die Möglichkeit einer Restauration gesichert.

In den magern Chroniken der Byzantiner findet man aber nur die Angriffe der scythischen Eindringlinge auf die drei Hauptpunkte *Konstantinopel, Thessalonika* und *Patras*, aber auch diese meistens nur im Kirchenstyl und im Glauben an wundervolles Dazwischentreten höherer Gewalten schmuck- und talentlos aufgezeichnet. Oder haben sie uns selbst über das gesetzlich constituirte, durch Staatsverträge und Friedensschlüsse feierlich anerkannte, barbarisch blühende und mächtige Königreich *Bulgarien*, mit welchem Byzanz nicht blos um Ruhm, sondern um Daseyn und Leben streiten mußte, mehr als zerstreute Notizen ohne Vollständigkeit und innern Verband hinterlassen? Die Bulgaren haben zwar zerstört wie die Türken, sie haben aber auch gebaut und haben die prachtvolle Residenz *Ahrida* in Macedonien angelegt und in ihrem Sinne ein öffentliches Leben eingerichtet. Was hätten nun Leute von so geringen Erkenntnißquellen und noch geringerer Beobachtungsgabe, wie diese Mönche und Chronisten Anatoliens, über die kleinen, isolirten, unbekannten, barbarischen Slaven-Schupanien des Peloponneses, wo man barbarisch redete, *Radegast* anbetete, Korn schnitt, Brod buck und starb, der Nachwelt erzählen sollen? Die Kritiker des Occidents können sich aber so wenig in die Zustände und Begriffe jener Zeiten, Menschen und Länder hineindenken, daß sie in byzantinischen Produkten des siebenten Jahrhunderts über die Katastrophe Griechenlands dieselbe Detailkenntniß und akademische Vollendung, besonders aber dieselbe Gluth und dieselbe – Morgenländern unerklärliche und unmögliche Begeisterung für den klassischen Boden verlangen, wie man sie von einem unter Zeitungsartikeln, Journalen, Reisebeschreibungen, Memoiren, strategischen Correspondenzen, Berichten eines „Augenzeugen", Topographien, trigonometrischen Vermessungen, Landkarten, Wörterbüchern und ganzen Bibliotheken herumgrassirenden und sich vom Enthusiasmus fütternden abendländischen Gelehrten erwarten kann. Für einen Mönch und anatolischen Griechen hatten die barbarischen Auftritte in dem ohnehin kleinen, entvölkerten, vergessenen und verachteten Hellas nicht dieselbe Wichtigkeit wie für uns.

Ist aber die vollständige Verwandlung des alten Peloponneses in ein slavisches „Morea" für das Jahr Eintausend christlicher Zeitrechnung nach den striktesten Regeln der historischen Kritik erwiesen, so wird auch die Frage, wie die Sachen auf der Nordseite des korinthischen Golfes bestellt waren, nicht schwer zu beantworten seyn. Die Barbarisirung des *offenen Landes* in sämmtlichen Provinzen des eigentlichen Hellas, selbst bis in die höchsten und innersten Schluchten des Parnassus und des Helikon hinauf, ist schon als nothwendige Vorbedingung der Begebenheiten im Peloponnes, bis auf geringe und namentlich zu bezeichnende Reste, keinem Zweifel unterworfen. In Akarnanien ward selbst der Strand von *Vonizza* bis *Mesolongi* slavisch, führen daselbst alle Seen heute noch den Slaven-Namen *Ezero*, und ist kein einziger alter Stadtname geblieben. Auch von Cap *Veternitza* (Wetterfahne) im Golf von Korinth quer durch das rauhe Gebirgsland bis nach *Sitin (Ζητοῦνι)* jenseits der Thermopylen zieht sich eine ununterbrochene Kette slavischer Orte.[153] Von Slavisch-Ezero und der Eurotasmündung bis nach *Danzig* und *Nowgorod* bauten zu jener Epoche nur slavisch redende Leute das Land. Unterbrochen war die Linie durch eine Million Magyaren, die sich wie ein Keil dazwischen hineingeschoben hatten, und durch einige feste Städte und ihr Weichbild mit griechisch redenden Bewohnern. Wie sich diese während der langen Drangsal zu erhalten vermochten, ist viel schwerer zu erklären als die Ausbreitung einer dicht gesäeten Slavenbauerschaft über den Boden Griechenlands. Das eigentliche Hellas ist ein räumlich so wenig ausgedehnter und so leicht zu verödender Landstrich, daß nach der unglücklichen Wendung des letzten Aufstandes und nachdem Mesolongi und Athen nach einander gefallen waren, „kein lebender Mensch und kein lebendes Hausthier daselbst zurückgeblieben war."[154] Wenn aber *drei*jähriges Streifen türkischer Milizen schon solche Verwüstung erzeugte, so mußten die Folgen 300jährigen Drängens durch die Slaven ja noch weit verheerender seyn.

Demnach wäre für Leute strenger Wissenschaftlichkeit und freien Urtheiles die Thesis vollständig erwiesen, wäre der in Wesen und Erscheinung slavische Charakter des Peloponneses für das Jahr Eintausend der christlichen Zeitrechnung mit allen seinen Folgen und Heischesätzen in Beziehung auf sein geographisches Vorland unantastbar und als unbestreitbare geschichtliche Thatsache hergestellt und als wirklicher Zuwachs der Erkenntnißsumme in das Bewußtseyn des Abendlandes eingetreten. Auf die Frage, warum sich die slavische Sprache nur außerhalb des thessalischen Ringbeckens bei dem Landvolke erhalten habe, innerhalb desselben, d. i. südlich vom Olympus und Tempethal aber, mit Ausnahme eines Distriktes in Nord-Akarnanien völlig ausgestorben sey, wäre ich nach Anlage und Betreff dieses Fragmentes gar keine Antwort schuldig. Man muß aber in diesem Punkte wie in vielen andern die Syllogismen der Deutschen bewundern. „Wir haben noch niemals gehört oder gelesen", sagen sie, „daß man im Peloponnes je slavisch gesprochen habe; ergo hat man im Peloponnes allezeit griechisch geredet." Der Schluß ist bündig, Sie sehen es wohl, und aller vorausgeschickten Argumente ungeachtet wäre ich verloren, käme mir nicht der athenische Grieche *Chalcocondylas* aus der Mitte des 15ten Jahrhunderts freundlichst (1456) zur Hülfe. Beweise, die uns in seiner eigenen Sache der Gegner liefert, sind von jeher gewichtvoller als die der anderen. Bei Gelegenheit des ersten türkischen Heerzuges gegen die Krale der slavischen Serben und Bulgaren, die der schwülstige Byzantiner archaistisch *Mysier* und *Triballier* nennt, bemerkt Chalcocondylas, daß diese (slavischen) „Triballier das älteste und größte aller Völker der bewohnten Erde seyen." Ob sie nun aus Illyrien nach Triballien und Mysien (Serbien und Bulgarien) gekommen oder ob sie von Jenseits des Isters und vom äußersten Rande Europas, von (Belo)Chrobatien und Prussien, welches am nördlichen Ocean liege, und aus Sarmatien, welches jetzt Rußland heiße, und von der wegen Kälte unbewohnbaren Gegend aufgebrochen, über den Ister gesetzt und bis zum jonischen Meere gekommen seyen, wo sie alles Land bis gegen Venedig hin ihrer Herrschaft unterworfen und bevölkert haben: *oder* ob sie ursprünglich von den Gegenden am jonischen Meer als ihrem wahren Stammland ausgegangen und in die nördlichen Länder, nach Sarmatien und Rußland gezogen seyen, darüber wolle er nicht streiten, *das* könne er nicht entscheiden. So viel aber wisse er, daß diese (slavischen) Völker, aller Verschiedenheit ihrer Namen ungeachtet, *doch in Sitte und Sprache jetzt noch unter einander ganz gleich, ganz eines und dasselbe seyen. Ihre Wohnsitze seyen über einen großen Theil Europas zerstreut, und erstrecken sich unter andern auch auf einen Theil des Peloponneses und sogar bis auf den Berg Taygetus und auf das (Cap) Tänarum in der Landschaft Lakonien.*[155]

Dieses Zeugniß eines eingebornen Atheners aus verhältnißmäßig neuer Zeit hat etwas Peremptorisches für sich und bildet den besten Commentar zu den Angaben des Konstantin Porphyrogenitus.[156] Es hat ja kein Byzantiner über Natur, Macht und Ausdehnung der Slavenrace so gesund, so nüchtern und gründlich geurtheilt wie dieser gelehrte Neugrieche von Athen. Das Problem, ob die Taygetischen Gebirgsbewohner wirklich in Blut ächte Ueberbleibsel der Spartiaten unserer Schulweisen seyen, ist hiemit vollständig gelöst. Ohne Zweifel – denn Chalcocondylas sagt nirgend das Gegentheil – waren die Slaven des Taygetus und des übrigen Peloponneses im Ausgang des 15. Jahrhunderts, wenigstens was die männliche Bevölkerung betrifft, zwar alphabetlose, aber *„doppelsprachige"* Barbaren, wie es die Albanier von Hydra, Attika und Böotien noch heute sind. Jedenfalls aber wird es jetzt klar, warum das spartanische Gebirge in der griechisch verfaßten Frankenchronik des 13. und 14. Jahrhunderts durchweg mit dem Ausdruck „τὰ Σκλαβικὰ" bezeichnet wird. Auch berichtet *Cedrenus* ausdrücklich, daß die Bulgaren schon 100 Jahre nach ihrem Donauübergang, folglich lange *vor* ihrer Bekehrung und Verschmelzung mit der anatolischen Kirche, allgemein das Griechische verstanden. Der tägliche Verkehr, die Kriege, die Heirathen und die Verpflanzung ganzer Städte und Ruralgemeinden aus Romanien nach Bulgarenland und von der asiatischen Küste in das slavische Romanien und umgekehrt mußten dem Griechischen als gemeinsamem Verständigungs- und Bindemittel der verschiedenen eingewanderten Stämme unter einander und mit den alten Bewohnern nach und nach das Uebergewicht verschaffen. Hätten die Eingewanderten die weltliche Herrschaft oder wenigstens ihren heidnischen Cultus bewahrt, so wäre der Dialekt, aller Barbarei und Unschriftmäßigkeit zum Trotz, sicherlich doch nicht erloschen. Aber wie eine slavische Dynastie mit Basilius I. den kaiserlichen Thron bestieg, ließen sich seine Stammgenossen auch im entlegensten Winkel des Peloponneses taufen und wurden *ein* Volk mit den „Römern" von Byzanz. Weil aber die Slaven-Schupanien Griechenlands keine compacte Macht gebildet, keinen Hof und keinen Monarchen hatten, wie die Serben und Bulgaren, gestattete ihnen die anatolische Kirche nicht *slavischen* Gottesdienst und *slavische* Kirchenbücher wie den beiden erstgenannten Völkern.

Eine griechischredende Klerisei zog in die neu eroberten und neu bekehrten Provinzen ein; man baute Klöster und Kirchen, legte Städte und feste Plätze an, in denen sich vorzugsweise Griechen niederließen. Ist es ein Wunder, wenn der vernachlässigte und verachtete Slavendialekt unter solchen Umständen zuerst auf der Ebene und zuletzt auch noch im Gebirge gleichsam von selbst erlosch und ausstarb? Uebrigens hat man Gründe zu zweifeln, ob das Slavische im Taygetus auch wirklich ganz erloschen sey und nicht etwa, wie das Albanische anderwärts, im Innern der Familien heute noch geredet werde. Villoison und andere Abendländer sind in die Maina gedrungen, um nach dorischen Sprachformen zu forschen. Wird nicht etwa auch bald einmal den slavischen Ueberbleibseln Jemand diesen Dienst erweisen? Man müßte aber dieses Geschäft nicht durch Hülfe eines Dolmetsches betreiben, noch sein Heil vorzugsweise bei den Land und Mark abstrolchenden Männern erwarten. Weiber und halberwachsene Kinder sind eine viel reichhaltigere Quelle der Belehrung, wie ich es zur Genüge in *Turnovo* erfuhr. Das spricht freilich nicht wie Professor *Gennadios* oder ein Zeitungsredakteur von Athen!

Außer der Nomenklatur der Orte und Naturgebilde wären die Sprachformen des gemeinen Mannes, besonders aber Laut und Orthographie der Familiennamen in allen Volksklassen sorglicher Prüfung zu unterwerfen. Zu Athen hat man in der neuesten Zeit eine Geschichte des Klosters *Mega-Spiläon* gedruckt und die Subscribentenliste beigesetzt.[157] Da liest man sonderbare Namen: Gerasimus *Zalongites*, Archidiakon von *Mesolongi*; Herr *Zalongites* von *Vonitza*;[158] Gebrüder *Konitza* aus dem Eliaskloster im Parnassusdistrikt *Topolia*. Die *HH. Zuzulas, Grumpu, Mprikos* (sprich Grubu, Brikos), *Turno* und *Petrovik* von Trikkala. *HH. Mpelintzak, Mpugumaras, Mpuzunaras* und *Tzatzos* aus Neu-Gythion im Eurotasthal.[159] Die *HH. Sclabunogambros* und *Sclabunos Sclabunakos* aus Pyrgos in der Maina, *Sclabeas, Mprumeas, Patzabeleas, Sbolopeas, Mpogeas* und *Kabletzeas* aus *Ntoloi* im Spartanischen.[160] Alle diese Herren gehören guten Familien an, die nur griechisch reden, aber insgesammt barbarische und zwar „slavische" Namen tragen. Oder sind *Sclabeas, Sclabunos, Sclabunakos* und *Sclabunogambros* etwa nicht slavisch? Eben so sind auch in dem wegen seiner griechischen Spracheleganz gepriesenen Janina die meisten Bürgernamen noch heute slavisch. Man nennt sich *Bogâs, Glavâs, Rekâs u.s.w.*[161]

Wenn aber schon diese dichtgedrängten Slavismen der neugriechischen Etymologie auf starke Mischung mit sarmatischen Elementen hindeuten, so wäre es ein noch weit schlimmeres Zeichen, wenn sich selbst in der Syntax, d. i. in der innern Struktur und gleichsam im Nerven- und Wirbelsystem der Rede slavisches Gesetz nachweisen ließe. Das Griechische, wie man es jetzt im byzantinischen Reiche spricht, hat bekanntlich keinen Infinitiv. Der Grieche kann nicht sagen: „Ich will trinken"; er sagt, „ich will, daß ich trinke", θέλω νὰ πιῶ. Die Unmöglichkeit zu arbeiten, zu kommen etc., drückte man in Alt-Hellas vor der Verbrüderung mit dem Scythenblute durch die Phrase: „οὐ δύναμαι ἐργάζεσθαι, οὐ δύναμαι ἐλθεῖν" aus. Jetzt aber heißt es „δὲν πορῶ νὰ δουλεύσω", „ich kann nicht daß ich arbeite," „δὲν πoροῦμεν νὰ ἐρχώμεσθα," „wir können nicht daß wir kommen." Nur in der Maina *soll* man noch „οὐ δύναμαι ἐλθεῖν" selbst im Munde ungebildeter Leute hören. Eine Sprache ohne Infinitiv ist aber nicht viel besser als ein menschlicher Körper ohne Hand. Und dieser einzige Umstand beweist noch viel deutlicher als selbst die Sprüche des Porphyrogenitus, daß eine große, allgemeine, Mark und Leben verwandelnde Revolution über das hellenische Volk gekommen sey. Noch hat dieses Sprachphänomen keine genügende Erklärung gefunden. *Hobhouse* möchte zwar die Schuld beinahe auf die türkische Eroberung werfen. Aber die Türken haben den Infinitiv und gebrauchen ihn selbst mit einer Art Luxus in Schrift wie in gemeiner Rede. Auch die byzantinische Schriftsprache hat das Kleinod bis zum Untergang des Reiches selbst im niedrigsten Style bewahrt.[162] Heute aber betrachtet das griechische Volk sein νὰ δουλεύσω gleichsam als Nationalgut und widersetzt sich – wie selbst gelehrte Athener versichern – standhaft der Wiedereinführung des natürlichen alten Modus. Der Instinkt redet aus dem Volke; νὰ δουλεύσω ist sein väterliches Erbe, aus dem es sich nicht vertreiben lassen will. Es ist der „slavische" Infinitiv, wie ihn die Einwanderer aus der nördlichen Zone nach Illyrikum verpflanzt und in Hellas eingebürgert haben. Denn „*ne mogu da radim*", „ich kann nicht, daß ich arbeite", sagen sie ebenfalls im slavisch redenden Macedonien und, wie ich höre, in allen Provinzen des illyrischen oder Süddonau-Slaventhums. Das moderne *νὰ δουλεύσω* wäre also gleichsam eine Nachbildung, eine Uebertragung des südslavischen, oder wenn man will des bulgarischen Infinitivs in das neugriechische Volks- und Kirchenleben – wäre gleichsam der Preis, um welchen das Volk nach seiner Bekehrung den scythischen Accent gewechselt und auf den Altären des neuen Byzantinerglaubens geopfert hat.[163]

Meint der scharfblickende Hobhouse, daß sich diese (slavisch-griechische) Sprachsyntax erst nach Uebernahme der Herrschaft durch die Türken auf beiden Küsten des Archipelagus festgesetzt und, von Europa ausgehend, sich zur allgemeinen Norm in Schrift und Rede aufgeschwungen habe, so urtheilt er gewiß nicht unrichtig. Diese Slavinisirung des Volksdialektes hindert aber das Daseyn uralter Sprachreste so wenig, als Türken und andere barbarische Eindringlinge Polygone aus der Epoche Agamemnons ihren Neubauten unterzulegen Bedenken trugen.

Aus diesen Prämissen die Folgen zu ziehen und ihre Wirkung auf die Gegenwart zu berechnen, überlassen wir billig dem Leser selbst. Wo in letzter Instanz nur die That entscheiden muß, sind ja Worte, wenn sie ein gewisses Maß überschreiten, überall nutzlose und verlorne Mühe. So viel steht fest, die unermeßliche Kluft zwischen den alten hellenischen und den neuen byzantinischen Griechen ist eben so wenig länger vor Europa zu verbergen, als es sie auszufüllen möglich ist. Oder könnt ihr unter jenem Himmel Alles neu schaffen, eine neue politische Sonne, ein neues Gravitationsgesetz, neue Altäre, neues Blut, neue Ideen, neue Sympathien? Ueberlegt wohl, ob ihr zu einem solchen Schöpfungsakt auch die Kraft und das Genie besitzet und ob es überhaupt ein Mensch besitzen könne. Ich läugne zwar keineswegs die Omnipotenz der deutschen Demiurgen, frage aber bescheiden: wo ist die That? Ihr wollt unbequeme Mitgefühle erdrücken, aber eure Medizin bewirkt just das Gegentheil; und wie die Gefährten des Ulysses dem zürnenden Gott durch Unverstand, so arbeitet ihr in thörichtem Calcül dem rächenden Fatum der neuen Zeit in die Hand. Ihr bauet Hütten, in denen ihr nicht wohnen sollt; ihr pflüget und säet, wo Andere ernten werden,

Sic vos non vobis fertis aratra boves.

Wenn ihr es auch beim griechischen Landbauer erwirket, daß er den Karst nicht mehr (slavisch) *τζαπῆ*, sondern *δίκελλα* nenne, so habt ihr noch keine Nationalität geschaffen, kein griechisches Volk auf die politische Schaubühne gestellt. In Europa hat man es gleich anfangs darin übersehen, daß man sich das Mährchen vom Daseyn eines wirklich griechischen Volkes im Sinne des Alterthums aufbinden ließ. Denn „Volk" im eigentlichen Sinne, hat schon Hobhouse gemeint, könne man die Griechen gar nicht nennen, weil sie weniger ein charakteristisch ausgeprägtes, von eigenthümlichem Geiste beseeltes und eine Idee repräsentirendes Weltindividuum, als eine von der herrschenden Staatskirche der Osmanli abweichend-religiöse Sekte darstellen, nicht einmal eine nationale Benennung führen (sie nennen sich ja „Römer") und, außer dem Gefühle innerer Fäulniß und eigenkräftig unheilbarer Ohnmacht, von keinem gemeinsamen Bewußtseyn durchdrungen sind.[164] Die Griechen sind den Künsten abgeneigt, und attische Lebenseleganz ist ihnen von Natur zuwider. Wer vergleicht wohl ohne Schmerz die Hellenen von heute mit jenen Alt-Attikern, wie sie Perikles in seiner Leichenrede schildert, oder wie sie selbst noch in den „Bildern" und „Episteln" bei Philostratus im dritten Jahrhundert christlicher Zeitrechnung erscheinen? Merken denn die redlichen Germanen noch nicht, daß selbst diese Gräculi, während sie die Hand zum Empfang unserer Gaben ausstrecken, listig den Mund zu halbunterdrücktem Lächeln verziehen? Wir machen daher allen verständigen Männern deutscher Nation, die sich um solche Dinge kümmern, den ernstlichen Vorschlag:

1) Den Glauben an die Möglichkeit das alte Hellas zu restauriren, von jetzt an nur Kindern und wohlmeinenden, aber sich selbst täuschenden Schulenthusiasten als Privatspielzeug zu überlassen.

2) Auch den Plan das alte Kaiserthum Byzanz aus den verfaulten Trümmern wieder aufzurichten als ein, menschliche Kraft übersteigendes und die politische Intelligenz des Abendlandes vor der Nachwelt höchlich compromittirendes Concept auf die Seite zu legen.

3) Bei jedem Calcül über die unteren Donauländer vom Axiom auszugehen, daß die zwischen Yassy und Cap Matapan sitzenden Christenstämme nur ein durch anatolische Kirchenpolizei zusammengehaltenes Aggregat todter Elemente seyen, die nur ein von Außen hereinwehender Odem beleben kann.

4) Griechenland als Schaubühne anzusehen, auf welcher das germanische Prinzip und der Panslavismus vor ganz Europa ihre gegenseitige Stärke erproben.

5) Sich zu überzeugen, daß die gute germanische Sache im Wettkampfe nur dann siegen könne, wenn man mittelst Einpflanzung revolutionärer Dogmatik und Hegelscher Philosophie das byzantinische Presbyterium auseinandersprengt, die Säfte im panslavischen Nationalkörper ins Stocken bringt und folglich den Zeiger an der Weltuhr zurückbewegt.

6) Sämmtliche Diplomatie des Occidents auch bei redlichstem Willen für unzureichend, ja für unfähig zu halten eine Aufgabe von solchem Belang und von solchem Gewicht vollständig und durchgreifend zu lösen, folglich

7) Unser Heil in der orientalischen Frage nur auf dem Wege der Gewalt, d.i. einer nationalen, die Regierungen selbst wider Willen fortreißenden Bewegung und Kraftäußerung zu erwarten.

8) Umfrage zu halten ob die vierzig Millionen Deutschen noch einer zornmüthigen Aufwallung fähig seyen, oder ob sie sich noch ferner begnügen in unerschütterlicher Geduld den Spott der Ausländer zu ertragen und bei Verweigerung jeglichen Looses am großen Erdengut als gemeiner Dünger und schutzloser, bettelhafter Knecht in fremde Zonen auszuwandern?

XV.

Wie der Fragmentist wegen seiner Ansichten über
das griechische Mittelalter in Athen anfangs als
öffentlicher Feind behandelt wird, am Ende es aber
doch zu leidlichem Verständniß mit einem Theil
der hellenischen Literaten bringt und auch seinen
Gegnern in Deutschland keine Antwort schuldig bleibt.

Daß bald nach Errichtung des griechischen Königreichs über Natur und Ursprung seiner Bewohner neue, vom traditionellen Schlendrian der Schule
wesentlich abweichende Meinungen zum Vorschein kamen, allmählig –
nicht ohne herben Kampf – anfangs in Deutschland, später auch in weiterm
Kreise Wurzel schlugen und endlich zur historischen Ueberzeugung erstarkt
sind, wird als bekannt vorausgesetzt. Ebenso mögen sich Manche noch erinnern, daß an Gründung dieser geläuterten Ideen, dieser bessern Doktrin auch
der Fragmentist einigen Antheil hat, ja gewissermaßen zur Vertretung derselben vor dem gelehrten Publikum verpflichtet ist. Der Streit ward anfangs,
wir wissen es alle, ohne Theilnahme des griechischen Volkes nur zwischen
Europäern in Europa selbst geführt, und wie es in Meinungsconflikten immer
geschieht, verharrte zuletzt von den kämpfenden Parthien – starr und ohne
alle Nachgiebigkeit – jede auf ihrem Satz, die eine mit Ruhe und unbesiegbaren Gründen, die andere zu Zeiten mit etwas Harthörigkeit und stöcki-
schem Sinn.

Neuerungen sind meistens verhaßt, lästig aber sind sie jedesmal, und wer
nicht Zeit und tägliche Erfahrung als Bundesgenossen zur Seite hat, greife ja
nie, im Kleinen wie im Großen, die Sympathien der Mitwelt an. War es Ver-

dienst oder war es Unrecht der Zeit voranzueilen und die Frage um einige Olympiaden zu früh auf die Bühne zu bringen? In Athen glauben sie das letztere, und viele Eiferer sind auch in Deutschland derselben Meinung gewesen. Sicher gehört diese Frage in jene Klasse, die – gleich der kolchischen Weinranke um Kerasunt – einmal dem Boden anvertraut, Kraft und Blüthe aus sich selbst entwickelt. Jeder Tag demolirt eine Zinne der Gegner und bricht eine Schutzwehr der Enthusiasten nieder. Und wenn einmal die trost- und hoffnungslose Leerheit gewisser Dinge nicht länger zu verbergen ist, wird man sich wundern, wie scholastische Blendwerke in Europa so lange bestehen konnten.[165] Wäre der Streit jetzt nicht gleichsam in eine neue und letzte Phase getreten, dürfte man ohne Aergerniß und ohne Langweile des lesenden Publikums die Sache nicht mehr zur Sprache bringen. Aber die Griechen haben nun auch ein Urtheil abgegeben, worüber in der Beilage zur Allg. Zeitung vom 13. April kurzer Bericht erstattet wird. Diese achäische Plänkelei verschafft dem Fragmentisten das Recht, ja legt die Nothwenigkeit auf, das Publikum auch seinerseits mit einer kurzen Erwiederung heimzusuchen, deren Aufnahme man billigerweise nicht versagen kann. Legte man mir nicht in einer Stelle grobe Irrthümer in der Zeitrechnung und in einer andern völlige Unkunde oder gar absichtliche Entstellung griechischer Texte zur Last, hätte ich lieber stillgeschwiegen. Rückt aber ein Scribent Thatsachen des 17. Jahrhunderts ohne allen Grund in das 10. zurück (nicht in das 8., wie Ihr Correspondent meinem Gegner in Athen nachgeschrieben hat), und kann man ihm beweisen, daß er in der Sprache des Volkes, über dessen Schicksale während einer angeblich noch unerforschten Periode er uns belehren will, den Sinn der gewöhnlichsten Vokabeln nicht verstanden hat, so kann er nicht klagen, wenn auch die besten Argumente im Gemüth des Lesers Vertrauen und Gewicht verlieren.

Vom Beginn des Krieges bis auf die letzte Zeit greifen die Gegner der Bequemlichkeit wegen und wie instinktmäßig alle zu derselben Waffe: ich sey ein Ignorant und verstehe nichts vom Griechischen. Auch Ihr Berichterstatter fühlt den Drang mich über die neugriechische Bedeutung von χρόνος zu belehren, eine Mühe, die er sich wohl hätte ersparen können, oder ich lege im Verkehr mit dem gemeinen Volke in Thessalien erlernte Ausdrücke vor, die ihm sicherlich nicht geläufig sind, da sie sogar den griechischen, aus der Fremde eingewanderten Schreiern in Athen ungelegen waren. Und doch ist Thessalien eigentliches Urland des Hellenenstammes. „A pédant, sagt Figaro, pédant et demi. Vous parlez latin, je parle grec, j'extermine."

Daß meine Thesen über byzantinisches Griechenthum mittelst der politischen Blätter in Athen bis zur Kunde der untern Volksklassen durchgedrungen seyen und allgemeinen Unwillen erregten, hörte ich zuerst von einem epirotischen Gutsbesitzer im Winterquartier zu *Turnovo* in Thessalien. „Lastträger, hieß es, hätten auf der Straße angehalten und mit Entrüstung einander zugerufen: „„du bist kein Hellene, du bist ein Slave!"" Und ohne Gefahr gesteinigt zu werden, hätte ich verwichenes Jahr nicht öffentlich in der griechischen Hauptstadt erscheinen dürfen. Es habe sich zwar die erste Aufwallung etwas gelegt, aber ich könne dessen ungeachtet auf übeln Empfang vorbereitet seyn, weil sich die griechische Nationaleitelkeit im Herzen verwundet fühle." Ich glaubte an keinerlei Gefahr und ging ruhig nach Athen, überzeugt, man werde dort, wie in Europa, die Person von der Sache trennen, und persönliche Unbedeutenheit müsse den Verfasser hinlänglich schirmen gegen den Grimm der Zeitungsschreiber, der Sackträger und der Studenten der alten Theseusstadt. Ganz Unrecht hatte man jedoch in Turnovo nicht. Kaum war ich in Athen, brach das Unwetter heftig, zu gleicher Zeit und von allen Seiten gegen den armen Fremdling los. „Der wegen seines glühenden Griechenhasses bekannte F…. ist in unsere Stadt gekommen," begann ein Journalartikel, worin der arme Fragmentist in bester Form als Nationalfeind, als Verleumder und Verunglimpfer des geheiligten Namens der Hellenen in weiterer Analyse dem öffentlichen Zorn preisgegeben und zugleich Größe und Menschlichkeit des griechischen Volkes gepriesen ward, da es solchen Leuten ungestraften Eintritt ins hellenische Heiligthum gestattet. Andere Blätter und Blättchen griffen zum Spott; andere kamen mit Pathos angezogen und wieder andere begannen regelmäßigen Krieg, rüsteten Belagerungsmaschinen und Sturmzeug gegen das verwünschte Buch. Am wüthendsten waren anfangs die Musensöhne, junge Brauseköpfe aus Epirus, Cephalonien, Zante und Korfu. Man berieth sich, was zu thun, und fand endlich Pasquille, Epigramme und Knittelverse an den Straßenecken angeschlagen, für das wirksamste Mittel das Strafgericht der Nation zu verkünden und sich am Feind zu rächen. Zu diesem äußersten Schritt ist es aber nicht gekommen. Der gesunde Theil der Literaten, und dieser ist in Athen zahlreich und überwiegend, stellte den Rasenden vor, durch Verletzung des Gast- und Fremdenrechts würden sie sich nur selbst entehren. Insulte seyen keine Argumente, und mit gleichen Waffen den Gegner bekämpfen, wäre besserer Takt, wäre redlich und patriotisch zugleich gehandelt.

In Athen besteht ein Studentenkasino, Brenn- und Mittelpunkt aller literarischen Thätigkeit. Die Professoren der Hochschule mit allen Freunden und Gönnern der Wissenschaft nehmen an diesem Institut lebhaften Antheil. Fremde lassen sich häufig einführen wegen des sorglich bestellten Lesesaales und wegen der Vorträge, die an bestimmten Wochentagen Abends bald französisch, bald griechisch von Studenten und jungen Gelehrten, nach freier Wahl, gehalten werden. In langer, altgriechisch geschriebener Rede schilderte da ein Besessener die in Deutschland umlaufenden „höchst abenteuerlichen und höchst lächerlichen" Vorstellungen über eine materielle Zersetzung der griechischen Nation, von der man in Hellas selbst noch nie etwas vernommen habe. „Der Urheber dieser verrückten Fabeln gehe jetzt wie ein Schlaftrunkener in den Straßen von Athen herum. Derselbe habe jedoch durchaus nichts gelernt, sey völlig ἀμαθής und verstehe insbesondere von keinem griechischen Wort die wahre Bedeutung. In einer Dachkammer zu München wohnend, habe er vor Jahren, wahrscheinlich aus Hunger, in eine alte Landkarte von Morea hineingesehen, daselbst einen slavisch klingenden Ortsnamen aufgestochen und in germanischer Dummheit augenblicklich ein Buch begonnen, in welchem die heutigen Bewohner des griechischen Continents als ein Gemisch barbarischer Colonisten aus Sarmatien, Albanien, Moskovien u.s.w. figuriren und vom alten reinen Blut der Hellenen durchaus nichts mehr übrig bleibe, was unerträgliche Lästerung und offenbare Verrücktheit sey, da sich bekanntlich von den Zeiten des attischen Urkönigs Ogyges bis zum gegenwärtigen Kriegsminister Vlachopulo herab in Hellas, von Vater auf Sohn fortschreitend, nichts geändert habe." Zum Schlusse ließ der Redner nicht undeutlich merken, „der Urheber solch abenteuerlicher germanischer Nebelbilder leide sicherlich an temporärer Versandung des Gehirns, wogegen er – insofern die Fakultät nichts entgegen habe – aus Mitleid eine tüchtige Dosis Niesewurz als nervenerschütterndes Heilmittel in Antrag bringe."

Die Argumentation, wie Sie sehen, war äußerst bündig und folglich der Applaus der Zuhörer wohlverdient. Fragte man aber hie und da einen der schreienden Myrmidonen etwas näher über das *corpus delicti*, so zeigte es sich immer, daß der eine etwa eine isolirte Phrase, der andere eine Vorrede, der dritte einiges von der akademischen Abhandlung, der vierte ein paar Capitel aus dem Haupttraktat, der fünfte von allem gar nichts gelesen und nur auf der Gasse gehört habe, man wolle sie wieder zu „Sklaven" machen, was natürlich allgemeine Erbitterung hervorrufen mußte, da in Griechenland wie bei uns *Slave* und *Sklave* beim unwissenden Volk verwandte Begriffe sind. Hesperiden oder Nasamonen, Gangariden, Phthirophagen und Hippomolgen ließen sich die Hellenen vielleicht eher gefallen; nur Slave will, der fatalen Assonanz wegen, in Griechenland Niemand seyn.

Die Zeitperiode, die man bei uns *medium aevum* nennt, ist in Hellas noch völlig unbekannt und man muß es den Griechen verzeihen, wenn sie mit Schrecken und Unwillen auf die Schilderung des jammervollen Looses blicken, das ihr Land getroffen haben soll. Conterfei und Urheber wird die Zeit wohl nach und nach erträglich machen, was zwar in den ersten vier Wochen des athenischen Aufenthalts freilich noch nicht zu bemerken war. *N'est-ce pas, κύριε F...r*, sagte im Vorbeigehen ein Mann mit krankem Gefühl und Schadenfreude, *nous sommes des Slaves!* Selbst der stattliche Bruder eines berühmten Bulgarenchefs, folglich an Leib und Seele wahrer Slave, fragte halb freundlich, halb unwillig: Zu was wirst du uns noch machen? – Σθλάβος! Σθλάβος! rief man häufig aus den Gruppen Zusammenstehender, wenn ich

Abends über die Gasse ging. Ein Renegat und Arianer hätte unter dem gläubigen Griechenvolke keinen so allgemeinen Abscheu erregt wie der verhaßte Slavenfragmentist. Bei den täglichen Disputen im Hotel fragte einer der Energumenen ganz unbefangen, ob ich denn wirklich behaupte etwas von der griechischen Sprache zu verstehen, und er wollte zugleich seine Zweifel durch einen Satz aus der „Geschichte von Morea" rechtfertigen und begründen. Alles Reden und Erklären war meinerseits vergeblich. Und obgleich, wie man neulich las, ein fleißiger Mann in vier Jahren sogar chinesisch lernt, wollte ich bei natürlicher Verzagtheit und angebornem Mißtrauen auf eigene Kraft wirklich glauben, ich hätte mit aller Sorgfalt in mehr als dreißig Jahren auch wirklich kein einziges Wort im Griechischen erlernt, als noch zu rechter Zeit eine Stelle aus Thukydides – versteht sich im Original – dem sinkenden Muthe zu Hülfe kam. „Ach, dieser Thukydides," sagte der Myrmidone, „der ist bei uns als ein schlecht griechisch schreibender Autor schon lange bekannt." Diese Wendung des gelehrten Atheners gab mir die volle Zuversicht wieder, obwohl übrigens nicht zu läugnen ist, daß die Griechen durch eine bewunderungswürdige Leichtigkeit fremde Sprachen zu reden uns Germanen weit überlegen sind. Diese glückliche Eigenschaft, die nach dem Zeugniß der Anna Comnena den alten Hellenen gänzlich fehlte, haben die Neuhellenen nur mit den slavischen Stämmen gemein.

Ohne Zweifel geschah es in Folge dieses erklärten Kriegsstandes der öffentlichen Meinung, daß zwei privatim höchst achtbare Männer, Hr. Katakazi und sein Schatten, Hr. v. B. D. St. S., gegen den Fragmentisten in Athen förmlich Quarantäne errichteten und dem Feinde des griechischen Volkes, ich glaube in der besten Absicht, sogar die gemeine Höflichkeit versagten. Dagegen hat derselbe im Hause des Hrn. Grafen de Br. und bei Hrn. Pr. v. O. widerstrebender Ansichten ungeachtet freundliche und durchaus wohlwollende Aufnahme gefunden, weil diese beiden Staatsmänner unter vielen glänzenden Eigenschaften auch die Kunst besitzen, der Zartheit ihrer Stellung unbeschadet, polirt und human zu seyn – ein Ruhm, nach welchem Hr. Katakazi aus freiwilliger Enthaltsamkeit nicht zu streben scheint. Hr. Katakazi hat dessen ungeachtet seine Verdienste und denkt sogar, wie man sich in Athen sagt, an Stiftung einer neuen Schule der moralisch-politischen Wissenschaften. Denn während sich Hr. Graf de Br. nützlichen Studien überläßt und selbst im Strudel einer glanzvollen Existenz den Preis wissenschaftlicher Bestrebungen fühlt, Hr. Pr. v. O. aber, der brillante Militär, der feine Staatsmann, der tüchtige Gelehrte, sein Haus in einen Musensitz verwandelt und mit seiner liebenswürdigen und geistreichen Gemahlin den Mittelpunkt alles höhern geistigen Lebens der griechischen Hauptstadt bildet, zehrt Hr. Katakazi ausschließlich vom dürren, papiernen, magern und langweiligen Schnickschnack subalterner Diplomaten – sicherer Beweis neuer Staatsphilosophie und gei stiger Enkratie.[166] Hr. K. besitzt aber auch noch andere Tugenden, die man ebenfalls gern anerkennt: wir meinen Gleichmuth und Seelenruhe, wie sie nur eine Byzantinernatur mit Hülfe russischer Mannszucht erringen kann …

Bequem wäre es freilich, wenn, um ein lästiges Buch zu widerlegen, es schon genügte gegen den Verfasser in einem Winkel von Athen den Mongolencorporal zu spielen und nebenher in Journalen von Fabelwerk und Ignoranz zu sprechen. Wollte man durch Entkräftung Eines Punktes nicht die ganze Doctrin verdächtig machen, könnte alles weitere Gezänk über Mehr oder Weniger, über Früher oder Später füglich auf einen andern Platz verwiesen werden. Um die abgedrungene Rechtfertigung in die engsten Schranken einzukeilen, stellen wir die Frage gleich auf die Spitze. Das gelehrte Europa will einmal wissen, was für Leute gegenwärtig auf attischem Boden wohnen und wer eigentlich die christlichen Brüder seyen, für deren Befreiung wir im Beginn des Aufstandes glühten, für die wir Schätze, Blut und Sympathien hingegeben. Man thut in Europa diese Frage nicht etwa aus politischem Mißtrauen, als hätte man irgend etwas zu bereuen und zu verbessern. Ach nein! unsere Gefühle für Hellas sind noch immer nicht erkaltet und man ist im Occident – Dank türkischer Unverbesserlichkeit – für griechisches Heil vermuthlich zu noch weit ergiebigeren Opfern bereit, selbst auf die Gefahr hin mit Undank belohnt zu werden, was natürlich durchaus nicht im Wesen des hellenischen Volkes liegt.

Nun, wer sind die heutigen Attiker? Die heutigen Bewohner von Attika sind von einem Ende der Provinz zum andern eingewanderte, auf den Ruinen des Alterthums angesiedelte christliche *Albanier*, Albanesen, Schkypitaren – eine Art doppelsprachiger frommer Barbaren der anatolischen Kirche, ein Viehzucht und Ackerbau treibendes Volk mit eichenem Dickschädel und rüstigem schlankem Körper, ein durchaus gesundes und unverdorbenes Blut, arbeitsam, gewerbig, nüchtern, aber ohne Literatur, ohne Buch und selbst ohne Alphabet. Es sind Leute die lachen und zornig werden, wenn wandernde, „von griechischer Abendluft vollgezechte" Magister der temperirten Zone sie mit „Helden und Hellenen" traktiren und über die Thaten ihrer großen Ahnen belehren wollen. Es sind Leute, die sich selbst *Römer* und *Christen* nennen, am Freiheitskampf lauen oder gar keinen Antheil genommen haben, zum Theil es gar mit den Türken hielten und die Palikaren niederschossen. Oder will man läugnen, daß sich *Menidi*, die größte und wohlhabendste Ruralgemeinde Attikas, *gegen* den Aufstand erklärte? daß *Chassia* zur Hälfte diesem Beispiele folgte und daß namentlich die albanesischen Bauern des erstern Ortes eine größere Anzahl Insurgenten erschlugen als selbst die attischen Türken? Weiß in Athen nicht Jedermann, daß man es diesen Menidioten von Seite der untern Behörden heute noch gedenkt? daß man sie drückt, neckt und tückt? daß folglich in Menidi der geheime Wunsch nach einer Restauration der Türkenherrschaft jedes Jahr offenkundiger wird und nur die Milde und die unpartheiische Gerechtigkeit des Königs ernstere Scenen verhindert hat? Unter den Bürgern der Städte *Megara*, *Kephissia*, *Athen* und *Oropo* dagegen ist bei gemeinsamer Religion das byzantinisch-griechische Element durch Heirath und Wechselverkehr mit Albaniern so weit zersetzt und überwältigt, daß mit geringer Ausnahme Jedermann Albanisch, aber nicht Jedermann Griechisch versteht.

Die Gesammtbevölkerung der Hauptstadt überstieg nach den zuverlässigsten Nachrichten beim Ausbruch der Revolution nicht die Zahl von 6000 Seelen, worunter 2000 reine Albanier, beiläufig eben so viele Türken und der Rest byzantinische Griechen waren. Allein keine dieser athenischen Griechenfamilien vermochte, wie Hobhouse schon vor vierzig Jahren bemerkte, ihren Stammbaum über die Periode der türkischen Eroberung hinaufzurücken. Und doch redet der ehrwürdige Veteran Perrhäbos um 1821 von ächten Nachkommen der *Marathonomachen* des Herodot! Ach, der gute Perrhäbos! Griechenland ist in der That zu einer zweiten Kindheit zurückgekehrt, und wer wollte es übel nehmen, wenn es sich wehrt, wenn es sich gegen Mahnungen sträubt und die schwachen Kräfte überschätzt? Herrschende Sprache in Attika ist nicht das Neugriechische, sondern das barbarisch Albanische, das sich ungeachtet einer ganz neuen nach dem Frieden aus Anatolien und Thracien eingewanderten Bevölkerung noch nicht einmal aus den Mauern der Residenz verdrängen ließ. Man hat nun freie Wahl von zwei Propositionen die eine anzunehmen: entweder waren die polirten und kunstsinnigen Bewohner der 170 attischen Gemeinden in der glanzvollsten Periode des griechischen Alterthums zur Zeit der großen Helden, Redner, Dichter und Weltweisen ebenfalls alphabetlose albanische Barbaren, oder das Land hat eine völlige Verwandlung erlitten – eine Verwandlung, die der Fragmentist nicht etwa zuerst aufgedeckt, sondern die er nur zuerst in ein System gebracht oder vielmehr in ihrer Ausdehnung, in Ursache und Wirkung erforscht und als historische Thatsache wissenschaftlich begründet hat. Dagegen ist nun einmal nichts mehr einzuwenden, und ich bitte hundertmal um Vergebung, wenn ich das Zeitungsgerede über falsche Chronologie, falsche Leseart und Unkunde meinerseits für eitel Fabelwerk erkläre. Nicht von einer *dreijährigen*, sondern von einer „beinahe vierhundertjährigen Veröhung Attikas", nicht etwa nur Athens ist in der neugriechischen Chronik des Anargyrischen Klosters die Rede; nicht τρεῖς χρόνους, sondern τετρακοσίους σχεδὸν χρόνους hatte das von mir im Jahre 1833 eingesehene Exemplar klar und deutlich im Text, dessen nochmalige Durchsicht mir letzthin geradezu verweigert wurde. Freilich sind in den vom gelehrten Hrn. Pitaki gesammelten Bruchstücken wirklich auch die „drei Jahre" Ihres Correspondenten zu lesen, aber in einer ganz andern Compilation, die den palimpsesten Namen Anthymos an der Spitze trägt und die Schicksale der Hauptstadt Attika's zur Zeit der letzten Eroberung durch den Venetianer

Morosini erzählt. Damals (1687) ward nur die *Stadt*, nicht das von türkisch gesinnten Albaniern bewohnte flache Land, von der Bürgerschaft verlassen und lag bis 1691 öde. In drei Jahren fällt aber eine menschenleere Stadt in Griechenland nicht ein und wächst auch kein Oelwald auf den Trümmern, folglich *muß* in der angefochtenen Stelle jedenfalls von längerer und auch früherer Verwüstung die Rede seyn. Die Chronik, wie sie jetzt geordnet ist, setzt aber auch jene Katastrophe *vor* Zertrümmerung des byzantinischen Reiches durch die Abendländer (1205), *vor* Besetzung Attikas durch die große Compagnie der Catalonier (1309), *vor* Einsturz des Cerestempels in Eleusis (1470), *vor* dem Auffliegen des Pandrosiums auf der Akropolis (Julius 1500), endlich *vor* dem großen Waldbrand auf dem Hymettus (1590 n. Chr.).

Indessen nehmen wir keinen Anstand das Moderne, Unkritische, Schwankende und Unsichere dieser ärmlichen Aufschreibungen athenischer Mönche nach besserer Prüfung und schärferer Sichtung des Inhalts einzusehen und anzuerkennen. Schon das Wort φοῦστα (Fustanellen) und die Supplik der attischen Ueberbleibsel an den byzantinischen Patriarchen als Oberhaupt der Nation deuten auf eine Epoche nach der Eroberung Stambuls durch die Osmanli und auf die Zeiten albanesischer Wanderungen nach Griechenland, die bekanntlich erst gegen Ende des vierzehnten Jahrhunderts den Anfang nahmen und Attika zuletzt erreichten. Statt Grammatik und Lesetreue des Fragmentisten anzufechten, hätten die Gegner besser gethan ihn aus Form und Inhalt der Citate selbst zu widerlegen. Für ein solches Unternehmen reichte aber Takt und Gelehrsamkeit der freundlichen Männer noch nicht hin.

Ein drittes, von den beiden vorigen ganz unabhängiges Bruchstück der pitakischen Sammlung bildet das ebenfalls angestrittene, altgriechische Sendschreiben der Ueberbleibsel athenischer Bürgerschaft an den Patriarchen zu Konstantinopel. *Wie* aber dieser Patriarch geheißen habe und in *welchem* Jahre die Bittschrift verfaßt worden sey, ist im Dokument nicht zu lesen, und es ist bloße Annahme und willkührliche Voraussetzung der Gegner, daß es an Johannicius II. (1641) gerichtet oder gar auf die morosinische Spätzeit zu beziehen sey. Folglich zerrinnt auch dieses Argument der Widersacher in sich selbst, ohne deßwegen unsere Hypothese, als gehöre das Dokument in das zehnte Jahrhundert, zu rechtfertigen und zu begründen. Beide waren in ihren Annahmen zu voreilig und zu unbedacht, der eine durch sein *Zufrühe*, der andere durch sein *Zuspät*. Aus beider Unrecht zieht die Wahrheit allein Gewinn.

Daß aber nach Le-Quien's *Oriens christianus,* aus dem auch Kumas sein Patriarchenregister gezogen, im zehnten Jahrhundert kein Johannicius saß, hat der Fragmentist in seiner Abhandlung (S. 37) selbst eingestanden und neulich erst durch Vergleichung der im Fanar zu Byzanz aufbewahrten Liste gefunden, daß auch der vierjährige leere Raum durch keinen Oberhirten dieses Namens auszufüllen sey. Was ändert aber auch das am Stand der Dinge? Ist

Alt-Attika deßwegen weniger vollständig ausgestorben und barbarisch geworden? Nur über den Zeitpunkt kann noch gestritten werden, und vor Allem wäre durch nähere Prüfung und Ergänzung der spärlich fließenden Quellen die Periode des albanischen Einbruchs in Ostgriechenland festzustellen. Vielleicht war gerade für Ermittelung dieses Punktes mein letzter Aufenthalt in Attika nicht ohne Gewinn. So viel man vorläufig urtheilen kann, ist die dunkle Erinnerung an die Trübsale der Slaven-Periode in den anargyrischen Fragmenten mit den Gräueln der albanischen Ueberzüge des 15ten, 16ten und 17ten Jahrhunderts gleichsam in einander geflossen und zu einem unentwirrbaren Chaos zusammengewachsen, aus welchem der Fragmentist seine Argumente mit größerer Vorsicht hätte schöpfen sollen als wirklich geschehen ist. Läugnen wollen daß Athen während der Slavenperiode von großen Unfällen betroffen wurde, ist eine offenbare Thorheit, da diese große und prachtvolle Stadt am Ende des 12ten Jahrhunderts (1185 bis 1204) laut Zeugnisses des Erzbischofs Michael Choniates zu einer kleinen, armen und der Verödung nahen Ortschaft herabgesunken war, die nicht einmal das übliche Thronbesteigungsgeschenk an den Kaiser Alexius zu entrichten das Vermögen besaß.[167] Jedoch ist aus beiden gegen den Fragmentisten citirten neugriechischen Autoren auch chronologisch nicht das geringste zu lernen, da sie das Faktum selbst noch nicht kennen. In Griechenland sind die historischen Begriffe noch so wenig geordnet und so wenig kritisch gesichtet, daß selbst die ersten literarischen Capacitäten noch immer den *slavisch* redenden, durch ganz Illyrien in Volksliedern heute noch gepriesenen Georg Castriota (Scanderbeg) nicht weniger als die bulgarischen Insurgenten (1842) um Nissa zum Stammgut der Hellenen zählen. Nimmt man aber Groß-Turnovo und Präslawa am Hämus ins hellenische Gremium auf, was berechtigt Kiew und Smolensko auszuschließen? Ein griechischer Mönch von tüchtiger Gelehrsamkeit hat ein Buch über die „sehr nahe Verwandtschaft des hellenischen Dialektes mit dem russischen" geschrieben und eine fette Jahresrente als Lohn davongetragen. Ich habe bewiesen, daß der nordische Anverwandte seiner Zeit persönlich nach Hellas kam, und sich provisorisch auf den Erbgründen des noch lebenden Vetters niederließ. Dagegen verordnen die Studenten Niesewurz und bekreuzen sich die Diplomaten. Glauben Sie ja nicht, ich hätte wegen hitzigen Aneinanderfahrens eine üble Meinung von den griechischen Musensöhnen. Sie sind nüchtern, arbeitsam, in der Regel von guter Aufführung und wißbegierig in unglaublichem Grade. Mein Lob kann nicht verdächtig seyn. Ich habe treffliche und würdige junge Leute in Menge kennen gelernt und in fast täglichen Gefechten in Athen das gegenseitige Verständniß weit näher gebracht, als wenn ich noch einmal drei Broschüren mit hundert Beilagen und Citaten geschrieben hätte. Denn warmblütige Südländer sträuben sich gegen harte Wahrheiten weniger lange als die versteinerten Intelligenzen der kalten Zone. Nur wollen sie in Athen, daß sich der fremde Literat nicht in ihr politisches Kartenspiel mische und nicht auf Bestellung gegen eigene Ueberzeugung schreibe. Lange wollte kein Mensch glauben, daß ich nicht für die Russen arbeite und nicht im czarischen Solde stehe. Diesen schlimmen Verdacht haben aber, selbst nach dem Geständniß eines Griechen, die Mongolenfröste in Athen völlig weggewaschen. Komme mir jetzt noch einer und sage, ich sey Hrn. K. nicht höchlich verpflichtet und Hr. K. sey kein humaner Mann!

XVI.

Wie der Fragmentist zwei deutsche Reisewerke über Griechenland[168] mit einander vergleicht und nebenher den *friesischen* Gruß des Herrn *Greverus* mit Höflichkeit erwiedert.

1.

Herr Greverus ist vollkommen überzeugt, daß eigentlich die deutschen Philologen die Türken aus Griechenland vertrieben und das große Seetreffen bei Navarino gewonnen haben. Erscheint nun ein solcher Grammatikus im Piräus, in Athen, in Korinth, so ist es kein gewöhnlicher Fremdling, der unbekannt und unbemerkt für eigenes Vergnügen und eigene Belehrung den Schauplatz großer Ereignisse des Alterthums besucht: es ist der Befreier des Landes, der Gründer hellenischen Lebens, der eigentlich „*in suam terram*" gekommen ist, bald, um durch weisen Rath das Fehlende zu ergänzen, bald um nachzusuchen, wie weit die Kolonie in materieller und geistiger Wohlfahrt vorgeschritten sey, allezeit aber um wohlverdiente Huldigung und gebührenden Respekt einzuernten von Leuten, die ihnen Alles schuldig sind.

An solchen Männern ist nun, wenigstens denken sie es so, alles was ihre Persönlichkeit betrifft, von einigem Belang, kein Schritt im Lande ohne Bedeutung, kein Wort ohne tiefen Sinn, kein Akt ohne Folgen, selbst Essen und Trinken eine Handlung von großer Wichtigkeit, deren Kunde auf die späteste Nachwelt zu kommen verdient.

Bei Hrn. *Greverus* tritt noch der besondere Umstand hinzu, daß er seiner Zeit die Ehre hatte, die Königin von Griechenland in deutschem ABC zu unterrichten, und folglich Namen und Rang eines *Didaskalos* besitzt, dessen Gewicht in griechischen Landen Jedermann kennt. Denn was einst der *Atabeg* an den Höfen des Orients und der Τάτα Αὔλης zu Byzanz gewesen, das ist heute offenbar der Didaskalos auf der Burg zu Athen, indem ja alle Weisheit und alles Regiment ursprünglich mit dem ABC beginnen muß.

Auf diesen Grund hin wird es Niemand befremden, wenn Hr. Greverus seinen Lesern unter der Hand zu verstehen gibt, daß er zwar schon fünfzig Jahre alt, aber groß von Statur, handfest und rüstig sey, gut zu Pferde sitze, englisch und französisch verstehe, Malvasier und pikante Speisen liebe, treuherzigen deutschen Sinn (*a true german heart*) besitze, bei dem Frauenzimmer in Kredit stehe und einen lieben Schwiegersohn habe, dem er seine „Reiselust in Ideen und Bildern" dedicire mit „Wahrheit, Wärme und Klarheit."

Ob sich gleich das Buch des Hrn. Greverus über lauter bekannte und oft genug beschriebene Gegenden verbreitet, so enthält es doch eine schöne Sammlung zum Theil origineller und manchmal sogar ziemlich feiner Bemerkungen, wie aus hier anstehenden Beispielen leicht zu ersehen ist. Als viel reisender Mann und Menschenkenner findet Hr. Greverus z. B. daß die Italiener insgesammt „spitzbübische und gottlose" Leute seyen, weil sie um theures Geld schlechten Wein und geringe Kost, oft aber auch gar keine Kost verkaufen. Auch bei den Oesterreichern sey es nicht geheuer, und Hr. Greverus glaubt das Publikum gegen dieses Volk ebenfalls warnen zu müssen, da ihre Betten „so voll von Wanzen sind, daß es Niemand in denselben aushalten kann." Dazu sey auch die Verpflegung schlecht, „das Fleisch öfter abgestanden und der Wein nicht zu genießen. Dagegen zeige sich auf den französischen Regierungsschiffen der Charakter der ganzen Nation, „*der auf Ehrgefühl und Rechtlichkeit* (honnêteté) *basiert sey, concentrirt.*" Die Franzosen seyen *Menschen*, eine edle und gebildete Nation, wo man Vertrauen ehrt und Zuneigung erwiedert, und für Frühstück, Mittagessen und Kaffee sammt Wein nur *vier* Franken nimmt. Ueberdies sehe man auf ihren Dampfschiffen regelmäßig sechs kleinere Kanonen, sogenannte Drehbassen, „die auf dem Rande des Decks auf einem drehbaren eisernen Gestelle schwebend, wie Klapperstörche naiv auf einem Beine stehend, mit ihrem einen finstern Auge neugierig auf das Meer zu lugen scheinen."

Auf der Fahrt von Malta nach Syra waren zwei unverheirathete Damen aus England in der Gesellschaft. Doch während Hr. Gr. noch auf Mittel sann sich ihnen zu nähern, hatte zu seinem größten Leidwesen ein junger Franzose schon seine „Approchen" gemacht, und ließ dem alten Professor nur die wehmüthige Reflexion: „Wo der Franzos handelt, da sinnen und überlegen die Deutschen!" Die Sache nahm aber zur größten Ehre Germaniens eine unerwartete Wendung. Der Franzose verstand kein Englisch und die Damen kein Französisch, Hr. Gr. aber verstand beides und bemächtigte sich nach Kurzem „ausschließlich der Prise." Die Unterhaltung hatte noch keine 24 Stunden gedauert, und Hr. Greverus hatte schon die Entdeckung gemacht, daß die beiden ledigen Damen heirathen möchten, was ohne eine seltene Dosis von Scharfsinn freilich sonst Niemand errathen hätte.

In Athen (gewiß eine außerordentliche Merkwürdigkeit) sey es im Sommer staubig und im Winter schmutzig. Und wenn der schöne Palikar vor dem Kaffeehause *della bella Grecia* an einer jungen Landsmännin, deren dunkle Locken mit dem rothen, goldbesetzten Fes geziert sind, vorübergeht und seinen Schnauzbart zupft, indem das Auge dem Zuge folgt, so wolle das jedesmal sagen: Ich möchte dich fressen, wie einst die Türken (S. 27). Außerhalb der Stadt in einem Garten halte der athenäische Hoffourier *Christos* Kegelspiel und baierisches Bier, freilich zu einem zehnfach höhern Preis als in München; aber doch sey es tröstlich und erhebend „für eine baierische Seele, daß sein vaterländisches Getränk hier an der Gränze des Orients zu haben ist."

Aber des guten Biers ungeachtet haben die *Bavaresi* in Griechenland doch lange Weile und machen saure Gesichter, hauptsächlich weil das Junggesellenleben in Athen freudenloser sey als an jedem Orte des deutschen Vaterlandes; insbesondere aber weil sie auf jeden Umgang mit gebildeten Frauen Verzicht leisten müssen, eine Entbehrung, die nach Hrn. Greverus für junge Männer äußerst empfindlich ist! Selbst nach einem vierwöchentlichen Gasthausleben sey an ein Näherkommen mit diesen unzufriedenen, kaltverschlossenen Herren Bavaresi nicht zu denken gewesen. Populär in Griechenland sey eigentlich nur der gefällige, edle *Dr. Röser*; der gediegene *Dr. Widmer* dagegen lebe mehr den Wissenschaften als der Praxis.

Mit Essen und Trinken sehe es in Athen sehr übel aus; auf feine und wohlschmeckende Speisen sey durchaus kein Anspruch zu machen und deßwegen einem europäischen Feinschmecker freundlichst zu rathen, sich in Athen nur gleich vor Tische zu erhängen, dann spare er sich die Verzweiflung bei demselben (S. 37).

Der vierwöchentliche Aufenthalt eines so weisen Mannes im Gasthause zu Athen konnte für griechische Alterthumskunde natürlich nicht ohne bedeutenden Nutzen bleiben. Sind die Bemerkungen über das alte Athen auch nicht alle durchaus neu, so sind sie doch in Form und Wendung oft überraschend schön und gedankenreich. Neues, wenn auch in geringem Maße, ist ja in der Literatur allezeit willkommen, und in vielen Gegenden Deutschlands, besonders im Oldenburgischen, wird man mit Dank aus Hrn. Greverus Buch erfahren, daß die Burg von Athen *Akropolis*, der halbzerstörte Säulentempel daselbst *Parthenon*, und von den beiden Bächlein links und rechts der Stadt das eine *Ilissus*, das andere *Cephissus*, der große Berg ostwärts aber *Hymettus* heiße; daß der Hafen *Piräus* unten am Meere, die Stadt Athen aber weiter oben und landeinwärts liege und zwischen beiden eine Straße laufe, auf der man zu Fuß gehen oder auch im Wagen fahren könne; daß in der Nähe das

Feld Marathon und die Insel Salamis sey, ersteres durch ein Land-, letztere durch ein Seetreffen berühmt, lauter Dinge und Neuigkeiten, die in Europa noch Niemand gewußt und kein früherer Wanderer durch Griechenland besprochen hat.

Als mehrwochentlicher Bewohner Attika's glaubt Hr. Greverus, er müsse sein Buch auch mit feinem attischen Witze schmücken, was ihm natürlich leichter als vielen Andern gelingen muß. Kaum hatte Meister Greverus gehört, daß einst ein mohammedanischer Heiliger in dem Lehmhäuschen auf dem Architrab der Tempelsäulen des Zeus Olympius bei Wasser und Brod sein Leben geschlossen habe, als er mit ächt sokratischer Ironie den Zusatz macht: „Wohl hat er verdient, daß Allah ihn, um seine irdische Ausdauer zu belohnen, zur Würde eines himmlischen Wetterhahns auf dem Giebel des Palastes im siebenten Himmel erhöhe!" (S. 66).

Nach diesen merkwürdigen Aufschlüssen über Alt-Athen trat Hr. *Greverus* die Reise nach Morea an, um auch über dieses vermuthlich ebenfalls noch ungekannte Land durch gelehrte Anmerkungen einiges Licht zu verbreiten.

Morea, sagt Hr. Greverus, sey eine Halbinsel und habe einst *Peloponnesos* geheißen, was man ihm schwerlich wegdisputiren kann. In Epidaurus habe er Eier und Fische gegessen und Pferde gemiethet; auf den Pferden sey er nachher geritten, wobei er die Küsten und das Meer links hatte. In Argos sey wieder die Burg auf dem Felsen und die Stadt auf der Ebene, und auf der Straße nach Sparta habe ihm ein griechischer Land-Gend'arme den Rest einer Mettwurst „gefressen". Diese Mettwurst aber sey eine kostbare Reliquie Braunschweigs gewesen, die er selbst, um länger daran zu haben, beim Genusse seines Brodes nur anzusehen pflegte und sich dann wunderbar erquickt fühlte. Auf demselben Wege sey ihm auch die Wäsche naß geworden und habe er – o des schrecklichen Abenteuers! – das regengenetzte Kleid während der Nacht auf dem Leibe trocknen lassen müssen, dabei habe er gefroren und sey auch von den Flöhen gebissen worden. Allerdings ein wesentlicher Beitrag zur Kunde Moreas!

Noch schlimmer erging es Hrn. Greverus bei einer Mahlzeit auf den Ruinen Sparta's, wo ihn, als den „König des Festes", „eine alte Musikantin, die nur *einen* Zahn hatte, scharf ins Auge faßte und ihm singend bei der Mahlzeit stets den einen gräßlichen Zahn zeigte, als wollte sie ihm diesen Zahn zum Essen leihen" (S. 182). Dafür habe er sich in herrlichem Malvasier weidlich angezecht und sey dann im *klassischen* Taumel durch den Olivenwald nach Mistra getrabt. Im messenischen Kloster Vulkano aber habe er bei endlosem Tischgebet der Mönche schon „seinen Magen Gott empfohlen", als es endlich doch zum Essen ging, wo er dann „mit männlicher norddeutscher Ausdauer zur Ausleerung der Weinkrüge mitgewirkt." Nach Tische ging Hr. Greverus auf die Klosterterrasse – um „griechische Abendluft zu trinken." Hr. Greverus, scheint es, hat immer Durst, begnügt sich aber in Mangel des Weines auch mit Luft, wie die lusitanischen Stuten bei Aristoteles.

Aber Alles dieses sind nur Kleinigkeiten im Vergleich mit der fünfzehnjährigen bildschönen *Helenaja*, die im Dorfe *Georgati* „mit schönem dunkeln Auge unter der edeln Stirn, bewegt, lebendig, feurig unter dunkeln langen Wimpern hervorblickte und ohne Scheu den seltenen Fremdling (d. i. den alten Professor Greverus)" *fixirte*. Helenaja hatte „ein einfaches rothes Band im reichen Lockenhaar, und als Hülle nur ein weißes Unterkleid, das nur bis auf die Mitte des Beines reichte; dann eine von der Sonne gebräunte, gekräftigte Wade, und einen Fuß mit Zehen und Nägeln." Auch nicht genug, daß Helenaja's Fuß Zehen und Nägeln hatte, „sie stand beim Geschäft der Spindel auch noch ganz gerade, hielt aber die dunkeln Wimpern nach dem Boden gesenkt, und ein Friedensengel umschwebte die Gesichtszüge."

„ „Alles Feuer war bei Helenaja im Auge concentrirt; aber dieses Feuer habe nichts Stechendes, auch nichts Brennendes gehabt; die Gluth habe sich von der Unschuld, nicht etwa von der Leidenschaft genährt. So etwas sey ihm in seinem Leben nicht vorgekommen. Dagegen habe er auch diese Helenaja den ganzen Abend „studiert" und auch noch einen Theil des Morgens, habe ihr eine Tasse Kaffe und eine Korallenschnur aus Neapel gegeben, und sich beim Abreisen nur mit Mühe vom Anblicke ihres Liebreizes losgerissen. Ihr Bild habe ihn bis außerhalb des Dorfes verfolgt, wo es endlich durch die fürchterlichen Wege aus seiner Seele verdrängt wurde." "

Auf dem Wege nach Andritsena wurde der Hr. Professor wieder „von Flöhen und von Gedanken an Klephten geplagt", und machte sich merkwürdiger Weise gefaßt, an jedem Hohl- und Kreuzwege Räuber auf sich losspringen zu sehen. Dafür habe er aber zu Andritsena tapfer getrunken und gleich darauf zu Olympia gefunden, daß „die Zeit als das gräßlichste Raubthier selbst Steine verschlinge und daß die Gegenwart selbst problematisch sey."

Weiter vorwärts sey ihm über einen Sturz vom Pferde der Name eines freundlichen Städtchens entfallen und der Führer wegen eines kranken Pferdes zurückgeblieben. Den neuen, einen Buben von achtzehn Jahren, „schüttelte er zusammen und gab ihm ein Paar Ohrfeigen," ließ sich aber durch die schönen Hände und Füße einer mitreisenden Dame, deren Liebhaber ein Soldat war, bald wieder in Ordnung bringen. Diese Dame hieß Maria, und „zog, wenn sie auf der Matratze lag, ihre schönen Glieder, wie eine Schlange, eng in sich zusammen", worauf ihr Hr. Greverus eine gute Nacht wünschte. Aber der achtzehnjährige Bube stach den alten Professor bei der Dame aus, und am andern Morgen war Maria „kalt und höhnisch", der Führer trank Wein und schalt den alten Herrn einen *Hahnrei* und zog das Messer. Aber der handfeste Oldenburger schlug ihn nieder, und dann noch einen zweiten Hellenen, der dem ersten zu Hülfe eilte und den Professor schon bei der Brust gepackt hatte;

einem dritten und vierten drohte er mit dem Stocke den Schädel einzuschla-
gen, wenn sie ihn anrührten. Der Didaskalos war „außer sich vor Zorn", und
machte – nach eigenem Geständniß – „so grimmige Gesichter", daß die vier
Hellenen von allen weiteren Feindseligkeiten abstanden, obgleich das Gefecht
in einem Walde vorfiel und Einer gegen Vier in Linie stand. In Patras verweigert man dem deutschen Professor alle Gerechtigkeit, gibt ihm aber dafür in
Delphi „vortrefflichen Wein, wohl geeignet, nach Umständen, archäologische
Untersuchungen über das alte Delphi zu beleben und zu schärfen."
Von diesem delphischen Orakelwein wurde auf dem korinthischen Golf
eine ganze Nacht mit den Griechen so tapfer durchgetrunken, daß der Professor seine heitere Stimmung bis zur prophetischen Begeisterung trieb und
mit dem Becher in der Hand dem lieben theuern Hellas, ohne Zweifel zur
großen Belustigung der nüchternen Matrosen, die glänzendste Zukunft weis-
sagte. Bei der Landung in *Lutraki* aber gab es schon wieder Streit, und der
lustigen Nacht und des schmeichelhaften Horoscops ungeachtet standen
doch alle Zechbrüder „mit dem Schuft von Kapitän *gegen* den rechtlichen
Fremden", um ihn abermal zu betrügen. Hr. Greverus lief in der Sonnengluth, ohne Effekten, zu Fuß nach Korinth und wurde daselbst – statt Gerechtigkeit zu finden – „beinahe von den Flöhen verzehrt (S. 229)." Uebrigens
fand der Hr. Professor zu Korinth die Stadt wieder am Fuße der Akropolis,
die Akopolis aber oben auf dem Berg, und im Karawanserai einen deutschen
Bedienten, der für einen alten französischen Kapitän in griechischen Diensten
gerade vor dem Zimmer des deutschen Professors warme Suppen kochte. Das
war ein wichtiges Ereigniß und nimmt eine der wesentlichsten Stellen
(S. 238) im Reisebericht des Verfassers ein. Aus diesem Grund geben wir sie
auch im Original und mit allen Vorzügen schöner Gedanken und correcten
Styles.
„Schon seit drei Tagen hatte ich keine warme Speise, in Oel gebratene Fische
ausgenommen, (Hr. Greverus besitzt das Geheimniß Fische in Oel zu schmo-
ren, ohne daß sie warm werden) gekostet und meinte schon das Vorurtheil für
dergleichen ganz und gar verloren zu haben. Unglücklicher Weise weckt der
Duft der Kraftbrühe alte Erinnerungen und Gefühle. Mich wenigstens an dem
Dufte zu erquicken, gehe ich, wie gebannt, vor meinem Zimmer hin und wieder, als der gute Landsmann sympathetisch meine stille Neigung merkt und
mich im Namen seines Herrn auf den Abend zu Gaste ladet. Ich beauftragte
ihn, mich anzumelden, und wurde natürlich mit französischer Herzlichkeit
empfangen."
Beim Essen gerieth aber Hr. Greverus bald mit dem gastfreundlichen Kapitän
wüthend übereinander, einmal wegen der Stärke der Bonapartisten-Partei in
Frankreich, die Hr. Greverus sehr fein und sinnreich mit den „letzten Zuckungen des Schwanzes einer geköpften Schlange" vergleichen wollte; und dann

auch wegen der Rheingränze, die der Kapitän für sein Vaterland in Anspruch nahm, der Professor aber mit großer Tapferkeit gegen den gallischen Eisenfresser zu schirmen suchte. In der Bedrängniß schleuderte Hr. *Greverus* den thermopyläischen Spruch: „Die Franzosen möchten kommen und sie nehmen, – die Deutschen würden sie zu vertheidigen wissen!" – Dieses schreckliche Wort brachte den alten Kapitän zum Schweigen, und die Rheingränze ist bis auf den heutigen Tag bei Deutschland geblieben.

So trank, schlug und stritt sich Hr. Greverus in bitterem Kampfe gegen Eseltreiber, Wanzen und Kapitäne glücklich durch ganz Morea wieder nach Athen zurück.

Sind das etwa, wir fragen den Leser, nicht schöne Resultate eines wissenschaftlichen Ausfluges in das gepriesene Hellenenland? Eigenthümlichen Forschungsgeist, penetranten Blick, poetischen Schwung, besonders aber guten Geschmack in der Darstellung wird hoffentlich Jedermann als wesentliche Vorzüge dieses Buches erkennen. Schade, wenn uns ein so gelehrter und fein gebildeter Mann seine Meinung über den Prozeß vorenthielte, den das griechische Volk schon seit Jahren um seinen Adelsbrief vor dem Tribunal der öffentlichen Meinung führt! Wäre Hr. *Greverus* nicht vorzugsweise der Mann, dieses ekelhafte und feindselige Gezänk zum Vortheil der guten Sache, wie kurz vorher den Rheingränzstreit in Korinth, mit einem Schlag zu enden?

Glücklicher Weise erkennt Hr. Greverus seinen Beruf und widmet einen bedeutenden Theil seiner Schrift (S. 254–344) dem Beweise, daß vom trojanischen Krieg bis heute, und von *Agamemnon* bis König *Otto* in Griechenland *nichts*, aber auch gar *nichts*, das reine Blut und den privilegirten Sinn der alten Hellenen verdorben und verwandelt habe. Es hat sich, sagt Hr. Greverus (S. 254), in Deutschland durch „*Fallmerayer* und Consorten" die Meinung verbreitet, daß die heutigen Griechen ein Gemisch von allerlei Völkern wären; daß sie mehr oder weniger dem slavischen Volksstamm angehörten, und nichts mit den alten Griechen gemein hätten. Diese Meinung sey durchaus irrig. Und als Belege und Gegenproben werden einige und dreißig Argumente beigebracht, von denen wir, um den Leser durch die Fülle des Guten und Trefflichen nicht zu ermüden, nur die vorzüglichsten und kräftigsten zu besserm Verständniß ihres zermalmenden Gewichtes textwörtlich hersetzen wollen. Voran steht die Hauptthesis die da besagt, daß die Neugriechen in körperlicher und geistiger Hinsicht die unverkennbarste Aehnlichkeit mit den alten Hellenen haben und folglich unbezweifelt ihre Söhne seyen.

Diese Aehnlichkeit der Neugriechen mit den Althellenen stützt und beweist Hr. Greverus durch folgende Argumente:

1) Die Neugriechen, besonders die Weiber sehen aus und haben eine Gesichtsfarbe wie die Holländer, wie die Engländer und wie die Leute im nördlichen Deutschland (das heißt doch im Grunde wie die Oldenburger und wie

der Hr. Greverus selbst, was der Thesis in den Augen des Lesers voraus eine wundervolle, bestechende Unterlage gibt).

2) In Griechenland haben die Frauen einen „schlaffen, nachlässigen, wackelnden Gang"; bei den Jungfrauen aber reitet Amor häufig auf dem kleinen Sattelfuß, der elastisch ist wie das Sprungbein in der Ferse gewisser flinker Thiere (259 und 260).

3) In der Frühe wünschen die Neugriechen guten Morgen, Abends guten Abend und vor dem Schlafengehen gute Nacht, und wenn sie einem begegnen, fragen sie „Wie gehts?" (277) – lauter Fragen und Wünsche, die außerhalb Griechenlandes vermuthlich nirgend zu hören sind.

4) „Die griechischen Buben sehen gerne in den Spiegel, kokettiren mit sich selbst und machen Schulden (288)", was natürlich bei jungen Leuten anderer Nationen durchaus nicht üblich ist.

5) „Die Griechen haben ein gelenkes und biegsames Sprachorgan, gerade wie die Polen (274)." Dieses Argument des Hrn. Greverus ist um so schlagender, da *Anna Comnena*, die gelehrte Kaisertochter, dieses „gelenke, biegsame Organ" für ausländische Sprachen den alten Hellenen geradezu abspricht. Aber was soll auch Anna Comnena – diese Ida Hahn-Hahn des byzantinischen Reichs – verstehen? In Oldenburg weiß man es besser!

6) Alle Griechen sind Lügner, Betrüger und Diebe (300–302).

7) Die Städtebewohner insgesammt abgefeimte Schelme (309).

8) In Masse genommen, sind die Neugriechen unbesiegbar faul, arbeitscheu, feige und verzagt (281).

9) Von wahrer Vaterlandsliebe entdeckt man in Griechenland keine Spur (281–282).

10) Der Fremde gebe in Hellas auf seine Taschen Acht und lasse ja kein Geld blicken, man riskirt in solchen Fällen das Leben, weil der Grieche lieber hungern, stehlen und morden als arbeiten will (304, 307).

11) Zuneigung, herzliche Theilnahme und Wohlthaten vergelten die Griechen mit Haß und Verachtung, wissen nichts von Dank und halten das *Geben* für eine verächtliche Schwäche (289–290).

12) Land und Leute sind voll Ungeziefer (314), und die griechischen Kinder verkehren meistens im Hemdchen vor der Thüre (316), was ein untrügliches Zeichen hellenischer Abkunft ist.

13) Die Neugriechen haben gewisse üble Gewohnheiten, die man bei uns nicht einmal nennen mag.

14) Sie haben gewöhnlich nur kalte Küche. Brod, Sardellen, Oliven, Zwiebeln mit etwas Knoblauch und Käse genüge ihnen als Nahrung wie zu Homers Zeiten, wo Brod ebenfalls das Hauptessen war (279).

15) Jedoch gibt es unter den Neugriechen auch Schwelger und Unmäßige, z. B. in Tripolizza, wo man Leute findet, welche täglich vier und zwanzig

Flaschen Wein trinken, ohne daß es ihnen schade, was natürlich nur ein *Hellene* leisten könne (280).

16) Die Neugriechen sind doch noch besser als die Italiener (275, 304), und wenigstens nicht schlechter als die alten Hellenen, „ „die freilich auch nicht viel taugten (276)." "

17) Die griechischen Mädchen haben im rothen Fes ein „allerliebstes, unternehmendes Husarenaussehen" (319). Also sind es ächte Griechinnen.

18) Ueberhaupt leuchten beim griechischen Frauenvolke „ „braune, schöne, kluge Augen, nicht so beweglich und dunkelglühend wie die italienischen, hell aus dunkeln Wimpern hervor; nur ist das Auge sanfter, erwärmend aber nicht stechend, und sein Strahl eher einem Wetterleuchten zu vergleichen, verheert seltener, wenn er auch einschlägt" " (258). Klar und schön gesagt!

19) Geht aber eine Griechin zur europäischen Mode über, „so zieht sie der Satan an, wie sie die Kleider, sie wird gefallsüchtig und coquette wie ein Vögelein" (259).

20) Alle Griechen möchten wenigstens Minister seyn (285), und am meisten unter allen Dingen in der Welt hasset das griechische Volk die *Bavaresen*, die es „Hebräer" schilt (291).

21) „Der Türke hielt und hält noch jetzt die Griechen für die schlechtesten aller Menschen, und Ibrahim-Pascha soll geäußert haben: er glaube nicht daß sich ein Prinz in Europa finden würde, um ein so schlechtes Volk zu beherrschen" (310).

Ergo sind die Neugriechen *Hellenen*, was zu beweisen war!

Das Gewicht dieser Argumente wird Jedermann empfinden, und wir gestehen es gerne, die meisten sind ohne Replique. Herr Greverus fühlt es selbst und fragt (256) die Leser voll Bescheidenheit, „ob *Fallmerayer* nicht ein Erzlügner sey?" Könnte man aber auch weniger sagen, wenn Jemand so bündige Beweise wie die vorstehenden schnöde beseitigen, oder in den peloponnesischen Ortsnamen *Bukovina, Warsava, Krakova, Kalisch, Glogova* und *Podgorizza* nicht offenbar das hellenische Element erkennen, oder aus der albanesischen Redeweise, die in mehr als halb Griechenland als Muttersprache herrscht, auf die Einwanderung albanesischer Volksstämme schließen wollte? Man muß dem heldenmüthigen Hrn. Greverus noch Dank wissen, daß er in seiner Kritik so polirt und schonend ist.

Damit sich aber Hr. Greverus auf die Meisterschaft seiner Syllogismen doch nicht gar zu viel einbilde und sich etwa im Genusse seines literarischen Ruhmes überhebe, wollen wir ihm nur sagen, daß in Frankreich schon vor hundert Jahren ein Historikus lebte, der in seinen Schlüssen ungefähr denselben Grad von Schärfe und Bündigkeit entwickelt, den wir so eben an Hrn. Greverus bewundert haben. In der Vorrede zur Geschichte der nordamerikanischen Wilden sagt P. *Lafiteau*: „nur ein Atheist könne behaupten, daß Gott die Uramerikaner in Amerika selbst erschaffen habe, *da sie offenbar Abkömmlinge der alten Griechen seyen,* wie sich aus folgenden vier Gründen unwiderleglich beweisen lasse. 1) Die Griechen hatten Fabeln, einige amerikanische Stämme auch. 2) Die alten Griechen sind auf die Jagd gegangen, die amerikanischen Wilden gehen auch auf die Jagd. 3) Die Griechen hatten Orakel, die Amerikaner haben Zauberer. 4) Bei den griechischen Festen wurde getanzt, in Amerika tanzt man auch, folglich haben beide Völker gleichen Ursprung." Man muß gestehen, daß diese Gründe überzeugend sind.

Hr. Greverus aber, gleichsam als wären seine dreißig Argumente nicht kräftig genug, thut sich in einem langen Paragraph besonders darauf viel zu gut, daß sich in ganz Griechenland eine vom Hellenischen nur wenig abweichende Sprache erhalten habe. Der gute Mann hat aber nicht gemerkt, daß die größere Hälfte des Festlandes und der vorliegenden Inseln, besonders der streitbare Theil der Nation, das *Schkypi* redet, welches mit dem Griechischen ungefähr so viel Aehnlichkeit hat wie der Dialekt von Oldenburg und Hadeln mit dem Chinesischen. *Georgati* z. B. ist ganz von Schkypi bewohnt und die schöne *Helena-ja* mit der „gekräftigten Wade," die der alte Greverus so eifrig „studirte", war ein Schkypi-Mädchen, wie es schon ihr Name andeutet. Das Neugriechische ist im byzantinischen Reich nur das Verständigungsmittel der eingewanderten Stämme unter einander und mit den Ausländern, da kein Fremder das Gerede der Bulgaro-Slaven, der Schkypi, der Zigeuner und Katalanen lernen wollte.

Ebenso gehören die suliotischen und die übrigen rumeliotischen Kapitäne, deren schlanker Wuchs und martialische Miene Hrn. Greverus als ein Hauptbeweis seiner Thesis gilt, insgesammt wie die Seehelden von Hydra, zur Schkypi-Race. Und wie oft soll man es denn wiederholen, daß namentlich auf dem klassischen Boden Attika's kein einziges Dorf das Griechische als Muttersprache redet? Wir lassen den profunden Kenntnissen des Hrn. Greverus alle Gerechtigkeit widerfahren, so oft von Wein, Flöhen oder Strategie die Rede ist, da ein deutscher Grammatikus, wenn er Xenophons Anabasis lesen kann, *eo ipso* auch die zehntausend Mann zu befehligen versteht. Ohne alle Kenntniß der slavischen, albanischen und türkischen Syntax lasse sich ja Niemand beigehen, über die Redeweise des *gemeinen* Stadt- und Bauernvolks in Griechenland etwas Stichhaltiges aufzustellen. Hr. Greverus ist aber durchaus nicht der Mann, der hier mitzureden berechtigt wäre. Er will zwar in verschiedenen Stellen seines Buches dem Leser zu verstehen geben, daß er des Neugriechischen kundig sey. Allein aus der Art, wie er die Phrasen schreibt und erklärt, sieht man klar, daß er nicht mehr davon versteht als ein wandernder Handwerksbursch, der hie und da einen Trinkspruch oder Marktconversationsausdruck erhascht und stümperhaft niederschreibt.

So z. B. leitet Hr. Greverus das im Neugriechischen gebräuchliche Wort τζιμπούκη (sprich Tschibuki), das *Pfeifenrohr*, vom lateinischen *Sambucus*

(320) ab, da es doch das ganz unveränderte چبوق *tschibuk* der Türken ist. Zugleich scheint Hr. Greverus unglücklicher Weise nicht einmal das neugriechische ABC gelernt zu haben, weil es ihm sonst nicht entgangen wäre, daß die Neugriechen in ausländischen Wörtern das *b* durch μπ zu bezeichnen pflegen.

„Schönen Dank", sagt Hr. Greverus S. 321, heiße auf Neugriechisch εὐ χαριστό, gleichsam als wären es zwei Wörter und heiße εὐ schön und χαριστό der Dank. Wer weiß denn aber nicht, daß im Neugriechischen εὐ gar kein selbstständiger Ausdruck ist, und daß man εὐχαριστῶ schreibt, was „ich danke" bedeutet und als Verbum und Perispomenon zur zweiten Conjugation gehört? Statt εἰς τὸ καλό, zum Guten, schreibt Hr. Greverus (277) ἴστο καλό, weil er weder die Orthographie kennt, noch von der slavischen Vorschlagsylbe εἰς *(ις)* eine Ahnung hat. Καλὴ Ψύχη heißt nicht „seliges Ende", wie uns Hr. Greverus glauben machen will, sondern „gute Seele", und ist ein Trinkspruch den man betagten Frauen in ganz Griechenland zuzurufen pflegt. Nur in Athen, wo Hr. Geverus in „vierwöchentlichem Gasthausleben" seine neugriechischen Studien machte, verbindet eine unerklärliche Lokal-Bizarrerie mit dem καλὴ ψύχη einen kränkenden, schiefen Nebenbegriff, und wollen die alten Frauen nicht, daß man sie „gute Seele" nenne. Dieser Umstand mag einen so wenig unterrichteten Mann wie Hr. Greverus allerdings in Irrthum führen. Auch ist es wohl verzeihlich, wenn ein friesischer Magister weder vom Türkischen noch vom Neugriechischen etwas versteht. Aber was soll man sagen wenn es dem gelahrten Herrn auch im *Altgriechischen* nicht überall glückt und er nicht einmal die Accente richtig setzen kann, wie man aus einer Phrase S. 69 sieht? „Die Quellenaufseher", sagt er, „heißen auf Altgriechisch ἐπίσταται κρήνων, was, *zwei Grammatikalfehler abgerechnet*, auch ganz richtig ist. Jedermann weiß ja daß ἐπιστάται κρηνῶν geschrieben werden muß. Für einen Lehrer der griechischen Sprache sind solche Schnitzer freilich nicht besonders empfehlend. Sagen will man hiemit eigentlich nur so viel, daß Hr. Greverus besser thäte, in seinen Reisebeschreibungen die leidige Grammatik ganz bei Seite zu lassen, um den Leser ausschließlich mit seinen so zart und so witzig erzählten Abenteuern zu erquicken. Allein nicht zufrieden als Stylist, als humoristischer Reisender und als gelehrter Grammatikus zu glänzen und Griechenland vor aller Verunglimpfung siegreich zu schirmen, strebt Hr. Greverus in seinem streitbaren Sinn nach höhern Triumphen und erläßt S. 354, man weiß eigentlich nicht recht warum, ein scharfes Manifest gegen den „*Fanatismus der römischen Kurie*".

„Rom und seine Jesuiten", heißt es in diesem merkwürdigen Aktenstück, „wollen die Sonnenrinder der Zeit bei den Schwänzen wieder in ihre Kakushöhle ziehen! Wohin ihr Versuch führen wird, das werden wir sehen – gewiß nicht zur Unterwerfung der Welt unter den römischen Pantoffel, sondern nur dazu, daß die Protestanten zur Einheit erwachen, mehr als es seit langer Zeit der Fall war, das Glück der Freiheit von aller Pfaffenherrschaft fühlen, und ihren katholischen Mitbrüdern, wo sie können, die Hand reichen, sich von dem Skavenjoche zu befreien – was sie bisher unbarmherziger Weise nicht gethan haben! – Nur heraus zum offenen Kampfe, Hierarchie! – Licht oder Finsterniß die Losung – Vermittelung gibt es nicht und Dämmerung ist gerade die Zeit, wo die meisten Eulen fliegen! – Nun ja, wir Abendländer wollen schon mit dem Fanatism fertig werden!" –

O der fürchterliche Greverus, wie ein Centaur, wie ein Gigant rückt er heran,

Οἷος Κενταύρων στρατὸς ἔρχεται ἠδὲ γιγάντων!

Doch man verzage nicht, der Riese ist zu bändigen. Er deutet das Mittel zu seiner Besänftigung selbst klar und unzweifelhaft an. „Vierundzwanzig- und Sechsunddreißigpfünder in Pistolenschußweite auf die Brust gesetzt," ruft er bei Gelegenheit der Schlacht bei Navarino S. 373 aus. „Mir dröhnten beim bloßen Gedanken die Ohren." Hr. Greverus, so viel leuchtet ein, ist kein gewöhnlicher Gegner; es braucht grobes Geschütz, um ihn zum Schweigen zu bringen. Da wir aber mit dergleichen nicht versehen sind, lassen wir den Streit vor der Hand auf sich beruhen und eilen zum Schlusse.

Mit der Westküste Morea's, die er auf der Heimfahrt erblickte, war Hr. Greverus besser zufrieden als mit der Ostküste. In Korfu aber fand er weniger Wohlstand als er erwartete. Jedoch sollten die Korfioten wünschen, dem griechischen Königreiche anzugehören. Hr. Greverus ist aber nicht geneigt, diese Insulaner jetzt schon in den hellenischen Staatsverband zuzulassen. Ihr Wunsch, sagt er, kann mit der Zeit einmal in Erfüllung gehen, wenn *wir* erst Konstantinopel haben, was natürlich nächstens geschehen wird.

2.

Hr. *Herold* hat vollkommen Recht, sein kerngesundes Büchlein über Griechenland, ob es gleich dem Hauptinhalte nach schon früher in einer vortrefflichen Zeitschrift erschien, als besondern Abdruck und umgearbeitet dem Publikum vorzulegen. Tadeln, denn wir wollen gleich mit der Schattenseite herausrücken, kann man an dieser Schrift nur ihre Kürze. Wer so lange und in so günstigen Verhältnissen unter den Griechen lebte und der Landessprache so vollkommen kundig ist, und überdies im Schreiben so richtig Takt und Maß zu halten versteht, wie der Herr Verfasser, besitzt alle Titel über dieses interessante und so verschieden beurtheilte Land mit größerer Weitläufigkeit zu reden als es hier geschieht.

Man hat in Deutschland und wohl auch in andern Ländern, an der poetischen Prosa, in der es bisher üblich war über neugriechische Zustände abzuhandeln, endlich von Herzen satt. Und eben weil in dieser Sache nur nüchtern, gut und naturtreu Geschriebenes noch Beachtung finden kann, glauben wir vorliegende Arbeit, so klein sie ist, dem lesenden Publikum empfehlen zu müssen. Hr. Herold machte zu verschiedenen Zeiten von Nauplia Ausflüge in die verschiedenen Theile Morea's, die mit einer vollständigen Rundreise durch die Halbinsel, und am Ende noch zur See nach einem großen Theil der Cykladen schlossen, so daß sein Bericht unter allen Touristen der sechs letzten Jahre, seiner Kürze ungeachtet, dennoch als der umfassendste gelten kann.

Es thut einem Leid, daß Griechenland so klein und das Ziel des Wanderers so schnell gefunden ist. Warum füllt nicht wenigstens (so denkt der Leser bei sich selbst) den leeren Raum zwischen Milos und Nauplia ein Kranz fruchtbarer, romantischer Eilande, damit uns Hr. Herold auch von diesen ein so heiteres und lebenswarmes Bild entwerfe, wie von Tinos, Naxos und Santorin? Oder vielmehr, wie kann denn Jemand, der sich mehr als zwei Jahre im Lande aufgehalten und dort so viel gesehen hat, seine Nachrichten auf 167 Seiten zusammendrängen, während Hr. Greverus, der kaum zwei Monate in Hellas war und diese Zeit noch großentheils im Wirthshaus verlebte, dennoch 387 enggedruckte Seiten zum Besten gibt? Der Inhalt beider Schriften erklärt die Ungleichheit ihres Umfanges zur Genüge. Wenn es erlaubt ist der Sache den wahren Namen zu geben, so möchten wir Hrn. Greverus' Buch statt „Reiselust in Ideen und Bildern" lieber die „Wein- und Wanzenchronik von Morea" nennen. Denn streicht man alle die endlosen und ekelhaften Tiraden über die eben genannten Gegenstände, um die sich das Publikum gewiß eben so wenig kümmert als um die burlesken Balgereien und Wirthshausscenen des Herrn Magisters, aus dem Buche weg, was anders bleibt denn übrig zur Belehrung des neugierigen Lesers über das Land und seine Bewohner, als abgedroschenes Schulgezänk und geographische Notizen über das alte, längst vergessene Hellas, die man uns seit bald zwanzig Jahren in unzähligen Broschüren bis zum Ekel vorgetändelt hat? Hätte Hr. Greverus seine deutschen Landsleute in der Kunde Neugriechenlands nur um *einen* Schritt weiter gebracht, nur *einen* neuen Gedanken in Umlauf gesetzt, nur *einen* Irrthum berichtigt, so mußte man dieses einzigen guten Gedankens wegen alle Plattheiten seiner langweiligen Rhapsodie vergeben. Allein mit dem besten Willen haben wir im ganzen Buche nichts dergleichen zu entdecken vermocht. Hr. Greverus hat in Griechenland nichts gesehen und nichts gelernt. Wir machen ihm zwar keinen Vorwurf über seine Unwissenheit, denn Jedermann hat das Recht auf eigene Gefahr ein Ignorant zu seyn. Hat aber ein solcher Mann die Unvorsichtigkeit, über eine Materie, in der es ihm erweislich selbst an den Elementarkenntnissen gebricht, als Diktator das Wort zu nehmen und besser Unterrichtete vor sein Tribunal zu ziehen, so darf man eine solche Thorheit nicht ungestraft vorübergehen lassen. Warum mischt sich der Mann in den Streit, ohne die beiderseitigen Akten einzusehen und mit Sorgfalt vorher zu prüfen, was und wie viel die Parteien bisher ins Spiel gebracht?

Bei Hrn. Herold dagegen hat der Schul-Enthusiasmus, dessen Spuren übrigens in seiner Schrift nicht zu verkennen sind, den gesunden Sinn nicht erstickt. Er hat gefunden, daß dem moraitischen Bauernvolk die albanische Sprache geläufiger als das Griechische ist; daß dies Albanesische meistens auf dem platten Lande, vorzugsweise jedoch unter den Weibern herrscht, die sehr wenig Verkehr mit den Romäern oder Gräken, d. h. Neugriechen, haben.

Unter allen deutschen Gelehrten, die seit dem Ausbruche der Revolution ihre Wanderzüge durch Morea drucken ließen, ist unseres Wissens Hr. *Herold* der erste, der in so klaren und unumwundenen Worten das Nebeneinanderwohnen zweier radical verschiedenen Volksstämme im Peloponnes beurkundet und eingesteht. Und zwar „gehöre das Landvolk beinahe insgesammt zur albanesischen Raçe und werde von den Gräken (der Städte) gering geschätzt."

Bei einer frühern Gelegenheit hat man schon einmal bemerkt, daß namentlich die Weiber auf der Insel *Hydra* erst seit dem Aufstande allgemein das Neugriechische zu lernen begonnen, indem das Albanesische bei ihnen, wie allenthalben in Griechenland, die wahre Haus- und Familiensprache bildet.

Die Albanesen sind auf griechischem Boden heut zu Tage was sie von jeher und überall waren, ein Schiffer-, Soldaten- und Bauernvolk, welches mit Kunst, Literatur und Wissenschaft seit uralter Zeit so wenig zu schaffen hatte, daß sie noch zur Stunde nicht einmal ein Alphabet besitzen. Ihr Idiom hat Ueberfluß an stummen *ee* und an Nasaltönen, folglich ist das französische ABC vorzugsweise geeignet, die Begriffe dieses ungelehrten Volkes darzustellen. Auch die deutschen Buchstaben mit geringem Zusatze könnten diesem Zwecke dienen; am wenigsten aber die griechischen oder gar die türkischen, deren sie sich häufig bedienen. Was z. B. der Grieche auf Hellenisch σελήνη und gemein φεγγάρι nennt, lautet im Albanesischen ungefähr wie „*Hönöse*" (die beiden ersten Sylben kurz und die letzte halbverschlungen, das Ganze aber durch die Nase gesprochen). Brod nennen sie *Bouque*, Fleisch *Misch* und die Traube *Rusch* (rrouche, doppel *r* am Anfang). *Diéoue* ist die Sonne, *Gneri* der Mann, und *Dyâle* der Knabe, Plural *Dyâlem*, und mit dem Artikel, der im Albanesischen nachgesetzt und angehängt wird, *Dyâlemte*, die Knaben, τὰ παιδιά. Wenn der Grieche sagt: ἔλα μέσα, „komm herein!" lautet dieselbe Phrase im Schkypi: *ejám brdá.* Vergleiche man den neugriechischen Satz: σ᾽τὸν Μορεὰν εὑρίσκονται πολλὰ χωρία, ὁποῦ μιλοῦν ᾽Αρβαντικά (d. i. in Morea findet man viele Dörfer, wo man Albanesisch redet) mit der albanesischen Uebersetzung: *Nde more yâne schume katonde tschö flaçen Arbrischt,* und man hat ein lebendiges Muster, wie man auf *Hydra*, in *Attika* und dem größeren Theile von Griechenland redet.

Ueber das geistige Vermögen dieses Albanesen-Volkes kann man sich kein Urtheil erlauben, da es in diesem Felde noch nie einen Versuch gemacht. Arbeitsam in der Heimath und tapfer im Kriege zu seyn, war bisher sein ganzer

Ruhm. Es gab der Welt den *Skanderbeg*, den *Markus Botzaris*, die Männer von *Suli* und *Hydra*, vollgültige Bürgen soldatischer Tüchtigkeit und ächten Heldenmuths.

In Griechenland sind die meisten Albanesen Christen geblieben, während sie im Stammlande großentheils den Islam angenommen und sich über alle Provinzen des türkischen Reiches unter der Benennung *Schkypitaren* oder *Arnauten* als Miethsoldaten verbreitet haben. Mit dem Glauben ihrer Väter haben die christlichen Albanesen Griechenlands auch den alten Volksnamen bewahrt und nennen sich – nach dem Genius ihrer Sprache – *Arbrischt*, woraus die Griechen ’Αρβανῦτις machen.[169] Für *Grieche* dagegen haben die Albanesen durchweg die Benennung *Schklärischt*, d. i. *Sklave* (Σκλάβος der Byzantiner), was bei uns vielen Leuten sonderbar scheinen mag. Vielleicht erkennt Hr. Greverus hierin auch eine Verschwörung des armen albanitischen Bauernvolks gegen das Hellenenthum!

Unter solchen Umständen wird es Niemand überraschen, wenn Hr. Herold sagt, die alten Eigennamen seyen im Gedächtniß der Moraiten vollständig erloschen, der Bach Helisson auf den Trümmern von Megalopolis heiße jetzt *Warwuzena*, und im Herzen der Halbinsel selbst seyen Leute zu treffen, die kein Wort griechisch verstehen.

Auch glaubt Hr. Herold, man könne ein eifriger Verehrer des classischen Alterthums seyn und doch die Bemerkung machen, daß die Spuren der untergegangenen hellenischen Welt zwar an vielen Orten sichtbar, aber keineswegs von solcher Bedeutung seyen, als man durch Gell's Reisebericht von Morea zu glauben veranlaßt werde. Und die Neugierde, die Alles zu sehen treibe, müsse sich am Ende mit einigen alten Trümmern begnügen. Neben einer seltenen Correctheit in griechischen Eigennamen ist es vorzüglich dieser nüchterne, unpartheiische Sinn, der dem Leser Vertrauen einflößt und Herold's Büchlein in die Reihe der vorzüglichsten Produkte dieser Gattung stellt. Die wenigsten Leser verlangen zu wissen, wie viel etwa ein deutscher Philolog in Morea Wein getrunken, oder wie oft ihn die Flöhe beunruhigt haben. Hr. Herold, scheint es, ist derselben Ansicht und versteht die Aufmerksamkeit des Lesers würdiger und geschmackvoller zu beschäftigen, als sein Herr Amtsbruder Greverus in Oldenburg, über dessen armselige Diatribe sich Herold's Beiträge so weit erheben,

Quantum lenta solent inter viburna cupressi.

Was Hr. Herold von dem schroffen Gegensatz und unaustilgbaren Widerwillen zwischen den Griechen der morgenländischen Kirche und ihren Brüdern, den römisch-katholischen Griechen von Alt-Syra und andern Cykladen erzählt, ist nur zu wahr. Allein vielleicht nicht ganz richtig ist seine Meinung, daß diese katholischen Griechen lauter Abkömmlinge abendländischer Kolonisten seyen. Einige Primatialgeschlechter abgerechnet, deren Familiennamen fränkischen Ursprung verrathen, sind sie doch zum Theil noch die alten, einheimischen Kinder dieser Eilande, die seit dem Concilium von Florenz (1436) die Union mit der abendländischen Kirche mit unverbrüchlicher Treue bewahren, und aus diesem Grunde von den Anhängern der Nationalkirche als Ueberläufer, falsche Brüder und Verräther gebrandmarkt und gleich unheilbar verpesteten Gliedern vom Körper der byzantinischen Nation auf ewig getrennt und weggeschnitten sind. Nicht wer griechisch redet, sondern wer griechisch glaubt, gehört zum griechischen Volke, und die Nationalität im byzantinischen Reiche hat sich zu den Hörnern des Altars und zum ewig unwandelbaren Dogma der Kirche geflüchtet.

Zum Schlusse wollen wir noch eine Stelle in Betreff der dicht an Delos liegenden Insel Rheneia wörtlich anführen, weil sie in dem Verfasser eine seltene Mäßigung und Billigkeit in Beurtheilung kirchlicher Dinge offenbart.

„Die Insel Rheneia", heißt es S. 121, „ist ebenfalls öde, und ihr bisheriger einziger Bewohner, ein alter Einsiedler, durch gehässige Strenge unkluger Beamten, die in ihrem übertriebenen Eifer für Vermehrung des Kirchenschatzes jede leere Kapelle, jeden Zufluchtsort des Elends einziehen und feilbieten, ohne zu berechnen, wie sehr sie durch ihre Rücksichtslosigkeit dem Ansehen der Regierung schaden, aus seiner sichern Wohnung vertrieben worden. Dieser Gewaltstreich hat die Gemüther um so mehr empört, je schneller die Folgen davon fühlbar wurden. Wenn früher ein Schifflein durch Sturm genöthigt war, dort zu landen, so hatten die Seefahrer den Trost, bei einem lebenden Wesen Aufnahme und Brod zu finden. Als sich nun neulich ein gleicher Fall ereignete, und die bedrängten Schiffer an dem bekannten Orte Hülfe suchten, sahen sie sich zu ihrem Schrecken getäuscht, und der Gefahr, zu verhungern, ausgesetzt. Denn man muß wissen, daß bei dem geringen Mundvorrathe, den diese Leute mit sich zu führen pflegen, leicht der größte Mangel eintritt, wenn sie durch irgend einen Zufall an der schnellen Erreichung ihres Zieles verhindert werden."

Vergleicht man diese humane schonende Rede mit dem tragi-komischen Bombast des Hrn. Greverus in seiner Kriegserklärung gegen die römische Kurie, so ist der Leser nicht lange zweifelhaft, auf welcher Seite der bessere Geschmack und der klügere Sinn zu suchen sey.

Anmerkungen des ersten Bandes

1 Man wechselt das Fahrzeug in Linz, in Wien, in Pesth, in Drenkova, in Orsova, zu Skela Kladova und in Galacz.

2 οἱ Ῥῶς διεμάχοντο, μὴ δόντες νῶτα τοῖς ἐχθροῖς. VIII, 7.

3 Blos auf den Verdacht geheimer Abneigung ließ der Großfürst von den vornehmen Bulgaren 300 hinrichten, die übrigen aber ins Gefängnis werfen.

4 Δαφνοῦς, δαφνοῦντος, wie Ὁποῦς, – οῦντος, Τραπεζοῦς, – οῦντος. Aus dem neugriechischen Nominativ Δαφνοῦντα machen die halbbarbarischen Sprachforscher in Trapezunt Διαφοῦνδα und leiten es mit bedeutender Selbstzufriedenheit über grammatischen Scharfsinn aus dem italienischen *dar fondo* her.

5 Bessarion, Ἐγκώμιον Τραπεζοῦντος. MSC. S. Marc. Venet.

6 Das französische *„Morgue"* drückt den Begriff richtiger aus.

7 In Tirol eifert der Clerus nicht blos gegen Kirmestanz und rauschende Lustbarkeit, er verfolgt und verbietet auch das harmlose Lied, das Saitenspiel und die angeborne Munterkeit. Die Tiroler Buben sollen weder tanzen, noch singen, noch Schwegelpfeife blasen, noch Spillhahnfedern auf die Hüte stecken, noch lachen, noch lustig seyn. Wir sollen aus Andacht unserer Alpennatur entsagen und aller Freude gram in pfäffischer Zucht beständig an die vier letzten Dinge denken.

8 Zaïre, Acte I, Scène 2.

9 *„Gül-aschrim,"* sagt man mir, sey das persische Wort für Sensitiv-Mimose, die ich mit der *Ghilan*-Akazie in Trapezunt das erstemal gesehen habe.

10 *Subaschi*, „Wasservorstand" ist im Türkischen der amtliche Ausdruck für „Unterpolizeichef".

11 Ὑδάτων ῥύακας καὶ κρουνοὺς ἐκχεομένους ἐκ τῆς μεγάλης πύλης τοῦ αἰγιαλοῦ. Cod. MSC. Mont. Atho.

12 خزنه دیرینه chazineh *derineh* bei *Sead-eldin. MSC.*

13 Eigenthümliche Redensart der Morgenländer.

14 Ἑστίασιν πνευματικήν τε καὶ σωματικὴν πανδαισίαν. MSC. Mont. Atho.

15 Der alte Name *Mithros* oder *Mithrios* kam erst durch meinen Besuch in Trapezunt wieder in das Gedächtniß der christlichen Bewohner zurück.

16 Μέγας, Αὐτοκράτωρ, Κομνηνὸς, Ἀνατολῆς, Κύρ u. s. w. verrathen hinlänglich, was da ursprünglich zu sehen war.

17 ἰδοῦ δ᾽ ὕφασμα τοῦτο, σῆς ἔργον χερός·
σπάθης τε πληγὰς, εἰς δὲ θηρίων γραφήν.
Aeschyl. Choeph. v. 231.

18 *Κατὰ τὸν πρῶτον μάϊον ... ἐκοιμήθη ὁ δοῦλος τοῦ θεοῦ Ἱεράσιμος ἱερομόναχος ὁ Βραν ... ͵ϛωα΄.*

19 Mit dieser Bemerkung will man dem anderweitig trefflichen und lehrreichen Inhalte des benannten Reisewerks in keiner Weise zu nahe treten. Wenn sich der Verfasser in seiner Darstellung überall der Kürze und Nüchternheit befleißt, aber die Wahrheit stets zur Seite hat, so ist es für den Leser nur Gewinn. Uebrigens begreift man, daß sich *Herr von Zachariä* in unmittelbarer Nachbarschaft des geschwornen Feindes aller „Rhetorik, Sophistik und Phrasenmalerei" schon des lieben Friedens wegen Gedankenwärme und Redeschwung versagen mußte.

20 Nach der einheimischen Sage soll der Gründer des trapezuntischen Reiches, wie der Johanniter auf Rhodus, ein grausenhaftes Ungethüm mit Hülfe der Panagia an diesem Brunnen überwunden haben. Daher der Name Drachenbrunn (*Δρακοντοπηγάδη*) bis auf diesen Tag geblieben ist.

21 *Κλήθρη* nach jonischer Form, was aber in Trapezunt gegen die Regel neugriechischer Rede Klethri, nicht Klithri gesprochen wird.

22 *Δρυμῶνες μακροὶ καὶ βουνῶν ἡμερωτάτων ὄγκοι.* *Choshoghlan* (Schön-Junge) ist die türkische Benennung dieser schönsten Laubkuppe des immergrünen Waldes.

23 Das rechtwinklig – wie oben bemerkt – den kolchischen Berggürtel durchbrechende Pyxitesthal bildet die Hauptkaravanenstraße zwischen Trebisond und dem Euphratstrom bei Erserum und Ersendschan. Obwohl stellenweise schmal und roh gepflastert, duldet der Weg doch kein Fuhrwerk, und die Waaren von und nach Hocharmenien werden auf Lastthieren geschleppt, deren lange Züge und mancherlei Bedürfnisse die vorzüglichste Nahrungsquelle der dünngesäeten Bevölkerung des Gebirges sind.

24 Den Leser soll es nicht beirren, wenn man die oben mit *Dschevisluk* bezeichnete Ortschaft auf einmal *Karydia* nennt. Ersteres ist nur die türkische Uebersetzung des letzteren, da *Καρύδιον* und جوز *dschevis* dieselbe Bedeutung haben, لق *luk* aber dem iranischen *stan* und dem deutschen Suffixum *lig, lich, heim* entspricht. Den griechischen Namen kennt nur der Christ des Landes, den türkischen aber Jedermann. Auf deutsch würde man den Ort „Nußheim", auf italienisch *Noceria* und *Nucetum* auf lateinisch nennen.

25 Der Name *Pyxites* ist heute vergessen und das schöne Thal hat nur die türkische Benennung *Dejirmenderesi*, das ist *Mühlthal, Mühlbach*, von *dejirmen* دکرمن die Mühle und *dere* دره *Thal* oder *Bach*. Zur Zeit des christlichen Imperiums und zwar im vierzehnten Jahrhundert bestand noch der alte griechische Name, wie unter andern aus einer Stelle im Reisebericht des oft gerühmten *Gonçales Clavigo* (1404) erhellt: *e este dia fueron dormir acerca de un rio que ha nombre Pechix, en una iglesia yerma que onde estaba.* Clavigo ging von Karydia rechts in die Matschukaschlucht zum Kastell *Zigana*, welches laut zuverlässiger im Lande selbst erhobener Berichte eines Augenzeugen heute noch unter dem alten Namen besteht. Die verworrenen und höchst unkritischen Ausgaben der Periplen des Pontus Euxinus versetzen den Pyxites weit östlich nach Lasistan in die Nähe des von den Alten *Bathys* genannten *Tschorak-Su* in Guriel. Wollte man „Pyxitesthal" wie Karydia ebenfalls ins Türkische übersetzen, so wäre es *Tschimschirderesi* چمشیردرسی oder vulgär ausgesprochen *Schimschirderesi*.

26 Dies ist einer der sich in der Welt herumgetrieben.

27 *Mahalle* heißt im Türkischen das Viertel und *Sokak* die Gasse.

28 Die groteske Dankbarkeit damaliger Mönche ließ den frühverstorbenen Bastard gegen den Wortlaut der Chronik als Imperator im kaiserlichen Diademe glänzen.

29 *Tὸ ὄρος τοῦ Μελᾶ.* Sonderbar genug heißt das innerste Gebirge im Sellrainthale in Tirol ebenfalls *Melas*. Die beiden ohne Unterschied gebrauchten Formen *Melas* und *Sumelas* entsprechen dem Doppelnamen *Meru* und *Sumeru* des indischen Götterberges.

30 Wörtlich übersetzt würde der erste Satz folgender Weise lauten: „Schwarzkopf, was redest du? dein Verstand ist aus seinem Ringe hinausgesprungen."

31 Der Name *Aretias* gehört dem Alterthume und findet sich zum letztenmale im Periplus des Arrian. Im Lande selbst, wie ich von einem kerasuntischen *Didascalos* vernahm, wird das Eiland jetzt *Aranitis* genannt, was der byzantinischen Epoche angehört und durch eine bisher nicht gekannte Stelle der Chronik des *Panaretos* vollkommen bestätigt wird. Das Inselkloster war „der Erbarmerin", *τῇ ἐλεούσῃ*, geweiht und schon um die Mitte des vierzehnten Jahrhunderts von türkischen Freibeuterbarken hart bedrängt: *Μηνὶ Νοεμβρίῳ ιβ', Ἰνδικτ· ς' ἔτους ͵ϛωος', ἐξῆλθεν ὁ Μητροπολίτης, κῦρ Ἰωσὴφ, ἐκ τοῦ θρόνου τῆς Τραπεζοῦντος, καὶ ἀπῆλθεν ἐν τῇ μονῇ τῆς Ἐλεούσης. Καὶ περὶ τὰς ιθ τοῦ Ἰουλίου μηνὸς, τοῦ αὐτοῦ ͵ϛωος' ἔτους, ἀπῆλθεν εἰς τὴν Κωνσταντινούπολιν διὰ τὸ κοῦρσον ὃ ἐποίησαν τὰ ἀζάπικα Παρασκάλμια τοὺς Ἀρανιώτας. Panaret. Mss. ad an. 1367.*

Die ganze Summe der historisch-philologischen Gelehrsamkeit des Occidents wäre ohne die in Kolchis selbst erholte mündliche Ueberlieferung unvermögend den wahren Sinn dieser abgerissenen Sätze herzustellen.

32 *...εἰς Κερασοῦντα τριταῖοι, πόλιν Ἑλληνίδα, ἐπὶ τῇ θαλάσσῃ. Anab. V, 3.*

33 *Ἡ δὲ ὁδὸς ὁδοιποιουμένη ἦν. Anabas. V, 3.*

34 Schiltbergers Reisen. Edit. Penzel. München 1813.

35 *Ἐποίησεν τὸ φωσάτον μερίδας β', τοὺς μὲν πεζοὺς ὡσεὶ χ' ἔστειλεν ἀπὸ τὸ Πέτρωμα. Panaret.ad ann. 1380 p. Chr.*

36 *E a hora de medio dia fueron en par de una gran villa que era eso mismo poblada al mar, que ha nombre Tripil, y esta tierra es del Emperador de Trapisonda. Itinerar. pag. 82.*

37 *Tripolis castellum et fluvius. Hist.nat. VI. 4.*

38 Der türkische und griechische Ausdruck: „Wer weiß das?"

39 Thorband, Thorpaß.

40 Aï-jenesin deresi, d. i. „Thalbach des heil. Eugenius" in der heutigen Osmanli-Landessprache. Es ist das *Ἅγιος Εὐγένιος* der Griechen und *San-Uigenj* der Seekarten des Mittelalters.

41 *Ὁ γὰρ Ζύχης Ἀρταβίλης κατέσχε τὴν τοῦ Μελιάρη λεγομένην τοποθεσίαν, προλαβόμενος τὴν κλεισούραν ταύτην τοῦ Μελιάρη τὸ Καπάνιον λεγόμενον.* (Das byzantinische *τὸ Καπάνιον* fehlt im Glossar Dü-Cange's und ist ohne Zweifel auf das türkische *Kapanmak, geschlossen seyn*, zurückzuführen.) *Ἐλθόντες τοίνυν οἱ τοῦ Πανσεβάστου καὶ αὐτοὶ εὗρον τὸν Ζύχην προκατέχοντα τὴν κλεισούραν τοῦ Καπανίου.*

42 *E en poca de hora fueron en un castillo que es junto con el mar, que ha nombre Corila, e non quisieron tomar puerto en estos lugares, par quanto avia buen tiempo: e a hora de visperas fueron en un castillo que ha nombre Viopoli, e tomaron alli puerto, e estovieron esta noche. Itinerar. p. 82.*

43 Nach trapezuntischer Sitte war *Kalo-Johannes* als Erstgeborner zwar Mitregent und saß bei feierlichen Handlungen in gleichem Schmuck neben dem kaiserlichen Vater auf dem Thron. Das war aber dem „Schönen-Johann" zu wenig. Der ehrgeizige Erbe fühlte Kraft und Herrschergabe genug das Reichsgeschäft allein zu besorgen und der Verdacht geheimen Liebesverständnisses seiner leiblichen Mutter, einer cantacuzenischen Prinzessin aus Byzanz, mit dem Schatzmeister des Reichs sollte dem jungen Bösewicht als Werkzeug zur Stillung seiner Herrschbegierde dienen. Kalo-Johannes eiferte mit solcher Wärme für häusliche Tugend und strenge Sittlichkeit, daß er, nicht zufrieden den Schatzmeister eigenhändig zu tödten, der Familienehre wegen auch Mutter und Vater im Palast erdrosselt hätte, wären nicht die Archonten noch zu rechter Zeit ins Mittel getreten. Für eine solche That gibt es keine Sühne und Kalo-Johannes entging dem väterlichen Zorn durch die Flucht an den Hof des Königs von Tiflis, der dem flüchtigen Vatermörder in Hoffnung besserer Zeiten die Tochter zur Ehe gab. Aber Kalo-Johannes hatte was man in Italien die *rabbia papale* nennt, er konnte Privatstand und Verbannung nicht ertragen und wollte um jeden Preis als Herrscher auf der romantisch schönen Burg von Trabisunda wohnen. Zu Caffa in der Krim, wohin er von Tiflis gezogen war, bemannte er zwei Kriegsschiffe mit genuesischen Abenteurern und besetzte das

feste Kloster Kordyle (Ak-Kale der Türken) in Angesicht von Trapezunt. Für Einverständnisse unter den Hofarchonten und selbst unter den Leibwachen des Großcomnen ward schon früher gesorgt, und wie der alte Großcomnen seinem rebellischen Sohne gegenüber am Meierhof lagerte, öffneten die bestochenen Wächter den ausgesandten Meuchelmördern Nachts den Eingang und der unglückliche Gebieter ward inmitten seines Heeres im Schlaf ermordet. Kalo-Johannes wollte zwar nur die Gefangennehmung, nicht den Tod des Vaters befohlen haben, und bestrafte den einen Sendling durch Handabhauen, den andern durch Blendung für ihre Frevelthat. Allein wer wüßte nicht aus näher liegenden Ereignissen ähnlicher Art wie man solche Befehle von jeher gemeint und verstanden hat? Kalo-Johannes baute dem erschlagenen Vater ein prachtvolles Grabmal in der Domkirche der Panagia Chrysocephalos und bestieg ohne Gewissensangst als Vatermörder den blutbefleckten Thron.

44 Die *Callimachi*, die *Murusi etc.* kamen um jene Zeit aus Kolchis an den Bosporus. Die in Stambul einsäßigen Archonten wurden als unverbesserliche Intriguanten vom Sieger in Masse niedergemetzelt, oder flohen in entlegene Himmelsstriche.

45 Die kaiserliche Burg war drei Generationen hindurch Sitz des türkischen Thronfolgers.

46 Vgl. *Hamilton, Researches in Asia Minor, Pontus and Armenia. Vol. I. p. 242, 282, 292. London 1842.*

47 Er hat dreißig Millionen hinterlassen und niemals bei … Philosophie gehört.

48 *Softa,* eigentlich „*Sochte*" d. i. der Gebrannte, bedeutet soviel als „Schüler, Student."

49 Kupfergeschirre der mannigfaltigsten Art darf in Trapezunt bei keiner Aussteuer fehlen. Selbst arme Familien geben es mit. Kupfer ist der vorzüglichste Erzreichthum des botanisch so schön geschmückten Landes Trabosan. Kupfer in Barren gegossen und zu Geräthschaften verarbeitet, wird in unglaublicher Menge ausgeführt und die Bazare der Kupferschmiede sind in allen kolchischen Küstenorten am meisten belebt. Wie Altai und Ural, scheint auch das kolchische Gebirge selbst bis zur See herab mit reichen Metalladern geschwängert zu seyn. Kunst und Golddurst der Europäer fände hier noch immer reiche Nahrung, obgleich die einheimischen Grubenherren die Gold- und Silberadern wenigstens im Hauptbergwerks-Distrikt Gümüsch-chane beinahe für erschöpft erklären. Kupfer dagegen findet man noch überall in unerschöpflicher Fülle.

50 Zu Tripoli werden verhältnißmäßig die wenigsten Geschäfte gemacht, mehr oder eigentlich sehr viel wird in Kerasunt producirt und umgesetzt, am meisten aber und am gewinnreichsten auf dem Bazar von Unieh verkehrt.

51 بز *bes,* „Leinwand", daher بزستان *besestan,* eigentlich der Ort wo Leinwand in großen Massen verkäuflich ist; Leinwandmarkt wird aber von gemeinen Leuten häufig *bedesten* gesprochen. بزاز *bessas* heißt wer mit solchen Stoffen handelt und بزازستان *bessasistan,* vulgo *besesten* der Ort wo solche Verkäufer sitzen, und dann überhaupt der große Marktplatz in jeder wichtigen Stadt.

52 در مشهور بزى ریزه *Riseh besi meschhur dür,* „die Leinwand von Riseh ist berühmt." *MSC. Vindobon.*

53 Μελιττῶν φιλεργία δι' εὐνομίαν πολλαχῇ τὸ κηρίον συμπήγνυσι. *Eugenic. MSC.*

54 Das ist die ἄμπελος ἀνηρτημένη des Eugenicus.

55 Leute, die Ueberfluß an Ackerland besitzen, vermögen natürlich den Preis der Kartoffelpflanze noch nicht zu erkennen; auch ist diese wohlthätige Frucht in Kolchis nur dem Namen nach bekannt und als Produkt der Christenheit mit Verachtung angesehen. Unter den Cerealien ernten sie Mais, gewöhnliches Brodkorn, besonders aber Gerste in großer Menge. An Reis aber, wie ich hörte, wird noch nicht einmal die Hälfte des einheimischen Bedarfs gewonnen, obwohl häufige Delta-Niederungen und Ueberfluß an Feuchtigkeit zur Kultur dieses erst durch die Türken nach Kolchis verpflanzten indischen Gewächses einladen.

56 *Keschab* ist ein Dorf unweit *Riseh* inmitten eines unabsehbaren Strauchwaldes von Haselnuß, die an Süßigkeit und Größe selbst die belobte Frucht dieser Staude um Kerasunt übertreffen

soll und in großen Ladungen nach Stambul und Odessa geht. Wer correct griechisch redet, nennt die Frucht des Corylus Λεφτοκάρυον, aber *vulgo* gibt man ihr in Kolchis den türkischen Namen „*Fonduk,*" فندق z.B. فندقی كشاب „*keschab fonduki,*" Haselnuß von Keschab.

57 Der Granatapfel (نار *nar*) mit seiner lieblichen mildrothen Blüthe wächst bei allen Ortschaften der Küste und noch eine Strecke in den Buschwald hinauf, gleichsam als gemeiner Feld- und Gartenbaum ohne Pflege. Doch findet man ihn wegen des Nutzens häufig in Gruppen angepflanzt und eingefriedigt. Die Frucht wird gekeltert und der Saft (ناردنك *nardenk*) in Tonnen und Krügen zu ungeheuern Quantitäten ausgeführt. Granatensaft ist Hauptbestandtheil des unter der arabischen Benennung: „*Scherbet*" auch im Occident bekannten kühlenden Getränkes, welches in islamitischen Ländern die Stelle des Weines vertritt. Obwohl jeder Leser das Wort „Scherbet" im Sinne hat, und nicht wenige das Labsal vielleicht in Kahira, im Schatten der rauschenden Gartenbäche von Damaskus, oder in den reizenden Sommerlauben des Bosporus selbst getrunken haben, käme doch mancher durch die Frage in Verlegenheit, was eigentlich *Scherbet* für ein Getränke sey? Scherbet ist eine Limonade aus Fruchtsaft (gewöhnlich Granaten), Citronensäure und Zucker. شرب *schürb* heißt im Arabischen „trinken," daher شربت *scherbet* das „Getränke," auch „Medicin, Purgativ."

58 *Αἱ κιτρίαι δὲ καὶ δι᾿ ἔτους ὀργῶσαι τῷ τῆς ἄνθης εὐώδει καὶ λευκῷ, καὶ τῷ τῶν φύλλων καὶ πτόρθων χλοερῷ τὸ τοῦ καρποῦ κιρρὸν ξυμμερίζουσαι, καὶ ξένην θέαν καὶ τέρψιν καὶ κάλλος ἄφατον ἀπεργαζόμεναι. Eugen. MSC.*

59 Ohne Zweifel ist auch folgende Stelle im Roman *Calloandro fedele (Bassano* 1782) auf die Pracht der trapezuntischen Kaiserparke zwischen Sanct-Sophia und Kalanoma zu beziehen: *Tutto ciò, che di vago e dilettevole l'arte e la natura accopiate insieme sappian produrre, ritrovasi in un luogo poche miglie lontano da Trabisonda, chiamato il Paradiso terreste, dove quegli Imperadori sogliono sovente andare a diporto. Part. I. lib.1, p. 62.*

60 بی پایان اورمانلری *bi payán Ormanleri*, das ist „Wälder ohne Ende," ein Ausdruck Hadschi-Chalfa's, wie das oftbelobte *δρυμῶνες μακροί* „lange Eichenwälder", Waldungen überhaupt, dem Nomophylax Eugenicus angehört. Auffallend bleibt es immer, wenn christliche Mönche und mekkapilgernde Türken über die Schönheit einer Landschaft in Bewegung kommen. Und Hadschi-Chalfa's Phrase: كورل و میوهكانی یرلر در جوز و طرابزون مالدر فندق و الما و اكده و طاغ یمشلرینك انواعی ایله بو ولایت غایت مالا *Trabesun bu vilajet ghajet güsel wa meïwekiani jerler dür dschewis wa fonduk wa elma wa igdeh wa dagh jemischlerinün enwâi ileh mala maldür,* „die Provinz Trabesun ist ein sehr schönes und fruchtreiches Land; mit Nüssen, Haselnüssen, Aepfeln, Steinobst und wildwachsenden Früchten verschiedener Gattung ist es über und über angefüllt," scheint für ein türkisches Buch immer beachtungswerth.

61 *Vid. Apollon. Rhod. Argonaut. II. 399, cum schol. graec. edit. Brunck: Οἱ δὲ Ἀμαραντοὶ … ὄρη Κολχίδος, ἀφ᾿ ὧν καταφέρεται ὁ Φᾶσις. Ὅπερ ἀγνοήσας Ἡγησίστρατος ὁ Ἐφέσιος Ἀμαραντίους ἀπέδωκε λιμένας* (soll gewiss *λειμῶνας* heißen). *Φάσιδος, διὰ τὸ εὐθαλεῖς εἶναι καὶ ἀμαράντους. Ὅτι δὲ τὰ Ἀμάραντα ὄρη Κολχίδος εἰσὶ, καὶ Κτησίας ἐν β᾿ ἱστορεῖ. Κατὰ δὲ τὸν Ἐρατοσθένην ὁ Φᾶσις ἀπὸ τῶν Ἀρμενίων ὁρῶν καταφέρεται καὶ εἰς τὴν Κολχίδα ἐκδίδωσι θάλασσαν.* Die Griechen kannten den obern Phasis und seine wahre Quelle nicht und verwechselten ihn mit dem von den Asiaten „Tschorak" genannten Bathys, der aus der Südseite des grünen Waldgebirges fließt.

62 Die liebliche Oase *Sogdh* mit dem schönen Samarkand liegt auch fast unter gleichem Himmelsstrich mit Trapezunt und dem Amarantenwald.

63 „Des Bauches wegen und der Dinge unterhalb."

64 Diese Berichte, von welchen die meisten ihr Ziel erreichten, erschienen mehr oder weniger verstümmelt sämmtlich in der A. Allg. Zeitung von Ende Dezember 1840 bis Ende September 1841.

65 ... *Urbis, quam aeterno nomine jubente Deo donavimus. Cod. Theodos. tom. V, lib. 13, tit. V, lex 7 de Naviculariis. – Constantinus M. ad Byzantium aedificandum animum adduxisse ex* ἐπιφανείας τοῦ θεοῦ, et πεισθέντα τοῦ θεοῦ λόγοις. *Sozomen. lib. II, cap. 2.*

66 „Weißt du nicht, daß der Kaiser Constans zugleich Herr des Reichs und oberster Priester ist, und seine Gebote für Kirche und Staat (seine Entscheidungen in geistlichen und weltlichen Dingen) gleich bindend sind?" *Gfrörer*, Allg. Kirchengesch. IV, 73.

67 Disputare de Principali Iudicio non oportere: Sacrilegii enim instar esse, dubitare an is dignus sit, quem elegerit Imperator. Cod. Theodos. lib. V, tit. 13, lex 9. lib II tit. 4, lex 4. Commentar.

68 Schon vor der Türkenzeit, wie aus dem Reisebericht des castilianischen Gesandten *Ruy Gonzales Clavigo* zu ersehen: *Quando los Griegos offician la Missa non tienen libro nin campañas en las Iglesias (salvo en S. Sophia de Constantinopla) que con unas tablas tañen à Missa.* Auf dem heiligen Berge *Athos* haben die Mönche schöne Glockenthürme und prachtvolles, heimathlich über Thal und Kastanienwald tönendes Geläute; allein Sonnabend zur Vesper und Sonntag zum Hochamt ausgenommen, schweigt das heilige Erz, um die Ruhe der frommen Väter nicht zu stören.

69 *Ac mihi multa agitanti constabat, paucorum civium egregiam virtutem cuncta patravisse, eoque factum uti divitias paupertas, multitudinem paucitas superaret. Sallust. Catilin. cap. 53.*

70 *Sed postquam luxu atque desidia Civitas corrupta est, rursus respublica magnitudine sua imperatorum atque magistratuum vitia sustentabat. Idem.*

71 Ἐλπίδες ἐν ζωοῖσιν, ἀνέλπιστοι δὲ θανόντες.

72 Zwischen 1339 und 1444 n. Chr.

73 Gesandtschaften aus Castilien, Rom und Konstantinopel nach Samarkand. Sieh *Ruy Gonzales Clavigo, Sanuto, Muratori* etc.

74 Andronicus I. versuchte im J. 1185 den erstern Weg; Johann Cantacuzenus 1355 den letztern.

75 Die Pinselstriche Benjamins von Tudela geben noch heute das treffende Contrefei der christlichen Konstantinopoliten: ... *Atque ex omnibus gentium nationibus, quas Barbaras vocant, milites conducunt qui cum Sultano, rege Togarmanorum, quos Turcas dicunt, proelia ineant, quia nullo animi ardore ad proeliandum imbuti, mulieribus habentur similes, quum viribus ad retundendum hostem destituantur. Benjamin Tudelitan. apud Tafel „Thessalonica"* p. 505.

76 Wir gratuliren jedem der im gegenwärtigen Zustande Griechenlands (1845) hinlängliche und bleibende Widerlegung dieses im Sommer 1842 geschriebenen Satzes finde. A. d. V.

77 Wir wissen, daß dieser Satz in Deutschland schon viel Aergerniß gegeben und entschiedenen Widerspruch gefunden hat. Es ist indessen eine politische Meinung, die man gleich einer andern dulden muß. Lobe oder tadle man, verwerfe man sie theilweise oder auch ganz, die Zeit allein kann Richter seyn! Nur der Vorwurf, zu dem hie und da unverständige Widersacher ihre Zuflucht nehmen: „man habe besondere Gründe diese Thesis aufzustellen," wird redlichst abgelehnt.

78 *Quaeque polo posita est glaciali proxima serpens*
Frigore pigra prius nec formidabilis ulli,
Incaluit, sumpsitque novas fervoribus iras.

79 *Epistol. S. Hieronym.*

Anmerkungen des zweiten Bandes

1 1200 fl. rhein.

2 Im gewöhnlichen Karavanenschritt rechnet man von der Eingangsstation des Hagion-Oros bis zum äußersten Punkt bei Kloster Laura wenigstens achtzehn Stunden Zeit.

3 Die Höhe des Bergkegels beträgt nach *Grisebach* 6400 Fuß über der Meeresfläche, und um die Zeit der Sommersonnenwende fällt der Abendschatten, wie die Alten versichern und die Berechnungen der Neueren bestätigen, bisweilen auf den Marktplatz der Stadt Myrina der nahen Insel Lemnos.

4 „Weibische Empfindsamkeit!" „geräucherter Schmerz der Deutschen!" würde ein Moskowit bei dieser Stelle ausrufen.   A. d. Verf.

5 Zwei bis drei Stunden mag das Aufsteigen vom Strande zu beiden Seiten bis zum Longitudinalwege auf dem Bergscheitel betragen.

6 Arbutus, Erdbeerbaum, Κόμαρος, in alten Büchern auch *Hagapfelbaum* genannt, anderswo nur Gesträpp, hier 10 bis 12 Fuß hoher Baum.

7 Athos ward im Alterthum bekanntlich auch *Akte* genannt, wie das heutige Kassandra und Siggia ehemals *Pallene* und *Sithonia* hießen.

8 Thucyd. lib. IV. cap. 109.

9 Sieh *Tafels* vortreffliches Werk: *De Thessalonica ejusque agro etc. Berlin* 1839.

10 Ist nicht mit *St. Athanasius*, dem berühmten Erzbischof von Alexandria, Helden des christlichen Dogmas im 4. Jahrhundert, zu verwechseln.

11 Οὐ γὰρ γῆν ἤρουν, οὐκ αὔλακα ἔτεμνον, οὐ βοῦν εἶχον, οὐχ ὑποζύγιον, οὐκ ἄλλο τι τῶν ἀχθοφόρων ζώων, οὐ κυνάριον, οὐ κύνα· ἀλλὰ καλύβας ἐκ μικρῶν πηξάμενοι ξύλων καὶ ὀροφὴν αὐταῖς ἐκ χόρτου συμφορεθεῖσαι ἐπισχεδιάσαντες, οὕτως ἐν θέρει, οὕτως ἐν χειμῶνι διεκαρτέρουν τῶν ἐναντίων τοῦ ἀέρος ἀνεχόμενοι προσβολῶν. Εἰ δέποτε καὶ γένοιτό τις χρεία μετακομίσαι τι τῶν παρ' αὑτοῖς, αὐτοὶ δι' ἑαυτῶν, τὴν τῶν νωτοφόρων ζώων χρείαν ἐπλήρουν· ἐπιϲρώματα γάρ τινα οἷα τὰ τῶν ἡμιόνων τοῖς ἑαυτῶν ἐπιτιθέντες νώτοις, ταῦτα δὴ τὰ τοῦ χῦ ὑποζύγια, οὕτως ἐν αὐτοῖς τὰ ἄχθη μετέφερον. MSC. Atho.

12 Die Woiwoden *Neagulos Bessarabas,* dann *Peter* mit seiner gottseligen Tochter, Alexander und *Brancoban* mit den Bojaren *Barbul, Gabriel, Radul, Myrtza* und *Vintila* aus der Walachei; dann die Fürsten *Stephan, Alexander, Peter* und *Bogdan* aus der Moldau werden als Wiederaufbauer und Restauratoren in den Klosterurkunden am öftesten gepriesen und genannt.

13 Die meisten Leser wissen doch ohne Zweifel, daß die Neugriechen, Walachen, Bulgaren etc. sich selbst „Römer" und ihre Sprache das „Römische" nennen, die Bulgaren aber zum großen Stamm der Slaven gehören.

14 Hagion-Oros, heiliger Berg, Monte Santo, Athos bezeichnet in der gewöhnlichen Umgangs-
    sprache ein und denselben Gegenstand. Die Türken schreiben *Aineros dschesiresi*, die Halb-
    insel Aineros; d. i. Ajion-Oros-Insel.

15 Herr Anton v. Mihanowitsch, ein großer Freund und Kenner der Literatur, croatischer Edel-
    mann und k.k. Consul für Macedonien und Thessalien, war früher in derselben Eigenschaft
    bei der serbischen Regierung in Belgrad beglaubigt.

16 *Schlözer* und *Gatterer* waren freilich anderer Meinung.

17 Der Agogiat hatte sich in Geschäften des Marktes verzögert und brachte mich mit *Darda-
    ghani*, dem Handwerkersohn von Saloniki, den ich um zwei Franken per Tag für die ganze
    Dauer der Athosreise als Diener aufgenommen hatte, erst lange nach Anbruch der Nacht in
    seine Hütte. Das Gros der Effekten war im Consulat zurückgelassen, und außer den nöthigen
    Kleidungsstücken nur etwas Lebensbedarf mit andern auf Reisen in der Levante unentbehr-
    lichen Kleinigkeiten mitgenommen.

18 Aus dem slavischen Appellativ *Chlum* macht die griechische Kehle *Cholom, Cholomon*, und
    der Türke gar *Solomon*.

19 Griechischer Sprachgebrauch für „Bischof von Hierissos". Man nennt den Bischof statt den
    „Heiligen" auch den „Engel" seiner Diöcese, z. B. Ἄγγελος oder Ἅγιος Ἀντιοχείας, der Pat-
    riarchal-Bischof von Antiochia.

20 Herodot. VII, cap. 21-24.

21 *Kukuruz* ist ein Dorf in Arkadien.

22 Grisebach Reise durch Rumelien, 1841.

23 Auf dem Hagion-Oros hört man Καραῖς und Καρυαῖς sprechen; ersteres gewiß nur träge
    Verkürzung des zweiten, der Accent aber in beiden barbarisch, da man im Hellenischen Κάρα
    und Καρύα liest. Von den Köpfen (κάρα) der im 13. Jahrhundert durch Michael Paläologus
    angeblich getödteten Mönche kann der Name nicht gekommen seyn, weil er schon in den
    Goldbullen des 10. Jahrhunderts zu lesen ist.

24 *Kalógeros* (καλόγηρος und καλόγερος, spr. Kalójeros d.i. der gute Alte) ist gemeines Appel-
    lativ für *Mönch* in allen Gegenden des byzantinischen Reiches.

25 *Dr. Grisebach* berechnet die Kammhöhe in dieser Gegend auf 2500 Fuß über dem Meere und
    stimmt im Urtheil der Schönheit des „Durchblicks von der Höhe, wo das Litoralkloster Phi-
    lotheos den Hintergrund bildet", vollkommen mit dem Berichtgeber überein, wie er schon
    vorher die romantische Waldcascade im Baumdunkel ober *Xeropotamo* mit gleichem Entzü-
    cken schildert. Gefühle und Ansichten von einem so correkten und talentvollen Gelehrten
    getheilt und mit empfunden zu sehen, rechne ich für eine große Ehre. Dr. Grisebach war im
    Junius 1839 auf dem Hagion-Oros, und was er in seinem Reisewerk botanisch und geognos-
    tisch von dem Berge sagt, übertrifft an Schärfe der Beobachtung wie an Eleganz und Wärme
    der Darstellung bei weitem alles, was man bisher in Europa über diesen Gegenstand ge-
    schrieben hat. Der junge *Zachariä*, andere Zwecke verfolgend, gibt (zwar correkt) nur Skiz-
    zen und flüchtigen Umriß, wo Grisebach meisterhafte Scenen malt. Leider erhielt ich das
    während meiner Abwesenheit ausgegebene Buch erst nach dem Abdruck des ersten Artikels
    (24 bis 27 Oktober v. J.), sonst hätte ich nicht den Ruhm angesprochen, als der erste Euro-
    päer durch diesen Theil der wundervollen Waldpartie gezogen zu seyn. Dr. Grisebach hat
    schon zwei Jahre früher in umgekehrtem Sinne auf seiner Wanderung von Sanct Paul nach
    Karyäs denselben Weg verfolgt und dieselben Eindrücke empfunden und dargestellt.

26 Ὡς ἄνθος μαραίνεται, καί ὡς ὄναρ παρέρχεται καὶ διαλύεται πᾶς ἄνθρωποσ. Joh. Damasc.

27 Sieh Χριστοφόρου Ἀγγέλου περὶ τῆς καταστάσεως τῶν σήμερον εὑρισκομένων Ἑλλήνων
    Ἐγχειρίδιον. pag 14.

28 Ein Asper galt wenigstens 2 ¼ Kreuzer.

29 Im Türkischen heißt *jediveren*, siebengebend.

30 Saltanat, d. i. weltliche Pracht.

31 Dr. Grisebach.

32 Regum aequabat opes animis, seraque revertens
Nocte domum, dapibus mensas onerabat inemptis.
Virg. Georgic. IV, 132.

33 Eugenius Bulgari lebte von 1716–1806.

34 Die Klosterbibliothek zu St. Dionys, dem Range nach etwa die vierte des Berges Athos, zählt
nur 388 Nummern, unter diesen nicht mehr als 139 Handschriften, das übrige sind in Europa
gedruckte Bücher ohne Werth.

35 Sieh Abhandlungen der hist. Cl. der K. B. Akad. d. W. III. B. 3te Abthl. ff. 1843.

36 Πολλοὶ σταυροὶ ’σ τὸ μέτωπον καὶ πολλοὶ διάβολοι ’σ τὸ στῆθος.

37 Wir bitten den Leser die wiederholte Beschreibung unseres Reiseküchenzettels nicht für
überflüssig zu halten. In dieser klugen und romanischen Lüften angemessenen, gleichmä-
ßigen Diät liegt das Geheimniß, unter allerlei Umständen einer zweijährigen Wanderschaft
keine Minute lang krank zu seyn und gesünder heimzukommen als man ausgezogen ist.

38 Wenn wir von lateinischen Christen reden, so sind *alle* Europäer gemeint, die nicht dem
griechischen Bekenntniß angehören.

39 Παλαιά τε πολλά τε εἰδώς.

40 Ich esse nicht Rettiche, nicht Gartenkohl, nicht Kürbiß; verzehre weder grünen Lauch noch
Eppich.

41 مَعدِن *Maden* heißt im Türkischen die *Mine*, das *Metall*, und χωρία auf griechisch die
Dörfer. Streng grammatikalisch sollte man *Madenochoria* schreiben.

42 Τοῖς ἐπὶ Θράκης χαλκιδεῦσι καὶ Βοττιαίοις. *Thucyd. I. 57.*

43 *Cousinéry, Voyage en Macédoine,* II. 134.

44 *Ibid. pag.* 143.

45 An die fremden Wörter setzt der Grieche häufig einen Vorschlag, z. B. *Nezero* (See) für
Ezero. So hier *Nizvoro* für *Izvoro* (*z* wie ein weiches *s* gesprochen).

46 Eigentlich Σιδεροκαύσια. Σιδεροκαύσια, ὁπόυ μέταλλα χρυσοῦ καὶ ἀργύρου schreibt *Zygo-
malas* bei *Dü-Cange.*

47 „*Ceux qui habitent aux minères de Siderocapsa sont gens ramassez, et usent de langage
different, comme Esclavon, Bulgare, Grec, Turc, Albanois,*" *Belon, Observat. chap. 49.*

48 *Les ouvriers metallaires qui y besognent maintenant, sont pour la plus part de nation Bulgare. Les Paysans des villages circonvoisins qui viennent au marché, sont Chrestiens et parlent
la lanque* Servienne *et* Grecque. *ibid. chap. 50.*

49 *Car ce que le Grand Turc resçoit chasque mois de sa part, sans en ce comprendre le gaing
des ouvriers, monte à la somme de dix huit mille ducats par moys, quelquefois trente mille,
quelque fois plus, quelque fois moins.* Belon, chap. 50. Doch scheint der nächste Satz den
Sinn dieser Stelle wieder zweifelhaft zu machen: *Les rentiers m'ont dict n'avoir Souvenance
qu'elles ayent moins rapporté depuis quinze ans, que de neuf à dix mille ducatz par mois,
pour le droict du dict Grand Seigneur.*

50 Dr. Grisebach möchte Nizvoro und Siderokapsi ursprünglich für einen und denselben Ort
halten. Aber den sichersten Nachrichten zufolge ist Siderokapsi ein für sich bestehender
Flecken und liegt in einem Seitenthale, aus dem ein Bach in das Aestuarium des Beschik-
Sees hinausrinnt, in gerader Richtung nördlich von Nizvoro und Laregovi.

51 Φρίσσω δέ σε δερκομένη
μυρίοις μόχθοις διακναιόμενον …
Ζῆνα γὰρ οὐ τρομέων
ἐν ἰδίᾳ γνώμῃ σέβει
θνατοὺς ἄγαν, Προμηθεῦ.
Aeschyl.

52 Die Leute *Eines* Glaubens.

53 Und das Holz der Schiffe ist verfault und das Tauwerk fällt auseinander. *Hom.*

54 Dies ist der slavische Name für Thessalonika.

55 *Tafel, de Thessalonica ejusque agro, pag. LXII. Prolegom.*

56 Πάντοτε χαίρετε. Ἀδιαλείπτως προσεύχεσθε. *Epist.I. cap. 4, v. 16. 17. ...* ἀπέχεσθε ὑμᾶς ἀπὸ τῆς πορνείας ... μὴ ὑπερβαίνειν καὶ πλεονεκτεῖν ἐν τῷ πράγματι. *Epist. ad Thessal. I, cap.4 v. 3. 6.*

57 Ζακόνη ist slavisch und Μαχαλλᾶς türkisch.

58 Nach *Leake* wäre es die auf den Bergen Kleinasiens wildwachsende und von den Einheimischen Ἀλιζάρι genannte Wurzel, aus der man das schöne Roth gewinne. Dieselbe Wurzel, wenn *künstlich* angebaut, schade der Farbe und sey, wie die erkünstelte Andacht, ohne Kraft.

59 طورنه *turna* heißt auf türkisch allerdings „Hecht"; aber der Ausgang des Wortes gehört einer andern Sprache an, und die Byzantiner nennen lange vor dem Uebergang der Türken nach Europa in dieser Gegend den Ort Τύρναβος.

60 Zwei von diesen ikonischen Kolonistendörfern, *Balamut* und *Dereli* (Thalheim) fanden wir gleich beim Eintritt von Tempe auf die Ebene, *Baba* gegenüber. Durch *Tatar, Kasiklar, Tschaier* (Wiesen), *Missalar* und *Karadsch-Oghlan* sind wir ebenfalls gekommen.

61 Ὁ Βαρβαρέζος (statt Βαυαρέζος) τὸ ἔχει τώρα.

62 *Plin. H. N. lib. IV, cap. 15* der Pariser Ausgabe von 1828.

63 Selbst das berühmte *Pherä,* der Sitz thessalischer Intelligenz, Größe und Macht am Eingang der Pelions-Schlucht, ist dem slavischen *Velestina* gewichen.

64 והוא תחלת בלכיא *i. e. Haec est Blachiae initium. Tafel l.c.p. 473.*

65 Τοὺς γὰρ τὸ παλαιὸν Ἕλληνας, οὓς Ἀχιλλεὺς ἦγε, Μεγαλο-Βλαχίτας καλῶν (καλουμένους) ἐπεφέρετο. *G. Pach. in Mich. Palaeol. I, 30.* Citate von Tafel, *pag. 491,* wo auch die übrigen Stellen aus Nicetas, Acropolita, der Frankenchronik, aus Cantacuzenus und Phrantzes gesammelt sind.

66 Wörtliche Aeußerung eines griechischen Klostervorstandes auf der syrischen Küste, vom Jahre 1831.

67 Nicht zu Turnovo in Thessalien.

68 Οἵ τ᾽ εἶχον Φθίην, ἠδ᾽ Ἑλλάδα καλλιγύναικα, Μυρμιδόνες δὲ καλοῦνται καὶ Ἕλληνες καὶ Ἀχαιοί.

69 ... πόλιν τ᾽ Ὀλοωσσόνα λευκήν. Iliad. II, v. 739.

70 Οἵ τ᾽ ἀμφ᾽ ἱμερτὸν Τιταρήσιον ἔργ᾽ ἐνέμοντο,
ὅς ῥ᾽ ἐς Πηνειὸν προΐει καλ(λ)ίρροον ὕδωρ.

71 Das ist Tscharitschena, auch Tscharnitschena und Tscheritschani gesprochen.

72 Δεσπότης ist nach deutlicher Bestimmung des byzantinischen Staatsceremoniels der zweite Grad souveräner Fürstenwürde und ward namentlich den Königen von Serbien, Bosnien und Bulgarien amtlich zugestanden.

73 Unter diesem Namen versteht man in der Umgangssprache der Türken das preußische Königreich.

74 δὲν τρώγει ὁ βεζῆρις, πολλὰ ὀλίγο τρώγει ὁ Πασιά hörte ich von Leuten der gemeinen, Vorgesetzte meistens hart beurtheilenden Volksklassen.

75 *Salambria* ist der alte einheimische Flußname für das spätere hellenische *Peneios.* Die heutigen Thessalier accentuiren durchaus Σαλαμβριά.

76 *Jenischehir* heißt „*Neustadt*" und ist der officielle bei den Mohammedanern allein übliche Name von Larissa, welch letzteres Wort nur die Christen und die griechisch Redenden gebrauchen.

77 مسافر *müsafir*, Fremdling, Reisender, Gast. *Vox arab.*

78 خير افندم بن جملهنك ادناسى ايم Ein mit türkischer Redeweise nur in etwas vertrauter Leser wird empfinden, um wie viel das arabische *dschümle* und *edna* das tatarische *hepsi* und *kütschük* an Würde und Eleganz übertrifft.

79 Wie die Europäer zwischen Alt- und Neugriechen, Ἕλληνες und Ῥωμαῖοι, so unterscheiden auch die Türken zwischen *Jonier* und *Oströmer* (*Urum*), wenigstens, wenn sie unterrichtet und des höhern Styles kundig sind. Nur erinnere ich mich nicht mehr ganz genau, ob der Pascha „*Junani*" oder „*Jaoni*"sagte. Letzteres wäre nicht nur dem uralten Ἰάων des Homeros, sondern auch dem *Jaunoio* der altsyrischen Chronik des *Abulfaradsch*, an die ich bei Anhörung des Wortes augenblicklich dachte, in der Form noch entsprechender als das erste.

80 In vielen byzantinischen, d. i. gräko-slavischen Eigennamen ist die wahre Orthographie nur aus dem Türkischen zu erlernen.

81 مؤنث *muennes*, ist der technische, aus dem Arabischen entlehnte Ausdruck für *Femininum*.

82 In *Aegypten* und *Syrien* bin ich umhergezogen,
Zu *Turnavo* ward ich um die Freiheit betrogen.

83 Türkische Benennung für Pharsalos.

84 Ἐς τὸ μεταξὺ Φαρσάλου τε πόλεως καὶ Ἐνιπέως ποταμοῦ. *Appian. de Bellis Civil. lib. II, 474.*

85 *Pompejus, quia castra in colle habebat, ad infimas radices montis aciem instruebat. Caes. de bello civil. lib III, 85.*

86 „Er versteht Türkisch, (weil) er Gott fürchtet."

87 *Iliad. II, 16–17. – Livius lib. XXXII.*

88 *Ubi ventum ad hanc urbem est, repente velut maris vasti, sic immensa panditur planities, ut subjectos campos terminare oculis haud facile queas. Livius lib. 32, apud Strab. edit. Casaubon.*

89 Jedem in der neuern Philologie nicht ganz fremden Leser wird das Ungriechische der beiden Worte „*Tawüklü*" und „*Nezero*" auch ohne Mahnung aufgefallen seyn. Ersteres ist ein türkischer Terminus und mit „Hühnerfeld" zu übersetzen. *Nezero* aber ist ein slavisches Appellativ, das in der Form *ezero, jezero* und *Nezero* (See) in hellenischen Landen sich häufig bis auf den heutigen Tag erhalten hat und beim Erlöschen der slavischen Sprache als Eigenname für größere Wassersammlungen in das Neugriechische herübergekommen ist.

90 *Justinus de Philippo Macedon.*

91 Aus Plön im Holsteinischen.

92 Leser, welchen gelehrte Verhandlungen über die Schicksale Griechenlands im Mittelalter widerlich oder auch nur gleichgültig sind, können *dieses* Fragment sowohl als die beiden folgenden ohne Nachtheil überschlagen.

93 *Dilatet Deus Japhet, et habitet in tabernaculis Sem, sitque Chanaan servus ejus. Genes. IX. 27.*

94 Τοσοῦτον δὲ ἐσκληρύνοντο οἱ Φράγγοι πρὸς αὐτοὺς ὅτι τὰ ὑπομάσθια τῶν Χρωβάτων φονεύοντες προσέῤῥιπτον αὐτὰ σκύλαξι. *Constant. Porphyrogen. de Administ. Imper. cap. 30 (pag. 144 Edit. Bonn).*

95 Hegels Philosophie der Geschichte, S. 360.

96 Drei Städte Deutschlands rühmen sich in die Wette „Neu-Athen" zu seyn. Alle drei sind, wie man weiß, in ihren Ansprüchen wohl begründet.

97 Es ist bei den Kirchenvätern ein viel besprochener Gegenstand: „*An pulcher fuerit Salvator, an ater an albus?*" Isaias (Cap.53, V.2) schildert den Heiland häßlich, der Psalmist dagegen (Ps. 45, V. 2, 3) schön. Justin der Martyrer, Clemens von Alexandria, Tertullian, Origines, besonders aber *Basilius* und Cyrillus, sind auf der Seite des Isaias. Gregor von Nyssa dagegen, Hieronymus, Ambrosius, Augustin, Chrysostomus und Theodoretus vertheidigen die Ansicht des Psalmisten. Zu Rom ist der Heiland jung, schön und blühend; zu Byzanz ist er alt, mager, struppicht, traurig und häßlich, weil St. Basilius' unästhetische und widerlich-melancholische Vorstellung für Pinsel und Meißel nationale Geltung gewann und orthodoxer Typus wurde. Alle hieher gehörigen Stellen findet man bei *Chifletius* und *Molanus* zusammengestellt.

98 Hegel.

99 Um in diesem Punkte die nothwendige Erkenntniß-Grundlage zu gewinnen, muß man entweder das Land selbst in allen Richtungen durchziehen oder wenigstens die besten topographischen und historischen Hülfsmittel, z. B. die große trigonometrische Karte des französischen Generalstabs, die griechische Reimchronik der Frankenkriege auf Morea etc. zur
Verfügung haben, jedenfalls aber zwischen sarmatischen und hellenischen Appellativen zu
unterscheiden wissen. In der Regel hat von den ungestümsten und ungelehrigsten Gegnern
keiner diese Vorbedingungen erfüllt, und doch reden sie so viel und so laut in einer Sache, zu
der sie nicht einmal das ABC gelernt haben!

100 *Peneios* der Hellenen. Salambria wird bei Strabo als thrakisch bezeichnet.

101 *Nevoliani*, rein slavischer Dorfname, mit „mühevoll zu erklimmen, unfreundlich gelegen",
„im Elend" zu übersetzen. *Kisova* ist der slavische Name des „*Ossa*" und bedeutet soviel
man weiß „feucht, wässerig." *Nezero* ist der slavische Name für „See." Die stehenden Wassersammlungen im thracischen Ringbecken heißen, wie schon oben bemerkt, meistens
Nezero. Der alte See Boebeïs sammt dem Flüßchen bei *Velestina* wird jetzt *Karla* genannt,
was nach Schafarik (I, 495) gleichfalls eine dem Slavischen eigenthümliche (Fluß-) Benennung ist.
Wir wollen den Leser durch das lange Verzeichniß slavischer Eigennamen, die wir in Thessalien selbst gesammelt haben, nicht ermüden und nennen zu den vorigen nur noch *Meluna*,
Paß zwischen Turnovo und Tscharitschena; *Gunitza*, die Peneios-Fähre oberhalb Larissa;
Goritza (Γκωρίτζα), Hügel bei den Ruinen von Demetrias; *Zagora*, Stadt und Gebirge (Pelion); *Zervochia*, Flüßchen; *Byzitza*, *Makrinitza*, *Sesklo*, *Volo*, *Kukurava*, *Dhesiani*, *Zelitzani*,
Karla, *Subli*, *Tziraghi*, *Kaprena*, *Kalitza*, *Libotania*, *Revenik*, *Demenik*, *Zerbos* und *Trinovo*,
lauter slavische Ortschaften am und im Pelion (*Zagora*) der hauptsächlich als griechisch ge-
priesenen Küstenlandschaft Magnesia. Ebendaselbst ist der Wald Λόγγος (*Lug* im Illyrischen
der Wald) und der Berg Μπαρτζώγια, Namen, die auch nicht sonderlich hellenisch klingen.
Man weiß aber auch, daß der arbeitsame, ackerbautreibende, *friedliche* und gewerbreiche
Slavenstamm der Velegeziten oder Welegostitscher, wie sie Schafarik nennt, sich in thessalisch Theben und Demetrias niedergelassen und mit der Frucht des Pfluges einträglichen
Handel nach Salonichi getrieben haben. Ihre Hauptstadt *Velestin* (ehemals Pherä) steht noch
heute, ist aber hauptsächlich von Türken bewohnt. Ueber den Getreidehandel der thessalischen Welegeziten sieh *Tafel a. a. O. S. LXXVIII. – Schafarik* II, 226.

102 Die slavische Endsilbe *ova* verkehren die Neugriechen häufig in αβo. *Buchova* ist ein rein
slavisches Adjektiv, wird aber in der Griechischen Umgangssprache mit vielen andern Slavismen, aus Unkunde eines entsprechenden hellenischen Terminus, häufig noch gebraucht.

103 „Jedes Dorf hat sein Gesetz, jedes Viertel seinen Brauch." Ζακόνι ist ein slavischer Terminus
für *Gesetz*, μαχαλᾶς dagegen ist türkisch, wie wir schon in einer frühern Stelle erinnert
haben.

104 Den Verlust des hellenischen Infinitivs und seine Ersetzung durch den Conjunktiv mit Bindewort in der neugriechischen Sprache glauben wir aus dem Slavischen vollständig zu erklären.
Sieh am Ende des Fragments.

105 Geschichte der Halbinsel Morea während des Mittelalters: I. Band. München, bei Cotta 1830.
II. Band. ibid.1836.

106 *Constantin. Porphyrogenit., Vol. III. pag. 53, Edit. Bonn. (de Thematibus lib. 2, Sextum
Thema).*

107 Umsonst nimmt Dr. Tafel, für byzantinische Philologie eine der ersten Zierden Deutschlands,
in seinen kritischen Anmerkungen zu Konstantin Porphyrogenitus die alte Erklärungsweise
„*in servitutem redacta*" in Schutz. Es scheint dem trefflichen und wohlverdienten Manne zu
entgehen, daß die byzantinischen Autoren den Begriff „*in servitutem redigere*" allzeit durch
die Form σκλαβώνω (zum Sklaven machen), den *Volks*begriff dagegen durch die Form
σθλάβος, σθλαβώνω ausdrücken. Demnach wäre es im byzantinischen Sprachgebrauch gera-

de wie im deutschen: σθλάβος ist ohne Ausnahme die Volksbezeichnung „Slave", σκλάβος aber (mit eingeschaltetem κ) bald das Volk, bald der Knecht, Slave oder Sklave.

Die Bedeutung des Wortes γαρασδοειδής hat wohl der berühmte Slavist Kopitar zuerst sach- und schulgerecht aus dem Russischen erklärt, wo Гораздъ, Gorasd, „verschmitzt, verschlagen" heißt. Im Böhmischen findet man das Wort ebenfalls als Horazd und Gorazd. Schafarik II, 475.

108 Mit Ausnahme der dazwischen hineinfallenden zwölfjährigen Herrschaft der Imperatoren Phocas und Johannes Tzimisces regierte diese Slavenfamilie vom Jahr Christi 866 bis 1034, im Ganzen also 156 Jahre ununterbrochen über den Orient, dem sie in der Person Basilius II, genannt „Bulgarentod", den größten Krieger und glücklichsten Fürsten gab.

109 .... Βασίλειος ἐξέφυ πάλαι
    Μακεδονίας, ἐξ ἀσήμων πατέρων ·
    αὐτουργίᾳ τε χρωμένων γεωργίᾳ,
    ἰσχυρὸς ἀνὴρ, δέξιος, ῥωμαλέως,
    εὐῆλιξ, ἡβῶν, εὐπρόσιτος, δασύθριξ,
    ψυχὴν ἀγαθὸς, τὰς φρένας ἐρρωμένος.
        Ephraemius Byzantinus. Edit. Bonn. pag. 111.

110 Damianos der Slave war Oberstkammerherr und Patrizier, ὁ Παρακοιμώμενος Δαμιανὸς Πατρίκιος τῷ γένει Σκλάβος. *Vita Basilii Macedon.* XVI.

111 *J. Reiske, Comment. ad Constantin. Porphyrogeniti Ceremoniale Aulae Byzantin., pag. 142. Edit. Lips. 1754.*

112 ... Βασιλίτζην τὸν ἀπὸ Σκλαβισίαν ... *Vita Alexandri etc., cap. II.*

113 *Constant. Porphyrog. de Administr. Imper. cap. 13, Ed. Bonn. pag. 81 ff.*

114 Εἰς τὰς Σκλαβινίας τῶν τε Βερβιάνων καὶ τῶν Δρουγουβιτῶν καὶ τῶν Σερβίων καὶ Κριβιτζῶν καὶ λοιπῶν Σκλάβων, οἵτινές εἰσι πακτιῶται τῶν Ῥὼς. *de Administr. Imp. cap. 9 fine.* Hier ist nicht vom Donau-Serbien unserer Zeit, sondern vom Urlande dieses Stammes hinter den Karpathen die Rede.

115 *Constant. Porphyrog. de Administr. Imp. cap. 9.*

116 Geschichte der Halbinsel Morea. Bd. I, S. 151–213.

117 Im Jahre 539, d. i. im 13. Regierungsjahre Justinians I. erschreckte ein Komet die Welt und geschah der große Einbruch der Hunnen, Slaven, Bulgaren, Anten und Gepiden in das östliche Reich: Μέγα μὲν εὐθὺς στράτευμα οὐννικὸν, διαβάντες ποταμὸν Ἴστρον, ξυμπάσῃ Εὐρώπῃ (das ist die illyrische Halbinsel) ἐπέσκηψαν· γεγονὸς μὲν πολλάκις ἤδη, τοσαῦτα δὲ τὸ πλῆθος κακὰ ἢ τοιαῦτα τὸ μέγεθος, οὐκ ἐνεγκὸν πώποτε τοῖς ταύτῃ ἀνθρώποις. ἐκ κόλπου γὰρ τοῦ Ἰωνίου οἱ βάρβαροι οὗτοι ἅπαντας ἐφεξῆς ἐληΐσαντο μέχρι ἐς τὰ Βυζαντίου προάστεια. καὶ φρούρια μὲν δύο καὶ τριάκοντα ἐν Ἰλλυριοῖς εἷλον· πόλιν δὲ τὴν Κασσάνδρειαν κατεστρέψαντο βίᾳ (ἣν οἱ παλαιοὶ Ποτίδαιαν ἐκάλουν, ὅσα γε ἡμᾶς εἰδέναι) οὐ τειχομαχήσαντες πρότερον. καὶ τά τε χρήματα ἔχοντες, αἰχμαλώτων τε μυριάδας δύο καὶ δέκα ἀπαγόμενοι, ἐπ᾽ οἴκου ἅπαντες ἀνεχώρησαν οὐδενὸς σφίσιν ἐναντιώματος ἀπαντήσαντος. χρόνῳ δὲ ὑστέρῳ πολλάκις ἐνταῦθα γενόμενοι, ἀνήκεστα ἐς Ῥωμαίους δεινὰ ἔδρασαν. οἱ δὴ καὶ ἐν χερρονήσῳ τειχομαχήσαντες, βιασάμενοί τε τοὺς ἐκ τοῦ τείχους ἀμυνομένους, καὶ διὰ τοῦ τῆς θαλάσσης Ῥοθίου τὸν περίβολον ὑπερβάντες, ὃς πρὸς κόλπῳ τῷ Μέλανι καλουμένῳ ἐστίν· οὕτω τε ἐντὸς τῶν μακρῶν τειχῶν γεγενημένοι, καὶ τοῖς ἐν Χερρονήσῳ Ῥωμαίοις ἀπροσδόκητοι ἐπιπεσόντες, ἔκτεινάν τε πολλοὺς καὶ ἠνδραπόδισαν σχεδὸν ἅπαντας. ὀλίγοι δέ τινες καὶ διαβάντες τὸν μεταξὺ Σηστοῦ τε καὶ Ἀβύδου πορθμὸν, ληΐσάμενοί τε τὰ ἐπὶ τῆς Ἀσίας χωρία, καὶ αὖθις ἐς Χερρόνησον ἀναστρέψαντες ξὺν τῷ ἄλλῳ στρατῷ καὶ πάσῃ λείᾳ ἐπ᾽ οἴκου ἀπεκομίσθησαν. Ἐν ἑτέρᾳ τε εἰσβολῇ τοὺς Ἰλλυριοὺς καὶ Θεσσαλοὺς ληϊσάμενοι, τειχομαχεῖν μὲν ἐνεχείρησαν ἐν Θερμοπύλαις, τῶν δὲ ἐν τοῖς τείχεσι φρουρῶν καρτερώτατα ἀμυνομένων· διερευνώμενοι τὰς περιόδους, παρὰ δόξαν τὴν ἄτραπον εὗρον ἢ φέρει εἰς τὸ ὄρος ὃ ταύτῃ ἀνέχει. οὕτω τε σχεδὸν ἅπαντας Ἕλληνας, πλὴν

Πελοποννησίων, διεργασάμενοι ἀπεχώρησαν. *Procopius de Bello Persico, lib. II, cap. 4.*
Nachrichten desselben Autors über die Einbrüche slavischer Völkerschaften auf griechischem
Boden findet man außer dieser Hauptstelle noch ferner *lib. III, cap. 14, 29, 38, 40; lib. IV,*
cap 25 de bello Gothico. Item cap. 18 Histor. Arcan. Dann bei *Menander, de legat. lib. II,* im
4. Jahre Tiberius II.; *item lib. VIII, de legat. (pag. 164 ff.* der Pariser Edition): Κεραϊζομένης
τῆς Ἑλλάδος ὑπὸ Σκλαβηνῶν …

118 Nach unserer Berechnung zwischen 584 und 593 nach Christus, während der unheilvollen
Regierung des gelehrten, beredten, gottesfürchtigen, aber geizigen und höchst unglücklichen
Imperators Mauritius aus Cappadocien. Der Nationalkampf gegen die Sassaniden verschlang
die Kraft des Reiches, und dem fürchterlichen Andrang des Avaren-Chans mit der norddanu-
bischen Völkersäule der seinem Impuls folgenden Slaven hatte schon Mauritius Vorgänger,
Tiberius II., nichts entgegenzustellen als ohnmächtige Verträge, Bitten und Geduld. Das Un-
heil, sagt Menander der byzantinische Diplomat, brach von allen Seiten über Hellas herein;
in Thracien erschien ein Haufe von 100,000 Slaven, während andere Haufen auf anderen
Punkten in das sich selbst überlassene Hellas eindrangen, und Niemand wehrte.* Das kann
Alles seyn, sagt die Kritik, aber wo ist in allen diesen Citaten vom „Peloponnes" die Rede?
Der Peloponnes ist aber Kopf und Citadelle Griechenlands, welche Justinian durch Wiederherstellung der Mauer um Isthmus den Barbaren verschlossen hat.** Daß aber die Barbaren
um dieselbe Zeit die lange Mauer am thracischen Chersones erstiegen, Cassandra genommen
und selbst durch die vermauerten Thermopylen gebrochen seyen, ficht die Kritiker nicht an,
sie fragen im Unisono: wo es geschrieben stehe, daß schon im 6. Jahrhundert auch der Isthmus von Korinth gefallen und die Slavenfluth eingedrungen sey? Die Hartnäckigkeit – man
kann es ihnen nicht übel nehmen – wird um so größer, je mehr man drängt und aus magern
Chronisten, aus der Correspondenz des Pabstes Gregorius Magnus und besonders aus dem
Kirchenhistoriker Evagrius Scholasticus von Antiochia nachzuweisen sucht, daß gerade um
584–593 ff. nach Christus unermeßliche Schwärme land- und beutelüsterner Barbaren aus
Innerslavinien über die Donau kommen und zu gleicher Zeit und mit unabtreiblicher Wuth
Thracien, Macedonien, Thessalien, Althellas, Albanien, Istrien und Friaul verwüsten, vor
Thessalonika erscheinen, Adrianopel bestürmen und mit Hülfe langobardischer Werkmeister
sogar Flotten zimmern, um in Dalmatien die *See*städte anzugreifen und selbst Konstantinopel
auf der Wasserseite zu schrecken.*** Besonders viel haben wir uns auf das pathetische Citat
aus vorgenanntem Scholastiker *Evagrius* eingebildet. Aber weit entfernt durch dasselbe alle
Bedenken auf einmal niederzuschlagen und das Faktum über allen Bereich der Controverse
zu erheben, brachte es zum größten Verdruß bei den gelehrten Antagonisten eine höchst unbedeutende Wirkung hervor. „Unter diesen Umständen", schreibt Evagrius, „brachen die
Avaren zweimal bis an die sogenannte lange Mauer hervor, eroberten und verheerten Singidunum, Anchialos und ganz Hellas mit andern Städten und Festungen, vernichteten und verbrannten Alles."**** Das sind allgemeine und unbestimmt gehaltene Phrasen, hieß es, die im
Grunde wenig oder nichts besagen und vom Peloponnes wieder keine Meldung thun. Man
fragte sogar etwas spöttisch, ob denn „Hellas" eine Stadt sey, die man wie Anchialos und
Singidunum mit Sturm nehmen könne? Meine Gegner gehen nämlich immer von der Vorstellung aus, Evagrius von Antiochia habe auch sein Zimmer voll Landkarten und seinen
Schreibtisch voll geo- und topographischer Compendien, voll Plan- und Situationszeich-
nungen von Hellas gehabt und täglich die Zeitung gelesen und die Bülletins des Avaren-
Chans mit den Berichten des kaiserlichen Hauptquartiers verglichen, und auf der Karte regelmäßig angemerkt, welche Orte gefallen und welche Provinzen verloren seyen und wo
jedesmal die Feinde stehen oder die kaiserlichen Heere unterlegen sind. Wenn der geniale
Italiener heute noch von der Welt nichts weiter kennt als den Ort seiner Geburt und die Gegend, wohin er Lustpartien oder Geschäftsreisen macht, so kann man sich wohl denken, wie
viel ein *syrischer* Literatus des 7. Jahrhunderts vom europäischen Griechenland, seinen Städ-

ten und Provinzen wissen mochte. Nur Scenen des äußersten Ruines und des allgemeinen Verderbens konnten die Aufmerksamkeit eines gelehrten Bewohners von Antiochia erreichen; aber klare Begriffe und genetisch ineinandergreifende Relationen über politische Ereignisse des illyrischen Continents wie bei Thucydides, muß man von einem Asiaten jener Periode überhaupt weder fordern noch erwarten. Unter „Ἑλλάδα πᾶσαν" des Evagrius haben wir dessen ungeachtet, und vielleicht nicht mit Unrecht, auch den Peloponnes subsumirt. Ein Patriarchalbericht an Alexius Comnenus vom Ende des 11. Jahrhunderts bezieht sich auf ein Diplom des Imperators Nicephorus (802–811 nach Christus), der in Folge eines siegreichen Befreiungskampfes der Bürger von Patras über die ihre Stadt belagernden Slavo-Avaren, die Kirche zum heiligen Andreas daselbst zur Metropolis erhob und durch den Zins der besiegten Slaven verherrlichte. Diese Katastrophe, fügt der Patriarchalbericht hinzu, ereignete sich 218 Jahre nach der Besitznahme des Peloponneses durch die Avaren.***** Ziehe man diese letztgenannte Summe von der Regierungszeit des Imperators Nicephorus ab, und die für Griechenland so unheilvolle Begebenheit fällt auf die Periode von 584 bis 593 unserer Aera hinein.****** Da hätten wir nun – was die Opposition allzeit verlangt – ein positives, von einem Griechen selbst amtlich ausgestelltes und auf amtliche Documente gestütztes Zeugniß, daß der Peloponnes durch ein barbarisches, aus Scythien eingedrungenes, nicht christliches, nicht griechisch redendes, der Regierung in Byzanz und ihrem Statthalter auf Akrokorinth nicht gehorchendes und gegen die von den Griechen besetzten Punkte an der Küste feindlich verfahrendes Volk 218 Jahre vor der Patrasser Schlacht erobert und bewohnt worden sey. Zu diesem letzten Argument haben die Gegner nichts gesagt, und daran haben sie unseres Erachtens sehr wohl gethan. Ohne Zweifel schöpfte der einheimische Verfasser einer kurzen, im Archiv von Turin aufbewahrten handschriftlichen Chronik über Erbauung von Monembasia, seine Nachrichten gänzlicher Slavinisirung des Peloponneses aus derselben Quelle, bei welcher wir uns Raths erholten. Nur stellt er das Ereigniß noch viel bestimmter und entschiedener hin als wir es wagen durften, da er den Einbruch der Barbaren und die Ueberschwemmung des Eilandes geradezu auf das sechste Jahr des Kaisers Mauritius (588 nach Christi) setzte. Ueberdies bemerkt diese Kirchenchronik ausdrücklich, daß um jene Zeit des großen Avarenkrieges unter Mauritius die Provinzen Thessalien, Hellas, Attika und Euböa dasselbe Schicksal erlitten wie der Peloponnes: Was von der Bevölkerung nicht entfloh, ward niedergemetzelt und durch die Eindringlinge ersetzt, die (im Peloponnes) bis zur Patrasser Schlacht weder dem „römischen Kaiser" noch sonst Jemanden unterthan waren. Nur auf unzugänglichen Steinklippen Tzakoniens der peloponnesischen Ostseite hätten sich mehrere Gemeinden Griechischredender vor der „Slavenfluth" (τοῦ Σθλαβινοῦ ἔθνους) gerettet: ... Ὁ δὲ Χαμνὸς (chan) λύει σπονδὰς αἰτῶν ὑπέρογκα καὶ ἐχειρώσατο Θετταλίαν, Ἑλλάδα, Ἀττικὴν καὶ Εὔβοιαν καὶ Πελοπόννησον· καὶ καταφθείραντες τὰ γένη κατῴκησαν αὐτοὶ ἐν αὐτῇ. οἱ δὲ δυνηθέντες ἐκφυγεῖν διεσπάρησαν ...

Τοίνυν οἱ Ἄβαροι κατασχόντες τὴν Πελοπόννησον ἐπὶ χρόνους ᾿σιη (218) μήτε τῶν Ῥωμαίων βασιλεῖ μήτε ἑτέρῳ ὑποκείμενοι, ἤγουν ἀπὸ τοῦ ᾿ϛϙϛ (6096 d.i. 588 nach Christi) ἔτους τῆς τοῦ κόσμου κτίσεως, ὅπερ ἦν ἕκτον ἔτος τῆς βασιλείας Μαυρικίου καὶ μέχρι τοῦ ϛ τριακοσοῦ τρεῖς καὶ δεκάτου ἔτους, ὅπερ ἦν ἔτος δ' τῆς βασιλείας Νικηφόρου τοῦ παλαιοῦ, τοῦ ἔχοντος υἱὸν Σταυρικίου (Sic). *Codex 336, fol. 1. Bibliothetc. Taurin. Vide* Pasini, *Catalog. MSC. Taurin.* – Ob übrigens die in Venedig gedruckte neugriechische Chronik des Dorotheus von Monembasia mit dieser Handschrift ganz oder zum Theil gleichlautend ist, vermögen wir aus Mangel eines Exemplars benannter Druckschrift nicht zu entscheiden.

* Μετὰ δὲ τὸ τέταρτον ἔτος Τιβερίου Κωνσταντίνου Καίσαρος ἐν τῇ Θρᾴκῃ ξυνηνέχθη τὸ Σκλαβηνῶν ἔθνος μέχρι που χιλιάδων ἑκατὸν Θρᾴκην καὶ ἄλλα πολλὰ λῃΐσασθαι. *Menander de Legat. lib. II, pag. 84 Edit. Venet.* Κεραϊζομένης τῆς Ἑλλάδος ὑπὸ Σκλαβηνῶν καὶ ἁπανταχόσε ἀλλ᾽ ἐπ᾽ ἀλλήλων ἐπηρτημένων τῶν κινδύνων, ὁ Τιβέριος οὐδαμῶς δύναμιν

ἀξιόμαχον ἔχων οὐδὲ πρὸς μίαν μοῖραν τῶν ἀντιπάλων μήτεγε πρὸς πᾶσαν *Menander de Legat. lib. VIII, pag. 110 ed. Venet. (pag. 164 ed. Paris).*

** Τὸν ἰσθμὸν ὅλον ἐν τῷ ἀσφαλεῖ ἐτειχίσατο. φρούρια δὲ ταύτη ἐδείματο, καὶ φυλακτήρια κατεστήσατο. τούτῳ δὲ τῷ τρόπῳ ἄβατα τοῖς πολεμίοις ἅπαντα πεποίηκεν εἶναι τὰ ἐν Πελοποννήσῳ χωρία. *Procop. de Aedific. IV, cap. 2 fine.*

*** *Le-Beau, Hist. Byzant. ad ann. 593. – Gregor. Magn. ad Maximum Salonit. Episcop. lib. X, Epistol. 36. – Evagrius Scholasticus, Histor. Ecclesiast. lib. VI, cap. 10.*

**** Τούτων ὧδε χωρούντων οἱ Ἄβαρες δὶς μέχρι τοῦ καλουμένου μακροῦ τείχους διελάσαντες, Σιγγιδόνα, Ἀγχίαλόν τε, καὶ τὴν Ἑλλάδα πᾶσαν καὶ ἑτέρας πόλεις τε καὶ φρούρια ἐξεπολιόρκησαν καὶ ἀνδραποδίσαντο, ἀπολλύντες ἅπαντα καὶ πυρπολοῦντες. Evagr. Schol. Hist. Eccles. lib. VI, cap. 10.

***** Ἐν τῇ καταστροφῇ τῶν Ἀβάρων ... ἐπὶ διακοσίοις δέκα ὀκτὼ χρόνοις ὅλοις κατασχόντων τὴν Πελοπόννησον. Leunclavius, Jus Graeco-Romanum pag. 278 (Edit. Francofurt. 1596).

****** Vergleiche, Geschichte von Morea, Bd. I, pag. 183 ff. Daß aber Avaren und Slaven bei den Byzantinern jenes Zeitalters synonyme Begriffe waren, ist bei Konstantin Porphyrogenitus ausdrücklich bemerkt: Οἱ ἐκεῖθεν τοῦ ποταμοῦ Σκλάβοι, οἱ καὶ Ἄβαροι καλούμενοι ... – οὕτως οὖν οἱ Σκλάβοι οἱ Ἄβαροι *etc. De Admin. Imp. cap. 29, pag. 127. edit. Bonn.*

119 Εἰσῆλθον οἱ Σκλαβησιανοὶ ἐν τῷ θέματι Πελοποννήσου. *Constant. Porphyr. de Admin. Imp. cap. 50.*

120 *Constant. Porphyr. de Admin. Imp. cap. 49.*

121 ... Πρῶτον μὲν τὰς τῶν γειτόνων οἰκίας τῶν Γραικῶν ἐξεπόρθουν ... – κατεμήνυσε (der Strategos von Korinth) τῷ βασιλεῖ Νικηφόρῳ τήν τε ἔφοδον τῶν Σκλαβηνῶν καὶ τὴν προνομὴν καὶ αἰχμαλωσίαν καὶ ἀφανισμὸν καὶ τὴν λεηλασίαν καὶ τἄλλα δεινὰ ὅσα καταδραμόντες ἐποίησαν εἰς τὰ μέρη τῆς Ἀχαΐας. loco citato.

122 *Chronic de la Morée Edit. Buchon.*

123 Καὶ τῆς ῥωμαικῆς ἀρχῆς ἀποτεμομένων ὡς μηδὲ πόδα βαλεῖν ὅλως δύνασθαι ἐν αὐτῇ Ῥωμαίων ἄνδρα. *Leunclav. l. c.*

124 Reise durch Rumelien, Bd. II, *pag. 65 ff.*

125 *Runchini vero, qui illis (Drugubitis) accesserant, mari per navigia accesserunt, Vide Tafel, de Thessalonica ejusque agro, pag. LXXXVIII. – Otii vero impatientes Strymonii et Runchini nautas plurimos, qui devehendo Constantinopolin frumento vacabant, item eos, qui insulas atque Hellespontum habitabant, expoliantes, ipsam Propontidem ingressi sunt. Ubi vastata Parii et Proconnesi regione, usque ad portorium urbis regiae navigant; denique praeda onusti multisque navigiis aucti, casas suas Macedonicas repetunt.* (Tafel a. a. O. pag. XCII) gibt diese Stelle auch im griechischen etwas corrumpirten Originale.

126 Τούτῳ τῷ ἔτει ἐπεστράτευσεν ὁ Βασιλεὺς κατὰ Σκλαβινίας, καὶ ἠχμαλώτισε πολλοὺς καὶ ὑπέταξεν. *Theophan. Chronicon p. 229 (Edit. Venet.).*

127 Vgl. Tafel a. a. O. *pag. LXXXIII–CIV.*

128 *Nicephor. Patriarch. Histor. Byzant. pag. 19 (edit. Venet.).*

129 Οὗτος Σθλαβικῶν βαρβάρων ἀποκρίνας ἡβῶντας ἄνδρας, ὁπλίτας ῥωμαλέους, φονικὸν ἐκπνέοντας Ἄρην ἐν μάχαις, ἐς χιλιάδας τρὶς δέκ' ἀριθμουμένους, νέον συνεστήσατο σύνταγμα φίλον, λαὸν περιούσιον αὐτὸ καλέσας. *Ephraemius Byzant. pag. 69 ed. Bonn.*

130 Τούτῳ τῷ ἔτει Κωνσταντῖνος τὰς κατὰ Μακεδονίαν Σκλαβινίας ἠχμαλώτισε, καὶ τοὺς λοιποὺς ὑποχειρίους ἐποίησεν. *Theophan. p. 361.*

131 Ἀποστέλλει Σταυράκιον τὸν πατρίκιον ... μετὰ δυνάμεως πολλῆς κατὰ τῶν Σκλαβίνων ἐθνῶν. Καὶ κατελθὼν ἐπὶ Θεσσαλίαν καὶ Ἑλλάδα ὑπέταξε πάντας, καὶ ὑποφόρους ἐποίησε τῇ βασιλείᾳ, εἰσῆλθε δὲ καὶ ἐν Πελοποννήσῳ καὶ πολλὴν αἰχμαλωσίαν καὶ λάφυρα ἤγαγε τῇ τῶν Ῥωμαίων βασιλείᾳ. *Theophan. Chronograph. pag. 306 ed. Venet. (385 edit. Paris.)* Daß übrigens in dieser merkwürdigen Stelle die Lesart „Θεσσαλονίκη" bei Theophanes verdorben

und „Θεσσαλία" herzustellen sey, hat der gelehrte und vortreffliche *Tafel* a. a. O. p. CVI, Note 84, und p. XXII, Note 29, sattsam nachgewiesen.

132 Geschichte der Halbinsel Morea. Bd. I, S. 218 ff. Die Stadt wollte sich schon ergeben und die Unterhandlungen über die Bedingnisse waren bereits angeknüpft.

133 Νῦν δὲ οὐδὲ ὄνομά ἐστι Πισατῶν καὶ Καυκόνων καὶ Πυλίων· ἅπαντα γὰρ ταῦτα Σκύθαι νέμονται. *Geograph. vet. Scriptt. Graeci minores, Vol. II, pag. 98.*

134 Ἔκ τοτε δὲ οἱ ἀφορισθέντες Σκλαβηνοὶ ἐν τῇ μητροπόλει καὶ τοὺς στρατηγοὺς καὶ τοὺς βασιλικοὺς καὶ πάντας τοὺς ἐξ ἐθνῶν ἀποστελλομένους πρέσβεις ὡς ὁμήρους διατρέφουσιν, ἔχοντες ἰδίους καὶ τραπεζοποιοὺς καὶ μαγείρους καὶ πάντας τοὺς παρασκευάζοντας τὰ τῆς τραπέζης βρώματα, τῆς μητροπόλεως εἰς ταῦτα μηδὲν καινοτομουμένης, ἀλλ᾽ αὐτὰ οἱ Σκλαβηνοὶ ἀπὸ διανομῆς καὶ συνδοσίας τῆς ὁμάδος αὐτῶν ἐπισυνάγουσι τὰς τοιαύτας χρείας. Constant. Porphyrog. de Administ. Imp. cap. 49 fine.

135 Ἔζερο, Ἱέζερο, Ὀζερο ist die slavische Uebersetzung des hellenischen Ἕλος, der Sumpf, das Tiefland, das stehende Wasser und bezeichnet hier die bekannte fruchtbare Strandebene und wasserreiche Niederung am Untereurotas, besonders gegen die Mündung hin, welche die Griechen ἕλος nannten. Der Volksname *Milingi*, wie der Berichtgeber die Bergslaven auf dem messenischen Abhang des Taygetus nennt, läßt sich nicht mehr erklären. Selbst *Herr Dr. Schafarik*, der in solchen Dingen natürlich das erste Wort in Europa hat, vermag es eben so wenig als wir, verdeutscht aber das byzantinische Μιληγγοί in *Milenzer, Milinzer, Milzer* oder *Miltschaner* wie er die Ἐζερῖται durchweg mit *Jeserzer* gibt. Uebrigens nimmt dieser berühmte Slavist keinen Anstand *Rußland als Heimat und Wiege der peloponnesischen Milenzer* anzuerkennen, wie er denn geradezu eingesteht (II, 233–234), „daß die Völker- und Ortsnamen Griechenlands unbezweifelt aus den nordöstlichen Ländern des alten Slaventhums am Ilmensee (Nowgorod), am Dnieper, an der Düna und Oka ihren Ursprung haben und mit der neuen Bevölkerung bis in die südlichsten Gegenden der illyrischen Halbinsel vorgedrungen seyen. Ja die Bewohner Griechenlands, während des Mittelalters *müssen* der Mehrzahl nach Slaven gewesen seyn, weil Menschen, Städte, Dörfer, Berge und Flüsse überall slavische Namen hatten und noch haben." Der Herr Doktor lacht daher über den blinden Eifer der deutschen Hellenisten, die aus „Einseitigkeit und Unwissenheit" ein unbestreitbares historisches Faktum noch immer anfechten und als ein Nichtseyendes läugnen wollen. Es sey geradezu so viel als wollte Jemand das alte Slaventhum des nordöstlichen Deutschlands (Meklenburg, Pomern, Brandenburg, Sachsen etc.) in Abrede stellen. Deswegen aber glaube man ja nicht, Herr Schafarik sey dem Urheber und Verfechter dieser bisher (wenigstens in Deutschland) ungekannten Thatsache in Lob und Ehren besonders gewogen. Mit nichten! Ja er nennt ihn nicht einmal als Nebenperson unter den Verfechtern der Thesis und wendet die Ehre dieses slavinisch-byzantinische Geschrei in Deutschland angefangen zu haben, den Herren Heilmair und Zinkeisen zu, wogegen freilich unsererseits nichts einzuwenden ist. Doch bemerkt er am Ende, daß unter andern auch Fallmerayer ein kleines Verzeichniß slavischer Ortsnamen der Maina zusammengetragen habe, ein Lob und eine Anerkennung die wir von Seite eines so scharfen Kritikers natürlich nur mit Beschämung und demüthiger Dankbarkeit anzunehmen wagen. Herr Schafarik, der sonst nicht viel auf Bündigkeit und Kürze hält so lange es irgend etwas über seine Landsleute zu reden gibt, wird auf einmal kurz und trocken, wie er die Geschichte der bis nach Griechenland und Morea vorgedrungenen Slaven behandeln soll. Man sieht es ihm an, er geht nur mit Widerwillen ans Werk und nimmt es beinahe übel, daß ihm deutsche Ignoranten, (so nennt er uns gewöhnlich) in Behandlung dieser gewichtvollen Materie vorgekommen sind und sogar die Sache bei aller Unwissenheit doch von der rechten Seite angegriffen haben. Aus Zorn über diese Frechheit gibt Hr. Schafarik statt gewohnter Amplification und Beredsamkeit ein mageres, langweiliges Register aus Stritter ohne viel eigene Forschung, ohne Leben und Zusammenhang.

136 Ἰστέον ὅτι τοῦ θέματος Πελοποννήσου Σκλάβοι ἐν ταῖς ἡμέραις τοῦ βασιλέως Θεοφίλου καὶ τοῦ υἱοῦ αὐτοῦ Μιχαὴλ ἀποστατήσαντες γεγόνασιν ἰδιόρρυθμοι, λεηλασίας καὶ ἀνδραποδισμοὺς καὶ πραίδας καὶ ἐμπρησμοὺς καὶ κλοπὰς ἐργαζόμενοι.

137 Mit Verlaub des Hrn. Dr. Schafarik lassen wir es mit dem Wort „sarmatisch" beim Alten.

138 Ἰωάννης ὁ Πρωτεύων ἐν τῷ αὐτῷ θέματι Πελοποννήσου ἀνήγαγε πρὸς τὸν αὐτὸν κῦριν Ῥωμανὸν περί τε τῶν Μιληγγῶν καὶ τῶν Ἐζεριτῶν ὅτι ἀποστατήσαντες οὐ πείθονται οὔτε τῷ στρατηγῷ οὔτε βασιλικῇ κελεύσει ὑπείκουσιν, ἀλλ᾽ εἰσὶν ὥσπερ αὐτόνομοι καὶ αὐτοδέσποτοι καὶ οὔτε παρὰ τοῦ στρατηγοῦ δέχονται ἄρχοντα οὔτε συνταξιδεύειν αὐτῷ ὑπείκουσιν οὔτε ἄλλην τοῦ δημοσίου δουλείαν ἐκτελεῖν πείθονται. *Constant. loco cit. cap. 50.*

139 Καὶ εὐθέως γενομένης καὶ τῆς τῶν Σκλαβησιανῶν ἐπιθέσεως κατὰ τοῦ αὐτοῦ θέματος ἀπέστειλαν οἱ αὐτοὶ Σκλάβοι οἵ τε Μιληγγοὶ καὶ οἱ Ἐζερῖται, πρὸς τὸν κῦριν Ῥωμανὸν τὸν βασιλέα, ἐξαιτούμενοι καὶ παρακαλοῦντες τοῦ συμπαθηθῆναι αὐτοῖς τὰς προσθήκας τῶν πάκτων καὶ τελεῖν αὐτοὺς καθὼς καὶ πρώτερον ἐτέλουν. ἐπεὶ δὲ, καθὼς προείρηται, εἰσῆλθον οἱ Σκλαβησιανοὶ ἐν τῷ θέματι Πελοποννήσῳ, δεδιὼς ὁ βασιλεὺς ἵνα μὴ καὶ αὐτοὶ προστεθέντες τοῖς Σκλάβοις παντελῇ ἐξολόθρευσιν τοῦ αὐτοῦ θέματος ἐργάσωνται, ἐποίησεν αὐτοῖς Χρυσοβούλλιον *etc. Constant. l. cit. cap. 50.*

140 Οἱ τοῦ κάστρου Μαΐνης οἰκήτορες οὐκ εἰσὶν ἀπὸ τῆς γενεᾶς τῶν προρρηθέντων Σκλάβων, ἀλλ᾽ ἐκ τῶν παλαιοτέρων Ῥωμαίων, οἳ καὶ μέχρι τοῦ νῦν παρὰ τῶν ἐντοπίων Ἕλληνες προσαγορεύονται … ὁ δὲ τόπος ἐν ᾧ οἰκοῦσίν ἐστιν ἄνυδρος καὶ ἀπρόσοδος, ἐλαιοφόρος δέ· ὅθεν καὶ τὴν παραμυθίαν ἔχουσι. διάκειται δὲ ὁ τοιοῦτος τόπος εἰς ἄκραν τοῦ Μαλέα,* ἤγουν ἐκεῖθεν τοῦ Ἐζεροῦ πρὸς παραθαλασσίαν. *Constant. l. cit. cap. 50, pag. 224, edit. Bonn.*

* Statt „τοῦ Μαλέα" der im Occident circulirenden Ausgaben ist ohne Zweifel „τοῦ Μαλεύρη" als ursprüngliche Lesart des kaiserlichen Manuscripts herzustellen. Τὸ Μαλεύρη heißt der Theil des Gebirges, an dessen äußerstem Rande *(ἄκρα)* das Castrum Maina stand. τὸ Μαλέα ist gegen den griechischen Sprachgebrauch, der nur *ἡ Μάλεια* oder *ἡ Μαλέα* und nach Eustathius auch vielfach *τὰ Μάλεια* kennt. *Vide Hom. Odyss. IX. 80: περιγνάμπτοντα Μάλειαν.* Strab. Geogr. lib. VIII, *μετὰ δὲ Μαλέας.* Eustathius: *λέγεται δὲ καὶ Μάλεια ἑνικῶς καὶ Μάλεια πληθυντικῶς.*

141 Nach Schafarik (II, 229) wäre das zuerst beim Bulgaren Johann Exarch (900) erwähnte *Manjak* ein *slavisches* Patronymicum und die Manjazer *(Μαϊνάται)* selbst ein Gemisch aus Gräken und Slaven.

142 *Et inde (e Sicilia) navigantes venerunt ultra mare Adriaticum ad urbem Manafasiam in Slavinica terra.* Itinerarium S. Willibaldi, Anglo-Saxonis, deinde Eichstadiensis Episcopi, Cap. 2, 15 (Acta Sanctorum ad VIII. Jul. pag. 504).

143 *Geograph. vet. Scriptt. Graeci Minores. Oxon. 1763. Vol. II, pag 98.*

144 Das Argument beruht zum Theil auf (hoffentlich irriger) Voraussetzung meiner Unkunde im Griechischen, zum Theil auf einer spitzfindigen Erklärung des Wortes *„νέμονται." Νέμονται,* sagen sie, heiße nicht, „werden bewohnt, angebaut," sondern bezeichne nur die Oberlehnsherrschaft der Fremden mit der Befugniß Steuern zu erheben und die Bastonnade zu ertheilen. – In diesem Punkte appellire ich ohne Scheu an das Tribunal der deutschen Philologen.

145 Σκλαβηνοί τε καὶ Ἄνται οὐκ ἄρχονται πρὸς ἀνδρὸς ἑνός, ἀλλ᾽ ἐν δημοκρατίᾳ ἐκ παλαιοῦ βιοτεύουσιν. Procop. de bello Gothic. lib. III, cap. 14.

146 Παῖδες δὲ αὐτῶν, καὶ τὸ οἰκετικὸν, πρός τε τὴν εὐκρασίαν τῶν ἀέρων ἀνέδραμον. καὶ παρὰ τὴν ἡλικίαν ἥβησαν, καὶ πολὺ τὸ ἐπιφυόμενον ἦν πολέμιον γένος. *Excerpta de Legat. pag. 14 Edit. Venet. (p. 20 Edit. Paris.).*

147 Auf diesen, d. i. den topographischen Theil des Argumentes wird mit Recht das größte Gewicht gelegt, weil er den beredtesten und zugleich den unwiderlegbarsten Beweis für die Wahrheit der ganzen Thesis liefert. Deßwegen hat er auch bei den Gegnern den meisten Zorn und den heftigsten Widerspruch erfahren. *Einige* Ortsnamen slavischen Ursprunges – das

geben sie zu – finde man heute im Peloponnes; aber ihre Zahl sey zu unbedeutend um irgend einem Distrikt, geschweige denn irgend einer Provinz der Halbinsel einen slavischen Typus aufzudrücken. Aber in der Wirklichkeit findet gerade das Entgegengesetzte statt. Selbst heute, nachdem mehr als 1000 Jahre seit der Patrasschlacht und dem Wiedereinzuge griechischer Heere und Colonisten in den Peloponnes verflossen sind, hat sich trotz aller Revolutionen besonders im Stromgebiet des Alpheus, Pamisus und Eurotas, d.i. in den alten Provinzen Arkadien, Elis, Messenien und Lakonien eine die griechische *zehnfach* überbietende Menge slavischer Namen erhalten. Herz und Kern des Peloponneses sind topographisch noch heute völlig slavisch. Setzte ich auch die Namen der Reihe nach her, man läse sie doch nicht oder wüßte sich das Etymon nicht zu deuten. Wem es ernstlich um Erkenntniß der Wahrheit zu thun ist, der wird die Mühe nicht scheuen, von den acht Blättern der großen Moreakarte – denn alle übrigen Karten des Peloponneses sind für nichts zu achten – wenigstens die obenbenannten Kantone und Schupanien des Alpheusstromes zu prüfen und mit der Beschreibung des Pausanias zu vergleichen. Europa würde mit Recht erstaunen, könnte man ihm eine Topographie Moreas (jener *terra Slavinica* des Sachsen Willibald) vom Jahre 800 nach Christi vorlegen. Sollten z.B. die deutschen Colonisten an der Wolga, in der Krim, in Kleinrußland in Folge von Zeit und Umständen ihre Muttersprache mit der ihres neuen Vaterlandes vertauschen, so würden Dorfnamen wie Schafhausen, Zürich, Solothurn, Heilbrunn und Friedrichsthal das verlorne Geheimniß ihres Ursprungs verrathen. Derselbe Fall ist in Griechenland.

148 Sie hatten aber auch das Gefühl ihrer Macht. Als der Avaren-Chan Gehorsam und Tribut begehrte, fragten Lavrites und die übrigen Häuptlinge: Welcher Mensch unter der Sonne es denn wagen könne, ihre Macht zu brechen und sich unterthan zu machen? Denn so lange es Kriege und Schwerter gebe, sey es bei den Slaven Sitte, fremdes Land einzunehmen, nicht aber ihr eigenes unterjocht zu sehen. *

* Λαυρίτης δὲ καὶ οἵγε ξὺν αὐτῷ (Σκλαβηνῶν) ἡγούμενοι, καὶ τίς ἄρα, ἔφασαν, οὕτως πέφυκεν ἀνθρώπων, καὶ ταῖς τοῦ ἡλίου θέρεται ἀκτῖσιν, ὃς τὴν καθ᾽ ἡμᾶς ὑπήκοον ποιήσεται δύναμιν; κρατεῖν γὰρ ἡμεῖς τῆς ἀλλοτρίας εἰώθαμεν, καὶ οὐχ ἕτεροι τῆς ἡμεδαπῆς. Καὶ ταῦτα ἡμῖν ἐν βεβαίῳ, μέχρι πόλεμοί τε ὦσι καὶ ξίφη. *Excerpta de legat. pag. 111, edit. Venet. (pag. 165 edit. Paris).*

149 Wir wollen occidentalisches Zartgefühl durch wiederholte Schilderung slavischer Kriegsfurie in Romanien nicht verletzen, und verweisen lieber auf *Procopius, de bello Gothico lib. III, cap. 38. Idem de bello Persico lib. II, cap. 4. – Hist. Arcan. cap. 21.* – Und *Evagrius, Histor. ecclesiast. lib. VI, cap. 10.* – Vergl. *Geschichte von Morea*, Bd. I, cap. 3. – Akadem. Abhandlung: *Welchen Einfluß* etc. Seite 54 ff. In neuern Zeiten wurden die Slaven in ihrem Kriegssystem freilich etwas menschlicher, wie z.B. die Russen unter *Suworow* in Bender, Ismail etc., wo sie nach einem mörderischen Sturm über 30,000 Feinde in der Festung einfach erschlugen, während ihr Landsmann *Swätoslaw* im 10. Jahrhundert, nach der Einnahme Philippopels, 20,000 Bulgaren und Griechen auf das grausamste pfählen ließ, und die spätern Russenführer, wie Cedrenus sagt, in der Gegend von Konstantinopel Grausamkeiten verübten, die alle Einbildung übersteigen.

150 *Kral*, d.i. König

151 Die Chronik von Monembasia läßt zwischen 588–805 nach Christi auch die Stadt Patras öde liegen und die Bürgerschaft nach Reggio in Calabrien flüchten. Vermuthlich war es nur die Akropolis, welche die Barbaren niemals bezwingen konnten, und vor welcher sie die entscheidende Niederlage erlitten: Καὶ ἡ μὲν τῶν Πατρῶν πόλις κατῳκίσθη ἐν τῇ τῶν Καλαβρῶν χώρᾳ τοῦ Ῥηγίου.

152 Den slavischen Ursprung des Namens „Morea" wagen selbst die determinirtesten Gegner nicht mehr streitig zu machen.

153 *Sitin* oder *Sidin* muß die ächt slavische Orthographie des Städtchens *Zituni* (Lamia) seyn, weil die Türken *Isdin* schreiben und sprechen. *Sytiny*, *Syta* sind russische Wurzelwörter und Nomina. Es ist das deutsche *Ziethen*, was in den slavischen Chroniken *Sitna, Sithen, Scithene, Cyten* lautet und mit dem *Sitin* (Ζητοῦν) in Thessalien ein und derselbe Namen ist.

154 Correspondance de Capodistria, edit Bétant. Genève 1839.

155 Τοσόνδε μέντοι ἐπίσταμαι ὡς τοῖς ὀνόμασι ταῦτα δὴ τὰ γένη διεστηκότα ἀλλήλων, ἤθεσι μὲν οὔκετι, γλώττῃ δὲ καὶ φωνῇ τῇ αὐτῇ χρώμενοι, κατάδηλοί εἰσιν ἔτι καὶ νῦν. Ὡς μέντοι διέσπαρται ἀνὰ τὴν Εὐρώπην πολλαχῇ ᾤκησαν, ἄλλῃ τε δὴ καὶ ἔν τινι τῆς Πελοποννήσου χώρας τε τῆς Λακωνικῆς ἐς τὸ Ταΐγετον ὄρος, καὶ ἐς τὸ Ταίναρον ᾠκημένον. *Chalcocondyl. Hist. Byzant. lib. I, pag. 18. edit. Venet. (p. 17, ed. Paris).* Vgl. denselben Autor *pag. 56 edit. Venet.* und *pag. 71 ed. Paris.*

156 *Chalcocondylas Nikolaus*, auch schlechtweg *Laonicus* genannt, beschrieb in einer Art synchronistischer Universalgeschichte Ursprung und Wachsthum der Türkenmacht unter den sieben ersten Sultanen, das ist von 1298–1462, lebte aber, nach Vossius, bis 1490.

157 Verfasser ist der ehrwürdige *Oekonomos*, ein sehr gelehrter, aber auch sehr boshafter und leidenschaftlicher alter Prälat und russischer Pensionär in Athen.

158 *Lengi* ist im Slavischen die *Wiese*, die *Aue*, folglich *Zalongites* = Hinterwieser, Ennewieser, wie *Zabalkanski* so viel als „Enneberger" heißt.

159 *Mp* bezeichnet in barbarischen Wörtern *B*, *Nt = D*.

160 *Mpog*, d. i. Bog bedeutet im Slavischen „Gott".

161 *Bog* Gott, *Glava* Kopf, *Reka* Fluß.

162 Konstantin Porphyrogenitus sagt selbst, daß er „κατημαξευμένῳ λόγῳ" und „διὰ κοινῆς καὶ καθωμιλημένης ἀπαγγελίας" schreibe, und doch gebraucht er nirgend die neue Form mit Conjunktiv und Bindewort. *De Admin. Imp. cap. 1.* Dagegen kann man bei einiger Aufmerksamkeit auf den Vulgardialekt die Bemerkung machen, daß die Neugriechen ihren Eigennamen gerne die Vorschlagsylbe *is* (*iz*) oder auch nur *s* (*z*) schlechtweg voransetzen und auf die Frage: „Wie heißt der Ort?" nicht τὸ κόφινο, sondern στοκόφινο zur Antwort geben. Nun ist aber diese Vorsetzsylbe *s*, *z* oder *is* eine Eigenthümlichkeit der *russischen* Sprache, in welcher die bekannte Slavenstadt *Korosten* gewöhnlich *Iskorost* geschrieben wird. Schafarik, II, 124. Eben so ist *„Stambol"* ein Produkt des *russischen* Genius.

163 Jedoch will man die nämliche Form schon im neuen Testament *ein Mal* gefunden haben.

164 *The Greeks taken collectively cannot in fact be so properly called an individual people, as a religious sect dissenting from the established Church of the Ottoman Empire. Hobhouse, Travels in Turkey. Lett. 34.* – Durch ein Dekret der Nationalversammlung haben zwar die „Oströmer" den Namen der alten Hellenen wieder angenommen, gleich den insurgirenden Neapolitanern, die sich um dieselbe Zeit und mit demselben Rechte in offiziellen Erlassen und Dokumenten „Samniter" nannten. – „Τὸ κράτος τῶν Ῥωμαίων ἐσάπησεν," sagte der „Philosoph" von Turnovo und schnitt mit diesem einzigen Worte allen Restaurationsprojekten die Wurzel ab.

165 Dies ward im Mai 1842 geschrieben.

166 Ἐγκράτεια, Enthaltsamkeit.

167 Ἀχρήματος γὰρ ἡ πόλις καὶ πενιχρὰ καὶ τοῦ κύκλου διαγραφῇ καὶ τῶν πόλεων (l. πολιτῶν), καὶ παράπαν ἀφαντωθῆναι κινδυνεύουσα... *Tafel, de Thessalonica etc. p. 459.*

168 1) Reiselust in Ideen und Bildern aus Griechenland, von F. P. Greverus. Bremen 1839. – 2) Beiträge zur Kenntniß des griechischen Landes und Volkes, von *Gottfried Herold*. Ansbach 1839.

169 Viele Patronymica enden im Albanesischen auf *-ischt*. Z. B. Türkischt, Frengischt, d. i. Türken, Franken.

Nachwort

Ellen Hastaba

Anmerkungen zu Leben und Werk
Jakob Philipp Fallmerayers[1]

„… beschenkt von der Natur mit jenem genialischen Funken, jener Synesis politica, die nach Lucian dem Geschichtsforscher nicht fehlen darf …"

„Das Problem ist glücklich gelöst." Liest man diesen Eröffnungssatz des I. Fragments[2], ist man überrascht, neugierig – und damit schon gefangen; als Leser gefangen genommen von einem Text, der nun in der vorliegenden Edition wieder gelesen werden kann; gefangen von einem Autor, der zwar nicht mehr[3] zu den Vergessenen und damit Unbekannten gehört; eine erneute Auseinandersetzung mit ihm ist jedoch reizvoll und in mehrfacher Weise lohnend. Doch welches Problem hat er – Jakob Philipp Fallmerayer – gelöst? Das Wort „glücklich" legt immerhin die Vermutung nahe, dass die Lösung mit einigen Anstrengungen, vielleicht auch Schwierigkeiten verbunden war. Meint Fallmerayer ein persönliches Problem, etwa dass er die Vorbereitungen zur Reise glücklich abschließen und es sich endlich leisten konnte, ein zweites Mal – dieses Mal allein, somit frei, seine Reiseroute selbst zu wählen, doch zugleich auch allein für das Aufbringen der notwendigen finanziellen Mittel verantwortlich – in den Orient aufzubrechen, worunter im 19. Jahrhundert pauschal und vermutlich wenig reflektiert[4], somit diffus, alle islamischen Länder im südlichen und östlichen Mittelmeerraum verstanden wurden: der Maghreb im Westen, die Levante im Osten mit Ägypten, Palästina und Syrien, ebenso Griechenland, die Balkanländer, die Krim, die Türkei und andere.[5] Ein Raum, der seit Napoleons Feldzug nach Ägypten (1798–1801), vor allem aber durch den griechischen Freiheitskampf (1821–1829) oder die französische Okkupation Algeriens (1830) und später, in der Mitte des Jahrhunderts, durch den russisch-türkischen Krimkrieg (1853–1856)[6] ins Zentrum des europäischen politischen Interesses gerückt war, weshalb ihm in der Berichterstattung der Tagespresse breiter Raum eingeräumt wurde, auch wenn im Bewusstsein der breiten Bevölkerung das Bild vom Orient von Vorstellungen à la „Tausendundeiner Nacht" geprägt war.[7] So könnte Fallmerayer mit dem Eröffnungssatz darauf anspielen, dass er sich mit der Augsburger „Allgemeinen Zeitung" so weit arrangiert hatte, dass er erwarten durfte, dass sie seine von der Reise eingesandten Berichte abdrucken und, was wohl noch wesentlicher für ihn war: honorieren werde.[8]

Oder spielt Fallmerayer gar auf die Lösung des Problems der bislang doch langwierigen Anreise in den Orient an, die durch die Erschließung des Donauweges[9] gegenüber der Seefahrt durch das Mittelmeer erheblich kürzer geworden war? Immerhin schildert er ausführlich in der „Wasserfahrt von Regensburg nach Trapezunt" die Vorzüge dieser neuen, schnelleren, wenn auch, wovon er ebenfalls anschaulich berichtet, nicht immer bequemen, durch unpassierbare Stromschnellen unterbrochenen Reiseroute.

Wie auch immer: Fallmerayer war sich bewusst, dass mit seinem Aufbruch im Juli 1840 ein neuer, wesentlicher Abschnitt seines Lebens begann: Am Tag seiner Abreise aus München nimmt er die Gewohnheit täglicher Aufschreibungen[10] auf, die er mit wenigen kurzen Unterbrechungen bis zu seinem Tod 1861 führen wird. Auf dem Umschlag notiert er „Tägliche Aufschreibung. / *Diarium.* / Beginnt matt u[nd] *praefracte* / am 6. *Juli,* 1840." Nachträglich setzte er als Überschrift auf den ersten Bogen seiner Aufzeichnungen, einer Sammlung fast gleichformatiger ungebundener Einzelbögen: „Tagebuch einer Ferientour von München nach Trapezunt. / 1840 / Tägliche Aufschreibung."

Und nachdem der zwar „matt", aber doch „hart/streng" (= praefracte) aufgenommene Vorsatz, sich täglich zu notieren, was der Tag gebracht hat, ihm zur Tradition geworden war, zählt er den ersten, 392 Seiten umfassenden Stoß im rechten Korrekturrand des ersten Blattes als „I. Band". Fallmerayer lässt seine Leser im I. Fragment erst ab Regensburg an seiner Reise teilhaben, zwei Tage nach seinem im Tagebuch festgehaltenen Aufbruch aus München:

„Montag 6 Juli. Mittags von München mit Eilwagen nach Regensburg abgereiset. Sitz im *Coupé* mit *Baron* Streit. Souper bei *Me* Pfister in Landshut. Dr. Rathgeber, der langweilige Patron aus Gotha!

Dienstag 7 Juli. 4 Uhr Morgens in R. angekommen, bei den drei Helenen gut u[nd] billig einlogirt, *Silhouette* – Schneider beim *Diner.* Dom, Park, Dreifaltigkeits Berg, Dr. *Gehring, Canonicus* Zech, Prof. Hinterhuber besucht. Abends beim Bier *extra muros* angehört, wie meine Ideen über Russische Zukunft (Artik. d. Allg. Ztg.) von einem Pfaffen als eigene Ansicht verkauft wurden.

Mittwoch 8 Juli, Morgens 5 Uhr mit der schönsten Sonne auf dem Vapor ‚Königin Therese' fort. Gegenüber Schloß Winzer Bolzen am Kessel gebrochen hält uns *reparationis caussa* zwei Stunden mitten im Strome fest; reichliche

Tafel zu 48 Xr ohne Wein. Aristokratische Gesellschaft am ersten Platze, Fürst *Wrede* mit famille, russischer Staatsrath v. Mayer, v. Fülleborn, Oberlandger. Präsident aus Marienwerder pp. – *Wrede*'s Empfang in Englhartszell mit Glocken, Geschütz, und *Vivat* der ganzen Bevölkerung. Donauthal unter Passau, liebliche grüne Einöde mit Burgen und Laubwald auf hohem Ufer. Magenübel, Schwindel u[nd] Erbrechen im Abendgold der sinkenden Sonne, zwey Stunden vor Linz, fürchterlich, wie nie vorher. In Linz todt krank gelandet um 9 Uhr, ins *Hôtel* durch zwei Matrosen getragen. Sorge einiger Begleiter, besonders des *Second*-Capitäns."

War *das* Problem eben erst „glücklich gelöst", beginnen neue: Diese Übelkeit ist nicht gerade eine ideale Voraussetzung für eine mehrmonatige, abenteuerliche, sicher strapaziöse Reise in den Orient. Doch lassen wir Fallmerayer Zeit, sich in Linz – wohlumsorgt – zu erholen. Gegenüber der Mitteilung im I. Fragment, er hätte hier drei Tage unwohl zugebracht, notiert er im Tagebuch ohnedies bereits unter dem 9. Juli, also tags darauf, „morgens wieder gesund, aber schwach" und am 10. Juli „ganz gesund" zu sein. Stellen wir uns an dieser Stelle die Frage nach der Person dieses Reisenden, der in den „Fragmenten" – obgleich sie vorrangig vom Orient berichten – viel, wenn auch fragmentarisch verstreut, von sich selbst preisgibt, denn, um einen Satz Ernst Blochs zu zitieren: „Ein Mensch nimmt sich mit, wenn er wandert"[11]; der eben nach diesen 1845 erstmals in Buchform erschienenen „Fragmenten" als „Fragmentist" in die Literaturgeschichte eingegangen ist. Wie (facetten-)reich sein Leben war, lassen andere – wenigstens einzelne Lebensabschnitte – bezeichnende Zuordnungen erahnen: gescheiterter Theologe und verhinderter Mönch, Student der Rechte, Soldat in bayerischem Sold, Lehrer, Bibliothekar, preisgekrönter Wissenschaftler, Begründer der Byzantinistik, Reisebegleiter und Alleinreisender, Mitglied mehrerer wissenschaftlicher Akademien, Berater des bayerischen Kronprinzen, Journalist, Universitätsprofessor, Politiker, Flüchtling, Kritiker – Liebling der Damenwelt (ohne sich je zu vermählen).

Ein geradezu unglaublicher Lebenslauf, von dem ihm sicher nicht an seiner Wiege gesungen worden ist: „*Anno Domini 1790, Die 10ma Decembris Jacobus Fil. leg. hon. conj. Joannis Fallmerayr* /:Baumgarter in Bayrdorf:/ *et Annae Clamerinn, media nocte natus, babtizatus est a Joanne Georgio Kuen, tenente Josepho Huber* /:Wörz:/ […]"[12] trug der Pfarrer ins Tschötscher Taufbuch anlässlich seiner Geburt ein. Jakob war das vierte Kind des Johann und der Maria, geborene Klammer, Fallmerayer. Sechs[13] weitere folgten. Fallmerayer selbst meint einmal lapidar: „Als Sohn eines Mannes mit zahlreicher Familie, aber geringen Mitteln, war der Knabe dem Zufall preisgegeben, oder vielmehr bei Zeiten auf sich selbst angewiesen."[14]

Die ersten Lebensjahre sind wohl – in dem nach wie vor existierenden Geburtshaus – so verlaufen, wie bei jedem anderen Tiroler Kleinbauernkind zu Ende des 18. Jahrhunderts auch: Unterricht in der Tschötscher Dorfschule, Viehhüten in der unterrichtsfreien Zeit. Franz Tumler[15] hat sich in diese Kinderwelt in Bezug auf Fallmerayer hineingedacht: „es [= das Viehhüten] geht nicht das ganze Jahr hindurch. Es ist eine Beschäftigung im Herbst, wenn das Vieh von der Alpe zurück ist, und ehe auf die im Sommer gemähten Wiesen der Schnee kommt; und eine Arbeit im Frühjahr, solang das Vieh noch im Tal ist. Es wird auch bei schlechtem Wetter gehütet. Und meist ist es so, daß die Kinder, wenn der Schulunterricht zu Ende ist, gleich zum Hüten hinaus müssen: das sind dann zwei oder drei Stunden bis zur Dämmerung […] – eine abgemessene Zeit; das wissen sie vorher. Es ist eine Arbeit, vor der sie sich, zu Anfang, wenn sie hinaus sollen, scheuen und sich gern verdrücken; sie maulen herum. Aber wenn sie einmal dabei sind, ist es ‚ihre‘ Zeit, bei der sie von den Erwachsenen entfernt und selbständig sind und ihr eigenes Reich von Erfahrungen haben, von denen der Erwachsene nichts weiß. […] es ist eine Zeit stummer Eindrücke auch der Landschaft […]."

Und gerade die wurden für Fallmerayer in seinem späteren Leben, vor allem auf seinen Reisen wichtig, ja, er geht sogar so weit, sie als Hauptgrund für seine häufigen Aufbrüche zu nennen: „Mancher Leser weiß auch schon, daß uns weniger die Politik und am wenigsten die Eitelkeit auf neuem Schauplatz eine Rolle zu spielen wiederholt ins Morgenland getrieben hat. Abenteuerlicher Hang fremde Sitte zu sehen, angeborene Schwärmerei und Liebe schöner Landschaftsbilder beflügelten allein den Schritt."[16] Es hängt sicherlich auch mit der vergleichsweise langsamen Art des Reisens zusammen, dass Fallmerayer die Natur nicht nur als rasch vorbeiziehende Folie wahrnimmt, sondern sie empfindet, sie mit allen Sinnen erfährt und in seine Erinnerung aufnimmt. Sollte ihm das Gefühl dabei zu sehr durchgehen, mahnt er sich selbst, wieder auf den Boden der Realität zurückzukehren: „‚Weibische Empfindsamkeit!‘ ‚geräucherter Schmerz der Deutschen!‘ würde ein Moskowit bei dieser Stelle ausrufen."[17] Andererseits weiß er aber auch, dass es gar nicht möglich ist, die Empfindungen, die er in diesem irdischen Paradies hat, sprachlich adäquat auszudrücken: „Nur ist alles Reden und Malen umsonst, weil die Sprache zu arm und mit einem Schlage das Panorama in seiner Farbenpracht der Seele vorzuzaubern unvermögend ist."[18] So nehmen Schilderungen der durchreisten Landschaft breiten Raum ein, die er mit einst Geschautem und Erlebtem vergleicht. Ähnlichkeiten mit seiner Heimat in der Fremde rühren ihn an, wecken Erinnerungen, versetzen ihn in eine sentimentale Gemütsverfassung, die mitzuteilen er sich nicht versagt: Auch wenn er sich auf seinem Lebensweg räumlich immer weiter von Tschötsch und Tirol entfernt, trägt er das Bild seiner Heimat permanent mit sich. So stößt man in den „Fragmenten aus dem

Orient" immer wieder auf solche Stellen der Erinnerung, des Innehaltens. Beispielsweise gipfelt die geradezu schwärmerische Naturbeschreibung gegen Ende des VI. Fragments im Bekenntnis: „Trabisonda und das immergrüne Kolchis ist das Land der wachenden Träume aus der ersten Knabenzeit, ich mußte seine Lüfte athmen, es war mir auferlegt, ‚denn auch der Traum ist von Gott,' [...]."[19] Noch direkter fassbar sind diese Reflexionen in seinem Tagebuch, so notiert er sich etwa – als über 50-Jähriger – auf dem Berg Athos: „Herbstliche Tinte der Kastanienhalde am Kamm, Meer nach Sturm und Noth wieder stille, Morgen = Gang im Laubgehege unter dem Hofe, Haselstauden Garten, heimatlich, Erinnerung an das Buschrevier, Gestein, Bächlein und die Knabenzeit am Pfefferberg bei Brixen in Tyrol, süße Melancholie, Seelentrost, fliehende Zeit."[20]

So mag die oberhalb von Brixen verlebte Kindheit zwar eine äußerlich karge, jedoch intensiv erlebte, Fallmerayer zeitlebens prägende Zeit gewesen sein.

Für seine geistige Entwicklung wichtig war der Verkauf des Baumgartner-Hofes und die Übersiedlung der Familie in die Bischofsstadt, wodurch ihm durch geistliche Förderung der Eintritt in die Brixner Domschule möglich wurde: „Wohltätige Geistliche, die einiges Talent bemerkten, brachten den armen Jungen zu künftigem Nutzen der Kirche im Domschülerinstitute zu Brixen gratis unter und sorgten für die nothwendige Aussteuer."[21] Er absolvierte die Schule mit Bravour. Im 1807 gedruckten „Verzeichniß aller Studierenden, welche an dem königlich-bayerischen Gymnasium zu Brixen aus den daselbst vorgetragenen Lehrgegenständen was immer für einen Fortgang gemacht, oder öffentliche Preise erhalten haben" wird der „Zögling im St. Kassianshause" Fallmerayer als Klassenbester (unter 24 Schülern) der Rhetorik-Klasse geführt und erhielt folglich auch zwei erste Preise zugesprochen: „Aus den griechischen und lateinischen Sprachübungen und der schönen Literatur" wie „Aus den deutschen Stilübungen, und allen Sachgegenständen". Im Schuljahr 1807/08 war er ebenfalls mit zwei Preisen ausgezeichneter Klassenprimus.[22]

Entsprechend vorzüglich war sein Schulaustrittszeugnis, das summarisch seine Leistungen in den zwischen 1804 und 1808 besuchten fünf Gymnasialklassen zusammenfasst. In den Kategorien „Geistes = Anlagen, Fortgang, Fleiß und Sittl[iches] Betragen" wird der „unermüdet beständig[e]", „ganz vorzügliche" „Tagwerkers Sohn von Tschötsch Bairdorferviertls bey Brixen im Innkreise" mit „*class*[is cum] *emin*[entia]" (sehr gut mit Auszeichnung) beurteilt, „so daß er unter 29 – 25 – 22 – 24 – 20 Mitschülern in jedem Schuljahre den 1ten Platz erhielt."[23]

Fallmerayer hatte also die von seinen geistlichen Förderern in ihn gesetzten Hoffnungen glänzend erfüllt, sodass er den durch dieselben vorgezeichneten Weg weiter beschreiten konnte. Da in Brixen das Priesterseminar infolge der

bayerischen Besetzung Tirols seit 1807 aufgehoben war, entschied sich Fallmerayer 1809 für Salzburg. Aus der Distanz vieler Jahre bezeichnet er selbst
diesen Schritt als Flucht.[24] Doch es war noch nicht die Flucht aus der vorgezeichneten Bahn, bereitet er sich doch durch Absolvierung des philosophischen Kurses – wiederum mit den besten Zensuren – auf das Theologiestudium vor.[25]

Ein Eintritt in das Stift Kremsmünster sollte ihm dieses auch ermöglichen, vor
allem sollten durch diesen Schritt auch seine ärmlichen Lebensbedingungen
– durch Erteilen von Privatunterricht etwas aufgebessert – einem wenigstens
die äußeren Bedürfnisse abdeckenden gesicherten Dasein weichen. Die entsprechende Zusage des Kremsmünsterer Stiftspriors vom 27. August 1810
hält er in Händen.[26]

Es kommt anders: „Der Eintritt in die berühmte Benediktiner Abtei Kremsmünster in Oesterreich ob der Enns [...] ward durch die Schwierigkeit verei-
telt, die damals einem Auswanderungsgesuche aus Bayern entgegenstand"[27],
berichtet Fallmerayer – 1810 bayerischer Staatsangehöriger – Jahre später. Er
wird bis zu seinem Tod bayerischer Untertan bleiben.

Gelassener lässt Fallmerayer die Athos-Mönche über seine Staatszugehörig-
keit hinwegsehen: Auch wenn, wie ein Vergleich mit den während der Reise
getätigten Tagebucheintragungen zeigt, die zu Beginn des IX. Fragments mit
ironischem Augenzwinkern geschilderte Einladung, einer der ihren zu werden, fiktiv ist[28], so wird er sich wohl bei deren Niederschrift an seinen realen
Versuch erinnert haben, in Kremsmünster eintreten zu können.

Der Plan, Diplomat zu werden, zerschlägt sich ebenfalls: Ein Besuch der Orientalischen Akademie zu Wien ist ihm nicht möglich.[29] Der Ausweg liegt in
der Aufnahme eines Jusstudiums an der Ludwig-Maximilians-Universität zu
Landshut, doch beschäftigt er sich vor allem mit Geschichte, Philologie und
Ästhetik sowie – nachdem er sich bereits in Salzburg mit dem Semitischen
befasst hatte – orientalischen Sprachen: Franz Baumgartner nennt das Hebrä-
ische, Chaldäische, Syrische, das Arabische, aber auch das Spanische.[30]

Am wenigsten war wohl eine aufflammende patriotische Gesinnung aus-
schlaggebend für Fallmerayers Entschluss, sich freiwillig zum Militär zu
melden und damit den Hörsaal mit dem Schlachtfeld zu tauschen. Im Rückblick öffnet er einem Freund gegenüber sein Herz: „Mißbehagen an der *jurisprudenz,* Ruhmsucht zum Theil und Eitelkeit, nicht weniger die üble Lage,
worinn ich mich am Ende des 2ten *Semesters* 1813 zu Landshut befand, bewogen mich *militaire* zu werden. Die *Ferien* rückten heran, meine *garderobe*
war übel bestellt, ich aber heimathslos, und ohne *ressource* wußte nicht, wo
erstere zubringen, und auf welche Weise die letztere ergänzen. Nur eine
durchgreifende Maßregel konnte mich retten. Der Grad von Dürftigkeit und
Geringfügigkeit, in welchen zurückzufallen ich in Gefahr war, hatte etwas zu

abschreckendes für mich / aus früherer Erfahrung her / als daß ich nicht alles gewagt hätte, um demselben zu entgehen. Aber was ich seit dem Zeitpunkte an, dachte und unternahm, hatte einzig die Absicht, mich auf einen gewissen Punkt von äusserlichem Wohlstande zu setzen, ohne welchen, nach meiner Meinung, weder echte moralische noch echte weltbürgerlichen [!] Gesinnungen Wurzel fassen können. Nach einer zagenden Unentschlossenheit stieß ich das ganze Gebäude meines vorigen Lebens um, und ergriff den Degen. Ich hegte stolze Hoffnungen, dergleichen freylich ein in einer Landhütte geborener Mensch nicht sollte träumen fassen. *O Cesare o niente*, war mein Wahlspruch, wie ich von Landshut abreißte. [...] und keine meiner großen Hoffnung[en] hat das Glück für gut befund[en] zu erfüllen."

Im Brief(entwurf), den er noch als „Lieutenant Fallmerayer" zeichnet, folgt ein ausführlicher Bericht über seine militärische (Nicht-)Karriere:[31] Am 14. Juli 1813 geruhte „Seine Königliche Majestät", „den Akademiker Philipp Jakob Ferdinand Fallmerayer als Unterlieutenant [...] allergnädigst zu ernennen [...]."[32] König Maximilian I. Joseph benötigte ohnedies Soldaten, nahm er nach seinem politischen Frontwechsel zu den Koalitionsmächten doch am Kriegszug gegen Napoleon teil. Fallmerayer wird nach der Schlacht von Hanau (30. Oktober 1813) vor versammeltem Heer für sein tapferes Verhalten gelobt. In weitere Kampfhandlungen ist seine Legion in Frankreich verwickelt. Hier hat er aber auch Gelegenheit, sich das Französische anzueignen und – vor allem im Umgang mit Französinnen – ein entsprechendes gesellschaftliches Auftreten zu üben.[33] Nach dem Pariser Frieden wird seine Garnison nach Lindau am Bodensee verlegt, wo er privat wieder seine bereits an der Universität Landshut aufgenommenen Sprachstudien in erweiterter Form (neu hinzugekommen sind das Neugriechische, Persische und Türkische) fortsetzt und sich ein solches Wissen aneignet, dass er den Militär- mit dem Schuldienst vertauschen kann: Im Jänner 1818 wird er „provisor. Lehrer der obern latein. Vorbereitungsklasse in Augsburg mit einem Gehalte von 500 f[l]"[34], nachdem er die Auflage erfüllt hatte, ordnungsgemäß aus dem bayerischen Heer ausgeschieden zu sein. Im Entlassungsschreiben[35] wird dem Unterleutnant attestiert, dass er sich in all den Jahren beim Militär „untadelhaft betragen, und seine Dienstpflichten zur allerhöchsten Zufriedenheit erfüllt hat".

Einen nächsten Sprung in der Karriere bedeutet die Ernennung zum Progymnasiallehrer (1821), später[36] zum Gymnasial- (1824) und Lyzealprofessor für Geschichte (1826)[37] und zusätzlich für Philologie (1827) in Landshut, wo er auch (ebenfalls seit 1827) die Bibliotheksaufsicht[38] wahrnimmt, ehe er mit dem Antritt der ersten Reise in den Orient, während der er zwar sein Lehrergehalt weiter bezieht, der Unterrichtstätigkeit den Rücken kehrt.

Allerdings konnte er zu diesem Zeitpunkt bereits auf wissenschaftliche Werke verweisen, die seinen Ruhm begründen sollten, ihm freilich auch Neid und

Feindschaft eintrugen: seine anlässlich eines Preisausschreibens der Dänischen Akademie der Wissenschaften entstandene und 1824 ausgezeichnete „Geschichte des Kaisertums von Trapezunt"[39] und der erste Band der „Geschichte der Halbinsel Morea während des Mittelalters".[40]

So stellte er selbstbewusst am 8. August 1825 an die Studiensektion im Innenministerium den Antrag auf Bewilligung eines zehnwöchigen Urlaubs zu Beginn des Schuljahres zur Durchführung einer Studienreise nach Italien, um das preisgekrönte Werk über Trapezunt um neue in Venedig liegende Quellen für den Druck zu erweitern. Er sei überzeugt, „daß der Gewinn nicht verkannt werden kann, der aus diesen Reisen sowohl für die gelehrte Republik im allgemeinen als für den Ruhm des Unternehmens insbesondern entstehen muß, da er im Begriff ist die historische Litteratur mit einem Werke zu bemühen, das sich durch seinen gediegenen und echt historiographischen Charakter vor den Erscheinungen dieser Art nicht weniger auszeichnen soll, als durch Entwicklung einer umfassenden und ausgebreiteten Gelehrsamkeit in Morgen- und Abendländischen Dingen, ein Umstand der gewiß nicht wenig zu seiner Empfehlung sprechen muß. Denn wie viele unter den zahlreichen Geschichtsschreibern Deutschlands mag man etwa finden die durch ihre Arbeit die Wissenschaft auch wirklich um einen Schritt zu erweitern und dem Kenner etwas vorzulegen verstünden, was man nicht schon vorher weiß. Der Unterzeichnete aber /:er darf es wohl sagen weil er den Beweis schon geliefert hat:/ beschenkt von der Natur mit jenem genialischen Funken, jener Synesis politica[41], die nach Lucian dem Geschichtsforscher nicht fehlen darf, hat die Regungen eines übel verstandenen Ehrgeizes und den Dünkel der Autorenschaft solange zu unterdrücken vermocht, bis er sich durch unermeßliche Studien auf einem Standpunkt erhoben hat, der ihm vielleicht nicht mit Unrecht einen Platz unter den gründlichsten Geschichtsschreibern Deutschlands anweist."[42] Hatte Fallmerayer zur Bekräftigung seines wiederholt gestellten Ansuchens auch die von der Dänischen Akademie erhaltene Goldmedaille (im Original!) an die Studiensektion geschickt, erhielt er diese Ende September 1825 wieder zurück; im internen Amtsverkehr[43] wurde die Ablehnung des Reisegesuchs sehr deutlich abgefasst: Die angestrebte Reise sei wohl nicht zielführend, die geheimen Archive in Venedig und Genua würden sich vor dem Antragsteller nicht öffnen, „wenn nicht vorerst durch das Staats Ministerium des kgl. Hauses und des Äussern bey dem betreffenden auswärtigen Governements sachgemäse Einleitungen getroffen werden". Trotzdem erschien die preisgekrönte Schrift 1827 im Druck.[44] Sie ersetzte ihrem Autor gleichsam seinen nie erreichten eigenen Studienabschluss, seine nie verfasste Dissertation. Erst 15 Jahre später, 1842, wurde er zum Dr. h. c. der Universität Tübingen ernannt.[45]

Auch wenn sich das zweite Werk, die 1830 veröffentlichte „Geschichte der Halbinsel Morea während des Mittelalters", vorgeblich mit der Geschichte der

Peloponnes im angegebenen Zeitraum beschäftigt, traf Fallmerayer damit doch mitten ins Herz nicht nur des deutschen, sondern vor allem des bayerischen Philhellenismus. Er bestritt den Zusammenhang zwischen der damaligen Bevölkerung Griechenlands und jener der Antike – und das gleich im Untertitel: „Untergang der peloponnesischen Hellenen und Wiederbevölkerung des leeren Bodens durch slavische Volksstämme", dem in logischer Konsequenz die ersten, von den Zeitgenossen als Keulenschläge empfundenen Sätze des Vorwortes folgten: „Das Geschlecht der Hellenen ist in Europa ausgerottet. Schönheit der Körper, Sonnenflug des Geistes, Ebenmaß und Einfalt der Sitte, Kunst, Rennbahn, Stadt, Dorf, Säulenpracht und Tempel, ja sogar der Name ist von der Oberfläche des griechischen Kontinents verschwunden. Eine zweifache Erdschichte, aus Trümmern und Moder zweier neuen und verschiedenen Menschenracen aufgehäuft, decket die Gräber dieses alten Volkes. Die unsterblichen Werke seiner Geister, und einige Ruinen auf heimathlichem Boden sind heute noch die einzigen Zeugen, daß es einst ein Volk der Hellenen gegeben habe. Und wenn es nicht diese Ruinen, diese Leichenhügel und Mausoleen sind; wenn es nicht der Boden und das Jammergeschick seiner Bewohner ist, über welche die Europäer unserer Tage in menschlicher Rührung die Fülle ihrer Zärtlichkeit, ihrer Bewunderung, ihrer Thränen und ihrer Beredsamkeit ausgießen: so hat ein leeres Phantom, ein entseeltes Gebilde, ein nicht in der Natur der Dinge existirendes Wesen die Tiefen ihrer Seele aufgeregt. Denn auch nicht ein Tropfen echten und ungemischten Hellenenblutes fließet in den Adern der christlichen Bevölkerung des heutigen Griechenlands. Ein Sturm, dergleichen unser Geschlecht nur wenige betroffen, hat über die ganze Erdfläche zwischen dem Ister und dem innersten Winkel des peloponnesischen Eilandes ein neues, mit dem großen Volksstamme der Slaven verbrüdertes Geschlecht von Bebauern ausgegossen. Und eine zweite, vielleicht nicht weniger wichtige Revolution durch Einwanderung der Albanier in Griechenland hat die Scenen der Vernichtung vollendet."[46]

Mit solchen wortgewaltigen Bemerkungen erreichte Fallmerayer einen „Höhepunkt der griechischen Desillusionierung"[47]: Er entzog den Philhellenen das Objekt ihrer Bewunderung und brachte sich im eben erst unabhängig gewordenen Griechenland in Verruf. Das Epitheton „Hellenomachos", Griechenbekämpfer, der „der höchste Ausdruck der Undankbarkeit mancher Europäer gegenüber dem ihnen die Augen öffnenden Griechenland" sei[48], blieb über seinen Tod hinaus mit seinem Namen verbunden. Andererseits förderten gerade auch Fallmerayers provokante Aussagen die Entwicklung einer neugriechischen Historiografie, aber auch Volkskunde- wie Sprachstudien.[49]

Im Vorwort zum 1836 erschienenen zweiten Teil der „Geschichte der Halbinsel Morea" legte er noch ein Schäuflein nach[50], indem er ihn mit einer die philhellenistischen Zeitgenossen noch tiefer verletzenden Attacke eröffnete, stempelte er sie doch zu Kriegstreibern ab: „[...] daß der Aufstand des griechischen Volkes nicht so fast durch ein Mißverhältniß der türkischen Verwaltung mit dem Bildungsgrad und den socialen Verhältnissen der christlichen Unterthanen Griechenlands, sondern [...] hauptsächlich durch ein von Außen eingelegtes Feuer entzündet wurde, und folglich nicht ausschließlich ein Werk des Volkes, sondern zum Theil auch der Fremden ist. [...]" Das konnte nicht unwidersprochen bleiben. Und je mehr Kritiker sich zu Wort meldeten, um so heftiger verteidigte Fallmerayer seine Anschauung.[51] Er sah sich zeitlebens in der Rolle des Angegriffenen, der immer wieder neue Argumente zu seiner Verteidigung vorbringen musste.[52] Und so wurde er auch auf seiner zweiten Fahrt in den Orient auf der Suche nach neuen Beweisen für seine Griechenthese fündig, die er in den „Fragmenten" referiert, obgleich er auf dieser Reise vor allem neue Erkenntnisse für seine Trapezunt-Studien zu finden hoffte.[53] Sein drittes großes Thema kann als Ergebnis seiner Beschäftigungen mit dem Schwarzmeer-Raum und mit Griechenland verstanden werden: der Orient in seiner Beziehung zum Okzident, das Machtspiel zwischen diesen beiden Blöcken, die Frage nach der politischen Rolle des russischen Zaren.

Doch fahren wir im biografischen Abriss fort und kehren wir in das Jahr 1831 zurück: Als Lehrer frustriert, fühlte er sich doch nach dem Erscheinen des Morea-Bandes vor allem als Wissenschaftler, obgleich er gerade durch diesen Band heftiger Kritik ausgesetzt war, nützte er die sich bietende Gelegenheit, als Begleiter Graf Ostermann-Tolstois in den Orient zu reisen.[54] Er stellte den Antrag, auf zwölf Monate beurlaubt zu werden, um „in den Archiven einiger im Mittelalter berühmten See-Hauptstädte Italiens, und auf dem emancipierten Boden Griechenlands"[55] zu forschen. In der Tat dauerte die Reise wesentlich länger – nämlich von Mitte 1831 bis Mitte 1834 – und führte vor allem nach Ägypten[56], Palästina, Syrien, den Libanon und erst in der Folge über die griechischen Inseln nach Konstantinopel, auf die Peloponnes, wo unter anderem ein Besuch beim bayerisch-stämmigen König Otto von Griechenland auf dem Programm stand, nach Athen und über Mittelgriechenland, die Ionischen Inseln zurück nach Italien und Deutschland.

Was gemeinhin als Intrige gegen Fallmerayer gedeutet wird, scheint doch mit dessen Wissen und Billigung geschehen zu sein: Seine Lehrerstelle, der er über die gewährte Frist hinaus ferngeblieben war, war mittlerweile von einem mit Fallmerayer befreundeten Lehrerkollegen besetzt worden. Für eine Professur an der Münchner Universität schien der unbequeme Kritiker, nicht nur der Philhellenen, sondern auch der Kirche, (noch) nicht geeignet. Noch während er sich im Orient aufhielt, wurde er 1832 zum „correspondierenden" Mitglied der historischen Klasse der Bayerischen Akademie der Wissenschaften ernannt. 1835 erhielt er das Diplom eines „ordentlichen" Mitglieds.[57]

Nach Durchsicht der Akten[58] muss man zur Ansicht gelangen, dass diese Ernennungen – mit der Auflage, keine Studenten zu unterrichten, attestierte man ihm doch „besonders in religiöser Hinsicht für das Lehrfach nicht geeignete Gesinnungen"[59] – eine Notlösung waren: Sein Gehalt bezog er weiter über die Schulbehörden, obwohl er nun keinem Lehrkörper mehr angehörte und auch keine entsprechende Gegenleistung erbrachte. Von der Last der Unterrichtstätigkeit in Landshut befreit, übersiedelte er 1834 in die aufstrebende Metropole Bayerns, nach München, das zur damaligen Zeit zum glanzvollen Isar-Athen ausgebaut wurde.[60] Fallmerayer konnte hier den Lebensstil aufnehmen, der typisch für ihn wurde. Der Junggeselle mietete sich in einer Zweizimmerwohnung ein[61], lebte losgelöst von täglichen Verpflichtungen ganz seinen Interessen folgend und unternahm Reisen, zum Teil in Begleitung des Grafen Ostermann-Tolstoi. Allerdings stellte sich bei ihm, der zu Melancholie neigte, nur ein getrübtes Glücksgefühl ein. Anfang 1837, aus Anlass eines Aufenthaltes in Pisa, schreibt er über seine neue Lebensweise: „besonders in diesem Winter deutlich erkannt, daß ich kein Gelehrter, am wenigsten ein akademischer Gelehrter bin. Wenig Ehrgeiz, folglich Scheu vor ernsthafter anhaltender Arbeit; habe nicht gelernt methodisch und erfolgreich die Zeit zu benützen, will nicht reden, keinen Umgang besonders mit Gelehrten pflegen, *amor solitudinis et silentii*[62] herrschen entschieden vor, möchte aus diesem Grunde viel Geld und wie ein Afghane mit Niemanden etwas zu schaffen zu haben. Eigene Trägheit, Unschicksamkeit und zum Theil auch entschiedene Ungunst des Glückes haben mich in diesem Punkte weit hinter meinem Wunsche zurückgelassen. *Non c'è più rimedio, egli è troppo tardi.* Ich hätte nie geglaubt, daß ich nach dem arbeitsamen zehnjährigen Landshuterleben ohne Beschäftigung den Tag hinbringen könnte! Im Orient habe ich diese Kunst gelernt. Stiller Genuß des Daseyns, Meditation, Schwärmerey, Insichversunkenseyn lehren mich alle literarische Hülfsmittel entbehren. Ich will nichts wissen, weil das Wissen nicht glücklicher macht. [...] *Nec mihi mors gravis est posituro morte dolores.*[63] Körperlich leide ich nicht; aber Melancholie, Gram, verzagendes Gemüth versengen das Mark in den Knochen."[64]

Für ihn wesentlich, und zwar nicht nur in finanzieller Sicht, war der Beginn seiner Beziehung zur Augsburger „Allgemeinen Zeitung", kurz AAZ, die er ab 1839 bis kurz vor seinem Tod in wechselnder Intensität mit Artikeln versorgte.[65] Die AAZ war offiziell politisch neutral, vertrat aber einen gemäßigt liberalen, großdeutschen Standpunkt, lag also im Großen und Ganzen auf Fallmerayers Linie – vor allem aber wurde sie gelesen. So erschien sie beispielsweise 1840 in einer Auflage von 9.000 Stück, 1848 waren es 11.000, mit welchen circa 50.000 Leser in Deutschland, aber auch in Österreich erreicht wurden.[66] Damit war Fallmerayer ein breites Lesepublikum gesichert, denn so sehr seine Griechenthese auch diskutiert wurde, die „Geschichte der Halbinsel

Morea" war kein Verkaufserfolg. Für den Reisenden Fallmerayer bot die AAZ einen großen Vorteil: Sie räumte der Auslandsberichterstattung, vor allem über griechische Zustände, breiten Raum ein. Als er im Juli 1840 von München aus zu seiner zweiten Orientreise aufbrach, fühlte er sich als Korrespondent des Augsburger Blattes, auch wenn ihn weder der Eigentümer der Zeitung, Johann Georg Cotta, noch der leitende Schriftleiter, Gustav Kolb, dazu ernannt hatten. Im Gegenteil, als Fallmerayer beim Verlag um einen Vorschuss zur Absicherung seines Reisevorhabens bittet, wird dieser abgelehnt. Sehr wohl sichert man ihm zu, dass er für eingesandte und angenommene (was auch heißen konnte: durch den Verlag zurechtgestutzte) Beiträge bezahlt werden würde.[67]

Nun endlich können wir den eingangs – am 8. Juli 1840 – in Linz zur Auskurierung seines Unwohlseins zurückgelassenen Fallmerayer wieder direkt in die Erzählung seines Lebenslaufes aufnehmen: Summarisch hält er den Verlauf des ersten Teils seiner zweiten Reise in den Orient fest: „Der Reise=Paß lautet über Wien, Cpl [= Konstantinopel], nach Trapezunt und dem Orient, ausgestellt auf zwey Jahre.[68] In der Tasche waren f 2000, theils in Baaren, theils in *Crediten* auf Wien, und am 6. Juli, nachdem ich vorher alle Bekannte und Freunde begrüßt hatte, ging es auf dem Eilwagen nach Regensburg zum Dampfboot. Am 3. August kam ich nach Cpl, und am 10ten nach Trapezunt, mit den besten Empfehlungen aus Wien an Hr. v. Stürmer, und durch diesen an den k. ö. Consul, Ritter *de Ghersi*, in Trapezunt. In dieser alten Comnenen-Residenz und ihren Umgebungen, in Kerasunt, Tripoli, Kloster Sumelas im Kolchischen Amaranten-Gebirg (τὰ ἀμόραντα ὄρη τῶν Κόλχων) blieb ich bis 22 Oktober, im Ganzen 74 Tage und mit Ausnahme eines nur 9 Tage anhaltenden Melorenfiebers, gesund und vergnügt. Am 22 Oktober Nachmittag ging es wieder fort auf demselben *Istambol*, der mich hingebracht[69], und Sonntag am 25ten besagten Monats, Abends 4 Uhr ankerten wir glücklich im goldenen Horn. – November 3 verließ ich die *Locanda* in Galata und bezog gegen Monatlich 700 türkische Piaster *(i.e. 7 Louis d' or!)* die Pension im Hause *Don Agostino's*, Cancelliere des kath. Erzbischofes; nehme türkische Lectionen und schreibe Artikel für die Allgem. Zeitung. Von Trapezunt schickte ich nur einen einzigen, der im letzten Sptbr-Drittel etwa zehn Spalten Druck – mit Weglassungen – einnahm. Am 9 Dec. ging ein zweiter, von 15 Folio-Seiten Handschrift, und von jener Zeit jeden Mittwoch eine kleinere Arbeit, von vier eng und winzig geschriebenen Groß-Quart-Seiten, nach Augsburg ab. Bis heute (14 Jan. 1841) wo man das Blatt bis 26 Dec. kennt, ist noch nichts daselbst eingetroffen. Die Post vom 9 Dec. verzehrte 16 volle Tage bis Wien, wo sie am 25 Dec[.] abends eintraf."[70] Weitere Stationen waren: Besuch des Berges Athos, Thessaloniki, Turnovo, Pharsalus; bei Zitun, dem ersten Ort unter griechischer Oberhoheit[71], musste er acht Tage in Quarantäne zubringen, ehe er weiter nach Euböa und Athen reisen konnte. Die Rückfahrt erfolgte auf dem Meerweg nach Triest, Venedig, über Brixen[72], Innsbruck nach München.

Wesentliche Eindrücke dieser Reise können in den „Fragmenten" nachgelesen werden, ohne freilich dem Irrtum zu verfallen, sie seien eine authentische Beschreibung dieser zweiten Reise Fallmerayers in den Orient – auch wenn sie bisweilen mit dieser Fiktion spielen. Ebenso wenig sind sie – auch wenn Fallmerayer hie und da praktische Ratschläge für nach ihm Reisende einstreut – ein Reisehandbuch.[73]

Zurückgekehrt nach „Derwischabad", wie er die bayerische Hauptstadt bisweilen spaßhaft nennt, bläst ihm zunächst einmal ein kalter Wind entgegen: Eine für die Akademie vorbereitete Rede wird abgelehnt[74], und der König gibt ihm die Schuld, dass der hellenische Kredit in Europa verloren gegangen sei. Trotzdem bringen ihn die nächsten Jahre in eine Nähe zum bayerischen Hof, wenigstens Kronprinz Maximilian sucht seinen Rat und seine Gesellschaft – vielleicht sogar in bewusster Opposition zu seinem Vater. Der gebürtige Südtiroler Bauernbub erhält am 6. November 1844 folgendes Schreiben aus Hohenschwangau:[75] „Euer Hochwohlgeboren! Se Königliche Hoheit der Kronprinz von Bayern[76] beauftragen mich Euer Hochwohlgeboren auf 14 Tage nach Hohenschwangau einzuladen. Hochdieselben wünschen, daß Euer Hochwohlgeboren künftigen Mont[a]g den 11t[en] früh in Hohenschwangau eintreffen möchten. […]"

Der Prinz muss Fallmerayer zu einem offenen, vertraulichen Meinungsaustausch ermuntert haben. Johann Nepomuk Anton Mayr, einem Brixner Schulfreund, berichtet Fallmerayer nicht ohne Stolz:[77] „Du kannst denken, mit welch schonungsloser Derbheit ich seine Fragen über öffentliche Zustände und Volksstimmung, über Bedürfnisse der Zeit, über Cultur und Pfafferei beantwortet und insbesondere die Heuchelei der Staatsfrommen, die Schurkerei der vornehmsten Instrumente der öffentlichen Gewalt, die stupidpfäffischen Bedrückungen der Presse und des *ersten* Organes deutscher Oeffentlichkeit ausgemalt und geschildert habe. Es war ein Luxus von Invektiven und lange verhaltenen Zornes, der *qua data porta* hervorbrach. Der Prinz meinte, solche Reden hätte er noch nicht oft gehört, er öffnete sein Herz, malte seinerseits Studien, Streben, Ringen, *delicate* Stellung, Sinn, Vorhaben und Gefühl, er war in der heitersten Laune, wir schlossen *quasi* einen Bund (was ihm vermuthlich schon öfter auch mit andern begegnete) und schieden *amicissime* von einander, um uns im Salon der Princessin bald wieder zu treffen." Fallmerayer hatte sich für diesen Besuch auf dem Schloss zurechtgemacht, was ihn zu folgendem Nachsatz veranlasste: „Finanziell betrachtet ist diese Gastladung ein neuer, nachhaltender, großer Ruin. Eleganz der Kleidung, Fracht und *pourboire* verzehren den ganzen Cassarest … *timeo Danaos et dona feren-tes*!" Fallmerayers Berichte von Hohenschwangau schwanken zwischen Eu-phorie und Niedergeschlagenheit. Er weiß: „Verlassen (*confidere*) kann man sich nach dem bekannten Bibelspruch auf die Princeps ohne Nachtheil in kei-nem Fall."[78] Dennoch ist er bereit, wenigstens zeitweise auf sein Motto „soli-tudo et silentium" zu verzichten, das auf seine junggesellige Lebensform ab-gestimmt war. Denn es gilt, nicht nur sich mit dem wissbegierigen Kronprinzen zu unterhalten, sondern auch an höfischen Unterhaltungen teilzunehmen, so etwa am Blinde-Kuh-Spiel, an Billard-Partien, an ausgelassenen Konversatio-nen. Penibel notiert er sich die von Sr. K. Hoheit, dem Kronprinzen von Bay-ern, zwischen 1845 und 1848 bezogene „Pension".[79] Nicht nur finanziell war ihm diese Verbindung mit dem Hof von Vorteil – auch in der Zeit nach der Ernennung des Kronprinzen zum König von Bayern im Revolutionsjahr 1848 konnte er auf dessen schützende Hand vertrauen.

Zu dieser offiziellen Wertschätzung kommt die öffentliche Anerkennung: Fall-merayers laufend in der Augsburger „Allgemeinen Zeitung" erscheinenden Beiträge werden gelesen und sind Gesprächsthema in Gesellschaften. Endgül-tig gesichert ist sein schriftstellerischer Ruhm 1845 durch das Erscheinen der „Fragmente aus dem Orient". Zudem erhält er in diesem Jahr einen Ruf an die Universität Freiburg im Breisgau, die aus damaliger bayerischer Sicht im Aus-land liegt, weshalb Fallmerayer den König davon unterrichtet und die Vorzüge – vor allem eine finanzielle Besserstellung – der angebotenen Stelle schildert, dann jedoch bemerkt: „So lockend aber das Angebot auch immer seyn mag, hält es der unterthänigst Unterzeichnete doch für besser in seinen gegenwärti-gen Dienstverhältnissen ohne reife allseitige Erwägung nichts zu ändern und statt unbedingt dem Rufe eines neuen Brodherrn nachzuziehen lieber unter der ruhm- und glanzvollen Herrschaft Eurer Majestät noch ferner fortzuleben. Jedoch wagt er bei dieser Veranlassung unterthänigst zu bitten Eure Majestät möge allergnädigst geruhen das nur fl. 800 betragende Gehalt desselben durch eine Zulage von jährlich etwa fl. 600 aus dem Fonds der k. Academie der Wissenschaften zu erhöhen, damit er ohne große Sorgen leben und zugleich seine litterarischen Arbeiten nachhaltiger betreiben und fördern kann. Dieses unterthänigste Anlangen stützt derselbe, ausser anberegtem ebenso ehrenvol-len als vortheilhaften Ruf in das Ausland, hauptsächlich auf den Grund seiner bereits zehnjährigen und, wie er glaubt, nützlich und zu voller Zufriedenheit seiner Vorstände geleisteten Dienste bei der k. Academie der Wissenschaften." Nüchtern notierte König Ludwig am unteren Rand dieses selbstbewusst ge-stellten Ansuchens: „Nach der von mir getroffenen, seit einer Reihe von Jah-ren getroffenen Verfügung werden keine neuen Besoldungen in der Akad[emie] der Wissenschaften ertheilt, wodurch die Nichtgenehmigung die-ses Gesuches ausgesprochen ist. Ich will Profess[or] Fallmerayer, dessen ausgezeichnete Gelehrsamkeit mir bekannt ist nicht hinderlich seyn bey der Annahme einer Professur in Freyburg."[80] Fallmerayer nahm sie, seinen Worten gemäß, nicht an.

Er geht vielmehr in alter Gewohnheit auf verschiedene kleinere Reisen, ehe er 1847 ein drittes und letztes Mal in den Orient aufbricht. Er hält sich in Athen und Konstantinopel auf, wo er die glanzvolle Einladung erhält, „en grande uniforme" am Diplomatengastmahl des Sultans auf Haider-Pascha teilzunehmen[81], weiters in Trapezunt, Smyrna, Beirut, Jerusalem und Jaffa, besucht das Kloster Karmel, von wo er erneut nach Smyrna zurückkehrt. Eine Reise nach Ägypten wird noch erwogen, doch tritt er unvermittelt die Heimfahrt an: Fallmerayer hat das Anstellungsdekret als Nachfolger Joseph von Görres' (1776–1848) an der Münchner Universität erhalten! Adressiert ist es an „den bisherigen Professor der Philosophie und Geschichte an dem Lyzeum zu Landshut Dr. Fallmerayer" und enthält vor allem Angaben über das zu erwartende Gehalt in der Höhe von 1.300 Gulden jährlich, „wovon *achthundert Gulden* den bisher schon erworbenen Standesgehalt und *fünfhundert Gulden* den Dienstgehalt bilden". Weiters war dem Dienstgehalt in einem der „normamäßig zu vergütende Naturalbezuge von *zwey* Schäffeln Waizen und *sieben* Schäffeln Roggen des Jahres im Geldaufschlage zu einhundert Gulden" hinzuzurechnen.[82] Offiziell wurde Fallmerayer noch von König Ludwig I. ernannt, im Hintergrund hatte jedoch Kronprinz Maximilian diese Berufung befördert. Es ist typisch für Fallmerayers Psyche, dass er sich über diesen geradezu unglaublichen Karrieresprung nicht richtig freuen konnte: Er fühlt sich einerseits seiner persönlichen Freiheit beraubt, andererseits bereits zu „alt, indifferent, schwächlich", um *junioribus* entgegenzutreten"[83]. Auf der Heimreise entwirft Fallmerayer das Konzept seiner Antrittsvorlesung. Im Vorlesungsverzeichnis für das Sommersemester 1848 der königlichen Ludwig-Maximilians-Universität ist seine Vorlesung „Ueber die englischen Staatsumwälzungen des 17ten Jahrhunderts" angekündigt, in dem des Wintersemesters 1848/49 eine über die „Philosophie der Geschichte, das ist über Entwicklung und Fortbewegung der politischen und religiösen Zeit – Ideen vom Beginn der historischen Kenntniss bis herab zur Gegenwart – in noch zu bestimmenden Stunden".[84]

Doch Fallmerayer hatte keine Möglichkeit, sich mit den englischen Staatsumwälzungen auf universitärem Boden zu beschäftigen: Die politischen Umwälzungen seiner Zeit forderten ihren Tribut: Fallmerayer wurde als Münchner Abgeordneter in das Frankfurter Parlament gewählt, wo er sich von allem Anfang an nicht wohlfühlte. Über beide Ereignisse schreibt er an seinen Freund Johann Nepomuk Anton Mayr:[85] „Die Wiederanstellung nach 16jährigem Wanderleben habe ich im ersten Augenblick für eine Calamität gehalten und die Annahme der Sendung nach Frankfurt ist die sicherste Gelegenheit, den Nimbus zu zerstören, den die Gunst enthusiastischer Verehrer und das Andenken liberaler Velitationen zur Zeit der Finsterniß und der Unterdrückung um den Namen des ‚Fragmentisten' gezogen hat." Erschwerend für die in Frankfurt von ihm erwartete Tätigkeit – sich aktiv an den Versammlungen zu beteiligen – ist der „von der Reise mitgebrachte und im rauhen München verschlimmerte Katarrhhusten", ist aber auch das Fehlen der Begabung, zu improvisieren und zu extemporieren, sodass er „aus diesem Doppelgrunde in den ersten Sektionsversammlungen gänzlich schwieg oder nur weniges und ungeordnetes zu sagen wußte". Das Ende seiner Karriere als Politiker ahnt er voraus: „Wie die Sachen bis heute stehen, werde ich hier eine schlechte oder eigentlich gar keine Rolle spielen und mit stark gemindertem Namen zurück nach München kommen." Es sollte jedoch noch schlimmer kommen: Obwohl er sich als Politiker ungeeignet fühlt, nimmt er weiterhin sein Mandat wahr, auch als das Frankfurter Parlament in den April-, Mai-Tagen 1849 immer weiter in eine Krise schlittert. So nehmen Ende Mai 1849 von den ursprünglich 400 bis 450 Abgeordneten (bei 598 Mandaten) nur mehr 130 an den Sitzungen teil, sodass am 24. Mai festgesetzt werden muss, dass die Versammlung auch mit 100 anwesenden Parlamentariern beschlussfähig sein soll. Am 30. Mai wird über die Verlegung des Parlaments nach Stuttgart abgestimmt (71 dafür, 64 dagegen); Fallmerayer schließt sich der Meinung der Mehrheit an. Nach nur sechs Sitzungen wird das Stuttgarter „Rumpfparlament" mit Militärgewalt aufgelöst, werden die Mitglieder steckbrieflich gesucht.[86] So konnte man am 27. Oktober 1849 (= Nr. 300) im Anzeigenteil der Augsburger „Allgemeinen Zeitung", eingebettet zwischen Werbeannoncen für ein „Jagd-Büchl" und für „Fasanen- und Schwarzwildpret-Verkauf", folgenden am 22. Oktober zu Augsburg ausgestellten Steckbrief lesen:

„[...] Gegen den königl. quiescirten Universitäts-Professor *Fallmerayer* aus München ist in Folge einer Entschließung des königl. Appellationsgerichts von Schwaben und Neuburg vom 7 August l. J. eine Untersuchung wegen nächsten Versuchs des Hochverraths durch Theilnahme an den Beschlüssen des sogenannten Rumpfparlaments zu Stuttgart, wodurch das politische Daseyn des bayerischen Staats bedroht wurde, [...] eingeleitet worden. Da der Aufenthaltsort des Angeschuldigten unbekannt, dessen Verhaftung aber [...] geboten ist, so ersucht man alle in- und ausländischen Gerichts- und Polizeibehörden den unten signalisirten quiescirten königl. Universitäts-Professor Fallmerayer zu verhaften und unter geeigneter, seinem Stande angemessener Verwahrung anher zu liefern.

Signalement. Alter: Fünfziger, Größe[:] 5 Schuhe 9 Zoll, Statur: untersetzt, Gesichtsform: länglicht, Gesichtsfarbe: gebräunt, Haare: dunkel, Augen: braun, Nase: länglicht, Kinn: rund. Besondere Kennzeichen: Mangel der vorderen Schneidezähne. [...]"

Waren für andere Parlamentarier gegen sie ergangene Steckbriefe existenzbedrohend, erholte sich Fallmerayer unbehelligt bei einer Molkenkur in Weißbad in Appenzell und zog später – im Vollbesitz seiner Schneidezähne[87] – nach St. Gallen. Da sein Aufenthalt in der Schweiz allgemein bekannt war, muss doch angenommen werden, dass König Maximilian sich schützend vor ihn gestellt haben dürfte, sodass er 1850 amnestiert nach München zurückkehren konnte. Allerdings hatte Fallmerayer zu dieser Zeit bereits den Zenit seiner öffentlichen Anerkennung überschritten: Als Universitätsprofessor war er ohnehin schon 1849 – ohne dass er auch nur eine einzige Vorlesung gehalten hätte – untragbar geworden und in den zeitlichen Ruhestand versetzt worden. Durch eine Zeitungspolemik gegen eine Rede des Münchner Arztes Johann Nepomuk Ringseis riskierte er 1850/51 beinahe den Ausschluss aus der Bayerischen Akademie der Wissenschaften.

Es mag ihm, in der für ihn so unerfreulichen Zeit, eine Genugtuung gewesen sein, dass seine Person wenigstens noch im Orient geschätzt wurde: Sultan Abdul-Medschid hatte ihm bereits 1848 den Nišan-i Iftihar, den Orden des Ruhms, mit der Begründung verliehen, er zähle ihn „[...] zu den Männern des Talents und Wissens, zu den mit Einsicht und Scharfsinn Begabten [...]“.[88] Fallmerayer trug diese Auszeichnung stolz, undiplomatisch, wie er war, öffentlich – auch zu unpassenden Gelegenheiten. Er war sich der Tatsache sicherlich bewusst, dass sich die Philhellenen unter den Akademiemitgliedern beim Anblick dieser diamantenbesetzten türkischen Auszeichnung provoziert fühlen mussten. Auch in der der sogenannten Ringseis-Affaire zugrunde liegenden Akademiesitzung erschien er „in voller Uniform mit Nischan Iftihar“[89].

Für verschiedene Zeitungen, die seine liberalen Ansichten akzeptieren, verfasst der „Ritter des türkischen Verdienstordens“[90] in den 1850er-Jahren Artikel, die mehr oder weniger gekürzt und vorzensuriert erscheinen können.[91] Wiederholt sucht er Heilbäder auf oder geht sonst auf Reisen, wofür er sich immer wieder neue, befristete Reisedokumente ausstellen lassen muss. Im „Reise-Pass in das Ausland“ des Königreiches Bayern, ausgestellt am 16. August 1855, wird seine Physiognomie wie folgt beschrieben: „Alter 63 Jahre[,] Größe 5‘6“[,] Haare schwarz gemischt[,] Stirn mittlere[,] Augenbraunen [!] schwarz[,] Augen braun[,] Nase länglicht[,] Mund proport:[,] Bart schwarzbraun [–] Schnurrbart[,] Kinn rund[,] Angesicht oval[,] Gesichtsfarbe bräunlich[,] Besondere Kennzeichen ohne.“[92]

Eine späte Ernte seiner langjährigen Beschäftigung mit Albanien ist die in drei Bänden 1857, 1860 und 1861 vorgelegte Publikation „Das albanesische Element in Griechenland“.

Doch Fallmerayer fühlt immer mehr, dass sich seine Lebenszeit zu Ende neigt. Niedergeschlagen notiert er am 31. Jänner 1860 im Tagebuch: „Hier wird die tägliche Aufschreibung abgebrochen. Die Hand zittert; das Gedächtniß schwindet, die Beine sind quasi ganz lahm und das Gehirn hört auf zu phosphoresciren. Das Alter mit seinen Beschwerden rückt mit Gewalt heran. Ich bin *fere* den ganzen Tag zu Hause und meistens im Bette müde an Leib und Seele. Von Hause zum Essen, dann auf das Musäum und von dort wieder heim ist seit Monaten die einzige Bewegung, die ich mit Hülfe des Stockes noch zu machen vermag langsam und elend. Alle Besuche sind vorläufig eingestellt, weil ich auch nicht mehr laut und anhaltend reden kann und Stiegen steigen beinahe unmöglich ist. Die geistige Arbeit langsam und ohne Schwung, selbst das Lesen ernster Bücher fatiguirt und langweilt Leib und Geist. Alles im späteren Alter Gelernte, z. B. das Türkische, erlischt zusehends und es ist ein Glück daß ich die literarischen Plänkeleien soviel als ganz geendet habe und kein Buch zu schreiben genöthigt bin. Ich lebe und ende einsam und vergessen, weil alle meine Publicationen ohne Succes geblieben sind. Trauriges Bekenntniß! Jammervolles Geschick!"

Noch einmal kann er sich zu einem hoffnungsvollen „*verte*" am Blattrand aufraffen und auf der Folgeseite mit Eintragungen zum 1. August 1860 fortfahren. Letzte Anstrengungen gehören der Vorbereitung seiner „Gesammelten Werke", einer Zusammenstellung verstreut erschienener Artikel, die erst durch seinen Nachlassverwalter Georg Thomas (1817–1887) immerhin noch in Fallmerayers Todesjahr in drei Bänden herausgebracht werden können, denn der „Fragmentist" stirbt 70-jährig in München. Der schlichte, bis auf einen klassizistischen, wenig ornamentierten Giebel sonst schmucklose Grabstein steht bis heute auf dem Alten Südlichen Friedhof der Isarmetropole und verweist auf „JAKOB | FALLMERAYER | UNIVERSITÄTS | PROFESOR | * 1790 + 1861". Seine Brüder lassen in Brixen einen einfachen Partezettel ohne Verzierung, ohne Kreuzsymbol drucken: „Johann Fallmerayer Handelsmann in Brixen, gibt hiemit in seinem und seiner Brüder Paul und Mathias Namen die betrübende Nachricht von dem Hinscheiden ihres geliebten Bruders Dr. Jakob Philipp Fallmerayer, königl. baier'scher Universitätsprofessor und Mitglied der königl. Akademie der Wissenschaften in München, welcher in seinem 71. Lebensjahre in Folge längern Rückenmarkleidens[93] zu München in der Nacht vom 25. auf den 26. April sanft verschied. R.I.P. Brixen, am 29. April 1861."[94]

Es ist bezeichnend, dass ihm die drei überlebenden Brüder diesen letzten Dienst erwiesen haben, denn wenn Fallmerayer 1809 auch Brixen verlassen und einen von seinen Südtiroler Verwandten abweichenden Lebensweg eingeschlagen hat, so hat er sich dennoch nie von ihnen distanziert. So unterstützt er, nachdem er ab 1818 als Lehrer selbst ein gesichertes Einkommen hat, durch regelmäßige Übersendungen seinen Vater, wobei er vor Ort seinen ehemaligen Lehrer Valentin Forer als Überbringer dieser sicherlich willkommenen Gaben auserkoren hat. Schulmeisterlich teilt Fallmerayer ihm mit: „Billig könnten Sie sich verwundern, hochzuverehrender Herr Präfekt, wie ich denn die meinem Vater zugesagte Unterstützung demselben in so kleinen und öfter wiederholten Theilen zufließen lasse, und sie ihm nicht z. B. vierteljährig in größerer Masse übersende. Allein, die Besorgniß, man möchte die bisher von der Noth diktierte Sparsamkeit beim schnellen Wechsel der Dinge zu rasch vergessen und im Vertrauen auf meine Börse die entflohene, oder vielleicht nie gekannte Bequemlichkeit des Lebens in die bescheidene Hütte hereinrufen, veranlassen mich anfänglich Maaß und Ziel zu halten, obwohl ich bei einem, Gott Lob, gesegneten Einkommen ein Ansehnlicheres zu leisten im Stande wäre."[95] Nach dem Tod des Vaters unterstützte Fallmerayer seine Stiefmutter bis zu deren Ableben.[96]

Seine Verbundenheit mit der und seine Sorge für die Familie machen nicht nur entsprechende Eintragungen im Rechnungsbuch deutlich[97], dies demonstrieren vor allem die Tagebuchnotizen aus Anlass von Aufenthalten in Brixen.[98]

Als er 1842, von seiner zweiten Orientreise zurückkehrend, seit Jahren wieder heimatlichen Boden betritt, gelten die ersten Tagebucheintragungen[99] seinen Verwandten: „Donnerstag 19 Mai. Neblicht, regendrohend, kühle; 7 Uhr früh in Botzen; Ruhe bis 9 Uhr; Promenade auf der Talferbrücke; fleischige, ausdruckslose Gesichter des Volkes! Nach 2 Uhr Nachmittags in *Brixen*. *De sororis ὁμοπαρίου miserando casu hic demum comperi.*[100] Nichts als Verdruß von allen Seiten; Nothstand der andern Schwester, Lasten und Thorheiten der Stiefmutter; peinliches Schreiben von *H.* aus München, unruhige Nacht." Und auch der nächste Tag bringt keine Besserung der Stimmungslage: „Freitag 20 Mai. Wird schön, die Wolken fliehen. Visiten und Verdruß den ganzen Tag. *Soror extincta*[101] hat ihr kleines Vermögen, die Frucht der täglichen Arbeit sammt der Pension mit dem liederlichen Kerl durchgebracht und noch – Schulden hinterlassen, die ich bezahlen muß." Und dazu noch ein wieder einmal verstümmelt abgedruckter Beitrag in der Augsburger „Allgemeinen Zeitung": „Der Artikel aus Venedig ist am 16 Mai in der Beilage zur Hälfte erschienen, der Schluß in der nächsten Numer: Alles auf die Gesandten Bezügliche zum größten Leidwesen ausgeblieben." Doch gibt es an diesem Tag doch noch Erfreuliches festzuhalten: „Ehren von Seiten meiner Landsleute. Der junge *Wallenöfer*! Alle *Classen* des Gymnasiums besucht; Eleganz in Gesicht und Wuchs der Studenten. Warum besticht das Lob, wenn nur ein wenig verdient, Herz und Sinn fast aller Menschen?"

Schon am übernächsten Tag (Sonntag, 22. Mai) wird er mit dem Lebensschicksal einer weiteren Schwester konfrontiert: „Mit der Schwester und ihrem Mann das Frühstück genommen: sie ist 50 Jahre alt und häßlich, er nur 32 und schön, verständig und sparsam, viele Schulden, wenig zu essen, viel zu arbeiten, *io farò qualche cosa*, ich muß helfen." Dass er sich an diesem Tag über das Lob seiner Landsleute – „Civil-Autoritäten ersten Ranges, Edelleute und Officiere kommen, ehren, fêtiren den Landsmann" – freut, quittiert er mit einer Randbemerkung vom 8. September 1851 mit der ernüchternden Bemerkung: „O du Esel!"

Aber nicht alle Geschwister bereiten ihm Sorge: Am Mittwoch, dem 25. Mai, besucht er „Bruder Paul den Stock [...] spätes *Diner* und langer Sitz bei *Johann, dulcis confabulatio de pueritia*". Schon am nächsten Tag stellen sich nicht näher bezeichnete Verwandte ein: „Verwandte besuchen mich nach der Reihe, keiner unbeschenkt entlassen, Aufwand, Last, üble Laune, weil ich nicht nach Herzenslust zu geben vermag. Könnte ich nur 10.000 f vertheilen, alles wäre glücklich und zufrieden." Er erntet für seine Großzügigkeit nicht etwa Dank (Montag, 30. Mai): „Verdruß mit meinen Verwandten, weil ich dem einen mehr gab als dem anderen." An diesem Tag steht auch, nach einer melancholischen „Promenade", der Besuch der Gräber der Eltern und Verwandten auf dem Programm.

Doch tröstet ihn die öffentliche Anerkennung, die ihm in diesen Brixner Tagen gezollt wird, über solche Enttäuschungen hinweg. Am 31. Mai ist er zum Bankett in der bischöflichen Residenz geladen: „Bei dem Fürstbischof gespeist, *fere* 28 Personen, 18 Speisen, drei Stunden Dauer. Das ganze Domcapitel, alle Professoren der Theologie, drei Linien-Officiere, (Graf Wolkenstein, Graf Andlau, Ritter *de Lama*), Hr von Kempter der Bürger-*Garde*-Hauptmann, Landrichter pp saßen bei Tische. Ich hatte den Ehrenplatz zur Rechten des Fürsten, man stellte mir die Herren alle vor, *summa gratia*".[102] Tags darauf absolviert er die nächste Einladung: „Abends glänzendes *Souper* mit Tafelmusik im Elefanten, von meinen Verehrern veranstaltet, Lobreden und Vivat, 18 Gedecke, prachtvolles Mal."

Daneben findet er jedoch auch die Zeit, Orte seiner frühesten Kindheit aufzusuchen: „Donnerstag 2 Juni. Prächtige Zeit, warme Lüfte, drückend. Früh 9 Uhr über die Haide in *casam natalem*, Grübel, Schölbenhayn, Brünnlein, *arvaque*[103]; Mahlzeit im Schatten, *ubi puer* Kühe gehütet, mit Bruder und Nepot, süße Erinnerung; über die grünen Höhen hinab zum Fallmerayerhof, wo die Schwester meines vor 42 Jahren verstorbenen, geliebten ABC=Schulkameraden Anton \\Dietrich//[104] getroffen; Schwärmereyen, Aussicht ‖Dolomiten … Fassall, die Aferer Geisseln, hinab zum Ziggelwirth und über die staubige Strasse nach Hause, 7 Uhr Abends."

Bevor er abreist, trifft er sich nochmals mit seinen Brüdern: „Dienstag 7 Juni. [...] Mit Mathies und Johann meinen Brüdern in bona caritate zu Mittag gespeist und bis Abend beisammen geblieben."

So sehr er das Gesellschaftsleben in der Domstadt genießt, so sehr wird es ihm – der immer wieder auf „solitudo et silentium" Wert legt – zu viel: Drei Tage vor seiner Abreise notiert er (Montag, 6. Juni): „ich gehöre seit der Ankunft in Brixen nicht mir selbst, arbeite nichts, denke kaum etwas, lebe nur in Gefälligkeiten, Sorge und Mühe für andere."

In den Jahren vor seinem Tod baut Fallmerayer eine besonders intensive Beziehung zu seinem Neffen Johann auf, dem er liebevoll ermahnende Briefe schreibt: „München, den 27 Mai 1859. Lieber *Johann*, [...] Wie ich aus der Adresse deines Briefes sehe, hast du eigentlich keine rechte Vorstellung meines Standes u meines Ranges. Damit du weisst, was der Onkel ist, will ich dir die ganze *Litanei* meiner Titel hieher setzen: Ich bin *Doctor* der Philosophie, quiescirter *Univ*ersitäts-Professor, Mitglied der k. b. Akademie der Wissenschaften in München, der k. k. Akademien in Wien, zu Agram in Croatien u zu Pesth in Ungarn, dann Ritter des türkischen Verdienstordens Nischan-Iftihar in Diamanten. Von diesen Armseligkeiten schreibt man auf die Brief-Adresse nur wie folgt: Sr. Wohlgeboren, Herrn *Dr. J. Ph. F., q.* Universitäts-Professor u Akademiker in München." Als Anmerkung am Blattende notiert er: „*Dr* bedeutet *Doctor*, *q.* will sagen *quiescirt*, d. i. in Ruhestand versetzt."[105]

Noch deutlicher schlägt der gewesene Lehrer Fallmerayer in einem späteren Brief durch: „München, den 13ten Oktober 1859. [...] Nur meinte ich du sollst mit Weglassung der demüthigen, furchtsamen und knechtischen Brixener Phrasen mannhafter und vertraulicher schreiben als bisher. Als einzige Stütze deines alten Vaters und so Gott will, als künftiger Chef eines von ihm gegründeten ehrbaren Handlungshauses sollst du dich schon jetzt deinem Onkel mit mehr Selbständigkeit, Ruhe und Vertrauen gegenüber stellen. Uebrigens zeigt dein letztes wieder sehr große Mängel im deutschen Sprachunterricht. Mehr als zwölf Grammatikal= und Orthographiefehler habe ich angestrichen. [...] Accusativ und Dativ, scheint es, kannst du nicht unterscheiden, weil man in Brixen keine deutsche Grammatik lehrt und die Jungen reden läßt wie die Bauern. [...] Warum ängstigest du dich über die lückenhafte Titulatur auf deinen [!] letzten Briefe? Das sind Lappalien, an welche Niemand denkt und von denen nicht einmal geredet werden soll. Soviel für heute."[106]

Im darauffolgenden Jahr freut sich Fallmerayer mit seinem Neffen über dessen Vermählung[107], auch wenn er an der Hochzeit selbst nicht teilnehmen kann: „Weil Gesundheit, Arbeit und Umstände anderer Art meine Gegenwart beim großen Familienfeste nicht erlaubten, sende ich Dir einen Löffel zum Andenken an Deinen Ehrentag. Du hast den wichtigsten Schritt Deines Lebens gethan und soviel ich aus Deinem letzten Schreiben sehe, darf man Dir zu dem gezogenen Lose gratuliren. Jedenfalls sag der Frau Schwägerin meinen schönsten Gruß und füge die Bemerkung hinzu, dass, wenn ich jemals in meinem Leben noch einmal nach Brixen kommen sollte, es nur ihretwegen geschehen würde. Denn anderweitig hat die Heimath, die ich vor mehr als 50 Jahren verlassen habe, für mich allen Reiz verloren, und ein Abstecher auf der Eisenbahn nach Innsbruck ist wahrscheinlich alles, was von mir noch zu erwarten ist. [...] Wenn ich zum Nutzen Deines Hauses und zur Begründung Deines Lebensglückes etwas zu thun vermag, soll es seiner Zeit nicht fehlen. Doch mache Dir ja keine zu glänzende Hoffnung und rechne auf eigenen Fleiß und auf eigene Sparsamkeit mehr als auf Freundes Gut, das ein Augenblick noch vor der Zeit vernichten kann. [...]"

Fallmerayer hatte zu diesem Zeitpunkt bereits sein Testament abgefasst, wusste also, worauf er in diesem Brief konkret anspielte:[108] Darin setzte er im ersten Paragrafen ebendiesen Neffen Johann, „Eisenhändlers Sohn zu Brixen in Tirol", als seinen Universalerben ein, der weitere noch lebende Verwandte und Fallmerayer nahestehende Personen mit Legaten (Paragraf 2) zu bedenken hatte, so seine Brüder und deren Nachkommen, seine beiden Patenkinder, seinen ehemaligen Diener, aber auch das Heilig-Geist-Spital in Brixen. Um den Neffen nicht in finanzielle Schwierigkeiten zu bringen, setzte er als Paragraf 9 hinzu, dass die Legate nur dann in der festgesetzten Höhe auszuzahlen sind, wenn ein entsprechendes Vermögen beim Ableben auch tatsächlich vorhanden ist.

Wesentlich für die Fallmerayer-Forschung ist Paragraf 5 des Testamentes: „Herrn *Dr.* Georg M. Thomas, d. Z. qu. Professor am k. Cadetten-Corps in München, hinterlasse ich den ganzen bei meinem Ableben noch übrigen Vorrat an Büchern, *Handschriften* und Landkarten. Die Finanz-Strazzen jedoch und das Türkische Ordensdiplom sollen bei der Universalmasse bleiben. Die Correspondenz-Pakete sind insgesamt zu verbrennen." Und so hat Thomas nicht nur 1861 die von Fallmerayer vorbereiteten „Gesammelten Werke" in drei Bänden mit vorangestellter Lebensskizze des Fragmentisten, sondern auch 1877 die „Fragmente aus dem Orient" in einer zweiten Auflage herausgebracht, erweitert um die Denkschrift „Die gegenwärtigen Zustände der europäischen Türkei und des freien Königreichs Griechenlands", die Fallmerayer 1844 für Kronprinz Maximilian verfasst hatte. Thomas nahm in dieser zweiten Auflage Fallmerayers Tradition auf und versuchte sich selbst im Verfassen eines „Vorwortes", in welches er – wie Fallmerayer in seiner „Vorrede" – seine Sicht auf „die gegenwärtigen Zustände Deutschlands" hinein verpackte, ausgehend von einer Stilisierung Fallmerayers zum Seher und Warner: „Was der Fragmentist in der Vorrede zur ersten Auflage im Jahre 1845, diesem unvergänglichen Zeugniss wahren Freimuths in ängstlich gefesselter, von Censoren überwachter, von Laurern umspähten Zeit, bekannt, verkündet und vorausgesagt, was er über den Orient und den Occident, über Rom und Byzanz und die Russen, wie kein zweiter begabt, wie kein zweiter ausgerüstet, wie kein zweiter unbefangen und wahrheitsliebend gesehen, betrachtet und geurtheilt hat, das ist zum Theile vor längerer oder kürzerer Zeit aufs Wort genau eingetroffen und zum Theile in sichtbarer Erfüllung begriffen. Das bajuwarisch-byzantinische Staatsgebilde ist wie ein Nebelgrauen verflossen […]." Sicher, Thomas wollte seinem Freund ein Denkmal setzen, doch stellt sich zugleich die Frage, ob nicht gerade er den Grundstein für die Instrumentalisierung Fallmerayers zur Stützung diverser nationalistischer Irrmeinungen im 20. Jahrhundert gelegt hat. Den schriftlichen Nachlass hat er wohl verwaltet: Er kann heute vor allem an zwei Orten eingesehen werden: im Staatsarchiv Nürnberg als Depot des historischen Vereins von Mittelfranken in Ansbach und im Tiroler Landesmuseum Ferdinandeum in Innsbruck. Nicht – wenigstens nicht im vollen Umfang – nachgekommen ist Thomas dem Auftrag, die gesamte Korrespondenz zu verbrennen.[109]

Das Ferdinandeum beschloss genau an Fallmerayers 100. Geburtstag, seine von Thomas' Tochter angebotenen Tagebücher zu erwerben.[110] Sie sind nach wie vor unveröffentlicht. Eine kleine Auswahl von Tagebuchstellen ab 1842 (Fallmerayers Rückkehr von seiner zweiten Orientreise) haben Hans Feigl und Ernst Molden 1913 in ihre zweibändige Fallmerayer-Ausgabe[111] aufgenommen: „Der erste Teil, das Tagebuch der zweiten Orientreise enthaltend, wurde ebenso wie das eigentliche Reisetagebuch der ersten wie die Notizen der dritten Reise (1847) hier nicht aufgenommen, weil über diese Reisen die Fragmente und Artikel ohnehin genaue Mitteilungen enthalten." Diese Begründung des Auswahlkriteriums stimmt nur bedingt. Die 1845 von Fallmerayer in Buchform gesammelt herausgegebenen „Fragmente" sind kein Reisebericht[112], sie sind mit Ausnahme der Schilderung der Wasserfahrt von Regensburg nach Trapezunt und der ersten Tage am Schwarzen Meer (Grundlage der Fragmente I und II) nicht während der Reise niedergeschrieben, sondern erst nachher erarbeitet worden. Zwar meint Fallmerayer zu Beginn des I. Fragments: „[…] wenn mir Gott Leben und Gesundheit fristet und die Heimkehr gönnt, denke ich das liebe Publikum seiner Zeit doch mit dem Abdruck wenigstens einiger Bruchstücke des Tagebuchs heimzusuchen." Allerdings nicht in Form wörtlicher Zitate, findet er doch schon den Inhalt des in den ersten Reisetagen zwar „gewissenhaft" geführten Journals „reizlos, leer und unbedeutend […]". Vielmehr plant er, erst nach seiner Rückkehr ihm adäquate Berichte über seine Eindrücke zu verfassen: „Da hat man Zeit, die Sache reiflich zu erwägen, sich in fremden Schriften Raths zu erholen, zu malen und zu pinseln, zu verdecken und herauszuheben, so daß zuletzt selbst Alltägliches und an sich Unbedeutendes durch Kunst Leben und Farbe gewinnt." Was er während seiner Reise nach Deutschland schickt, bezeichnet er selbst als „schmucklos[e], kurz[e] und flüchtig[e]" kleine Notizen.

Die „Fragmente" sind somit hart erarbeitete, bewusst gestaltete Prosastücke, denen man den ihnen zugrunde liegenden Kraftakt ihres Werdens nach ihrer Fertigstellung nicht mehr anmerkt. Fallmerayer war ein langsamer Schreiber. Immer wieder hat er darüber geklagt, wie schleppend seine Arbeit fortschreite, doch er ist sich bewusst, dass es nicht einmal privilegierten Geistern möglich ist, „schnell und doch schön" zu schreiben, denn „Guter Styl läßt sich nur durch reiche Gedanken und durch lange herbe Probezeit gewinnen."[113] Der Stil – so war er überzeugt – sei der „Abdruck der Seele" des Menschen.[114] So legte er schon als Lehrer Wert auf das sprachliche Ausdrucksvermögen seiner Schüler.[115] Aber auch als Rezensent bespricht er Bücher nicht nur auf deren Inhalt, sondern auch auf deren Stil hin: „Aber wie? ist bei einem Buche außer dem Stoff nicht auch die Form zu bedenken? Drücken Eleganz des Styles, Ebenmaß der Satztheile, Schwung und Ordnung der Gedanken nicht oft auch gemeiner Unterlage das Siegel der Vollendung auf?"[116]

Und so ringt auch er um seine und mit seinen Texten. Fallmerayer selbst hat sich vor allem als Wissenschaftler und als Geschichtsforscher verstanden. Er war sich – wie aus zahlreichen Tagebucheintragungen hervorgeht – jedoch bewusst, nicht das große zusammenhängende, wissenschaftlich fundierte Werk über den Orient hervorbringen zu können, auch wenn er immer wieder diesbezügliche Pläne schmiedete. Er beschränkte sich auf einzelne Teilaspekte, die er – beschenkt von der Natur mit einem „genialischen Funken"[117] – mit großer stilistischer Meisterschaft bewältigte. Das Ergebnis sind – literaturwissenschaftlich betrachtet – Essays[118], wie er selbst seine Texte auch bezeichnet. Am 17. Juni 1845 schreibt er beispielsweise an seinen Freund Mayr aus München: „Du erinnerst Dich gewiß, was man in der englischen Literatur ‚Essayisten' nennt. Das ist eigentlich mein Handwerk. […] Essays füllen die Zeit aus, sichern gegen die Langeweile und geben famam mit compendium. Was soll der arme kurzlebende Mensch weiter verlangen?"[119] Er selbst liebäugelt mit der Selbstdefinition als „Fragmentist" und spricht von seinen Essays als „Fragmenten".[120] Und auf die trifft auch zu, was Friedrich Hebbel im Zuge seiner Besprechung der „Gesammelten Werke" Fallmerayers allgemein über ihn und seine Darstellungskunst herausstreicht: Hebbel wollte ihn, den „imponirenden Classiker der deutschen Nation", in das „goldne Buch der Literatur" eingetragen wissen. „Wer von Fallmerayer auch nur einen Artikel lies't, ganz einerlei welchen und worüber, der hat es mit ihm selbst zu thun, mit seinem ganzen, kernhaften, geharnischten Ich, das sogleich, wie ein angerührter Polyp, tausend elastische Arme ausstreckt und sein Opfer festhält, nicht aber bloß, wie gewöhnlich, mit seinen Gedanken, Meinungen oder Grillen. Ja, wenn alle seine Gedanken verkehrt wären, alle seine Meinungen schief und alle seine Grillen thörigt, so würde er dadurch seine Bedeutung keineswegs verlieren […]. Denn er ist eine der wenigen echt dramatischen Personen der Literatur, er gehört, so groß die Unterschiede deren Naturen und der Richtungen sonst auch sein mögen, in diesem Hauptpunct mit Luther, Hamann und Lessing in dieselbe Reihe, und kann darum eben so wenig, wie diese einem gemeinen Gelehrten=Schicksale verfallen. Das will heißen, daß Fallmerayer, wenn er sich überhaupt regt, immer seinen ganzen Menschen einsetzt und daß also dieser ganze Mensch auch immer übrig bleibt, mag er nun im einzelnen Fall Recht oder Unrecht haben, viel oder wenig erbeuten und im Schnappsack nach Hause bringen."[121] An die Spitze von Fallmerayers Leistungen will Hebbel die Naturschilderungen gestellt wissen, denen gerade in den „Fragmenten aus dem Orient" breiter Raum gewidmet ist. Ihre Kunst liege „in der Schärfe und Richtigkeit der Zeichnung, und darum ist sie auch nicht im Reflex zu fixiren, da die Linie Stand hält, nicht aber das Lichterspiel. Bewunderungswürdig vor allem nämlich, und vielleicht beispiellos und einzig, ist sein Blick für die Physiognomie der Erde und für das Autochthonische der Völker, welche ihre verschiedenen Striche bewohnen; er stellt den Menschen und die Natur, wie sie sich gegenseitig bedingen, mit fast dramatischer Energie hin [...]".

Vor dem Hintergrund einer solchen Wertschätzung ist es umso erstaunlicher, vor allem auch hinsichtlich des Niveaus der damaligen Tagespresse und des von Fallmerayer als bekannt vorausgesetzten Allgemeinwissens wie der Sprachkenntnisse seiner Leser, dass diese literarisch qualitätvollen Texte zunächst in Zeitungen erschienen sind. Allerdings gewann Fallmerayer durch diese Erscheinungsform das Publikum, das er mithilfe seiner Bücher – auch über die Buchausgabe der „Fragmente" – nicht erreichte, und sie brachte ihm, der zeitlebens Einnahmen und Ausgaben genau notierte, das willkommene „Bogenhonorar", weshalb er ja auch über Streichungen so verärgert war: Sein Honorar berechnete sich nicht nach dem Umfang des eingereichten Manuskripts – bezahlt wurde, was davon im Druck erschien. Diese zensurbedingten Schwierigkeiten und wohl auch die mittlerweile erfahrene Anerkennung veranlassten ihn dann im „Jahr der Veränderungen und der entscheidenden Schicksale!" – so die Überschrift im Tagebuch zu den nachfolgenden Eintragungen des Jahres 1845 – zur gesammelten Buchausgabe.[122] Es soll nicht unerwähnt bleiben, dass Fallmerayer schon auf der Reise mit der Idee liebäugelte, das aktuell Erlebte in Buchform herauszubringen. Am 24. Mai 1841 notiert er sich im Tagebuch bereits einen möglichen Titel: „,Byzantinische Briefe' lautet *libellus post reditum conscribendus*. Glücklicher Einfall von heute!" Bezeichnend ist die später hinzugefügte Randbemerkung: „O Esel! es sind ,Fragmente aus dem Orient' geworden! München 2 Mai 1846."

Ist es zu weit hergeholt, den Eröffnungssatz des I. Fragments – „Das Problem ist glücklich gelöst." – für den bereits andere Interpretationsansätze vorgeschlagen wurden, auf die vorliegende Buchausgabe der „Fragmente" hin zu lesen? Sie erlaubte es Fallmerayer, die in einzelnen Zeitungsnummern gleichsam fragmentiert erschienenen, zum Teil durch Zensoren oder übervorsichtige Redakteure im vorauseilenden Gehorsam, um erst gar nicht bei der Zensur anzuecken, gekürzten, durch Ungeschicklichkeiten der Setzer verstümmelten

Artikel geschlossen und auch überarbeitet und ergänzt – erneut – einem interessierten Lesepublikum vorzulegen.

Es wäre reizvoll, alle (Reise-)Fragmente in folgender Abfolge zu lesen: Tagebucheintragungen während der Reise – Tagebucheintragungen während der Arbeit an den Texten[123] – in den Zeitungen abgedruckte Fassungen – in die „Fragmente" aufgenommene, in der vorliegenden Neuausgabe einzige nachlesbare Fassung.

Als sich Fallmerayer nach seiner Rückkehr ans Schreiben machte, ging er auch nicht chronologisch ans Werk. Erschienen die Fragmente I und XVI 1840 vor und während der Reise, so arbeitet er 1842 die Fragmente XV, IX und VIII aus, 1843 folgten X, XI, III, 1844 VI, XII, IV und V, 1845 XIII. Lediglich XVI erschien in den „Heidelberger Jahrbüchern", alle anderen in der AAZ.[124] Mit Ausnahme dieser Besprechung zweier Bücher (XVI) und der „Politik des Orients" (VIII; die für die Akademie der Wissenschaften verfasste, jedoch zurückgewiesene Rede, die nur mit Mühe am 9., 10. und 11. November 1842 in der AAZ erscheinen konnte) beziehen sich diese Artikel mehr oder weniger auf die Reise. Für die Buchausgabe bringt er sie in eine chronologische Ordnung. Das II. Fragment schafft er – unter Verwendung bestehender Textpassagen – neu, VII und XIV können nur in der Buchausgabe gelesen werden, einzelne erschienene Beiträge rund um seinen Thessalien-Aufenthalt fasst er in ein Fragment zusammen (XII), die Titel ändert er fast durchwegs.

Wie hängen nun diese 16 Fragmente mitsamt der vorangestellten „Vorrede" zusammen? Tun sie es überhaupt? Bilden sie gleichsam Kapitel eines Buches oder sind die Buchdeckel – die Aufteilung in zwei Bände hatte 1845 wohl primär buchbinderische Gründe – das einzige einende Band? Elisabeth Antinopoulo will in ihrer den „Fragmenten" gewidmeten Dissertation darin drei Teile erkennen: Nur der erste Teil, dem sie die Fragmente I bis VI sowie IX bis XII zuordnet, besäße eine durchgehende Handlung, er orientierte sich an der Reise selbst. VII und VIII – die abgelehnte Akademierede samt eigenem Vorwort – bildeten ebenfalls eine Einheit, in der der Politiker Fallmerayer zu Wort käme. „Teil drei [= XIV, XV und XVI] ist als Anhang zu betrachten, der in einem losen Zusammenhang mit den übrigen Fragmenten steht."[125] Sie geht sogar so weit zu behaupten: „Das dritte Fragment des dritten Teiles ist ohne ersichtlichen Grund aufgenommen."[126] Hermann Reidt lässt in seiner 1963 erschienenen Ausgabe der „Fragmente" XIV und XVI weg; sie seien „ohnehin nicht in Zusammenhang mit dem Reisebericht entstanden".[127] Freilich lieferte Fallmerayer selbst mit seiner Anmerkung zu Beginn des XIV. Fragments ein Argument für die Überlegung, die letzten drei Fragmente seien gleichsam nur ein Appendix: „Leser, welchen gelehrte Verhandlungen über die Schicksale Griechenlands im Mittelalter widerlich oder auch nur gleichgültig sind, können dieses Fragment sowohl als die beiden folgenden ohne

Nachtheil überschlagen." Doch es darf angenommen werden, dass er sie mit einem gewissen Augenzwinkern hierher gesetzt hat und eigentlich das Gegenteil erreichen wollte! So interpretieren auch Herbert Seidler und in seinem Gefolge Brigitta Stachel die „Fragmente" als bewusst gestaltetes Ganzes. Seidler findet „schon die Anlage der ‚Fragmente' [...] großartig, nur verdeckt sie der Titel ironisch dem, der nicht tiefer blickt. Zweimal beschreitet er in den zwei Bänden den Weg vom Landschaftsbild zur Kulturdarstellung, zuerst von den üppigen Bildern der trapezuntischen Landschaft zur einmaligen kulturpolitischen Lage von Byzanz, dann – nun schon gewichtiger und kulturell mehr unterbaut – von den berühmten Bildern vom Berg Athos zur Slawenthese."[128] Stachel sieht im Aufbau der „Fragmente aus dem Orient" eine sich steigernde Verteidigung von Fallmerayers eigener Griechenthese, die in einer abschließenden Frage an den Leser kulminiert: Nachdem er im letzten Fragment zwei Bücher miteinander verglichen hat, wovon eines zu ähnlichen Ergebnissen wie Fallmerayer kommt, dieser im anderen, ausführlicher besprochenen, selbst als „Erzlügner" bezeichnet wird (wobei Fallmerayer bewusst diese Stelle wörtlich zitiert), soll der Leser in der Lage sein, ausgestattet mit in allen Fragmenten (vor allem natürlich im VIII.) vorgebrachten Argumenten, die Antwort darauf zu geben, „auf welcher Seite der bessere Geschmack und der klügere Sinn zu suchen sey" – und zwar nicht nur in Bezug auf die beiden kritisierten Bücher.

Gerade dieser fiktive, durch alle 16 Fragmente hindurch anwesend gedachte Leser, der in den Texten auch immer wieder direkt angesprochen wird, dessen geglaubte und vorweggenommene Meinung kommentiert wird, dessen Urteil die Feder Fallmerayers scheinbar lenkt[129], ist – legt man die Definition von Ludwig Rohner[130] zugrunde – ein typisches Kennzeichen des Essays: „Der (deutsche) Essay, eine eigenständige literarische Gattung, ist ein kürzeres, geschlossenes, verhältnismäßig locker komponiertes Stück betrachtsamer Prosa, das in ästhetisch anspruchsvoller Form einen einzigen, inkommensurablen Gegenstand meist kritisch deutend umspielt, dabei am liebsten synthetisch, assoziativ, anschauungsbildend verfährt, den fiktiven Partner im geistigen Gespräch virtuos unterhält und dessen Bildung, kombinatorisches Denken, Phantasie erlebnishaft einsetzt." Durch das Miteinbeziehen des Lesers in den Gedankengang des Autors, durch diesen Dialogcharakter des Essays wird er zur „Unterhaltung" im doppelten Wortsinn[131], wird er im Fall von Fallmerayer zur Belehrung, zum Instrument der Überzeugung und damit zur Aufforderung der Parteinahme (für den Autor).

Ist hier ein weiteres, drittes Mal eine Anknüpfung zum Einleitungssatz – „Das Problem ist glücklich gelöst" – zu finden? Hoffte er, dass es ihm mit den „Fragmenten" gelingen werde, auch denen – endlich – zu beweisen, „die ein Interesse haben, sich nicht überzeugen zu lassen, [...] daß weiland alle Landschaften Alt-Griechenlands der Hauptsache nach slavischredende Bewohner hatten und folglich durch eine unausfüllbare Kluft von den alten Hellenen losgerissen waren"?[132] Hoffte er, die Argumente gefunden zu haben, mit denen es doch möglich wäre, „den Hellenenglauben jener Deutschen zu erschüttern, welche die Gemüthsbewegungen der Jahre 1821–27 getheilt und empfunden haben"?[133]

Selbst wenn er dies hoffte, so musste er damit rechnen, dass er nicht „aus den Schlagzeilen" kommen werde, schickte er doch den „Fragmenten" eine „Vorrede" voraus, die für Aufregung sorgen musste – „die ‚Heiligen' fühlen sich tief verletzt" notiert er am 14. November 1845 in sein Tagebuch –, aber auch bewundert wurde: (16. November) „dann mit Steub zum Löwenbräu bis gen Mitternacht; *ingentes laudes ab omni parte*; Buch bes. Vorrede ist *in omnium ore*; großer Eindruck, ‚Feuerfunken im Pulverfaß!'" Vor allem Kronprinz Maximilian ist voll des Lobes: (6. Dezember) „um 6 Uhr Abends warme Conferenz mit dem Kronprinzen, Dank und Enthusiasmus für die Vorrede und für das ganz Werk; große Wirkung, tiefer Eindruck; – gnädiger als je; Analyse der Vorrede und Beweise großer Huld". Sie birgt, wie alle Vorreden Fallmerayers[134], Sprengkraft: Denn das, „[w]as der Fragmentist über die gegenwärtigen Zustände Deutschlands, besonders über die Revolution, über die Andächtigen und über die Russen denkt", ist ein pointiert formulierter, die Zeitgenossen – kalkuliert – provozierender Kommentar der aktuellen politischen Situation. Fallmerayer rechnet nicht nur mit der Machtpolitik der katholischen Kirche, dem Streben des Papstes nach unkontrollierter Herrschaft über Europa[135], ab, sondern er weist auch auf die Bedeutung der „Partei des streitenden Kirchentums" bei der Verwirklichung der Pläne des Vatikans hin. Als deren Stellvertreter führt er die Spottfigur des Vibius Egnatius Tartuffius[136] ein, die versucht, auf publizistischem Weg die „Freisinnigen und Nüchternverständigen" in Wissenschaft und Kultur zu bekämpfen, da diese zur Verbreitung des Unglaubens und der Schwächung des kirchlichen Einflusses beitrügen. Vibius Egnatius Tartuffius ist also ein Paradevertreter der Ultramontanen, bzw. der „Heiligen", um mit Fallmerayer zu sprechen, und damit mitverantwortlich an der einleitend aufgestellten Behauptung: „Vergeblich sucht man es noch länger zu verdecken und zu vertuschen, es bricht überall durch die Rinde hervor und drängt sich in alle Gemüther ein: Wir Deutschen sind in der öffentlichen Meinung Europas auf Null herabgesunken, sind ausserhalb der heimischen Grenzen als Nationaleinheit für nichts geachtet und im grossen Wechselspiel der Weltgeschäfte von niemand mehr in Rechnung gebracht. Wir sind nur noch gemeinsames Objekt und gleichsam die Materie des grossen Völkermarktes, wo der Fremde auf das ‚fleisch- und knochenreiche Thier ohne Kopf' spekulirt und seine Fonds auf die Deutschen legt als Guano für Befruchtung des Ackerbodens in Texas, am Pruth, am Kur und Amazonenstrom."

Bücher, die erregen und damit für Aufsehen sorgen, müssen nicht eo ipso auch Verkaufserfolge sein. Gerade das mangelnde Interesse an seinem Buch in seiner Tiroler Heimat irritierte Fallmerayer.[137]

Die vorliegende Ausgabe, die auf eine von Dr. Gottfried Solderer und dem Verlag Edition Raetia aufgegriffene Initiative Paul Floras (1922–2009) zurückgeht, hat bereits ihre eigene Geschichte, und benötigte bis zum endgültigen Erscheinen viel länger als geplant. Was zählt, ist, dass auch dieses Problem nun gelöst ist. Findet sich diese Feststellung schon am Beginn der „Fragmente", so möge diese neue Ausgabe am Beginn einer neuen Beschäftigung mit Fallmerayer stehen![138]

Jakob Philipp Fallmerayer, Kreidelithografie von Johann Baptist Dresley (1797–1864)

Anmerkungen

1   Das bereits für die 2002 erschienene Ausgabe der beiden Athos-Fragmente in der Edition Raetia verfasste Nachwort (Fallmerayer, Jakob Philipp: Der heilige Berg Athos. Bozen, 2002) wurde für die aktuelle Gesamtausgabe der „Fragmente aus dem Orient" überarbeitet.

2   Zur „Vorrede" der „Fragmente"-Ausgabe siehe unten.

3   Vor allem ging von der vom Landesmuseum Schloss Tirol 2009 veranstalteten Sonderausstellung „,Für Freiheit, Wahrheit und Recht!' Joseph Ennemoser und Jakob Philipp Fallmerayer. Tirol von 1809 bis 1848/49" ein starker Impuls aus, sich mit diesen beiden so verschiedenen und doch in vielem vergleichbaren gebürtigen Südtirolern zu beschäftigen. Siehe hierzu die Publikationen zu diesem Ausstellungsprojekt, welches von Direktor Dr. Siegfried de Rachewiltz initiiert wurde: Ellen Hastaba/Siegfried de Rachewiltz (Hg.): „Für Freiheit, Wahrheit und Recht!" Joseph Ennemoser und Jakob Philipp Fallmerayer. Tirol von 1809 bis 1848/49 (= Schlern-Schriften 349), Innsbruck 2009 [= Sammlung der Referate der Tagung im Vorfeld der Ausstellung auf Schloss Tirol]; Südtiroler Landesmuseum für Kultur- und Landesgeschichte Schloss Tirol (Hg.): „Für Freiheit, Wahrheit und Recht!" / „Libertà, verità, giustizia!" / Joseph Ennemoser & Jakob Philipp Fallmerayer. Tirol von 1809 bis 1848/49 / Il Tirolo dal 1809 al 1848/49, Ausstellungskatalog Schloss Tirol, Innsbruck–Wien 2009; Ellen Hastaba (Hg.): Jakob Philipp Fallmerayer (1790–1861). Annäherungen an seine Biographie (= Schriften historischer Quellen zur Kulturgeschichte Tirols 4), Innsbruck–Wien 2009; Siegfried de Rachewiltz (Hg.): Joseph Ennemoser. Leben und Werk des Freiheitskämpfers, Mediziners und Magnetiseurs (1787–1854) (= Schriften historischer Quellen zur Kulturgeschichte Tirols 5), Innsbruck–Wien 2010.

4   Vgl. dazu unter anderem (unter Berücksichtigung neuer Literatur): Burkhard Schnepel/Gunnar Brands/Hanne Schönig (Hg.): Orient – Orientalistik – Orientalismus. Geschichte und Aktualität einer Debatte, Bielefeld 2011; darin vor allem das Vorwort der Herausgeber: Neu-Orient-ierungen, S. 7–14; Anton Escher: Die geographische Gestaltung des Begriffes Orient im 20. Jahrhundert, S. 123–149; Ute Wardenga: Orientbilder der deutschen Geographie im 19. und 20. Jahrhundert, in: Manfred Büttner/Wilhelm Leitner (Hg.): Beziehungen zwischen Orient und Okzident. Interdisziplinäre und interregionale Forschungen (= Abhandlungen zur Geschichte der Geowissenschaften und Religionen/Umwelt Forschung 8), Bochum 1992, S. 185–210.

5   Vgl. dazu: Martina Haja: Zwischen Traum und Wirklichkeit: Die österreichische Orientmalerei im 19. Jahrhundert, in: Erika Mayr-Oehring (Hg.): Orient. Österreichische Malerei zwischen 1848 und 1914. Ausstellungskatalog Residenzgalerie Salzburg, Salzburg 1997, S. 27–56, S. 28. Freilich reisten nicht nur österreichische Maler in den Orient. Englische, französische, bayerische, schweizerische und andere Maler brachten nicht nur Bilder von ihren Reisen mit; sie bestimmten durch ihre Werke das Bild des Orients im Okzident maßgeblich mit. Auch als Orient-Reisender und über den Orient Schreibender steht Fallmerayer in einer Tradition, der er sich bewusst ist; das machen auch die zahlreichen Hinweise auf bereits erschienene Literatur in den „Fragmenten" deutlich.

6   Eine Ahnung von der gespannten russisch-türkischen Situation im Schwarzmeerraum ist zum Beispiel im Trapezunt-Fragment spürbar.

7   Vgl. dazu Karl Ulrich-Syndram: Der erfundene Orient in der europäischen Literatur vom 18. bis zum Beginn des 20. Jahrhunderts, in: Gereon Sievernich/Hendrik Budde: Europa und der Orient: 800–1900, Ausstellungskatalog Berlin/Martin Gropius-Bau, Gütersloh–München

1989, S. 324–341 und S. 885. So kann sich auch Fallmerayer gleich im I. Fragment auf diese als bekannt vorauszusetzende Bezugsgröße berufen: „[…] so gliche die Fahrt in der That einem Feenmährchen aus Tausend und Einer Nacht."

[8] Zu Fallmerayers Verhältnis zur Augsburger „Allgemeinen Zeitung" (= AAZ) siehe unten.

[9] Die „Erste Donaudampfschifffahrtsgesellschaft" forcierte seit 1829 den Ausbau des bis ins Schwarze Meer führenden Donau-Wasserweges und dessen Fortsetzung nach Konstantinopel und in den Vorderen Orient. Vgl. dazu Veronika Bernard: Österreicher im Orient. Eine Bestandsaufnahme österreichischer Reiseliteratur im 19. Jahrhundert (= Literarhistorische Studien. Literatur aus Österreich und Bayern 9), Wien 1996, besonders S. 13ff.

[10] Innsbruck, Tiroler Landesmuseum Ferdinandeum (= TLMF), W 718 und W 719. Konkret müsste es heißen: beginnt er „jene Fassung der täglichen Aufschreibungen, die sich bis heute erhalten hat", denn Fallmerayer scheint parallel wenigstens noch ein weiteres Tagebuch geführt zu haben. Bereits die erste Reise in den Orient (1831–1834; siehe dazu unten) lässt sich anhand eines erhaltenen Tagebuchs (TLMF, W 720 und W 721) nachvollziehen. Zwischen 1817 und 1841 geführte „notulas biographicas" hat er eigenen Angaben zufolge 1855 vernichtet.

[11] Vgl. dazu die Überlegungen von Rainer S. Elkar: Reisen bildet. Überlegungen zur Sozial- und Bildungsgeschichte des Reisens während des 18. und 19. Jahrhunderts, in: Boris I. Krasnobaev/Gert Robel/Herbert Zeman (Hg.): Reisen und Reisebeschreibungen im 18. und 19. Jahrhundert als Quellen der Kulturbeziehungsforschung (= Studien zur Geschichte der Kulturbeziehungen in Mittel- und Osteuropa 6), Berlin 1980, S. 51–82, S. 51.

[12] Abschriftlich erhalten in TLMF, FB 32253,5. Abgedruckt in: Hastaba: Annäherungen, S. 53. Die Anforderung dieser am 14.9.1810 angefertigten Abschrift aus dem Taufbuch ist wohl in unmittelbarem Zusammenhang mit der Absicht Fallmerayers zu sehen, in Kremsmünster einzutreten! Siehe Schreiben des Abtes von Kremsmünster im Text weiter unten.

[13] Die Zahl der Geschwister schwankt in der Literatur. Seidler berichtet in seiner biografisch und bibliografisch sehr genau recherchierten Arbeit von 7 Brüdern und 2 Schwestern Fallmerayers. Vgl. Herbert Seidler: Jakob Philipp Fallmerayers geistige Entwicklung. Ein Beitrag zur deutschen Geistesgeschichte des 19. Jahrhunderts (= Abhandlungen der Bayerischen Akademie der Wissenschaften, phil.-hist. Klasse, N.F., Heft 26), München 1947.

[14] Jakob Philipp Fallmerayer: Autobiographische Skizze, überliefert in: TLMF, Nachlasssammlung, Nachlass Ludwig Steub, Korrespondenz, Fallmerayer. Abgedruckt in: Hastaba: Annäherungen, S. 21–29, S. 29.

[15] Franz Tumler: Ein Hütbub aus Brixen, in: Franz Tumler: Das Land Südtirol. Menschen – Landschaft – Geschichte, München 1971, S. 353–368, S. 355f. Abgedruckt in: Hastaba: Annäherungen, S. 340–355.

[16] XIII. Fragment, II/S. 348.

[17] IX. Fragment, II/S. 415, Anmerkung 4.

[18] IX. Fragment, II/S. 188.

[19] VI. Fragment, I/S. 156.

[20] Eintragung am 9.11.1841 anlässlich seines Ritts zum Kloster Iviron. Doch der Grenzgänger zwischen Orient und Okzident findet auch in seiner Heimat Bilder, die ihn an in der Ferne Geschautes erinnern. So notiert er sich zum Beispiel am 11.8.1846 anlässlich einer Wanderung von Meran zum Schloss Tirol: „zum Meranerthor *perfectis diurnis* hinaus und erstes Bad im reissenden Erlen-Canal; dann hinauf zu Schloß Thurnstein und auf den Halden hinüber zu Schloß Tirol auf der abgeplatteten Spitze eines konischen Berghügels; Kastanienschluchten zu beiden Seiten wie bei der Comnenenburg zu Trapezunt; Nußbäume, Pyrus, Geranke, Vineae, Lärchen, Felberweiden, Feigenbüsche, Epheufülle am Schloßgemäuer und Wassersprudel; Westseite üppiger, schattenvoller, dunkelgrüner als die steil abspringende, wilde, rissige Ostseite mit tiefausgefurchten Gießbachrinnsal; Verlies, Portale im Rittersaal

und Schloßcapelle roh in Stein gemeisselt; üppiges Geranke an dem Schloßgemäuer und Säulenbrunn vor dem Thore; die Mulde zwischen Schloß und Hochgebirge tiefer, grüner, wirksamer als in Trapezunt […].“ Dazu passt auch die von Mitterrutzner überlieferte Episode, dass Fallmerayer im Schalderertal „auf seinen Spaziergängen als Kopfbedeckung gewöhnlich das türkische Fes (Tarbusch der Araber) und das Tesbich in der Hand“ trug. Johann Chrysostomus Mitterrutzner: Fragmente aus dem Leben des Fragmentisten (Jakob Philipp Fallmerayer), Brixen 1887, S. 24.

21 Handschriftliche autobiografische Skizze, überliefert in: TLMF, Nachlasssammlung, Nachlass Ludwig Steub, Korrespondenz, Fallmerayer. Abgedruckt in: Hastaba: Annäherungen, S. 21–29, S. 21.

22 Vgl. dazu Ausstellungskatalog Schloss Tirol 2009, Kat.-Nr. 3.12 und Kat.-Nr. 3.13, S. 38f.

23 Ausgestellt „Brichsen am 13ten Sept. 1811“. TLMF, FB 32253,9. Eventuell hat Fallmerayer die Ausstellung dieses Zeugnisses beantragt, um es der „Orientalischen Akademie“ vorlegen zu können, in die er 1811 eintreten wollte (siehe unten).

24 Am 28.10.1846 notiert Fallmerayer im Tagebuch: „Jahrtag meiner Flucht aus Brixen anno 1809“. Allerdings fällt auf, dass er sich bei seinem Aufenthalt in Salzburg im Juni 1846 nicht an „Flucht“ erinnert, sondern er vielmehr in „melancholische[r] Promenade durch Stadt und Mönchsberg“ streicht, „wo ich *quondam* als *juvenis* von 18 Jahren geträumt und gewandelt *in rerum omnia inopia et tenuitate*; […].“ Allerdings spricht auch Ludwig Steub in seiner unter Verwendung der eigenhändigen autobiografischen Mitteilung Fallmerayers (siehe Hastaba: Annäherungen, S. 21–29, S. 21) entstandenen biografischen Skizze in der „Allgemeinen Deutschen Biographie“ (Bd. 6, Leipzig 1877, S. 558–566) von einer Flucht von Brixen nach Salzburg: „Er entschloß sich heimlich zu entweichen […]“. Im frühen biografischen Bericht Franz Baumgartners (Ders.: Biographie. [Jakob Philipp Fallmerayer], erschienen zwischen dem 16. Februar und 16. März 1835 im „Kaiserlich Königlich privilegirten Bothen von und für Tirol und Vorarlberg“; abgedruckt in: Hastaba: Annäherungen, S. 33–52, S. 35) wird der Wechsel von Brixen nach Salzburg jedoch als natürliche Folge des Studienbeginnes gesehen: „Die Zeit war nun gekommen, wo Fallmerayer seine nunmehrige Vaterstadt Brixen verlassen, und anderswohin auf eine umfassendere Lehranstalt zur Studienfortsetzung sich begeben sollte. Seine Wahl würde dabei auf Innsbruck gefallen seyn, wenn nicht die damals traurigen Aussichten im tirolischen Vaterlande selbe unmöglich gemacht hätten. Er wandte sich daher nach Salzburg […].“

25 Zwei Zeugnisse über den Fortgang der in Salzburg 1809/10 und 1810/11 aufgenommenen Studien in Hinblick auf ein späteres Theologiestudium, ausgestellt in Salzburg, 18. August 1810 und 20. August 1811, erhalten in TLMF, FB 32253/6 und 8. Abgebildet in: Hastaba: Annäherungen, S. 73.

26 TLMF, FB 32253,7. Abgedruckt in: Hastaba: Annäherungen, S. 74.

27 TLMF, Nachlasssammlung, Nachlass Ludwig Steub, Korrespondenz, Fallmerayer. Abgedruckt in: Hastaba: Annäherungen, S. 22.

28 Vgl. dazu Hastaba: „… ich kann nichts besseres hervorbringen“. Jakob Philipp Fallmerayer: Hagion-Oros oder der heilige Berg Athos. 1 und 2, in: Eugen Thurnher (Hg.): Tirol zwischen Zeiten und Völkern. Festschrift für Helmut Gritsch zum 60. Geburtstag (= Schlern-Schriften 318), Innsbruck 2002, S. 199–230.

29 Diesen Berufswunsch erwähnt Fallmerayer in seiner für Steub verfassten autobiografischen Skizze selbst nicht. Wir wissen von ihm durch Fallmerayers ersten Biografen Franz Baumgartner: „Um sich in denselben [= orientalischen Sprachen] weiter auszubilden, und durch ihre Kenntniß dereinst sein Fortkommen zu erhalten, begab er sich 1811 während der Ferienzeit nach Wien. Da es ihm jedoch nicht gelang, in das orientalische Institut aufgenommen zu werden, verließ er in Bälde die Kaiserstadt wieder […].“ Da Fallmerayers Name im Aktenarchiv der Orientalischen Akademie im fraglichen Zeitraum nicht aufscheint, dürfte er wohl

selbst eingesehen haben, dass er aufgrund seiner Herkunft erst gar keine Chance gehabt hätte, aufgenommen zu werden. Vgl. dazu Hastaba: Annäherungen, S. 36, Anm. 73.

30 Baumgartner: Biographie; Hastaba: Annäherungen, S. 36.

31 Briefkonzept erhalten im Staatsarchiv Nürnberg, Nachlass Fallmerayer, Nr. 32/3. Abgedruckt ist dieser als „Skizze aus dem Krieg" überschriebene Entwurf eines Briefes an Heinrich Hepperger, einen Bekannten aus der Salzburger Zeit Fallmerayers, in: Hastaba: Annäherungen, S. 79–83, S. 80.

32 Diverse Dokumente zur Militärzeit siehe Hastaba: Annäherungen, S. 75–86, S. 75.

33 Ludwig Steub zitiert wörtlich aus Fallmerayers ihm übergebener Lebensskizze: „Die Gelegenheit mit fremder Redeweise auch gute Formen und feinere Sitte zu lernen, hat unter solchen Umständen wenigstens nicht gefehlt." Nicht als wörtliches Zitat ausgewiesen ist die daran anschließende Feststellung: „Dorthin, auf das Schloß bei Orleans, verlegte der Fragmentist jene gründliche Metamorphose, welche ihn, den blöden Tschötscher Bauernjungen, zum weltläufigen Gentleman umgestaltete. Namentlich den dortigen Marquisen und andern französischen Damen schrieb er große Verdienste um seine Verfeinerung zu." (Steub: Fallmerayer, ADB, S. 559). Auch auf Ignaz V. Zingerle muss die Erzählung vom Frankreich-Aufenthalt Fallmerayers – sie trafen einander im Zeitraum zwischen dem 6. August und dem 9. September 1846 in Meran – mächtigen Eindruck gemacht haben, sodass er noch aus der Distanz von mehr als 30 Jahren darüber schreibt: „Dankbar gedachte er öfters der französischen Dame, die auf ihrem Schlosse ihn ihre Sprache und feine Weltsitte gelehrt hatte." Vielleicht hat den Gerade-noch- oder eben bereits Gerade-nicht-mehr-Marienberger Zingerle (ausgetreten ist er nach knapp einjähriger Zugehörigkeit am 31.8.1846 aus dem Stift) aufgrund seiner persönlichen Situation die Geschichte dieser Wandlung so mächtig imponiert. Er verlässt allerdings – im Gegensatz zu Fallmerayer – erst nach Erhalt der niederen Weihen die geistliche Laufbahn, um sich ganz weltlichen Studien zuzuwenden. Vgl. Ignaz V. Zingerle: Von Brixen nach Klausen, in: Schildereien aus Tirol, Innsbruck 1877, S. 109–121, auszugsweise abgedruckt in: Hastaba: Annäherungen, S. 159–161.

34 TLMF, FB 32253/13. Dieses Ernennungsschreiben vom 28.12.1817 ist abgedruckt bei Hastaba: Annäherungen, S. 87.

35 München, 18.1.1818. Abgedruckt in: Hastaba: Annäherungen, S. 88.

36 1823 hatte er eine Versetzung nach München aus gesundheitlichen Gründen – das dortige Klima sei ihm nicht zuträglich! – abgelehnt. Vgl. Daniel Drašček/Siegfried Wagner: Jakob Philipp Fallmerayer im Räderwerk der bayerischen Verwaltung. Die Fallmerayer-Akten des Staatsministeriums des Innern im Bayerischen Hauptstaatsarchiv und andere Aktenbestände (= Kulturgeschichtliche Forschungen 17), München 1993, S. 43ff.

37 Nachdem 1826 der Standort der Universität von Landshut nach München verlegt worden war, kam es in Landshut zur Errichtung eines Lyzeums, das im Unterrichtswesen eine Mittelposition zwischen Gymnasium und Universität einnahm. Fallmerayer hielt aus Anlass der feierlichen Eröffnung des Lyzeums am 20. November 1826 den auch gedruckt vorliegenden Vortrag „Über die Wichtigkeit und den Nutzen der geschichtlichen Studien" (Landshut 1826), die in der Lage seien aufzuzeigen (S. 14), „was das menschliche Geschlecht durch seine eigene, ihm inwohnende Kraft gethan und geworden ist; wie es von geringen Anfängen begann und durch eine lange Reihe von Jahrtausenden zu der Blüthe herangewachsen ist, in welcher wir es erblicken."

38 Fallmerayer war in seinen Tagebüchern nicht nur Buchhalter seines Lebens, er führte auch in finanziellen Dingen sehr genau Buch: Für seine Tätigkeit als Professor für Geschichte erhielt er ein Jahresgehalt von 800 fl, für die Aufsicht über die Lyzeumsbibliothek 100 fl, für die zusätzliche Übernahme des Faches Philologie weitere 100 fl.

39 Das Kaisertum von Trapezunt (heute Trabzon, an der östlichen türkischen Schwarzmeerküste gelegen) wurde im April 1204 von den Enkeln des griechischen Kaisers Andronikos I. Kom-

nenos Alexios und David gegründet, nachdem Konstantinopel nach der Eroberung zur Zeit des Vierten Kreuzzuges zum Mittelpunkt eines lateinischen Kaisertums gemacht worden war. Der Plan, von Trapezunt aus ganz Kleinasien zu beherrschen, scheiterte zunächst an der Macht des Kaiserreichs von Nizäa, dann am Vordringen der osmanischen Truppen. 1461 wurde das Kaiserreich Trapezunt von Mehmed II. (der 1453 bereits Konstantinopel erobert hatte) endgültig aufgelöst.

40   Ein zweiter Band folgte 1836.

41   Griechisch: Verstand, Einsicht, Erkenntnis; lateinisch: staatswissenschaftlich/politisch.

42   Drašček/Wagner: Räderwerk, S. 55.

43   Zwischen der Studienkommission des Innenministeriums und der Regierung des Isarkreises; Schreiben vom 29.9.1825. Zitiert bei Drašček/Wagner: Räderwerk, S. 60.

44   Auch wenn Fallmerayer es bisweilen selbst anders darstellte, so war sein nach Kopenhagen eingeschicktes Manuskript zur Lösung der Preisfrage das einzige, über welches in den beiden Jurysitzungen entschieden wurde. Vgl. dazu Thomas Leeb: Jakob Philipp Fallmerayer. Publizist und Politiker zwischen Revolution und Reaktion (1835–1861) (= Schriftenreihe zur bayerischen Landesgeschichte 109), München 1996, S. 29–33.

45   Auch wenn es sich bei der Verleihung der Doktorwürde um eine offizielle Ehrung handelt, so ist sie zugleich auch Dokument einer persönlichen Freundschaft zwischen Fallmerayer und dem namentlich auf der Urkunde genannten Dekan der Philosophischen Fakultät Theophil Lukas Friedrich Tafel (1787–1860), der gleich Fallmerayer als „Begründer der Byzantinistik" genannt wird. Vgl. Ausstellungskatalog Schloss Tirol, Kat.-Nr. 7.6, S. 66.

46   Jakob Philipp Fallmerayer: Geschichte der Halbinsel Morea während des Mittelalters. Ein historischer Versuch. Erster Theil. Untergang der peloponnesischen Hellenen und Wiederbevölkerung des leeren Bodens durch slavische Volksstämme, Stuttgart–Tübingen 1830, Vorrede S. IIIf.

47   Mit „Der Höhepunkt der griechischen Desillusionierung und romantische Orientsehnsucht" überschreibt Richard Bechtle: Wege nach Hellas. Studien zum Griechenlandbild deutscher Reisender, Esslingen 1959, S. 83–93, das Kapitel, in welchem er sich mit Fallmerayer befasst.

48   Vgl. dazu ausführlich: Maria A. Stassinopoulou: „Die Griechinnen und Fallmerayer". Ein griechisches Gedicht aus dem Jahr 1861, in: Hastaba/Rachewiltz: Für Freiheit, S. 219–228, S. 221.

49   Vgl. Georg Veloudis: Jakob Philipp Fallmerayer und die Entstehung des neugriechischen Historismus, in: Südostforschungen 29 (1970), S. 43–90; Michael W. Weithmann: Griechenland. Vom Frühmittelalter bis zur Gegenwart, Regensburg 1994, S. 67, S. 266f.; Pantelis Carelos: Stephanos Koumanoudes und die Widerlegung des Jakob Philipp Fallmerayer, in: Ioannis Vassis/Günther S. Henrich/Diether R. Reinsch (Hg.): Lesearten. Festschrift für Athanasios Kambylis, Berlin–New York 1998, S. 319–331, vor allem S. 320f.; Dimitris Michalopoulos: The true story of the Fallmerayer issue, in: Parnassos, Athen 2006, S. 215–236; Elli Skopetea, Universitätsprofessorin in Thessaliniki und Athen, widmete Fallmerayer ein ganzes Buch: Φαλμεράυερ. Τεχνάσματα τοῦ ἀντιπάλου δέους, Athen 1997.

50   Vor diesem zweiten Morea-Teil erschien 1835 im Cotta-Verlag Fallmerayers Akademieschrift „Die Entstehung der heutigen Griechen", die – wie bereits der Titel klar ausspricht – eine Verteidigungsschrift ist: „Welchen Einfluß hatte die Besetzung Griechenlands durch die Slaven auf das Schicksal der Stadt Athen und der Landschaft Attika? Oder nähere Begründung der im ersten Bande der ‚Geschichte von Morea während des Mittelalters‘ aufgestellten Lehre über die Entstehung der heutigen Griechen. Gelesen in der öffentlichen Sitzung der k. bayerischen Akademie der Wissenschaften von Jakob Philipp Fallmerayer, königl. Professor und Akademiker."

51 Es ist hier nicht der Platz, sowohl Fallmerayers Argumente wie jene seiner Gegner näher zu erörtern. Beide Seiten schossen in ihrer Polemik jedoch zum Teil weit über das Ziel einer wissenschaftlich geführten Diskussion hinaus. Fallmerayers Griechenthese ist im Kontext ihrer Entstehungszeit – der 1830er- und 40er-Jahre – zu verstehen. Dies ließen sowohl die Nationalsozialisten außer Acht, die in ihm einen Vorreiter ihrer Rassentheorie sehen wollten (vgl. dazu die an der Universität Innsbruck eingereichte Habilitationsschrift von Herbert Seidler samt deren Begutachtung: Peter Goller: Faschistischer Wissenschaftsnachwuchs. Geisteswissenschaftliche Berufungen und Habilitationen an der Universität Innsbruck in den NS-Jahren 1938–1945, in: Hans Mikosch/Anja Oberkofler (Hg.): Gegen üble Tradition, für revolutionär Neues. Festschrift für Gerhard Oberkofler, Innsbruck–Wien–Bozen 2012, S. 25–42, S. 38ff.) und 1943 eine Auswahl seiner Texte (Über die weltgeschichtliche Bedeutung der byzantinischen Monarchie […], Hagion-Oros […], Olympia) als Feldpostausgabe herausgaben; dies ließen aber auch diejenigen außer Acht, die Fallmerayer im Zusammenhang mit den kriegerischen Auseinandersetzungen auf dem Balkan in den 1990er-Jahren zur Stützung eigener Thesen zitierten, wovon die hohe Fallmerayer-Trefferzahl im Internet beredt Zeugnis ablegt.

52 Vgl. dazu vor allem das als Groteske gestaltete XV. Fragment mit seiner geradezu barocke Ausmaße annehmenden Überschrift: „Wie der Fragmentist wegen seiner Ansichten über das griechische Mittelalter in Athen anfangs als öffentlicher Feind behandelt wird, am Ende es aber doch zu leidlichem Verständniß mit einem Theil der hellenischen Literaten bringt und auch seinen Gegnern in Deutschland keine Antwort schuldig bleibt."

53 Vgl. dazu die Erklärung seiner Niedergeschlagenheit, nachdem er zunächst in Trapezunt nichts für seine Forschungen gefunden hatte und sogar mit dem Gedanken spielte, seinen Reiseplan und damit auch den ins Auge gefassten Besuch des Berges Athos aufzugeben (vgl. dazu im III. Fragment, I/S. 57).

54 Vgl. dazu: Claire-Jeanne Keller: Jakob Philipp Fallmerayer als Reisebegleiter und Vertrauter des Grafen Alexander Iwanowitsch Ostermann-Tolstoi, in: Hastaba/Rachewiltz: Für Freiheit, S. 229–240.

55 In seinem Reiseantrag an den Obersten Kirchen- und Schulrat im Innenministerium vom 10. Juli 1831 finden sich unter anderem folgende Feststellungen: „Mit dem Schlusse des laufenden Semesters hat der unterthänigst Unterzeichnete durch fünf volle Jahre die Stelle eines Lehrers der historischen Wissenschaften am k. Lyceum zu Landshut versehen und während dieser Zeit die Ueberzeugung erlangt, daß es hier völlig unmöglich ist, mit seinen vorangegangenen langen und streng wissenschaftlichen Studien auch nur den geringsten Nutzen als Lehrer zu schaffen. Die Zahl der Zuhörer mindert sich mit jedem Semester, und besteht in der Regel nur aus einem kleinen Häuflein unfleissiger, aller wissenschaftlichen Ausbildung und alles höheren geistigen Schwunges völlig unfähiger, und aus dem Bodensatze umliegender Gymnasien aufgesammelter Individuen. Vor solchen Leuten reden ist nicht nur nutzlos, sondern vielfältig auch schädlich, jedenfalls aber eine Entheiligung der Wissenschaft. Gedeihlichere Früchte als die mündliche Doctrin brachten dem unterthänigsten Bittsteller unter solchen Umständen seine schriftstellerischen Versuche, da zwey seiner Arbeiten in allen Ländern Europas, wo man die Wissenschaften ehrt, eine so günstige Aufnahme gefunden haben, daß ihm jetzt eine gewisse literarische Notabilität allerdings gesichert ist, und er sohin alle Ursache hat, auf der einmal mit Erfolg betretenen Laufbahn muthig fortzuwandeln […]". Zitiert bei Drašček/Wagner: Räderwerk, S. 112.

56 Hier hat Fallmerayer bleibende Spuren hinterlassen: Am Tempel zu Abu Simbel verewigte er sich gleich zweimal: sowohl außen als auch innen! Abgebildet im Beitrag von Keller: Fallmerayer als Reisebegleiter, S. 234 und S. 239.

57 Auch die Akademien von Wien, Agram und Pesth zählten Fallmerayer zu ihrem Mitglied. Vgl. Brief Fallmerayers an seinen Neffen Johann in Brixen, vom 27.5.1859.

58 Vgl. dazu vor allem Drašček/Wagner: Räderwerk, S. 14, bzw. die entsprechenden Aktenstücke ebda.

59 Vgl. dazu das Schreiben des Präsidenten der Regierung des Isarkreises, Graf Seinsheim, an das k. Staatsministerium des Innern vom 31.3.1834, publiziert bei Drašček/Wagner: Räderwerk, Nr. 88, S. 159.

60 Vgl. dazu Friedegund Freitag: München zur Zeit Ludwigs I. von Bayern, in: Hastaba/Rachewiltz: Für Freiheit, S. 191–204; Winfried Nerdinger: „Ein Bild des reinen Hellenismus in unsere Welt verpflanzen". Leo von Klenzes Bauten für Isar-Athen, in: Reinhold Baumstark (Hg.): Das neue Hellas. Griechen und Bayern zur Zeit Ludwigs I., Ausstellungskatalog München, München 1999, S. 187–192.

61 Die wenigen persönlichen Gegenstände in seiner Wohn-Schlafzimmer-Wohnung hält er in einem „Inventar" anlässlich seines Aufbruchs zu seiner zweiten Orientreise fest. Wertvollstes Gut war für den „k. Prof. u. Akad." wohl seine im Schlafzimmer untergebrachte „Bibliothek mit Stellage (ungefähr Eintausend Bände.)"; als er dieses Inventar Jahre später einer Revision unterzieht, notiert er sich zu diesem Punkt lapidar: „(sind jetzt mehr, April 1849)". TLMF, FB 32253/27. Abgedruckt in: Hastaba: Annäherungen, S. 103.

62 Der Wunsch nach „Einsamkeit und Ruhe" zieht sich wie ein roter Faden durch das Tagebuch.

63 Ovid, Metamorphosen, III. Buch, V. 471 (aus: Narcissus und Echo): Mir ist der Tod nicht schwer, da im Tod aufhören die Leiden.

64 TLMF, W 721, S. 36f.

65 Vgl. dazu Thomas Leeb: Jakob Philipp Fallmerayer und die „Allgemeine Zeitung", in: Hastaba/Rachewiltz: Für Freiheit, S. 241–258.

66 Vgl. dazu Leeb: Publizist und Politiker, S. 77–123, und Myra R. Jessen: Fallmerayer und die Augsburger Allgemeine Zeitung, in: Modern Language Quarterly, Vol. 11, No. 3, Sept. 1950, S. 332–364, Forts. ebda, Vol. 11, No. 4, Dec. 1950, S. 450–459.

67 Vgl. dazu Leeb: Publizist und Politiker, S. 86f.

68 Fallmerayer hielt sich genau an diese behördlich festgeschriebene Frist: Die Reise dauerte vom 6. Juli 1840 bis zum 19. Juni 1842.

69 Im I. Fragment lautet der Schiffsname „Stambul".

70 TLMF, W 720, S. 43: Eintragung über den Zeitraum: „July 1 – 31 December [1840]" (= letzte Eintragung im 2. Band des auf der ersten Orientreise geführten Tagebuchs). Die Fortsetzung bzw. der genauere Bericht über die ersten Monate der zweiten Orientreise findet sich in den „täglichen Aufschreibungen", heute: TLMF, W 718.

71 Fallmerayers Aufenthalte im Königreich Griechenland waren stets nur Annexe seiner ausgedehnten Orientreisen! Mit Überschreiten der Grenze zwischen dem osmanischen Reich und Griechenland verschärft sich Fallmerayers Ton der Polemik gegen Christen- und Hellenentum.

72 Zu seinem Aufenthalt in Brixen siehe unten.

73 Zu Aufbau und Entstehung der „Fragmente aus dem Orient" siehe ausführlicher weiter unten.

74 Sie fand – überarbeitet – als VIII. Fragment Eingang in die „Fragmente aus dem Orient".

75 Frhr. Zoller an Fallmerayer, Hohenschwangau, 6.11.1844. Abgedruckt in: Hastaba: Annäherungen, S. 107.

76 Ältester Sohn König Ludwigs I., Kronprinz Maximilian (1811–1864), seit 1848 König von Bayern.

77 Fallmerayer an Johann Nepomuk Anton Mayr, Hohenschwangau, 15.11.1844. Abgedruckt in: Hastaba: Annäherungen, S. 109f., S. 110.

78 Fallmerayer an Johann Nepomuk Anton Mayr, Hohenschwangau, 17.12.1844. Abgedruckt in: Hastaba: Annäherungen, S. 112.

79 Aufstellung in „Strazza I", überliefert in TLMF, FB 32253/28. Abgedruckt in Hastaba: Annäherungen, S. 113.

[80] Drašček/Wagner: Räderwerk, S. 195f.

[81] Wie wichtig ihm dieses Ereignis war, belegt die Tatsache, dass er die auf seinen Namen lautende Einladungskarte für den 23.9.1847 zeitlebens aufbewahrte, siehe Ausstellungskatalog Schloss Tirol, Kat.-Nr. 11.11, S. 97. Vgl. dazu den in den „Anatolischen Reisebildern" aufgenommenen Bericht: Das Diplomatengastmahl auf Haider-Pascha, in: Georg Martin Thomas (Hg.): Jakob Philipp Fallmerayer: Gesammelte Werke, 3 Bde, Leipzig 1861, Bd. 1, S. 313–331.

[82] TLMF, FB 32253/20. Abgedruckt in: Hastaba: Annäherungen, S. 164.

[83] Tagebuch, 16.3.1848.

[84] Drašček/Wagner: Räderwerk, S. 198, Anm. 2.

[85] Brief aus Frankfurt vom 25. Mai 1848 an einen Φίλων κράτιστε, hinter dem sich der Tiroler Jugend-/Schulfreund Johann Nepomuk Anton Mayr verbirgt; typisch für Fallmerayer ist der Schluss desselben Briefes: „Solitudo et silentium haben allein noch Werth. Mein Capital an Geist und Gedanken ist aufgezehrt und ich erkläre mich selber bankerott." Zitiert in: Historisch-politische Blätter für das katholische Deutschland, Bd. 85 (1885), 2. Heft, S. 129–132. Die Wiedergabe dieses Briefes ist Hauptinhalt eines gegen Fallmerayer und „seinen boshaften Libertinismus" gerichteten Beitrags unter dem Titel: „Fallmerayer, der Münchener Parlamentarier ohne ‚lange Zunge'". Abgedruckt in: Hastaba: Annäherungen, S. 169ff.

[86] Vgl. dazu Ausstellungskatalog: Haus der Geschichte Baden-Württemberg in Zusammenarbeit mit der Landeshauptstadt Stuttgart (Hg.): Rettet die Freiheit. Das Rumpfparlament 1849 in Stuttgart – Eine Revolution geht zu Ende, 10. Mai 1999 bis 1. August 1999.

[87] In der AAZ konnte man in derselben Ausgabe, in der auch der „Steckbrief" abgedruckt war, in einem mit drei Sternchen gezeichneten Beitrag „Von der Lech" lesen: „[…] Hrn. Fallmerayer fehlen, wie es in seinem Signalement heißt, die ‚vorderen' Schneidezähne; aber die hinteren sind ihm geblieben, und so Gott will! trotz der Auswanderung nach Stuttgart, auch der Weisheitszahn. Er wird beide zu gebrauchen wissen." Vollständig abgedruckt in: Hastaba: Annäherungen, S. 193.

[88] Das türkische Ordensdiplom befindet sich heute im TLMF, FB 32253,3 (handschriftliche Übersetzung dazu unter FB 32253,2), nicht jedoch der dazugehörige diamantbesetzte Orden. Abb. des Ordensdiploms in: Gert Amman/Ellen Hastaba (Red.): SammelLust. 175 Jahre Tiroler Landesmuseum Ferdinandeum, Innsbruck–Wien 1998, S. 193. Vgl. dazu Michael Grünbart: Jakob Philipp Fallmerayer und sein türkischer Orden. Briefe und Aktenstücke aus den Jahren 1847 bis 1849, in: biblos. Beiträge zu Buch, Bibliothek und Schrift 44,2 (1995), S. 271–295; bzw. Hastaba: Annäherungen, S. 175–181.

[89] Tagebuch, 27.11.1850.

[90] Siehe Brief Fallmerayers an seinen Neffen vom 27. Mai 1859, siehe unten im Text.

[91] Zu Fallmerayers Mitwirken an der durch die politischen Ereignisse 1848 erst möglich gewordenen, kurzlebigen liberalen Tiroler Zeitung, der „Innsbrucker Zeitung", siehe Hastaba: „Für Freiheit, Wahrheit und Recht!" Archivalische Trouvaillen aus dem Tiroler Landesarchiv und dem Ferdinandeum zur kurzen Geschichte der „Innsbrucker Zeitung" (1848–1852), in: Wolfgang Meighörner (Hg.): Wissenschaftliches Jahrbuch der Tiroler Landesmuseen 2008, S. 56–131, besonders ab S. 87. Seine Beiträge für dieses Blatt sind gekennzeichnet durch eine Verbindung von Innensicht, die er als gebürtiger Tiroler hatte, und kritisch distanzierter Außensicht auf Tiroler Zustände und Entwicklungen, die ihm sein Münchner Wohnort erlaubte. Vgl. dazu Hastaba: Annäherungen, S. 205–276.

[92] TLMF, FB 32253,1.

[93] Es war dies die in den ersten Nachrufen genannte Todesursache, die später jedoch widerrufen wurde, nachdem das Obduktionsergebnis vorlag: Demzufolge ist Fallmerayer an einer Herzerweiterung gestorben. Vgl. dazu „Fallmerayers letzte Lebenstage", in: AAZ, 4.5.1861, abgedruckt in: Hastaba: Annäherungen, S. 285–289.

94 TLMF, alphabetisch geordnete Partezettelsammlung. Abgebildet in: Hastaba: Annäherungen, S. 278.

95 Briefentwurf – zusammen mit weiteren Dokumenten in dieser Angelegenheit – abgedruckt in: Hastaba: Annäherungen, S. 57.

96 Vgl. Johann Chrysostomus Mitterrutzner abschließend in dem von ihm verfassten Nachruf auf Fallmerayer in der „Volks- und Schützenzeitung", 3.5.1861 (= Nr. 54), Beilage Nr. 40, S. 343f. Abgedruckt in: Hastaba: Annäherungen, S. 282–285, S. 285.

97 TLMF, FB 32253,28: „Rechnung mit meiner verheiratheten Schwester Anna P[acher]: 1842, 30 Juli habe ich ihr geliehen f 230,- [,] 1843, 22 Januar detto f 406,- [, in Summe:] f 636,- [,] das Ganze capitalisch auf meine Kosten aufgerichtet beim k.k. Landgericht Brixen, im Februar 1843, thut f 690 zu 1 ½ Procent. 1843 Ende Juli iterum die Summe von f 200,- zu 2 % verzinslich. [In Summe:] f 836,-" Aber auch andere Geschwister scheinen im gesonderten „Verzeichniß der ausstehenden Kapitalien" mit namhaften Geldbeträgen auf.

98 Wegen seiner zeitlichen Nähe zur zweiten Orientreise wird jener des Jahres 1842 exemplarisch herausgegriffen. Auch der erste Biograf Fallmerayers, Johann Chrysostomus Mitterrutzner, geht auf diesen selbst miterlebten Aufenthalt Fallmerayers ein. Ebenso findet dieser Brixen-Aufenthalt Berücksichtigung bei Eugen Thurnher: Jahre der Vorbereitung. Jakob Fallmerayers Tätigkeit nach der Rückkehr von der zweiten Orientreise 1842–1845 (= Sitzungsberichte der phil.-hist. Klasse der Österreichischen Akademie der Wissenschaften 621), Wien 1995.

99 Tagebuch, 19.5.–10.6.1842. Abgedruckt in: Hastaba: Annäherungen, S. 58–64.

100 „Hier habe ich erst den beklagenswerten Fall meiner Stiefschwester in Erfahrung gebracht."

101 Für eine zutreffende Übersetzung müssten eingehendere Nachforschungen unternommen werden: „umbringen, töten" oder aber auch „umkommen", also „sterben", kommen in Frage.

102 Nicht ohne Ironie hält er fest, dass man ihn, den Liberalen, „zum Cooperator im Reiche Gottes einweihen" wollte: „ich sei auserlesen von Gott mitzuwirken beim großen Werke der Reparation, man hege große Erwartungen von mir und meinem Kiele, die zweite Periode des Lebens beginne, ich soll die 6 Bände lesen und ich werde vollständig gerüstet seyn zum Streite." Jene 6 Bände „neuester Theologie" ließ ihm der Bischof bereits zwei Tage früher zur gewinnbringenden Lektüre übergeben.

103 Lat. arvum: Acker, Flur Gefilde.

104 Nachtrag oberhalb der Zeile mit Bleistift; desgleichen nachfolgende Randbemerkung.

105 TLMF, FB 32253,37. Abgedruckt in: Hastaba: Annäherungen, S. 65ff., S. 67.

106 TLMF, FB 32253,38. Brief vollständig abgedruckt in: Hastaba: Annäherungen, S. 68f. Freilich konnte Fallmerayer nicht nur kritisieren, sondern auch Lob spenden. So teilte er seinem Neffen am 14. Februar 1857 mit: „Dir selbst aber kann ich die Freude nicht verbergen, die ich über deinen Brief empfunden habe. Du hast nicht blos eine schöne Handschrift, dein Aufsatz ist auch orthographisch ohne Fehler und der Inhalt ernst und verständig wie ich es nicht vermuthet hätte." Diesen Brief schließt er mit der Bitte: „Hie und da eine Nachricht über unsere Familie und über Brixener Zustände überhaupt wird mir alle Zeit Vergnügen machen. Das Porto kannst du jedes Mal auf meine Rechnung setzen. Lebe wohl. Dein Onkel." TLMF, FB 32253,35. Vollständig abgedruckt in: Hastaba: Annäherungen, S. 65.

107 Vgl. dazu Michael Grünbart: „Der traurige und lange Winter …" Zwei Briefe aus dem letzten Lebensjahr Fallmerayers, in: Hastaba/Rachewiltz: Für Freiheit, S. 357–366, S. 363f.

108 München, 23.01.1859. Vollständig abgedruckt in: Hastaba: Annäherungen, S. 301–303.

109 Siehe dazu: Wilhelm Krag: Über Fallmerayers Ansbacher Nachlaß. Mit einer Fallmerayer-Bibliographie, in: Der Schlern, 2. Jg. (1921), 9. u. 10. Heft, S. 162–176. Krag spricht von etwa 200 Briefen an Fallmerayer. Das vollständigste Briefverzeichnis legte jüngst Michael Grünbart vor: Ders.: Die Briefe von und an Jakob Philipp Fallmerayer. Eine Bestandsaufnahme (= Instrumenta Fallmerayeriana 1), Wien 2000; mit einem Nachtrag in: Ders.: Jakob

Philipp Fallmerayer. Bibliographie der Sekundärliteratur 1900–2011 (= Fragmenta Fallmerayeriana 3), Wien 2011, S. 17f.

[110] Die erforderliche Geldsumme (600 Mr) musste sich das Ferdinandeum von einem privaten
Gönner ausborgen. In den „Vereinsnachrichten für das Jahr 1889/90" (sie sind der Zeitschrift
des Ferdinandeums, III. Folge, 34. Heft, beigebunden) wird vermerkt (S. XVII), „dass der
Museums-Ausschuss trotz der ungemein beschränkten Mittel nicht umhin konnte im abge-
laufenen Jahre zwei grössere Ankäufe zu machen, nämlich 1. für die zoologische Abtheilung
ein Pracht-Exemplar des Bartgeiers und 2. für die Bibliothek die Tagebücher des berühmten
Fragmentisten Jakob Phil. Fallmerayer aus den Jahren 1831–1861, beide unter sehr günstigen
Zahlungsbedingungen." Bereits im Jahr nach Fallmerayers Tod wurde vom Museumsaus-
schuss bestimmt, seine Büste in der Reihe der zehn für das Land Tirol bedeutendsten Dichter
und Wissenschafter an der neu gestalteten Fassade anzubringen (Abschluss der von Anton
Spagnoli ausgeführten Arbeiten 1889), wo sie sich heute noch befindet. Vgl. dazu: Ellen
Hastaba: Programm mit Zufall und Abstrichen – gesamttirolisch ausgerichtet: Die Fassade
des Tiroler Landesmuseums Ferdinandeum, in: Veröffentlichungen des Tiroler Landesmuseums Ferdinandeum 83 (2003), S. 63–94.

[111] Hans Feigl/Ernst Molden (Hg.): Jakob Philipp Fallmerayer. Schriften und Tagebücher, 2 Bde,
München–Leipzig 1913; die Auszüge aus den Tagebüchern ab 1842 in Bd. 2, S. 281–366.

[112] Gerade die kritische Rezension von Johann Paul Ernst Greverus: Reiselust in Idee und Bildern aus Italien und Griechenland, 2 Teile, Bremen 1839/40, die den Hauptinhalt des XVI.
Fragments ausmacht, zeigt deutlich, was Fallmerayer von Reiseberichten seiner Zeitgenossen
hält, womit er implizit zum Ausdruck bringt, dass sich seine „Fragmente" von dergleichen
Schilderungen abheben.

[113] Rezension der „Reise in den Orient", Bd. 1, des Constantin Tischendorf (1846), in: Fallmerayer: Gesammelte Werke, Bd. 3, S. 113–133, S. 126.

[114] Siehe auch Besprechung der „Orientalischen Briefe" der Ida Gräfin Hahn-Hahn (1845), in:
Fallmerayer: Gesammelte Werke, Bd. 3, S. 57–79: S. 62: „Der Styl, sagt man, ist der Mensch."

[115] Vgl. dazu Leeb: Publizist und Politiker, S. 27f.

[116] Siehe zum Beispiel Rezension der „Orientalischen Briefe" der Ida Gräfin Hahn-Hahn, S. 61.

[117] Siehe oben bzw. das als Titel gewählte Zitat aus Fallmerayers Ansuchen vom 8.8.1825 an die
Studiensektion um Bewilligung eines Forschungsurlaubs.

[118] Vgl. dazu: Brigitta Stachel: Aufbau und Stilmittel in Jakob Philipp Fallmerayers „Fragmenten aus dem Orient". Ein Beitrag zur Literatur der Restaurationszeit, masch. phil. Diss.,
Wien 1971; Gisela Angerer: Über Struktur und Stil der Essays von Jakob Philipp Fallmerayer, masch. Dipl.-Arbeit, Innsbruck 1988; Curt Hohoff: Jakob Philipp Fallmerayers Entdeckung des Orients, in: Ders.: Der Glanz des Wirklichen. Gelehrte Prosa als Kunst. Essays,
Wien–Leipzig 1998, S. 104–116; Johann Holzner: Jakob Philipp Fallmerayers viel gerühmte
Darstellungskunst, in: Hastaba/Rachewiltz: Für Freiheit, S. 303–312.

[119] Brief publiziert in den Historisch-politischen Blättern, Bd. 103 (1889), S. 384; hier zitiert
nach Gisela Angerer: Über Struktur und Stil, S. 36

[120] Die von Johann Chrysostomos Mitterrutzner gegebene Erklärung, Fallmerayers Lehrer
Valentin Forer (zugleich Mitterrutzners Onkel) hätte seinem ehemaligen Schüler den Titel
„Fragmente aus dem Orient" vorgeschlagen, ist allein schon aufgrund der nicht haltbaren
Datierung dieses wesentlichen angeblichen Gesprächs in Brixen – 18. Juni 1842 – eher un-
wahrscheinlich. Mitterrutzner: Fragmente, S. 22f.

[121] Friedrich Hebbel: Fallmerayers literarischer Nachlaß. 1862, in: Richard Maria Werner (Hg.):
Friedrich Hebbel. Sämtliche Werke. Historisch-kritische Ausgabe, Bd. 12 (= Vermischte
Schriften, Bd. 4), S. 316–321.

[122] Da es sich bei der Buchausgabe von 1845 um die von Fallmerayer letztlich bewusst für den
Druck bestimmte Fassung handelt, entschied sich der Verlag Edition Raetia, sie auch dieser
Neuausgabe zugrunde zu legen. Mit der vorliegenden Edition wird der Wunsch von Fallme-

rayers Nachlassverwalter Georg Thomas erfüllt, der in seinem Vorwort zu den „Gesammelten Werken" meint (Bd. 1, Leipzig 1861, S. XLVII): „Fallmerayers Genius wird seiner Zeit auch bei seinen näheren und eigentlichen Landsleuten erkannt und gewürdigt werden, und wie er als Musterschriftsteller schon lange norddeutsche Schulbücher zieren hilft, so wird, wenn nicht das alte Verhältniß grollend fortwaltet, einst auch die Jugend an Inn und Eisak sich an den Blüten seines Styles ergetzen dürfen."

123 Immerhin für die beiden Athos-Fragmente ist dieser Vergleich möglich. Vgl. Hastaba: „… ich kann nichts besseres hervorbringen".

124 Die genauen bibliografischen Nachweise siehe Seidler: Jakob Philipp Fallmerayers geistige Entwicklung, S. 141–144.

125 Sicherlich bemerkenswert ist, dass Fallmerayer für das XIII. Fragment den Titel wählt: „Reise von Larissa an die Gränze des Königreichs Griechenland. Quarantäne von Zitun. Schluß" – Schluss wovon? Stachel weist zwar darauf hin, dass die Ankündigung „Schluss" für eine Zeitungs-Artikelserie Sinn macht, muss jedoch eingestehen: „warum Fallmerayer das [= Wort Schluss] in die Buchausgabe übernommen hat, ist mir nicht ganz klar." Stachel: Aufbau, S. 60.

126 Elisabeth Antinopoulo: Jakob Philipp Fallmerayer. Eine Untersuchung der „Fragmente aus dem Orient", masch. phil. Diss., Wien 1943, S. 43.

127 Hermann Reidt: Vorwort, in: Jakob Philipp Fallmerayer. Fragmente aus dem Orient, München 1963, S. 17. Auch die „Vorrede" fehlt in seiner Ausgabe.

128 Herbert Seidler: Jakob Philipp Fallmerayer, in: Die Brennerstraße. Ein deutscher Schicksalsweg von Innsbruck nach Bozen (= Jahrbuch des Südtiroler Kulturinstitutes 1), Bozen 1961, S. 176–186, S. 183.

129 Eindrücklich diesbezüglich etwa das abrupte Ende des X. Fragments: „Wie diese Pointe überschritten, ist […] das Epos der Handlung auf dem Höhepunkt, das Blut wird kälter, die Erzählung matter, der Leser schläfriger, das Ende erwünschter und der kürzeste Epilog der beste." Es folgt gerade noch ein Satz und ein abschließendes Zitat! – X. Fragment, II/S. 246.

130 Ludwig Rohner: Der deutsche Essay. Materialien zur Geschichte und Ästhetik einer literarischen Gattung, Neuwied 1966, S. 672.

131 Siehe dazu Rohner: Essay, S. 465. Rohner (ebda, S. 677) sieht in der dialogischen Struktur des Essays ein gattungsbildendes Kriterium: „Der Essay entfernt sich von der spezifischen Qualität der Gattung in dem Grade, wie er sich monologisch verschlüsselt und die Rücksicht auf den ironisch anwesenden Gesprächspartner aufgibt."

132 XIV. Fragment, II/S. 356.

133 XIV. Fragment, II/S. 355.

134 Siehe entsprechende Zitate aus den Vorreden zu den beiden Morea-Bänden weiter oben im Text.

135 Dieselbe versucht er durch Allianzen mit dem Despotismus, also mit den autokratischen Regimen in Europa, zu erlangen.

136 „Vibius" bezieht sich auf zwei Angeber unter den römischen Kaisern Tiberius und Nero (Vibius Serenus und Vibius Crispus), „Egnatius" steht für Ignatius von Loyola, „Tartuffius" spielt auf Molières Komödie „Tartuffe" an.

137 Vgl. dazu die in Hastaba: Annäherungen, S. 123–151, aufgenommenen Dokumente dieses medial – mit verdecktem Visier – ausgetragenen Schlagabtausches.

138 Im Jahre 2011, zum 150. Todestag Fallmerayers, veranstaltete die Bayerische Akademie der Wissenschaften gemeinsam mit der Kommission für Interdisziplinäre Südosteuropaforschung der Akademie der Wissenschaften zu Göttingen eine ihrem so schwierigen Mitglied gewidmete Konferenz: „Jakob Philipp Fallmerayer (1790–1861). Der Gelehrte und seine Aktualität im 21. Jahrhundert." Auf schauspielerische Weise näherten sich ebenfalls im Jahre 2011, angeleitet von Frau Dr. Barbara Fuchs, Schülerinnen und Schüler des Realgymnasiums mit angegliederter Gewerbeoberschule „Jakob Philipp Fallmerayer" in Brixen 2011 der Biografie des Namengebers ihrer Schule an.

Verzeichnis der zitierten Literatur

Ammann, Gert/Hastaba, Ellen (Red.): SammelLust. 175 Jahre Tiroler Landesmuseum Ferdinandeum, Innsbruck–Wien 1998.

Angerer, Gisela: Über Struktur und Stil der Essays von Jakob Philipp Fallmerayer, masch. Dipl.-Arbeit, Innsbruck 1988.

Antinopoulo, Elisabeth: Jakob Philipp Fallmerayer. Eine Untersuchung der „Fragmente aus dem Orient", masch. phil. Diss., Wien 1943.

Baumgartner, Franz: Biographie [Jakob Philipp Fallmerayer], in: Kaiserlich Königlich privilegi[e]rter Bothe von und für Tirol und Vorarlberg, 16.2.1835–16.3.1835 (= Nrn. 14–22), S. 56, 60, 64, 68, 72, 76, 84, 88. Abgedruckt in: Hastaba: Annäherungen, S. 33–52.

Bechtle, Richard: Wege nach Hellas. Studien zum Griechenlandbild deutscher Reisender, Esslingen 1959.

Bernard, Veronika: Österreicher im Orient. Eine Bestandsaufnahme österreichischer Reiseliteratur im 19. Jahrhundert (= Literarhistorische Studien. Literatur aus Österreich und Bayern 9), Wien 1996.

Carelos, Pantelis: Stephanos Koumanoudes und die Widerlegung des Jakob Philipp Fallmerayer, in: Vassis, Ioannis/Henrich, Günter S./Reinisch, Diether R. (Hg.): Lesearten. Festschrift für Athanasios Kambylis, Berlin–New York 1998, S. 319–331.

Draščeck, Daniel/Wagner, Siegfried: Jakob Philipp Fallmerayer im Räderwerk der bayerischen Verwaltung. Die Fallmerayer-Akten des Staatsministeriums des Innern im Bayerischen Hauptstaatsarchiv u.a. Aktenbestände (= Kulturgeschichtliche Forschungen 17), München 1993.

Elkar, Rainer S.: Reisen bildet. Überlegungen zur Sozial- und Bildungsgeschichte des Reisens während des 18. und 19. Jahrhunderts, in: Krasnobaev, Boris I./Robel, Gert/Zeman, Herbert (Hg.): Reisen und Reisebeschreibungen im 18. und 19. Jahrhundert als Quellen der Kulturbeziehungsforschung (= Studien zur Geschichte der Kulturbeziehungen in Mittel- und Osteuropa 6), Berlin 1980, S. 51–82.

Fallmerayer, Jakob Philipp: Der heilige Berg Athos, Bozen 2002.

Fallmerayer, Jakob Philipp: Geschichte der Halbinsel Morea während des Mittelalters. Ein historischer Versuch. Erster Theil. Untergang der peloponnesischen Hellenen und Wiederbevölkerung des leeren Bodens durch slavische Volksstämme, Stuttgart–Tübingen 1830.

Feigl, Hans/Molden, Ernst (Hg.): Jakob Philipp Fallmerayer. Schriften und Tagebücher, 2 Bde, München–Leipzig 1913.

Freitag, Friedegund: München zur Zeit Ludwigs I von Bayern, in: Hastaba/Rachewiltz: „Für Freiheit, Wahrheit und Recht!" Joseph Ennemoser und Jakob Philipp Fallmerayer. Tirol von 1809 bis 1848/49 (= Schlern-Schriften 349), Innsbruck 2009, S. 191–204.

Goller, Peter: Faschistischer Wissenschaftsnachwuchs. Geisteswissenschaftliche Berufungen und Habilitationen an der Universität Innsbruck in den NS-Jahren 1938–1945, in: in: Mikosch, Hans/Oberkofler, Anja (Hg.): Gegen üble Tradition, für revolutionär Neues. Festschrift für Gerhard Oberkofler, Innsbruck–Wien–Bozen 2012, S. 25–42.

Grünbart, Michael: Jakob Philipp Fallmerayer. Bibliographie der Sekundärliteratur 1900–2011 (= Fragmenta Fallmerayeriana 3), Wien 2011.

Grünbart, Michael: „Der traurige und lange Winter …" Zwei Briefe aus dem letzten Lebensjahr Fallmerayers, in: Hastaba, Ellen/Rachewiltz, Siegfried de (Hg.): „Für Freiheit, Wahrheit und Recht!" Joseph Ennemoser und Jakob Philipp Fallmerayer. Tirol von 1809 bis 1848/49 (= Schlern-Schriften 349), Innsbruck 2009, S. 357–366.

Grünbart, Michael: Die Briefe von und an Jakob Philipp Fallmerayer. Eine Bestandsaufnahme (= Instrumenta Fallmerayeriana 1), Wien 2000.

Grünbart, Michael: Jakob Philipp Fallmerayer und sein türkischer Orden. Briefe und Aktenstücke aus den Jahren 1847 bis 1849, in: biblos. Beiträge zu Buch, Bibliothek und Schrift 44,2 (1995), S. 271–295.

Haja, Martina: Zwischen Traum und Wirklichkeit: Die österreichische Orientmalerei im 19. Jahrhundert, in: Mayr-Oehring, Erika (Hg.): Orient. Österreichische Malerei zwischen 1848 und 1914. Ausstellungskatalog Residenzgalerie Salzburg, Salzburg 1997, S. 27–56.

Hastaba, Ellen (Hg.): Jakob Philipp Fallmerayer (1790–1861). Annäherungen an seine Biographie (= Schriften historischer Quellen zur Kulturgeschichte Tirols 4), Innsbruck–Wien, 2009.

Hastaba, Ellen/Rachewiltz, Siegfried de (Hg.): „Für Freiheit, Wahrheit und Recht!" Joseph Ennemoser und Jakob Philipp Fallmerayer. Tirol von 1809 bis 1848/49 (= Schlern-Schriften 349), Innsbruck 2009 (= Sammlung der Referate der Tagung im Vorfeld der Ausstellung auf Schloss Tirol).

Hastaba, Ellen: „Für Freiheit, Wahrheit und Recht!" Archivalische Trouvaillen aus dem Tiroler Landesarchiv und dem Ferdinandeum zur kurzen Geschichte der „Innsbrucker Zeitung" (1848–1852), in: Meighörner, Wolfgang (Hg.): Wissenschaftliches Jahrbuch der Tiroler Landesmuseen 2008, Innsbruck–Wien–Bozen 2008, S. 56–131.

Hastaba, Ellen: Programm mit Zufall und Abstrichen – gesamttirolisch ausgerichtet: Die Fassade des Tiroler Landesmuseums Ferdinandeum, in: Veröffentlichungen des Tiroler Landesmuseums Ferdinandeum 83 (2003), S. 63–94.

Hastaba, Ellen: „… ich kann nichts besseres hervorbringen". Jakob Philipp Fallmerayer: Hagion-Oros oder der heilige Berg Athos. 1 und 2, in: Thurnher, Eugen (Hg.): Tirol zwischen Zeiten und Völkern. Festschrift für Helmut Gritsch zum 60. Geburtstag (= Schlern-Schriften 318), Innsbruck 2002, S. 199–230.

Haus der Geschichte Baden-Württemberg in Zusammenarbeit mit der Landeshauptstadt Stuttgart (Hg.): Rettet die Freiheit. Das Rumpfparlament 1849 in Stuttgart – Eine Revolution geht zu Ende, Ausstellungskatalog 10. Mai 1999 bis 1. August 1999.

Hebbel, Friedrich: Fallmerayers literarischer Nachlaß. 1862, in: Werner, R[ichard] M[aria] (Hg.): Friedrich Hebbel. Sämtliche Werke. Historisch-kritische Ausgabe, Bd. 12 (= Vermischte Schriften, Bd. 4), S. 316–321.

Hohoff, Curt: Jakob Philipp Fallmerayers Entdeckung des Orients, in: Ders.: Der Glanz des Wirklichen. Gelehrte Prosa als Kunst. Essays, Wien–Leipzig 1998, S. 104–116.

Holzner, Johann: Jakob Philipp Fallmerayers viel gerühmte Darstellungskunst, in: Hastaba/ Rachewiltz: „Für Freiheit, Wahrheit und Recht!" Joseph Ennemoser und Jakob Philipp Fallmerayer. Tirol von 1809 bis 1848/49 (= Schlern-Schriften 349), Innsbruck 2009, S. 303–312.

Jessen, Myra R.: Fallmerayer und die Augsburger Allgemeine Zeitung, in: Modern Language Quarterly, Vol. 11, No. 3, Sept. 1950, S. 332–364, Forts. ebda, Vol. 11, No. 4, Dec. 1950, S. 450–459.

Keller, Claire-Jeanne: Jakob Philipp Fallmerayer als Reisebegleiter und Vertrauter des Grafen Alexander Iwanowitsch Ostermann-Tolstoi, in: Hastaba, Ellen/Rachewiltz, Siegfried de (Hg.): „Für Freiheit, Wahrheit und Recht!" Joseph Ennemoser und Jakob Philipp Fallmerayer. Tirol von 1809 bis 1848/49 (= Schlern-Schriften 349), Innsbruck 2009, S. 229–240.

Krag, Wilhelm: Über Fallmerayers Ansbacher Nachlaß. Mit einer Fallmerayer-Bibliographie, in: Der Schlern, 2. Jg. (1921), 9. u. 10. Heft, S. 162–176.

Leeb, Thomas: Jakob Philipp Fallmerayer und die „Allgemeine Zeitung", in: Hastaba, Ellen/Rachewiltz, Siegfried de (Hg.): „Für Freiheit, Wahrheit und Recht!" Joseph Ennemoser und Jakob Philipp Fallmerayer. Tirol von 1809 bis 1848/49 (= Schlern-Schriften 349), Innsbruck 2009, S. 241–258.

Leeb, Thomas: Jakob Philipp Fallmerayer. Publizist und Politiker zwischen Revolution und Reaktion (1835–1861) (= Schriftenreihe zur bayerischen Landesgeschichte 109), München 1996.

Michalopoulos, Dimitris: The true story of the Fallmerayer issue, in: Parnassos, Athen 2006, S. 215–236.

Mitterrutzner, Johann Chrysostomus: Fragmente aus dem Leben des Fragmentisten (Jakob Philipp Fallmerayer), Brixen 1887.

Nerdinger, Winfried: „Ein Bild des reinen Hellenismus in unsere Welt verpflanzen". Leo von Klenzes Bauten für Isar-Athen, in: Baumstark, Reinhold (Hg.): Das neue Hellas. Griechen und Bayern zur Zeit Lugwigs I., Ausstellungskatalog München, München 1999, S. 187–192.

Rachewiltz, Siegfried de (Hg.): Joseph Ennemoser. Leben und Werk des Freiheitskämpfers, Mediziners und Magnetiseurs (1787–1854) (= Schriften historischer Quellen zur Kulturgeschichte Tirols 5), Innsbruck–Wien 2010.

Reidt, Hermann: Vorwort, in: Jakob Philipp Fallmerayer. Fragmente aus dem Orient, München 1963.

Rohner, Ludwig: Der deutsche Essay. Materialien zur Geschichte und Ästhetik einer literarischen Gattung, Neuwied 1966.

Schnepel, Burkhard/Brands, Gunnar/Schönig, Hanne (Hg.): Orient – Orientalistik – Orientalismus. Geschichte und Aktualität einer Debatte, Bielefeld 2011.

Seidler, Herbert: Jakob Philipp Fallmerayer, in: Die Brennerstraße. Ein deutscher Schicksalsweg von Innsbruck nach Bozen (= Jahrbuch des Südtiroler Kulturinstitutes 1), Bozen 1961, S. 176–186.

Seidler, Herbert: Jakob Philipp Fallmerayers geistige Entwicklung. Ein Beitrag zur deutschen Geistesgeschichte des 19. Jahrhunderts (= Abhandlungen der Bayerischen Akademie der Wissenschaften, phil.-hist. Klasse, N.F., Heft 26), München 1947.

Skopetea, Elli: Φαλμεράυερ. Τεχνάσματα του αντιπάλου δέους, Athen 1997.

Stachel, Brigitta: Aufbau und Stilmittel in Jakob Philipp Fallmerayers „Fragmenten aus dem Orient". Ein Beitrag zur Literatur der Restaurationszeit, masch. phil. Diss., Wien 1971.

Stassinopoulou, Maria A.: „Die Griechinnen und Fallmerayer". Ein griechisches Gedicht aus dem Jahr 1861, in: Hastaba, Ellen/Rachewiltz, Siegfried de (Hg.): „Für Freiheit, Wahrheit und Recht!" Joseph Ennemoser und Jakob Philipp Fallmerayer. Tirol von 1809 bis 1848/49 (= Schlern-Schriften 349), Innsbruck 2009, S. 219–228.

Steub, Ludwig: Jakob Philipp Fallmerayer, in: Allgemeine Deutsche Biographie, Bd. 6, Leipzig 1877, S. 558–566.

Südtiroler Landesmuseum für Kultur- und Landesgeschichte Schloss Tirol (Hg.): „Für Freiheit, Wahrheit und Recht!" / „Libertà, verità, giustizia!" / Joseph Ennemoser & Jakob Philipp Fallmerayer. Tirol von 1809 bis 1848/49 / Il Tirolo dal 1809 al 1848/49, Ausstellungskatalog Schloss Tirol, Innsbruck–Wien 2009.

Syndram, Karl Ulrich: Der erfundene Orient in der europäischen Literatur vom 18. bis zum Beginn des 20. Jahrhunderts, in: Sievernich, Gereon/Budde, Hendrik: Europa und der Orient: 800–1900, Ausstellungskatalog Berlin/Martin Gropius-Bau, Gütersloh–München 1989, S. 324–341.

Thomas, Georg Martin (Hg.): Jakob Philipp Fallmerayer: Gesammelte Werke, 3 Bde, Leipzig 1861.

Thurnher, Eugen: Jahre der Vorbereitung. Jakob Fallmerayers Tätigkeit nach der Rückkehr von der zweiten Orientreise 1842–1845 (= Sitzungsberichte der phil.-hist. Klasse der Österreichischen Akademie der Wissenschaften 621), Wien 1995.

Tumler, Franz: Ein Hütbub aus Brixen, in: Ders.: Das Land Südtirol. Menschen – Landschaft – Geschichte, München 1971, S. 353–368.

Veloudis, Georg: Jakob Philipp Fallmerayer und die Entstehung des neugriechischen Historismus, in: Südostforschungen 2 (1970), S. 43–90.

Wardenga, Ute: Orientbilder der deutschen Geographie im 19. und 20. Jahrhundert, in: Büttner, Manfred/Leitner, Wilhelm (Hg.): Beziehungen zwischen Orient und Okzident. Interdisziplinäre und interregionale Forschungen (= Abhandlungen zur Geschichte der Geowissenschaften und Religionen/Umwelt Forschung 8), Bochum 1992, S. 185–210.

Weithmann, Michael W.: Griechenland. Vom Frühmittelalter bis zur Gegenwart, Regensburg 1994.

Zingerle, Ignaz V.: Von Brixen nach Klausen, in: Schildereien aus Tirol, Innsbruck 1877, S. 109–121.

Editorische Anmerkung

Die vorliegende Edition beruht auf der Originalausgabe der „Fragmente aus dem Orient", welche in zwei Bänden 1845 im J. G. Cotta'schen Verlag erschienen sind. Auf Anregung des Südtiroler Künstlers Paul Flora, der in den 1970er-Jahren gemeinsam mit Wolfgang Pfaundler auf Fallmerayers Spuren den Berg Athos durchwanderte, wurde als Auftakt der Neuausgabe 2002 ein Auszug aus dem zweiten Band der „Fragmente" veröffentlicht: „Jakob Philipp Fallmerayer. Der heilige Berg Athos. Mit Zeichnungen von Paul Flora, Fotos von Wolfgang Pfaundler, einem Nachwort von Ellen Hastaba und einer Audio-CD, gelesen von Gert Westphal." (Edition Raetia, 2002). Der anfängliche Plan, den Rest der „Fragmente" in zwei weiteren Bänden zu veröffentlichen, wurde letztlich zugunsten einer einbändigen Ausgabe, welche die gesamten Fragmente enthält, fallengelassen. Die „Fragmente aus dem Orient" liegen nun erstmals wieder in ungekürzter Fassung vor. Wie Ellen Hastaba anmerkt, erfüllt sich damit auch der Wunsch von Fallmerayers Nachlassverwalter Georg Thomas: „Fallmerayers Genius wird seiner Zeit auch bei seinen näheren und eigentlichen Landsleuten erkannt und gewürdigt werden, und wie er als Musterschriftsteller schon lange norddeutsche Schulbücher zieren hilft, so wird, wenn nicht das alte Verhältniß grollend fortwaltet, einst auch die Jugend an Inn und Eisak sich an den Blüten seines Styles ergetzen dürfen." (siehe Anmerkung 122, S. 470)

Der vorliegende Text entspricht der Originalausgabe. In der Ausgabe von 1845 gesperrt oder in Antiqua gesetzte Wörter sind in dieser Ausgabe einheitlich kursiv gesetzt. Einige wenige offensichtliche Fehler des Originals wurden stillschweigend korrigiert, Vereinheitlichungen von Schreibweisen wurden nicht vorgenommen. Die griechischen und kyrillischen Textpassagen wurden neu gesetzt, die arabischen dem Original entnommen.

Bozen, Januar 2013

Karten mit von Fallmerayer in seinen „Fragmenten" erwähnten Örtlichkeiten

THRAZIENA

MAZEDONIEN

Rhodope-Gebirge

Xanthe

Monastir

Langasa-See

Thasos

Samothrake

Saloniki

Laregovi

Golf von Orfani

Chalkidike

Imbros

Galata

Athos

Longos

Lemnos

Abydosenge

Olymp

Kassandra

Dardanellen

Alasona

Tscharnitschena

Ossa

Tenedos

Troja

Ampelakia

Turnovo

Baba

Trikkala

Larissa

THESSALIEN

ÄGÄISCHES

MEER

Pharsalos

Lesbos

Domokos

Skopeios

Mytilene

Othrys Gebirge

itza

Stylida

Zitun

Thermopylen

EUBOA

Chios

Parnaß

ATTIKA

Chalkis

GRIECHENLAND

Theben

Athen

MOREA

Salarnis

Makronos

Andros

(Peloponnes)

Tripolis

Hydra

Taygetos

Zykladen

Monembasia

ONISCHES

MEER

Santorin

Frankfurt •

DEUTSCHLAND

Regensburg

Stuttgart •   *Donau*

• Augsburg   Landshut

München •   • Linz

Wien •   • Preßburg

Donau

Salzburg

Innsbruck •   ÖSTERREICH

• Budapest

• Brixen

SCHWEIZ   *Etsch*

UNGARN

Po   • Triest

• Venedig   Mohácz •   • Temesvare

BOSNIEN

Semlín •   Moldova

Genua •   Belgrad •   • Orsova

Drenkova

Florenz •   SERBIEN   Widdin •

Do

B U

Samokov •

Korsika   • Rom

ITALIEN

• Neapel

GRIECHEN-

Sardinien   LAND

Korfu

IONISCHES

MEER

Heraklea •   Atl

Malta   MITTELMEER

Taganrog

Odessa

Galatz
Ibrail (Braia)   Sulina
Bukarest   Hirsova
is   Silistria
Giurgewo

N   Varna

Sewastopol

SCHWARZES MEER

Sinope

drianopel   Paphlagonien

Amasra   Iris

Konstantinopel   Eregli   Samsun   Tripoli   **Trapezunt**   Batum   Achalzich
Haider-Pascha   (Amisus)   Therme   Kerasunt   Surmene   Kars
                                                                      Sumelas
                              Angora (Ankara)   Baiburd   Erzerum

Kappadozien

TÜRKEI

Smyrna

Samos

Mesopotamien

Aleppo
Antiochia

LIBANON

Zypern

SYRIEN

**STIFTUNG
SÜDTIROLER SPARKASSE**

Wir stiften Kultur

€ 39,90   4/14